晚清 华洋军品贸易的发展与影响

费志杰 著

上海人民出版社

国家社科基金结项成果（2015年度国家社科基金一般项目15BZS097）

目　录

导　言

满族王朝的声威一遇到英国的枪炮就扫地以尽。①

　　　　　　　　　　　　　　　　　　——马克思

师夷长技以制夷。②

　　　　　　　　　　　　　　　　　　——魏　源

自强以练兵为要，练兵又以制器为先。③

　　　　　　　　　　　　　　　　　　——奕　訢

购买外洋船炮，为今日救时之第一要务。④

　　　　　　　　　　　　　　　　　　——曾国藩

彼之所恃以傲我者，不过擅轮船之利耳。⑤

　　　　　　　　　　　　　　　　　　——左宗棠

西洋诸国以火器为长技，欲求制驭之方，必须尽其所长，方足夺其所恃。⑥

　　　　　　　　　　　　　　　　　　——李鸿章

若不讲求精利枪炮，而欲战胜洋人，无论如何勇猛，皆属欺人妄谈。⑦

　　　　　　　　　　　　　　　　　　——张之洞

---

①　马克思：《中国革命和欧洲革命》，《马克思恩格斯选集》第一卷，人民出版社 2012 年版，第 779 页。

②　魏源：《海国图志》，岳麓书社 1998 年版，第 1 页。

③　中国史学会编：《中国近代史资料丛刊·洋务运动》第三册，上海人民出版社 1961 年版，第 466 页。

④　《曾国藩奏陈购买外洋船炮并进行试造折》，中国近代兵器工业档案史料编委会编：《中国近代兵器工业档案史料》第一辑，兵器工业出版社 1993 年版，第 4 页。

⑤　《左宗棠奏覆筹议自强事宜折》，中国近代兵器工业档案史料编委会编：《中国近代兵器工业档案史料》第一辑，兵器工业出版社 1993 年版，第 9 页。

⑥　中国史学会编：《中国近代史资料丛刊·洋务运动》第四册，上海人民出版社 1961 年版，第 10 页。

⑦　《张之洞奏陈军械制造局厂布局折》，中国近代兵器工业档案史料编委会编：《中国近代兵器工业档案史料》第一辑，兵器工业出版社 1993 年版，第 10 页。

中国是火药和火器的发明国,火药应用于火器制造比西方国家早了数百年。但从明朝后期开始,火器制造业发展缓慢,晚清时期中国火器同西方火器的差距不断加大。鸦片战争期间,清政府在直面外洋列强的冲突中第一次认识到洋枪洋炮之威力。1859 年,太平军攻陷苏州省城;1860 年,英法联军第二次北上进据天津,攻陷北京;《南京条约》《北京条约》等不平等条约陆续签订,这使自诩为天朝上国的清朝受到了莫大的屈辱。同一时期太平军大胆购用西洋武器,让士气、装备均不占优势的清军更难抵挡。强大的内外压力之下,一些有识之士逐渐认识到武器的重要性,只有学习西方的先进科学和技术,购买外国舰船并进行仿造,中国才有希望。1861 年 7 月 7 日,总理各国事务衙门恭亲王奕䜣等奏称,"伏思外忧内患,至今已极。……外忧与内患,相为倚伏。贼势强,则外国轻视中国,而狃侮之心起。贼势衰,则中国控制外国,而帖服之心坚"①,要求办洋务以自强。1863 年 1 月 30 日,协办大学士两江总督曾国藩上奏称,"购买外国船炮,近以剿办发逆。远以巡哨重洋,实为长驾远驭第一要务"②。1864 年 6 月 2 日,恭亲王奕䜣等奏称,"自强以练兵为要,练兵又以制器为先。自洋人构衅以来,至今数十年矣。迨咸丰年间内患外侮,一时并至,岂尽武臣之不善治兵哉?抑有制胜之兵,而无制胜之器,故不能所向和敌耳!外洋如英法诸国,说者皆知其惟恃此船坚炮利,以横行海外,而船之何以坚与炮之何以利,则置焉弗讲"。③"内忧外患已亟,购置船炮、训练京兵,实为根本之图,自强之计。"④

鸦片战争中面临外洋之坚船利炮,清廷一败涂地,"天朝上国"的自信陡然失去。彻底镇压太平军则再次让清军切身体会到了西洋武器的威力,外患内忧的双重压力下清政府遂产生了发展武器装备的紧迫感。"晚清时间,我国的一切近代化措施,几乎无一不是由于时势的所迫。"⑤由此,引进西洋武器武装军队,购买设备物料兴办兵工厂,华洋军品贸易正式拉开帷幕。晚清政府财力支绌,但对外洋武器的购买自 19 世纪 60 年代至辛亥革命前夕未有停止,外购武器种类构成复杂、数量庞大;同时,通过引进外洋技术和物料,国内军工厂次第开办,大批枪炮舰船的仿制相继取得成功。陆海军新式武器的全面更新,使清军在应对国内外对手方面,有了更多的主动权。一方面,主持外购军械常有或明或暗的好处和利益,一般省份的督抚都会积极向衙门部府争取;另一方面,作为一方官员,也有责任通过外购军品提高本省军队的武装水平,增强本省机器局的生产能力。辛亥前夕,陆

① 《咸丰朝筹办夷务始末》卷七十九,台湾近代史研究所 1966 年版,第 15—16 页。
② 蒋廷黻:《近代中国外交史资料辑要》上卷,湖南教育出版社 2008 年版,第 363—364 页。
③ 同上书,第 369 页。
④ 《咸丰朝筹办夷务始末》卷七十九,台湾近代史研究所 1966 年版,第 17 页。
⑤ 王家俭:《中国近代海军史论集》,文史哲出版社 1984 年版,第 210 页。

军部主持外购的军品增多,考虑经费难筹等因素,各省督抚通常首先向陆军部争取下拨,其次才是向外洋订购。其中涉及的外洋军品的批量购买、外洋军事技术的引进以及新式武器的配属都值得深入考查。

近代中国几乎成为世界上最大的军火进口国,军品来源地主要有德国、日本、英国、俄国、美国、法国、比利士、瑞典、荷兰、葡萄牙、丹麦等列强国家,尤以德国、日本、英国为主。

第一章　晚清外洋军品的批量购买

太平天国运动的兴起极大震撼了清王朝,外洋兵器首先帮助太平军增加了针对清军的胜算,务实的李鸿章从装备淮军开始,大批量地采购外洋武器,逐步改变了战场上武器装备的差距,最终形成了一定的优势。只不过太平军和清军双方在购买外洋武器时,没有更多的选择余地,几乎完全由市场供应决定。甚至太平军只有走私的唯一途径,价格也任由售卖者信口索要;清军还可以通过各国洋行、在华洋人、驻外公使等群体进行采购,并进行性价比的衡量。然而,对早已成熟多年的国际军火市场,清廷各级官僚都非常陌生。令人眼花缭乱、价目复杂的各种武器,究竟应该买哪一种,如何购买,怎么交货,一概茫然无措的清廷,只能通过不断摸索、试错,总结经验,最终清朝也成为位列前茅的军火进口大国。

一、外购军品时的性价比较

晚清各省督抚基于本地防卫需求,一般都有责任主持本省外购军品工作,势必要与众多军火商打交道,一方面是军贸经费稀缺,另一方面是多家军火商都想与中国做生意,加上各省督抚对军火国际价格不够了解。因此,通常的做法就是各省督抚都要先经过多方询价,反复磋磨,再决定购买,报陆军部核准。为尽可能压低购价,各省督抚一般都要与军火商在初步定价的基础上,再行磋价,以图节省。由于德国军工实力雄厚,自从洋务运动开始,德国就陆续向中国出口了包括军工设备在内的大批机械产品及枪炮成品。德国方面对中国商人利用国际竞争为己服务并以此进一步加剧了这场竞争的商人习气表示不满。特别令人遗憾的是,中国贸易伙伴并不把所掌握的成本估计看作贸易秘密,而是拿着它跑到各个国家的各家竞争的公司去,企图以此来弄清最低的价格,然后又再一次用相似的办法商定付款条件。①德国方面对中国的购买行为有不少抱怨,"我们必须清楚,

---

① 张寄谦:《中德关系史研究论集》,北京大学出版社 2011 年版,第 235—236 页。

我们是在同狡猾的商人打交道,这些商人以行会帮派的形式出现在我们面前,这些行会的成员们经常频繁地交流经验、价格等等"。①要想在军品贸易中实现"物美价廉"的效果,途径只是一个方面,更重要的是应该提高自己的国家地位以求得军品贸易的平等交易权,同时大力提升本国的军工技术,"有出有进"才是正常的军品国际交流之道。

人们对西洋枪炮的种类繁多应接不暇,"今试与言枪炮者,胪举所知。镕炼精工何国何厂最著乎?曰普鲁士之别色麻为最。水陆进攻何器乎?曰德意志之气毯小炮,水陆专防何器乎?曰拏登非尔之格林炮。陆路山行何器乎?曰克虏卜之小钢炮。若美若普其炮之利于攻守也,尤为泰西之冠。洋枪一项,则美之马地尼枪也,俄之俾尔达呶枪也,德之德来斯枪也,法之派士钵枪也。火药一项,则德国之栗色药也,英人之无烟药也。新式火器层出不穷,至于不可思拟,怵目惊魂,若测量枪炮百发百中,尤以法兰西为独绝。外国枪表、炮表、枪说、炮说勒为成书,班班可考也"。②李鸿章在为淮军购买军械之时,早就注意到外洋枪支有好坏之别,"洋枪、洋炮好者不易得","在中国为上品,在外国仍不中用","英法兵极讲究器械,不似中国兵勇惰窳无择。……我军择但视为洋枪、洋炮,即珍重居奇,不知其中等差精微,殊可耻恶"。③李鸿章早在同治末年就发现西洋武器的发展速度很快,"查西洋各国火器愈出愈精,愈精愈贵。如洋枪一节,同治初年敝军与英、法兵将共事苏、沪时,所见洋兵皆执前门枪,其枪膛有来福凹痕者子路较远,已算新鲜,每杆价银八九两,少则四五两,尚不甚昂。是以敝部淮军前后制买十数万杆,久经习用,江南各局亦能仿造。近年闻各国全换后门进子枪,放速而及远较胜数倍。闻现行后门新枪三种:一曰马梯戈枪,英国所造为上等,手法最捷。即赫德所称亨理麦提尼是也。每杆连子二百个约价银二十两。此枪并无运到中国,亦尚无购者。一曰林明敦,即里明敦枪,美国所造次之,手法尚灵,每杆约价银十数两,幼丹及敝处拟购是也。一曰士乃得枪,德国所造,又次之,手法稍多,间有运至中国者,每杆十两内外。敝处曾为唐军购数百杆赴台,不及马梯戈、林明登之精捷"。④1884年,蒋埰禀盛宣怀函,谈到军品价格增加事,"查上年北洋定购毛瑟枪价一节,遵经检查合同内载北洋前定毛瑟兵枪系德国国家所用厂家承造,当时原订每杆厂价计四十五马克,外加运保等费,照后来原单每百分计加十二分三厘半,又行用五分,其时因法事方兴,以致运费较贵,第查现在此枪厂价每杆须四十八马克,

---

① 容茵厄(L. Junginger):《中国当前机械贸易的形势》,《科技月刊》1914年第2期。

② 邵之棠:《皇朝经世文统编》,文海出版社1980年版,第3068页。

③ 李鸿章:《李鸿章致潘鼎新书札》,文海出版社1980年版,第4565页。

④ 李鸿章:《论购办西洋枪弹船炮》,同治十三年八月二十一日。《李鸿章全集》(卷31),信函(三),安徽教育出版社2008年版,第94页。

不过刻下承平之时运费似能从廉,约计每百分照加九分半十分之谱,五分行用外加,倘蒙大人逾格栽培将来赐顾之时,小行再可电致外洋厂中从实计议,定能便宜一二,且外洋毛瑟兵枪厂家不一,如购别厂之货价值尤可从廉也,至北洋前定时德银市价每五马克六十非尼合规银一两,今则市价稍贵,每银一两只合四马克六十非尼左右,银价涨落良由市面使然耳"。①

至于火炮方面,李鸿章对各国造炮技术进行了详细的比较,"查炮位一项,德国全用后膛,英国全用前膛,俄、法则小炮多后膛,大炮多前膛,美国仍用老式滑膛。其中著名商厂,德曰克虏伯,专造后膛全钢之炮;英曰阿摩士庄,专造前膛熟铁包钢之炮。又有瓦瓦司厂,兼造前膛、后膛以钢包钢之炮"。作用上前后膛不可替代,"论攻坚致远,前膛不若后膛。论稳固经久,后膛不若前膛。故行仗小炮,宜用后膛,取其轻而及远。轮船、炮台所用大炮,究以前膛为宜"。造枪也有后门前门式之区别,"究之命中致远,后门虽倍胜于前门,而前门子药可以取办临时,事易工省。后门枪子必须造以机器,工费既钜,猝办尤难,子药不继即成弃物"。②到1870年前后,清廷已外购十来万支洋枪洋炮,其中相当的比例是西方过时,甚至翻新之件。

1874年10月23日,刚刚上任的中国海关总税务司赫德向伦敦的金登干发去电报,"查明一种快艇的吨位和造价,它的前甲板防护平台上要装载一门八十吨大炮,可在五百码外打穿二十英寸厚的钢板。问清最低必须吨位和优质货的最低价格。速复!询问保密!勿提中国!"③对于李鸿章听从赫德建议购买自英国的蚊子船,各海军将领和众官僚多有批评。李鸿章向英国阿姆斯特朗厂购买四艘蚊子船,初时以为"所有炮位、轮机、器具等件均属精致灵捷","运炮装子全用水力机器,实系近时新式,堪为海口战守利器"④。1879年,再向英国订购四艘炮船,沈葆桢为其拟名为"镇东""镇西""镇南""镇北",准备分拨吴淞和江阴。李鸿章宣扬蚊子船为守港利器,赫德所购,尤各国罕有之新式,建议总理衙门"转饬赫德,克期定购"⑤。后来人们却发现,这些蚊子船船身均系钢片镶做,仅行驶一年便被"海水浸渍",轮机锅炉需"重加修整"。两年过后,则船底铁板锈蚀,机器等件间有松损,极需进船坞修理。⑥而且只能在海口及沿岸浅水处行驶,风大就得停航,自卫

---

① 《蒋崶禀盛宣怀函》,盛宣怀全宗档案040486,上海图书馆藏。
② 李鸿章:《军火画一办法并报销口令事宜》,光绪四年七月初二日,《李鸿章全集》(卷8),奏议(八),安徽教育出版社2008年版,第126页。
③ 《中国海关密档——赫德、金登干函电汇编》第8册,中华书局1995年版,第20—21页。
④ 中国史学会编:《中国近代史资料丛刊·洋务运动》第二册,上海人民出版社1961年版,第345页。
⑤ 同上书,第412、423页。
⑥ 同上书,第443页。

能力极差。航行性能远不及一般商轮,因为一艘普通商轮从英国开到中国只需四十天左右,蚊子船却需半年时间。甚至英国海军部都曾怀疑该船能否经得住长途跋涉,平安到达中国。①曾纪泽就认为蚊子船有两弊,"一曰船小炮大,炮口前向不能环顾,左右则不甚灵,必须船头转运便捷方可中的;则是舵工当与炮兵相应,如臂指之相使,较他种兵船更难精熟也。一曰船舱窄狭,不能载兵勇多名,船中难列洋枪,当有事之时,直虚设耳。盖炮兵专顾大炮,无暇兼顾洋枪,有时敌人小划逼近,恐有坐困之势"。②两广总督刘坤一则认为,"蚊船全身用铁皮包裹,广东各口水浅石多,铁壳易于破损,且包皮甚薄,震撼即松,而海水甚咸,浸淫生锈,一有破纹,中国不能修补。此项蚊船原欲以炮击敌船,非欲以船当敌炮。况数分之铁不足为功,徒以滋弊,似不若纯用木壳,可无鼓裂剥蚀之虞,而工省价廉,船轻行疾,尤为得算也。又该蚊船直长十丈有奇,阔则不足三丈,而炮大至五万四千余斤,压力太重,既与广东各口不宜,并恐放炮时加以子药之涨力,船身短小,或不能支。且该蚊船之所以得力,原取其至便至捷。顾船之便捷亦赖炮之便捷,一炮不中,即应以二炮继之。而该蚊船系用前膛炮,不独炮之伸缩高低需用机器,即装药装弹以及洗炮均须机器运送,次第推移,转运迟慢"。③后来李鸿章谈到这些蚊子船时常"闭目摇头"。④英国蚊子船的购买经历,让不少中方官僚都感到受到了欺骗,花费巨资却买到了华而不实的舰船。不过,姜鸣等现代学者则认为伦道尔设计此种炮艇,主要作为水上炮台,防守海岸线之用,而清海军则对巨资购买的船舰寄予过高期望,认为它应该攻守兼备完美无缺,实际是不现实的,每种炮艇的设计目的是明确的,其作用也是有限的。

　　海防大讨论之后,沈葆桢、丁日昌主张迅速购买铁甲舰,以加强福建和台湾的海防。丁日昌认为,"铁甲船为目前第一破敌利器,泰西各国皆视铁甲船之多寡以为强弱"。日本敢于侵略台湾,也是自恃其铁甲舰之举。"目前俄、土交讧于西,日本内乱于东,此真数十年来未易得之机会也。趁此彼族有事无暇觊觎中国之时,若不速筹巨款,选购得力铁甲船数号以备不虞,一俟日本内乱既息,俄、土胜负既分,其时即使有购器之费,实恐无购器之时。事机一错,悔将何及。"⑤总理衙门对沈、丁等人的奏折极为重视,要求南北洋大臣等一起负责筹划购买。而李鸿章、赫

---

① ［英］魏尔特:《赫德与中国海关》,厦门大学出版社 1993 年版,第 473 页。

② 中国史学会编《中国近代史资料丛刊·洋务运动》第三册,上海人民出版社 1961 年版,第 367 页。

③ 同上书,第 433 页。

④ 刘坤一:《刘忠诚公遗集》书牍,卷 17,1909 年刻本第 2 页。

⑤ 中国史学会编《中国近代史资料丛刊·洋务运动》第二册,上海人民出版社 1961 年版,第 369 页。

德等人明确反对购买铁甲船,赫德、金登干认为,铁甲舰大而无用,且已过时,中国无需购买。李鸿章则强调三方面的客观因素:无钱买船、无人驾驶、无坞修船。1879年,清廷接受薛福成建议,撤销了赫德总海防司的任命,同时把筹建海军主办之权交给李鸿章。之后李鸿章大改以前对蚊船的溢美之词,甚至引证海军留学生奏折、法国舰队军官等人的言论,将蚊子船的种种弊端详告总理衙门。①他转而强烈主张购买铁甲舰,中国海域广阔,口岸众多,"不能处处防守,非购买铁甲等船,练成数军,决胜海上,不足臻以战为守之妙"。②总理衙门同意购买铁甲舰,李鸿章授权驻外公使考察铁甲舰。李凤苞与驻德使馆参赞徐建寅多次到英国、德国各船厂实地参观考察,综合比较,最终确定在德国伏尔坚厂订购"定远""镇远"两艘铁甲舰。1882年,为减少因两艘铁甲舰都在德国定造而引起英国方面的不满,决定将新购两艘快船生意交给英国。但赫德过高的报价促使李鸿章再次询问驻德公使,李凤苞传达给国内的信息是,德国所造同种快船不仅性能高,而且要价低,这坚定了李鸿章在德国订购的决心。③1884年11月,盛宣怀接到电报,呈报铁甲快船价目情况,"所言之价是否包用钱(回扣)在内未经详述,按头等铁甲船吃水至少二十七英尺,是以与贵国海面不甚相宜,惟铁甲船如利亚楚噜之类,其图先已呈中堂钧鉴矣,此等船支力坚固,行驶又快,合于交战临敌之用,与贵国海面最为合宜,容将边达来电摘录于左。昨晚英国家定议拨款五百万磅作制造兵船经费,另拨有造炮之项,将来国家定交商家船厂制造,如中国欲造船支宜早定夺,兹由邮船寄上亚斯墨拉达快船图二纸,利亚楚噜铁甲船图二纸,并寄上奄士度浪所论中国应造何项船支节略。头等铁甲船九千五百吨至一万吨之大,中有五吨重炮都八尊,六十吨重炮四尊,并有小炮一点钟可行十六至十七海里之快,包船铁皮有十八英寸厚,其价八十五万磅,金枪炮军械在内制造须三年告成。二等铁甲船六千吨大,中有四十八吨重炮四尊,五吨重炮四尊,并有小炮一点钟可行十五至十六海里之快,包船铁皮有十二英寸厚,其价五十一万磅金枪炮军械在内,制造二年可成。头等快船如亚斯墨拉达之类详细情形先已上陈不赘。二等快船有二千吨重中有二十五吨重炮二尊,并有小炮一点钟可行十七至十八海里之快,连枪炮军械在内,共价十三万磅金,制造须十六个月可成,造船价值为数甚巨,船厂不能相信,我可以设法代借镑金,分期交厂,凡定造船支厂中概不赊欠,先交船价而后交船也"。④不过,左宗棠等人依然觉得铁甲舰用费过昂,"海防

---

① 樊百川:《清季的洋务新政》,上海书店出版社2003年版,第1003页。

② 中国史学会编:《中国近代史资料丛刊·洋务运动》第二册,上海人民出版社1961年版,第421页。

③ 陈霞飞主编:《中国海关密档》第一卷,中华书局1990年版,第292页。

④ 《边达致盛宣怀电》,盛宣怀全宗档案040487-2,上海图书馆藏。

不可恃,铁舰船徒滋糜费"①,坚持"与其购铁甲重笨兵轮,争胜于茫茫大海之中毫无把握,莫若造灵捷轮船专防海口扼要之地"②。刘坤一深恐占用过多南北洋经费,又担心性能不可靠,"万一再如蚊子船之不甚可靠",花费巨帑而"无以救燃眉之急"③。甚至曾纪泽也认为当时最主要的敌人是陆地接壤的俄国而非海上列强,应首先购买"良枪、巨炮、防守浅水之器"。④清廷经过仔细权衡,最终决定花巨款购买铁甲舰。

　　1883年,赫德向李鸿章推荐英国军火时,曾向其送去英国新式加开大碰快船的图样,声明每艘索价六十余万两。李鸿章之后将图样送交驻德公使李凤苞,要求其与德国同类军火比照。德国的军火商则对英国图样大加奚落,指出其"徒欲击敌而不能防敌击",并鼓吹德国所造穹面钢甲快船为最新式,可在大洋御敌交锋,并且降低价格,表示连同克虏伯后膛大炮三尊在内,与英国所索之价格相等,从而争得了此笔订货,即定造"济远"号钢甲快船。⑤1884年,济远舰顺利下水之时,英国便开始制造舆论,在报纸上公开宣扬济远号的致命弱点,驻英公使曾纪泽收到阿姆斯特朗厂送来的英文说帖二份,一论济远之弊,一说新船之式,认为济远号的弱点有三个,一是如遇炮击,穹甲虽无伤,而全船可沉;二是掩口炮台,炮子能入而不能出,伤人必多;三是"船底太轻,较他船易覆"。⑥德国更是不甘示弱,向驻德公使许景澄送去说帖,就阿姆斯特朗的新船的弊端大做文章。清方官僚在这种各说各话面前,简直是丈二和尚摸不着头脑,这需要精于军品性能者方能明白其中利弊真相。一方面军贸经费本身就很难筹集,不敢虚耗;另则,各国政府及各大军火商也都不能得罪,因此清廷也只能在左右权衡中下决定。

　　国际军火市场上的同类军品种类繁多,产地不同,价格不等,性能各异,找到物美价廉之件也是有相当难度的。电报局管事罗朝汉曾致函李鸿章推销美产军品,"样枪一杆并子药哈乞开斯炮等件,今特将可尔脱样枪一杆呈上,望察出,请即于两日内缴还为要,据洋人云考较此枪新且利,为时下军需不可少之物,较哈乞开斯及远可多数码,曾经试验多次如买万杆在前期二十两价之内尚可从减,子药刻下该行不曾预备,其云者士枪子尚可用哈乞开斯炮暂时虽无此等炮样,而拿腾飞

---

　　①　中国史学会编:《中国近代史资料丛刊·洋务运动》第三册,上海人民出版社1961年版,第336页。

　　②　《左文襄公全集》,文海出版社1979年版,第2368页。

　　③　中国史学会编:《中国近代史资料丛刊·洋务运动》第三册,上海人民出版社1961年版,第335、337页。

　　④　同上书,第369页。

　　⑤　中国史学会编:《中国近代史资料丛刊·洋务运动》第二册,上海人民出版社1961年版,第215页。

　　⑥　曾纪泽:《曾惠敏公遗集》文集卷5,台湾艺文印书馆1964年版,第18页。

快炮样式尤新运用尤速"。①究竟此枪性能如何,单凭中介之推销,甚至样枪之试用,都很难得知真相。唯有成批采购,大范围使用后方知具体情形,才能决定下次是否续购。

德国克虏伯火炮向中国销售较长时间后,该厂以使用规模为有利条件,要求中国专门使用该炮排斥他厂产品。1880年2月,许景澄致函总理衙门,"去冬游阅其地(克虏伯厂),该厂称中国若言明专用渠炮,由各使馆迳向购买,可照定价扣让十厘,请为代告中国"。②是年春克虏伯派卡尔·满斯豪森作为全权代表来中国访问,终于获得了淮军只采用克虏伯炮的承诺。③1887年5月,张之洞致函许景澄,"拟定克虏伯十五生三十五倍口径长炮五十尊,台上用架中枢,每炮弹二百,综色饼药照配,炮分十年运华,价分十年汇德,数多期宽,价值望切商,格外让减,连运保并计共若干,速示复"。④许景澄复函,"现议立十年总合同,每年于立议日付五炮等项,半价,如全付另算息,若允本任内倘,再用炮不买他厂,载入合同可于五厘外再扣二厘"。⑤7月,张之洞再次致电许景澄,"本任内允不用他厂炮,再扣二厘,请即立十年总合同,仍照前议,分年先付,每次全价尾数,每次货到补足,予付之息照扣回较整齐"。⑥

1894年11月10日,甲午战争期间,其他国对清实施禁运之际,汉纳根曾帮助清政府联络过阿根廷等国的军火进口事宜,"与礼和洋行掌柜相商,阿根廷国快船除五月二十五一艘外,尚有七月初九一船,重三千五百七十吨,长三十五丈四尺,宽四丈四尺,深一丈七尺,每点钟行二十二迈七分四,有十五生的快炮四尊,十二生的快炮八尊,三磅快炮十二尊,一磅快炮十二尊,鱼雷筒五个,系1892年所造至新至快之船,若派礼和掌柜往购,该掌柜于阿国有可靠亲友,与瑞生之往智利情事相同,不但购船易办,且可托该国代办军械,缘阿为小国,僻在美国之东,与倭风马牛不相及,易于允许,倭亦不能冒险相寻,况智利六船成否,现尚未定,倘智国之船不克成交,向该国商购最为便益,谚所谓脚踏两头也"。⑦1895年6月21日,上海军火商人费烟除向盛宣怀呈报运兵船价目,"兹由信内呈上火药图式战船价目各一纸,敬请细阅,如蒙照顾需用火药多寡均可代办,至各样枪炮火药黑色药棕色

---

① 《罗朝汉致李鸿章函》,盛宣怀全宗档案089021,上海图书馆藏。
② 《许文肃公遗集》函牍卷1,台湾艺文印书馆1964年版,第21页。
③ [德]乔伟、李喜所、刘晓琴:《德国克虏伯与中国的近代化》,天津古籍出版社2001年版,第56页。
④ 《张之洞全集》电牍卷9,河北人民出版社1998年版,第5255页。
⑤ 同上书,第5263页。
⑥ 同上书,第5263页。
⑦ 《汉纳根致盛宣怀函》,盛宣怀全宗档案056650,上海图书馆藏。

药无烟药均可代购,在上海交卸,比鲁井国国家制造枪炮厂专委费烟除经手出售代人购办各样枪炮,取价格外从廉并可酌商从缓交价,费烟除现存有后膛枪十五万杆,每杆备有新式枪子一千颗,可在上海交付,价既最廉并无须即付价值,又有一千吨至四千吨轮船出售,如行驶于通商沿海各口均极合宜,客位甚好,每点钟能驶十三英里,用煤不多,价又最廉,该船均可即时交付,惟望垂顾幸甚。三枝桅双暗轮运兵船一艘一八九四年在英国克赖制造厂修理如新,该船价值计英金六万镑,可以电定,只须四五八点钟即可交付"①,附英文兵船价目单两纸,主要数据如下②:

载兵丁 3 000	上舱房位 190	客厅吃烟房各 1
马力 3 000 匹	重 2 483 吨	13 英里每小时
用煤 33 吨每小时	船长 331 尺 5 寸	宽 36 尺 3 寸
深 22 尺	医房 2 间共载病人 16	汽力水力灭火器具俱全

　　1895 年,英国在中国广泛发布军火广告帖。皮勾威克劳伦斯有限公司(Pigou Wilks&Laurence)生产的坎浦台利斯(Compello Telis)牌六棱炸药,该公司在英国伦敦苏塞克斯郡,威多利亚女皇大街 11 号,该药在 1875 年和 1878 年两年,在温布尔顿进行过战场实验,打围用的有三种:通用药、优质药和三生药,包括各种规格的药粉及无烟火药。③

　　泰来洋行经理施怀德向盛宣怀呈递克鲁森炮位情况,同时与克房伯比较。"此次所开各等口径炮位皆身长三十六倍,内膛三十四倍者,查克房伯炮身长只三十五倍,内膛三十二倍,以其炮闩所战之地步较克磊苏炮更大也,夫炮弹速率之大小穿力之厚薄,皆视内膛之长短,今克房伯炮内膛既较短二倍口径若以两种炮位各装药若干启罗,其速率致远之功定以克磊苏之炮为最优,此自然之理,夫以速率既大致远,既优则其穿透之甲亦较厚矣。况克磊苏之炮尤为坚固以其能容药多而受大涨力也,即如上年由新盛承办大连湾海防所用之二十四生脱克磊苏炮能容药多至八十七启罗,按炮表可致远至一万四千九百密达,即中国二十六里,其穿力能透一尺九寸厚之铁甲,而克房伯之炮与此口径相同者只能容药至多以六十八启罗为度,其炮弹致远不过一万二千密达,即中国二十一里,可透一尺六寸厚之铁甲,据二十四生脱之炮有如此之别其余皆可类推矣。"④

①　《费烟除致盛宣怀函》,盛宣怀全宗档案 033331-1,上海图书馆藏。
②　《兵船价目单》,盛宣怀全宗档案 033331-2,上海图书馆藏。
③　《军火广告帖》,盛宣怀全宗档案 033331-3,上海图书馆藏。
④　《克磊苏海岸各炮价值清册》,盛宣怀全宗档案 103775,上海图书馆藏。

克鲁森炮位价值清单①

炮　种	配　件	规　格	价格（法朗克）
十五生脱口径炮	后膛闩门并瞄准器具全副	共重 4 750 启罗	28 400
	炮上备换各件计十种		700
	炮架全副滑床转盘在内	共重 9 000 启罗	23 000
	炮架上备换各件计九种		300
	炮手随身所带放炮应用各件并别项零件等计三十六种		900
	合　计		53 300（相当 42 640 马克，英金 2 111 镑）
十七生脱口径炮	后膛闩门并瞄准器具全副	共重 7 300 启罗	42 500
	炮上备换各件计十种		800
	炮架全副滑床转盘在内	共重 13 000 启罗	29 350
	炮架上备换各件计九种		350
	炮手随身所带放炮应用各件并别项零件等计三十六种		1 000
	合　计		74 000（相当 59 200 马克，英金 2 931 镑）
十九生脱半口径炮	后膛闩门并瞄准器具全副	共重 11 000 启罗	64 000
	炮上备换各件计十种		900
	炮架全副滑床转盘在内	共重 18 000 启罗	38 000
	炮架上备换各件计九种		400
	炮手随身所带放炮应用各件并别项零件等计三十六种		1 100
	合　计		104 400（相当 83 520 马克，英金 4 135 镑）
二十一生脱口径炮	后膛闩门并瞄准器具全副	共重 13 400 启罗	72 350
	炮上备换各件计十种		1 000
	炮架全副滑床转盘在内	共重 22 600 启罗	40 000
	炮架上备换各件计九种		450
	炮手随身所带放炮应用各件并别项零件等计三十六种		1 200
	合　计		115 000（相当 92 000 马克，英金 4 554 镑）

① 《克磊苏海岸各炮价值清册》，盛宣怀全宗档案 103775，上海图书馆藏。

续表

炮　种	配　件	规　格	价格(法朗克)
二十四生脱口径炮	后膛闩门并瞄准器具全副	共重 20 300 启罗	117 300
	炮上备换各件计十种		1 300
	炮架全副滑床转盘在内	共重 30 000 启罗	47 000
	炮架上备换各件计九种		500
	炮手随身所带放炮应用各件并别项零件等计三十六种		1 400
	合　计		167 500(相当 134 000 马克,英金 6 630 镑)

由于洋行众多,一种武器往往有多家代理,某种程度上给了清廷与多家同时议价的空间,但军火价格悬殊、性能各异,实难定夺。1888 年 9 月 30 日,地中海木铁船厂嘉尼军器厂代表古拉刹致函盛宣怀,展示上海机器局曾经比较过的两种火炮性能,以此来推销嘉尼炮。"嘉尼炮逾于亚蒙士棠远甚,其嘉尼炮所胜之处又条列如左,一是嘉尼式十一吨重之炮其锐力较大于亚蒙士棠十四吨之炮且钢料靳力亦胜。二是嘉尼炮之开花弹较亚蒙士棠之弹轻十法码,每放一弹可省费约二十法郎合洋四元有奇。三是嘉尼所用药力较大,每四吨可代彼六吨之力。四是嘉尼之弹既每弹可省二十法郎,其钻穿铁甲之力复能较深五法分。五是出口速率亦较大甚多,以其弹行曲线与所攻之铁甲相遇角度甚准故攻力较猛也。以上两相比较其扼要之数目相去已远,显然易见此系西历 1888 年以前之试,自此以往嘉尼复日日考究以求尽善,更有所得之未能尽述者,但知嘉尼复为日本国定约代制十九法分口径之炮,乃保其出口速率七百法尺可以为证也。"①

规格数据	二十法分零三口径防边亚蒙士棠炮	1887 年按嘉尼模式制造之十九法分口径防边炮
炮身口径	303 法厘	190 法厘
炮身重量	14.210 吨(法码)	11.3 吨(法码)
炮长	6.86 法尺	6.84 法尺
弹重	95 法码	85 法码
炮身靳力	(每法分方载 50 法码)50 全	50 全
出口速率	601 法尺	685 法尺
炮身锐力	1 749 法尺	2 031 法尺

① 《地中海木铁船厂购炮清折》,盛宣怀全宗档案 040551,上海图书馆藏。

续表

规格数据	二十法分零三口径 防边亚蒙士棠炮	1887 年按嘉尼模式制造 之十九法分口径防边炮
药重每法码锐力	35 仝	39.6 仝
炮重每吨锐力	124.9 仝	184.5 仝
弹周每法分锐力	27.7 仝	34.4 仝
出口钻力	46 法分	51 法分
2 000 法尺远钻力	30 仝	35 仝
炮仰十二度弹远尺寸	7 679 法尺	8 380 法尺

即便同一厂家,相同军火,不同的人,不同的时间去询价也会出现变化。金登干为清廷购买舰船,1877 年到 1878 年曾多次向阿姆斯特朗军火厂询价。[1]

询价时间	阿尔法级炮艇 (镑,先令,便士)	伽马级炮艇 (镑,先令,便士)
付给阿姆斯特朗公司的合同承包价	24 881.15.6	35 381.15.6
1878.7.17 的报价(订购两艘的单价)	26 150	33 300
1878.7.17 的报价(订购四艘的单价)	25 500	32 500
1877.9.1 的报价		31 000
1877.9.5 的报价(杀价 5 000 英镑后)		30 381.15.6
1877.10.22 的报价		33 540
1877.10.22 给日意格的报价(加 5% 折扣)		35 305

1891 年 8 月,法国古吉盛公司向东海关道盛宣怀呈递该厂所产炮位技术指标。[2]法国地中海德邦士炮厂古拉刹、古礼丰为向山东胶州推销该厂嘉尼炮,专门将各国炮位比较情形奏呈盛宣怀:"按地中海厂嘉尼炮位较之阿姆斯特朗及克虏伯炮更为新式优胜,该炮试验得数尤为别炮所不及,且其炮体坚固无比,未有炸裂之事,兼之开放运用极为简便稳当,嘉尼炮位图说等详检该炮之益容后续陈见。……法国嘉尼炮位实为近时无上之品,更无疑义。……西历一千八百八十七年(光绪十三年)日本国欲购三十二生的口径四十倍口径长炮位三尊,以备彼国名意租古希马麦、租希马及亚希达德三艘边防巡船所用,内二艘亦系地中海厂所造,于是该国命克虏伯厂、阿姆斯特朗厂、格鲁森厂及德邦士厂互相比较,后经该国精

---

① 陈霞飞编:《中国海关密档》(二),中华书局 1990 年版,第 55 页。
② 《古吉盛公司各种炮技术指标清折》,盛宣怀全宗档案 040569,上海图书馆藏。

于炮位之武员择优向地中海厂购办,同年希腊国亦欲购办二十七生的口径炮六尊,十五生的炮位十五尊,以备彼国大铁甲船三艘名意特拉拨沙拉及斯卑细亚船上所用,内二船亦系地中海厂所造,该国以此炮关系紧要,不敢忽略视之,故虽向来专用克虏伯炮,然闻地中海厂所造之日臻精利,于是将嘉尼炮、克虏伯炮及阿姆斯特朗炮等更番比验,后经选定嘉尼炮位以备该国三艘至大至美兵船所用。一千八百八十九年春(光绪十五年),南美洲智利国向地中海厂定购大兵船一艘,巡船二艘及船上炮位二十四尊。……(俄国经比较各国炮位)定议俄国水师中一律行用嘉尼快炮。西历本年六月日本国又向地中海厂购定二十七生的口径嘉尼炮四尊。……惟求贵国于应需大小炮位中亦如别国之将克虏伯炮、阿姆斯特朗炮及嘉尼炮等比较一过,则轩轾自分而无顾此失彼之虞也,本厂亦能照克虏伯厂同一章程承造炮位。"①

1908 年 8 月,赵尔巽致电叶景葵,"川须快枪,请征询何国旧枪而合用,此枪弹各价若干,电示"。②叶景葵回电,"川需快枪,惟八十八年小口径毛瑟价廉,可以多购子弹,无须外求,但此项枪支各洋行皆有之货,出价不等,廉者每枝五六两,贵者十八九两,稍一不慎往往以贵价得劣货,非严定合同,并派明白枪械之员,逐枝试验不能杜弊。现在需购枪若干枝,配弹若干粒,请先电示,再饬开价,并恳责成转运局徐牧议价订约,葵任调查监察之责,不敢推诿,因于枪学素未研求,恐被蒙混也"。③"其步马各枪业由叶道向礼和洋行共订一万枝,已奉电饬,将原单除去其手枪等件,现均在各洋行指定标式。令各开价目,多方比较,不日当可定议。"④赵尔巽回电陆军部,"所买子弹均系奉天交货,所有运保各费均包在价内,部言较贵,实不确也。此项购买日本枪弹每千粒计日金 52.5 元,炮弹开花弹每颗日金 19 元,子母弹每颗日金 17 元,此较从前所买子弹并无稍贵。……奉购枪合规银每枝五两二钱五分,吉购枪合规银每枝七两,吉购弹每千合规银三十四两二钱,奉购弹每千合规银三十二两五钱。比较枪每枝贵一两七钱,子规(贵)一两七钱"。⑤1909 年 5 月,叶景葵上海来电,"七米(引按:密里)九枪价难再减,如定,仍交张道验收为妥,请赐一电,以便转商两江,炮弹已派张委员大林领运"。⑥6 月,叶景葵再次来电,"督宪前剔退礼和九响老毛瑟六百杆,现已修好试验合用,该行以运回为难减价求售,已与商明每枝规银一两六钱,修费九百余两,归川承认统计不过三两二钱左右,似尚便宜,如帅意愿购请复电。云每杆连修费给规银三两,当再与之磋磨也"。⑦11

---

① 《古拉刹、古礼丰致盛宣怀函》,盛宣怀全宗档案 033311,上海图书馆藏。
② 赵尔巽全宗档案 543-77-1,中国第一历史档案馆藏。
③⑥⑦ 赵尔巽全宗档案 543-76-2,中国第一历史档案馆藏。
④ 赵尔巽全宗档案 543-74-4,中国第一历史档案馆藏。
⑤ 赵尔巽全宗档案 543-109-14,中国第一历史档案馆藏。

月,上海礼和洋行经理艾仕德就军械机器兼工程事致函赵尔巽,"委黄敝添派员询及各种枪炮价值,遵已从实开摺谅呈。此项货值敝厂实系最省,各省购过成约可查,在别国制造者价或从廉,然料品既低制法亦复,苟简速率准度与夫燃放出数经用期限均不及敝厂所制者远甚,若日本炮位类更低,日军所用之炮尚由敝厂订购是其明证,以克虏伯厂制品愈造愈精,久经各国试验,声价冠于全球。……中国国家筹集巨款创立陆军,购置器物必希冀得其利赖,断不图目前之便宜,况川省控边卫藏要区"。①12 月陆军部致电赵尔巽,"续购枪枝与前购价值较昂"。②赵尔巽回电,"川购枪械,均系迭饬,再三磋磨方定,当不至比他处为贵也"。③叶景葵上海来电,"柏林复电,毛瑟价涨每枝较前贵一两余,交货须四个月,春前万难到省,刻又与沪上各行磋议,容续禀请示"。④1910 年 1 月,赵尔巽致电陆军部,"敬悉枪价索昂,磋减始至此数……川厂开工造成后即可全用自制换下改拨边防,现时财力竭蹶,势难兼营,乞谅察"。⑤是年赵尔巽多次致电叶景葵,"拟购德七米九小口径三千枝,子二百万,准夏季到沪,价能比上次减尤妙,议妥先电。拟买照海灯照取川江沉物,请选何种合用购之"。⑥"上海端叶,机关炮购十二尊,子弹五十万,四月初交货,价能磋减更佳。"⑦2 月,赵尔巽致电叶景葵,"洋行机关炮定购价每尊六千三百八十余马克,零件在外,甚吃亏,泰来价究是若干,零件如何,配带子弹价若干,祈价件详电,以便核购(批注:商购泰来洋行机关炮)"。⑧叶景葵等从上海来电,"马克沁机关炮已在泰来洋行购定十二尊,每尊炮零件全套,较江南代购礼和之货廉至二千六百马克,共可省银一万三千余两,其式样较礼和新,又多瞄准千里镜一具,应否即定合同,请饬议示遵"。⑨8 月,忠浩禀呈具体价目,"查礼和洋行机关炮每尊计价 9 805.48 马克,合规平银四千零一十八两六钱四分,现拟购机关炮每尊计价 6 760 马克,合规平银二千八百零六两五钱六分。计每尊省银一千二百一十二两零九分。查礼和洋行子弹每万颗计价 1 490 马克,合规平银六百一十两六钱二分,现拟购子弹每万颗计价 1 150 马克,合规平银四百七十一两零七分,计每万颗省银一百二十九两五钱五分,此次马克合规平价银,系照前案马克价值核算。照此扣算十二尊共只需四万余两,全买存储将来得用必大,即求核定电复"。⑩1912 年 4 月,赵尔巽函件称,"奉省购买俄枪及子弹一事昨准,复电内开,所购旧式俄枪拨给陆防军队,似鱼杂价复稍昂等,因查此项俄枪,原系日人运夺接济民党之用。因其无款付价是以未交。今战局告终而日时,在铁路界内暗售,亟徒期待善价,不得已全数购用以免隐患,又复抬价□□,屡次磋商始定,明知稍有吃

---

①　赵尔巽全宗档案 543-85-2,中国第一历史档案馆藏。
②③④⑤⑥⑦⑧⑨⑩　赵尔巽全宗档案 543-76-2,中国第一历史档案馆藏。

亏,务此时局无可为何"。①

枪炮军械包含附件众多,枪、弹、药及附件相配,需要采购方具备丰富的采购经验,否则必将影响军队使用。1894 年 10 月,天津军械局顾元爵、徐军门文案吴秉钧就为山东胶州购买炮位事致函盛宣怀,"胶防快炮合同条款多妥,惟四十倍长者十尊共购子四千颗,铜壳二千以备放后重装可以敷用,而无烟药只二千出,似乎有子无药,且需添购铜帽火二千,铜壳上应注明带铜帽火字样。三十倍长口径八尊,子三千二百颗,无烟药与铜帽火亦只得一半,似应一并购足,请酌度为幸。功亭须枪二百杆,昨已将拨单送交卓门,请饬派弁赴西沽即领运,蒙艺亭三百,决不误其新勇执用,且可无须上院回帅。昨函请查铭军七生半炮子已否运营口,即祈示教为荷(附合同两纸)"。②

华洋军火贸易中,合同中的"佣金"除表面上让清廷官僚感觉享受到了折扣,认为办事官员为中方争取到了利益,却没有太多实际价值。这种无法进入个人腰包的公开"折扣"肯定是计算在总价中的,个人的好处费又不可少,总价必然会增加。1908 年 8 月,"七号机价九五扣抵,运费故只短四百五十五马,大批机价化学料价该扣九五,江电系实数,不能再扣,若如期汇运,务须先付才能提货"。③赵尔巽回电,"机价非九五扣,料齐款清,难先付,防短少,再迟必误工"。④赵尔巽曾回电陆军部,"查此项所购日本枪弹,议定付款时按照九五扣付给,报部时未曾提明此节"。⑤1910 年 7 月,赵尔巽致电陆军部,"川省订购日商泰平公司工兵通信器具材料、火石、壕坑木土测量沟垒各器具、军锅、山炮、土木工器具、行军杂具、枪用照准验查器,共价九七扣,实日币 34 235.8 元,前月已将合同咨送"。⑥1912 年 6 月,"德商瑞记洋行订购七响手枪,八米里五曼利夏,六米里五曼利夏,四种子弹,共计价行平化宝银十二万二千一百两,前经开摺声明在案,兹于新历五月二十四日,由度支司领到前项子弹第一批价行平银四万零七百两,按九扣应扣行平银四千零七十两,照八五扣回平水,共合沈平银四千八百二十二两九钱五分,理合如数呈缴以补公用"。⑦练兵处要求各省购买军械应与北洋一律,河南编练新军时购买炮位,价格高于北洋,经陆军部质询,河南巡抚认为该省上报价格为原价,而没有减去相应折扣。

赫德曾想代各省购买马梯戈枪十万支,需银二十余万两。李鸿章认为应细究实价,"若十万枝仅需二十余万两,每枝仅值二两余,其价过贱,他处断办不来",尽

---

①　赵尔巽全宗档案 543-110-2,中国第一历史档案馆藏,"□"为原档无法辨认之字。

②　《天津军械局顾元爵致盛宣怀函》,盛宣怀全宗档案 056715-1、056715-2,上海图书馆藏。

③④　赵尔巽全宗档案 543-75-4,中国第一历史档案馆藏。

⑤　赵尔巽全宗档案 543-109-14,中国第一历史档案馆藏。

⑥　赵尔巽全宗档案 543-76-2,中国第一历史档案馆藏。

⑦　赵尔巽全宗档案 543-110-6,中国第一历史档案馆藏。

可多多定购，"若一万枝需银二十余万，每枝带子几何并未声明，如仅枪价每枝需二十余两，又嫌稍贵"。①1878年10月25日，北洋决定购买外洋战船，派徐建寅等人考察德国等兵工厂。在清廷1881年从德国订造"定远"及"镇远"两艘钢甲船之后，赫德推荐英厂新式大碰快船，每船值银60万两，结果被李凤苞否定。因李凤苞在比较碰快船和巡洋舰的时候，发现了后者更为有利。"英、法、德所造皆用二三寸厚铁甲，名曰穹面钢甲快船（即巡洋舰），可在大洋御敌交锋，为最新之式。"②每艘加上克虏伯后膛大炮三尊，共需银约62万两。1883年10月1日，李凤苞在柏林与德国伏尔坚厂签订合同。1886年德国驻华公使巴兰德向总理衙门递交备忘录，与法国火炮详细比较，证明克虏伯火炮之优越。

清政府对军械购运中的运输、保险等费用也要求切实核减。宣统以前，各省订购外洋军械所需运输、保险费用按照18%核扣，并由各洋行包办。1908年前，北洋将运脚费已减到15%，而江苏向上海洋行购办军械时的合同中却仍将水脚保障装箱费按照18%核算，陆军部要求江苏在报销购办费用时按照15%核算。1909年10月，直隶将订购德国洋行机关枪等件总价144 350马克等情况上报陆军部，军实司就其价值是否过高咨询国内兵工厂。军实司通行各省购买军械应核减运保等费用，要求将总价的18%改为15%。③是年秋，上海德益洋行（即上海公益洋行）表示为清政府运输各项炮位子弹等件，无论远近统按合同总价的10%计算，并愿出具保证。清政府感到运脚费用仍可大大核减，"十分之内必尚有利益，所以以前十八分之数尤为多费，嗣后各省如有订购外洋军械，务须切实磋商，以期核实"。④1891年，时任津海关道的盛宣怀收到了克虏伯厂军火价目清单，其中运脚费有两种，且对购买总量有限制。

克虏伯二十四、二十一生的重炮及子弹运费实价⑤ 单位：马克

种　类	单　价
三百五十七磅合二十四生的长炮炮身重四万八千一百六十磅	95 500

---

① 李鸿章：《论购办西洋枪弹船炮》，同治十三年八月二十一日，《李鸿章全集》（卷31），信函（三），安徽教育出版社2008年版，第94页。

② 李鸿章：《续造钢甲快船折》，光绪九年二月初八日，《李鸿章全集》（卷10），奏议（十），安徽教育出版社2008年版，第158页。

③ 费志杰、文双发：《试析海关监督在近代华洋军火贸易中的重要角色——以盛宣怀为例》，《史林》2013年第6期。

④ 《宣统元年九月军实司通行各省购买军械核运保等费》，《兵部陆军部档案全宗》，第一历史档案馆藏。

⑤ 《代办克虏伯重炮及子弹实价清折》，盛宣怀全宗档案033499，上海图书馆藏。

续表

种　类	单　价
陆路炮台架	28 150
零件	1 210
全移铁路	6 200
二十四生的平常开花弹	63.5
硬铁开花弹	122
实心钢子弹,可穿一尺四寸铁甲	278
水脚保障等费	每千两 21 分,弹子 13 分,包运到沪
备注	每尊至少买 200 个炮弹,包括平常开花弹 140 个,硬铁开花弹 40 个,实心钢子弹 20 个

二、 对外购武器的督造验收

军品外购初期,清政府没有任何外购军品的经验,常常买到淘汰品甚至残次品。针对中国急于购买西洋枪炮的心理,各国将大量淘汰过时,甚至存有严重缺陷的枪支销售给清政府,且价格远远超过了当时的最新式武器。一方面是由于负责采购的军事官员的贪婪,更多的则是他们对武器的无知。[1]中法战争时,清兵舰去香港修理时,"取出所受之弹并不炸裂,且中实瓦砾等物,亦并无炸药在内"。[2]此后,清政府加强了外购武器的监造与验收。

清政府认为外购军械存在质量问题的一个重要原因是中介的不诚实。1862 年,赫德主张直接向厂家订购,确保所购军舰的质量,并逐步推行到其他军械的外购。1866 年 6 月 27 日,中国第一个外交使团访问德国,对德国军火巨头阿尔弗雷德·克虏伯有了深刻印象。李鸿章让人准备了一份各国大炮质量一览表,经过比较后认定克虏伯大炮"最为精奥"。1876 年,清政府在伦敦设立购买船炮代理,即金登干的职位。直到 1881 年惇亲王奕誴仍强调"所买或系各国不欲买之货,或各国改用新式而售出者皆系旧式不合用之货",主要是因"洋商与经手者唯利是图,委员既无眼力,又不洁己"。[3]此后,直接向外洋军工厂订购的方式越来

---

① Chester Holcombe: The Real Chinese Question, New York: Dodd, Mead & company, 1900, p.135.

② 邵之棠辑:《皇朝经世文统编》,文海出版社 1980 年版,第 3067 页。

③ 中国史学会编:《中国近代史资料丛刊·洋务运动》(一),上海书店出版社 2000 年版,第 215 页。

越为清政府所接受。特别是舰艇的购买,李鸿章希望派内行官员带船政学堂学生前去英国考察后订约,让学生在整个制造过程中进行学习,直至造成并配齐装备后随船回国。①驻外公使许景澄不但负责订购验收军械,还非常关注欧洲铸炮方法,作出比较,尽最大可能保证了所购军械的质量。1879 年,李鸿章推荐徐建寅以驻德参赞的名义,专门负责到德国考察并购买铁甲舰,同时还赴英法两国考察造舰和兵工,并订购船只。经过对英法德等国兵工厂的考察,徐建寅最后在德国司旦丁(今波兰什切青)伏耳铿船厂订造了两艘铁甲舰(镇远、定远)。②1881 年11 月,李鸿章向英国阿姆斯特朗厂订购的超勇、神威两艘新式快船到华,技术性能如下:

基本数据		武器系统	
舰长	67 米	舰首主炮口径	10 英寸
宽	9.7 米	舰尾主炮口径	10 英寸
吃水	4.26 米		
排水量	1 350 吨		
马力	2 400 匹		
航速	15 节,实际 12—13 节		

1880 年 12 月 2 日,李凤苞和徐建寅在欧洲详细考察,反复研究,决定综合当时最先进的英舰英弗来息白号和德舰萨克森号的优点,在德国伏尔坚厂建造第一艘铁甲舰,清廷为此筹资 620 万马克,1881 年 1 月 8 日合同正式签字,后命名为"定远"。5 月 23 日,李鸿章致电李凤苞,要求再订一艘铁甲舰,后命名为"镇远"。两舰 1885 年先后抵华加入北洋舰队。

定远、镇远铁甲舰技术参数③

基本数据		武器系统		防护系统	
舰长	94.5 米	主炮口径	305 毫米	式样	铁甲堡式
宽	18 米	主炮数量	4 门	船腰	复合装甲,堡长 43.5 米
吃水	6 米	舰首炮口径	152 毫米	水线上甲厚	356 毫米

① 李鸿章:《筹议海防折》,同治十三年十一月初二日,《李鸿章全集》(卷 6),奏议(六),安徽教育出版社 2008 年版,第 159 页。
② 徐建寅:《欧游杂录》,湖南人民出版社 1980 年版,第 105 页。
③ 李鸿章:《验收铁甲快船折》,光绪十一年十月十八日,《李鸿章全集》(卷 11),奏议(十一),安徽教育出版社 2008 年版,第 231 页。

续表

基本数据		武器系统		防护系统	
排水量	7 335 吨	舰尾炮口径	152 毫米	水线上装甲	钢面装甲
马力	6 000 匹	舰首炮数量	1 门	水线下甲厚	305 毫米
航速	14.5 节	舰尾炮数量	1 门	水线下装甲	"定远"为钢面，"镇远"为熟铁
		5 管机关炮	10 门		
		76 毫米口径炮	4 门		
		鱼雷艇	2 艘		

1884 年,许景澄出任德、意、荷钦差大臣后,负责查验在德国所造舰船的质量。经查"定远""镇远"二舰质量优良,而"济远"存在穹甲太低、机舱狭小、驾驶台布置混乱、弹药仓空气不流通等弊端,经向伏尔坚厂交涉,这些问题得到了整改。1885 年 8 月,曾纪泽两次致电总理衙门,称济远有上重下轻、快船不快、有装甲而不能受子等毛病。[1]虽然如此,李鸿章依然嘱许景澄催促曾纪泽尽快在英、德各购两艘,式可不同,炮械应一律。[2]于是,在英国阿姆斯特朗厂订造两艘,后被命名为"致远""靖远";在德国订造两艘,后被命名为"经远""来远"。

1883 年清廷从德国所订造之巡洋舰"济远"舰的主要技术参数[3]

基本数据		武器系统		防护系统	
舰长	72 米	主炮口径	210 毫米	式样	龟甲式
宽	10.36 米	主炮数量	2 门	装甲	由 1 英寸钢、2 英寸铁制成的装甲覆盖机舱
排水量	2 300 吨	150 毫米口径炮	2 门		
马力	2 800 匹	鱼雷发射管	4 具		
航速	15 节				
淡水柜	8 只				
电灯	80 盏				
装煤	270 吨				

---

① 曾纪泽:《曾候致译署》,光绪十一年七月初六日,《李鸿章全集》(卷 21),电报(一),安徽教育出版社 2008 年版,第 577 页。

② 李鸿章:《寄柏林许使》,光绪十一年七月十一日,《李鸿章全集》(卷 21),电报(一),安徽教育出版社 2008 年版,第 579 页。

③ 李鸿章:《验收铁甲快船折》,光绪十一年十月十八日,《李鸿章全集》(卷 11),奏议(十一),安徽教育出版社 2008 年版,第 231 页。

李鸿章、福州船政大臣裴荫森、驻德公使许景澄、驻英公使曾纪泽等人联手安排，1885年8月，派遣闽厂匠师黄戴、艺徒张启正、福州船政局前学堂制造班第二届学生林鸣埙赴英国监工验料，实地查看中国在英订购之"致远""靖远"两舰的建造情况。同期，还派遣闽厂匠师陈和庆、艺徒裴国安、福州船政局前学堂制造班第二届学生曾宗瀛赴德国监工验料，实地查看中国在德订购之"经远""来远"两舰的建造情况。①

1887年到华的四艘快船性能②

基本数据		武器系统	
舰长	81.38 米	主炮口径	210 毫米
宽	11.58 米	主炮数量	3 门
排水量	2 300 吨	150 毫米口径炮	2 门
吃水	4.88 米	6 磅炮	8 门
马力	7 500 匹	速射炮	6 门
航速	18 节	鱼雷发射管	4 具

1886年，海军留德学生陈才瑞购得鱼雷各汽机，组织技工整修合拢，掌握了鱼雷艇的安装和制作方法，郑清廉、魏翰等在欧洲参与监造了多艘舰船，对确保船舰的质量起到了重要作用。1887年12月10日，四舰连同向英国百济公司订购的左队一号鱼雷艇一起驶离英国朴茨茅斯港抵达厦门，1888年4月25日驶抵天津大沽，该艇长38.1米，宽3.96米，吃水2.1米，马力1 000匹，时速41.84公里。③1907年2月，日本川崎造船所给时任商务大臣的盛宣怀来函（彩色信函），"敝厂前承贵国政府之命，订造炮舰六艘，现第四艘名楚谦者，舰体业已告成，定于华历一月初九日进水式，届时务乞光降欢览，不胜荣幸，盼祷之至专此奉布"。④1909年，军实司决定通过试验比较德法炮位的优劣情况，陆军部向德国克虏伯、法国士乃得两厂各订样炮4尊，为将来购炮参考。1910年10月24日，陆军部接浙江电，浙江与美最时洋行订购马步枪，将不合格产品剔退。

由于海军事务衙门中的许多八旗子弟，在向外洋购买军火中有不少借机牟利现象，他们接受贿赂后购买劣质军火并缺乏统一标准，各舰子药多不合式。⑤

---

① 曾纪泽：《出使英法俄国日记》，岳麓书社1985年版，第868、871页；光绪十一年八月初三日《裴船政来电》，光绪十一年八月初二日《寄柏林许使》，《李鸿章全集》电稿，第1册，安徽教育出版社2008年版，第554、551页。

②③ 李鸿章：《新购雷艇酌定饷章折》，光绪十四年五月初十日，《李鸿章全集》（卷12），奏议（十二），安徽教育出版社2008年版，第408页。

④ 《川崎造船所致盛宣怀函》，盛宣怀全宗档案033370，上海图书馆藏。

⑤ 陈旭麓等：《盛宣怀档案资料选辑之三·甲午中日战争》下，上海人民出版社1982年版，第398、401页。

1907 年 8 月 8 日,练兵处规定,各省向外洋购买军械必须在运到日派遣人员认真查验,有无虚报滥收与合同不一致者及相应售后服务问题,验收人员签字画押,由该将军督抚备文咨送练兵处备案。

1881 年 2 月,李鸿章为代山东订购蚊子炮船迳驶天津事致函德璀琳,"广东、山东购办蚊子大炮船共三只,将次造成,拟由英国轮船公司保荐船主包送来华,当经札覆该之税务司转饬,将广东所订一只径送广东省城验收,并咨行各省在案。兹准山东抚部院函称:将来该二只蚊船到后,是否合式利用,能否精坚齐全,东省无熟谙船学之人,请仍饬径赴津沽,以便本大臣料理接收等因。自应准照所请变通办理,应行知总税务司,即速转饬伦敦金税务司。所有前代山东订购蚊子炮船二只,工竣开驶来华,务令船主罗斯径行驶往天津,听候本大臣代为验收,派员接管。其广东蚊子炮船一只,仍遵照前札径送广东省城,由两广督部堂派员验收"。①辛亥革命前夕晚清政府从日本购买了部分枪械,袁世凯致函赵尔巽,"日政府派横山中佐来直查验前购日枪械是否完固,现已验竣,因本省亦曾购该国枪械,拟于二十日由津起程赴奉检查"。②赵尔巽回复称,"横山中佐既已查验,尊处各枪保存之法必经指教,敝处可以遵办,请转告勿来"。③

1884 年,中法战争期间,李鸿章主张改善前线清军的装备,向德、美、奥等国购买过山炮 120 尊,后膛枪 10 000 支,所需费用先从出使经费项下支出。④中法战争后的十年,清王朝再度加强海防建设,北洋舰队正式成军,不过战争威胁稍稍降低,清廷建设军队的速度就趋于停滞,李鸿章发出感叹,"倭人于近十年来,一意治兵,专师西法,倾其国帑,购制船械,愈出愈精。中国限于财力,拘于部议,未能撒手举办,遂觉稍形见绌。海军快船、快炮太少仅足守口,实难纵令海战。……至陆路交锋,倭人专用新式快枪、快炮,精而且多,较中国数年前所购旧式者尤能灵捷"。⑤1885 年 12 月,时任布政使衔前署津海关道直隶候补道盛宣怀,主持向天津泰来洋行定购军火,但在验收时出现问题,为此北洋海防军械总局专门致函盛宣怀:"北洋大臣李札饬,查验贵道经办八生脱陆路后膛钢炮三十尊,炮架子药箱车不合驾操,拟留备分运各营子药之用,并请由制造局配造车架子药箱车以备拨用,各缘由业经开单备文咨会在案,兹于本年十一月初五日,奉北洋大臣李批开,据禀验收盛道经购泰来洋行八生脱陆路后膛钢炮三十尊,查看炮身尚属完好可用,惟原来炮架子药箱车均系旧式,间有糟朽不合操驾,应札饬营制造局按照现时新式,

①　天津市档案馆、天津海关:《津海关秘档解译》,中国海关出版社 2006 年版,第 180 页。

②③　《盛京军署机密函电稿不分卷》,古籍类 T28219-27,上海图书馆藏,第 168 页。

④　谢世诚:《李鸿章评传》,南京大学出版社 2006 年版,第 466 页。

⑤　李鸿章:《据实陈奏军情折》,光绪二十年八月二十日,《李鸿章全集》(卷15),奏议(十五),安徽教育出版社 2008 年版,第 423 页。

赶紧配造以备各军领用,原来车架应即另行妥存留备,有事时拉运子药及炮台边炮更换车架之用,勿稍损坏废弃,其炮上短少零件既经该所查明连同短数不堪用子弹等项,开单咨会盛道,饬令该商照补更换并面与满德驳论,已允明年开河配齐补运,仰催令务须如期运津不得再有延误,并移盛道转饬,迅速补运,清折存此缴等因。"①

1886 年 7 月,盛宣怀被保荐为钦加二品衔监督山东东海关登莱青兵备兼烟台东海关监督,1887 年 1 月,北洋海防军械总局继续同泰来洋行交涉盛宣怀在天津定购军火验收不合格事宜,该文同时呈报盛宣怀。"驻沪南北洋勘验军火局候选道冯(冯瑞光),移开光绪十一年十一月七日准贵局咨开案,照本局于本年九月十三日奉北洋大臣李札开,据驻沪购料转运事宜冯道禀报,查验盛道在泰来洋行定购克虏伯八生脱陆路后膛钢炮三十尊,并会办北洋海防事宜吴所购前项炮位十八尊,共四十八尊,札所俟运津后查验具报等因。奉此旋准贵道将前项炮位车架子弹等件装由潜济轮船运解来津,本局起存西沽库,逐细查验并约同炮队教习德弁李曼、泰来行商满德,前往西沽查验,前项八生脱口径车炮均系西历一千八百六十七年所造,炮身及膛内来复线并后闩钢饼钢圈尚属完好可用,炮架与子药箱车亦系六十八年以前旧式,轮辐间有糟杇不合驾马之用,但当时原购本属旧炮旧架,只可照收,惟炮上应有零件,查盛道台原定合同内订明随炮配齐,现在随炮来者缺少甚多,当令李曼查明详细开单面与满德驳论,必须照补。该商应允配齐,准定明年开河时运到,并将会办北洋海防事宜吴所购炮位子弹各件遁次查号,另行妥储。除缮具清折申报会办北洋海防事宜吴鉴核外,所有短少零件及短数不堪用子弹等件开单咨覆查照等因。准此,兹据泰来洋行商人李德来称,前项德弁李曼查验短少零件与满德订明照补之件运送到埠,禀明盛道台,谕请烦为会同验收运津前来,敝道当即会同吴会办委员王丞前往该洋行开箱逐一点验,查单开之木盒每尊一个,皮药袋每尊五个,今只二个,尚缺三个,铁斧用皮带每尊一条均未照补,其余照单点验相符,其件亦均一律新造。惟查贵局来文单内尚有短数不堪用子弹等件叙明已咨盛道台,饬商照补,此次并未随同运到,询据李德面称此项满德已禀明盛道台,免予补交等语。敝道系属隔手有无案据无从查悉,应由贵局核办。所有现在补到各件分装八箱件装,交海定轮船运津,该船即于十月十六日开行起程,除缮具清折申送北洋大臣察核外,相应开具清单并提货单备文移送,为此合移贵局,请烦查照见核施行,计送清单一纸提货单一纸等因。到局准此,查泰来洋行补运克虏伯八生脱车炮四十八尊炮用零件八箱,当经本局派弁雇船提运西沽械库,查照单开各件逐细查点核与冯道台原单数目均尚相符,除照数妥存按炮配齐备拨外,所

---

① 《北洋海防军械总局咨盛宣怀文》,盛宣怀全宗档案 033387,上海图书馆藏。

有点数收补到前项北洋所购克虏伯八生脱炮三十尊,并前会办北洋海防事宜吴所购八生脱车炮十八尊零件数目并申报北洋大臣李鉴核外,相应抄单备文咨会。"①这是北洋海防军械总局同泰来洋行交涉的材料,作为驻沪勘验军火局的委员,冯瑞光在验收军火时发现其中三十尊炮系 1867 年所造,炮架有朽坏,但随炮零件缺少甚多,与合同不符。洋行认补配件到位后发现仍有缺少,洋行有免交说法,可能盛宣怀有庇护之嫌。

同日,军械局再次致函盛宣怀关于此项军火事,"驻沪南北洋勘验军火局候选道冯移开案奉北洋大臣李,批饬盛道经购泰来洋行车炮吴会办及本大臣饬购之四十二尊炮身车架等件妥速运津,交军械所收存,仍严催洋行零件补到即行解津以资配用等因。奉此嗣于本年四月初九日,将前项炮身车架等件装交拱北轮船运津,业经缮折呈报并移送贵局验收,续准贵局验收移覆在案,兹据泰来洋行将应补零件运到,敝道当即会同吴会办委员王丞开箱点验,除后门皮套炮口皮套洗杆皮套出炮膛铅渣刮子钢底钢圈五种未齐,据泰来洋行洋商面称续后运到再请验收寄运外,其余各项零件均已照点收,分装十三箱报装海定轮船运赴天津,该船即于十月十六日开行起程,除缮具清折呈报北洋大臣察核外,相应开具清单并提货单备文移送。……再此次海定轮船水脚提单批明由贵局付给至保安等费由敝所垫给合并叙明,计送清单一纸提单一纸等因。到局准此查泰来洋行补运克虏伯九生脱车炮四十二尊炮用零件十二箱,当经本局派弁雇船提运西沽械库,查照单开各件逐细验收内有霉烂各种皮盒一百二十六个,药箱皮带四十二条,残坏铁斧二把,铁锹一把,油罐十三个,牛油罐三个,小刷子一把,尖锄五把,轮垫一个,均属不堪应用,其余均已照数妥存,按炮匀配备拨外,所有点收道前项北洋所购克虏伯九生脱车炮二十二尊,并前会办北洋海防事宜吴所购九生脱车炮二十尊零件数目并申报北洋大臣李鉴核抄单备文咨会"。②泰来洋行再次补运,仍有诸多不堪用之零配件,说明购买西洋二手武器看似省费,实则配件不全、质量不佳,仍属糜费之举。

1887 年 1 月泰来洋行补到北洋所购克虏伯九生脱车炮二十二尊零件数目清单③

炮用皮椅垫左办 13 个右边 9 个	尖锤 22 把	长链 22 根
铁斧 22 把	蟹钳起子 22 把	铁圈 22 个
铁锹 21 把	剪钳 22 把	黑皮药盒 22 个
进药木槌 22 个	三角刮 22 个	炮说 22 本

① 《北洋海防军械总局咨盛宣怀文》,盛宣怀全宗档案 033554,上海图书馆藏。

② 《北洋海防军械总局咨盛宣怀文》,盛宣怀全宗档案 033557-2,上海图书馆藏。

③ 《泰来洋行补至北洋所购炮零件数目清单》,盛宣怀全宗档案 033557-1,上海图书馆藏。

弹子起子 22 个	炮耳盖 22 个	象限仪 22 个
提弹环 22 个	洋锁 22 把	炮门钻 22 个
油罐 16 个	钢圈起子 22 个	半圆锉刀 22 把
牛油罐 20 个	螺丝起子 22 个	圆头公母螺丝 22 个
拉火绳 22 根	扳手铁管 22 个	平头公母螺丝 22 个
火门针 22 根	轮垫 21 个	方头公母螺丝 22 个
小刷子 21 把	中链 22 根	销子 22 个
尖锄 19 把	短链 22 根	水桶 22 个

泰来洋行补运前会办北洋海防事宜吴所购克虏伯九生脱车炮二十尊零件数目清单①

炮用皮椅垫左办 12 个右边 8 个	尖锤 20 把	长链 20 根
铁斧 19 把	蟹钳起子 20 把	铁圈 20 个
铁锹 20 把	剪钳 20 把	黑皮药盒 20 个
进药木槌 20 个	三角刮 20 个	炮说 20 本
弹子起子 20 个	炮耳盖 20 个	象限仪 20 个
提弹环 20 个	洋锁 20 把	炮门钻 20 个
油罐 13 个	钢圈起子 20 个	半圆锉刀 20 把
牛油罐 13 个	螺丝起子 20 个	圆头公母螺丝 20 个
拉火绳 20 根	扳手铁管 20 个	平头公母螺丝 20 个
火门针 20 根	轮垫 20 个	方头公母螺丝 20 个
小刷子 20 把	中链 20 根	销子 20 个
尖锄 18 把	短链 20 根	水桶 20 个

三、 外购军品的阶段性特征

中国很早就购买过西洋武器,如文献中记载,1619 年明代徐光启在朝廷的支持下委派守备官张焘向澳门购买 30 门英国所造火炮,聘请葡萄牙炮师制造西洋炮。②康熙

---

① 《泰来洋行补至北洋所购炮零件数目清单》,盛宣怀全宗档案 033557-1,上海图书馆藏。

② 《清代兵事典籍档册汇览》卷 35,学苑出版社 2005 年版,第 663 页;王兆春:《中国古代兵器》,商务印书馆 1996 年版,第 37、41 页。1630 年由徐光启监制仿造 400 余门西洋大炮,1631 年后开始仿制西洋大炮,1632 年由德国传教士汤若望监制再仿造 500 门西洋大炮。康熙年间清廷雇用比利时人南怀仁监制火炮。

年间，"平定三藩，曾用西洋人制露枪炮，颇赖其力"。①不过大清王朝地位一定，太平盛世之下，军器的更新已少有人关注。明末即已引入中国的"开花炮弹"一直被锁在深宫大院，同治光绪年间，左宗棠知晓此事后顿发感慨，上书总理衙门，尝叹"泰西开花炮子及大炮之入中国，自明已然。现在凤翔府城楼尚存开花炮子二百余枚；平凉会城现有大洋炮，上镌万历及总制胡等字，余剥蚀。然则利器之入中国，三百余年矣。使当时有人留心及此，何至岛族纵横海上数十年，挟此傲我，索一能人不得也"；"忆及道光年间，粤绅潘仕成曾以洋人雷壬士所制水雷进。朝命天津镇向荣监同演试，比经覆陈有案。不知后此洋防者何以无一语道及"。②从时间上看，近代华洋军品贸易主要可以分成三个阶段：1840—1860 年（第一次鸦片战争到洋务运动开始）为第一阶段；1861—1895 年（洋务运动时期）为第二阶段；1896—1911 年（中日甲午战争到辛亥革命）为第三阶段。

第一阶段：1840—1860 年（第一次鸦片战争到洋务运动开始）

1840 年 4 月，林则徐"购买西洋各国洋炮二百余位。……并购旧洋船为式，使兵士演习攻首尾，跃中舱之法，使务乘晦潮，据上风，为万全必胜计"③，分别配置在虎门要塞各炮台上，使虎门各炮台火炮增至 300 多门，另外林则徐还主持改进 60 只运输船为战船，装备虎门要塞。如虎门与英军作战中的战船"截杀"，系由林则徐从美商处购进英制 768 建造者单位（builder's measurement，简称 bm，属于对风帆时期舰船大小的西方计量单位，是容量计算法，有别于排水量的计算法）的"甘米力治"（Cambridge）号商船改装而成④，同时林则徐还购买了两艘二十五吨重的纵式帆船和一艘小轮船。这也成为中国购买西方船只之开端，只不过，这些舰船设计不合理，或者缺少智能之士，总之舰船无法工作。⑤林则徐只得将其改装为安炮 34 门的军舰模型，供清军训练使用。⑥曾在广东海面先后七次击退英国舰船的武装挑衅。不甘失败的林则徐等人决心"以夷制夷"，购买一批洋炮武装沿岸炮台，包括购买商船改造为兵船，或直接购买炮船为我所用。

鸦片战争时期被英军打败之后，清廷重新认识到西洋军火的重要性，为镇压太平军势力开始小批量购买外洋枪炮，甚至聘请了部分外国教练带领和指挥洋枪

---

①　蒋廷黻编著：《近代中国外交史资料辑要》上卷，湖南教育出版社 2008 年版，第 343 页。

②　秦翰才：《左宗棠全传》2010 年未刊本，复旦大学图书馆藏，第 216 页。《左文襄公全集》，文海出版社 1979 年版，第 3128 页。

③　魏源：《道光洋艘征抚记》，转引自《中国近代史资料选辑》，三联书店 1954 年版，第 9 页。

④　马幼垣：《靖海澄疆——中国近代海军史新诠》，联经出版社 2009 年版，第 53 页。

⑤　Hanes, William Travis: Opium War: the addiction of one empire and the corruption of another, London: Robson Books, 2003, p.82.

⑥　魏源：《海国图志》，《续修四库全书》第 744 册，上海古籍出版社 2002 年版，第 417 页。

队与太平军作战。两广总督叶名琛曾经为刚刚组建的湘军在香港购买洋炮。①
1854 年 2 月 25 日,武昌危急,咸丰帝调派曾国藩率领湘军迎战太平军,在谕旨中
明言,"现在已逾正月下旬,船、勇当早齐备,广东所购洋炮谅已陆续解到"。②"此
次蒙皇上屡降谕旨,饬令两广督臣叶名琛购备洋炮,为两湖水师之用。现已先后
解到六百尊来楚,皆系真正洋装、选验合用之炮。"③叶名琛先后为湘军购置西洋
火炮 1 800 门,湘军水师长龙船装备 800—1 000 斤洋庄(即洋炮)船首炮 2 门、
700 斤洋庄舷侧炮 4 门、700 斤洋庄船尾炮 1 门。舢板船装备 700—800 斤洋庄船
首炮 1 门、600—700 斤洋庄船尾炮 1 门。还装备有洋枪等火器,供近战使用。④在
总结湘潭、岳州两次战役取胜的原因时曾国藩说,"湘潭、岳州两次大胜,实赖洋炮
之力"⑤,还强调"江面非可遽清,水前尚须增添,尤须有洋炮继续接济,乃能收越
战越精之效"。⑥胡林翼 1855 年称湖南所造土炮"不如粤东所购洋炮之美"。⑦直
到 19 世纪 60 年代前夕,清廷引进西洋武器的规模并不大。左宗棠与太平军作战
时所创水师,每艘船配炮两尊,"系经广东向外国购致"。⑧

第二阶段:1861—1895 年(洋务运动时期)

1856 年,担任江海关税务司的李泰国建议清政府"宜买此轮船数只,扫除狂
寇"。⑨咸丰皇帝决定筹商雇请火轮船帮助镇压太平军,命钦差大臣向荣等人办
理,只是因第二次鸦片战争爆发,被搁置下来。1861 年清政府向英国购买轮船耗
费百万两白银。⑩但受传统华夷秩序观的影响,战争威胁一旦减少,清廷主动改善
武器装备的动力也立刻变小。镇压太平天国运动时期,在清军与洋枪队协同作战
的战场上,新旧枪炮的悬殊对比给清廷官员留下了深刻的印象。随着洋务自强运
动的展开,清廷对西洋装备的兴趣也越来越浓。1862 年 2 月,曾国藩日记写道,
"接周殻甫信,买洋船一只,湾泊城下,欲余登船阅看,定夺其价,已议定五万五千
金,一委员朱筱山别驾押坐来皖,因与朱同登舟一看,无一物不工致,其用火激水
转轮之处,仓卒不能得其要领,少荃、申夫、著生等亦均往阅看"。⑪李鸿章的淮军
到上海之后,将原上海会防局的炮勇收编,从香港购买大量新式火炮,包括英制前

---

① 茅海建:《苦命天子咸丰皇帝奕詝》,生活·读书·新知三联书店 2006 年版,第 159 页。

② 《清实录》第 42 册,第 50 页。

③⑤⑥ 曾国藩:《请催广东续解洋炮片》,《曾国藩全集·奏稿卷三》,河北人民出版社
2016 年版,第 74 页。

④ 王兆春:《中国火器史》,军事科学出版社 1991 年版,第 324 页。

⑦ 《胡林翼集》(奏疏),岳麓书社 2008 年版,第 54 页。

⑧ 秦翰才:《左宗棠全传》2010 年未刊本,复旦大学图书馆藏,第 214 页。

⑨ 贾桢:《筹办夷务始末》(咸丰朝),第 2 册,中华书局 1979 年版,第 456 页。

⑩ 梁义群:《近代中国的财政与军事》,国防大学出版社 2005 年版,第 60 页。

⑪ 李守孔:《中国近百余年大事述评》第一册,台湾学生书局 1997 年版,第 279—280 页。

膛炮、后膛开花炮,法制轻型六磅野战炮,德制七生半过山炮等。还收编清军上海水师,组建小型海军舰队(原上海捕盗局小舰队),1862 年 10 月李鸿章一次性购进洋枪一万支、大炮十二尊。①但此一时期,清廷对外洋军械还没有强烈的渴求心态。1871 年,李鸿章一口气向克房伯兵工厂买下 328 门大炮。"十九世纪六十年代之后,各省营勇均已普遍采用洋枪洋炮,这些枪炮都是购之外洋。"②据统计,1866 年一年进口军火,即有雷管 9 900 余万支,火药 238 余万磅,来福枪约三万支,大炮 42 尊。而按合同进口的火药尚不在内。③克房伯兵工厂档案显示,仅1881—1896 年,中国就陆续购进各类克房伯火炮达 3 116 门,成了克房伯兵工厂最大的亚洲客户。其中仅 1885 年 5 月北洋就从德国购置克房伯炮 172 尊及84 尊翻新克房伯野战炮。

　　1874 年,由于日本侵略台湾,清政府认识到建设海防的重要性,从而开始大量购买外国船炮。中日因台湾问题双方对垒时,中国海军大大小小,"可称得上新式舰艇的共 29 艘,包括闽沪两局所造 19 艘,两广总督瑞麟和闽浙总督英桂从外国人手中购进的 10 艘"。④总税务司赫德当时写信给伦敦的金登干,称毕德卫到中国来,现在是再好不过的时候了。台湾事件稍微推动了一切事情的发展。"中国的达官贵人准备使用装甲舰、低舷铁甲舰、弹射器、弩、克房伯大炮、废铜烂铁——以及叫他们去获胜的其他东西,而且一定会万无一失"⑤。军品外购受到多数督抚官僚的支持,当然海军建设成为重点。海防问题大讨论时,李鸿章认为防范日本应该筹备铁甲船,1875 年 6 月,李鸿章致函总理衙门称,"约计一军,须兵轮船二十只,内应有铁甲船一两只,声势稍壮"。⑥由于筹款艰难,经费紧张,缺乏合适的军港等因素,加之赫德等认为蚊船加快船可制服铁甲船之议,且海外也有停造铁甲舰之国,铁甲舰被有船小、炮大、行速特点的蚊子船所取代,"船小,则价不甚昂,炮大,则能御铁甲,行速,则易于进退"。⑦李鸿章接受赫德建议,1875 年向英国购买"伦道尔"(Rendel Gunbots)式炮艇四艘,此后数年又经赫德向英国下了三批订单,总共购买十一艘伦道尔式炮舰,以及两艘撞击巡洋舰。有

---

①　王华:《曾国藩为什么不称帝》,《领导文萃》2001 年第 5 期。

②　阮芳纪等编:《洋务运动史论文选》,人民出版社 1985 年版,第 141 页。

③　转引自聂宝璋:《十九世纪中叶在华洋行势力的扩展与暴力掠夺》,《近代史研究》1981 年第 2 期,第 114 页。

④　汤黎:《钦商盛宣怀》,崇文书局 2009 年版,第 68 页。

⑤　陈霞飞:《中国海关密档》第一卷,中华书局 1990 年版,第 49 页。

⑥　李鸿章:《论海防筹饷》,光绪元年五月十一日,《李鸿章全集》(卷 31),信函(三),安徽教育出版社 2008 年版,第 241 页。

⑦　李鸿章:《订购快船来华折》,光绪七年十月十一日,《李鸿章全集》(卷 39),奏议(九),安徽教育出版社 2008 年版,第 508 页。

了这十三艘军舰之后,中国才敢于出兵干预壬午朝鲜军乱。

1876 年,李鸿章给沈葆桢写信称,铁甲船"若能添购两号,纵不足以敌西洋,当可与日本角胜于海上"。①直到 1879 年 4 月日本吞并琉球,清廷才产生极大震动,购买铁甲舰的欲望更加强烈起来。是年 7 月,李鸿章致函李凤苞称,"日本恃有新购铁甲,肆意妄为,先向琉球阻贡,旋即吞灭其国改为冲绳。何子峨(驻日公使何如璋)与总署屡与辩论,概置不理,议者恐其恃强坐大,渐有窥伺台湾、高丽之意,中国须亟购铁甲数船伐谋制敌"。②并嘱其迅速调查合适船只及价格。是年年底,李鸿章再次上奏强调购买铁甲,"南北洋滨海数千里,口岸丛杂,势不能处处设防,非购置铁甲等船,练成数军,决胜海上,不足臻以战为守之妙"。"中国即不为穷兵海外之计,但期战守可恃,藩篱可固,亦必有铁甲船数只游弋大洋,始足以遮护南北各口而建威销萌,为国家立不拔之基。"③

批　　次	购买动因	购买数量
第一批 1875 年订购	日本侵台之牡丹社事件	四艘炮舰
第二批 1878 年订购	日本新购铁甲舰的刺激	四艘炮舰
第三批 1879 年订购	为购买铁甲舰作准备	两艘巡洋舰
第四批 1881 年订购	李鸿章与刘坤一争夺海防经费	三艘炮舰

向英国阿姆斯特朗厂订购的两艘新式快船,被命名为超勇、神威。实际上这种炮艇快船行驶缓慢,不能远涉重洋,清军将领刘步蟾先发现其缺陷,认为蚊子船适于近海攻击而不是防御,没有自卫能力,只能用于港口防守。李鸿章从船政局得到奏报后,为贯彻其防守策略,不但没有停止,反而鼓励清廷继续添购,掀起了新一轮购买船炮的高潮。

定远、镇远、济远三舰建成之时,清廷又组织大臣进行第二次海防大讨论。清廷考虑继续购舰,李鸿章提出所购"铁甲舰当如定远、镇远之式,快船当如济远之式,捷报舸则采取英、法新式,以每小时能行十八海里者为尚,鱼雷艇须长百尺,每小时能行二十海里者为尚"。④中法战争之后,海军建设引起了清廷的高度重视。

---

① 李鸿章:《复沈幼帅》,光绪二年正月二十六日,《李鸿章全集》(卷 31),信函(三),安徽教育出版社 2008 年版,第 356 页。

② 李鸿章:《复李丹崖星使》,光绪五年六月初九日,《李鸿章全集》(卷 32),信函(四),安徽教育出版社 2008 年版,第 452 页。

③ 李鸿章:《筹议购船选将折》,光绪五年十月二十八日,《李鸿章全集》(卷 8),奏议(八),安徽教育出版社 2008 年版,第 510 页。

④ 中国史学会编:《中国近代史资料丛刊·洋务运动》第 2 册,上海人民出版社 1961 年版,第 566 页。

李鸿章从务实角度出发,认为与其拨三百余万两银购买两艘定远式铁甲舰,不如购六艘济远式快船,"以济急用"①。1885 年 8 月,李鸿章上奏,赞同扩建水师成立三洋海军,"每枝必有铁甲船两艘,快船四艘,捷报舠两艘,鱼雷艇二十只,运兵轮船两只,以先立根基,徐图充拓"。②清廷令李鸿章照济远式样购船四艘,以备防台湾、澎湖。李鸿章随即致电曾纪泽、许景澄,在英、德分别订购两艘 16 海里时速的济远式快船。1886 年夏秋两季,上海和天津之间的许多往来信件都谈到了拟议中的各项军火等承包合约。③1889 年盛宣怀与信义洋行商购铜料,"兹有本衙门应付信义洋行铜价规银二万三千九百九十五两四钱,已函致李德,即日赴尊处取付,望即在于萧静三(人名)账内照数付给,查萧处存款恐已不敷,望即在于熟点钱庄暂行借付,已嘱萧静三即日汇银二万两至沪矣。……信义铜已到烟未便迟延也"。④"山东机器局物件来电已齐,请即速运至天津交花农派人运送德州,所有发票清单仍寄烟台,勿迟迟,恐封河难运也。"⑤

第二次鸦片战争结束,咸丰皇帝被逼退至热河。恭亲王奕䜣支持慈禧发动辛酉政变,得以议政王身份总揽内外大权。在 1861 年新设的总理各国事务衙门中,奕䜣以亲王、议政王兼首席军机大臣的身份兼顾总理衙门。他认为"添设总理各国事务衙门,专管中外一切交涉,本系从来未有之创格,并无成法可守"。⑥奕䜣一方面强调外交斗争应以实力为后盾,为增强外交实力,奕䜣大力鼓吹自强富国运动;另一方面,强调对外以诚信和好为宗旨,为国内自强运动争取一个有利的国际环境。于是为期 35 年的洋务运动正式开始,主要表现为引进和学习西方先进的科学技术,创办和发展军事工业,建立新式海防等活动。这期间,武器与军工技术的同时引进,也标志着华洋间的大规模的军品贸易走上正轨。北洋舰队建设最快,也成为亚洲各小国瞩目的焦点,甚至一定程度上让近代国人引以为豪。这大大推动了中国军队近代化进程。

1886 年 10 月,上海瑞生洋行向盛宣怀呈递练军营所存洋枪,包括后膛枪价目、测量远近机器价目、海防轮船价目等。"来福洋枪 52 杆,单响小洋枪 27 杆,内短探子 4 条,来福洋枪 117 杆,内短探子 6 条,短刺 36 个,小双筒洋枪 22 杆内损

---

①　李鸿章:《筹议购船》,光绪十一年六月十九日,《李鸿章全集》(卷 33),信函(五),安徽教育出版社 2008 年版,第 517 页。

②　中国史学会编:《中国近代史资料丛刊·洋务运动》第 2 册,上海人民出版社 1961 年版,第 565—566 页。

③　[英]勒费窝:《怡和洋行——1842～1895 年在华活动概述》,上海社会科学院出版社1986 年版,第 78 页。

④　《盛宣怀致杨廷皋函》(43),盛宣怀全宗档案 021259,上海图书馆藏。

⑤　《盛宣怀致杨廷皋函》(46),盛宣怀全宗档案 021244,上海图书馆藏。

⑥　《筹办夷务始末》(同治朝)卷 63,中华书局 2008 年版,第 17—18 页。

坏 1 杆,硫磺毛重 9 349 斤。"①

上海瑞生洋行向盛宣怀呈递阿姆斯特朗新式后膛钢炮子弹价目单②　　英银:镑

种　类	规　格	价　目
六寸口径炮	长 168 寸重 9 000 磅	1 200
	试炮费	35
	装箱上船费	24
	至申水脚保险费	37
	炮架每座	473
	随炮零件	43
	炮路等	55
	炮车至申水脚保险行用等费加二成算	114.4
合　计	每尊炮连架计英银	1 981.4
	六寸炮平常开花弹每颗重 80 磅	0.24
	硬铁开花弹每颗重 80 磅	0.45
	蒲桃弹每颗重 70 磅	0.2
	以上弹子至申水脚等费加二成算	
七寸口径炮	长 196 寸重 15 000 磅	1 665
	试炮费	50
	装箱上船费	40
	至申水脚保险费	84
	炮架每座	620
	随炮零件	48
	炮路等	60
	炮车至申水脚保险行用等费加二成算	145.12
合　计	每尊炮连架计英银	2 712.12
	七寸炮平常开花弹每颗重 140 磅	0.38
	硬铁开花弹每颗重 140 磅	0.56
	蒲桃弹每颗重 120 磅	0.28
	以上弹子至申水脚等费加二成算	

---

①② 《发存洋枪等项数目清折》,盛宣怀全宗档案 117630,上海图书馆藏。

种　类	规　格	价　目
八寸口径炮	长 224 寸重 26 880 磅	2 420
	试炮费	65
	装箱上船费	54
	至申水脚保险费	142
	炮架每座	740
	随炮零件	52
	炮路等	72
	炮车至申水脚保险行用等费加二成算	172.16
合　计	每尊炮连架计英银	3 717.16
	八寸炮平常开花弹每颗重 200 磅	0.57
	硬铁开花弹每颗重 210 磅	0.80
	蒲桃弹每颗重 280 磅	0.34
	以上弹子至申水脚等费加二成算	
十寸口径炮	长 280 寸重 56 000 磅	5 000
	试炮费	120
	装箱上船费	110
	至申水脚保险费	387
	炮架每座	1 155
	随炮零件	72
	炮路等	100
	炮车至申水脚保险行用等费加二成算	265.8
合　计	每尊炮连架计英银	7 209.8
	十寸炮平常开花弹每颗重 400 磅	0.95
	硬铁开花弹每颗重 450 磅	1.6
	以上弹子至申水脚等费加二成算	
十二寸口径炮	长 336 寸重 96 320 磅	9 240
	试炮费	250
	装箱上船费	197
	至申水脚保险费	687

续表

种 类	规 格	价 目
十二寸口径炮	炮架每座	1 925
	随炮零件	88
	炮路等	100
	炮车至申水脚保险行用等费加二成算	423.12
合 计	每尊炮连架计英银	12 909.12
	十二寸炮平常开花弹每颗重 700 磅	1.8
	硬铁开花弹每颗重 800 磅	2.12
	以上弹子至申水脚等费加二成算	
备 注	以上各项阿姆斯特朗后膛全钢炮及各种弹子已发电致阿姆斯特朗厂，请减让价目后接该厂复电，情让九折，轧实价目，万不可让，可以定买，一切费用均在其内，立合同日起约十二个月运到上海交货。立合同须书英银，因一年之久其兑价上落定难以预先作价，因刻下英银日昂之故，再该厂之炮均属纯钢新式，能赛过克虏伯等厂之货	

中法战争期间，清廷加大军品外购的力度。1884 年 12 月，李鸿章札盛宣怀文，"中堂订购之行炮六十尊，拟认二十四尊于粤东宗骞，以北洋炮位不足，何不认买付价即由部拨之款十万两内移挪，副宪云已面请中堂如数分拨，未审启节勿促已否商定，目下此批炮位能抵何所约计何时可以运津伏乞密赐训示，似应即由会办认经购价而拨他省用，固畿防等情，拨此除批前订购行炮六十尊尚无到沪消息，是否认二十四尊与粤东候行盛道及军械所查复"。①李鸿章札盛宣怀文，"天津军械所禀称，窃照职所本年迭次详奉宪台批准添购山海关旅顺口炮台需用克虏伯二十四、二十一生脱炮位，并七生脱半陆路炮位，哈乞开斯后膛枪械暨水雷电线等件，由海防经费及练饷项下或核付一半实价，或二分之一定价在案，惟现值饷项支绌，若不设法早筹，窃恐所定枪炮运到无款指拨，兹将某项应于何时运到应付价银若干，分别开单分送付价各局查照谨再照缮清折呈请鉴核，应请行知支应局练饷局，先时筹款并由该局转移江海山海两关道，查照俾前项枪炮陆续运交即可陆续核明详付，除代善督统定购枪炮各件业经指有定款，代闽粤两省所定枪炮由闽粤省自付价值未经列折外是否有当理合具禀伏乞慈鉴等情。到本阁爵大臣据此除批禀悉本年北洋先后订购各项枪炮并子弹水雷电线等件一经依限运到，即须照数找付价脚等银，方免失信，现值饷需支绌应如禀札饬海防支应局保定练饷局各按该所开送清单银数，迅速先期筹定款项，咨会该所及江海山海两关道一体查照以

① 《李鸿章札盛宣怀文》，盛宣怀全宗档案 033548，上海图书馆藏。

便届时核付,至折开盛道经手向泰来洋行德商订够克虏伯九个生的密达后膛陆路钢炮一百二尊并子弹二万六百颗一项,昨据盛道面称接该商满德来电,已在埃及被法人截阻,何以未经移知该所应饬盛道即日按照合同与该行理论,由该行认赔具报查核,其应找价脚目下暂行扣除,俟盛道禀复后再行饬遵折存此缴挂发外合行札饬札到该道即便查照办理"。①

1887 年,上海信义洋行李德致函盛宣怀,呈报克虏伯二十一生的炮台炮价目清单②

种　类	规　格	单价(马克)	总价(马克)
二十一生的口径三十五倍口径长炮台炮	重 13.5 吨	连零件,厂价 94 840	四尊共厂价 379 360
	炮架重 11.2 吨		
	炮心柱重 17 吨		
三倍半口径长钢开花弹		每个 289	120 个共厂价 34 680
四倍口径长生铁开花子		每个 65	80 个共厂价 5 200
合　计			419 240
实际厂价		95 扣	398 278
		水脚保险各费 20%	79 655
统共实计			477 933
实银		市价 4 马克＝规平银 1 两	113 793.6 两

1888 年,盛宣怀参与购买外洋军火,"现议加购克虏卜十五生的三十五倍口径炮长后膛钢炮一尊,厂价一万三千一百马克,炮台中柱、转轮架全副,厂价二万二千八百五十马克,零星物件全副,厂价五万七十五马克。四倍长生铁开花子三十颗,连铜引,每颗厂价二十九马克五十分。四倍半长生铁炸弹,二十颗,每颗厂价九十四马克五十分,以上加购炮位一,含子弹等件,通告厂价四万九千三万马克,除扣回九五,厂价二千四百六十五马克,七五外实正价六千八百三十五马克。加水脚保险每百按二十分算合九千三百六十七马克,共计应加五万六千二百零三马克。连前合同,共五十一万一千三百一十二马克,每百马克约市价银平(规平银)五分,合银十二万七千八百二十八两。分四批,每批十二万七千八百二十八马克,每百马克约市价银平五分,合银三万一千九百五十七两"。③1892 年 5 月 9 日,

---

① 《李鸿章札盛宣怀文》,盛宣怀全宗档案 033531,上海图书馆藏。
② 《克虏伯二十一生的炮台炮价值清折》,盛宣怀全宗档案 040552-2,上海图书馆藏。
③ 《拟写实克虏伯炮经费单》,盛宣怀全宗档案 110653,上海图书馆藏。

天津信义洋行李德、席步天向盛宣怀推销军火，"前项皮件（毛瑟枪用子盒皮带铜扣版三种）新近售去一千副，现在只存三千，业已购定，照原价每付三马克十分，另再定造三千副外加皮带六千根每根厂价八十五分，每副厂价五马克以上各价委系核实其运保各费将来呈验原单再请核给可也"。①

1891年4月2日上海礼和洋行为台湾刘铭传提供格鲁森厂快炮，与清政府订立合同：

立合同上海礼和洋行今承全台军械所总办孙奉海军大臣官保爵抚部院剳，谕定购格鲁森快炮等项用将价值数目条款开列于后：

计开

第一条，自立合同之日起所有承办快炮炮架子弹等件限于十七年九月运到基隆或沪局，如逾期不到将所付定银按交定银日起每月照一分认息；

第二条，所有承办各项当向德国格鲁森厂购办新造新式者，不得以次旧等货搪塞，于起运时应请中国驻德大臣点验，倘有曾经用过或与原议不符，除分别议罚外由该厂速行更换；

第三条，运华水脚保险等费应由礼和洋行照最廉价值代办，将华洋文原单查核照付，务必以减省为是，水脚保险两项照厂价不得过十分；

第四条，所有承办各件除照厂价扣九五回用付给外，另给礼和经手行用五分；

第五条，自外洋所办各项来华，如遇风波遗失等事，应由礼和洋行向保险行理论，即速重购赔运，必须将何时失事实据呈军械所验明方准免扣逾期利息；

第六条，所有承办各件进出中国各口护照应由军械所详请给发；

第七条，马克合成磅数，核定一百零二个马克为五磅，以台湾库平银数照付之日，问明台湾汇丰银行本日市价算给；

第八条，自立合同之日先付定银三分之一，其余价银三分之二俟货到台全行交清后如数给领；

第九条，此项价值均系原厂实价，如中国驻德大臣查问该厂之价与合同或有不符，斯美德情愿认罚，即将此合同销去，定银退还。

计开

五十三密里口径三十倍长快炮一尊，配陆路炮架一座，弹子车一付，厂价一万三千七百五十马克，计六尊共价八万二千五百马克，未装药空开花子每

① 《李德、席步天致盛宣怀函》，盛宣怀全宗档案053686，上海图书馆藏。

百个厂价一千一百六十五马克,计五千个共价五万八千二百五十马克,装黑火药开花子一千个,价一万四千马克,总共十五万四千七百五十马克,九五扣,实十四万七千零十二马克半合成磅数七千二百零六磅十先令,水脚保险行用各费均在外,应给三分之一定银,计二千四百零二磅三先令四本士。

全台军械所总办孙
光绪十七年二月二十四日立
格鲁森厂斯美德
礼和洋行黄韫甫①

甲午战争期间,清廷急于外购军火,却遇到外洋军火禁运,即便如此,盛宣怀等官僚还是通过各种途径订购了一批军火,只是由于生产、运送等时延加之战事发展较快,战争期间顺利交货的并不为多。1894 年 2 月 25 日,冯瑞光曾经负责外购物料,"承委瑞光代办白铅一百担,当偕同令弟向义昌照数购就,现由普济轮船装运烟台,所有价值件数勷两及提货单,各项均由令弟函达不赘,华皮杜造洋枪配带一千副已嘱老顺记承办,惟枪头合同内名皮带,皮套,屡询怡和洋行尚无到沪确讯,未尝能于开冻前运到否耳,泰来洋行续补随炮零件均经到齐,数有微缺亦在沪配足候开河后即可解津,将来候天津军械所由制造局配补架具零件,资明工料共需若干,在扣存万两内扣还,此事即可了结。惟泰来以需款甚几应扣之数,拟于扣存万两内领支银七千两,曾托王念劬函达台端,……前代购东洋铜版除清算核价外,余银一块计重曹平银八钱九分"。②1894 年 3 月 31 日,李鸿章上奏请求为北洋舰队增添新式快炮,结果直至甲午战争爆发,该炮仍未到位。日本蕞尔小邦,犹能节省经费,岁添巨舰,而中国"自十四年北洋海军开办以后迄今未添一船,仅能就现有大小二十余艘勤加训练,窃虑后难为继"。③"查北洋铁、快各舰,堪备海战者只有八艘,余船尽供运、练之用。近数年来,部议停购船械,未能续添。而日本每年必添铁、快新船一二艘,海上交锋恐非胜算。"如此,不到万不得已不能言战,"但便挽回有术,断不敢轻启衅端"。④后在朝廷的过问下李鸿章于 7 月 4 日详细奏复甲午战争前海军实力情形,可供战守的八艘战舰指定远、镇远两艘铁甲舰,济远、致远、靖远、经远、来远五艘快船,和闽厂自造的快船平远。此外有两艘旧式军舰超勇、扬威,还有镇东、镇西、镇南、镇北四艘守口蚊船,威远、康济、敏捷三艘教

---

①　《礼和洋行承购格鲁森厂快炮合同》,盛宣怀全宗档案 040319,上海图书馆藏。

②　《冯瑞光复盛宣怀函》,盛宣怀全宗档案 040316,上海图书馆藏。

③　李鸿章:《校阅海军竣事折》,光绪二十年四月二十五日,《李鸿章全集》(卷 15),奏议(十五),安徽教育出版社 2008 年版,第 333 页。

④　《中国近代史资料丛刊续编·中日战争》第 1 册,中华书局 1989 年版,第 8—9 页。

练船,利远一艘运输船。①1894 年 8 月 2 日,清廷谕旨拨款 200 万两银用于购买军舰,眼见有了确实的经费支持,此前已经秘密通过驻英公使龚照瑗在英国寻觅现成军舰出售信息的李鸿章,很快又致电出使俄、德、奥、荷四国的公使许景澄,南北洋无新式快船殊难制敌,奉旨转电尊处,让许向德厂询明现成二十余迈当速度以上的合用快船,快炮、雷筒俱备,即与议价添购,包送来华。因驻英公使龚照瑗只买到了 1 艘鱼雷炮舰,并没有找到大巡洋舰出售的情报,对中日战局忧心忡忡的李鸿章连日等不到许景澄的消息,急忙再度电报询问,日本快船大且多,龚在英国访购,无合式大快船,请两人密商妥办。又等了几天后,8 月 20 日,直隶总督衙门终于收到圣彼得堡有关探访军舰出售消息的来电,不过,当李鸿章拿起电文时,眼前的文字犹如一盆冷水迎面泼来,经过询问伏尔坚厂及其他厂家,均无现成快船出售。许景澄获知的情报来自两家德国船厂,其中与李鸿章想要获得大巡洋舰的需求相符合的,由司旦丁的伏尔铿造船厂提供。与中国交情深厚的伏尔铿造船厂称可以帮助赶造穹甲巡洋舰,以最快速度需要 7 个半月工期。另外的一则情报来自当时中国人并不熟悉的德国日耳曼船厂(Schiff und Maschinenbau Germania),日耳曼船厂称有 1 艘可以转售的现成军舰,不过并非李鸿章想要的巡洋舰,而是属于鱼雷炮舰。其后伏尔铿船厂向李鸿章介绍出售一艘鱼雷炮舰,而且可以负责包送中国。伏尔铿鱼雷炮舰计划装备 100 毫米火炮 2 门,机关炮 8 门,鱼雷发射管 3 具。不包括武备在内的船价 58 800 英镑,较日耳曼船厂的土耳其炮舰便宜,签约后 5 个月完工,届时将交付分段散件形态的军舰,负责协助运往中国。采用散件形式交付,可以尽可能缩短德国工期,还能降低小舰在海上航行时容易发生的风险,更重要的是此举能规避可能很快就会出现的禁售军火限令。配备武器之后的价目随后报给李鸿章,100 毫米炮连带 1 000 发炮弹,总价 189 656 马克。机关炮改为 6 门,如果选用 47 毫米口径的格鲁森炮,连带 5 000 发炮弹,总价 181 000 马克,如果换成 37 毫米口径的哈乞开司机关炮,可以减去 40 000 马克。鱼雷发射管连同 6 枚鱼雷,总价 8 720 马克。2 座探照灯,需要从英国购买,总价 1 300 英镑。②"飞鹰"舰完成后的各项参数较最初伏尔铿厂报价时存在有些许区别,显得更为细节具体。"飞鹰"舰最终的排水量 850 吨,与日耳曼船厂那艘土耳其鱼雷炮舰完全一样。军舰的舰长 79 米,宽 8.71 米,吃水 4 米,体形较大。动力系统装备 8 座英国亚罗(Yarrow)船厂生产的新式水管锅炉,2 台立式蒸汽机,功率 5 500 匹马力,双轴推进,航速可以达到 22—24 节,煤舱载量 170 吨,续航能力一般。主炮为 2 门 115 毫米克虏伯速射炮,分别安装在首尾楼甲板上。6 门哈乞

---

① 《中国近代史资料丛刊续编·中日战争》第 2 册,中华书局 1989 年版,第 583—584 页。
② 陈悦:《海鹰折翼——鱼雷炮舰"飞鹰"》,http://www.beiyang.org/wenku/wenku129.htm。

开司 37 毫米机关炮分设在军舰两舷,3 具 14 英寸口径鱼雷发射管。①该舰在 1895 年 2、3 月间接近建造尾声准备以散件形式运华,中日战局大势已去、议和在望。李鸿章决定由伏尔铿船厂在德国组装合拢完毕。经许景澄谈判,"飞鹰"舰体合拢工程以 15 万马克成交,约期 4 个月告成。

1894 年出使大臣定购军品贸易清单②

驻外公使	军　品	数　量	军　品	数　量
驻美杨大臣	哈乞开思六响快枪	7 000 支	子弹	100 万粒
驻英龚大臣	海军用各种炮弹	6 000 颗	黑药饼	170 出
	新式十五磅螺丝过山快炮	2 尊	新式二磅罗登飞过山炮	6 尊
			炮弹	800 颗
	七磅螺丝过山平地兼用炮	20 尊	炮弹	4 800 颗
驻德许大臣	七响马枪	50 支	子弹	500 万粒
	毛瑟枪	10 000 支	子弹	500 万粒
	小口径毛瑟快枪	1 000 支	子弹	100 万粒
	二磅半罗登飞快炮	6 尊	七磅半罗登飞快炮	2 尊
			炮弹	2 000 颗

1894 年 11 月,礼和洋行连纳为售快炮事致函盛宣怀,"前天奉谕饬电商之快船今已接到该银行回电称说,在外洋交易另加运华各费核实价英金三十二万镑,每百镑外加经手行用二镑半,该银行又云此系核实之价,外洋有股实人签押保无浮开,昨蒙宪台以经手行用二镑半太多,欲按二镑核给之,拟候有实意购办或可勉遵且先给一半价值其余一半,奏奉上谕指各口海关限五年分还亦可遵办,惟利息长年按七厘乃实在情形,望将此意转禀中堂以速定夺为妙,连纳在中国贸易十余年甚欲经理一件大事,仰副各宪推信之美意,再制造八十八年小口径枪子机器,前经将价值开呈中堂暨仁宪鉴核在案,未蒙委购心甚悬想此次连纳回国如何格外关垂,若能承办此快船及此副机器则感荣施莫可言谕也"。③1894 年 12 月,胡燏棻致函盛宣怀谈到购买瑞生洋行军品事,"宋宫保(宋庆)所购哈乞开司枪而言也,至瑞生行所购毛瑟枪现已由镇起运,宋宫保之哈枪究竟瑞生洋行何日由外洋起运,约

---

① 陈悦:《海鹰折翼——鱼雷炮舰"飞鹰"》,http://www.beiyang.org/wenku/wenku129.htm.

② 滕德永:《清政府军械外购问题初探:1840—1911》,北京师范大学 2009 年博士论文。本表根据析出数据制作。

③ 《连纳致盛宣怀函》,盛宣怀全宗档案 040318,上海图书馆藏。

计何时到沪,宋宫保屡来电询,仍望迅赐查明"。①12月3日,胡燏棻再次致函盛宣怀,"前敌盼枪炮子药甚烈,镇东原船带回误事不浅,现左前项枪炮已否由沽转运望速饬办为要"。②1895年8月20日,清廷命许景澄查明德国铁甲船订造需费数目,有无现成之上等船出售。仅仅甲午战争期间,清政府就购买大炮389尊,炮弹172 130颗,各种枪支193 290支,子弹8 717万粒。

1894—1895年盛宣怀为天津机器局外购物料清单③

时 间	所购物料	用 银
一月十九日	放工房运司解到项下拨给礼和白铅价	库平 22 970.985 两
二月二十九日	放白铅运费	库平 2 000 两
	放礼和铅价	库平 7 809.777 两
三月初七	放三井铜价	库平 132 270.759 两
三月十三日	放礼和铅价	库平 11 237.148 两
三月十九日	放礼和铅价	关平 9 761.059 两
三月二十五日	放三井铜价	库平 10 160.817 两
四月初四日	放铜铅运费	库平 2 000 两
四月初五日	放礼和洋行铅价第一批	库平 7 143.71 两
	放礼和洋行铅价第二批	库平 3 993.867 两
	放礼和洋行铅价第三批	库平 94.432 两
五月初一日	放礼和铅价	关平 11 905.696 两
五月初三日	放白铅运费	库平 538.643 6 两
五月初四日	放洋铜运费库平银	库平 1 600 两
五月十九日	放三井铜价第一批	库平 283.704 两
	放三井铜价第二批	库平 333.875 两
	放礼和铅价	库平 4 735.096 两
五月二十四日	放礼和白铅运费	库平 1 400 两
	放礼和洋铜运费	库平 1 100 两
七月初五日	放礼和白铅价	库平 9 115.815 两
九月十六日	放洋铜运费	库平 800 两

---

① 《胡燏棻致盛宣怀函》,盛宣怀全宗档案040416,上海图书馆藏。
② 《胡燏棻致盛宣怀函》,盛宣怀全宗档案074180,上海图书馆藏。
③ 《光绪二十年一月至二十一年十月收付账目》,盛宣怀全宗档案034929,上海图书馆藏。

第三阶段 1896—1911 年(中日甲午战争到辛亥革命)

甲午战争的失败使近代的人们开始把目光转向武器与技艺之外的体制文化。"变法"与"革命"成为时代的呼声。甲午战争后,以郑观应写《盛世危言》为肇端,要求变法改革之声始不绝于耳,纷纷呼吁,治乱之源,富强之本,不尽在船坚炮利,而在议院上下同心,教养得法。甲午战败后,虽然也有军品贸易的发展,尤其是大规模武器的引进武装新军,但此时期的军品贸易有着与前一阶段明显不同的特点。从近代报刊的载文上可以粗略判断出全社会对武器装备的关注度,1840 年到 1911 年之间共有两次高峰期(1884 年至 1889 年间数据缺失),第一次是在1874 年至 1875 年之间,第二次是在 1897 年至 1898 年之间。①两次高峰期与军械外购的三阶段论②基本吻合。

李鸿章在游历欧洲时,1896 年 6 月 16 日在汉纳根和德璀琳的陪同下,参观了来复枪厂,"中堂每至眉飞色舞时,辄拱手向娄(工厂主)称羡不置,且言'回国后必向贵厂购取一切利械也'"。③6 月 20 日,李鸿章前往四德町(今波兰什坦青),次日参观替中国制造定远、镇远铁甲舰的伏尔坚船厂。7 月 2 日,李鸿章参观著名的克虏伯兵工厂,对其规模、技术、设备、管理、产品等赞不绝口。该厂赠送中国六门价值十万八千两的新炮。7 月 9 日,李鸿章参观比利时的克革列枪炮公司,喜其犀利神速,罕有伦比,因而赞不绝口,该厂赠送中国一门新炮。④

清廷因编练新军而对外洋军械的需求急剧增加,进口了大量的马克沁、哈乞开斯重机枪及轻重迫击炮,从南起虎门北到大沽的某些重要口岸,也更换了一批新式火炮和设施。1895 年,胡燏棻提出应建立一支大规模的新式军队,军械务求一律。这支军队由北洋训练 5 万人,南洋训练 3 万人,广东、湖北各 2 万人,其余各省分别训练 1 万人。⑤1896 年盛宣怀提出建议,认为全国绿营军饷年均1 000 余万两,练勇及乡勇也达 1 000 余万两,应尽行裁撤,另编新军 30 万,仿照西法训练。清廷部分采纳了他们的建议,某些省份开始编练新军,如张之洞于 1895 年组织自强军,以德国建制为模板,全部采用欧洲陆军装备,聘用德国军人进行训练,十三营共计 2 860 人,目标是达到 10 000 人。不过由于耗资过巨,最终只能维持十三营规模,后来张之洞又采用日本军制编练了两翼常备军。胡燏棻在北方建立了一支十营的队伍,定名为定武军,包括 4 750 人,外国教习带教,部分采用西式

---

① 费志杰:《近代尚武思潮研究》,军事科学出版社 2011 年版,第 355 页。

② 滕德永:《清政府军械外购问题初探:1840—1911》,北京师范大学 2009 年博士论文,第27 页。

③ 蔡尔康、林乐知:《李鸿章历聘欧美记》,岳麓书社 1986 年版,第 65 页。

④ 同上书,第 79 页。

⑤ 《清史稿》第十四册,中华书局 1998 年版,第 4130 页。

操法训练。后来胡燏棻调任芦汉铁路督办,醇亲王奕譞等人联名专折保荐袁世凯,留在天津小站接统定武军,改名为新建陆军。袁世凯接手后立即进行改编,扩充为 7 000 人,并呈请军务处划拨划一枪械,到 1902 年 6 月袁世凯向清廷建议编练两镇常备军,共 42 营,结果清廷要求缩减,后来练成了 25 营的常备军。还有宋庆的毅军和聂士成的武毅军都仿照德军编制,使用德国教习,装备新式武器,进行了改编。在此基础上,出现了武卫军建制。武卫军由荣禄统领,分左、右、前、后、中五部分,左军为宋庆的毅军,右军为袁世凯的新建陆军,前军是聂士成的武毅军,后军是董福祥的甘军,中军是荣禄的八旗军。该军得到户部的支持,拥有相对充足的经费。

1895—1900 年进口外洋军械金额一览表①

单位:两银

	1895	1896	1897	1898	1899	1900
天　津	3 394 785	994 275	191 376	77 629	672 452	56 235
江海关						
汉　口	51 681	177 534	70 111	107 589	138 265	224 637
福　州	215 053	66 151	4 328	49 582	64 428	38 086
广　州	194 292	13 765	2 540	46 677	12 431	128 812
合　计	3 855 811	1 251 725	268 355	281 477	887 576	447 770

从上表中可以看出,1895、1896 年两年间军火进口金额较大,主要是由甲午战争期间订购的军火,战后交货,分批付款引起的。1897、1898 年间贸易额骤减,则是因清政府要求各部队使用国内军工厂制造的武器。

1903 年后,新军编练大规模开始,军品外购达到高峰。1905 年,湖北新军所用枪炮多系汉厂制造,马枪间有用德购者。②1907 年 10 月,四川总督赵尔巽上奏"川省陆军编练情形折",指出"军装器具多需购自外洋运送限于地势不能求速。……混成协开办之初无一不须并置,需款已在百万以外,一时编足饷力断断不支数,仅改易新名何以规求实效,倘欲强为急就势将终久无成"。③1908 年 2 月,赵尔巽上奏称"川省陆军碍难依限编足","四川虽夙称繁富,然年来拨款日增,本省新政所需又复多方搜刮,凡可提可筹之款均经悉索无余,官民并困于追乎。司局更穷于罗掘年常款而开办费尚无著,只得设法腾挪节常款为开办之用,以致改

---

① 清海关 1895—1900 年间的通商口岸《贸易年册》,《中国旧海关史料:1859—1948》,(23 册—32 册),京华出版社 2001 年版。

② 李守孔:《中国近百余年大事述评》第二册,台湾学生书局 1997 年版,第 941 页。

③ 《赵尚书奏议》,上海图书馆藏古籍电子文献 T28072-142,第 516—517 页。

编两载所成不及四营。……盖人才即异常缺乏，饷力更属万分困难，一协尚未观成，两镇而限三年实觉断难就绪，与其欲速而不达何如及早以沥陈"①。1908 年10 月，北京陆军部致电赵尔巽："查九响毛瑟其式太旧，用于军队殊不相宜，望妥酌并望查照前练兵处购办枪炮通行原咨，一并电复。"②1909 年 11 月，上海礼和洋行经理艾仕德就军械机器兼工程事宜致函四川总督赵尔巽，"广东、南京等省炮厂亦自著名尚且购置克炮，此尤日本之意不敢自恃自欺也，又查克虏伯厂陆路过山炮两种快炮售与直隶奉天广东广西河南江苏南京黑龙江吉林等省计共已购290 余尊，至马克沁机器快炮口径与马步枪一式其子弹仅可通用每分钟能放500 余出。近年云南所购过山快炮计五十四尊及最新式之马步枪四千余支并新军应需各件，悉遵陆军部定章承办，陆续于今春交齐其合同"。③1911 年 10 月，当外国领事团确认保持中立后，武汉军政府颁布禁止洋商贩卖军用品接济清军办法，包括兵器、弹药等，并征求各国之赞助。④辛亥革命前夕甚至清廷开始考虑输入法国所造飞机。1912 年 8 月，东三省总督赵尔巽电称，"北京瑞记洋行鉴，购弹系陆部准立案，既已抵口可照向来办法存栈候提，已再急电陆部税务处，饬关验放"。⑤9 月，东三省总督赵尔巽电稿中称，"顷有旨饬添募数营，祈兄处代招五营，按五百名一营选将之勇敢者带之来川，至能一月内成军方好。枪支即用兄所购之千八八年式，饬沪局速运鄂候用，惟不知共有若干，子弹若干，祈示。兄令将逆绅信函木匣最普遍印极是"。⑥

由统计表中可知，从甲午战后到辛亥革命之前，清政府向外洋订购 36 艘舰船，共分为三个批次。最后一批订购系于 1909 年 9 月至 1910 年 1 月，任筹办海军大臣的郡王贝勒载洵和萨镇冰赴欧洲考察外洋舰船及海军情况，次年七月再赴美国和日本考察，前后两次为清政府订造 12 艘舰艇，用银 385.998 1 万两。其中9 艘舰艇于民国初年到华，3 艘舰船因船款纠葛、欧战爆发等原因未能来华。加之甲午战前清政府向外洋订购 81 艘，合计晚清时期中国向外洋订购舰船 117 艘，实际到华 114 艘。

① 《赵尚书奏议》，上海图书馆藏古籍电子文献 T28072-142，第 581—583 页。
② 赵尔巽全宗档案 543-77-1，中国第一历史档案馆藏。
③ 赵尔巽全宗档案 543-85-2，中国第一历史档案馆藏。
④ 李守孔：《中国近百余年大事述评》第三册，台湾学生书局 1997 年版，第 1406 页。
⑤ 《赵尚书奏议》，上海图书馆藏古籍电子文献 T28072-142，第 7716 页。
⑥ 同上书，第 7655 页。

甲午战后清政府订造的外洋舰船①

造价单位:万两银

舰名	舰种、产地及造价	吨位、马力、最高时速	装备	定购及来华时间
海容	加护巡洋舰,德国伏尔铿厂	2 680 吨,7 500 匹,19.5 海里	15 公分 40 炮 3 门、47 公厘 40 三磅速射炮 8 门、37 公厘 1 磅速射炮 6 门、14 寸鱼雷发射管 3 个	1898 年夏来华
海筹	加护巡洋舰,德国伏尔铿厂	2 680 吨,7 500 匹,19.5 海里	15 公分 40 炮 3 门、47 公厘 40 三磅速射炮 8 门、37 公厘 1 磅速射炮 6 门、14 寸鱼雷发射管 3 个	1898 年夏来华
海琛	加护巡洋舰,德国伏尔铿厂	2 680 吨,7 500 匹,19.5 海里	15 公分 40 炮 3 门、47 公厘 40 三磅速射炮 8 门、37 公厘 1 磅速射炮 6 门、14 寸鱼雷发射管 3 个	1898 年夏来华
海天	加护巡洋舰,英国阿姆斯特朗厂	4 300 吨,14 000 匹,24 海里	8 寸 45 速射炮 2 门、4.7 寸 45 速射炮 10 门、47 公厘 1 磅速射炮 12 门、37 公厘 1 弹速射炮 4 门、机关枪 6 挺、单装 18 寸鱼雷发射管 5 个	1899 年建成,1904 年触礁沉没
海圻	加护巡洋舰,英国阿姆斯特朗厂	4 300 吨,14 000 匹,24 海里	8 寸 45 速射炮 2 门、4.7 寸 45 速射炮 10 门、47 公厘 1 磅速射炮 12 门、37 公厘 1 弹速射炮 4 门、机关枪 6 挺、单装 18 寸鱼雷发射管 5 个	1899 年建成,原名海地号
海龙(后易名 Taku "大沽")	驱逐舰,德国顾效厂	280 吨,6 000 匹,32 海里	47 公厘 3 磅速射炮 6 门、14 寸鱼雷发射管 2 个	1899 年建成,庚子事变后易归英国

① "海容""海筹""海琛""海天""海圻""海青""海犀""楚同""楚泰""楚谦""楚豫""楚观""湖鹏""湖鹗""湖鹰""湖隼""飞鸿""龙湍""鲸波"为总理各国事务衙门向英、德订购;"江元""江亨""江利""江贞"为两江总督刘坤一订购;"豫章""建康"建成;"湖鹰""湖隼"为湖广总督张之洞向部订购未洋。"湖隼"应洋大臣魏光焘向日本订购;"江贞""江利""江亨""江元""江犀""江鲲""永丰""永翔""永健"为海军部向意、奥、德、英、美、日订购;"龙湍""鲸波"由何部订购未详。参见池仲祜:《海军实纪·购舰篇》;苏小东:《中华民国海军史事日志》,九洲图书出版社 1999 年版;第 10—17 页;马幼垣:《靖海澄疆——中国近代海军史新论》,国防大学出版社 2005 年版;第 161、176 页;陈悦:《北洋海军舰船志》,山东画报出版社 2009 年版;第 343、349—351 页。本表对该书提供的相关数据进行了整理提炼。表中所涉国土其他中译文原文附注:德国克虏伯厂(Fried Krupp AG Germaniawerft);美国纽约造船公司(New York Shipping Company);"海勒"号(Helle);奥匈帝国伊单路勉图厂(Stabilimento Tecnico Triestino);"华兰士单亚"号(Warasdiner);意大利安兆堂厂(Gio. Ansaldo, Armstrong and Company);"艾思嘉罗"号(Ascaro)。

续表

舰　名	舰种、产地及造价	吨位、马力、最高时速	装　备	定购及来华时间
海青(后易名 Taku "大沽")	驱逐舰,德国硕效厂	280 吨,6 000 匹,32 海里	47 公厘 3 磅速射炮 6 门,14 寸鱼雷发射管 2 个	1899 年建成,庚子事变后归德国
海犀(后易名 Taku "大沽")	驱逐舰,德国硕效厂	280 吨,6 000 匹,32 海里	47 公厘 3 磅速射炮 6 门,14 寸鱼雷发射管 2 个	1899 年建成,庚子事变后归法国
海华(后易名 Taku "大沽",Lieutenant Bourakoff"博罗哥夫上尉")	驱逐舰,德国硕效厂	280 吨,6 000 匹,32 海里	47 公厘 3 磅速射炮 6 门,14 寸鱼雷发射管 2 个	1899 年建成,庚子事变后归俄国
江元	浅水炮舰,日本川崎造船所,26	565 吨,950 匹,13 海里	4.7 寸 45 速射炮 1 门,3 寸 40 十二磅弹速射炮 1 门,47 公厘 3 磅速射炮 4 门,6.5 公厘机关枪 4 挺	1905 年建成
江亨	浅水炮舰,日本川崎造船所,26	565 吨,950 匹,13 海里	4.7 寸 45 速射炮 1 门,3 寸 40 十二磅弹速射炮 1 门,47 公厘 3 磅速射炮 4 门,6.5 公厘机关枪 4 挺	1905 年建成
江利	浅水炮舰,日本川崎造船所,26	565 吨,950 匹,13 海里	4.7 寸 45 速射炮 1 门,3 寸 40 十二磅弹速射炮 1 门,47 公厘 3 磅速射炮 4 门,6.5 公厘机关枪 4 挺	1905 年建成
江贞	浅水炮舰,日本川崎造船所,26	565 吨,950 匹,13 海里	4.7 寸 45 速射炮 1 门,3 寸 40 十二磅弹速射炮 1 门,47 公厘 3 磅速射炮 4 门,6.5 公厘机关枪 4 挺	1905 年建成
楚泰	浅水炮舰,日本川崎造船所,39	740 吨,1 350 匹,13 海里	4.7 寸速射炮 2 门,3 寸 12 磅弹速射炮 2 门,1 寸四管速射炮 2 门,6.5 公厘机关枪 2 挺	1906 年建成
楚同	浅水炮舰,日本川崎造船所,39	740 吨,1 350 匹,13 海里	4.7 寸速射炮 2 门,3 寸 12 磅弹速射炮 2 门,1 寸四管速射炮 2 门,6.5 公厘机关枪 2 挺	1906 年建成
楚有	浅水炮舰,日本川崎造船所,39	740 吨,1 350 匹,13 海里	4.7 寸速射炮 2 门,3 寸 12 磅弹速射炮 2 门,1 寸四管速射炮 2 门,6.5 公厘机关枪 2 挺	1906 年建成

续表

舰　名	舰种、产地及造价	吨位、马力、最高时速	装　备	定购及来华时间
楚谦	浅水炮舰，日本川崎造船所，39	740吨，1 350匹，13海里	4.7寸速射炮2门，3寸12磅弹速射炮2门，1寸四管速射炮2门，6.5公厘机关枪2挺	1907年建成
楚豫	浅水炮舰，日本川崎造船所，39	740吨，1 350匹，13海里	4.7寸速射炮2门，3寸12磅弹速射炮2门，1寸四管速射炮2门，6.5公厘机关枪2挺	1907年建成
楚观	浅水炮舰，日本川崎造船所，39	740吨，1 350匹，13海里	4.7寸速射炮2门，3寸12磅弹速射炮2门，1寸四管速射炮2门，6.5公厘机关枪2挺	1907年建成
湖鹏	鱼雷艇，日本川崎造船所，33	96吨，200匹，23海里	47公厘30三磅速射炮2门，14寸鱼雷发射管3个	1907年建成
湖鹗	鱼雷艇，日本川崎造船所，33	96吨，200匹，23海里	47公厘30三磅速射炮2门，14寸鱼雷发射管3个	1907年建成
湖鹰	鱼雷艇，日本川崎造船所，33	96吨，200匹，23海里	47公厘30三磅速射炮2门，14寸鱼雷发射管3个	1908年建成
湖隼	鱼雷艇，日本川崎造船所，33	96吨，200匹，23海里	47公厘30三磅速射炮2门，14寸鱼雷发射管3个	1908年建成
舞凤	炮舰，德国青岛船所	200吨，300匹，10海里	47公厘三磅速射炮4门，14寸鱼雷发射管3个	1911年建成
豫章（原名"长风"）	驱逐舰，德国顾效厂，24.4717	390吨，6 500匹，32海里	3寸12磅弹速射炮4门，18寸鱼雷发射管2个	1909—1913.10.31 振沪
建康（原名"伏波"，曾用名"翠"号、"海绥"号）	驱逐舰，德国顾效厂，26.5839	390吨，6 500匹，32海里	3寸12磅弹速射炮4门，18寸鱼雷发射管2个	1909—1913.10.31 振沪
同安（原名"飞云"）	驱逐舰，德国顾效厂，24.4717	390吨，6 500匹，32海里	3寸12磅弹速射炮4门，18寸鱼雷发射管2个	1909—1913.10.31 振沪

续表

舰　名	舰种、产地及造价	吨位、马力、最高时速	装　备	定购及来华时间
应瑞（作练习舰使用）	轻巡洋舰，英国维克斯，86.177 8	2 500 吨，8 000 匹，22 海里	6 寸 50 磅弹炮 2 门，4 寸 50 磅弹炮 6 门，47 公厘 3 磅弹速射炮 2 门，37 公厘 1 磅弹速射炮 2 门，18 寸鱼雷发射管 2 个	1909—1912.12 抵华
肇和（作练习舰使用）	轻巡洋舰，英国阿姆斯特朗厂，88.714 2	2 757 吨，8 000 匹，22 海里	6 寸 50 磅弹炮 2 门，4 寸 50 磅弹炮 6 门，47 公厘 3 磅弹速射炮 2 门，37 公厘 1 磅弹速射炮 2 门，18 寸鱼雷发射管 2 个	1909—1912.12 抵华
江犀（原名"新壁"）	河用炮舰，德国克虏伯厂，9.017 9	140 吨，450 匹，12 海里	87 公厘炮 1 门，37 公厘 1 磅弹速射炮 1 门，7.9 公厘机关枪 4 挺	1909—1912 年组件运沪合拢
江鲲（原名"新珍"）	浅水河炮舰，德国克虏伯厂，9.017 9（18 940 磅）	140 吨，450 匹，12 海里	87 公厘炮 1 门，37 公厘 1 磅弹速射炮 1 门，7.9 公厘机关枪 4 挺	1911 年 10 月 17 日驶华
永翔（曾用名"海翔"）	炮舰，日本川崎造船所，58.772 4	780 吨，1 350 匹，13 海里	4.1 寸 50 磅弹炮 1 门，3 寸 50 磅弹速射炮 1 门，47 公厘 3 磅弹速射炮 1 门，37 公厘 1 磅弹速射炮 2 门	1910—1913 年来华
永丰（后易名"中山"）	炮舰，日本长崎三菱造船所，58.772 4	780 吨，1 350 匹，13 海里	4.1 寸 50 磅弹炮 1 门，3 寸 50 磅弹速射炮 1 门，47 公厘 3 磅弹速射炮 1 门，37 公厘 1 磅弹速射炮 2 门	1910—1913 年来华
飞鸿（后为希腊国"海勒"号）	轻巡洋舰，美国纽约造船公司	2 600 吨，8 000 匹，22 海里	6 寸 50 磅弹炮 2 门，4 寸 50 磅弹炮 6 门，47 公厘 3 磅弹速射炮 2 门，37 公厘 1 磅弹速射炮 2 个，18 寸鱼雷发射管 2 个	1910—1914 年厂方售与希腊
龙端（后为奥匈帝国土耳草亚"号）	驱逐舰，奥匈帝国土伸伸路勃厂	400 吨，6 000 匹，28 海里	76 公厘 50 磅弹炮 2 门，47 公厘 3 磅弹速射炮 4 门，双联 45 公分鱼雷发射管 1 组	1910—1914 年奥匈帝国海军接收，一战后归意大利
鲸波（后为意大利"艾思嘉罗"号）	驱逐舰，意大利安兆堂厂	400 吨，6 000 匹，28 海里	3 寸炮 2 门，47 公厘 3 磅弹速射炮 4 门，45 公分鱼雷发射管 3 个，水雷 10 个	1910—1913 年意大利海军接收

第二章　晚清外洋军事技术的引进

军事自强运动从最初的动议开始,各级官僚就意识到从购买外洋军品到仿制自造的发展路径。因此,奕䜣等权贵、李鸿章等重臣以及各省普通督抚,都意识到,购买现成武器仅为权宜之计,引进军事技术,设厂自造方为正途。自借师镇压太平军开始清军已经习惯了军事教习的协助、军工专家的随厂指导,仿制相关设备、仿造新式武器相继取得成功,通过广设译馆翻译了大批外洋书籍,既有军工制造书籍也有人文书籍,在外籍洋员的帮助下,培养了一大批装备的操作和制造人才。总体而言,晚清的军事技术引进取得了一定的成绩,为近代军事变革奠定了较为扎实的基础。外洋军事教习对清军的支持,得到了除物质利益之外的大量好处,"外国势力的伸张和特权的形成,全是由中国的内战带来,这是外国人直接自洋兵助战得来的最大利益"。①

一、外洋军事顾问的聘用

清朝所购外洋军品以价昂为特点,为了减少浪费,清军严格控制新式武器的使用频率,甚至平日训练时主要使用旧式枪支。一旦开战启用新式武器时,官兵往往不能充分了解枪械性能,阵法运用、兵种配合更缺少专业人才指导,以致清军很难充分发挥西洋武器的效益。平时督操、战时督战,雇用洋匠就显得尤为必要了。1864 年,恭亲王奕䜣等上奏称,"适值近年江苏用兵,雇觅英、法洋弁,教练兵勇。该洋弁遂将该国制胜火器,运营应用,取我厚值"。②光绪末年,两江向德国礼和洋行订购火炮,为使清军更好地掌握这些火炮的性能,订购军火时约定,由礼和洋行聘请克虏伯厂教员一人,以 6 个月为期,来华为中国培养技术能手。中方负责该洋员的往

---

① 王尔敏:《清季军事史论集》,广西师范大学出版社 2008 年版,第 297 页。
② 蒋廷黻:《近代中国外交史资料辑要》上卷,湖南教育出版社 2008 年版,第 369—370 页。

返川资及六个月的薪水,军工厂专门为其安排周到的食宿。同时要求该员遵守中国军营规定,按炮标统带、管带所定时刻到营,不得任意迟延,不得违反军纪。为防止干涉中国军权,清廷还明确要求该洋员除教操外,不得过问别事,对中国兵丁学习态度不好者,不得直接责骂,只能转告该管官合办。该教员与所订炮位同时到华,教练即行开始,六个月期满,中国如须续聘该洋员,则须另立合同。这种方式改变了原先那种单纯聘请洋员来华教练的方式,洋员与西洋军械同时到位,即对洋员的技战术水平有了较高的要求,同时对使用西式武器的清军官兵来说又更有针对性。

晚清政府主要从英、德两国聘请了许多雇员,而这两个国家却也正"期待用这种方式得到对中国政策有一个更大的影响,作为军火买卖的主要竞争者获得军舰和大炮等等的定货"。①晚清政府毕竟对外洋军火以及世界军火市场,尤其是国际贸易规则不甚了解,而洋员掌握着先进的军工技术,并且熟悉军火设备的制造和使用,通过他们,清政府既可以教习中国官弁熟练操作西式武器,又可以指导中国军工厂的员工仿制军品。在雇用洋匠问题上,李鸿章强调自主权,"其初不得不雇洋人指授,所望内地员匠学其器而精通其意,久之自能运用,转相传习,乃为经久之道"。②而且,雇用洋匠,进退由我,不令领事、税务司各洋官经手,以免把持;定购外国机器货料,自择洋商评订。1863 年 7 月,李鸿章致函总理衙门,"鸿章窃查外国人性情,揽权嗜利,不约皆同。如上海英法教练勇一千数百名。始议中外会带,久则外国多方揽扰,渐侵其权,不容中国管带自主,亦不肯绳勇丁以中国之法。又如常胜军四千五百名,现已裁至三千余。自戈登接带后,尚听调遣。然引用外国弁兵至一百数十人,分领其众。中国会带官李恒嵩,名虽会同商量,实不能自行法令,不过调停迁就,使其会各营,并力剿贼,不至决裂耳"。③李鸿章还曾经批评左宗棠在办理福州船政局时的"专任税务司法人日意格"、崇厚办理天津机器局时的"专任领事官英人密妥士",担心"将成尾大不掉之势"。④所以李鸿章一接办天津机器局,立即"精练华工,酌裁洋匠,并将主持局务之洋员密妥士撤退"。⑤

不过,在征战苏南镇压太平军及舰船制造过程中,清政府深得洋匠相助。"有美人华尔,英人戈登,在宁波者,一部分为法籍,其渠有曰日意格,曰德克碑者,后归宗棠节制。日意格初以法参将,与英美兵会防上海,后充浙海关税务司,统法志

---

①　[德]施丢尔克:《十九世纪的德国与中国》,生活·读书·新知三联书店 1963 年版,第 149—150 页。

②④　李鸿章:《筹议天津机器片》,《李鸿章全集》(卷 4),奏议(四),安徽教育出版社 2008 年版,第 113 页。

③　《海防档》购买船炮,台湾近代史研究所 1957 年版,第 188 页。

⑤　李鸿章:《机器局请奖折》,《李鸿章全集》(卷 9),奏议(九),安徽教育出版社 2008 年版,第 460 页。

愿兵,复宁波府城,复会官兵,攻慈奚、上虞、奉化有功。德克碑为法国总兵,亦尝参与奉化之役,已而将受代归,褐宗棠于龙游,宗棠善遇之,德克碑感服,愿留为中国,继续效力,且自去其虬髯,易中国服色,守中国法令,其后会攻富阳,杭州省城,均有功。宗棠欲效泰西自制轮船,命日、德两人先试造一小船,行驶西湖中,既平福建,送大规模经营船政,以日意格为正监督,德克碑副之。船政功成,日意格加提督衔,赏花翎,德克碑亦赏花翎。"①

（一）外洋军事教习

1860 年 6 月,苏州失守之际,上海四明公所董事候补道杨坊在美国人可富(Captain Gough)的建议下,雇美国人华尔(Frederick Townsend Ward)及白齐文(Henry Andrea Burgevine)、法尔思德(Edward Forrest)等人,募集菲律宾人百名,成立洋枪队,配合官军转战于上海附近。洋枪队成立之初,全队仅有 100 余人,军官多为欧美各国在沪水手、逃兵,士兵则基本上是菲律宾人。最多时兵额五千余名。由上海商会负责供应洋枪队所需粮食和军火,后来改由江海关奏留军饷下支付,后由巡抚薛焕定名为常胜军(The Ever Victorious Army)。华尔的洋枪队进攻第一个目标,即太平军防守坚固的松江府时,主要装备恩菲尔德式步枪或来复枪,结果被太平军打得一败涂地。后来又购置了十几门重炮、桶装炸药、臭瓦罐、弯刀等武器②,很快攻下松江城。后来,华尔招募的洋枪队中因有各国流浪者,引起各列强之间的矛盾,华尔承诺洋枪队将以新招募的中国兵勇为主要战斗力,外籍人员仅担任军官、教练。华尔向英国海军司令何伯提出要求,"允许洋枪队直接从香港英国皇家兵工厂采购军火,包括两组野战炮、一千支新式来复枪、五千支短枪等"。③到后期时,洋枪队已成为当时中国境内战斗力最强的军队,"它装备各种火炮三十七门,每门备炮弹二百发;大部分士兵使用发射尖圆子弹的来复枪,还拥有野战桥、铁甲汽轮等等先进机动作战设备"。④1862 年 9 月,李鸿章致曾国藩信函称,"华尔打仗,实系奋勇,洋人利器彼尽有之,鸿章近以全神笼络,欲结一人之心,以联各国之好。渠允为我请外国铁匠,制炸弹,代购洋枪"。⑤1864 年5 月 30 日常胜军遣散,所有军械枪炮帐篷器具等均留给淮军,特留洋炮队六百人,由副将罗荣光管带,洋枪队三百人,由李恒嵩和袁九臬统带。⑥

---

① 秦翰才:《左宗棠全传》2010 年未刊本,复旦大学图书馆藏,第 272 页。
② 张功臣:《洋人旧事》,新华出版社 2008 年版,第 70 页。
③ 同上书,第 74 页。
④ 同上书,第 78 页。
⑤ 李守孔:《中国近百余年大事述评》第一册,台湾学生书局 1997 年版,第 280 页。
⑥ 《吴煦档案中的太平天国史料选辑》卷 48,生活・读书・新知三联书店 1958 年版,第8 页。

洋枪队总体情况统计①

年　别	所在地	军队名称	外籍军官国籍	训练人数
1861	上海	洋枪队	美国人	500
1861	宁波	常安军	英国人	
1861	宁波	常捷军	法国人	
1861	天津	洋枪队	英国人	1 000
1862	上海	洋枪队	英国人	1 000
	杭州	洋枪队	英国人	4 000
	杭州	洋枪队	法国人	
	广州	洋枪队	法国人	
	福州	洋枪队	英国人	
1864	福州	洋枪队	法国人	
	武昌	洋枪队	法国人	1 000

清陆军或海军都有聘用洋匠之需求。"拟在(驻五台山之十三营)营内设立学堂,遴选气体强壮质地聪颖已读四书之子弟一百人,聘请洋教习,先教以算学,后教以枪炮源源之学,再教以兵法陈法之学。……虽闽沪已有出洋学生,使习西法而尤必分其门以专其学,实力讲求,庶畿各有造就。"②李鸿章统带淮军抵沪后不久,英国海军提督何伯便要求李鸿章调派三千中国兵交由英国人代为训练,李鸿章最初不允许,后来推辞不过,将薛焕旧部一千人拨交何伯进行训练,练就之后改为会字营,平吴之后并入鼎军。后来法军亦要求代为训练,李鸿章就当地练勇拨交六百名交法军参将庞发训练,即日后的庞字营。北京方面英法公使亦向恭亲王建议,鼓励用外国法练中国兵。1861 年 2 月,薛焕上奏指出,"上年夏间,该道因各营兵勇施放洋枪,未能娴熟,遴选壮丁,设局松江,练放洋枪洋炮,即派华尔前往教习,并演西洋各项阵势。半载以来,已教成一千二百名。……特将原委缕晰声叙,并请奏恩赏给四品翎顶,仍令在松江教习兵勇,协同官军剿贼,以资鼓励而裨戎行"。③1862 年初,崇厚在天津练兵,京津挑选 1 116 名士兵集中天津会同训练,教练为英国军官斯得弗力(Charles W. Staveley),所用武器为俄国赠送的一万支洋枪中的第一批。清廷随后下令,以上海、宁波等海口官兵延欧洲人训练。"酌选武员数十人,在上海、宁波习外国兵法,以副、参大员统之,学成之后,自行教练中

---

① 苏贻鸣:《洋枪队与中国军队的近代化》,《复旦学报》(社会科学版)1990 年第 2 期。

② 《? 致? 函》,盛宣怀全宗档案 088027,上海图书馆藏。(? 为原档标题内容)

③ 蒋廷黻:《近代中国外交史资料辑要》上卷,湖南教育出版社 2008 年版,第 347 页。

国兵丁。又以广东、福建营伍久驰,饬耆龄、刘长佑等于旗绿营营内,择晓勇员弁,习外国兵法,天津练军亦如之",①以应急需。很快就有数百名旗人在英国教官的帮助下学会了使用西方小型武器,并在回京后不久就组成了一支由清帝直接控制的精锐部队神机营的核心。清廷由此认为雇请洋匠担任中国军队的教习,可以达成速成之功效。"始以洋人教华人,继以华人教华人。既不患教之不敷,又不患心志之不齐。"②1862 年 6 月 21 日及 7 月 5 日,恭亲王两次函商李鸿章,命其拨兵交洋将训练。法国公使欲让达尔第福(Tardif de Moidrey)为中国训练弁兵,并授为江苏总兵,被李鸿章拒绝。这也迫使李鸿章的淮军加快提行西法练兵。李鸿章认为用海关洋税养外洋教习,利于中国权益。1862 年 9 月 8 日,李鸿章致函曾国藩,"华尔打仗,实系奋勇,洋人利器,彼尽有之。鸿章近以全神笼络,欲结一人之心,以联各国之好。渠允为我请外国铁匠制炸弹,代购洋枪,若学得一两件好处,于军事及通商大局皆有小益,钧意以为可否。渠虽未薙发,吴道云终必薙。无论果否,贼平之后,渠必回本国,而勇亦可散,无甚后患,不过眼前多糟蹋银钱耳。然海关税银,华尔不用,洋人亦要侵吞,华尔用,则洋人皆不怪"。③到 1862 年年末,淮军已装备 1 000 余支来复枪,雇用了六七名常胜军的西方教练。刘铭传部所雇法国军官一名,"省三(刘铭传)请法兵官一名,教练洋枪,到营后可借观摩之助",而各营广为聘募洋将,以为教习。④不及一年,淮军已扩充到 4 万余人,装备万余支来复枪、若干门西式野战炮以及十几个来自常胜军的英、法教练。⑤

1862—1863 年淮军外洋教习名单⑥

中英文姓名	国 籍	原军属	加入淮军营别	履 历
Huaer Frederick Townsend Ward 华尔	美国,后入中国籍		洋枪队	副将
H. A. Burgevine 白齐文	美国		洋枪队	第二任队长
John Yate Holland 奥伦	英国	英军	洋枪队	第三任队长
Charles George Gordon 戈登	英国	英军	常胜军	第四任队长,提督,英军中校
Bonnefoy 庞发	法国	法军参将	庞字营	

① 《清史稿》第 139 卷,志 114,中华书局 1977 年版,第 4127 页。
② 蒋廷黻:《近代中国外交史资料辑要》上卷,湖南教育出版社 2008 年版,第 365 页。
③ 《李鸿章全集》(卷 29),信函(一),安徽教育出版社 2008 年版,第 111 页。
④ 《李鸿章致潘鼎新书札》,《李鸿章全集》(卷 29),信函(一),安徽教育出版社 2008 年版,第 174 页。
⑤ [美]刘广京等编,陈降译:《李鸿章评传》,上海古籍出版社 1995 年版,第 145 页。
⑥ 王尔敏:《淮军志》,中华书局 1987 年版,第 198—199 页。

中英文姓名	国　籍	原军属	加入淮军营别	履　历
Bailey 白礼	英国	常胜军	开字营	（白礼、备雷）
Jebb 质贝	英国	常胜军	鼎字营	（哲贝）
Kingsley 金思立	英国	常胜军	会字营	
Major Lowden 美叙罗殿	英国	常胜军	松字营	游击，后辞职
陆国费	法国	法军		
Halliday Macartney 马格里	英国	英军	春字营炮队	洋枪教练，后督造炸弹
Penell 毕乃尔	法国，后入中国籍	法军	铭字营	总兵
包德瑞		常胜军	开字营	
老司	英国	常胜军	罗荣光洋炮队	
Rhod 吕嘉	法国	常胜军	铭字营	总兵
William Winstanley 司端里	英国	常胜军	松字营	
多木孙	英国	常胜军	余在榜洋枪队	
Danyells 道能	英国	常胜军	开字营	
张姓		常胜军	开字营	
温格乃	英国	常胜军	李鹤章部	
师仁美			开字营	
矩		常胜军	盛字营	（级姆）
Major John Wooley	英国	英军	开字营	
W. Watters	英国	常胜军		参加镇压捻军起义
William Murphy	英国	常胜军		参加镇压捻军起义
Welch	英国			参加镇压捻军起义
Cardew	英国	常胜军		
丙西来				平吴役阵亡
杏达生				1864 年阵亡
合　计	共 28 人，主要来自美英法三国，常胜军遣散后留用 13 人			

　　淮军经过聘用洋教习取得经验后，李鸿章专折奏请聘用洋教习指导清军的训练。"查军器以洋枪为便利，直隶练兵，如保定、正定、大名、通、永各营，成军以来，

经臣先后酌给洋枪,操演阵技,冀成劲旅。然洋号口令,手法步法,诸多奥妙,必有谙悉精熟之人,随时教习,方能合式。前会添募教习,户部以章程并无此项,未准开销。惟兵部奉同各衙门议覆练军营制章程,声明此后应行变通之处,随时斟酌损益,奏明办理等因。洋枪既为必需之物,教习实不可少。从前专用洋人,需费较巨,今淮军各营,演习洋枪已久,颇能互相传授。拟令直省练军,每营步队酌添洋枪正教习一名,帮教习四名,以分教四哨,均用华人。其正教习每名月给护兵口粮一份,外加薪水银二两,计每营每月仅加银十二两,需费无多,而于操防有裨益。"①李鸿章从 1863 年起在上海、苏州,最后还在南京迅速建起了生产现代军火的兵工厂。1863 年 5 月 4 日李鸿章致函曾国藩,"西洋炸炮,重者有数万数千斤,轻者数百数十斤,战守攻具,天下无敌。鸿章现雇洋人数名,分给各营教习。又募外国匠人,由香港购办造炮器具。丁雨生(丁日昌)即来监工。又托法英提督,各代购大炮数尊,自本国寄来,大约今年底可渐集事。每思外国兵丁口粮贵而人数少,至多以一万人为率,即当大敌。中国用兵,多至数倍,而经年积岁不收功效,实由于枪炮窳滥。若火器能与西洋相埒,平中国有余,敌外国亦无不足。俄罗斯日本从前不知炮法,国日以弱,自其国之君臣卑礼下人,求得英法秘巧,枪炮轮船,渐能制用,遂与英法相为雄长。中土若于此加意,百年之后,长可自立,仍祈师门一倡率之"。②镇压捻军期间,淮军一直在请洋将教练兵勇使用新式武器,"恐该营炮法生疏,应令德弁瑞乃尔兼司该营教练,会督弁勇认真学习。吴统带三营分扎西岸各炮台营垒,亦虑炮法生疏,应令德弁额德茂帮同教练。所有东西两岸各炮台操练布置事宜,均令随员汉纳根随时会商各统带营官教习等,认真办理,期有实效"。③1871 年,中国登荣水师船购买克虏伯炮,需演试,便聘请克虏伯火炮厂工人、普鲁士下级军官瑞乃尔(Schnell, Theodore H.)进入淮军供职。1872 年,福建船政局扬武炮舰下水,供水师实习驾驶与管机之用,曾带队到日本访问,"船主本是英国水师官员,名叫推随。言及中国水师,大有指望,将来必能与日俱进。肄业诸人颇为聪明,水手亦均灵便,身体强健,能耐劳苦。并言肄业者有大家子弟在内,非纯为贫苦之辈"。④1873 年,李鸿章托德国克虏伯军工厂代雇军官李劢协指导淮军炮队,操练德军阵法,约期三年。是年 12 月,沈葆桢向清廷奏报福建船政局情况,"后堂学生既习天文、地舆、算法,就船教练,俾试风涛。出洋两次而后,教习挑学生二名,令自行驾驶。当台飓猝起,巨浪如山之时,徐觇其胆识,现保堪胜驾驶者,已十余人。管轮学生,凡新造之轮船机器,皆所经手合拢。分派各船管车

---

① 《李鸿章全集》(卷 5),奏议(五),安徽教育出版社 2008 年版,第 287 页。
② 《李鸿章全集》(卷 29),信函(一),安徽教育出版社 2008 年版,第 218 页。
③ 《李鸿章全集》(三十七),安徽教育出版社 2008 年版,第 368 页。
④ 秦翰才:《左宗棠全传》2010 年未刊本,复旦大学图书馆藏,第 212 页。

者,已十四名。此教导驾驶之成效也"。①1874 年 12 月 28 日,山东巡抚丁宝桢复总署奏折,在"简器"一条中称中国不懂施放之法,外洋枪炮也难成利器,主张宜购备而放炮之准尤宜讲求,当时西洋枪炮以克虏伯后膛开花枪炮最精利,尤应加以操演,得其施放之术,以命中致远。②1876 年 3 月 29 日,李鸿章上奏总署称,德国陆军枪炮法最为擅长,原克虏伯厂代雇都司李劢协教习炮队期满,极有成效。商派卞长胜等七人随李劢协往德国武学院学习,以期各尽所长。同日李鸿章致函巴兰德,授李劢协二等宝星。4 月 20 日李鸿章上"卞长胜等赴德学习"片,称李劢协在津教习克虏伯后膛钢炮操法三年,炮队技术日臻娴熟,现销差回国,派卞长胜、刘芳圃、查连标、杨德明、朱耀采、王得胜等七人随同赴德学习三年,由李凤苞督率。5 月 29 日,丁宝桢奏请奖励德国兵官瑞乃尔。称瑞乃尔来华后,悉心教演,约束各队整齐,且精通枪炮技术。现拟订三年合同,赏给三等宝星。③瑞乃尔作为西洋武器教练在 1878 年 2 月还曾经撰写过希望中国加强武备的文章,如发表在《格致汇编》上的《拟请中国严整武备说》。④1884 年 9 月,清政府命李凤苞在德国选募一批军官来华协助北洋淮练各军的操练,李凤苞选募二十四人以俾斯麦使团的名义来华:总兵万里城、翻译博郎、台工副将哲宁、步守备爱弗谖、千总施本格、炮千总陆伯德及赫力士、水雷千总金美及施密士、水雷弁桂朗客、军医巴珥、炮台参将李宝、炮弁德及削尔、步副将崔发禄、步守备屯土基及那柏、陆炮千总康喇脱、炮线千总美克、陆炮守备李曼、浮桥千总巴恩士、炮台弁劳盖及贝阿荷、炮弁贝根。此批德籍军官中"或熟精枪炮阵式,或谙习炮台营垒做法,皆由该国武备书院读书出身,技艺优良,堪充学堂教习之选者颇不乏人"。⑤1885 年,周盛波等人奏明李鸿章,要求仿照西国设立武备学堂,天津武备学堂遂于 1885 年 6 月 17 日设立,委派德国兵官李宝、崔发禄、哲宁、那珀、博郎、阐士等人为教师。⑥

　　海军舰船主要来自外洋,因此,海军的管理与训练,对外洋军事教习的依赖更强。1862 年 5 月,英使卜鲁士(Frederick W. A. Bruce)建议中国沿海各口练兵,并推荐一人为中国管理火器。同时,英国参赞威妥玛(Thomas F. Wade)向总署

---

①　秦翰才:《左宗棠全传》2010 年未刊本,复旦大学图书馆藏,第 212 页。

②　[德]乔伟、李喜所、刘晓琴:《德国克虏伯与中国的近代化》,天津古籍出版社 2001 年版,第 327 页。

③　同上书,第 329 页。

④　费志杰:《近代尚武思潮研究》,军事科学出版社 2011 年版,第 336 页。

⑤　《创设武备学堂折》,《李鸿章全集》(卷 11),奏议(十一),安徽教育出版社 2008 年版,第 98 页。

⑥　王尔敏:《淮军志》,中华书局 1987 年版,第 204 页。

致函,推荐何伯(Admiral James Hope)和斯得弗力在上海练兵。6月,在卜鲁士的敦促下,总理衙门得到清帝的批准,让英国人和法国人在上海训练中国军队。7月,李鸿章勉强将薛焕的一千多名残兵转交英国人,另外交给法国人六百名。借洋将练兵在沿海各口成为常例,江苏方面由英将金思立(Kingsley)和法将庞发(Bonnefoy)分别在上海训练。浙江方面由法将勒伯勒东(Le Brethon de Caligny)在宁波教练统率。福建方面先由福州将军文清派兵六队交英国轮船弁兵操练,至1864年又分由法籍税务司美理登(Baron de meritens)训练一批;英国翻译官有雅芝(A. R. Hewlett)训练一批。广东方面先由两广总督劳崇光,署总督晏端书,请英国由香港派军官一名、教练三名、兵四十二名,在广州训练旗绿各营。9月,常胜军首领华尔阵亡于浙江慈溪,英方向崇厚透露推荐人选以行替代之意,同时法国公使哥士耆(Michel Alexandre Kleczkowski)致函总理衙门,要求由法将勒伯勒东接办宁波防务。总署不想把兵柄予以洋人,却又不愿得罪洋人,处于两难之境,遂命薛焕、李鸿章、左宗棠援照华尔带兵办法酌量办理。饬令曰,如英法二国之人接带此军,必受中国节制,或仍归中国将弁及白齐文统带,仅令英法二国合力帮助。自此,清廷深深领悟到统带与指挥权的重要性,中国兵勇交洋将训练,如本国没有统领,或有统领而不能指挥,却是危险而有流弊之事。"北自天津,南至广州,每一口岸都有帮助中国官方的外洋军官在中国带领军队。中国政府领袖当然注意到这批人的出身来历和投效的愿望,因此多半接受英、法政府军官地位退出来而受雇于中国政府,他们确是有热忱帮助中国改进军伍组织和训练方式,但结果并不是很有成效。"①12月,又有法国广州领事派武弁一名、兵十五名,进行训练。于是沿海各口,自同治元年均多出一支由洋人训练的军队。1864年5月,常胜军在昆山解散,留洋枪队三百人由李恒嵩统带,炮队六百人由罗荣光统带,留外国将弁十一人帮同教习。②6月,李鸿章在奏折中谈到,常胜军三千人月饷七万元,购办军火、赏恤杂支各款,每月须十万元有零。遣散常胜军,共用十二万二千八百元,另补发月饷六万元,所有常胜军军械装备全数呈缴李鸿章验收。③1866年6月25日,《左宗棠奏覆筹议自强事宜折》称"如有决裂,则彼己之形所宜审也。陆地之战,彼之所长皆我所长,有其过之,无弗及也;若纵横海上,彼有轮船,我尚无之,形无与格,势无与禁,将若之何?此微臣所为鳃鳃过计,拟习造轮船兼习驾驶,怀之三年,乃有此请也。……据德克碑云,中国拟造轮船,请以西法传

---

① 王尔敏:《清季军事史论集》,广西师范大学出版社2008年版,第282页。
② 李守孔:《中国近百余年大事述评》第一册,台湾学生书局1997年版,第108页。
③ 同上书,第109页。

之中土,曾以此情达之法国君主,君主允之,令其选国中工匠与之俱来,未知确否"。①奏折中,左宗棠强调应该订明教习造船即兼教习驾驶,船成即令随同出洋周历各海口。1874 年 11 月 5 日,《总理各国事务衙门奏请将所拟海防事宜交滨江沿海督抚等筹议折》称"创设之初如须雇募外国善于驾驶、演放之人为之教习,亦酌量雇募"。②北洋海军船舰增多,但缺少船坞停泊及修理,常需借用香港或日本的船坞,西人常有"有鸟无笼"之议。为此,清廷花十年之久修建旅顺军港,花费三百万两白银上下。"除极少数英美退职军官外,最主要的便是一群德国人,如汉纳根、斯本格、舒尔次、瑞乃尔、善威等。或司炮台工程、或司放炮教习、或司海口工程、或司澳坞设计,其贡献实不可没。"③

池仲祐在《海军大事记》中记载,"时海军规模略具,乃聘英人琅威理(Capt,W. M. Lang),名为总查,实司训练。琅颇勤事,为海军官佐敬惮,中外称之,一时军容顿为整肃"。④四支蚊船由琅威理率领抵达大沽,李鸿章亲自出洋验收,对琅威理在外海操演炮船的情况甚为满意,邀琅威理至天津详谈,当面与商"帮同华官督操"之事。英国驻华公使威妥玛致电英国政府,谓"如果中国不能聘到英国军官,则可能被迫聘请德国或美国军官,如此,即将严重地损害了中国及我们自己的利益",1882 年 4 月,威妥玛再次密电英国政府,"美国海军业已借给他(李鸿章)一位军官去训练其鱼雷营,薛斐尔也在跃跃欲试。法国亦有两位海军将官于1879 年及 1880 年受雇为中国海军陆战队的总教习。至于德国的态度则尤为积极,因为中国在德国所购的两艘铁甲战舰即将经由德国人驾驶返抵中国。德国的青年军官汉纳根已聘为李鸿章的军事顾问,而天津税务司德璀琳更是野心勃勃,完全取得李鸿章的信任。……如果英国能克服障碍,允许琅威理前来中国,那么英人即可在中国担任一个主要角色,而较他国占有优势。此自为英国的莫大利益,而值得考虑。否则,不仅将使吾人失去控制中国海军的机会,即使海关总税务司一职,亦恐落入德国人之手,损失殊巨"。⑤10 月 31 日,正式签约,中国聘请琅威理担任北洋海军副提督,仅在提督丁汝昌之下,负责全军的组织、操演、教育及训练等工作,薪资为每月库平银 600 两,由津海关定期发给。1885 年中法战争结束后,中国海军衙门的成立,引起了西方国家的兴趣,纷纷要求介入中国的军权争夺。英国公使欧格纳则强调,"设使李(鸿章)在获得英国军官时遇到任何困难,或

---

①　《左宗棠奏覆筹议自强事宜折》,中国近代兵器工业档案史料编委会编:《中国近代兵器工业档案史料》第一辑,兵器工业出版社 1993 年版,第 9 页。

②　《总理各国事务衙门奏请将所拟海防事宜交滨江沿海督抚等筹议折》,同上书,第 11 页。

③　王家俭:《中国近代海军史论集》,文史哲出版社 1984 年版,第 134 页。

④　李守孔:《中国近百余年大事述评》第一册,台湾学生书局 1997 年版,第 313 页。

⑤　王家俭:《中国近代海军史论集》,文史哲出版社 1984 年版,第 66 页。

者我们的优秀军官不被派遣前来，那么，德国的影响便会占了上风。而我们也将失去了此一机会，如此，源源不绝地购买轮船、枪炮与设备的订单就会直接地指向柏林而非伦敦，我相信，那对我们的国家也有很大的助益"。①12月1日，琅威理再次来到北洋海军，当时醇亲王行将巡阅北洋海军，各处都感到对海军的操演束手无策，都欢迎琅威理的回归。经过三个月的训练，舰队整齐可观，醇亲王与李鸿章看了都异常满意，旅顺、烟台等地的英法海军看了也称赞不已，朝廷赏给"提督衔"和二等宝星。李鸿章要求琅承诺五年内依照欧洲最新的方式将中国的海军训练，提升到一定的国际水准，并在战时帮助中国作战，除非敌人为英国。②琅威理出任中国海军总查之后，举凡航海技术、枪炮施放、鱼雷工程、机械操作以及各种其他训练，无不经其手。

1880年据威妥玛称，美国驻华武官试图介绍前总统格兰忒（Grant U. S.）的一个亲戚操练北洋海军，但未能成功。③同年赫德也强烈建议李鸿章聘用英国军官担任新式海陆军教习。1880年5月19日，李鸿章信函《致总署：论戈登恐难效用》称，"查西洋水陆兵事皆有专学，截然两途：戈登系英国陆军参将，前在苏带常胜军协剿出力，熟悉枪炮用法，而水师轮船向未学过。中国急需教练水师之人，似宜访求英、法兵船得力将弁。且戈登在埃及国任总督数年，近始辞归，每有书问，无意远行。所云颇望中国复为引用，恐未甚确。俄若开衅，英主与俄至戚，其新换宰相及外部一意和俄，必不令所属效用中国，即丹崖议购铁甲，海部恐亦中悔耳"。④6月，德璀琳为发给炮手薪水事禀李鸿章，"查副税司葛雷森，前募炮手李福，专司蚊船炮事，当订自泰西四月初一日起，每月由中堂发给薪俸关平银五十两"。⑤7月，德璀琳为聘蚊船教习事札丁汝昌，"窃查前募蚊船教习吉必勋、汤扪孙二名，专习机器，现在拨往南洋四船，北洋只有四船，自可撤退教习一名，以节糜费。查汤扪孙不肯躬亲操作，凡事假手于人，似难姑容。应请中堂即将汤扪孙撤退自泰西七月废止，停止薪俸，并请照原订之约，发给由津回英盘川行平银四百两，由津至申三十两，由申至英资七十两。所有四船教习，查得吉必勋熟悉水力、暗轮机器，实力实心，应即责成一人经理，仍住'镇南'船内，不时亲往各船，逐件详查。设有机器等件损坏，立刻修理妥固。拟自泰西八月初一日起，每月增给该教习银十二两，共一百七十五两，以昭激劝，而励将来"。⑥8月，李鸿章为调烟台船

---

① 王家俭：《中国近代海军史论集》，文史哲出版社1984年版，第71页。

② 同上书，第73页。

③ 季南：《英国对华外交1880—1885》，商务印书馆1984年版，第215页。

④ 《李鸿章全集》第32册，信函（四），安徽教育出版社2008年版，第548页。

⑤ 天津市档案馆、天津海关编译：《津海关秘档解译》，中国海关出版社2006年版，第185页。

⑥ 同上书，第186页。

艇水勇到津事札德璀琳,"烟台艇船水勇经洋弁瑞乃尔教练有年,颇著成效,如果将前项船勇商调来津,再交葛副税司教练排炮等事,随后移驻碰快船,可期得力。……应请山东抚部院迅速酌核饬办,如此项船勇可以移调,除瑞乃尔无须调津,即将弁目兵丁花名及船上应用器械等件,月支口粮,详细造册咨送,俟到津后即饬海防支应局,照章接支,专折奏明"。①同月,德璀琳为募管碰船机器洋人教习等事札津海关道郑藻如,"该碰船来时应请募管机器洋人及水雷手同来中国,并签订在华年限,教习华人以资得力"。②1884年4月,左宗棠在江阴设局聘请洋人教习水雷。③11月,李鸿章为水师西员辞职事札德璀琳,"超勇西管轮拜列亚忽,面求销差,辞甚决裂。该西员既胆怯,不愿随行,则勉强留用亦属无益,当即令附镇海去津,其薪水言明于西十一月底截止,并已函知津海关德税司,嗣后无须再为该员代领薪水矣。该本由上海招募而来,现在既离水师,除截止薪水之外,概无须给予回国川资及一应船价赏项各种外费"。④1885年3月,李鸿章为北洋水师西员加薪事札德璀琳,"查杨威快船西管轮哈和,前因该船调往援台,慷慨请行,经统领水师丁镇禀请,自十年十月初一日起月加薪水银二十五两,当经批准照办,并分行在案。该船旋即折回,姑仍照原案加给,以示格外体恤"。⑤英国海军军官琅威理1886年再次来华,赫德在其中起到了很大的作用。1884年中法战争结束,中国要成立海军衙门,赫德在给英国政府的电报中透露,"法国人、德国人和美国人现在都想谋取(中国海军)领导,但我仍将中国海军保持在英国人手中。海军衙门的成立是一进步,中国亟需琅威理来。煊赫的前程已经展开,机不可失,时不再来,务遣其来华"。⑥1887年春,琅威理受李鸿章委派,乘坐招商局商船"海琛"号前往英国接收中国订购的"致远""靖远"以及德制"经远""来远"舰。

美国海军少校马吉芬(Philo Norton McGiffin),1885年4月13日在通过李鸿章组织的考试后,就任天津水师学堂外洋教员,他还让家人把他关于枪炮使用、大地测量、船舶驾驶等所有其他书脊上写着"海军研究所出版"的书都给他寄来中国⑦,主要教授航海学和枪炮术,兼当练船管带。1890年5月,威海卫水师学堂成立,数月后李鸿章调马吉芬前往该校任校长,在中国海军服务的时间里,马吉芬当过船舶驾驶和枪炮使用科目的教官,指挥过水师学堂的练习舰,训练过新订购回

---

① 天津市档案馆、天津海关编译:《津海关秘档解译》,中国海关出版社2006年版,第186页。
② 同上书,第187页。
③ 秦翰才:《左宗棠全传》2010年未刊本,复旦大学图书馆藏,第35页。
④ 天津市档案馆、天津海关编译:《津海关秘档解译》,中国海关出版社2006年版,第187页。
⑤ 同上书,第188页。
⑥ [英]魏尔特:《赫德与中国海关》,厦门大学出版社1993年版,第480页。
⑦ 张功臣:《洋人旧事》,新华出版社2008年版,第184页。

来的巡洋舰,还曾代表北洋水师带领官兵前往英国一家造船厂验收新订制的军舰。1894 年 9 月 17 日,身为镇远舰帮带的马吉芬参加了黄海海战,受伤严重。马吉芬在给家人的信中说,"无论什么时候我都站在中国这一边,我并不畏惧死亡,因为我指挥着一艘优秀的战舰和一群骁勇善战的士兵"。①而在定远舰上的洋员则为汉纳根,北洋舰队中还有不少来自英国、德国的雇佣兵,主要掌管各舰的轮机、枪炮和舱面等事务。

1885 年中法议和之后,"恰有一批前一年聘雇的德国军官,留在天津。周盛波和周盛传,乃请李鸿章仿照西国武备书院之制,在天津设立陆军武备学堂。同年五月五日奏请设立。校址紫竹林,定名天津武备学堂,习称北洋武备学堂。委派德国军官李宝、崔发禄、哲宁、那珀、博郎、阃士等人为教师"。②有官僚上奏折强烈呼吁聘请洋匠实施西法训练。"中国自同治以来所购之船炮多矣,目前分布各海口不下数十艘,当其向外洋购造也,西人见之皆谓其精利无比,与西国兵船战舰不相上下,船上之炮亦均新式合用,再以西国水师之法教练兵丁,是今日沿海武备事事不出西国下,以之言战,何患不克? 即曰:法人若与中国为难,势必尽起精锐而来,顾彼以是船,我亦以是船,彼以是炮,我亦以是炮,虽未必胜,然亦安见其必败也? 战则战耳,何多虑为? 噫斯言也! 何尝不足以壮中人之胆,张中国之威。顾吾所谓未有把握者,其意盖别有在也。夫器虽精,兵虽锐,就平时言之则然也。器精而能用其器,兵练而能用其兵,则临时而始见也,有事之与无事,局阵大异,即强弱众寡之势亦相悬殊。中国购买船炮,选择学生而教以西洋水师之法,原非仅饰平时之观,实欲以济临时之用,而其时其势犹若未及者,则以有兵而无统兵之人也。今一旦启衅强邻,各海口所停泊之船自必调遣听用,平时管带兵船之人,固由学堂教习以成,而管带以上则更无精熟之统领也。管带一船止知一船之事,然且赖洋人为之教师,为之船主,不敢以一船之关系轻付诸少不更事之人。今至于战,其谓以一人策一船而可以临敌耶! 自剿平粤捻以来,宿将多材,颇援未老势不能不召用之。然试问昔之剿粤捻与今之敌外洋其事同耶,异耶? 统襄日水陆之众以攻克内地城池,若而人者足以见功,固也。海道未尝亲历,轮船未尝亲驾,机器之运动,炮位之方面,未尝亲临其事而以之为统领,欲其建功于海上不亦难乎? 且也每船之中,自管带以至兵丁,教练既久,自谓精熟而临以不知海上水师之统领,必有轻易之心,假令出战之时而号令不行,其祸尚堪设想哉! 夫中国自有轮船以来,未尝与他国一战,船之所泊不过此数大口,不但海外程途即南北万里口岸纷歧情

---

① 张功臣:《洋人旧事》,新华出版社 2008 年版,第 178 页。
② 王尔敏:《淮军志》,中华书局 1987 年版,第 203—204 页。

形未悉,苟有知兵之统领已逊他国一筹,而况并无其人哉。"①

甲午战败后,人们纷纷强调改练新军。战事期间清廷曾命长芦盐运使胡燏棻训练定武军,由德国人汉纳根担任教官,根据德国陆军操典训练。定武军共十营,计步队 3 000 人,炮队 1 000 人,马队 250 人,工程队 500 人,共计 4 750 人。张之洞在南京创立自强军,聘请德国人训练军队。袁世凯于 1895 年 12 月带着随从到达天津小站,在与胡燏棻办理了交接仪式后,正式接管定武军,并奏请将定武军改名为新建陆军。袁世凯发现许多官兵"不知枪炮",士兵用枪常常托平乱打,不瞄准星,难以命中。②袁世凯决定聘请大量的德国军官为新建陆军当教习,进行训练。袁世凯大胆采用西方的先进技术,设备全部换成了从国外购置的步枪、马枪和快炮。新建陆军中有炮兵、步兵、骑兵、德文四所随营学堂,统称"行营武备学堂"。要求学生学习兵法、枪炮、算学、测绘、地理及战阵攻守各法,按季会考,分别擢奖。任新建陆军督操营务处帮办兼讲武堂教习的王士珍,强调按照德国陆军营制、操典训练士兵,主张聘请德国军官担任教官和督操官,全部使用外国新式武器。袁世凯聘德国人巴森斯负责全军训练,伯罗恩为德操教官,祁开芬为炮队教官,慕兴礼、魏贝尔为德文教官。全军皆按德国陆军教条进行训练。开设的学堂中,也都聘请德国军官担任总教习。军官的培养并非短时可以造就,1895 年 5 月汉纳根呈李鸿章《练兵节略》,"中国现在之无大小武官,军兴至今,自应明晰其弊,然造就武官,非半年所能"。③1895 年 7 月 16 日,原任两江总督钦差大臣刘坤一,在筹议变法练兵用人理财折中,主张南北应分别雇用洋弁,采用西法,训练新军,并逐渐推至各省。④19 日,张之洞在筹办江南善后事宜折中,主张急练陆军一万人,营制、饷章略仿德国。调与北洋签有合同之德弁十六人南来,要求驻德大臣许景澄添募德国陆军官佐二三十人来华充任教习,8 月德弁三十五人陆续到达南京,后聘德人贝伦司多尔为总教习,天津广东武备学堂学员充教习,"专肄习西法马步枪各队阵式,技艺枪炮药弹装卸运用机器理法,营垒测量绘图事宜"。⑤1898 年,天津新建陆军总教习为管带工程营洋员魏贝尔,马队教习为洋员曼德加。⑥是年 10 月 21 日,英国水师提督贝思福远荐英国军官为中国练兵。拟先从南省办起,清廷谕令张之洞早为筹备。张之洞随即电称,英人代表练兵之害,兵不可多,官不可大,权不可专。1899 年 2 月 14 日,总署电张之洞,商讨日使要求"代

---

① 《皇朝经世文统编》,文海出版社 1980 年版,第 3064 页。
② 沈祖宪辑:《养寿园电稿》,文海出版社 1966 年版,第 184—185 页。
③ 《盛宣怀档案资料选辑之三·甲午中日战争》下,上海人民出版社 1982 年版,第 441 页。
④ 李守孔:《中国近百余年大事述评》第二册,台湾学生书局 1997 年版,第 937 页。
⑤ 同上书,第 938 页。
⑥ 同上书,第 1030—1031 页。

我练兵事"。随着德国在中国的军事影响力迅速衰退,中国各地都产生了逐渐以日本军官代替德国人当教习的趋势,1905年日俄战争中日本的获胜使这种趋势大大加强。到1906年左右,在华日本军事顾问和教习达到了顶峰,几乎遍及全国各个省区。后来随着武器更新、编练军队扩展到全国,开设了水师学堂和陆师学堂,分批向欧美各国派遣留学生以掌握新的军事理论、技术、战术。清廷决定在全国建立各级军事学堂,形成比较全面的军事教育体制,作为培养军官的基地。晚清各军事学堂中的外国教习有相当部分起到了武器操作教练的作用。如马尾船政学堂聘请法、英等国教习,开设驾驶轮机、驾船演炮等专业。1909年11月,上海礼和洋行经理艾仕德就军械机器兼工程事宜致函赵尔巽,"议明运炮来华时由敝行聘一该厂谙练炮务之员到滇教练六个月并不支领薪水,仅请给备住房而已。南京所购过山炮36尊,敝行亦曾照办,此均敝行竭尽微忱敬慎将事。此次如蒙赐购不特稍赊,艾仕德前愆抑且增长代表荣誉,而大帅将来调军会操亦与各省一律,陆军前途大有裨益"。①

外洋军事教习的聘用是与西洋武器的引进相伴随的,既有国人使用西式武器面临的困难,又有军品外购附加条件等原因。雇请西洋教习成为晚清军队建设中长期存在的现象,不过,华洋将领之间因指挥权归属产生的矛盾也始终相伴随。19世纪60年代,镇压太平军为清廷燃眉之急,聘用外洋教习规模不断扩大。一方面,英法公使以维护沿海口岸治安为要求,主动提出教练中国兵丁;另一方面,采用洋将练兵旨在断绝洋人对于太平军的联络与接济。1862年11月,恭亲王奕䜣向朝廷上奏,称自强以张国势,练将以固兵心,"诚能练将,则将与兵联为一气,将来即用中国之将,统带中国之兵,洋人暂为教演,止膺教习之任,并不分将帅之权,自不至日久弊生"②,此奏折实含维护主权之意。不过,由于种种因素,洋员代练兵员短时间并未结束。阿思本(Sherard Osborn)所组织的舰队就是一个明显的例证。1862年,赫德向清廷推荐英国火轮船,通报雇用洋人统带各船"武员姓名,系实纳阿士本,所有各船柁(舵)工炮手水手,及看火人等,均由该员雇募以专责成等语"。③英国妄图通过这支舰队插手中国的事务,同时可以最大程度维护英国的利益。由于有了这支舰队,女王政府将无需在各通商口岸担负维持秩序的费用,"将使英国免于担负它在目前为了维持我国现驻中国海军舰队所担负的一大笔费用"。④关于赫德所议购船事,不少官僚已表示担忧。1856年,苏抚吉尔杭阿

---

① 赵尔巽全宗档案543-85-2,中国第一历史档案馆藏。
② 《筹办夷务始末》(同治朝)卷九,中华书局2008年版,第4页。
③ 《筹办夷务始末》(咸丰朝)第8册,中华书局1979年版,第2915—2916页。
④ 《上海市历史学会一九八二年年会论文选》,上海市历史学会1982年印,第200页。

忧心忡忡地说:"内寇之能否荡平,尚不可知,而外夷之乘机肇衅,难保必无。"①
1863 年 1 月,"接手管理"购舰事宜的李泰国抵京向清廷宣称,所购轮船大小八只,"以英国总兵阿思本为总统,其余弁兵共六百余名。并代中国与阿思本立有合同十三条"。②

第一条:中国现立外国兵船水师,阿思本允作总统四年,但除阿思本之外,中国不得另延外国人作为总统。

第二条:阿思本作为总统,凡中国所有外国样式船只或内地船雇外国人管理者,或中国调用官民所置各轮船,议定嗣后均归阿思本一律管辖调度。

第三条:议定朝廷应给与阿思本谕旨一道,派阿思本作为此项兵船水师总统,谕旨内应确切载明派伊所管各事宜,作为凭据,以免窒碍。

第四条:凡朝廷一切谕阿思本文件,均由李泰国转行谕知,阿思本无不遵办,若由别人转谕,则未能遵行。

第五条:如有阿思本不能照办之事,则李泰国未便转谕。

第六条:所有此项水师各船员弁兵水手均由阿思本选用,仍需李泰国应允方可准行。

第七条:阿思本管下官员人等,除李泰国先行向阿思本议定,阿思本发给谕单,准其协同税务司办事外,李泰国不准所管各关之人,邀令兵船帮办事件。

第八条:倘有中国官员于各兵船之官员兵丁水手等有指告事件,则李泰国会同阿思本必得详细查办。

第九条:此项水师,俱是外国水师,应挂外国样式旗号,一则因船上俱系外国人,非有外国旗号,伊等未必肯尽心尽力;一则要外国各商,不敢藐视,是以议定旗要绿色,中用黄色两条相交,心内画黄龙尖旗,以为中国之号旗。要绿色者,系因绿旗乃各外国所罕用,便不至与别国旗号相混。

第十条:李泰国应即日另行支领各官员薪俸工食、各船经费等银两,足敷四年之数,存储待用,以安阿思本及各外国人之心,刻下在英国,姑以所置各船及各兵器等件,暂为质押。

第十一条:现议合同十三条,系奉朝廷札谕办理,倘四年之内,李泰国身故或阿思本身故,仍应照办,不得以二人中一人身故,便将所议各条废而不用。

① 中国史学会编:《第二次鸦片战争》(第一册),上海人民出版社 1978 年版,第 415 页。
② 《筹办夷务始末》(咸丰朝)第 21 册,中华书局 1979 年版,第 2 页。

第十二条：此合同十三条，并大众合同，及新定兵船章程，应候朝廷谕旨准行之后，阿思本方能带船办事。

第十三条：阿思本作为总统之时，如因病身故，则李泰国代请朝廷赐恤，以给其妻子。①

这十三条实际是为了"把（中国）皇帝牢牢束缚住"。②李泰国还提出"上海所雇外国兵（以'常胜军'为主）、浙江所雇外国兵，嗣后亦应由本总税务司管理。其一切俸饷、经费，亦由本总税务司在税银项下支给"。③不仅"常胜军"，连法国控制的"常捷军"等也由李泰国管制。在上海的英国商人狂妄地认为，"如我们在中国的姊妹帝国印度所已做到的那样，把中国征服过来"，④一名英国友好人士在当时就分析，"如果这个协定付诸实现，那么中国的命运和中国的行政权，就等于交托在他们手里"。⑤1863 年 6 月，李泰国先行到上海，将私自订定的阿思本舰队"合同十三条"上报，清政府朝野哗然，曾国藩、李鸿章等当即反对，"李泰国骄恣险诈阴谋把持轮船情形，请明定章程严予防制"⑥，"原议船中所用外国人，不过令其教练枪炮行驶轮船之法，而兵权仍操自中国，不至授人以柄"⑦。"合同十三条"与清政府设想大相径庭，被明确拒绝，并"再四向李泰国严词驳洁，相持几至一月"⑧。1863 年 7 月 9 日，李泰国被迫放弃"合同十三条"，达成《轮船章程五条》。

一、中国所买火轮水师兵船，现在议定由中国选派武职大员，作为该师船之汉总统，并延英人阿思本作为帮同总统，以四年为定，其兵船一切事宜，该两总统应和衷商办。一至阿思本帮中国管带师船，所在用兵地方，应听督抚节制调遣，其行兵进止，应随时面商，仍听中国主持。

二、阿思本既帮中国作总统，由总理衙门发给札谕，俾有管带之权，外国兵弁，由阿思本管束，如兵弁中有骚扰百姓及一切不法情事，阿思本均应严办，以期军律整齐。

三、此项兵船，系中国置买，必期于中国有益，自应随时挑选中国人上船

---

① 《海防档》购买船炮，台湾近代史研究所 1957 年版，第 181 页。

② 何瑜、华立：《国耻备忘录：中国近代史上的不平等条约》，北京教育出版社 1995 年版，第 129 页。

③ 《海防档》购买船炮，台湾近代史研究所 1957 年版，第 156 页。

④ 杨遵道、叶凤美：《清政权半殖民地化研究》，高等教育出版社 1993 年版，第 205 页。

⑤ ［英］呤唎：《太平天国革命亲历记》，中华书局 1961 年版，第 474 页。

⑥⑧ 《海防档》购买船炮，台湾近代史研究所 1957 年版，第 146 页。

⑦ 中国史学会编：《中国近代史资料丛刊·洋务运动》（二），上海人民出版社 1961 年版，第 255 页。

学习,以期经历久远,不至日久废弃,其行船放炮及一切火器,阿思本务须督同船主员弁,实心教练,以收实效。

四、此项水师轮船七只,又趸船一支,共计八只,其应支粮饷军火,及火食煤炭犒赏伤恤银两,并一切未能预言之各项用款,议定每月统给银七万五千两,统归总税务司李泰国经理。所支银两,每月在江海关支银一万两,九江关支银一万两,闽海关支银三万四千两,厦门关六千两,粤海关支银一万两,潮州关五千两,共银七万五千两,统由李泰国向各关支取,每届三个月,将用过细账,由李泰国呈报总理衙门,再由总理衙门转咨户部核销,若有盈余,留存复用。

五、各关所收税银,于本年六月十七日,即英国八月初一起,先仅此项轮船经费,按照所定本月之数,由李总税务司派人赴银号支领,倘银有未交,由李总税务司即于税饷径抵扣押用,四月之内,每月俱照此办理。①

按照《轮船章程五条》,恭亲王奕䜣担任"汉总统",但该舰队的指挥权实际上仍未全由中国控制,用曾国荃的话说是"各船皆洋人为政"②。1863 年 9 月,阿思本率舰队到达上海,重新提出"合同十三条",并称"务须悉照所立各合同办理未能稍为更移",否则"将员弁水手等遣散"③。英国驻华公使卜鲁士也趁机插手,称其"再三酌核,与中国外国道理,俱不相背"④,并请美国驻华公使蒲安臣帮助协调。但李鸿章、曾国藩等重臣强烈反对,拒绝退让,亦因太平天国大势已去,"可毋庸外国兵船合剿"。⑤曾国藩颇为不满,"(购船)为救时第一要务。盖不重在剿办发逆,而重在陆续购买,据为己有。在中华则见惯不惊,在英、法亦渐失其所恃。原奏所云每船酌留外洋三四人,令其司舵司火,其余配用楚军水勇,原期操纵自如,指挥由我。……始奉到五月二十三日寄谕,内附录章程五条。有随时挑选中国人上船学习,并非在船常住,已与奏准配用楚勇之案不相符合。兹又承准七月十八日大咨,蔡国祥仍须另带中国师船,与轮船同泊一处。其轮船水勇已在外国雇定,毋庸添募等因。则更与购船之初意,自相违戾。购船云者,购之以为己物。……洋人本有欺凌之心,而更授以可凌之势。华人本有畏怯之素,而又逼处可怯之地。……寄谕所示,悉由中国主持,窃恐万办不到,其势使之然也。故自接到轮船章程五条之后,倏经月余,反复筹思,徘徊莫决。欲遵从则未收购船之益,先短华

---

① 《海防档》购买船炮,台湾近代史研究所 1957 年版,第 165 页。
② 中国史学会编:《中国近代史资料丛刊·洋务运动》(二),上海人民出版社 1961 年版,第 251 页。
③ 《海防档》购买船炮,台湾近代史研究所 1957 年版,第 253—254 页。
④ 同上书,第 255 页。
⑤ 同上书,第 187 页。

兵之气;欲不从则业经议定奏准之案,未便轻于失信。……若彼意气凌厉,视轮船为奇货可居,视汉总统如堂下之厮役,倚门之贱客,则不特蔡国祥断不甘心,即水陆将士,皆将引为大耻,是又不如早为之谋,疏而远之。视彼七船者,在可有可无之数。既不与之同泊,亦不复言统辖。以中国之大,区区一百七十万之船价,每年九十万之用款,视之直轻如秋毫,了不介意。或竟将此船分赏各国,不索原价,亦使李泰国失其所恃而折其骄气也"。①清廷综合考虑各官僚的建议,而且组建舰队之事又不很迫切,考虑到兵员语言、习惯各不同,中国人恐怕也难以听从指挥,决定立即解散舰队,由阿思本带回英国变价拍卖,得款还于中国。10 月 15 日,清廷认为"现在各国公使颇不以李泰国为然",撤阿思本舰队"各国钦差亦均以所办为是"②,"上海的外国侨民一致发出了反对的呼声"。③戈登也声言"其兵船入江后我却不愿与共事"。④最终清廷决定立即将这支舰队加以解散。

外洋教习来中国工作期间,清廷通过聘用合同等方式加强管理和监督。许多外洋技术工人被清政府聘请来华之后,少数人妄图控制中国的军工企业并隐瞒军事技术,他们当中部分人被清廷识破,很快他们就被解雇回国。1887 年 8 月 1日,四品衔德国人毕达臣致函盛宣怀,谈到任保大轮管驾期间该船遭逢不测事,"二、闽加士打(保大船旧船主)无罗经指误留交与仆(毕德生),船上罗经准表亦谓不知,只将其平日往来天津在舵房所用之罗经水程道数指交与仆而已。三、仆初调到保大船上实未能考究其罗经塞误若何,然亦已吩咐伙长到大沽后须做一罗经指误矣。……六、仆管驾该船为时无畿,于该大副之为如何人亦未能悉而旧船主闽加士打亦并未论及。七、失事后船上各伙长会同威远兵船上之洋人名尼尔慎,以失事后船搁石上情形考究过,都谓未失事之前系正向山岸驶进,即系向西南偏五,西非西北偏西。八、约失事前一刻钟左右,仆下桥归寝,其时天色晴朗且仆亦照常嘱咐落谓,如遇有霞雾或别有差误情形即速叫仆云,但此次并未叫我,亦不闻号筒放响。九、因此次失事可见,向来局中船只办理尚欠妥善,如保大一船行驶数年之久,尚未备有罗经指误,而又改调管驾,若俯念仆曾在局效劳十五年之愚忠,务请委员将失事各情节详细讯供,则大人将得知其中果否有关于办理船只者之欠妥善。然委员讯供必得公正无私之人,方能认真彻底研究,则本局办理船只者之善与否,自可明白而本局亦将大获其益也"。⑤从保大船上抢救出物品有"铜钱

---

① 蒋廷黻:《近代中国外交史资料辑要》上卷,湖南教育出版社 2008 年版,第 368—369 页。

② 《筹办夷务始末》(同治朝),卷 21,中华书局 2008 年版,第 44—47 页。

③ [英]呤唎:《太平天国革命亲历记》,上海古籍出版社 1985 年版,第 477 页。

④ 《海防档》购买船炮,台湾近代史研究所 1957 年版,第 148 页。

⑤ 《毕德生致盛宣怀函》,盛宣怀全宗档案 074830-1,上海图书馆藏。

一百八十三包及洋药三箱。……洋枪箱子无从找处"。①奏折表明,洋教习担心被追责,通过上奏的方式说明自己没有责任。1895 年 3 月,都司曹嘉祥、守备饶鸣衢在海军利弊条陈中声明,"近来蕃将唯利是图,每不尽传其技,须择品学兼优之员,限以年数,俟我们得其秘妙,然后遣之使去,如当年限未满,值我国家有事,该员不得任其回国,致被敌人所用,以为奸细,至有事之时,再添请洋员临事周章,断难信用之"。②

甲午战争期间,大量新兵上阵,不会使用西洋武器,清军对外洋军事教习的需求激增。1894 年 7 月先后有汉纳根统带高升号英船,满德统带爱仁号英船,瓦连统带飞鲸号英船,向朝鲜运送兵员、饷械。二十三日早上十点钟,日本兵船浪速号与高升号接近,午后一点钟时日本开约十五六炮将高升号击沉,一点半钟,高升号全部深沉入水底。③10 月 5 日,盛宣怀致电德国公使许景澄,"拟请选雇枪教习八名、炮教习四名,须能充带队官。现难托兵部,或密托克虏伯代雇,订三五年合同,薪水电示再定"。④10 月 27 日,盛宣怀致电辽阳,"洋教习沙尔云,凤皇(凰)山两山夹峙,如得快炮数尊、步兵数营,虽数万雄师亦难飞渡"。⑤11 月 7 日,盛宣怀致电烟台,"贾理达、马格洛今夜赴旅,'镇东'装炮子、米粮,今夜十点出沽,望接护。唐沅圃、汉纳根候'北河'即来"。⑥11 月 19 日,烟台致电盛宣怀,"此间传说马格禄为副统领,外人皆笑谈,芳以千金马骨之意答之"。⑦同日盛宣怀致函李鸿章,"据许星使来电,以克虏伯先得炮队、枪队各一人,拟先订,再由二人募他员"。⑧盛宣怀档案中曾提及防营洋教习施壁士。⑨盛宣怀致电金州徐统领,"已禀蒙帅允添招一营,现值紧急,闻金没有曾经操练洋枪之人,速募为要"。⑩12 月 8 日,许景澄致电盛宣怀,克(克虏伯)厂称,德游击可靠,月薪三千马(克),不肯减,战事不加,死恤索十万马。十三日盛宣怀回电许景澄,"薪恤太贵,请缓议"。二十日许景澄再次致电盛宣怀,克厂复与德都司订教习,月薪千六百马,全废四万二千马,死二万五千马,打仗三千马。废死均酌加,或先募试用。12 月 16 日盛宣怀回电,德都司请订三年期,速起程,川资代付,欲制胜必选客将,练精队,望再募三四人同行。同一

---

① 《打捞保大轮情形》,盛宣怀全宗档案 074830-2,上海图书馆藏。

② 《海军利弊条陈》,盛宣怀档案 056921-1,上海图书馆藏。

③ 《盛宣怀档案资料选辑之三·甲午中日战争》下,上海人民出版社 1982 年版,第 82 页。

④ 《盛宣怀档案资料选辑之三·甲午中日战争》上,上海人民出版社 1980 年版,第 255 页。

⑤ 同上书,第 227 页。

⑥ 同上书,第 259 页。

⑦ 同上书,第 283 页。

⑧ 《盛宣怀档案资料选辑之三·甲午中日战争》下,上海人民出版社 1982 年版,第 370 页。

⑨ 《光绪二十年一月至二十一年十月收付账目》,盛宣怀全宗档案 034929,上海图书馆藏。

⑩ 《盛宣怀档案资料选辑之三·甲午中日战争》下,上海人民出版社 1982 年版,第 585 页。

日许景澄致电盛宣怀，"德都司订定，教习月薪千四百马，战薪二千二百。克厂保德游击可用。现订教习二千马，战薪三千，死恤八万。均赶正月望，德公司船行。请禀相"。盛宣怀致函李鸿章，"竹箦星使昨电，德都司教习，月薪千六百马克，不甚昂贵。现值和战两难，淮湘各军多不得力。募客将练新兵，万难再缓，亦无旁贷。否则虽有精械，转恐资敌。竹箦所订德教习月薪千六百马克，不过合银五百两。千金市骏骨，似未可惜此小费"。①12月25日，许景澄再次致电盛宣怀，"俄京添订武总一，薪千马，战薪千六百，正月偕行。款不敷，请拨万马。克厂力劝再募炮千总一，弁三四人，弁薪在千马内，以敷分练。候酌复"。②1895年1月28日，盛宣怀致电许景澄，"俄国许钦差，炮千总一，弁四，请定。八人同来，一万马，德华已汇柏林。威海危甚"。③盛宣怀致电刘公岛，"招商局蔚霞代雇炮手洋人一名，沈子梅垫付川资洋一百元"。④1月29日，盛宣怀致电宁督署："十月朔条陈，总署代奏。募客将，照西法练精兵三万人，上意许可，派胡臬司与汉纳根议办。汉欲独揽饷权，胡请停罢。今和议难成，上意颇悔。详探倭兵皆西法，枪炮有准，韬略尤精。我军乱打，虽有小胜，终必溃败。如欲制胜，仍须募练。宣可设法筹款，即在徐州开练，六月可接仗。已请竹箦（许景澄）募德将弁八员，元宵起程到沪。俟定计再添募。如京师急，可入卫恢复。此远着也。宪台如有同心，再当详禀。此事能否电奏，请赴江宁，禀商定议？乞先密示。初六日南京回电盛宣怀，徐州练兵入卫，诚为要策。惟饷既难筹，将亦不易。即有洋将洋弁，仍须华为正统领方妥。来电谓，阁下能设法筹款，能筹若干？大约从何处设法？尊意中有何将可任用？汉纳根现在情形若何？想已不用。能调来江否？均祈迅速详示，方能酌办。至托许星使募洋弁一节，是否阁下托？抑自傅相托？或胡云楣托？望早示。"⑤2月7日盛宣怀致电北京帮办北洋大臣王，"威海日内必全失，倭欲灭我海军，春融直犯京师。前请募洋将，练兵拱卫，迟疑未办。时会可惜。同日致电宁督署，许募洋将系宣托办，傅相允行。德以战兵万二千为一军，加炮队、马队、工队四千，月饷约二十余万。拟先借洋债，随后筹捐归补。前两年宣办山东海防捐收三百万，赈捐百余万，似不难。此外筹款必须面商。至统将兼智勇，黄军门少春，□军门春发可用否？汉纳根颇骄纵，深怨胡而德宣。胜于汉者尚有人。如欲调须先抑之。宪意决咐，乞速示"⑥。2月9日许景澄致电盛宣怀，"俄京续订千总一弁一，均十七日德船行。惟德游击一人下次船行。万马收。余三弁仍须订否"⑦。2月11日盛宣怀致电南京，"倭兵水陆兼进，必欲占踞京城。上必西狩。其时各军溃退，何堪设想。

① 《盛宣怀档案资料选辑之三·甲午中日战争》下，上海人民出版社1982年版，第384页。
② 同上书，第602—606页。
③⑤⑥⑦ 同上书，第606、607、608、610页。
④ 《盛宣怀档案资料选辑之三·甲午中日战争》上，上海人民出版社1980年版，第344页。

闻香帅此次特调南洋,因从前援越援台不遗余力。充经营八表之志,居两江地大物博之位,勤王之举,岂异人任。然乌合之众,虽多无济,精枪快炮亦皆资敌。宣所以请募客将,练新兵,六个月后力图规复。讵中外许可,而游移不决。岂非天哉?前蒙香帅商调南行。叔以久随合肥,亦颇踌躇。但以病躯照去年须初夏始愈。二三月紧要时候亦难办事,故不畏艰巨,愿南指,非规避也。似可言:'南省熟队已调空。如西北征兵拱卫,必须赶练新兵。闻该道条陈练兵,颇有远见。已自行捐资托许使选募德国将弁八人,正月起程来华。倘在徐州练好北上,局势方宽。该道在津因病请假。可否请饬俟该道病痊,即速来宁,将练兵应如何选将配搭,筹饷集事,面商机宜云云。'似此措词,必能合拍。到宁商妥后,宣仍当回津,不必调办粮台,致招人忌。汝即面禀老帅,速示行止"。①2 月 16 日盛宣怀致电许景澄,"俄京许钦差,三弁请续募,满德云,尊处向借五百磅,是否一万马外添用? 候示拨还"。②3 月 5 日,许景澄致电盛宣怀,"三弁募齐,与德游击均月望行。一万马外,借满德八七七六马,此次雇弁又借克厂八二〇〇马,请照拨,另咨报"。③3 月 9 日,前来远船帮大副张哲溁声明海军失利缘由,批评洋员不力,"东沟仗后,所请洋员非醉酒即聚谈未尝设谋制胜曰告奋勇直怕死之徒耳"。④3 月 12 日,王夒帅致电张之洞,津订洋弁,南洋留用,已电许星使查照矣。王夒帅致电许景澄,"津订洋弁,南洋商留八人,请照办"。⑤3 月 29 日,王文韶致电张之洞,"许电,改留洋弁,请饬满德知照,顷满德云:'四弁已先到沪。'当饬电知径赴尊处。尚有一将、三弁,二月望自德行。合同寄到即咨送。许电,一万马克外,借满德八千七百七十六马克。又借克厂八千二百马克。请即付交信义洋行汇还,勿迟。至先汇一万马克,请还津关"。⑥1895 年 8 月,日本送还的各营人数清折显示,"德国洋当差一名,美国翻译一名"。⑦庚子事变后,日本的军事教习纷纷到中国谋职,安徽巡抚聂缉椝在回答日本驻上海领事小田切万寿之助的信中谈到,安徽武备学堂教官晴气大尉自 1899 年到中国任职两年以来,出场训练不到六个月,对住房等项要求过高,谭提调与其有矛盾。安抚之余,还要再为宜昌等处聘请高松大尉等。⑧

外洋乐队教习也是聘请的洋员中的重要成员。1886 年 4 月,德璀琳为醇王

①　《盛宣怀档案资料选辑之三·甲午中日战争》下,上海人民出版社 1982 年版,第 611 页。
②　同上书,第 612 页。
③　同上书,第 620 页。
④　《海军失利缘由条陈》,盛宣怀档案 056919,上海图书馆藏。
⑤　《盛宣怀档案资料选辑之三·甲午中日战争》下,上海人民出版社 1982 年版,第 622 页。
⑥　同上书,第 625—626 页。
⑦　同上书,第 463 页。
⑧　《聂缉椝复小田切万寿之助函》,盛宣怀档案 051987-1,上海图书馆藏。

爷来北洋水师等事函统领,"奉傅相面谕,将来醇王爷来北洋水师各船时,所有船上各洋员之衣服务须一律整洁,不得参差,嘱转请贵统领与琅威理办理妥商。又各船之洋乐,近闻不甚娴熟,且乐器间有残损,务饬该洋乐队速赴新城洋教习毕德卫处,嘱其仅一月之内,勤加练习,于醇邸将乐器修整"。①1888 年,德璀琳为整顿北洋乐队等事禀李鸿章,"维军乐一端在泰西各国莫不加意整顿,所以助行军之勇气,宣战士之勤劳,为用匪浅鲜也。……税务司近时察看该军未免涣散,器具未免瘑敝,似不能与西洋军乐办法相符,深恐久而益懈,尽弃前功,殊为可惜。……至该乐队等人,最好全行调由教习毕德卫整顿后,仍分别选派,各归各营,以期一律"。②

全国编练新军开始后,以袁世凯组织编纂的《训练操法详晰图说》和练兵处颁发的《步兵操法》《新定步兵操法》等操典为依据,实行循序渐进的训练。包括队列、体操、打靶等基础训练,各兵种的阵法、操法、战法训练和诸兵种合成训练。

(二)外籍军工专家

清政府对西洋工匠寄予厚望,希望他们帮助监造和维护所采购的器具以及教习中国的员工。雇洋人指授,目的是让内地员匠,学其器而精通其意,久之自能运用,转相传习。"在我可收临阵无穷之用,在彼不致有临时挟制之虞。"③各机器局也尽量对洋匠施以限制,雇佣洋匠,进退由我,不许洋领事税务司官员经手,以免利权外持。由上海伊始,"雇募英法弁兵通习军器者仿照制办,并令参将韩殿甲督率中国工匠尽心学习"。④1861 年 1 月 24 日,钦差大臣恭亲王奕䜣、大学士桂良、户部左侍郎文祥奏请《雇用夷匠在上海制造枪炮折》,"佛夷枪炮均肯售卖,并肯派匠役教导制造。傥酌雇夷匠数名,在上海制造,用以剿贼,势属可行。应饬下曾国藩、薛焕酌量办理。……如可为剿贼之用,则由薛焕于通商各口关税内,酌提税饷,迅速筹办"。⑤同日,《着曾国藩薛焕酌雇法国匠役教习制造枪炮等事之上谕》:"至佛夷枪炮既肯售卖,并肯派匠役教习制造,着曾国藩、薛焕酌量办理。即外洋师船,现虽不暇添制或仿夷船制造,或将彼船雇用,诱之以利以结其心,而我得收实济。"⑥克复安庆后,曾国藩设局造船,对未用洋匠颇有遗憾之意,"全用汉人,未

① 天津市档案馆、天津海关编译:《津海关秘档解译》,中国海关出版社 2006 年版,第 188 页。

② 同上书,第 188—189 页。

③ 中国史学会编:《中国近代史资料丛刊·洋务运动》第 4 册,上海人民出版社 1961 年版,第 231 页。

④ 《江苏巡抚李鸿章等奏》,《李鸿章全集》(卷1),奏议(一),安徽教育出版社 2008 年版,第 346 页。

⑤ 《奕䜣等奏请雇用夷匠在上海制造枪炮折》,中国近代兵器工业档案史料编委会编:《中国近代兵器工业档案史料》第一辑,兵器工业出版社 1993 年版,第 2 页。

⑥ 《着曾国藩薛焕酌雇法国匠役教习制造枪炮等事之上谕》,同上书,第 3 页。

雇洋匠,虽造成一小轮船,而行驶迟钝,不甚得法"。①1862年,李鸿章在上海设西洋炮局三所,一所由英国人马格里(Macartney, 1833—1906)主持,直隶知州刘佐禹助之,雇洋匠照料铁炉机器,中国工匠帮同操作。一所由副将韩殿甲主持,一所由苏松太道丁日昌主持,后两所均不雇用洋人,而由华人仿照外洋方法制造。为激发中国工匠的学习动力,江南制造局规定"(华匠)如有技艺与洋人等者,即给以洋人工食;再能精通,则拔为匠目,以示鼓励"。②1863年5月4日,李鸿章致曾国藩:"西洋炸炮重者有数万数千斤,轻者数百数十斤,战守攻具,天下无敌。鸿章现雇洋人数名,分给各营教习。"③"又募外国匠人,由香港购办造炮器具,丁雨生即来监工,又托法英提督各代购大炮数尊,自本国寄来,大约今年年底可渐集事。……中国用兵多至数倍,而经年积岁不收功效,实由于枪炮窳滥。"④1864年李鸿章主持苏州洋炮局,聘用洋匠四五名,雇用中国工人五六十人。江南制造总局规模不断扩大,聘请外籍技师逐渐增多。福建造船厂前后雇用外员洋匠50余名,对该船厂制造高水平的战船发挥了重要作用,其质量水平不亚于当时北洋水师外购的军舰。甚至清廷在外购军品时也询问洋匠的意见,让他们开列所需军工产品的清单并估值。1876年,江南制造局聘请英国阿姆斯特朗炮厂的督工麦金泉来华,监督并制造四十磅重炮弹的熟铁前膛大炮,到1878年时,造成两尊,试放效果良好。1890年,江南制造局与洋匠柯尼施、彭他妥商量"购办炼钢并卷枪筒之机器、炉座各一副","饬令洋匠柯尼施、彭他妥将机器等件寄信外国订购"。⑤江南制造局雇用洋匠多至十四人。⑥

江南制造局各分厂外洋军事顾问任厂长情况表⑦

军工厂	首任厂长	继任厂长	接任厂长	后任厂长
造炮厂	柯温 (John Cowan)	麦金泉 (John Mackenize)	韦尔毛德 (Wilmott)	康尼虚 (N. E. Cornish)
造枪厂	裴兰(Baily)	—	—	—
造弹厂	纽敦 (Wm. Newton)	—	—	—

---

① 李守孔:《中国近百余年大事述评》第一册,台湾学生书局1997年版,第279页。

② 中国史学会编:《中国近代史资料丛刊·洋务运动》第4册,上海人民出版社1961年版,第12页。

③④ 李守孔:《中国近百余年大事述评》第一册,台湾学生书局1997年版,第281页。

⑤ 中国近代兵器工业档案史料编委会编:《中国近代兵器工业档案史料》第一辑,兵器工业出版社1993年版,第58页。

⑥ 孙毓棠:《中国近代工业史资料》第2辑上册,科学出版社1957年版,第423页。

⑦ 张国辉:《洋务运动与中国近代企业》,中国社会科学出版社1979年版,第33页。

对外洋军工专家,清廷也注意随时加以管理。左宗棠在 1866 年 6 月 25 日的奏折中声称,"如虑外国师匠要约之难,则先立条约,定其薪水。到厂后,由局挑选内地各项匠作之少壮明白者随同学习。其性慧夙有巧思者,无论官绅士庶,一体入局讲习;拙者、惰者随时更补。西洋师匠尽心教艺者,总办洋员薪水全给;如靳不传授者,罚扣薪水,似亦易有把握"。[①]马格里生于苏格兰,爱丁堡大学医科毕业。美国人,后加入中国籍,字清臣,以示对清廷之忠贞。1858 年随英国侵略军来华,任第 99 联队军医。在英军服役期间,他与当时的英国军官戈登建立起良好的私人友谊。第二次鸦片战争结束后,马格里辞去英军职务,任常胜军头领白齐文的秘书。1863 年加入淮军,任张遇春统领的春字营炮队教习,并率队随李鸿章在上海、昆山、苏州等地同太平军作战,深得李鸿章信任。马格里加入淮军后不久即向李鸿章建议,欧洲各国都开办大工厂制造军火,中国为本身的利益着想,也应该建立这样的制造厂。李鸿章在实战中也深切认识到洋枪洋炮"实为利器",故在松江设立了一个炸弹局,雇用五十名工人,仿造短炸炮,由马格里和知州刘佐禹共同主持,每月可造炮弹数千枚。该工厂每年由李鸿章拨银五万余两,为淮军生产信管、炮弹、放炮用的摩擦管和小炮。苏州杀降事件发生后,常胜军头领戈登与李鸿章发生矛盾。当时马格里已娶太平天国纳王郜永宽(苏州献城主谋,亦被杀)侄女为妻,马格里出面调解,杀降事件才得以了结。后炸弹局迁往苏州,更名为苏州洋炮局,马格里为总管。"所用外国匠人四五名,每月工食,多者三百元,少者一百数十元。"[②]1864 年,该局制造大小炸弹每月约千余枚。是年 10 月 11 日,马格里因随李鸿章教练洋枪、制造火器得力,得赏三品顶戴。1865 年,苏州洋炮局迁往南京聚宝门外,更名为金陵制造局,专为淮军造枪炮弹药。马格里仍为监督。在1867—1868 年,增加了一些新机器,也招聘了一些曾经在乌理治工作过的英国技师。到了 1869 年,南京已经在生产火箭(一种内藏炸药的长形炮弹),并且试铸吨位更大的火炮。1872 年,金陵机器局的督办刘佐禹向李鸿章报告说外国技师没有履职教练中国工人生产火炮技术。马格里向李鸿章辩称,中国督办随意招募工人,大量与督办沾亲带故的人被招进工厂,他们对生产火炮没有兴趣,导致生产质量下降。马格里受李鸿章委派,前往欧洲购置设备、招募洋匠。1873 年,李鸿章即解除了刘佐禹的职务。1874 年,李鸿章同马格里就军品质量问题产生分歧,将其贬职,1875 年 2 月 4 日,金陵制造的两门六十八磅大炮在大沽炮台试验时爆炸,七名炮手身亡。李鸿章于是年 7 月将马格里调离兵工厂,由中国督办代替其位置。[③]

---

① 蒋廷黻:《近代中国外交史资料辑要》上卷,湖南教育出版社 2008 年版,第 375 页。

② 《筹办夷务始末》同治朝,卷 25,中华书局 2008 年版,第 7—8 页。

③ 鲍尔格:《马格里爵士传》(Life of Sir Halliday MaCarteny),转引自谢世诚:《李鸿章评传》,南京大学出版社 2006 年版,第 300 页。

1883 年，琅威理亲自向英国海军部申请三名炮术教习来华工作，后英海军部部长以中法战争即将发生而拒绝。后经中国驻英使节曾纪泽一再交涉，海军部方允管轮教习霍克尔（Henry William Walker）及副教习希耳顺（George Henry Herson），到天津水师学堂任教。1886 年 7 月，为训练北洋海军炮术人才，向英国延聘操炮教习 6 人，计有古柏尔（S. H. Cooper）、雷登（Thomsa Layton）、费纳宁（Thomas Finenon）、赖世（William Rash）、锡伦司（Benjamin Sillence）、希勤司（Charles Higgins）。同年北洋拟设水雷学堂，琅威理又从英国选聘来华 4 人，罗觉斯（Mr. K. W. Scott Rogers）、纪奢（Carles Cheshire）、贝孙（Christophen Beasant）、海麦尔（Joseph Hamer）。①1890 年 4 月 28 日，因升旗纠纷，琅威理辞职归国。李鸿章强调"不能受此要挟"。②北洋海军丁汝昌提督作为升旗事件的当事人，也认为，"龙旗专为北洋提督所用，因为只有一位提督，故（李鸿章）别无他法可想。假如有两位提督（那该多好），可是我决不相信政府会任命一位外国人为第二个提督"。③加之琅本人的管理方式，让许多清军官兵不适应，颇有怨言。"琅威理负责，勤于训练，的确使中国的海军获得了极大的进步，但是他那盛气凌人的傲慢态度；他那认真不苟的严格要求，也的确引起不少中国军官的反感。特别是那些船政学堂毕业而又曾留学于英国的少壮派分子，更是觉得接受一个外国人的管理为可耻。"④

洋人为盛宣怀推荐了大量西方洋员人选，1896 年 2 月 15 日德培致盛宣怀函，"前官铁厂新雇洋匠两名已于礼拜六夜到此，一名陆司，系西门马丁炉匠目，一名格耳昔纳司，系第一熔匠。此两匠系奉前（武昌）铁政局总办蔡道台特谕请克虏伯厂代雇者也"。⑤5 月 27 日德培信函中有"宪台放心，某若不能胜任，克虏伯断不举荐也，此厂倘全照西法办理，将来可获巨利，某已一再言之苟两相情愿。宪台以总办工程责成于某，必有以仰副期望云云"。⑥6 月 12 日，德培信函中有"前铁政局所雇马丁炉自克虏伯厂来洋匠两名，明日可到，应请即饬扫除房屋粉饰墙壁以便安顿，该匠等不能掺英语，拟派司脱格去接，西历本月初八日开呈离厂洋匠三名，应领各款请早发给"。⑦7 月，德培致武昌铁政局蔡道台函，强调清朝官府必须信守合同，尊重洋匠的利益，"某现从官铁厂各洋人之特请，恳铁政总局即行晓谕合同一事，总局拟如何办理，我等于此声明，所有各洋人与总局订立之合同，总局不

①　王家俭：《中国近代海军史论集》，文史哲出版社 1984 年版，第 74—75 页。
②　《复伦敦薛使》，《李鸿章全集》（卷 23），电报（三），安徽教育出版社 2008 年版，第 85 页。
③　See, The I. G. In Peking Vol.one, No.664. p.118.
④　王家俭：《中国近代海军史论集》，文史哲出版社 1984 年版，第 84 页。
⑤⑥⑦　《致铁厂洋人函抄存》，《盛宣怀主办汉阳铁厂时期与外人往来有关函件》，古籍类542540，上海图书馆藏。

能推诿,必须承认。自上年二十三日厂交华商私家,各洋匠皆输盼新局盛道台有一公文担保承认所有铁政局订立之合同。因有此坚望,故肯为新局工作,一若未尝有变局,然诣于盛道台处禀询两次至今未接足意回信。原与洋人订立合同之铁政局亦未见复,某现为在事诸人请问如左:一是请告我等以后薪水谁付;二便即请用公文示知所有各洋人与铁政总局订立之合同如何担保承认。各洋匠所以肯为新局工作之故,前已定明倘铁政局或盛道台日内无足意回信,礼拜六该匠等即停工"。①8月4日,钢铁厂彭脱给盛宣怀函件,"大人欲定一班洋匠应先聘定一总管,告伊预先约定一班洋匠而后到华俟到汉阳第一件事将厂估价作息验看矿石煤炭等情,总办应将厂中各账单凡一切铁价钢价华工薪水等交付总管,于时可以作利。如其洽意,伊即电各匠师到华共办厂事"。②11月29日,汉阳铁厂总管德培坚持原则,因洋匠工头常不到工,力请辞退德国洋匠罗士,并罚去两月薪水及回欧船费。③是年,比利时洋匠吕柏曾写告退信一封,"前蒙订立合同允当化铁炉总管,其年限在西历一千八百九十七年二月初一日满限,刻下吕柏拟定限满辞差回国,是以限前三个月先行禀知并叩谢宪台款待之厚,于吕柏应管工程之内平时实心信用,感激之至肃此鸣谢"。④1897年1月2日,吕柏在盛宣怀的大力相邀和中国所给更高薪水的情况下,辞去了欧洲陆克宣蒲铁炉厂总监工之职位,以及亚名沙西、乌厄斯达里之聘任,仍与中国续订立合同两年。⑤

1896 年汉阳铁厂洋匠岗位需求清单⑥

岗 位	招工数	能力要求	年薪(英镑)
总管	1	应于炼铁炼钢厂务商务有阅历者	2 000
副总管	1	应于炼铁炼钢有阅历者且必须是化学家	750
化学师	1	应化钢化铁并铁苗火泥等者	500
机器师	1	应制造修理钢铁机器引擎锅炉等事	700
画师	1	应画钢铁厂机器引擎锅炉等事	500
生铁炉师	2		375(单人)
西门铁炉	2		375(单人)
贝色麻钢炉	2		375(单人)
拉条厂	2		375(单人)
熟铁厂师	1		375
合 计	14		7 825

---

①②③④⑤⑥ 《致铁厂洋人函抄存》,《盛宣怀主办汉阳铁厂时期与外人往来有关函件》,古籍类 542540,上海图书馆藏。

1896 年 6 月 1 日洋匠俭培呈报汉阳铁厂所雇洋匠名单①

洋匠译名	岗　位	薪　水
德培	总监工	2 250 马克
马克俭	文案	250 两
莊生	总绘图	43 镑 6 先令 8 本
威俭	装机匠目	52 镑
本达士	东马头洋匠	200 元
［化铁炉］		
卢柏（比利时）	化铁炉工师	100 镑
郎子（比利时）	即连斯匠目	32 镑
哀敷郎子（比利时）	匠目	30 镑
［西法焦炭炉］		
司脱兰格	烧焦匠	750 马克
［熟铁及轧轴］		
费卜聂	即蒲尼匠目	50 镑
俭于邦	即都板轧轴匠	30 镑
格郎俭治	轧轴匠	32 镑
郎拨拉	即阿林伯路炉匠目	32 镑
夏乏尼	即查化尼炉匠	26 镑
福多孟	即化淡梅炉匠	26 镑
及哀格朗俭治	炉匠	26 镑
［化学房］		
史麦耳	化学师	35 镑
雷考司奇	化学帮手	20 镑
［贝色麻炉］		
卜聂（比利时）	贝钢厂工师	80 镑
林毛纳（比利时）	匠目一名	45 镑（未定）
门司太（比利时）	匠目一名	45 镑（未定）
马太	匠目一名	45 镑（未定）

① 《致铁厂洋人函抄存》，《盛宣怀主办汉阳铁厂时期与外人往来有关函件》，古籍类 542540，上海图书馆藏。

洋匠译名	岗　位	薪　水
勒摩昂纳	即林毛纳开车匠	32 镑
马太	炉匠及管作	26 镑
孟司特	冲天炉匠	28 镑
德罗亚意	汽管火砖匠	24 镑
［轧轨轴］		
—	总管(无)	
勃尤沙尔特	匠目一名	45 镑(未定)
波拉	轧轴匠目	36 镑
卫根	第二轧匠	30 镑
辜桑士	第一烘钢匠	30 镑
德里斯	第二烘钢匠	30 镑
德阁特	开车匠	24 镑
克于表司	医生	56 镑
［西门士马丁炉］		
—	总管(无)	
？	匠目两名(在途)	90 镑(未定)
？	工匠一名(在途)	26 镑(未定)
美郎	工匠	27 镑
［西钢厂］		
拉夫(德国)	匠目	
格耳昔纳(德国)	匠目	
赖伦	矿师	
帕特勃克	大冶马山矿师	
备注	除贝色麻及轧轨轴匠数只觳用工外,其余各项工匠全在此表中。	

1896 年,汉阳铁厂与德国克虏伯厂推荐钢轨厂工匠,来特为克勃尤沙尔特,签订合同。①

合同

中国汉阳钢铁厂由德国克虏伯厂出面与为斯勿哀利埃钢匠头目来特为

---

① 《勃尤沙尔特合同》,盛宣怀全宗档案 048406,上海图书馆藏。

克勃尤沙尔特订立合同,后开条例,但写作汉阳厂及该匠目以省笔墨。

此合同共照式缮成三份,一交汉阳厂,一交克虏伯厂,一交该匠目收执。

A 该匠目到汉厂工作,其分 X 系钢轨厂之匠目,到厂以后当安分守己,恪遵厂规,所有一切应为之事剂其所知所学,尽力办公无废工业。

B 该匠目当受汉厂总办及洋总管德培(Gust Toppe)节制,倘洋总管派令到何厂工作,亦当隶所派厂中工师之下听其指使。

C 订此合同,自该匠目离欧洲之日起,以二年为期,二年之内彼此不能废易,倘该匠目有犯事旷职不遵调度及不克胜任等事,除病不能工作不议外,余照在德国应予斥退者立即斥退。

E 此合同期内言目该匠目每月薪水银九百马克,月朔先付,并于未动身来华之前预支两月薪水。

F 该匠目应得之款有三,一由德国到汉阳先领整制银一千三百马克,二在汉阳有官房居住,倘有疾病一切医药由汉厂供给,且期满之后给予归装银一千三百马克,另津贴两月薪水,俾资回国,如二年期内该匠目有犯事旷职等情,如第三条所载,因而斥退。废此合同,则应得之归装津贴等款概不能给。

G 该匠目在合同期内设或黄金白银由泰西医生出立笔据,不能不回国医治,应局赏给两月薪水遣归,若在华病危身故,则以半年薪水恤其家属。

H 该匠目实居中之汉厂,当竭力保护其身家,至该匠目亦当束身自爱无违西人寓华章程。

I 该匠目倘因公事忽罹确灾受伤,致成残废或受伤身故,当和十个月薪水恤其后人,如受伤稍浅,可无大患,则视其伤势之轻重,按此数酌量减给恤银。

J 第三条、第八条所载及 X 此合同中,如有见解不同之处或有误会,其意彼此争执莫定是非,应该请公正人或共请一公正人,为之按断,若此二公正人尚不能决则,即由此二公正人另举一人判辨明白,彼此皆当允从,不复有违,惟所请公正人必住居在华者。

K 该匠目应得之款如第四条及第五条第一节所载,当在未动身前由克虏伯厂代汉厂给付,自是以后彼此能遵照合同办理与否,悉与克虏伯厂无涉。

西历一千八百九十六年九月三十日德国克虏伯厂代中国汉阳钢铁厂在哀生签字

西历一千八百九十六年十月初一日为斯勿哀利埃钢匠头目来特为克勃尤沙尔特在好特签字

汉阳铁厂应用西人薪水职事单①

职 位	人 数	薪水(法郎)
总办	一员	每年 30 000—35 000
管理化铁炉	一员	每年 20 000—25 000
化铁炉匠首	二名	每月 750—850
管化学兼焦煤炉	一员	每月 750—850
管理钢厂及制铁	一员	每年 20 000—25 000
管贝锡麻厂匠首	二名	每月 750—850
管马丁炉匠首	二名	每月 750—850
管拉铁轨匠首	二名	每月 750—850
管拉铁机器匠首	一名	每月 1 000
制铁器匠首	一名	每月 1 200
熟铁匠首	一名	每月 750—850
备 注	按西例上等人员薪水均以年论,中等论月,下等工匠则论日。傥有去者则依以上章程另聘以补之,惟须聘一国之人以免纷争。	

对于洋匠,清廷并非不加选择地任用,常将技艺未精之洋匠辞退以便节省经费,"总管洋员美国领事密妥士于机器未甚精核,亦即因病撤差,另募熟手接办"。②而且在李鸿章看来,要善用洋匠,"中国必须有自主之权,一切均须听从中国的约束"。③

1865 年 1 月 1 日,《陈廷经奏海防亟宜筹画等情折》,"英国船炮在中国视为绝技,在西洋各国视为寻常。今请于广东虎门外之沙角、大角二处,置造船厂一,置火器局一。行取西洋工匠司造夹板火轮之舟,并延西洋柁师司教行船、演炮之法,一二载后,即可自行改造,自行驾驶,不必仰赖于彼国"。④1865 年,清政府收购美商旗记铁厂组建江南制造局时,美国总工程师得以保留,还有另外八名洋匠及其他洋员都被正式聘用。在洋匠的帮助下,该厂使用一部分自己制造的机器设备,生产了部分毛瑟枪和小型开花炮。及至 1867 年年中,这所兵工厂每天生产毛瑟枪十五支,十二磅开花弹一百发,同时每月平均生产发射十二磅炮弹的开花炮

---

① 《致铁厂洋人函抄存》,《盛宣怀主办汉阳铁厂时期与外人往来有关函件》,古籍类 542540,上海图书馆藏。

② 李鸿章:《奏报机器局经费折》,同治十一年九月二十三日。

③ 牛秋实、高顺艳:《李鸿章幕府》,中国广播电视出版社 2015 年版,第 207 页。

④ 《陈廷经奏海防亟宜筹画等情折》,中国近代兵器工业档案史料编委会编:《中国近代兵器工业档案史料》第一辑,兵器工业出版社 1993 年版,第 6 页。

十八门。在镇压捻军时,这些弹药武器发挥了较大作用。1867年下半年,江南造船厂迁移到上海市南郊一块十英亩的基址。在那里建造了一个干船坞并添置了新机器,用以制造轮船;还增聘了六七名英、法工匠。

1876年5月,李鸿章在天津机器局设立电气水雷学堂,聘请西洋教师指导学生,制造多种水雷,"历赴海口演试,应手立效"。①1887年,天津机器局建成生产栗色火药的工厂,由英国人司徒诺指导安装并任总工程师,后来德国技术员也参与协助生产。《北华捷报》称建成后中国将拥有世界上最大最好的火药制造厂。1893年6月天津机器局的钢厂建成投产,在熔、炼和分析化学方面都聘有外国技术人员。②盛宣怀创办北洋大学堂,设立头等四班,即大学本科,二等四班,即大学预科,每班30名学生,共有学生240人,学生除学语言文字外,主要学习理工方面的基础知识,老师有相当一部分来自外洋。算术、地理、逻辑、物理、化学、机器制造和采矿等,都属于公共必修课。公共课之外,另择其中30名优秀者,分为律例、矿务和制造三个专科,以培养专门人才。③1882年6月9日,两江总督左宗棠奏报,已饬德国商人福克回国购买水雷、鱼雷,并邀善制洋匠来华,教习施放,以期备用。④1888年7月,刘瑞芬致电李鸿章,阿姆斯特朗厂保雇造钢弹匠师娄克赖一名,能兼造阿姆斯特朗、克虏伯两厂长弹。⑤1886年11月,汉阳机器局与德国工匠衣米而、克立希、排立希订立雇用合同。⑥

福州船政局对洋匠的聘用规模更大。1868年2月,沈葆桢上奏清廷,奏报船厂开工。按照左宗棠与法国人日意格等人订立的合同议定,自铁厂开工之日起,西洋技师应于五年内教会中国工匠,能按照图纸建造15艘轮船;外国技师就铁厂(机器厂)的工作母机教会中国工人能自己制造一切造船机器;而船政学堂的学生也应学会舰船建造和驾驶技术。随着船政局规模越来越大,相继建成转锯厂、大机器厂、汽缸厂、木模厂、铸铁厂、钟表厂、铜厂、储材厂,该船厂成为近代中国第一个设备齐全、规模较大的舰船建造厂。1867年,沈葆桢聘请英国海军军官德勒塞(Gapt. Tracey R. N.)为教习,带领船政学堂学生在"福星""杨武"两练船上实习。是年下半年,法国人日意格带着四十五名欧洲人从法国回来,随后达士博也来到

---

① 李鸿章:《机器局经费奏报折》,光绪四年十月十八日,《李鸿章全集》(卷8),奏议(八),安徽教育出版社2008年版,第211页。

② 谢世诚:《李鸿章评传》,南京大学出版社2006年版,第307页。

③ 汤黎:《钦商盛宣怀》,崇文书局2009年版,第161页。

④ 相守荣等:《上海军事编年》,上海社会科学院出版社1992年版,第59页。

⑤ [德]乔伟、李喜所、刘晓琴:《德国克虏伯与中国的近代化》,天津古籍出版社2001年版,第339—340页。

⑥ 《汉阳机器厂与衣米而、克立希、排立希订立合同稿》,盛宣怀全宗档案028954,上海图书馆藏。

中国,他是一位有经验的工程师,担任"总监工"一职。1875 到 1877 年之间,福州船政局生产四艘轮船,其中的"威远"号是一艘混合结构船(铁胁、木面),装有船政局自制的英式康邦卧立机,在技术上是一个明显进步。总工程师斯恭塞格(De Segonzac)发挥了技术指导的作用。"建威"号铁甲船,由福州船政监督法国人杜业尔(Doyere)监造。1869 年 6 月,第一艘自建的木质蒸汽轮船"万年清"舰建成下水,备炮 6 门,排水量 370 吨,船身坚固,轮机坚稳。自 1869 年到 1874 年先后建成 15 艘舰只,完成了合同规定的造舰数量,日意格及外国工匠因合同期满而撤走,由中国福州船政局的中方技术人员和工匠自造舰船。到 1878 年,中国已购买新式军舰二十余艘,然而组织松懈,训练不足,外人看来,"中国并无海军"。①至 1880 年,已自建 8 艘舰船,其中"开济"舰为第一艘快速兵轮船,航速达每小时 15 海里。经过中法战争,至 1895 年已建成具有一定作战能力的铁胁钢甲舰和钢甲巡洋舰。其中"平远"钢甲巡洋舰是当时自建的火力配备最强的战舰,参加了甲午海战。此后,清廷财政拮据,船政局转入停滞时期。

在左宗棠看来,法国人擅长造船,要求学造船的生员必须学习法语,跟随法国人学到按图自造的程度;而英国人擅长驾驶,学航行的人必须学习英语,跟随英国人学到船长所必需的学识,自行监造和驾驶。法文班称为前学堂,英文班称后学堂。②福州船政学堂分前学堂、后学堂和附设的绘事院、艺圃四部分。聘用了大批洋匠为清政府培养制造和操作人才。前学堂为制造学堂,设造船和设计两个专业,学制为 8 年,主要学习西洋船用机器和舰船建造技术,培养近代舰船建造人员;后学堂为驾驶管轮学堂,设驾驶和管轮两个专业,学制为 5 年,培养一批熟悉近代海军理论,懂得海战技战术,掌握火力系统中各种火器构造原理和操作技术的海军军官。绘事院主要学习绘制舰船构造图和船用机器图纸。艺圃主要培训 15—18 岁的青年技工,学制 3 年,学成后升为匠人,派往工厂任职。1866 年 12 月,左宗棠在奏折中声言福州船政局情况,"船局延洋匠至三十余名之多,其中赏罚、进退、辛工、路费,非明定规约,无以示信。已饬日意格等拟定合同规约,由法国总领事钤印画押,令洋匠一律遵守"。③沈葆桢曾经正式告诫日意格福建船政之目的非造船而是学习造船技术,"限满之日,洋匠必尽数遣散,不得以船工未毕,酌留数人。如中国匠徒实能按图仿造,虽轮船未尽下水,即为教导功成。奖励优加,犒金如数,必不负其苦心。倘洋匠西归,中国匠徒仍复茫然,就令如数成船,实于中国何益。则调度无方,教导不力,总理船政大臣与监督均不能辞其咎"。④

---

① 王家俭:《中国近代海军史论集》,文史哲出版社 1984 年版,第 63 页。
② 《中国近代史资料丛刊·洋务运动》第 5 册,上海人民出版社 1961 年版,第 36 页。
③ 秦翰才:《左宗棠全传》2010 年未刊本,复旦大学图书馆藏,第 208 页。
④ 同上书,第 212 页。

1873 年 12 月,沈葆桢奏报福建船政局成效,"自本年六月起,该监督日意格逐厂考校,挑出中国工匠、艺徒之精熟技艺,通晓图说者,为正匠头,次者为副匠头。洋师付与全图,即不复入厂,一任中国匠头督率中国匠徒,放手自造。并令前堂学堂之学生,给事院之画童分厂监之。数月以来,验其工程,均能一一吻合。此教导制造之成效也"。①

到 19 世纪 70 年代,福州船政学堂已发展为六部分。如设画馆两处,一学船图,一学机器图;增设管轮专业,以培养船舰维修、操作人才。学堂生员、匠徒达 300 余名。中国近代第一批舰船建造家魏瀚、吴德章、陈兆翱、郑清廉、林日章等,都是前学堂优等毕业生。该局早期建造的 15 艘蒸汽舰中,至少有 5 艘为实习生所安装。②1871 年驾驶专业的严复、刘步蟾、林泰曾、叶祖珪、许寿山、方伯谦、林承谟、林永升等 18 名学生,以及 1875 年驾驶专业的萨镇冰、叶琛、林履中等学生,在课堂学习完毕后,曾先后登上"建威""扬威"两艘实习舰,进行航海实习,驾驶舰船经新加坡、小吕宋岛、槟榔岛等口岸,至日本后返还,又在国内的北航至渤海湾和辽东各口岸操练。1874 年,日意格报告说,前学堂法文班的七名毕业生已经能够在兵工厂指导轮机(安装)工作,另有二十一人预料可在一年半以后具备同样的能力;八名学生有最终胜任"设计室主任"的希望;九名毕业生证明他们能够计算木制轮船的数据……绘制船身和船帆设计图,在模厂做出粗样以及监督施工。他还宣布说,后学堂英文班的十四名学员受到了"为在长途航行中指挥一艘战舰所必需的理论教育和实际教育"。与法国人签订的合同期满之后,沈葆桢和他的继任者坚持这所学堂应该按照原样继续开办下去。至少有两名法国教习被挽留下来,如在 1876 年重新委任了讲授理论航海学的嘉乐尔。船政洋监督杜业尔于 1897—1898 年设计两型 2 900 吨的二等岸防战列舰和一型 5 600 吨的一等岸防战列舰,其中 2 900 吨的方案曾准备上马建造,但最终因为种种原因而流产。

福州船政学堂自创办至 1911 年,共招收 8 届学生,毕业 178 人。他们中相当一部分成为晚清军事、经济、科学、技术和工业的先驱,其中在福州船政局建造的一批近代舰船则是最直接和最显著的事例。左宗棠曾赞赏说,"见在学徒匠作日见精进,美不胜收,驾驶之人亦易选择,去海之害,收海之利,此吾中国一大转机,由贫弱而富强,实基于此"。③1875 年西洋技术人员撤走,福州船政局大胆起用船政学堂毕业生,先后建成"艺新"木质蒸汽舰船,"威远"等 3 艘铁胁木质蒸汽舰船,"开济"铁胁双木壳快速巡洋舰,"平远"钢甲巡洋舰(原为龙威号),"广乙"穿甲舰。

---

① 秦翰才:《左宗棠全传》2010 年未刊本,复旦大学图书馆藏,第 212 页。

② 王兆春:《空教战马嘶北风》,兰州大学出版社 2005 年版,第 61 页。

③ 朱有瓛主编:《中国近代学制史料:第一辑》上,华东师范大学出版社 1983 年版,第 342 页。

"平远"号建造过程中,船政局的技术人员,"独运精思,汇集新法,绘算图式,累黍无差;其苦心孤诣,直凑奥微。即外国匠师入厂游观,莫不诧为奇能,动色相告"。①"平远"舰吃水 13.1 英尺,2 400 匹马力;排水量 2 100 吨,时速 14.5 海里,乘员 200 人。全舰备炮 18 门(260 毫米口径克虏伯炮 1 门,150 毫米口径克虏伯炮 2 门,120 毫米口径克虏伯炮 1 门,47 毫米口径的速射炮 2 门,37 毫米口径的速射炮 4 门,发射 4 磅炮弹的速射炮 2 门,机关炮 6 门),鱼雷发射管 4 门,堪称一艘具有综合火力配系的近代钢甲舰。

二、 装备相关技术的引入

19 世纪 40 年代末,西方国家已在军舰上使用螺旋推进器,50 年代后,英、法等国都开始了螺旋推进器蒸汽舰的建造,出现了大量的铁甲舰或钢壳舰。由于中国传统手工业远未发展到使用机器生产的程度,所以近代军工只能从外国引进机器设备和生产技术。最初中国人的仿造只求船型相似,安装脚踏水轮以增加船的速度,选坚实木料并蒙上牛皮增加船的硬度,靠手工匠人进行打造。丁拱辰是中国近代著名的火炮研制专家,1831 年出国谋生时就注意搜集西方造船、铸炮知识,1841 年他在广州开始悉心研究西洋火炮,辑成《演炮图说》,因合时用,得到朝廷六品军功顶戴的赏赐。1843 年朝廷下令按照此书样式制造枪炮,供水师和陆军使用。1863 年丁又编著《西洋军火图编》献于军前,被授予广东候补县丞。1842 年前后,林则徐受贬后在镇海军营帮办军务时,向镇海铸炮局的龚振麟提供了《车轮船图》,龚按图制成了一种车轮战船,装备江南水师。林还委托龚铸造8 000 斤巨炮,创制磨盘形枢机、车载式枢机新式炮架,大大改善了巨炮的机动性。近代著名火器研究专家丁守存经历多年的监制火器经历后,曾撰写《西洋自来火铳制法》等军工用书,被魏源收于《海国图志》中。1846 年,林则徐任职陕甘时,命黄冕仿照英军爆炸弹,试制成空心爆炸弹,增加了炮弹的威力。在林则徐、魏源等人的大力呼吁和倡导下,越来越多的时人开始关注军工制造技术。他们纷纷以购置和缴获的英军火器为样品,开始进行尝试性的研究并取得了初步进展。鸦片战争中清军的战败,使一些统兵将领高度关注旧制火药的不足之处。他们为改良火药的性能,设法购置英军火药,进行试验,帮助改良火药生产,最后制成组配比率为硝 75.7%、硫 11.9%、木炭 12.4% 的良好发射火药。②刑部郎中潘仕成经过对英

---

① 王兆春:《空教战马嘶北风》,兰州大学出版社 2005 年版,第 62 页。

② 《西洋制火药法》,《海国图志》(卷九十六),《魏源全集》(七册),岳麓书社 2011 年版,第2122 页。

军战舰的研究,设计建造了一艘长 13.36 丈、宽 2.94 丈的新型战舰,两舷安炮 20 门,自 2 000 斤至 4 000 斤不等;上甲板两侧安炮 18 门,自 1 000 斤至数百斤不等;还可安子母炮数十门、舰首炮数门。广州知府易长华也承造了一艘长 13 丈、宽 2.6 丈的新舰,舰首、舰尾和舷侧共安置 1 000—2 000 斤大炮 25 门,较潘仕成所建的战舰为小。①这是我国最早建造的安置舷侧炮的新式战舰。潘仕成还同美利坚军官壬雷斯合作,研制一种新式水雷,历经 9 个月而成。

从历史上看,西洋军事装备生产技术很早就已进入中国,明朝 1622 年德国人汤若望就给中国带来了西洋火炮原理等知识。但清廷,"天朝上国"之观念根深蒂固,一向视西洋军火技艺为"奇技淫巧",甚至将西洋送来之新式武器样品束之高阁。近代屡屡败于西方列强之后,李鸿章等官僚终于认识到,"西洋军火,日新月异,不惜工费,而精利独绝,故能横行于数万里之外。中国若不认真取法,终无由以自强"。②"泰西各国枪炮之学,俱系专门名家,或世代相传以臻极诣,或逐年改作以集众长。"③李鸿章发出感叹,"惟深以中国军器远逊于外洋为耻,日戒谕将士虚心忍辱,学得西人一二秘法,期有增益而能战之"。④1862 年 11 月 17 日,《着上海等各口认真学习洋人兵法及制造各项火器之法之上谕》:"以上各口,除学习洋人兵法外,仍应认真学习洋人制造各项火器之法,务须得其密传,能利攻剿,以为自强之计"。⑤同治末年,清军中现代化水平最高的淮军,刊发《枪炮操法图说》,对步兵、骑兵、炮兵的技战术作出比较具体的规定,并很快为各省练军所效仿。南北洋舰队成军后,以当时最强大的英国海军为学习目标,在引进英国海军操典的基础上形成了自己的战术,"集中体现在天津水师学堂组织编写的《船阵图说》一书中,这种战术重视阵法,倾向于使用横阵或斜行阵以便舰首对敌"。⑥

晚清工业基础薄弱,几乎所有军工所需物料都需要购自外洋,耗费大量金钱。1885 年 7 月 4 日,钦差大臣督办福建军务的左宗棠向朝廷上奏,"不开矿、炼铁、

① 《仿造战船议》,《海国图志》(卷八十四),《魏源全集》(七册),岳麓书社 2011 年版,第 1994 页。

② 李鸿章:《筹议天津机器局片》,同治九年十月二十六日。《李鸿章全集》(卷 4),奏议(四),安徽教育出版社 2008 年版,第 112 页。

③ 李鸿章:《上海机器局请奖折》,光绪十九年六月十六日。《李鸿章全集》(卷 15),奏议(十五),安徽教育出版社 2008 年版,第 128 页。

④ 苑书义:《李鸿章传》,人民出版社 1995 年版,第 67 页。

⑤ 《着上海等各口认真学习洋人兵法及制造各项火器之法之上谕》,中国近代兵器工业档案史料编委会编:《中国近代兵器工业档案史料》第一辑,兵器工业出版社 1993 年版,第 5 页。

⑥ 韩文琦:《晚清军事变革研究》,南京政治学院 2007 年博士论文,第 67 页;《译日本军制学教程》,盛宣怀全宗档案 027124,上海图书馆藏。

购机、造炉,事事购自外洋,财源溢出,军火之费较之洋药漏卮,尤为繁巨"。①军事自强带来军工生产所需物料的需求,促进了中国本身矿业开采的发展。"各国制钢多用毕士麻之法,近年改用华尔兰德制法,所成之钢尤为坚韧,其法英法各国现皆通行。"②自行仿造轮船经历了较多挫折后,曾国藩等大臣终于认识到,仅仅仿制并不能得其奥秘,必须引进机器生产技术。李鸿章也承认,没有西洋军工技术,只靠自己琢磨仿制,"造成炮弹虽与外洋规模相等,其一切变化、新奇之法窃愧未遑"。③更无法推陈出新,"中国仿造,皆其初时旧式。……即使访询新式,孜孜效法,数年而后,西人别出新奇,中国又成故步,所谓随人作计终后人也"。④唯有引进西洋军工技术,在洋员的帮助下逐步讲求、精益求精,方能赶上世界军工水平。

徐建寅负责山东机器局总办时,引进了西方近代火药技术,成为中国近代引进、消化和吸收国外先进技术的成功范例。其父徐寿在仔细研究了徐建寅为山东机器局订购的机器和资料,和傅兰雅一起根据这套设备,编译了《火药机器》一文,发表于《格致汇编》1881 年 2 月到 5 月的各卷上。徐建寅自 17 岁随父亲参与西方自然科学研究到因试验无烟火炮 57 岁殉职,把自己的一生都献给了中国近代军工事业。

中国近代军工厂技术引进情况表⑤

军工厂名称	引进时间	来源国家
江南制造总局	1865—1894	美国、英国、德国
金陵制造总局	1865—1894	美国、德国、瑞士
福建船政局	1866—1894	法国
天津机器局	1866—1894	英国
山东机器局	1875—1894	美国、德国
湖北枪炮局	1890—1897	德国

（一）译介相关书籍

鸦片战争时期,为了尽快弥补武器装备的差距,林则徐曾到处寻访西洋军工

① 《光绪朝朱批奏折》第 64 卷,中华书局 1996 年版,第 830—832 页。
② 《致铁厂洋人函抄存》,《盛宣怀主办汉阳铁厂时期与外人往来有关函件》,古籍类 542540,上海图书馆藏。
③ 李鸿章:《京营官弁习制西洋火器渐有成效折》,同治三年十二月二十七日,《李鸿章全集》(卷1),奏议(一),安徽教育出版社 2008 年版,第 631 页。
④ 李鸿章:《李鸿章全集》(卷7),奏议(七),安徽教育出版社 2008 年版,第 257 页。
⑤ 王介南:《近代中外文化交流史》,书海出版社 2009 年版,第 256 页。

书籍，"曾觅一炮书，铸法、练法皆与外洋相同。精之，则不患无以制敌"，①如《防海新论》《水师章程》等。后魏源作《海国图志》一书，对于制炮造船，"有图有说，言之尤详"。②李鸿章认识到西方军工技术的重要性，强调"西洋诸国以武器为长技，欲求制驭之方，必须尽其所长，方能夺其所恃"。③同时，也清醒地意识到，中国人首先要通晓外国语言文字，然后才能将西人测算之学、格物之理、制器尚象之法译介到中国，"果有精熟西文转相传习，一切轮船、火器等巧技当可由渐通晓于中国，自强之道，似有裨助"。④1868年曾国藩在奏折中也指出，"洋人制器出于算学，其中奥妙，皆有图说可寻。特以彼此文义扞格不通，故虽曰习其器，究不明乎用制与制器之所以然"。⑤他主张设立译书局，"专择有裨制造之书，详细翻出"。⑥让华人通晓一切轮船、火器等技巧。

　　江南制造局在制造新式军火的同时，迫切需要翻译大量西文军事工业用书。1868年，该局附设翻译馆，聘请中外学者59人参加译书，其中中国学者50人，外国学者9人。中国人有著名的科学家徐寿、华蘅芳、李善兰、徐建寅、李凤苞、赵元益等，外国人中有英国人傅兰雅、伟烈亚力、秀耀春；美国人林乐知、金楷理、卫理；日本人藤田丰八等。⑦这些洋员的汉语程度都足以向中国的笔录人员口述技术著作的译文。到19世纪70年代中期，这种单独的技术课已经招收大约四十名学生，分为三个班组：造船学、船舶工程学和军事科学。开设的课程包括英文、数学、绘图和射击学。教习中有外国人参加，均为与制造局内造船及军械制造有关的洋人。"从近代军火生产最早的提倡者开始，推进自强运动的官吏便日益认识到为了替兵工厂提供科技人才，需要对传统的教育方式进行改革。在江南制造局和天津机器局实行了外国技师指导的在职培训，这种培训在金陵机器局一直实行到1879年。江南制造局还资助了一所外语学校（翻译馆）和一个正规的技术培训计划。……由江南制造局资助的翻译工作的潜在影响是难以估量的，译著包括兵工技术和其他题目的书籍。"⑧1871年该局译出了《制火药法》，1872年该局译出了《克虏伯炮弹造法》《克虏伯饼药法》，成为该制造局的军事学书籍翻译成就，"兵学方面有《制火药法》《克虏伯炮说》《克虏伯炮弹造法》《轮船布阵》《炮法求新》《攻守

---

　　①②　秦翰才：《左宗棠全传》2010年未刊本，复旦大学图书馆藏，第204页。

　　③　中国史学会编：《中国近代史资料丛刊·洋务运动》第4册，上海人民出版社1961年版，第10页。

　　④　李鸿章：《请设外国语言文字学馆折》，同治二年正月二十二日。

　　⑤　中国史学会编：《中国近代史资料丛刊·洋务运动》第4册，上海人民出版社1961年版，第18页。

　　⑥　曾国藩：《曾国藩全集》（卷10），岳麓书社2011年版，第215页。

　　⑦　张静庐：《中国近代出版史料》（初编），中华书局1957年版，第11—14页。

　　⑧　［美］T.L.康念德著，杨天宏、陈力译：《李鸿章与中国军事工业近代化》，四川大学出版社1992年版，第168页。

炮法》《克虏伯炮准心法》《兵船炮法》《营城揭要》《营垒图说》《营工要览》《爆药纪要》《淡气爆药新书》《水师保身法》《水师操练》《水雷秘要》《开地道轰药法》《行军指要》《前敌须知》《铁甲丛谈》《炮乘新法》等，这些书籍介绍了西方各种兵器的制造、使用、攻防战术等"。①除此之外，还包括《克虏伯炮操法》《克虏伯腰箍炮法》《格林炮造法》《格林炮操法》《连珠炮操法》《营城要说》《哈乞开司枪图说》《毛瑟枪图解》《洋枪浅说》《陆操新义》《攻守制宜》《行军测绘》《船政图说》《海战新义》《兵学新书》《各国水师操战法》《海战指要》《鱼雷图解》《水雷图说》《御风要术》等。全国各地翻译的作品还有焦勖所著《火攻挈要》，(德国)何福满《军械图说》；(德国)斯泰老口译《打靶通法》二卷；(德国)瑞乃尔口译《七密里九毛瑟快枪图说》一卷；(德国)何福满《行军电报要略》二卷；(德国)何福满《行军侦探要略》一卷；(德国)何福满《行军造桥图说》一卷；(德国)何福满《武弁职司》一卷等。1875年，张之洞的《书目答问》在写到兵书时称，《克虏伯炮说》《水师操练》《防海新论》等西方兵学译著，"皆极有用"②。1900到1902年南洋公学翻译日本军事学著作。19世纪60年代开始，洋务派官僚们开始贯彻前人林则徐、魏源等"师夷长技以制夷"的思想，开展以"练兵""制器"为中心的"自强"活动。江南制造局翻译了大量的军工书籍，陆续访购西书数十种，厚聘西士，选派局员相与口述笔译，最要为算学、化学、汽机、火药、炮法等编。并设兵工学校，"挑选生徒数十人住居广方言馆，资以膏火，中西并课，一抉其秘，一学其学，制造本源，殆不出此"。③但是正如负责江南制造总局翻译工作最多的傅兰雅所抱怨的那样，这些书只有包括算学馆和训练班在内的制造局内部几个部门才使用，而且使用的次数也很少。

中国近代化学家徐寿、数学家李善兰与华衡芳在上海江南制造局审译处，包括技术专家徐建寅、天文学家贾步纬等，还有英国人傅兰雅、伟烈亚力、玛高温，美国人金楷理、林乐知等参与翻译西文著作。李鸿章对其中的徐寿十分推崇，"徐寿父子于机器深入精通，能自出手。望将徐寿酌加薪水，稍假事权，当能辅卓如所不逮也"。④1874年，傅兰雅与徐寿等人发起创办中国第一所专门教授自然科学知识的新型学堂——上海格致书院。1876年，傅兰雅出版《格致汇编》，向国人介绍自然科学知识。专门为江南制造总局翻译科技书籍14种。从1868年成立到1907年，江南制造总局翻译馆在近40年的时间里，共译书23类160部，总计

---

① 熊月之：《西学东渐与晚清社会》，上海人民出版社1994年版，第515页。
② 张之洞：《书目答问》，《张之洞全集》(第11册)，河北人民出版社1998年版，第116页。
③ 李鸿章：《上海机器局报销折》，光绪元年十月十九日，《李鸿章全集》(卷6)，奏议(六)，安徽教育出版社2008年版，第412页。
④ 李鸿章：《致曾中堂》，同治十年九月二十一日，《李鸿章全集》(卷30)，信函(二)，安徽教育出版社2008年版，第389页。

1 075 卷。其中科技类译书 116 部,占总数的 73％;兵制、兵学类译书 33 部,占总数 21％,史志类占 6％。①到 1877 年年底,已经出版的翻译本和改编本著作达五十四种之多。其中不少是关于蒸汽轮机、制模以及铸造技术和格林炮、克虏伯炮手册之类。一部 1872 年发行的关于克虏伯炮的手册八年当中销售了 904 册。

鸦片战争至辛亥革命前夕清朝翻译外洋及国内新著有关新式武器操作著作表②

译　者	著　　　作
丁拱辰	《演炮图说》
潘仕成	《攻船水雷图说》
丁守存	《用地雷法》
沈竹礽	《泰西操法》
叶世槐	《空心炮楼图说》
朱　璐	《守城集成》
程荣春	《战车练炮图说辑要》
舒高第	《前敌须知》《海军调度要言》《铁甲丛谈》《英国水师律例》《爆药纪要》《炮乘新法》《水雷秘要》《城垒全法》《炮法求新》
金楷理	《行军指要》《攻守炮法》《营垒图说》《兵船炮法》《炮准心法》《克虏伯炮表》《克虏伯炮法》《布国兵船操练》《美国兵船枪法》《海军指要》
林乐知	《水师章程》《列国陆军制》
傅兰雅	《水师操练》《轮船布阵》《营城揭要》《开地道轰药法》《英国水师考》《俄国水师考》《美国水师考》《西国陆军制考略》《格林炮操法》《海用水雷法》《营城要说》《炮与铁甲论》《西国兵制源流》《陆军战法》《西炮说略》
罗亨利	《法国水师考》
吴宗濂	《德国陆军考》
丁乃文	《炮法画谱》《子药准则》
李凤苞	《陆操新义》《艇雷纪要》《列国海战记》
天津机器局	《西国兵船纪略》《船阵图说》《海战新义》
天津军械所	《克虏伯小炮简本操法》《德国炮队马操法》
沈敦和	《日本师船考》《自强军西法类编》《管炮法程》《炮概浅说》《德国军制述要》
丁韪良	《陆地战例新选》《海军章程》
黄方庆	《火器新术》《自强军洋操课程》

---

① 王庭树:《有功的江南局翻译馆》,《中国青年报》1990 年 11 月 11 日。
② 王尔敏:《清季兵工业的兴起》,台湾近代史研究所 1998 年版,第 213—229 页。

译　者	著　　作
马建忠	《法国海军职要》
刘庆汾	《日本水陆兵志》
许景澄	《外国师船图表》《德国陆军纪略》
吴大澂	《枪法准绳》《海战用炮新说》
蔡耀元	《陆军新书》《炮法求准》
谢希傅	《美国师船表补》
姚文栋	《日本师船考》
萧开泰	《地营图说》《新创佛身炮架说》《克虏伯演炮汇译》
方　恺	《火器测远图说》
李善兰	《火器真快解证》
傅范初	《陆兵枪学》
陆桂星	《炮说》
许文峰	《炮说》《克虏伯陆路炮行炮表》
丁乃文	《炮法举隅》
董祖修	《炮法撮要》
陈　鹏	《炮规图说》
彭瑞熙	《算炮捷法》
周盛传	《操枪章程》
曾纪鸿	《炮准测量》
袁世凯	《新建陆军兵略录存》《陆军兵书》
张秉枢	《火炮量算通法》
钱　恂	《日本军事教育篇》
陶森甲	《近世陆军》
陈龙昌	《中西兵略指掌》
葛胜芳	《美国陆军制提要》《步兵操典》《陆军教育摘要》《步兵暂行操法》《炮兵暂行操法》《要塞炮兵操典草案》
丁鸿臣	《东瀛阅操日记》
段祺瑞	《训练操法详晰图说》
贺忠良	《应用战法》《改正战法学》《战法学教程》《镇图上阵法》《步兵发枪问答》
宜今室	《火器要言》

续表

译 者	著 作
马国士	《用炮要言》
覃鎏钦	《日本军制》
丁 锦	《奥国机关枪支队操典》
朱恩绂	《战术学教程》
王鸿年	《日本陆军军制提要》
高塚疆	《空中经营》
陈 锦	《洋枪大操阵图说》
唐委之	《日本军制学教程》

清政府急于了解外洋武器制造的情况,曾经向外洋专门订阅过军械报刊,后来由于财政问题,方才停止订阅。上海道台冯桂芬曾经找到傅兰雅,打算选出 10 名有学问的中国人,派到江南制造局,由傅兰雅教给他们制造蒸汽机的原理,然而傅兰雅却由于不懂而拒绝。因为傅兰雅的长处是翻译,而非直接的教学。1868 年 10 月 17 日曾国藩奏称,江南制造局"先后订请英国伟烈亚力,美国傅兰雅,玛高温三名,专择其裨制造之书详细翻出。现已译成汽机发轫、汽机问答、运规约指、泰西采煤图说四种"。①江南制造局翻译馆共聘用了 10 个洋人翻译军工书籍。从 1868 到 1879 年,傅兰雅和他的同伴共翻译了近百部著作,1880 到 1896 年光傅兰雅一个人就推出译著 74 本。傅兰雅创办的《格致汇编》专门介绍化铁炉、蒸汽机等外洋先进器械时均配有插图,还连载了诸如《电气镀金略法》《回特海德钢炮论》《测候诸器说》等书籍;包括《上海新报》中也有"机器图说"专栏。

鸦片战争至辛亥革命前夕清朝翻译外洋及国内新著有关新式武器制造著作表②

译 者	著 作
丁守存	《西洋自来火铳制法》《新火器说》《造化究原》
汪仲洋	《铸炮说》
郑复光	《火轮船图说》
黄冕	《炸弹飞炮说》《地雷图说》
沈竹礽	《地雷图说》

---

① 蒋廷黻:《近代中国外交史资料辑要》上卷,湖南教育出版社 2008 年版,第 385 页。
② 王尔敏:《清季兵工业的兴起》,台湾近代史研究所 1998 年版,第 213—229 页。

译 者	著 作
龚振麟	《枢机炮架新式图说》《铸炮铁模图说》
魏 源	《西洋器艺杂述》
王 韬	《火器略说》
丁日昌	《枪炮图说》
金楷理	《克房伯炮图说》
颜邦固	《洋枪浅言》
傅兰雅	《兵船汽机》《制火药法》《回特活德钢炮说》《火药机器》
金楷理	《克房伯炮药弹造法》《克房伯造饼药法》《克房伯腰箍炮说》《克房伯螺绳炮架说》
舒高第	《英国定准军药书》
徐家宝	《炼钢要言》
天津机器局	《鱼雷图说》《鱼雷原图秘本》《水雷电器问答》《水雷图说》《克房伯新式陆路炮器具图说》《克房伯子药图说》《克房伯量药涨力器具图说》《阿摩士庄子药图说》
天津水师学堂	《克房伯电光瞄准器具图说》《克房伯子药图说》《哈乞开斯枪图说》
陈寿彭	《火器考》《陆战新法》
沈敦和	《阿姆斯特朗十二寸口径前膛炮图说》《毛瑟枪图说》
陆汝成	《水雷撮要》
傅云龙	《考空气炮工记》
高塚疆	《德国格鲁森厂快炮图说》
潘廷辉	《枪炮图说》

　　甲午之前,我国士大夫均以为西人之长在于船坚炮利,所需要学习的不过是炮械船舰而已。但在制造武器的过程中,方才真正发觉,坚船利炮的根基在于自然科学(所谓的"格致")。"今近一切西法,无不从格致中出。制造机器,皆由格致为之根柢,非格致无以发明其理。"[1]19世纪60年代起,西方大量的科学译著进入中国。主要的出版机构有京师同文馆、江南机器制造局和广学会。梁启超曾说,西人教会所译者,医学类为多。而制造局首重工艺,而工艺必本格致,故格致诸书,虽非大备,而崖略可见。如孙元化所著《西法神机》,(德国)何福满所作《修路说略》一卷等。1877年设立的江南制造局翻译馆,先后译印出各种科技书籍

---

① 王韬:《格致书院课艺》,上海图书集成印书局1898年版,第1页。

163 种,另附刊 32 种,总数达 1 075 卷。①

甲午战后,日本的军事技术也逐步进入中国,因为清政府聘请了部分日本人为中国翻译军工书籍。1899 年 11 月 6 日,督办铁路大臣大理寺少堂盛宣怀,聘订日本陆军大尉稻村新六②:"(续请)大日本国陆军太尉稻村新六充当南洋公学译书院翻译兵书顾问之员所有议定各条开明于后:受聘之人每月由聘东给与薪水洋银一百七十元,火(伙)食仆役一切在内不得另行开支,受聘之人以一年为限,限内彼此不得无辜辞退,一年期满之后,亦可商议展限,另立合同,受聘之人期满回国应由聘东发给洋银一百七十元作为川资。"《日本军事书籍提要》专门介绍了日本军事教科书的内容,"基本战术讲授录。是书乃明治二十五年陆军大学校兵学教官,步兵大尉松川敏胤教授初年学生所口授述而笔记成书者,当今军营编制教法皆有变更,不无与此书稍有差异,然运用之道仍不出此范围,以之供兵家讲求战术本源而参考之其裨益岂浅显直哉。明治三十年陆军大学校长塚本胜嘉志。按,是书开卷首发,明各兵队布阵用法以及利害沿革等事,后文乃指陈攻守战法,客兵如何占据某处,主兵如何在某处防战,皆按地图设立问答,逐层考求者也。应用野外要务及战斗序。是书乃陆军大学校以步兵战术教授第八期战术生,其旨要在乎运用野外要务令以及步兵操典两书内所载之法,爰就相模川左近之地,以充第一省团之防战地面,专讲求前锋后卫及侧面支队等独当一面,运用布置之法,至于师团之举动,非此书教授范围以内之事。而竟举述其大略者,欲使咸知战事之变化,而运用之无穷焉。故于独当一面队伍之行军宿营战斗等法随时之宜而述其大略也。窃查陆军分步骑炮工辎重五者,步兵操典,其余骑炮工辎重等兵,皆有操典,是为教练兵卒阵法之本源,下士以下所应熟习者也。是译兵书,当先译操典,又野外要务令者,乃言行军战斗之法,为将校者所应熟习者也,而应用野外要务及战斗一书,则运用野外要务令及步兵操典之法,而讲求战法,临大敌亦应次第译之,方为全壁也"。③

(二) 仿制枪炮舰船

晚清军事自强的一个重要途径是购买欧美国家的机器设备,学会仿制欧美国家枪炮舰船的技术,取得"御侮之资,自强之本"④。从历史上看,西洋武器早就传入了中国。佛郎机炮是 1522 年 9 月明军在广东新会西草湾一战中缴获葡萄牙人战舰而得。鸦片战争前夕,林则徐看到先进的西洋枪炮,便发动国内军工厂的工

---

① 阮芳纪等:《洋务运动史论文选》,人民出版社 1985 年版,第 166 页。

② 《聘订日本陆军大尉稻村新六合同》,盛宣怀全宗档案 116394,上海图书馆藏。

③ 《日本军事书籍提要》,盛宣怀全宗档案 001679,上海图书馆藏。

④ 中国史学会编:《中国近代史资料丛刊·洋务运动》第 4 册,上海人民出版社 1961 年版,第 14 页。

匠,仿造"底用铜包,篷如洋式"的战船。林在镇海效力期间,还会同嘉兴县丞龚振麟共同研制出四轮磨盘炮架,改变了原来炮位固定只能被动挨打的弊端,使火炮能"俯仰左右,旋转轰击"。何儒于1853年奉令在操江衙门仿造佛郎机火炮。①1853年前后曾国藩治理湘军时,负责制造战舰,共有三种样式:长龙、快蟹、三板,而其中的三板则受西洋启发而造,"冕(黄冕)久宦江南,曾办洋务,知三板之灵便适用,遂详道其形式,指示工匠依式制造,此三板所由始也"。②1861年8月23日,曾国藩上奏《购买外洋船炮并进行试造折》,"轮船之速,洋炮之远,在英、法则夸其所独有,在中华则震于所罕见,若能陆续购买,据为己有,在中华则见惯不惊,在英、法亦渐失其所恃。……况今日和议既成,中外贸易,有无交通,购买外洋器物,尤属名正言顺。购成之后,访募覃思之士,智巧之匠,始而演习,继而试造,不过一二年,火轮船必为中外官民通行之物,可以剿发逆,可以勤远略。……惟期内地军民智者尽心,勇者尽力,无不能制之器,无不能演之技"。③1861年11月,湖广道监察御史魏睦严上奏指出,"我朝天聪五年,始造西洋大炮。康熙年间,乌兰布通之战,以鸟枪火炮,破额鲁特驼城,遂设火器营。而汤若望、南怀仁等,成造各色洋炮,现存库中"。④是年,曾国藩在安庆设立"安庆内军械所",仿制洋枪洋炮。1862年,李鸿章则建立"上海机器局"用以"铸造开花炮弹"。⑤左宗棠与太平军作战时,也十分注意仿制西洋武器,"仿泰西新法讲求子腔药膛火门之秘,诏匠作造来福枪,亦甚合用。泰西所谓硼炮者,又称开花炮、天炮,宗棠并加仿造"。⑥

1866年6月25日,左宗棠在奏折中指出,"以枪炮言之,中国古无范金为炮,施放药弹之制,所谓炮者,以车发石而已。至明中叶,始有佛郎机之名。国初始有红衣大将军之名。当时得其国之器,即被以其国之名。谓佛郎机者,即法兰西音之转;谓红衣者,即红火音之转,盖指红毛也。近时洋枪开花炮等器之制,中国仿样式制造亦皆能之。炮可仿制,船独不可仿制乎?……大约火轮兵船之制不过近数十年事,于前无征也"。⑦1867年江南制造局搬迁至高昌新址后,经曾国藩奏请,拨下造船专款,设立一个轮船厂专造轮船。江南制造局已初具规模,有汽炉厂、机器厂、熟铁厂、洋枪楼、木工厂、铸铜铁厂、火箭厂,还有库房、栈房、煤房、文

---

① 军事历史研究会编:《兵家史苑》第二辑,军事科学出版社1990年版,第259、261页。

② 《湘军志、湘军志平议、续湘军志》,岳麓书社1983年版,第241页。

③ 《曾国藩奏陈购买外洋船炮并进行试造折》,中国近代兵器工业档案史料编委会编:《中国近代兵器工业档案史料》第一辑,兵器工业出版社1993年版,第4页。

④ 蒋廷黻:《近代中国外交史资料辑要》上卷,湖南教育出版社2008年版,第361页。

⑤ 《李鸿章全集》(卷2),奏议(二),安徽教育出版社2008年版,第200页。

⑥ 秦翰才:《左宗棠全传》2010年未刊本,复旦大学图书馆藏,第214页。

⑦ 蒋廷黻:《近代中国外交史资料辑要》上卷,湖南教育出版社2008年版,第377页。

案房、工务厅、中外工匠宿舍等。①1868 年 8 月,江南制造局自制的第一艘轮船恬吉号(后改为惠吉号)下水。该船为木壳明轮,造价 81 397 两白银,长 59.2 米,宽 8.7 米,吃水 2.56 米,载重 600 吨,主机马力 392 匹,航速 9 节,装配火枪 18 门,主机为购买西方旧机器改装。是年 9 月 15 日试航,观看试航的"上海军民无不欣喜",轰动一时。曾国藩登船试航后发表感想,"中国初造第一号轮船,而速且稳如此,殊可喜也"。②并上奏同治皇帝说,该船"坚致灵便,可以涉历重洋",他相信"中国自强之道或基于此"。③是年 10 月 17 日,曾国藩上奏称,恬吉号轮船汽炉、船壳两项系中国自造,机器则购买旧者修正参用。"查原购铁厂修船之器居多,造炮之器甚少。各委员详考图说,以点线面体之法求方圆平直之用,就厂中洋器以母生子,触类旁通,造成大小机器三十余座。即用此器以铸炮炉,高三丈,围逾一丈。……制造开花田鸡等炮,配备炮车、炸弹、药引。木心等物,皆与外洋所造者足相匹敌。至洋枪一项,需用机器尤多。如辗卷枪筒,车刮外光,钻挖内腔,镟造斜棱等事,各有精器,巧式百出。枪成之后,亦与购自外洋者无异。"到 1891 年江南制造局计有 14 座工厂用来造船。江南制造局自造轮船主要有恬吉号、操江号、测海号、威靖号、海安号、驭远号、金瓯号、保民号等。

军工技师课尼什指导江南制造局仿造出海岸炮,长 35 英尺,重 52 吨,膛径 12 英寸。速射炮长约 16 英尺,重 47 吨,膛径 4.7 英寸。④该炮用全钢套箍制造,随炮钢子计重四十五磅,用德厂配造经远、来远快船最坚厚之钢面铁甲为靶,能受击力为寻常铁甲三倍,弹子竟能深入三四寸。其射程均数六百二十九密达,每分钟可放子十二出。子弹出膛准头极好,与大沽海口购用阿姆斯特朗快炮出数相同。经过多年的发展,该厂军工技术日趋进步,"仿造西法,炼成纯钢,卷成炮管、枪筒并大小钢条,精纯坚实,与购自外洋者无殊。惟现购炉座仅有三吨者一具,出钢尚不能多,将来经费渐充,添购机器,增置厂屋,就中产之煤铁,炼西式之钢料,多制新式器械,以备各营领用,不必取资外洋,实为自强根本至计"。⑤

19 世纪中叶之前,中外火炮都是前装滑膛炮,发射实心球形炮弹。由于欧美的金属材料质量较好,构造比较合理,火药性能优良,毁伤威力大于清军同类火炮。清廷便购买了相当数量的前装滑膛炮。欧美国家常用炮弹的磅数有 4 磅炮、

① 蒋廷黻:《近代中国外交史资料辑要》上卷,湖南教育出版社 2008 年版,第 384—385 页。

② 《曾国藩全集·日记二》第 2 卷,岳麓书社 1982 年版,第 1543 页。

③ 转引自辛元欧:《中国近代船舶工业史》,上海古籍出版社 1997 年版,第 110 页。

④ 魏允恭:《江南制造局记》卷 3,沈云龙主编,《近代中国史料丛刊》第 404 号,文海出版社 1969 年版,第 443—444 页。

⑤ 李鸿章:《上海机器局请奖折》,光绪十九年六月十六日,《李鸿章全集》(卷 15),奏议(十五),安徽教育出版社 2008 年版,第 128 页。

8 磅炮、12 磅炮等十多种,按火炮的用途、炮管长度与口径的比例倍数,又区分为加农炮、榴弹炮和臼炮。清军则把火炮称作炸炮、劈山炮、开花炮和田鸡炮等。1869 年,江南制造局经引进西洋技术,建立汽锤厂,所铸大炮的炮管内外十分光滑,与西洋所造大炮无甚分别。1873 年起,江南制造总局先后购买了 12 磅到 180 磅各种阿姆斯特朗前装炮,作为仿制的样品。1878 年,汽锤厂改为炮厂,聘请英人技师监制熟铁前膛大炮。曾国藩与李鸿章的咨札中反应"札上海南炮局丁惠安制造十二磅洋火箭筒架 10 枝、洋火箭 100 枝,务依洋式钉造,坚致合用,搭解金陵内军械所。查该局正月分报销制造十二磅火箭每枝合钱 1 982 文,如果经久合用,即可多制,解到时由所呈验,发交炮队演放具复"。① 至 1888 年,共仿制成阿式前装炮 91 门,其中 12 磅 1 门,40 磅 27 门,80 磅 20 门,120 磅 22 门,180 磅 19 门,250 磅 2 门。②1884 年金陵机器局率先仿制成德国格鲁森式轻型后装线膛钢炮,1888 年江南制造局仿制大型后装炮 3 门。1890 年,刘麒祥上江南制造局禀文,称江南制造局自外洋购买快炮一尊来局作样,此炮系英国阿姆斯特朗所造,与克虏伯新式全钢后膛快炮相同,逐件拆开仿照制配,所需钢料由外洋定购,正在制造五十二磅和四十七磅大炮,打算造一百磅后膛全钢快炮十尊,以备炮台兵轮应用。③1894 年 6 月,许景澄致电张之洞,克虏伯厂借鄂炮样五生三、七生五两种已允开造,以备湖北枪炮厂仿造参考。④

江南制造总局出产火炮一览表⑤

出厂时间	材　质	型　别	规　　格			备　注
			膛向	口径	弹重	
1867	生铁炮		前膛	小	12 磅	
					16 磅	
					32 磅	
	田鸡炮		前膛	小	12 磅	
	铜炮		前膛	小	12 磅	
					24 磅	

---

① 《李鸿章全集》(一),安徽教育出版社 2008 年版,第 357—358 页。
② 魏允恭:《江南制造局记》卷三,《制造表·器械》,台湾文海出版社 1969 年版,第 2—23 页。
③ [德]乔伟、李喜所、刘晓琴:《德国克虏伯与中国的近代化》,天津古籍出版社,第 342—343 页。
④ 同上书,第 347 页。
⑤ 丁长清:《中外经济关系史纲要》,科学出版社 2003 年版,第 121 页。

出厂时间	材　质	型　别	规　格			备　注
			膛向	口径	弹重	
1878	熟铁炮		前膛			
1893			后膛			
1897		小快炮			2 磅	
					3 磅	
					6 磅	
					12 磅	
1898	钢炮	升降型		大	380 磅	
1905		移动式管退山炮	14 倍横闩	75 毫米		仿德国克虏伯产品
1907		管退山炮	15 倍横闩	75 毫米		仿德国克虏伯产品
		管退山炮	15 倍螺闩	75 毫米		仿德国克虏伯产品
1867 年至 1911 年江南制造局共生产各种火炮 1 075 门。						

　　江南制造局是中国最早使用机器生产步枪、马枪的军工厂之一,最初以生产单响前膛枪和后膛枪为主。1867 年后,中国开始仿制前装枪,见于记载的共生产了 1 487 支步枪和 5 990 支骑枪。[①]1890 年,中国进入了仿制近代步枪的第三个阶段,即后装连发枪阶段。汉阳枪炮厂曾经从德国利佛机器厂购了日产 50 支连发枪的机器,仿制 1888 年式毛瑟枪。从 1895 到 1910 年该厂共制造汉阳式毛瑟枪 136 100 支。英籍美国人马克沁 1884 年创制成功机关枪,在最初试射时李鸿章曾亲自参加了表演,当得知该枪每分钟最多可试射 600—700 发,耗银 30 英镑时,李鸿章说"这种枪耗弹过多,太昂贵了,中国不能使用"。[②]因此,鉴于当时晚清政府财政比较拮据,一直没有进行仿制。到 1911 年前后,清军使用的机枪基本是都是从国外购买的。

江南制造总局出产枪械一览表[③]

出厂时间	型　别	规　格			备　注
		膛向	口径	击发	
1867	毛瑟	前膛	11 毫米	单响	仿德
1871	林明敦边针	后膛	13 毫米	单响	仿美

---

　　①③　魏允恭:《江南制造局记》卷七,《枪略·历年仿造各枪表》。台湾文海出版社 1969 年版,第 17—19 页。

　　②　王兆春:《中国火器史》,军事科学出版社 1991 年版,第 386 页。

出厂时间	型别	规格			备注
		膛向	口径	击发	
1883	毛瑟	后膛	11毫米	单响	仿德
	黎意	后膛	11毫米	单响	仿美
1890	黎意新枪	后膛	8毫米	单响	仿美
1891	快利连珠枪	后膛	8毫米	5响	综合奥地利曼利夏连珠快枪、英国新利枪、南夏枪
1898	毛瑟		7.9毫米		仿德1888式
1907	毛瑟		6.8毫米		仿德
1867年至1911年,江南制造局共生产各种枪支76 414万支。					

江南制造局在制造枪炮的同时,还设立火药厂、炮弹厂、水雷厂等,专门制造各种枪炮使用的弹药,不仅用于本局制造的各种枪炮,还专门为其他单位从国外购进的枪炮制造相应弹药。火药厂创办于1874年,到1911年生产的火药装备到陆海军各支部队。

江南制造局仿造火药一览表①

火药种类	生产时间跨度	共计生产数量(万公斤)
黑色火药	1874—1904	233.15
栗色火药	1893—1904	52.38
无烟火药	1895—1911	17.44

1866年,根据左宗棠建议,清政府通过引进技术设备组建福建船政局,所需的机器设备及主要材料来自法国,而且聘用法国技师、工匠,从万年清号(木质暗轮、单缸往复机)制造成功后,开始批量生产。1876年,福建船政局开始购置钻床、火炉等制造铁胁船的机器设备,从此开始制造铁胁船。中法战争失败后,福建船政局引进鱼雷生产技术,建立鱼雷厂。19世纪80年代后期,船政局为制造钢甲船,又引进了大量西洋的机器设备。

福州船政局制造部分轮船情况一览表②

性质	船号	时间跨度	材质	动力	数量	备注
轮船	万年清号等	1869—1875	木质	蒸汽	15艘	

---

① 魏允恭:《江南制造局》卷三,《制造表》,台湾文海出版社1969年版,第2—54页。

② 沈传经:《福州船政局》,四川人民出版社1987年版,第337—344页。

性质	船　号	时间跨度	材质	动力	数量	备　注
兵船	威远号	1877	铁胁	蒸汽	1艘	铁胁在法国订制,两汽缸复式蒸汽机从英国引进
巡洋舰	龙威号（后改平远号）	1886—1888	钢甲	蒸汽	1艘	以法国1885年生产的双机钢甲舰"柯袭德号""土迪克士号""飞礼则康号"为蓝本仿制而成,其钢板、轮机和水缸钢料来自外国
鱼雷		1884年后				

天津机器局在1871—1872年两年当中花费在建厂和生产上的费用多达二十五万六千两白银,主要来自天津和芝罘两海关的岁入拨款。后来增建另外三个厂,并聘用新洋员。到1874年,这所兵工厂除生产大量的子弹炮弹之外,每天还生产一吨火药,还定购了制造林明敦枪的机器和克虏伯(当时亦译作"克鹿卜")炮所用的子弹和炮弹。

1873年,左宗棠商询上海制造局,"上海匠先造铜冒自来火,开花子(能造丁子火最好)。修理洋枪(能自造螺丝洋枪最好,若能仿后膛七响快枪尤妙矣,请询问有能者否),是为至要。车轮小开花炮,体制较田鸡炮为长,为重。然田鸡炮一尊,配子药,可一健骡载之。车轮炮则必须两套、三套,尚须人力招呼,行亦不速,又其致远不过三四里(吃药半斤,弹子十二磅,若远则无准矣)。大营现有一尊,即布路斯新出之后膛,是螺丝纹,极为精致。将来有用处,惜尚不能远击十里外。如上海匠能造弟上年带到之后膛开花炮,斤重减半,再合邻(州)、长(武)以上车辙,用三骡架之(并搭子药各件),实为合用。未审其能否,试一询之。所用各炮式,皆外洋旧有者。然由粗入精,由形器而窥神妙,亦非做不到之事,不过要细心耐烦耳"。①1873年5月,天津机器局添购制造西洋火药的三套设备,并购到各式机器十余具,造出的火药、铜帽、子弹等项,李鸿章"逐加试验,均属精利合用,与外洋军火无别"。②1874至1875年间,天津机器局购得六角藕饼火药机器,专为后膛钢炮制造火药,又购得林明敦兵马枪及中针枪子弹机器,建成拥有自造及外购三十多台的车、刨、钻、锯等机床的车间,专造各种子弹、炮架等。③

1885年7月4日,钦差大臣督办福建军务的左宗棠,以及船政大臣裴荫森向

---

① 秦翰才:《左宗棠全传》2010年未刊本,复旦大学图书馆藏,第215页。

② 李鸿章:《机器局动用经费折》,同治十三年五月初六日,《李鸿章全集》(卷6),奏议(六),安徽教育出版社2008年版,第53页。

③ 李鸿章:《机器局动用经费折》,光绪二年八月二十一日,《李鸿章全集》(卷7),奏议(七),安徽教育出版社2008年版,第175页。

朝廷提出仿造法国钢甲舰的奏议，"据称法国于光绪十一年创造双机钢甲兵船……马力一千五百匹。较北洋德国订造之'定远'铁甲船较小，'济远'铁甲马力稍轻，而驾驶较易，费用较减。除炮位、鱼雷、电灯另购外，每船工料估银须四十六万两。两船并造，二十八月可成。三船同造，三十六月即竣。闽省如有此等钢甲兵船三数号，炮船、快船得所卫护，胆壮则气扬，法船断不敢轻率启衅。禀由提调周懋琦绘图，通禀请示，并据称试造双机钢甲，以魏瀚、郑清濂、吴德章监造船身，陈兆翱、李寿田、杨廉臣监造船机，确有把握"。①该折所附上谕表明朝廷起初是大力支持的，"筹办海防二十余年，迄无成效，即福建所造各船亦不合用，所谓自强者安在？此次请造钢甲兵船三号，著准其拨款兴办。惟工繁费巨，该大臣等务当实力督催，毋得草率偷减，仍致有名无实"。②

然而，由于李鸿章正忙于为北洋添购新舰，此折很快便招致李鸿章的批评，认为"船式、轻重、尺寸均不合海面交锋之用"，"勿任轻掷帑金"。③拖到十月初，清廷下旨允许闽厂仿造一艘，建成后归北洋使用。"龙威"（即后来的"平远"）于1888年1月29日下水试航，结果轮机出现问题，返厂维修。9月28日，再次试航成功。10月20日，驶离上海赴北洋的过程中抽气机折损，返回上海修理。李鸿章闻知此事，声称"'龙威'若来，无人收管，望速饬无庸北来为要"。④裴荫森在上海向英商耶松船厂（S. C. Farnham, Boyd and Company）订购两台抽气机进行更换。12月2日，北洋海军南下避冬抵沪时，丁汝昌、琅威理等人查验"龙威"号，丁汝昌评论"闽厂首先试造之船能是亦足"。之后按照北洋海军的要求，该舰返回闽厂，增修镶配百数十处之后交与北洋并改名为"平远"⑤。最后耗资52万两，安装炮位和电灯的费用尚未计算在内。

1911年1月，四川总督赵尔巽上奏"兵工厂请奖"一折，显示了四川兵工厂生产枪炮弹药的种类和能力，称"四川兵工厂系于光绪二十九年经前督臣锡良奏设，派员赴德国考察制造各厂并在柏林蜀赫厂订购一千九百零三年新式枪弹药三项机器陆续制备发运回华，订立合同聘雇洋匠。一面在省城东门外选购厂基，三十一年相度地势鸠工泥材，建筑枪弹两厂，三十二年择地续建药厂，三十三年德机运到，派员验收，讵因川江滩险运船颇多覆溺机件，致有沉失均由厂自行补配，三十

---

① 《光绪朝朱批奏折》第64卷，中华书局1996年版，第830—832页。

② 同上书，第832页。

③ 李鸿章：《议驳船政局请造兵船》，光绪十一年六月十九日，《李鸿章全集》（卷33），信函（五），安徽教育出版社2008年版，第519页。

④ 李鸿章：《寄福州船政裴》，光绪十五年十月初四日，《李鸿章全集》（卷22），电报（二），安徽教育出版社2008年版，第540页。

⑤ 《船政奏议汇编》第42卷，国家图书馆出版社2011年版，第10—11页。

四年添设砖厂订购物料招募沪鄂工匠,宣统元年厘定总分厂房章程,创设艺徒学堂,造就艺徒一百五十人,并以药料远购为艰,研求改用土料之法,本年(宣统二年)四月全厂工程一律完竣,补添机件亦均齐备,遂饬开工制造。查原购德机系制六密里五口径之器,而陆军部新改口径系六密里八,因之样板各件多不相同,复饬逐一修改,惟机器最为新式,工匠又多凑集,初制不能加急。然现已按月能制出六密里八口径五响快枪二十枝,子弹一万颗,较之鄂厂初开工时,实加一倍,详细验明,俱属合法,以后工手熟悉更可加多成品,此前督臣锡良、护督臣赵尔丰暨臣先后督员组织该厂大概情形也。……前督臣锡良有鉴于此,不惮艰险创兹大业期在必成,不但以杜外购之漏卮,且为济邻封之军备,所难者风气未开,制造之才乏,离洋为远,运道崎岖,购机招工较之沪鄂各厂百倍为难。(试用道毛玉麟、学部小京官工科举人黎迈一手经理,湖北补用道蔡琦总办厂务)……去秋三品京堂臣朱恩绂奉命来川考察亦颇称该厂规模程功匪易,计自光绪二十九年经始迄至本年开工实历七载之久,当事各员均能不避劳怨,布置有方,而尤以此次开工后并未另请巨款添购新机,首能遵改部颁口径制造合度,更为预料所不及,现又以新意创造附属之品亦能省费合用,非资群力曷克臻此"。①

三、 装备人才的大量培养

为了使本国所产武器能够独出奇异,而不只是步其后尘,除了设立同文馆等西学堂之外,还要求将上等工匠及习算之学生远送外洋,遍观各厂,参互考核。外洋军工制造技术引进的一个重要渠道就是派员到外洋学习,选派心灵手巧的官兵,"专令学习外洋炸炮、炸弹,及各种军火机器与制器之器……尽心尽力,朝夕讲求,务得西人之秘……"。②1862年12月,上谕李鸿章,饬令中国员弁学习洋人制造各项火器之法,务须得其秘传,能利攻剿,以为自强之计。1872年,曾国藩、李鸿章等奏请派幼童赴美留学,学习军政、船政、步算、制造诸学。1873年12月,沈葆桢上奏选派福建船政学堂中天资颖异,学有根底者,遣赴英国学习舰船驾驶之方及其练兵制胜之理。速则三年,迟则五年,以求深造。"欲日起而有功,在循序而渐进,将窥其精微之奥,宜置之庄狱之间。前学堂习法国语言文字者也,当选其学生之天资颖异,学有根底者,仍赴法国探究其造船之方,及其推陈出新之理;后学堂习英国语言文字者也,当选其学生之天资颖异,学有根底者,仍赴英国深究其

---

① 《赵尚书奏议》,上海图书馆藏古籍电子文献 T28072-142,第 5631—5637、6876—6879 页。

② 《江苏巡抚李鸿章奏》,中国史学会编:《中国近代史资料丛刊·洋务运动》第 4 册,上海人民出版社 1961 年版,第 10 页。

驶船之方,及其练兵制胜之理。"①1874年,清政府筹建海军,1876年6月,日意格与李凤苞赴津会李鸿章,适有烟台之役,李鸿章目睹"英法各船,制法绝精,而驾驶、操练,英尤灵捷严整。并见日本有年少武弁,在英船随同操作,是知出洋学习造驶之举,实为中国海防人材根本"。②1876年12月,李鸿章与福建端船政大臣沈葆桢联衔会奏,"西洋制造之精,实源本于测算格致之学,奇才叠出,月异日新,即如造船一事,近时轮机铁骨,一变前模,船身愈坚,用煤愈省,而行驶愈速。中国仿造皆其初时旧式,良由师资不广,见闻不多,官厂艺徒虽已放手自制,止能循规蹈矩,不能继长增高,即使访询新式,孜孜效法,数年而后西人别出新奇,中国又成故步,所谓随人作计,然后人也。若不前赴西厂观摩考察,终难探制作之源。……查制造各厂法为最胜,而水师操练英为最精,闽厂前堂学生本习法国语言文字,应即令赴法国官厂学习制造,务令通船新式轮机器具无一不能自制,方为成效。后堂学生本习英国语言文字,应即令赴英国水师大学堂及铁甲兵船学习驾驶,务令精通该国水师兵法,能自驾驶铁甲船于大洋操战方为成效"。③

1877年,派出第一批海军留欧学生,学造船的赴法留学,章程规定学"轮机制造法、材料配力之学、轮机重学、船上轮机学"等;学驾驶的赴英留学,章程规定"驾驶练量,赴英学习期拟二年。九个月内,在英国学堂,地名期黎呢士,学天文、画海图学、汽学、水师战法、英国语言。九个月后,赴英国操炮船,地名博士穆德。学各炮各枪操作法,约六个月工夫,再在该处学画海图之学,约三个月。嗣后又赴英国师营,分派各童到各兵船上学习四个月"。④1880年8月26日,津海关税务司致监督札,"窃查事必躬亲,阅历方足以广见闻。前制碰船明春可到,现在中俄大局,数月后必可定议,届时若两国言归于好,所有北洋之蚊船'操江'等及新由东省拨来之勇三百名,内拟请于封河以前挑选二百名留丁督操,葛税司并未经出洋之大、二副亲自管带,乘坐兵船或雇坐商船前往英国,查看机器水师造船造炮各大属厂,以扩眼界而增学识。俟明春碰船造成,即由丁督操等配以此勇,自行驾驶回华,该勇在船仍可逐日操演,回华逾觉娴熟。如此办法不但长见识,勤操练,而且较由外洋借弁兵带船来华,可省经费甚巨,缘免回国两月俸银、船费等项也。至该碰船来时应请募管机器洋人及水雷手同来中国,并签订在华年限,教习华人以资得力"。⑤

---

① 孙应祥:《严复年谱》,福建人民出版社2014年版,第24页。

② 李鸿章:《议选员管带学生分赴各国学习》,光绪二年八月二十五日,《李鸿章全集》(卷31),信函(三),安徽教育出版社2008年版,第489页。

③ 李守孔:《中国近百余年大事述评》第一册,台湾学生书局1997年版,第290页。

④ 廖和永:《晚清自强运动军备问题之研究》,文史哲出版社1987年版,第97—98页。

⑤ 天津海关专题档案,W1-9全宗卷号2133-59。

清朝军工厂向外洋派遣学生一览表①

派遣时间	人数	具体人员名册
1875 年	5	福建船厂的魏瀚、陈兆翱、陈季同、刘步蟾、林泰曾,由沈葆桢派遣随日意格去法购机器与轮船
1876 年	7	天津各炮营武弁卞长胜、朱耀彩、王德胜、杨德明、查连标、袁雨春、刘芳圃由李鸿章派遣随李劻协去德国武学院学习水陆军营各技艺
1877 年	33	第一批:除首批五人留法生在内,日意格为洋监督,李凤苞为华监督,随员马建忠,文案陈季同,翻译罗丰禄,连同先期已在法的魏瀚、陈兆翱,总共 33 人。1880 年学成回国,其中梁炳年染病身故,严复成绩最优。费用计 19 万两
		艺徒有裴国安、陈可会、郭瑞珪、刘懋勋、王桂芬、张启正、吕学锵 7 人
		制造学生有郑清濂、李寿田、罗臻禄、吴德章、梁炳年、陈林章、池贞铨、杨廉臣、林日章、张金生、林怡游、林庆生 12 人留法
		驾驶学生有刘步蟾、林泰曾、蒋超英、方伯谦、严宗光、萨镇冰、何心川、林永生、叶祖珪、黄建勋、江懋祉、林颖启 12 人留英
1878 年	5	福建船政局增派张启正、王桂芳、任照、吴学铺、叶殿铄随同斯恭塞格赴法留学
1881 年	10	第二批:包括天津水师学堂部分学生,洋监督日意格,华监督李凤苞。翻译陈季同,文案钱德。其中王庆瑞因医疗事故致死,陈伯璋自杀,其余归国。花费 10 万两左右
		制造学生王庆瑞、黄廷、李芳荣、魏暹、王福昌、王迥澜、陈伯璋、陈才瑞 8 人留法
		驾驶学生李鼎新、陈兆艺 2 人留英
1886 年	33	第三批:(包括北洋水师 10 人在内共 33 人)华监督周懋琦,洋监督斯恭塞格,1891 年因经费困难撤退回国,其中两人病故
		驾驶学生有北洋刘冠雄、北洋陈恩焘、北洋曹廉正、天津水师学堂伍光鉴、郑汝成、陈杜衡、王学廉、沈寿堃、陈燕年、船政黄鸣球、罗忠尧、贾凝禧、郑文英、张秉圭、罗忠铭、周献琛、邱志港等 17 人
		轮机学生有船政王桐和、陈鹤潭 2 人
		制造学生有船政郑守箴、林振峰、陈庆平、王寿昌、李大受、高而谦、陈长龄、卢守孟、林志荣、杨济成、林藩、游学楷、许寿仁、柯鸿年等 14 人
1896 年	6	
备注		1877 年留英驾驶学生 12 人中,仅有严宗光、方伯谦、何心川、林永升、叶组珪、萨镇冰六人通过格林威治的入学考试,入该校学习并顺利毕业,严宗光留校深造。其余六人未通过该校入学考试,而未能在该校入读,仅获得上舰实习机会

---

① 秦翰才:《左宗棠全传》2010 年未刊本,复旦大学图书馆藏,第 213 页;阮芳纪等:《洋务运动史论文选》,人民出版社 1985 年版,第 438—439 页;廖永和:《晚清自强运动军备问题之研究》,文史哲出版社 1987 年版,第 98—100 页;马幼垣:《靖海澄疆——中国近代海军史新诠》,联经出版社 2009 年版,第 49 页。

　　上表中的魏瀚、郑清濂、吴德章、陈兆翱、李寿田、杨廉臣六人归国后即成福州船政局"必不可少之员",他们绘画式、制轮机、定船身、造器械,各有专精之艺而分工集事。①

　　清廷对留学生提出较高要求,1877 年留学欧洲的军工厂的学生,学习制造的学成归国后必须"能放手造作新式船机及全船应需之物",学驾驶的必须"能管驾铁甲兵船回华,调度布阵丝毫不借洋人"。②赴英留学生"可带赴各厂及炮台、兵船、矿厂游历"。③留学过程中,这些学生不断向国内汇报学习进展,如蒋超英曾上"狄芬司"铁甲舰实习,黄建勋曾赴美利坚上"伯里洛芬"兵船,林颖启、江懋祉赴西班牙上"爱勤考特"兵船,方伯谦、萨镇冰、林永生、叶祖珪均上了"格林尼次"官船,萨镇冰还曾上"们那次"兵船,林永生上"马那杜"兵船,方伯谦上"恩延甫"兵船,周历地中海、大西洋、美利坚、阿非利加、印度各洋。④留学生们抱着为国服务的志向,多学有所成,郑清濂第一,杨廉臣、吴德章次之,林怡游、李寿田、陈林璋又次之,各给"堪胜总监工官凭"。习海军制造的陈庆平、李大受可胜轮车铁路总监工之任。⑤

　　船政一开始就重视培养自己的科学技术人才队伍,提出"船政根本在于学堂",晚清军官学堂第一期课程中有"各队战法、军器学、混成协标图上战法、野外战术实施"等,第二期课程则有"混成一协图上战法、要塞战法、海战要略"等,第三期课程则有"野操计画、秋操计画、一镇及一军图上战法、海战要略、要塞战法、各队新战法"等。⑥设立求是堂艺局,对外招生 105 名,学制五年(后有延长)。1867 年 1 月开学,分制造与驾驶两科。制造(前学堂)由法国教师任教;驾驶由英国教师任教。这是中国第一家正规的学习西方科学技术的学校,也是中国近代师资力量最雄厚的学校,在这个学校教书的英法教师有 51 人。教授驾驶的英国教师有中少将军官。船政为培养初级技术人才,于 1867 年 12 月 26 日创设绘事院,1868 年 2 月 17 日创设艺圃。绘事院培养测绘人才,第一届招聪颖少年 39 人学船图、机器图、船体、机器绘算概要等,分船体测绘与机器测绘两个专业,学制三年,成绩优良的升入船政学堂肄业。1875 年 11 月,丁日昌就任福州船政大臣,要求进一步学习西方造船技术而不是满足现状,"中国学习西法,有始境而无止境。

---

　　① 阮芳纪等:《洋务运动史论文选》,人民出版社 1985 年版,第 446 页。

　　②③ 《李鸿章全集》(卷 7),奏议(七),安徽教育出版社 2008 年版,第 259 页。

　　④ 中国史学会编:《中国近代史资料丛刊·洋务运动》第 5 册,上海人民出版社 1961 年版,第 252 页。

　　⑤ 薛福成:《出使英法义比四国日记》卷 3,岳麓书社 1985 年版,第 30 页。

　　⑥ 《呈拟定陆军部军官学堂章程清单》,《军机处录副奏折》卷号 03-7576,档号 010,第一历史档案馆藏。

彼族得其精者、深者,而后导我以粗者、浅者,粗欲与精扩,浅欲与深衡,固不待智者而知其万万不如矣。故谓机器仍用我法、西法为不足学者固非,然仅得其皮毛,而谓遂足恃以无恐者亦非也。外国轮船改用康邦机器(即新式复合机)将十年矣,用煤少而行驶远,而中国沪、闽二厂仍用旧式机器。况彼之轮船已改用铁甲,而我仍以木;彼之炮台已改用钢铁,而我仍以泥。此岂我识见之尽不知彼哉?限于财力不足者半,限于隔阂未得风气之先者亦半也"。①在其主持之下,1877年3月,船政学堂学生、艺徒28人在华监督李凤苞和洋监督日意格带领下,部分赴英学习轮船驾驶,部分赴法学习制造矿务等,是为船政留学的开端。其后又于1881和1886年连续派遣第二、第三批船政出洋学生。是年5月,福州船政局制造了第一艘铁胁兵船"威远"号。第四届海军赴英留学生因琅威理辞职事件的影响而被英国拒绝。

甲午之后清廷开始编练新军,1898年浙江巡抚廖寿丰首派吴锡永、陈其采、舒厚德、许葆英四名学生赴日学习军事,同年包括湖广总督张之洞,南北洋大臣、浙江巡抚刘树棠陆续派遣,全部达七十余人。②1900年庚子事变后,顺应时势,又大量派遣学生留学日本,1902年北洋大臣袁世凯奏派55名,1903年湖广总督端方派遣50名,1904年山西巡抚张曾敫奏派20名,留在日本的中国留学生人数最多时高达数万人,其中学习陆军者甚多,他们首先进入成城学校、振武学校接受预备学习,然后再升入陆军士官学校深造。1903年,孙中山在东京青山创办革命军事学校,训练军事干部,该校教官中有退职军人,骑兵少佐小室次郎;现役步兵大尉日野熊藏,日野供职于东京兵工厂,精于兵器学,曾发明日野式手枪。中国部分自费留学生在该校中,白天学习普通学及日语,夜间则学习战术及兵器学,包括制造手枪、炮类火药诸门。③1904年,英国重新允许中国派遣留学生,1904—1909年间,中国派往英国的海军留学生共4批,为数仅44人,不过,1906—1908年派往日本的海军留学生却达98人。黄兴则于1908年在东京组织大森体育会,训练革命党人之军事技能。

(一)装备操作人才

近代华洋军品贸易在很大程度上强化了中国与西方列强军工产业之间的关系,为大批现代化武器操作能手的成长提供了重要途径。1874年,李鸿章与赫德共同商订蚊子船的购买时,清廷同时派遣人员赴英国学习驾驶和操练,英国驻华公使威妥玛慨然应允。进而清政府认识到有必要加大派遣力度,计划派道府等前

①　赵春晨:《晚清洋务活动家:丁日昌》,广东人民出版社2007年版,第116页。
②　李守孔:《中国近百余年大事述评》第二册,台湾学生书局1997年版,第889页。
③　同上书,第893—894页。

往英国或他国,在各厂细加考察互相印证。1875 年 2 月,日意格带福建船政局学生数人赴英、法各厂考察学习。李鸿章随即奏派金陵炮局委员、通判王承荣赴英、法及德国克虏伯炮厂进行考察。当然,初期选派清廷尚感迷茫。因为派员出洋不易成行,须掌握洋语洋文,费用尽量减轻。略谙军器之道府等员竟无精通洋语者,若带翻译同去,势必要随带多人,来回川资已需巨款,能否得力可靠尚不可知。光绪初年,淮军增建新式炮队十九营,使用克虏伯新式大炮。聘请德国卸职军官李劢协来华教习三年。1876 年 4 月,李劢协在中国合约期满,李鸿章向清政府建议,"德陆军甲于天下,而步队尤精,马炮各队其得力全在每日临操熟演料敌应变之法"。①强调清政府应派员弁赴德国武学院学习。后清廷派出七人留学,学期三年,留德期间,他们的学习内容涉及操法、枪法、战法等各种水陆军军械技法,有助于加深清军对外洋武器的认识。②此七人于 1876 年 4 月 15 日启行前往德国,具体名单为卞长胜(提前返国)、刘芳圃(1879 年学成归国)、查连标(1879 年学成归国)、袁雨春(1879 年学成归国)、杨德明(1879 年学成时病故)、朱耀彩(提前返国)、王得胜(因体质弱改学制造及水师,深造至 1881 年归国,统带亲兵营实行最新德国操法)。③1876 年 12 月,李鸿章与福建船政大臣沈葆桢联衔会奏选派闽厂学生十二名赴英国水师学堂学习水师作战各法。1877 年 3 月,出国赴英学习水师战法学生,先入格林尼次官校,后陆续调入铁甲船学习,历赴地中海、大西洋、美洲、非洲、印度洋等处操练排布迎拒之方,离船后又专请教习补授电气、枪炮、水雷各法,均领有船长文凭。这批学生中,学习制造较出色的有魏瀚、陈兆翱等,学习驾驶较为出色的有刘步蟾、林泰曾等。1904 年,练兵处制定《选派陆军学生游学章程》,军事留学生以赴日留学为主,其中有相当多的人员学习的是新式武器操作和演练技术。

1886 年 1 月,贵州知府赵尔巽在奏折中称:"近来中国制买兵轮铁舰或谓滥销巨款,或谓无济实用,非由不得其人即由不谙其事,且既买之后驾驶仍须洋人,即使工坚料实临事岂肯为我用乎。……查海防以铁舰为利器而水雷之防险,碰船之冲敌,巨炮之攻坚又与之相辅而行,近年加意计求添购蚊船练习水雷皆较前有进境,然碰船之用,非与敌船恰成九十度角则不能制胜,且相距尚远而敌炮已到亦何足恃,水雷种类至多各有利弊,然只可攻停泊之敌船,至交锋时则雷船之行速命中远不及炮,其沉置水中者又不过收百一之效,未为大益,则防海之法仍当以炮台

---

① 中国史学会编:《中国近代史资料丛刊·洋务运动》第 3 册,上海人民出版社 1961 年版,第 512 页。

② 王家俭:《中国近代海军史论集》,台北文史哲出版社 1984 年版,第 36 页。

③ 《李鸿章全集》(卷 8),奏议(八),安徽教育出版社 2008 年版,第 514 页。

为最要。"①这是一种局限于陆路作战的思路，对海军舰船不够重视，然而，其中暴露了中国海军操作人员紧缺的状况。

福州船政学堂从 1866 到 1911 年，46 年间培养出 542 名毕业生，形成近代海军骨干力量。大部分在兵船、鱼雷、水雷等营充当管带、帮带，或在蚊船、练船、兵轮、雷艇、船厂工作。曾经两次出洋留学的林曾泰和刘步蟾分别任北洋舰队最大的舰只"镇远"号和"定远"号重型巡洋铁甲舰的管带。"经远"号铁甲舰的管带林永升，"靖远""济远""超勇"快速巡洋舰的管带叶祖珪、方伯谦、黄建勋等也都是留学欧洲的学生。严复回国后，先后担任福建船政学堂、天津水师学堂的总教习，培养了大批海军人才。留学生吴应科后来成为巡洋分舰队的司令，萨镇冰则总理过南北洋海军，后任海军筹备大臣。刘冠雄曾任民初海军总长，李鼎新曾任海军总司令。严复是船政学堂驾驶班第一届毕业，到英国留学，从 1889 年到 1911 年，翻译世界八大名著《原富》《法意》《天演论》等，发表《论世变之亟》《原强》《救亡决论》《辟韩》，呼吁变法图强，其政论与译作对维新派、革命派都有深远影响。除了严复，船政学堂还培育出中学西传第一人陈季同、中国铁路界第一人詹天佑、近代第一个著名造船专家魏瀚。荫昌为满洲正白旗人，1872 年入同文馆学习德语，后去奥地利学习陆军，还曾与德国威廉二世共事。1877 年随刘鸿锡出使德国并学习陆军。1884 年随许景澄出使德国，入德国军事学校学习军事操作技术。1885 年出任天津武备学堂翻译教习。1901 年 7 月出使驻德公使。1906 年出任陆军部右侍郎及出使德国大臣，后又继铁良出任陆军部尚书及军咨府大臣。1909 年荫昌再次出使德国，娶德国人为妻。《泰晤士报》记者莫理循认为荫昌"自然强烈地同情德国人"，并帮助德国人向清政府销售了大量德国军械。②

与海军外派留学同步，李鸿章拟派天津机器局枪炮工匠子弟前往布国（Prussia，普鲁士）工厂学习，继又拟派招商局水手出洋学习。第一批海军留学生1879 年秋于船上实习期满，李凤苞报告，"延聘英国水师炮队教习苏萃授以炮垒军火诸学；美国水雷教官马格斐授以水雷电气诸学。以造船而论，则以刘步蟾、林泰曾、严宗光、蒋超英等四人为最出色。……刘步蟾、林泰曾知水师兵船紧要关键，足与西洋水师管驾官相等。不但能管驾大小兵船，更能测绘海图、防守港口，布置水雷。严宗光于管驾官学问以外，更能探本测源，以为传授生徒之资，足胜水师学堂教习之任。其余……等亦均勤勉颖悟，历练甚精，堪充水师管驾之官"。③第一

① 《赵尚书奏议》，上海图书馆藏古籍电子文献 T28072-142，第 6839—6841 页。

② ［澳］骆惠敏编：《清末民初政情内幕》上卷，知识出版社 1986 年版，第 739 页。

③ 《光绪朝月折档册》，转引自王家俭：《中国近代海军史论集》，文史哲出版社 1984 年版，第43 页。

批留学生在国内时本已有相当的海上经验,留英期间,或习驾驶,或习炮术,或习航海,或习测量,计毕业于英国格林威治皇家海军学院者二十二人,未曾入学而随同英国皇家海军舰队作业者十三人,经过三年之久的严格训练,返国之后投身于南北洋舰队,或担任兵轮管驾,或奉命为水师学堂教习,或者被派为练船的教练。

北洋海军主要官弁情况一览表①

姓　名	职　　位
林泰曾	左翼总兵兼镇远管带
刘步蟾	右翼总兵兼定远管带
方伯谦	济远管带
叶祖珪	靖远管带
林永升	经远管带
邱宝仁	来远管带
黄建勋	超勇管带
林履中	杨威管带
林颖启	威远练船管带
萨镇冰	康济练船管带
李鼎新	定远副管驾
刘冠雄	靖远帮带
陈兆艺	威远操练大副
严宗光	北洋水师学堂总教习
备　注	甲午战后负责重整海军的有叶祖珪、萨镇冰、沈寿堃等人也来自该批留学生,民国以后,刘冠雄、萨镇冰、李鼎新三人先后出任北洋政府的海军总长及海军总司令之职。

　　船政工厂造出第一批军舰后,船政学堂第一、二届驾驶班学生也先后结业,下练船实习。工厂就在学校对面,为学生辟出学习阵地。金工、木工、铸工是基本实习课,占学习一半时间。早在 1871 年 1 月,即购得日耳曼夹板船“马得多”号作为练船,改名“建威”,聘英国海军少将德勒塞为教习。1872 年,德勒塞带学生严复、刘步蟾等 18 人乘练船北上,经浙江、上海、烟台、天津至牛庄,然后南回福州。1873 年 3 月,德勒塞又带他们南下,经厦门、香港、新加坡、槟榔屿,历时 4 个月回马尾。1880 年 8 月,李鸿章为调烟台船艇水勇到津事致函德璀琳,“查北洋定购

---

① 王家俭:《中国近代海军史论集》,文史哲出版社 1984 年版,第 50 页。

碰快船二号,明可抵津,所需水勇亟应先事筹备排演,以资配驾"。①1895 年 1 月,郑观应条陈战事,"曷言乎备战也。以今日之事论之,欲期雪耻保藩,非水陆大举不可。而海军已成漏舟,一无足恃,直可谓之无矣。是宜急向外洋定购坚快铁甲、快、碰船,多则三十艘,至少亦须二十艘,配齐巨炮,多备洋枪子药火箭各利器,以为明春大举之地,庶可及用。然船炮等件可购,而能驾此船用此炮,率领此驾船用炮之人,则亦不可不趁今冬急急延求,以期速收桑榆之效"。②

　　1895 年,甲午战争告一段落,受战败刺激,7 月 21 日,湖广总督张之洞具奏聘请德弁协助练兵,1896 年 1 月 2 日复奏,"拟在江西练陆军万人,而以洋将管带操练,其经费在江南自借洋款项下拨用。……查自津调来之北洋原订将弁,并由臣商妥出使大臣许景澄代订之德国将弁共三十五员,自夏秋至今均已先后到齐。臣于夏间令先就卫队护军等管内选择操练以试其材。数月以来,颇有成就可观"。③该奏折中张之洞提及委派洋员德国游击来春石泰为自强军统带,"其带兵操练之权,悉以委之洋将弁。……至于应敌攻守之方,图绘测量之学,悉令详教熟练,不准徒徒口号步伐之皮毛,致蹈向来洋操陋习"。④3 月,张之洞奏请开设陆军铁路学堂,延请德国精通武事将弁位五人为教习,"分马队、步队、炮队、工程、台炮各门,研习兵法、行阵、地理、测量、绘图、算术、营垒、桥路各种学问,操练马步炮各种阵法。炮在武学中又别为专门。尤非浅尝所能见效。所有应习各门,约以两年为期,两年后,再令专习炮法一年,又须略习德国语言文字,以便探讨图籍。大约通以三年为期满。……另延洋教习三人,招习学生九千人别为铁路专用,附入陆军学堂以资通贯"。⑤李鸿章 1896 年游历欧洲各国时,曾拜访德国前首相俾斯麦,李鸿章说:"中国非无人之为患,特无教习亦无兵法之为患。仆于三十年来,务欲警醒敝国之人,俾克同于贵国,乃仍弱不可支,靦颜滋甚。仆见今天下之精兵,莫国若矣。仆虽无官守,亦不如在直隶时得主拨付军饷之权,惟异日回华,必将仿照贵国军制,以练新兵。且需聘教习之武弁,仍惟贵国是赖也。"⑥

　　1877 年,清廷选派船政学堂优秀毕业生前往欧洲留学。这批 12 名前往英国的留学生中,有半数进入英国最著名的格林尼治皇家海军学院成为正式学生:严宗光,即严复,中国近代启蒙思想家,曾译《天演论》。方伯谦后任北洋水师中军左副将,济远号管带(即舰长)。何心川后任南洋水师开济号快船管驾、镜清号快船管带。林永升后任北洋水师左翼营副将,经远号管带。叶祖珪后任北洋水师中军

　　①　天津市档案馆、天津海关编译:《津海关秘档解译》,中国海关出版社 2006 年版,第 186 页。

　　②　《盛宣怀档案资料选辑之三·甲午中日战争》下,上海人民出版社 1982 年版,第 382 页。

　　③④　朱寿朋:《光绪朝东华录》卷四,中华书局 1984 年版,第 3711 页。

　　⑤　同上书,第 3753 页。

　　⑥　蔡尔康、林乐知:《李鸿章历聘欧美记》,岳麓书社 1986 年版,第 69—70 页。

右副将,靖远号管带。萨镇冰在甲午战争时期任副将率水手守卫炮台,后升任总理南北洋水师兼广东水师提督。

外洋教习利用其对清朝军队的指挥权利,常照搬本国的训练模式。恭亲王曾为了国家安全而猛烈抨击在中国军队训练中使用外国口令。①正如《中国时报》(Chinese Times)1887 年初所评论的:"的确,外国军官已经受雇(于中国各部门),他们已在教中国新手许多操演……但是改革还没有渗透到战役的基本要素中,如军队管理、运输、给养部门、队务人员等。而没有这些,一支受过训练的军队就和没有受过训练的一样,至多是一群乌合之众而已。"②

(二)武器制造专家

晚清军工产业人才匮乏,仅靠外洋雇员的指导帮带远远不够,曾国藩、李鸿章等大臣一再呼吁,采取外派留学生的方式学习西方的军工制造技术。清政府建立的兵工厂在外籍雇员的帮助下,培养了一批掌握现代军事技术的专家,他们不仅参与制造新式武器,还积极为购买外洋军械提供建议和意见,甚至赴外洋督造和采购。而清政府则利用与列强的关系,派遣留学人员、考察人员,直接参与外洋军品的购、造。中国生徒在外洋军工厂边学习技术,边帮助清廷督造武器,舰船制造完成并配好炮位之后,学生和工匠随同舰船一起回国。

福州船政局前学堂的学生主要学习制造,"不仅能仿照西人成式,放手自造,而且更进一步独出心裁,建筑了自强运动中第一艘新式的轮船艺新号。另外据丁日昌的报告,对于当时成绩好的学生,有如下的记述:'前学堂学生文笔通达,明于制造理法者,以李寿田、游学楷、罗丰禄、吴德章、郑清廉、汪乔年为最;书院学生善于布算绘图者,则以古之诚、林洲燨为最。……后学堂老班学生已上扬武练习。在堂者皆年来新招,内惟林占熊、罗熙禄、唐祐、许兆其、郑听、陈燕平颇得算学门径。'至光绪二年,先后有第一届驾驶学生罗丰禄、刘步蟾、林泰曾等三十名已毕业,第二届萨镇冰、叶琛等十三名,第三届林履中、蓝建枢等人时已先后上扬武练船"。③

1871 年 6 月 27 日,曾国藩、李鸿章联名上奏总理衙门,"去秋国藩在津门,丁雨生中丞屡来商榷,拟选聪颖幼童,送赴泰西各国书院学习军政、船政、步算、制造诸学,约计十余年,业成而归,使西人擅长之技中国皆能谙悉,然后可以渐图自强。……舆图、算法、步天、测海、造船、制器等事,无一不与用兵相表里。凡游学他国得有长技者,归即延入书院,分科传授,精益求精,其于军政,船政,直视为身

---

① [美]刘广京等编,陈绛译:《李鸿章评传》,上海古籍出版社 1995 年版,第 154 页。

② 《中国时报》,1887 年 1 月 29 日,转引自张明林:《换一只眼睛看历史:外国评点李鸿章》,吉林摄影出版社 2004 年版,第 124 页。

③ 廖和永:《晚清自强运动军备问题之研究》,文史哲出版社 1987 年版,第 94—95 页。

心性命之学。……拟派员在沪设局，访选各省聪颖幼童，每年以三十名为率。四年计一百二十名，分年搭船赴洋。在外国肄习十五年后，按年分起，挨次回华。计回华之日，各幼童不过三十岁上下，年力方强，正可及时报效"。1873 年 12 月，沈葆桢上奏选派福建船政学堂中天资颖异、学有根底者，遣赴法国学习舰船制造技术及其推陈出新之理。1876 年、1881 年、1886 年，清政府先后三次派遣福州船政学堂、天津水师学堂的优秀学生出国学习军事知识，三批海军留学生共 81 人，在法学习制造的学生，分赴各矿厂学习开采及烹炼、冶铸、工艺等科，均得有文凭，学成后必游历英、法、比、德各国新式机器船械各厂。学成归国的共 76 名，成为海军建设的专门人才。

1880 年，盛宣怀为清廷上《海军说帖三则》，其中谈到"海军宜筹借材与国，以免临时误用也，开办之初若无老练之人为之教习，恐愚而自用，一误不堪再误。各大国惟美无异志，且其国土地甚广，不相昆连正合远交之义，其海军去年来东军容之盛军律之严，日本亦盛称之，如我经营军港提高学堂，似可专请该国教习使美逆知我与彼诚系相亲，将来必可收其指臂之效，若日本北海道造船厂系与英商合办，日与英至交也，故事事借助于英，我若师其意而交美，他日造船厂似亦可与美商合办，制造船炮之工师匠自应宜及早赴美学习，十年后归来即可用我学生，今之日厂即是如此办法。在学部已考订赴美学生百名似不必画归法学，雇请饬下学部分拨五十名专习制造分别各项，一俟学堂毕业即派入船厂炮厂，必其各事俱杂人材海军方召自立之基"。[1]然而，在顽固派的左右和影响下，清廷于 1881 年将留美幼童 94 人分三批撤回，他们虽然大多没有按时完成学业，但这些掌握部分西方科学知识的学生，有 21 人分配到电报局；有 23 人被船政局、上海机器制造局留用；还有 50 人分拨天津水师机器、鱼雷、水雷、电报、医馆等处学习当差。李鸿章评价这些学生说，"鱼雷一种，理法最为精奥，洋师每有不传之秘。该学生等讲习有年，苦心研究，于拆合、演放、修整诸事，皆能得法。此外水雷、旱雷施放灵捷，驾驶、测量讲求精细"。[2]1889 年 6 月，裴荫森奏炮位为防海要需，福州船政局第二届出洋学生李芳荣曾在德国炮厂学习制造技术，艺成回华，颇得其要领，期望能学以致用。[3]北洋派洋教习瑞乃尔带领天津武备学堂学生段祺瑞、商德全、吴鼎元、孔庆

---

① 《海军刍议三条》，盛宣怀全宗档案 033338，上海图书馆藏。

② 李鸿章：《肄习西学请奖折》，光绪十一年三月初三日，《李鸿章全集》（卷 11），奏议（十一），安徽教育出版社 2008 年版，第 53 页。

③ ［德］乔伟、李喜所、刘晓琴：《德国克虏伯与中国的近代化》，天津古籍出版社 2001 年版，第 341 页。

塘、藤毓藻五人赴德国学习炮法,初入德国军校见习,继入埃森之克虏伯厂接受炮术讲习及构筑炮台工程训练。①1892 年 1 月,卞宝第奏福州炮台订购克虏伯二十八生炮二尊,派武弁毛殿英、洪振坤、吴陆于 1890 年 4 月前往克虏伯厂学习炮务。10 月接克虏伯厂电,吴陆行凶放枪几伤毛殿英命,差押回华治罪,仍令毛殿英、洪振坤在克虏伯厂学习。②1890 年,张之洞为了继续发展军工制造业,决定培养大批军工制造人才,准备派遣 20 人组成的代表团赴德国兵工厂学习。但驻德公使洪钧却表示反对,认为德国早已不再生产汉阳兵工厂所造枪械,无从学习,而且时间太短难收成效,"靡费无益"。③1894 年 12 月 14 日,李鸿章寄信丁汝昌,"毕德格自美来荐,有美国人威理得、好为二名,能造新式水雷秘法,驾雷艇出口,包在洋面轰毁敌船二三只"。④

晚清军工厂通过驻外使臣聘请了大批洋匠,张之洞曾致函驻德使臣许景澄,"克厂荐来总技师马克斯、铁厂总管德培二人,工夫尚好,唯性情奇傲,一切不与驻厂委员相商,独断独行,倘不如意,即以停工挟制。马克斯尤妄诞,常与委员滋闹,现值用人之际,不得不稍示含容"。许多洋匠并未真心教练华人制造技术,甚至有的洋匠"绝不思教养华人"。1904 年的《国民日报》报道,湖北枪炮厂"聘一德国人为铸造师,指挥华工约 3 000 名,除德人铸造外,华人无知之者"。

1895 年 2 月 16 日,茂生洋行美国泼腊脱维纳厂代表海赐向盛宣怀致函,呈报为中国培养军工人才情况:

"拟遣华工至美国敝厂学习造枪大略章程一节谨遵拟数条开列于后:

如蒙赐购敝厂所造每天工作十点钟能出快枪九十杆或一百杆之机器全副,敝厂可收中国工匠十名或十二名至厂学习并当教导该工匠制造快枪之法,务使于运动各项机器及配件表尺等事尽善尽美,俾得日后回国亦能开导华匠照造。

华工等在敝厂学习时务须谨遵厂规。

华工之往返川资及住房伙食一切均归中国发给。

华工等到厂学习第一年,敝厂不给薪水,第二年每名每工作一点钟发给美国洋七分,约合中国银一钱。如第三年仍在敝厂工作,每名每点钟可给美国洋一角。

---

① [德]乔伟、李喜所、刘晓琴:《德国克虏伯与中国的近代化》,天津古籍出版社 2001 年版,第 342 页。

② 同上书,第 343 页。

③ 《张之洞全集》,河北人民出版社 1998 年版,第 5509 页。

④ 《丁汝昌集》(下),山东画报出版社 2017 年版,第 430 页。

中国须选聪颖工匠或稍知机器情形者,到厂即容易学习,如有能讲英语者更妙。

如蒙俯赐订购机器全副,敝厂当悉心制造格外精美,庶不负大人栽培之意也。"①

---

① 《海赐禀盛宣怀函》,盛宣怀全宗档案 040309,上海图书馆藏。

第三章 晚清新式武器配属及效用

洋务派兴办近代军事工业既有平"内忧"也有解"外患"之需要,晚清时期建立了 29 个军工厂,从西洋购置的军火以及国内仿制成功的新式武器,在抵抗列强侵略和镇压国内运动上均发挥了重要作用。曾国藩认为,装备西洋利器的目的是"明靖内奸,暗御外侮"。① 由于种种原因,清军所购西洋武器大部分都是欧美过时的产品,包括后膛快枪、毛瑟枪、马梯尼枪以及滑膛前膛枪及改良前装枪,少数部队装备了哈乞开思新式步枪及云喵士得连发步枪。总体装备水平显然弱于外洋最新式,因此,在清朝官僚眼中,内乱和外患的强弱对比是明显的。"今试问统兵大员:'尔能打土寇否'? 皆曰:'易事'。以土寇并此器械无之也。问'尔能打外国否'? 皆曰:'难事'。以外国器械之精十倍于我也。"② 外洋武器精于中国只是外在特征,同时,很多进口的武器弹药在仓库存放多年未经使用,即因保存不善,报废丢弃。在浪费大量外贸经费的同时,许多清军所装备的旧式火绳枪无法换装。③

一、清军中的配属情况

清廷力主通过限制西洋军火的配属范围缩减各地外洋军火的购买规模,规定只有新式军队可以使用西洋最精枪支,其他部队应使用旧式武器或尽可能购买本国自造枪械。因为清廷对国内军械既有推销之专责,又有节省购械巨款之动机。新式武器往往优先配属于京畿地区,尤其是北洋军队。时任浙江海关道台的薛福

---

① 曾国藩:《曾国藩全集》(卷 30),书信(九),岳麓书社 2011 年版,第 388 页。
② 阮芳纪等:《洋务运动史论文选》,人民出版社 1985 年版,第 91 页。
③ Keneth Bourne and D. Cameron Watt. British documents on foreign affairs—reports and from the Foreign Office confidential print. Part I, From the mid-nineteenth century to the First World War. Series E., Asia, 1860—1914. University Publications of America, c1989—c1995. p.54.

成在给盛宣怀的信函中称,"蚊船之既合于北洋水师,威海则有刘乡林在彼专练鱼雷管,且与旅顺隔海相望。……烟台前练洋枪队,今果有一营乎? 两营乎"。①江南制造局、金陵机器局、天津机器局和天津行营制造局都是供应淮军的重要新式武器基地,"以洋枪言,早期者主要为林明敦及士乃得步枪及枪弹。晚期者则有黎意枪及改造毛瑟枪。以洋炮言,早期有沪宁两局所制的长短炸炮,晚期者则有沪局仿照的阿姆斯特郎山炮、快炮"。②1864 年 5 月,常胜军遣散完毕,李鸿章保留了其中的洋枪队 300 人,炮队 600 人,包括其中的精锐武器。光绪三年五月,天津军械库遭受火灾,烧毁铜帽九百余万粒,自来火子八十余万粒,帐篷六千余顶,马步枪五千五百余杆,炮车三十八辆,及手枪、皮纸、门火、马鞍、木架等件,共合价银四万五千余两。③淮军从 1871 年开始改装当时最先进的克虏伯后膛钢炮,到1884 年已装备 370 多门。北洋六镇的建设清廷最为重视,全年饷杂银两定额八百九十九万五千二百余两,户部负责拨发五百四十万两,其余则由各省督抚协拨。1905 年 4 月,练兵处兵部陆续向英德各厂订购山炮快炮及各类军火,耗资二百余万两。④

洋务运动时期,中国各地兵工厂大力兴建,仿造西洋枪炮的规模日渐扩大,甚至最时新的枪弹内地也能批量生产,尽管这是以大量进口西洋设备物料及聘请西洋工匠为前提才做到的。1894 年 5 月,海军衙门奏请,以后各省需用军械,概在中国订造,如需购自外洋,均需遵章请旨,由南北洋大臣知照驻外公使办理,不得自行购买。1896 年,清廷要求购买军备的地方督抚须事先提出年度预计开支计划,奏请朝廷核准。1910 年 5 月,陆军部来电询问四川总督赵尔巽,"拟购枪支系用于何项军队,如系新练陆军自应够用最精枪支,否则仍希购用鄂枪"。⑤四川方面回电,称"购洋枪为巡防剿夷之用,请速核准"。⑥12 月,四川续购外洋枪支,陆军部再次来电询问,"系用于何项军队希饬查明电复"。⑦赵尔巽回电,续购七米五德马步枪及弹,"与鄂枪口径同,然军士惮用鄂枪,非得已也"。⑧"川械拨用边藏已空,此枪巡防用多,兼补新军之不足。"⑨陆军部对此无力改变,只能两方催责,"再鄂枪系何项不精之处,希饬查明报部以凭,转饬该厂详细研究"。⑩盛宣怀档案中有向各乡团发放西洋军械情况,"谨将二十五日发交乡会各团军装器械数目开呈

---

①　王尔敏等:《近代名人手札真迹:盛宣怀珍藏书牍初编》(三),香港中文大学出版社1987 年版,第 1117—1118 页。

②　王尔敏:《淮军志》,中华书局 1987 年版,第 301 页。

③　朱寿朋:《光绪朝东华录》,中华书局 1958 年版,第 695 页。

④　李守孔:《中国近百余年大事述评》第二册,台湾学生书局 1997 年版,第 1072 页。

⑤⑥⑦⑧⑨⑩　赵尔巽全宗档案 543-76-2,中国第一历史档案馆藏。

宪鉴,洋枪每局五十杆,计八十局共四千杆……长矛每局二十五杆"。①

各地政府虽然积极购买西洋军火,增加自己实力。但西洋军火比国内军器娇贵,不仅购价奇高,而且专门人才、后续维修等方面,往往也成为地方政府的负担。各地购买外洋舰船时,常因经费无着而视购得船只为"烫手山芋"。湖北为节省保养外洋船只的费用,就顺应朝廷重点建设南北洋水师的意图,要求改变湘鄂水师归属。赵尔巽档案中记载湖南人周宏业的奏折,"南皮相国(张之洞)治鄂之日曾向日本川崎船厂定造炮艇十支、水雷艇十支,现经先后工竣开驶来鄂,计制舰费共五百余万两,其用人弹药平时诸费尚不在内,查湖北养水师有三:虽有师船无人才,凡操纵兵略与管带驾驶掌炮之人鄂中素未储材,他处又无可借,犹之不谙耕耘而有田土,水师虽有,恐不能得水师之用,一难也;鄂中上溯荆门连洞庭以及长江下游,皆非今日水师用武之地,果使外舰深入,武汉成为战场,则此时大局糜烂何堪设想,而此非铁甲无掩护之,师船又何能济事于万一,若以为防匪防盗之具,则水师不如警察,二难也;水师创办既难,养之亦复不易,平日修理,用人操练诸费皆需巨款,鄂中财政困难何从筹措,三难也。……近日朝议亦渐知统一之要,南北洋水师之整顿业有端倪,若湖北水师亦一并归入,由南北洋水师提督节制,仍责成巡弋长江上下各处,则统一之形渐成,水师之势日振,当此外患频乘之日,多增一分国力即多保一分国权,而此师船稍分南北洋,所有人才为之操纵运动较灵,沿江一带,川楚湖江各省以此自恃,形势益固而湘鄂两省省其养水师之经费,仍得水师之保护,受益尤属无穷意"。②1888 年前后,在李鸿章的大力主持与推动下,定远、镇远、济远、致远、靖远、经远、来远等西洋军舰到华后,北洋海军正式成军,加上原有各舰,北洋海军共拥有包括巨型铁甲舰、高速巡洋舰、炮舰、鱼雷艇、练船、运船在内的大小 25 艘舰船,具备了很强的实力。1891 年 7 月 2 日,李瀚章奏前督张之洞订购的 102 尊克虏伯火炮抵达广东,以不合使用请求将其调拨北洋。

淮军初到上海时军中并无洋枪,自 1862 年至 1864 年短短两年后,李鸿章在致函曾国藩时即提及,"敝军枪炮最多而精,郭(郭松林)、杨(杨鼎勋)、刘(刘士奇)、王(永胜)四军万有五千人,洋枪万余枝,刘镇铭传所部七千余人,洋枪四千枝,是以所向披靡"。③他还曾在奏折中说到大炮的使用,"臣部炮队向称得力者:一则常胜军炮队,向系洋弁二三十人领带,专管安设施放各事,昨经戈登分别撤遣,仍留得力洋弁十余人。巴夏礼(Harry Parkes)谓,奉英君主之谕,不准再令出队打仗,臣未便相强,顷派员接管,须操练三五个月,渐求精熟,方可派出攻剿。一

---

① 《发交乡会各团军装器械数目折》,盛宣怀全宗档案 078499,上海图书馆藏。

② 赵尔巽全宗档案 543-40-6,中国第一历史档案馆藏。

③ 《李鸿章全集》(卷 29),信函(一),安徽教育出版社 2008 年版,第 322 页。

则提督程学启所遣炮队,内有大炮三尊可以攻城,有英人备雷(Bailey)帮同教习,现为王永胜刘士奇带往长兴。一则刘铭传炮队,内有法人改隶中国之总兵华乃尔(Benell)帮同操习,然大炮少小炮多,可以攻营劫寨,而专攻一城,尚不敷用"。①1865 年 11 月李鸿章的奏折显示,"臣军久在江南剿贼,习见洋人火器之精利,于时尽弃中国习用之抬、鸟枪,而变为洋枪队。现计出省及留防陆军五万余人,约有洋枪三四万杆。铜帽月需千余万颗,粗细洋火药月需十数万斤"。②1874 年 6 月,李鸿章在致函沈葆桢一函中透露,"法国小铜炮,系宁局仿制,敝军步队多用之。津局现存二十尊,即可拨解,宁局存储尚多,尽可陆续应调,山战陆守,此为相宜。沪局自制林明敦弹子,闻甫设厂开制,秋后乃有成数。尊购林明敦枪,其弹系中针抑旁针,须俟弹子到时,发一式样,寄令照造。枪万五千,计价须二十余万两,弹子甚昂,恐无力多买也。津局火药实较外洋粗药尤精,尊需十万斤以内,亦可酌付"。③光绪初年李鸿章的淮军专门设立了克虏伯炮队十九营,大炮全系购自德国,"再海防铭盛各营及亲军炮队。自同治十年以后,陆续筹款,添购德国克虏伯后门四磅钢炮一百十四尊。雇用德国教习,选派炮勇,照该国操炮章程,认真操演。此项炮位,取准及远,精利无匹,在西洋各国最为著名利器"。④

定远舰 4 门 305 毫米(12 英寸)25 倍径后腔主炮,分于两座水压动力炮塔内;2 门 150 毫米(6 英寸)副炮;8 门 37 毫米转管式机炮;三支鱼雷发射管;另搭载三艘鱼雷艇。主炮 305 毫米炮(重 31.5 英吨,相当于 32 公吨)。克虏伯公司产品种类众多,每年的款式都不一样,同样的 305 毫米,有 25 倍径的,有 35 倍径的。⑤

平远舰,是中国清朝福州船政局参考"超勇"与"济远"和法国设计建造的第一艘全钢甲军舰,同时是该厂第廿九号舰,亦为 19 世纪末中国造船工业的登峰之作,造价白银 524 000 两。平远属钢壳巡洋舰,吃水 4.4 米,航速达 10.5 节,管带为李和。1886 年 12 月 7 日开工,由魏瀚、陈兆翱、郑清濂、吴德章、李寿田、杨廉臣监造。装备克虏伯 260 毫米主炮一门、120 毫米副炮 2 门、57 毫米诺典费尔德炮 2 门、47 毫米单管哈乞开斯速射炮 2 门、37.5 毫米管哈乞开斯机关炮 4 门、18 寸鱼雷发射管 4 具。军舰的首尾各装备有一具固定式的 18 寸鱼雷发射管,另在军舰两舷甲板下各装备 1 具,1888 年 1 月 29 日下水,1889 年 5 月 15 日竣工,同年加入福建船政水师服役,命名为"龙威"。1889 年 12 月,调归北洋海军,更名

---

① 《李鸿章全集》(卷 1),奏议(一),安徽教育出版社 2008 年版,第 508 页。

② 《李鸿章全集》(卷 2),奏议(二),安徽教育出版社 2008 年版,第 303 页。

③ 《李鸿章全集》(卷 31),信函(三),安徽教育出版社 2008 年版,第 58 页。

④ 《李鸿章全集》(卷 7),奏议(七),安徽教育出版社 2008 年版,第 310 页。

⑤ 资料来自克虏伯公司营业部 19 世纪 80 年代克虏伯产品手册,产品规格有德、法、英三种语言说明,土耳其伊斯坦布尔大学图书馆藏。

为"平远"。1890 年 5 月 16 日,北洋海军总查琅威理(Lang William M)对该舰检查后甚为满意。1894 年 9 月 17 日下午平远与松岛舰接战,主炮发射一颗炮弹击中松岛舰,使松岛舰主炮无法运转。

清廷虽认识到武器统一的好处与重要性,但财力有限,受多方面因素影响而只能新旧并存。李鸿章就认为新式枪炮价值过昂,需费浩繁,必须自用机器仿制弹药,不但各省,即便沿海、沿江设防力量也多有不足,不妨新旧同存。赫德税司谓兵船枪炮亦须一律,似甚有理而有不尽然者,且英、法、德各国兵轮,其边普小炮式样均不相同,何况"中国已造各船与后来新购新造势难一律,造诣本深浅不同,亦未便将从前购制者全行弃毁,是在当局者随时妥筹,择宜调度耳"。[1]"军火固贵一律,而目前所有者,如何酌剂,异日续添者,如何储积,尤须全局通筹,始足备缓急而图久远",他强调将来续购新枪,只能存储临时应用,"嗣后考定西洋最精枪炮陆续酌购,必须兼购造子机器,豫筹造子经费",并力求统一。[2]

四川总督赵尔巽 1909 年 7 月 25 日上奏 1908 年川省"订购枪弹价值"折[3]

枪弹种类	数　量	价值(两)
鄂厂七密里九口径步枪	2 000 支	皮件子盒不算共价库平银 64 200
鄂厂无烟药弹	100 万颗	
江南制造局七密里九口径枪弹	100 万颗	库平银 36 000
礼和洋行九响毛瑟新步枪	12 000 支	规平银 213 590
礼和洋行九响毛瑟新步枪子弹	600 万颗	
礼和洋行六响连蓬手枪	500 支	
礼和洋行七响保宁手枪	500 支	
礼和洋行手枪子弹	21 万颗	
礼和洋行十响毛瑟手枪	510 支	
礼和洋行十响毛瑟手枪子弹	40.5 万颗	
礼和洋行七密里九口径五响毛瑟步枪	1 000 支	规平银 60 000
逸信洋行七密里九口径五响毛瑟步枪	1 000 支	规平银 41 000
逸信洋行七密里九口径五响毛瑟步枪子弹	100 万颗	

① 李鸿章:《论各省购制枪炮》,光绪四年七月初四日,《李鸿章全集》(卷 32),信函(四),安徽教育出版社 2008 年版,第 345 页。

② 李鸿章:《军火画一办法并报销口令事宜》,光绪四年七月初二日。《李鸿章全集》(卷 8),奏议(八),安徽教育出版社 2008 年版,第 127 页。

③ 《赵尚书奏议》,上海图书馆藏古籍电子文献 T28072-142,第 2660—2662 页。

续表

枪弹种类	数　量	价值(两)
三井洋行速射山炮榴弹	2 000 颗	日币 43 216.29(元)
三井洋行榴霰弹	1 000 颗	
三井洋行药筒	300 个	
三井洋行小粒黑药	360 启罗	

　　该折中明确说明"归用枪弹之处照数筹还垫款,新军所用者由粮饷局陆军新饷项下拨还,巡防军所用者由筹饷局防剿经费项下拨还,以清界限而便造报"。①按照常理推断,耗用大笔军贸经费从洋行购买的西式枪械可能大部分归新军使用,而相对便宜来自国内军工厂局所造枪弹则大部分可能由巡防军使用。晚清各督抚为了减少购械经费的支出,对新购军械实施严格的限制,平时士兵多以旧有枪炮进行训练,一方面使得士兵战时对新式枪炮较为陌生,不能充分发挥作用;另一方面,所购枪炮不能得到科学管理和使用,造成资源浪费。

四川总督赵尔巽 1909 年 7 月 25 日上奏前督臣锡良任内川省"鄂厂购枪报销"折②

枪弹种类	数量	价值(两)	拨付渠道	价款分担
日本新式步兵快枪	2 000 支	含运费在内,共计库平银 312 287.011	筹饷局防剿经费	106 363.615
日本骑兵快枪	20 支		监茶道厂厘项	11 269.903
日本另式步枪	10 支		滇黔官运局防边经费	31 269.903
附属品、预备品、药弹等件			计岸官运局征存余款项	163 383.59
鄂厂小口径快枪	1 000 支			
鄂厂小口径快枪子弹	50 万颗			
地亚士洋行九响毛瑟快枪	10 000 支			
地亚士洋行快枪刀头配件				

二、 国内战场上的作用

　　为尽早镇压太平军,清廷还要求英、法等国派兵。主要是借助西洋的先进武

---

① 《赵尚书奏议》,上海图书馆藏古籍电子文献 T28072-142,第 2662 页。
② 同上书,第 2669—2671 页。

器形成对太平军的优势。一种形式是由英、法两国的时役军队成建制地参与对太平军的作战,这种形式主要局限在上海租界附近;另一种形式是由英、法两国的现役军官统领中国兵员,与太平军作战,这种形式比较普遍,如浙江、宁波等地;还有一种形式是西方的散兵游勇或退役军人参与到太平军或清军的队伍中进行作战,如常捷军、常胜军等。在 1861 年 12 月,宁波道台张景渠组了一支三百名士兵的小部队,命名为"绿头勇"(后又称常安军)。1862 年 4 月,英国海军何伯带队与淮军一起会攻太平军,5 月,法军将领卜罗德(Admiral Proter)阵亡,英、法军队才渐渐停止助战,先是华尔后来是戈登(Charles George Gordon)所统领的常胜军一直是淮军重要的助手。宁波方向,5 月 10 日,英国皇家海军丢乐德克(Captain Roderick Dew.R.N.)上校和法国海军肯尼(Lieutenant Kenney)联合照会太平军首领,劝其和平退出宁波,为太平军所拒绝,于是英、法舰队派出四艘炮舰开始联合清军会攻宁波,大约三百名英军和七十名法军将大炮架在城根,两日即攻下宁波。于是他们在浙江地域形成两支部队,一支以英军丢乐德克为首的中英混合部队,由时役英军军官率中国兵参战,称为常安军;另一支以法军勒伯勒东上尉为首的中法混合部队,名叫"花头勇",由时役法军军官率中国兵,称为常捷军,外国人则称他们为"法华军"。常捷军出力比常安军更多,影响更大,很快就扩充到两千人,甚至一度到三千人。常捷军首领勒伯勒东战死后,法国又派达尔弟福接任,达尔弟福战死法国又派德克碑(Pauld Aiguebelle)统领,一直维持到了浙江战事结束。①12 月末,这几支部队在海军少尉德克碑指挥下夹攻绍兴城,并于次年 3 月 15 日攻克。程学启洋枪队中有不少洋人教练,如白里、仁美等。②如谈到攻打苏州时,布置"白里带小开花炮两尊随陈忠德等向封门一路轰打"③。在攻城时,德克碑的大炮与戈登的大炮一样效果明显,特别是 3 月 31 日攻下杭州前三日把城墙轰开了一个约三十五英尺的关键性缺口。德克碑得到御赐的一万两纹银和提督军衔回法国,以后由日意格接替他担任法华军分队的指挥。

左宗棠所部湘军从 1863 年开始建立洋枪队,镇压捻军时左宗棠运用"以车制骑,以骑制步"战法,车队中规定"每队十人,以六人习洋枪,四人习刀矛"。④1865 年,僧格林沁阵亡于山东漕州后,京师大为震动,除命曾国藩镇压捻军之外,连次飞谕李鸿章派洋枪队由海道赴津保护京师,并要他派丁日昌带领匠役至京师督造火器、铸造炸弹。1876 年,左宗棠率领湘军进入新疆平定回教头目阿古柏叛乱,洋枪比例增加到六成。在委托胡雪岩等人从上海等地借款购买大批洋枪洋炮

---

① 王尔敏:《清季军事史论集》,广西师范大学出版社 2008 年版,第 296 页。

② 《清代兵事典籍档册汇览》第 57 卷,学苑出版社 2005 年版,第 261—262 页。

③ 同上书,第 264 页。

④ 秦翰才:《左宗棠全传》2010 年未刊本,复旦大学图书馆藏,第 157 页。

的同时,左宗棠从广州、浙江等地征调了很多军工厂技师和工人,在"兰州制造总局"大量仿造、制造先进武器,当时入疆的清军单兵武器主要是两类,即施耐德·恩菲尔德标针单发步枪、斯宾塞马枪,这两种步枪均为后膛式,其中斯宾塞可以7连发,火力尤猛。清军还配备炮内有膛线的后膛炮,以及"加特林机枪"。湘军依靠进口和仿造的枪械与沙俄武装起来的叛军英勇作战,收复了除伊犁以外的新疆。

左宗棠赴广西统率十营所带武器[①]

武器种类	数 量	武器种类	数 量
水雷	24 具	细洋枪药	3.5 万磅
棉花火药	1 000 磅	燕非来福洋枪	50 杆
棉花信子火药	100 磅	燕非来福洋枪铅子	1 万斤
洋火箭	100 枚	六门手洋枪	2.5 万杆
两磅熟铁后膛过火炮	10 尊	六门手洋枪弹子	1.9 万颗
后膛过火炮开花弹	600 个	四门神机炮	6 尊
铜管拉火	1.7 万枚	自来火子	2 万颗
马梯尼步枪	200 杆	大铜火	200 万颗
马梯尼步枪弹子	20 万颗		

与湘军相比,淮军实力较强,这不但是由于淮军官兵的质量较高,而且他们还拥有西方的枪械弹药。在淮军最初的十三个营中,有八个营实际上是从湘军调来的。调来的湘军将领中有两人被清廷重视,一个是程学启,此人原为太平军,在安庆投降了曾国荃,另一人是木匠出身的湖南人郭松林。作为当时清朝最优秀将领之一的刘铭传,原来是个私盐贩子。他和其他淮军将领曾经带领的一批骁勇的士兵来自合肥附近多山的西乡,那里是一个宗族观念很强的地区。李鸿章麾下更为粗鄙的将领证明比一些儒将更适应于使用西方武器。早在 1862 年 6 月,程学启已经把他的一支部队改建成拥有一百支滑膛枪和步枪的"洋枪队"。到 9 月份,淮军至少已从洋行购进了一千件这类小型武器。但洋行不能迅速供应大炮。在 1862 年整整一年中,刘铭传迫切地搜求西方大炮,但毫无所获。但到了 1863 年年中,当淮军因从安徽征募士兵和吸收投降的太平军而增加到四万人时,它确已掌握了许多现代的大炮,还至少有一万支步枪。刘铭传还雇了几名法国炮手,此外还有约二十名西方人在淮军"洋枪队"中当教官。

---

① 秦翰才:《左宗棠全传》2010 年未刊本,复旦大学图书馆藏,第 145 页。

1858 年《中俄天津条约》签订后,俄方提出愿意赠送清朝一万支步枪,五十尊大炮,另派军事教官教习使用。后因故未运抵中国。中俄《北京条约》签订时,俄方再提此事,奕訢同意接收,还派兵去恰克图学习使用方法。1898 年,张之洞在评价外洋枪炮之作用时谈到,"自发捻削平以来,各省遂无大乱;其实陬澨边隅,乱萌时有。即如近年热河教匪,甘肃回匪,亦甚披猖,或兵甫集而众降,或锋一交而乱溃。实由同治初年洋枪洋炮流入中华,渐推渐广,官军所用,无论精粗,总系洋械,火器精利,声威震惊,乱民无抗拒之资,宵小弭孽芽之渐"。①俄国武器最终送达的数量为步枪两千支,大炮六尊,炸炮五百件。奕訢虽不是第一个倡导使用西方先进武器的,但他这种开明的态度,对后来西方武器的引进和生产起了很大的推进作用。②

洋枪队首领华尔虽然年轻鲁莽,却显然具有聚集约一百四十名外国军官在一起共事的领导能力。华尔用他与商人杨坊共有的汽轮运输他的步枪手,此举也有助于清军在 1862 年 7 月和 8 月迅速取得胜利。李鸿章向曾国藩报告时写道:华尔打仗,实系奋勇,洋人利器,彼尽有之。李鸿章虽然希望避免欧洲人进一步插手战争,但仍很珍视常胜军的援助;这支军队虽然由西方人率领,却有效地置于中国人的指挥之下。常胜军的大部分军官是习性粗暴的美国人,戈登个人骁勇善战,并且是一名杰出的战术家。他接收了华尔的那艘浅水明轮铁炮舰海生号,此外,还有新式的英国大炮。从 1863 年 1 月起,淮军就一直企图解救在常熟被忠王部队围攻的太平军降军,常熟离苏州北面仅三十英里,是粮食供应的主要基地。直到 4 月,戈登带了榴弹炮和科赫恩迫击炮赶来,经过四小时的炮击后轰开了太仓城墙。李鸿章得意洋洋地写信给曾国藩称,炮力所穿,无孔不入。西洋炸炮,战守攻具,天下无敌。③

曾国藩与李鸿章的咨札中专列军火清单,要求"迅速专弁押解济宁听候拨用。如浦坝西局存不足数,飞饬苏宁内军械所赶紧解运,毋稍迟误"。④

1863 年 5 月 4 日清军镇压太平军西洋部分军火清单⑤

序　号	种　类	数　量
1	细洋药	5 000 磅
2	皮纸	10 万张

---

① 王承仁、刘铁君:《李鸿章思想体系研究》,武汉大学出版社 1998 年版,第 284—285 页。
② 茅海建:《苦命天子:咸丰皇帝奕詝》,生活·读书·新知三联书店 2006 年版,第 267 页。
③ 《李鸿章全集》(卷 29),信函(一),安徽教育出版社 2008 年版,第 217 页。
④⑤ 《李鸿章全集》(三十七),安徽教育出版社 2007 年版,第 348 页。

序　号	种　类	数　量
3	大铜帽	50 万颗
4	法国十二磅铜炮合膛开花子	1 000 颗
5	葡萄子	200 颗
6	木心铜火门	若干

1911 年 1 月,革命军在中俄蒙边界起事,东三省新式武器无多,"钢炮只余八尊,弹四千,由大车运沈"。①总督赵尔巽接连向内阁军咨府陆军部发电,请求支援奉省饷械,"奉省饷械两缺,应请发枪三千二百枝,弹足用,机关炮一队过山炮一队或半队,究能备某项若干,系某种请速电确数以凭转饬具领,至进关后军饷站费贵部如何筹定并乞预示方能出发"。②宣统年间清廷向德国青岛造船厂订购的"舞凤"号,于 1911 年 8 月建成来华,参加护法运动后留在广东,抗日战争中在珠江三角洲被日本飞机炸沈。③1911 年 10 月 17 日,"乱兵千名带炮四尊,由汉阳渡河绕道后陧至戴家山,攻击刘家庙"。④

西洋军火除了用于清军之外,在地方一些企业中也用于保安。1898 年 11 月 15 日,卢汉铁路塘沽材料厂请天津军械所拨发洋枪并药弹铜帽,"卑厂时有匪徒前来盗料,拟恳拨发洋枪以防未然由,总公司津局张(振荣)、陈(名侃)批,据禀已悉该处时有匪徒偷窃料物,非备利器严防,不足以壮声威,候详请督宪转饬军械局拨发前膛来福枪弹,由局备价购用,俟发到日再行饬领,仍严饬更夫谨慎收用,寻常防夜,只准放空枪,如容遇拒捕匪徒,再放药弹行卫,毋任其滋事为要"。"塘沽为华洋五方杂处,民情良莠不齐,卑厂地居旷野,存储料物,虽经卑职等督率更夫尽夜严密巡防,无如宵小憨不畏法,乘间盗窃已非一次。兹查月之初二日晚又有匪徒七八人,乘月黑前来盗木,经更夫瞥见,鸣锣逐走,查点料物幸未短少,是未禀报,惟查材料为铁路要需,该匪徒等此次来时,尚无和更,如此胆大前来,并动辄纠集多人,明目张胆盗窃料物,实属不成事体。转届冬令,似此情形实有防不胜防之患,卑职等思维至再,似非亟备利器,不足以防未然,仰恳俯赐恩准,咨请军械局拨发洋枪四杆,并酌发药弹铜帽,一并转发卑厂祗领,俾得有备无患,实属有裨公务,

---

① 赵尔巽:《盛京军署机密函电稿不分卷》,上海图书馆藏古籍类电子文献 T28219-27,第 248 页。

② 《赵尔巽电稿》,古籍类 465257,上海图书馆藏。

③ 马幼垣:《靖海澄疆——中国近代海军史新诠》,联经出版社 2009 年版,第 355 页。苏小东:《中华民国海军史事日志》,九洲图书出版社 1999 年版,第 605 页。

④ 《? 致盛宣怀等电》,盛宣怀全宗档案 114614,上海图书馆藏。(? 为原档无法辨识之字)。

卑厂因匪徒聚众时来盗料拟恳拨发洋枪防未然之,是否有当,伏候察夺示遵等情。……所需价银应由职局如数拨还,俟拨发到日再行饬领,以资应用。"①天津军械局如数拨给,"敝局当即于海防修成项下拨发前膛兵枪四杆,配拨机器局造洋枪药二十磅,大铜帽二千四百粒,点交来差领回,以资转发应用,所有前项前膛兵枪四杆,计核修费库平银六两,应请贵局照数迳解。海防支应局查收其洋枪药二十磅,计核价值库平银三两四钱二分,大铜帽二千四百粒,计核价值库平银二两四钱,共计库平银五两八钱二分,应请贵局照数迳解"。②1903 年 12 月 12 日,正太铁路也要求配备洋枪,"正太铁路发轫于正定府属石家庄,即卢汉铁路之枕头镇,村民仅二三百家,向无防营驻扎,地极荒寂,正太路在此设局时有银两转运存放为数四五千两至数万两不等,无人防护恒有戒心。曾经柯道鸿年招募勇丁两棚,计共二十二人,随时逻察保卫,惟无器械不足以资得力,职道前次到津时曾经面禀情形仰奉宪谕,准给洋枪并荷宪恩准其作为借领项下,无须缴价,下怀不胜感佩。可否仰恳宪台转饬军械所如数边给中等洋枪二十二枝,每枝配子弹五百粒,俾资保护之处"。③

三、抵御外侮中的效能

大规模的华洋军品贸易主要是在太平天国运动濒于结束时才开始的。在成功镇压太平天国运动和捻军运动后,西方列强就成为清政府的主要敌人和对手。越来越多的督抚大臣都认为平内乱易、御外侮难,其中武器装备的水平是重要因素。特别是在对外交往中,如果没有先进枪炮,仅靠谈判是无法使敌人让步的。1883 年,盛宣怀在筹办台湾海防刍议中强调枪炮之用,"凡欲以笔舌折敌焰,必先求各省要口无懈可击,使其行险侥幸之心潜消,乃能渐就范围。……防偷渡水雷木椿阿堆地濠皆宜,随机预备陆路应用行仗开花炮格林炮后门枪均须一律配购又反汇编万人敷用为度,其炮子枪子火药常用之物应设一小机器局自行制造"。④清朝的四大海军以及新建陆军等清朝用西洋武器装备起来的新式军队,在辛亥革命之前没有和国内民众发生连续的大规模的战争。从全局上看,可以概略地说,1840 年至 1910 年间华洋军品贸易所采购的成品武器以及军工厂仿制出产的新

① 《办理铁路局津局详北洋大臣直隶总督裕禄文》,盛宣怀全宗档案 091472-1、091472-2、091472-3、091472-4,上海图书馆藏。

② 《北洋海防军械总局资铁路天津总局》,盛宣怀全宗档案 091472-5,上海图书馆藏。

③ 《钞录直隶督宪禀稿》,盛宣怀全宗档案 101604,上海图书馆藏。

④ 《筹办台湾海防刍议》,盛宣怀全宗档案 040407,上海图书馆藏。

式武器,主要用于抵御外侮。

第二次鸦片战争时,在同英法联军作战的战场上,清军配备的轻型火炮大部分购自外国,小部分为新制产品。①1874 年 8 月 2 日,清廷依沈葆桢的奏议,命李鸿章拨驻徐州提督唐定奎之洋枪队 6 500 人,东渡台湾,对抗日本的侵略。其粮械运输事宜由淮军后路粮台盛宣怀一手经理。

1883 年 8 月 3 日,香港大北电报公司(丹麦、挪威、英国、帝俄等外国资本最早在中国敷设海底电缆的电讯企业,架设了中国第一条电报线路)致电盛宣怀,推销军火。"滕恩嘱弟探听之事,兹由英领事处取来节略,其略曰我等所得兵战信息全赖香港传报,兹于西七月二十八日,即中六月廿五日,接到公事电音云,西七月十九日即中六月十六日,副将陪滕率五百兵战于南亭,获炮七尊,杀人一千,法兵战死受伤者十一人,又香港新闻纸传言,安南王中毒而毙,但信未必确云云,专此奉闻,即请盛大人日安。"②其强调该炮的威力,足以杀死 500 人,某些型号可杀死 1 000 人。8 月 24 日,大北电报公司致电盛宣怀,再次推销军火。"法人占得海塘得炮船一支,炮一百五十尊,现洋六万元,敌人避不开仗,法将巴内德率二千兵大战于福耳,地方距海南六英里之遥,法兵佯邀决水以淹之,黑旗拆屋毁无算,黑旗将出奇计以胜之,华人之依附黑旗在甚众。"③其主要推销一种 150 匹马力的炮艇。当天下午 2 点 15 分,大北公司再次致电盛宣怀,"顷得军报知法人于十五日在防海出仗,大为不利,退入海南,此番大决死战两军对陈,各有死伤,法人如不添兵恐无能为力也"。④其强调该公司提供的武器与他厂产品之比较优势。

1884 年中法初起冲突时,李鸿章感到法军"其毁闽船,不过数刻","至我船不

① 王兆春:《中国火器史》,军事科学出版社 1991 年版,第 330 页。

② 《大北电报公司致盛宣怀电》,盛宣怀全宗档案 045243-3,上海图书馆藏。原档为手写草体外文:Shwveleeciuea he follonuwing from the brilcohcomeul in veply to me buunisngbiwle. We depered upon HongKong for own wav new. Official belegraw 28th. Guly slates colonel baden's sorhlenawoinh with 500 mew on 19th gulycaplundl 7 cannono killed 1 000 men. Eleven hench killed 5 hundred. Runowed in HongKong papere that ring awnsw is porenew, but not cappime。

③ 《大北电报公司致盛宣怀电》,盛宣怀全宗档案 045243-1,上海图书馆藏。原档为手写草体外文:French. captured haid tongtogchhei with one gunboat 150 guno with thaweawddallaro cash cneingwichined with utfighlingga word. bouet advaweed with hwothoweard were on phoulwxmil-vodietanthaworwevvew fighting fechch compelled nechine owing immiundaking. Which haocaneed great cassprapering many wveohlacreftingcawerdered to have gained parking wichonggvraklynerrw-erdlange, wumderchineeec with klackflago。

④ 《大北电报公司致盛宣怀电》,盛宣怀全宗档案 045243-2,上海图书馆藏。原档为手写草体外文:Now wepawhedengagevnewtphouhaipipkeewhwandedwoataisashiowedy how kmenah com-pelled heal hasky melweakyaoi, reweiislubboinlighling heavy losses lolh sides, meaulhhuioengage-neut proves French can do mslhingwithawladdihiondl。

及法船精坚,操练不及法船纯熟,中国兵轮开办未久,断难骤敌西舰,此中外尽人皆知者"。诱敌上岸则陆上装备欠缺,"是以屡请含忍议款,徐图自强,盖为此也"。①中法战端一开,台湾尤为孤立,淮军名将刘铭传援台与法国海军作战,龚照瑗受命在上海主持轮船运兵运械,绕道接济,"俱能妥善达成使命,屡蒙奏奖"。②前线清军纷纷要求张之洞、冯子才等人大量购买外洋军械。"此次法船桅监上有加林炮,据在船中打仗人回言,此番各人受伤均是食加林炮亏,一放如同细密雨落,无从逃避,十有九均受成项炮伤,查当日我军并无此样炮,以后如果不幸再有战,务实不可小,不妨当一禀大宪闻。"③清军雇请招商局轮船,"转运宜添拨商轮也,行军之道首重军火粮饷。……现在北洋可供转运者仅有镇海、操江两船,实属不敷应用,拟请宪台调拨招商局大小轮船三四号,须择其船身坚固行驶迅速者暂归北洋差遣"。④李鸿章强调用消耗战打败法国,"你们也许在海上要强些,但我们在陆地上等着你们。……炮台被毁了,我们会修的,军火弹药,我们有的是,我们有大量的钱,因为现在中国人人都乐于为战争费用捐钱"。⑤李鸿章从德国瑞生洋行购买了"李氏连珠枪"900支。7月,清军所购军火发挥了一定作用。"来士卑四坐船及另分一大一小轮船,统共十八门炮,用时开放,故炮台皆成尘粉(来士卑四坐船一边八炮门,又一大轮船一边七炮门,一小轮船一边三炮门),实在清兵登岸二百人(系来士卑四坐船之兵,船兵共四百四十人,出五成队也,余两船兵未上岸),携炮四尊甫经登岸而刘兵出击,法兵共伤各千,力辨无伤。……来士卑四船并未打坏,因系铁甲仅受我炮子十余颗嵌入铁甲之中,并未洞穿。我炮台所用之炮实远胜于法船,无奈不能测量且施放甚迟,故法船仅受一炮,云福州我国轮船共有十余号,被孤拔坐船白瑶封在口门之内,如刘出口则白瑶两边已设水雷,立即轰放,所以不打福州者,因一经轰打必然还打,口门不阔,法船亦必受伤。……诚孤兵但毁各处炮台,不可上岸。"⑥轮船招商局转请北洋海防军械局拨发洋枪,"北洋海防军械总局拨发洋枪四十杆,有药枪子四千粒,佩带四十副,此项枪件近因有事

① 李鸿章:《寄译署》,光绪十年七月初十日,《李鸿章全集》(卷21),电报(一),安徽教育出版社2008年版,第280页。
② 王尔敏等:《近代名人手札真迹:盛宣怀珍藏书牍初编》(三),香港中文大学出版社1987年版,第1519页。
③ 《? 致盛宣怀函》,盛宣怀全宗档案045219,上海图书馆藏。(? 为原档无法辨识之字)
④ 《海防筹办事宜管见》,盛宣怀全宗档案045170,上海图书馆藏。
⑤ 中国人民政治协商会议天津市委员会文史资料委员会编:《天津文史资料选辑》2003年第1辑,天津人民出版社2003年版,第135—136页。
⑥ 《? 致盛宣怀函》,盛宣怀全宗档案045187,上海图书馆藏。(? 为原档无法辨识之字)

之际,拟将局中向雇之长夫以备保护之需"。①2 月至 8 月,广东派人赴香港购买士乃得快枪 4 700 支,前膛洋枪 6 000 支,呫者士枪 260 支,钢炮 7 尊,铜炮 5 尊。向驻上海的德国新载生洋行订购毛瑟枪 3 000 支及子弹火药。8 月 27 日,中法之间正式开战后,李鸿章在与美使问答中对法国言辞激烈、自壮声势,称"以为现在中国情形与从前无异,可以兵力挟制。咸丰季年,英、法同犯京师,我即曲意议和。法国至今尚欲狃其故智,不知当时发、捻披猖,中外骚动,中国不得已而议和。今则内地即无盗贼,海防布置亦密,情形已非昔比。……我在外省督兵多年,所部骁帅、宿将欲与法死战者多,即美、英、德三国将官自愿投效者亦正不少"。②从当年 9 月至 1885 年 2 月,清政府购买外洋武器的规模更大,包括士乃得、呫者士枪、哈乞开思连发枪、黎意快枪、林明敦枪、毛瑟枪及部分前膛枪,共计 64 408 支。还购买了格林炮、阿姆斯特朗炮、哈乞开思炮、克虏伯钢炮等大小炮位 555 尊,水雷鱼雷等 1 268 枚,鱼雷艇 9 艘。③除了驻德公使所购 20 000 支毛瑟枪外,其他绝大部分枪支都在中法战争期间运送到华,发挥了重要作用。潘鼎新部清军基本上全部换装洋枪,其中有毛瑟枪 2 004 支,士乃得 4 000 支,林明敦 2 400 支,马梯尼 600 支,呫者士等快枪 700 余支,还有部分来福、大吉前膛枪。正是清军所购新式武器为战场上战胜法军奠定了坚实基础。11 月 10 日,天津军械局顾元爵致函盛宣怀,"湘军四营不日到齐,已由台端商定将尊处前拨祝帅毛瑟枪一千二百杆先就塘沽拨交应用,如此移缓就急。……敝局所拨毛瑟枪八百杆与一千二百杆,有枪头刀头之分,易于识别。……敝局库存外国毛瑟枪子六十万粒,以期一律合用已缮拨单。……佩带一千二百副先已制齐,顷刘杰翁领枪需此不得已分拨七百副,先仅杰翁应用。顷与葆翁商明,缓三数日即可制齐一千二百副,一俟制成再拨湘军领用"。④1885 年 3 月 25—28 日,老将冯子材率领装备"李氏连珠枪"的清军部队与法军在镇南关鏖战三天,由于法军使用的 Kropatchek 步枪每打完一发,必须费时费力地重新装弹,而清军手里的"李氏连珠枪"不仅装填容易且火力强大,法军损失惨重,被清军一直追到谅山。此战中,福建水师全军覆没主要是何如璋、张佩纶等人指挥失误所致。但是马江海战依然凭着自造的木制军舰与敌人血战,这在之前清朝没有海军的情况下是不可能出现的现象。

---

① 《转轮招商局致津海关转请北洋海防军械局拨洋枪单据》,盛宣怀全宗档案 109096-3,上海图书馆藏。

② 李鸿章:《与美使杨越翰问答节略》,光绪十年八月初九日,《李鸿章全集》(卷 33),信函(五),安徽教育出版社 2008 年版,第 410 页。

③ 张之洞:《张文襄公(未刊)电稿》(第二册),全国图书馆文献缩微复制中心 2005 年版,第 651 页;樊百川:《清季的洋务新政》,上海书店出版社 2003 年版,第 724 页。

④ 《顾元爵致盛宣怀函》,盛宣怀全宗档案 045197,上海图书馆藏。

中法海战中福建水师船只受损情况[①]

舰　名	下水期	吨位(吨)	来　源	马江海战结局
伏波	1870	1 258	福州	逃避战斗后搁浅
福星	1879	558	福州	水雷击中被俘后沉没
扬武	1872	1 608	福州	水雷击中,榴弹焚毁
扬威	1872	578	福州	榴弹命中沉没
永保	1873	1 450	福州	榴弹命中沉没
济安	1873	1 258	福州	榴弹命中沉没
飞云	1873	1 258	福州	榴弹命中沉没
琛航	1874	1 450	福州	榴弹命中沉没
艺新	1875	260	福州	逃避战斗后搁浅
福胜	1875	250	美国	榴弹命中沉没
建胜	1875	250	美国	榴弹命中沉没

陆上中国军队应对法军所取得的胜利,同所购军器及国内军工厂所产军械的重要作用是分不开的。能用进口的西洋新式武器战胜外洋军队,这对中国来说是破天荒事件。1886年3月18日的《中国邮报》上刊载着英国人对中法战争的评论,他们认为"在过去的二十五年里,只有这场战争最能促使中国举国一致地行动,激发起爱国热情,并且在前进的道路上把中西双方的思想和谐地融合在一起"。[②]

甲午战前,清政府的海军有北洋、南洋、福建和广东四支舰队,其中北洋舰队的力量最强。清海军舰艇总数为82艘,总吨数为8.5万吨,而北洋舰队有25艘军舰和12艘鱼雷艇,其中"定远""镇远"两艘铁甲舰和"济远""致远""靖远""经远""来远""平远"六艘巡洋舰,是主力战舰。战前海防"大致以防日为目标,视日本为假想敌"。[③]双方在朝鲜半岛交锋,作战地域遍及黄海海域、辽东半岛、山东半岛和辽河流域,双方投入数十万兵力,几十艘战舰,历时九个月,最后以大清惨败而告终。战争中,盛宣怀负责清军的后路转运,从军火供应上看,尚属充足,可惜许多新募之兵未经训练,使新式武器难以充分发挥效力。

---

① 中国史学会编:《中国近代史资料丛刊·中法战争》第3册,新知识出版社1955年版,第559页。

② [英]勒费窝:《怡和洋行——1842~1895年在华活动概述》,上海社会科学院出版社1986年版,第72页。

③ 周家楣:《期不负斋全集》政书1,《中国近代史资料丛刊》第92辑,台湾文海出版社1966年版,第141—144页。

1894 年 3 月 31 日甲午战争前夕，李鸿章上奏，据丁汝昌呈文称"镇远、定远两铁舰原设大小炮位均系旧式。济远钢快船仅配大炮三尊，炮力单薄。经远、来远钢快二船尚缺船尾炮位。镇、定两舰应各添克虏伯新式十二生特快炮六尊。济远、经远、来远三舰应各添克虏伯新式十二生特快炮二尊，共十八尊并子药器具。又威远练船前桅后原设阿姆斯特朗旧式前膛炮不甚灵动，拟换配克虏伯十生特半磨盘座新式后膛炮三尊并子药等件，均系海防必不可少之要需"，共需银六十一万三千四十余两。因经费支绌，可先换定、镇快炮十二尊，共需银三十五万四千余两，暂由备用款内分年拨付。①可惜这些更换计划并未及时付诸实施，战端一开，"要需未添"的问题直接成为导致战败结局的重要因素。

　　1894 年 5 月，瓯海关代理税务司英国人孟国美为中国须速派兵赴朝鲜弹压乱党事禀李鸿章，"韩乱日甚一日……刻下中国必须速派兵船前往剿办，否则恐俄国或法国，或俄法两国派兵先我而行。若然，则中国不易措手矣"。②清廷先派"平远"舰运送朝鲜政府的增援部队，再应朝鲜国王之请派遣直隶提督叶志超和太原镇总兵聂士成率领淮军援朝，同时命丁汝昌调"济远""扬威"两舰赴仁川。6 月13 日，孟国美为本关未准招商局之船赴朝鲜事致函津海关道盛宣怀，"招商局之海晏、海定、图南三船向归本关查验。日前装兵赴朝鲜，现闻海晏、海定已往上海，图南回津，仍有赴朝鲜之说，而本关迄今未准。贵道知照无凭备案，相应函致贵道，核复为荷"。③早有预谋的日本派遣四千人于 6 月 17 日在仁川登陆。6 月25 日，叶、聂两军共二千五百人分批进驻牙山。7 月，李鸿章奏北洋海军情形，"战舰以铁甲为最快，北洋现有定远、镇远铁甲二艘，济远、致远、靖远、来远快船五艘，均系购自外洋，平远快船一艘造自闽厂，前奏所云战舰即指此八艘而言。此外超勇、扬威二船均系旧式四镇蚊炮船，仅备守口，威远、康济、敏捷三船，专备教练学生。利运一船专备转运粮械……历考西洋海军规则，但以船之新旧炮之大小迟速分强弱，不以人数多寡为较量。自光绪十四年后，并未添购一船，操演虽勤，战舰过少"。④但翁同龢等人不以为然，"合肥治军数十年，屡平大憝，今北洋海陆两军如火如荼，岂不堪一战耶！……吾正欲试其良楛以为整顿地也"。⑤经远、致远舰除了作为战舰御敌之外，也专门运输军火。1894 年 7 月 3 日，丁汝昌致龚照玙（旅顺船坞工程总办）："'经远'回威，望饬将'定''镇'两舰三十零半生炮用钢箍开

　　①　李鸿章：《海军拟购新式快炮折》，光绪二十年二月二十五日。
　　②③　天津市档案馆、天津海关编译：《津海关秘档解译》，中国海关出版社 2006 年版，第195 页。
　　④　李守孔：《中国近百余年大事述评》第一册，台湾学生书局 1997 年版，第 430 页。
　　⑤　同上书，第 431 页。

花子一百五十颗、十五生炮用四倍长钢箍开花子一百颗,检发该船一律携带来威
应用。"①7月18日称"致远今早赴威海卸炮,约今晚放津海,烟十七方到"。②

1894 年拨武毅军聂士成军火清单③

枪支种类	数　量
吩者士得十三响马枪	30 杆
中针枪子	1 万粒
哈乞开斯枪子	20 万粒
两磅后膛过山炮零件全	4 尊
色胳开花子铜六件全	600 颗
实心子	200 颗
铅群子	200 颗
铜管门火	2 000 支
大铜锅	40 口
蓝管账房	2 架
蓝夹账房	16 架
白单账房	80 架
合　计	共装 420 箱件,重 3 万斤

1894 年拨正定练军叶志超军火清单④

枪支种类	数　量
哈乞开斯枪子	30 万粒
吩者士得中针枪子	4 万粒
八生脱七铜箍田鸡开花子铜件全	240 颗
八生脱七铜箍田鸡子母弹铜件全	260 颗
铜螺丝管拉火	500 支
十二磅洋火箭药引全	200 支
十二磅洋火箭架	2 座
蓝管账房	3 架

①　《丁汝昌集》(上),山东画报出版社 2017 年版,第 228 页。
②　《洪熙致盛宣怀电》,盛宣怀全宗档案 056646-9,上海图书馆藏。
③　《拨聂士成军需清单》,盛宣怀全宗档案 057315-3,上海图书馆藏。
④　《拨叶志超军需清单》,盛宣怀全宗档案 057315-4,上海图书馆藏。

枪支种类	数　量
蓝夹账房	18 架
白单账房	86 架
合　计	共装 510 箱件,重 3.77 万斤

丰岛海战失利。7 月 25 日清晨,"济远"和"广乙"两艘军舰在护送清军在朝鲜牙山登陆后返航,在丰岛海面遭遇日本联合舰队"吉野""浪速""秋津洲"三舰。"吉野"首先开炮,打响甲午战争第一炮。"济远"最后悬白旗投降,"广乙"受重伤而自焚。日本俘获中国北洋舰队通讯船"操江"号(江南制造局所造第二艘船只)。洋面战败,驻扎朝鲜牙山的叶志超军深感情势紧迫,向李鸿章请求速派大军增援。国内开始募集新勇赴朝作战,同时各项军械源源不断运往前线。7 月 26 日,有轮船从新城出发,装大炮、军品、军米等,27 日到大沽船坞,29 日开船,30 日到营口卸兵,31 日午刻卸完,8 月 1 日抵津。①8 月,从大沽为叶志超军队运送军火,"叶军门军火赴旅,本由盛观察定夺,准今日午后开行。……惟军需紧要船期开行迟速,此中大有出入,适海面或遇兵险则必受盛观察诘询"。②8 月 10 日,盛宣怀接函,"弟督饬敝防弁勇科室各台,尽夜瞭望,子弹军火等项均准备停妥,一遇有警即令开炮迎击,至行仗各炮届时拟令埋伏坪营森林内,以备剿子水师登岸之用,惟台炮重地不能远离,新募两营今日虽已到齐,而工作负苦者居多,未经训练势难遽收实效,合之旧勇亦只有两千之数……弟已将此情形缮呈一禀仰恳中堂速调内地各军,分札防堵。尚求阁下从中进说,俯赐吹嘘调驻重兵以固畿东门户,实于现在情势大有裨益"。③8 月,盛宣怀接函,"俄人论及水师,皆谓我军未必负人,即牙山之役已可明证,虽'广乙'被沉,'操江'被捉,'济远'被损,此误于未经预防,并非海军不力。盖'广乙'将沉,犹连开数炮,所带炮弹只剩二出而沉;'济远'被损,舵轮犹能力战三小时,实海战所不易,欧人所钦佩者也"。④8 月 31 日,广东军装局陆维祺致盛宣怀函,"奉傅相电谕,至港筹运军械"。⑤此次解往天津军械清单如下⑥:

① 《盛宣怀档案资料选辑之三·甲午中日战争》下,上海人民出版社 1982 年版,第 330—331 页。
② 《? 致张振棨函》,盛宣怀全宗档案 057535-2,上海图书馆藏。(? 为原档无法辨识之字)
③ 《卞得详致盛宣怀函》,盛宣怀全宗档案 057504-1,上海图书馆藏。
④ 《盛宣怀档案资料选辑之三·甲午中日战争》下,上海人民出版社 1982 年版,第 169 页。
⑤ 《陆维祺致盛宣怀函》,盛宣怀全宗档案 057509-1,上海图书馆藏。
⑥ 《广东军装局解来原箱原包军械清单》,盛宣怀全宗档案 057509-2,上海图书馆藏。

种 类	数 量	说 明
新毛瑟枪	1 000 支,分装 40 箱,每箱 25 支	随带刀头 1 000 把,分装 10 箱
新毛瑟枪	1 000 支,分装 42 箱,每箱 24 支,内 1 箱装 16 支	随带刀头 1 000 把,分装各箱内
旧毛瑟枪	2 000 支,分装 200 包,每包 10 支	随带刀头 2 000 把,分装各包内
毛瑟通用弹子	400 万粒,分装 2 424 箱,每箱 7 000 粒,又 788 箱,每箱 2 000 粒	
礼和洋行马枪	300 支,原装 15 箱	

9 月 15 日,中日双方陆军首次大规模展开平壤之战。当时驻守平壤的清军共三十五营,一万七千人;进攻平壤的日军有一万六千多人。战斗在三个战场同时展开:其一为大同江南岸战场。晨三时,日军第九混成旅团在大岛义昌少将指挥下向清军发起进攻。太原镇总兵马玉昆督队英勇抗击,日军官兵死伤惨重,无力再战,午后二时全部撤离战场。其二为玄武门外战场。由立见尚文少将的第十旅团和佐藤正大佐的第十八联队担任主攻。高州镇总兵左宝贵登玄武门指挥,亲燃大炮轰敌,官兵感奋,英勇杀敌。左宝贵不幸中炮牺牲,其部下三位营官也先后阵亡,午后二时玄武门被日军攻陷。日军向城内推进中遭清军阻击,退守玄武门。其三为城西南战场。晨七时,野津道贯中将率日本第五师团本队,从平壤西南用炮火掩护步兵冲锋,清军马队进行反击。至中午,野津道贯见难以得手,下令暂停攻击,退回驻地。双方各有胜败,战事尚有可为,但清军总统叶志超贪生怕死,于午后四时树白旗停止抵抗,并下令全军撤退。于 21 日渡鸭绿江回国,日军占领朝鲜全境。9 月 23 日,叶志超曾致吴育仁电谈到枪弹短缺问题,"左军门阵亡可悯,比时超(叶志超)在潘营,本拟即时惩刘,姑念枪子无几,嗣三营全退平城,守垣枪炮子弹如雨,至十六夜,枪炮子弹粮草均无,若不且战且行,全军皆无"。①然而,史料记载,叶军丢弃炮 40 门,新式步枪万余支,弹药、粮饷和其他物资无数。

黄海战败。9 月 16 日未明,北洋水师提督丁汝昌率领定远、镇远、来远、靖远、济远、平远、经远、致远、扬威、超勇、广甲、广丙、镇中、镇南 14 艘战舰和鱼雷艇 4 艘,护送提督刘盛休铭字军 4 000 人和辎重武器赶赴平壤增援。清军乘坐利运、新裕、图南、镇东、海定和美国商船哥伦比亚号从大连湾出航,当日午后舰队到达大东沟湾。镇中、镇南、平远、广丙 4 舰和鱼雷艇 4 艘,奉命护卫和协助运输船进入鸭绿江口,再换乘吃水浅的木船登陆。9 月 17 日,日本联合舰队搜索北洋舰队

---

① 《叶志超致吴育仁电》,盛宣怀全宗档案 074262-2,上海图书馆藏。

欲实行决战,夺取制海权。日海军最高长官,军令部长桦山资纪亲自出征督战。上午10时50分,东北东面方向隐约发现北洋舰队煤烟,11时40分联合舰队各舰立即进入临战状态。伊东司令官认为,北洋舰队的出现定是为报丰岛之仇前来决战,这种想法影响了伊东的判断,没有派舰船搜寻已经陷入登陆困境的清国陆军。12时55分,日本联合舰队进入清方射程,"定远"305毫米口径巨型主炮首先开炮,射出292公斤钢铁弹头,初速500米每秒,黄海海战开始,直至17时45分结束。丁汝昌安排的中方舰只有十艘,分为五个小队。"定远"与"镇远"为一队;"致远"与"靖远"为一队;"经远"与"来远"为一队;"济远"与"广甲"为一队;"超勇"与"扬威"(时速6海里)为一队。①

战斗伊始,日舰集中火力攻击北洋旗舰定远,主帅丁汝昌负伤,指挥舰队作战的旗语信号装置被破坏。定远受伤丧失了舰队的指挥功能,诸舰各自为战寻找攻击目标。战斗进行到两个小时,清方的"超勇"就被击沉,"扬威"则退出战斗搁浅。幸而大东沟外的"平远"与"广丙"二舰及"福龙"和"左队一号"两鱼雷艇加入战斗。13时08分,超勇舰射向吉野一弹,命中后甲板,引爆堆积在炮位旁的弹药。13时10分,超勇、扬威中弹起火,稍后超勇沉没,扬威向大鹿岛方向遁退。14时34分"平远"号在2200公尺的近距离用主炮击中日方旗舰"松岛"号,炮弹洞穿该舰士官舱和鱼雷室,击毙鱼雷发射手3人,另伤5人,击损主炮部分机件。②15时10分"平远"47公厘速射炮又击中"松岛"号左舷。其后20分钟内,"平远"连续命中"严岛"号两炮,致使该舰船员死伤9人。③日本人川崎三郎编撰的《日清战史》一书详细记述了这一情形,"刹时如百电千雷崩裂,发出凄惨绝寰之巨响。俄尔剧烈震荡,船体倾斜。烈火百道,焰焰烛天;白烟茫茫,笼蔽沧海,死亡达八十四人。……死尸纷纷,或飞坠海底,或散乱甲板,骨碎血溢,异臭扑鼻,起惨瞻殆不可言状"。日方出版的《黄海大海战》一书也有相关描述:"头、手、足、肠等到处散乱着,脸和脊背被砸得难以分辨。负伤者或俯或仰或侧卧其间。从他们身上渗出鲜血,黏糊糊地向船体倾斜方向流去。滴着鲜血而微微颤动的肉片,固着在炮身和门上,尚未冷却,散发着体温的热气。""松岛"号遭此一击,舰体损伤严重,舵机失灵,丧失作战能力,只得临时将"桥立"号改为代理旗舰。"定远"舰后主炮击中日舰"赤城"号,日方文字记载了这发炮弹的后果,弹片打穿正在观看海图之坂元舰长头部。鲜血及脑浆溅在海图台上,染红了罗盘针。战斗初期,北洋水师占据上风,在和日

---

①　马幼垣:《靖海澄疆:中国近代海军史事亲诠》,联经出版社2009年版,第159页。

②　[日]川崎三郎:《日清战史》第3册,博文馆1897年版,第156页。

③　Saneyoshi, Surgical and Medical History of the Naval War, pp.15—16.

舰第一游击队的混战中,致远、经远、来远、靖远奋力炮击。高千穗右舷后部中弹,引发火灾死伤数人,秋津洲右舷速射炮被击中炸毁,浪速舰首主炮下方水线带破损进水。济远舰管带方伯谦心惊胆战,命令挂出重伤信号旗逃出战场,广甲舰跟随其后逃之。日本联合舰队本队在北洋诸舰的攻击下,受到较大损伤,旗舰松岛多处中弹,前部炮台发生火灾。严岛舰后部水线附近的轮机舱中弹爆炸,桥立舰主炮塔被摧毁。定远舰一枚榴霰弹射入比叡舰舱内爆炸,当即炸死日兵19名。扶桑、赤城两舰在清舰攻击下负伤退出战场。海军军令部长桦山资纪乘坐的西京丸巡洋舰,被定远舰炮命中舰体受伤。逃走途中遭遇清舰福龙号鱼雷艇攻击,幸运躲过三枚鱼雷。联合舰队收队后,清点结果:吉野舰尚存12厘米和15厘米炮弹1 251发,机关炮弹6 095发;高千穗剩余26厘米炮弹178发、15厘米炮弹361发、机关炮弹65 947发;浪速剩余26厘米炮弹167发、15厘米炮弹299发、机关炮弹65 884发;秋津洲剩余12厘米和15厘米炮弹869发、机关炮弹41 978发。北洋水师则损失十分严重,旗舰定远的上部构造物被炸损,铁板支架扭曲。致远舰右舷吃水线下中弹大量进水,舰体出现30度倾斜。致远舰管带邓世昌似欲与敌舰冲撞,追敌途中舰体中部爆炸沉没,240余名官兵阵亡。

两次海战失败,提高了清军将各式武器源源不断运往前线的频率。"1894年8月5日闻涂山之民传说,清兵雇有牛马驼运军器赴往平壤寻找大营去讫,后于十七日送到伊川府超营,津电回纸隋来,回字言五日后可到平壤。"[①]清军军火运输,从涂山到平壤共计耗时17天。8月7日,李鸿章电丁汝昌,"顷见福来舍所开,猎船鱼雷带快炮八尊,未开价值,行廿八迈,极速,似小快船,倘不甚贵,可商订一只,包各件俱备。又,雷艇二只,每只约银十一万九千余两,连雷炮三、快炮四,约共价银若干? ……如真得力,何能惜费!"[②]8月14日,李鸿章复电丁汝昌,"奉旨仰蒙定购阿摩士庄小快船一,智利形成快船二,均行二十余迈,包送来华"。[③]9月1日,盛宣怀致函信义洋行满德,欲雇该行"爱仁"轮船运送上述军械:"现奉北洋大臣面谕,因广东有洋枪四千枝并子四百万颗,又上海有洋枪一千四百枝,白铅、青铅各种物料及英国白煤,装满一船。须将白煤运至威海,其余各物运至天津交卸。义租贵行'爱仁'轮船前赴该两次,妥慎承运。如沿途遇险失事,中国允许赔洋银十八万元,准由本道担保。如该船未装以上物件之前及已卸之后,该船保

---

①　《华商被日军所杀及广乙、致远兵船受伤情况》,盛宣怀全宗档案074149,上海图书馆藏。

②　《丁汝昌集》(下),山东画报出版社2017年版,第375页。

③　同上书,第380、396页。李鸿章9月27日电丁汝昌:"智利快舰,初尚议价居奇,后竟回绝,守局外例,或日嗾之。"

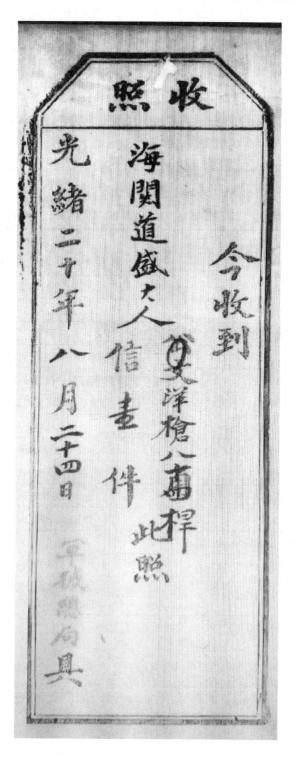

收照

海关道盛大人

今收到

洋槍八百桿

信壹佅

此照

光緒二十年八月二十四日

軍械總局具

险即与中国无涉。"①9月3日，李鸿章再次致电丁汝昌，"前龚使订购阿摩士庄鱼雷快船，据称，长二百八尺，宽廿三尺，载三百六十吨，每钟行廿迈，三寸七五口径廿五磅子快炮二尊，一寸八五口径三磅子哈乞开思炮四尊，鱼雷筒五个，船内应用各件全。惟怀德鱼雷须另配，议定价五万二千五百镑"。②9月19日，"桂字和字营赴旅，应需枪炮子弹迅即拨发等因，查桂字和字两军应需七生脱半炮位、毛瑟兵枪以及子弹拉火等项，今早均已照发。今奉台示已派上号小轮船在东湾桥守候拖带以昭迅捷"。③9月23日（光绪二十年八月二十四日），军械总局收到枪械为洋枪八十四杆。④

1894年7月23日至11月6日北洋装运兵弁军械行程单⑤

时　　间	行　　动　.
7月23日早晨	新城装运弁勇军器军米等
7月23日下午13:30	开船出发
7月23日下午14:30	到达铁路公司码头装货
7月23日夜晚21:00—22:00	装完
7月24日早晨07:00—17:00	停泊大沽船坞门口（惊知高陆失于17:00）
7月24日下午	到塘沽码头卸马（倪监明自请销差回沪）
7月26日早晨09:00	在塘沽矿务局码头复装马匹开船
7月27日下午15:00—18:00	到达营口卸兵
7月28日中午12:00	卸完回天津
9月11日下午未刻（13:00—15:00）	装赵怀营统领由塘沽出发
9月12日下午未刻（13:00—15:00）	到达大连湾
9月13日上午巳刻（09:00—11:00）	卸货并装铭军大米等
9月14日夜晚丑刻（01:00—03:00）	开行
9月14日下午酉刻（17:00—19:00）	到大东沟
9月15日中午午刻（11:00—13:00）	卸完（惊知大东沟口外倭兵船已 与我兵船开仗）不敢开出

　　①　《盛宣怀档案资料选辑之三·甲午中日战争》下，上海人民出版社1982年版，第188页。
　　②　《丁汝昌集》（下），山东画报出版社2017年版，第388页。
　　③　《顾元爵、张广生致盛宣怀函》，盛宣怀全宗档案057498，上海图书馆藏。
　　④　《军械总局收照》，盛宣怀全宗档案082824，上海图书馆藏。
　　⑤　郭维善：《甲午年六月二十四日至十月九日北洋装运兵弁军械情形节略》，盛宣怀全宗档案056801-2，上海图书馆藏。

续表

时　　间	行　　动
9 月 18 日	接盛宣怀电报,人员下船,船只躲避于沟内
9 月 19 日	开往旅顺
9 月 20 日早晨	到达旅顺
9 月 21 日	到达塘沽
10 月 1 日	在塘沽装运
10 月 2 日下午申刻(15:00—17:00)	开船
10 月 3 日中午午刻(11:00—13:00)	到达
10 月 4 日上午巳刻(09:00—11:00)	卸货并装运赵宋等军军火
10 月 5 日早晨	开船
10 月 6 日上午巳刻(09:00—11:00)	抵营
10 月 10 日	卸完
10 月 11 日	开回天津
10 月 15 日	装运程姜两军军火离开塘沽
10 月 17 日下午申刻(15:00—17:00)	开船
10 月 18 日上午巳刻(09:00—11:00)	到达旅顺
10 月 20 日下午申刻(15:00—17:00)	卸完
10 月 21 日早晨	到达塘沽码头
11 月 1 日	新城装运弁勇军火
11 月 2 日早晨	开行
11 月 3 日中午午刻(11:00—13:00)	到达旅顺
11 月 5 日下午酉刻(17:00—19:00)	卸完(惊悉倭船五艘由东来至炮台)开行
11 月 5 日上午巳刻(09:00—11:00)	到达大沽

1894 年 7 月 23 日至 11 月 6 日北洋装运兵弁军械数量表[①]

种　类	数　量	备　注
卫本先统领弁勇	710 人	
大炮军器军米		

---

　　① 郭维善:《甲午年六月二十四日至十月九日北洋装运兵弁军械情形节略》,盛宣怀全宗档案 056801-2,上海图书馆藏。

续表

种　类	数　量	备　注
马匹	72 匹	
电线电料		
怀字营兵	706 人	
洋鎗	16 箱	
大米	700 包	
饷银	1 万两	
铭军副营朱鸣安统领兵勇等	1 335 人	
大米	700 包	
装运		八生脱炮火药火线炮架枪子军米军衣帐篷等赴大连湾
装运		赵怀叶统领军火
装运	4 706 件	宋盛衰等各军毛瑟枪开花弹子营等军火
装运	2 802 件	程姜桂字等营钢炮枪弹火药军械马匹等
装运		卫汝成统领成字营军器兵弁马匹等

1894 年 7 月 26 日至 11 月 6 日北洋装运军械情况①

出发地点	装运军械	卸载地点及时间	备　注
第一次六月二十四日早晨在新城	大炮军器	二十九日在营口卸完	
第二次……	……	……	
第三次八月十六日由大连湾	无军器（人员和军粮）	十八日在大东沟卸完	大东沟口外中日兵船开仗
第四次九月初二日由塘沽	八生脱炮、火药、火线、炮架、枪子	初五日在大连湾卸完	
第五次九月初八日由旅顺	毛瑟枪、开花弹、子药等 4 706 件	十三日在营口卸完	
第六次九月二十日由塘沽	钢炮、枪弹、火药军械马匹等 2 802 件	二十三日在旅顺卸完	
第七次十月初五日由新城	军器 71 件	初八日在旅顺卸完	日船五艘被炮台轰走

---

① 郭维善：《甲午年六月二十四日至十月九日北洋装运兵弁军械情况节略》，盛宣怀全宗档案 056801-2，上海图书馆藏。

截至 1894 年 10 月陆军库存前后膛枪支并炮位数目清单[①]

枪炮膛位	枪炮种类	存　量
后膛枪	毛瑟五响快枪	490 杆
	枪子	5.5 万粒
	毛瑟单响马枪	430 杆
	马枪通用子	730 万粒,东局 200 万粒
	黎意五响枪	70 杆
	哈乞等枪通用子	450 万粒
	呍者士得十七响枪	10 杆
	呍者士得十三响马枪	300 杆
	可尔脱十三响马枪	20 杆
	呍者士得可尔脱通用子	500 万粒
	宁局后膛抬枪	136 杆
	子弹	6.9 万粒
	修成士乃得枪	600 杆
	士乃得枪子	40 万粒
	盛军缴回士乃得枪	1 000 杆
前膛枪	修成前膛带刺枪	1 100 杆
	修成前膛无刺枪	1 200 杆
	前膛马枪	400 杆
后膛炮	七生的半水师上岸过山炮零件全	14 尊
	七生的半陆路重炮零件全	54 尊
	七生的半陆路轻炮零件全	32 尊
	通用子	6.12 万颗
	八生的陆路钢炮零件全	26 尊
	弹子	11.4 万颗
	八生的七陆路钢炮零件全	30 尊
	弹子	2 816 颗
	九生的陆路钢炮零件全	20 尊

---

①　《光绪二十年九月十五日止存陆师需用前后膛枪枝并炮位数目单》,盛宣怀全宗档案089002-2,上海图书馆藏。

枪炮膛位	枪炮种类	存 量
	弹子	3.43 万颗
	一寸径四管神机炮	37 尊
	弹子	28 万颗
	诺敦飞钢子	1.08 万颗
	盛军缴来寸径格林炮	10 尊
	弹子	3 800 颗
	六生的两磅后膛熟铁过山轻炮零件全	10 尊
	弹子	5.2 万颗
	五十三密里快炮零件全	5 尊
	弹子	3 300 颗
前膛炮	宁局十二磅六楞铜来福旧炮零件全	6 尊
	弹子	1.3 万颗
	三楞铜来福旧炮零件全	19 尊
	弹子	1.5 万颗

1894 年 6 月应朝鲜政府请求清军 2 465 人分三批入朝①

日　期	部　队	人　数
6 月 6 日 18:00 塘沽乘"图南轮船"，6 月 8 日 18:00 牙山海口，6 月 9 日整队进牙山县	太原镇总兵聂士成部芦防马步军	910
6 月 8 日 18:00 起航，6 月 10 日 15:00 牙山海口，6 月 12 日 10:00 登岸	直隶提督叶志超部榆防各营	1 055（弹药、粮饷）
乘"海定"渡海，6 月 25 日抵牙山县	总兵夏青云率队	500（马队 100，旱雷兵 100，步队 300）
备注：截至 6 月 16 日，日本运兵船在仁川登陆，输送 2 673 人、186 匹马，加上先遣部队，总计 4 000 人。此外还有松岛、吉野、八重山、筑紫、大和、高雄、赤诚八艘军舰。6 月 21 日，日本举行御前会议，决定向朝鲜派出第二批部队。7 月中旬李鸿章决定派陆军支援驻朝清军，7 月 23 日中国租用怡和洋行商船高升号运送 1 116 名兵弁（将校 2，大队长 4，中队长 10，兵士 1 100），10 门火炮及枪支弹药，由"济远""广乙"护送，25 日上午被日舰"浪速"攻击沉没，在法、德、英船的施救下，253 人获救。		

　　碍于各村民众已逃散，运送工具难于寻找等因，运送、转运极为困难。盛宣

---

① 刘晋秋、刘悦：《李鸿章的军事顾问汉纳根传》，文汇出版社 2011 年版，第 126—127 页。

怀组织"新裕""图南""镇东""利运""海定"五艘轮船为前线输送总兵刘盛休部铭军十二营的 6 000 兵力及军械弹药,自大沽口出发赴大东沟登陆。由"定远""镇远""致远""靖远""经远""来远""济远""广甲""超勇""扬威"十舰护航。9 月 14 日,日本特务机关得到消息,决定派出"吉野""高千穗""秋津洲""浪速""松岛""严岛""桥立""千代田""比睿""扶桑""西京丸""赤诚"十二艘军舰袭击北洋舰队。①从档案中可以找到"海定"轮船共计七次为前线官兵运送给养军械等物资。下面是坐舱郭维善呈报给盛宣怀的《海定第一次装运军械银米兵勇数目清单》。

"海定"号轮船第一次行程单②

时　间	行　动
9 月 13 日早晨辰刻(07:00—09:00)	离开塘沽
9 月 13 日下午未刻(13:00—15:00)	开船出口
9 月 14 日下午未刻(13:00—15:00)	到大连湾
9 月 15 日上午巳刻(09:00—11:00)	卸货
9 月 15 日下午未刻(13:00—15:00)	由大连湾装运兵勇
9 月 15 日夜晚丑刻(01:00—03:00)	开行
9 月 15 日下午酉刻(17:00—19:00)	到大东沟
9 月 17 日	卸货
9 月 21 日早晨辰刻(07:00—09:00)	离开大东沟
9 月 22 日早晨辰刻(07:00—09:00)	到达旅顺
9 月 22 日下午申刻(15:00—17:00)	离开旅顺
9 月 23 日中午午刻(11:00—13:00)	到达天津大沽

海定第一次装运军械银米兵勇数目③

种　类	数　量	备　注
洋枪	320 支 (16 箱,每箱 20 支)	交怀字后营赵统领哨官卸去
大米	700 包	在大东沟交铭军副营朱统领派米委卸去

①　刘晋秋、刘悦:《李鸿章的军事顾问汉纳根传》,文汇出版社 2011 年版,第 137 页。

②③　郭维善:《海定第一次装运军械银米兵勇数目清单》,盛宣怀全宗档案 074264,上海图书馆藏。

种　类	数　量	备　注
饷银	1 万两(5 箱)	交付赵统领卸去
坐大餐间赵统领等	7 人	
坐官舱帮带哨官等	45 人	
电报委员李献之陈立甫	4 人	在大东沟下船
坐统舱怀字后营	500 人	
长夫厨役等	155 人	
兵勇等	17 人	由大东沟返回天津途中装运
坐大餐间朱统领黄刘营官等	10 人	
坐官舱帮带文案哨官哨长等	40 人	
坐统舱铭军副左后等营差官正勇长夫伙夫	1 285 人	
合　计	2 029 人	

　　9 月 15 日,"海定"第二次装运:兵勇一千三百三十五名,大米七百包,十七日丑刻开出,十八日午刻卸。二十二日开往旅顺,二十三日开往天津,二十四日到塘沽。①9 月 16 日,天津军械局顾元爵致盛宣怀函,"上海公茂(洋行)龚琅甫来函有炸药数万吨,洋人在沪经手可以包运到津,属查是否需购等因。查为白兰得,想是氏乃米脱,敝局库存尚多,此次军务领用之处甚少,至炸药现在东局造存亦有数十万磅业经陈明傅相似可毋须收买"。②9 月 24 日,"在上海代购毛瑟枪一千一百十六杆,已由爱仁运津,现又送上毛瑟枪八十四杆,共成一千二百杆,属即收复等因。……前存旧皮子袋佩带已拨前敌各营领用,现在粤省解到之枪四千杆,均须在津配做佩带为数甚多,只有赶办,此项枪枝所需容即陆续配造可也"。③同一日,"怀字营应领枪械子弹均已发交来弁陈子中于昨日全数运至塘沽"。④9 月 27 日,天津军械局顾元爵致津海关道盛宣怀,"(刘)子徽军门电需各件除毛瑟、哈乞开思两种枪子昨已发给,其余三种炮弹一万二千枚并火药各件,兹照数拨发。……饬运镇东转解营口是荷"。⑤9 月 30 日,"怀字营应发钢炮八尊并枪枝各件,均已照

---

① 《盛宣怀档案资料选辑之三·甲午中日战争》下,上海人民出版社 1982 年版,第 331 页。

② 《天津军械局顾元爵致盛宣怀函》,盛宣怀全宗档案 057433,上海图书馆藏。

③ 《顾元爵、张广生致盛宣怀函》,盛宣怀全宗档案 057457,上海图书馆藏。

④ 《顾元爵、张广生致盛宣怀函》,盛宣怀全宗档案 057539,上海图书馆藏。

⑤ 《天津军械局顾元爵致盛宣怀函》,盛宣怀全宗档案 057582,上海图书馆藏。

发。……但续请添拨枪子三十万并新添一哨马枪数十杆"。①

"海定"号轮船第三次行程单②

时 间	行 动
9月30日下午申刻(15:00—17:00)	离开塘沽火车码头
10月1日下午申刻(15:00—17:00)	开行
10月2日早晨辰刻(07:00—09:00)	到达旅顺
10月2日下午未刻(13:00—15:00)	到大连湾
10月2日晚上亥刻(21:00—23:00)	军器等已卸完
10月3日上午巳刻(09:00—11:00)	开回
10月3日下午未刻(13:00—15:00)	到达旅顺
10月6日早晨卯刻(05:00—07:00)	由旅顺开
10月7日上午巳刻(09:00—11:00)	到营口停泊
10月9日	卸货
10月11日下午酉刻(17:00—19:00)	卸完
10月12日中午午刻(11:00—13:00)	开回
10月13日下午酉刻(17:00—19:00)	到塘沽码头

"海定"第三次装运怀字营大炮火药军米衣委员差官等数目③

种 类	数 量
八生脱炮	8尊
炮架	48件
火药	100箱
拉火	1箱
枪子	340箱
军米	525包
军衣	44包
账房	12包
坐官舱怀字营采办委员刘、孙二位差官,张、武二位	4人

---

① 《天津军械局顾元爵致盛宣怀函》,盛宣怀全宗档案056591,上海图书馆藏。

②③ 郭维善:《"海定"轮船装运军火及押运人员单》,盛宣怀全宗档案056609-1,上海图书馆藏。

种　类	数　量
坐统舱又随带亲兵跟役	11 人
龚大人亲兵尹正山	1 人
合　计	装军火米等 1 078 件,委员亲兵等 16 人 每名饭食银 3 钱共计食银 4.8 两

"海定"号轮船第四次行程单①

时　　间	行　　动
10 月 2 日下午酉刻(17:00—19:00)	军器队伍马匹上齐
10 月 3 日早晨卯刻(05:00—07:00)	开行至大沽口候潮
10 月 3 日下午酉刻(17:00—19:00)	开出口
10 月 4 日中午午刻(11:00—13:00)	到达旅顺
10 月 6 日中午午刻(11:00—13:00)	卸完
10 月 6 日下午酉刻(17:00—19:00)	开出
10 月 7 日早晨巳刻(09:00—11:00)	开行至大沽口外候潮

统领桂、和字等营程、姜军门②

种　类	箱　数	数　量
毛瑟马枪	3 箱零 4 杆(皮带套全)	100 杆
毛瑟枪子	50 箱	5 万粒

拱卫营徐军门③

种　类	箱　数	数　量
二号炮药	33 箱零 2 匣	2 000 磅
炸药	30 箱	3 000 磅
通用炮药	83 箱零 2 匣	5 000 磅
十瓶电箱		4 口
料瓶箱		2 只
砂纸		200 张
沙布		200 块
沙土模泥		10 磅

---

①②③　郭维善:《"海定"船第四次装运军器、淮军兵弁数目清单》,盛宣怀全宗档案 102810,
上海图书馆藏。

统领成字营卫①

种　类	数　量
一寸口径美国格林炮	4 尊（车件鞍全套）
美国格林炮子	38 箱，共计 3 800 颗
一寸口径宁局神机炮	12 尊
宁局神机炮子	82 箱，共计 8 200 颗
马骡驼	70 匹
军米	150 箱
子药	200 箱

新授福建陆路提督统领山西大同练军程军门②

种　类	数　量
饷银	3 万两
押运委员周心清差兵	4 人

淮军成字前左等营③

种　类	规　格	数　量
坐大菜间前左两营营官朱、李	每位每天洋 3 元，共 3 天	2 人
坐大菜间前左两营帮带文案、巡捕差官	每位每天洋 3 元，共 3 天	13 人
合　计	番菜洋 135 元	15 人
坐官、统舱前营哨官		5 人
坐官、统舱前营差官		11 人
坐官、统舱前营正勇		438 人
坐官、统舱前营伙长夫		134 人
骡驼夫		242 人
合计饭食银	249 两	830 人
坐官、统舱左营哨官办差勇夫等		781 人
合计饭食银	234.3 两	781 人
坐统领中营文案		1 人
坐统领中营差丁		2 人

---

①②③　郭维善：《"海定"船第四次装运军器、淮军兵弁数目清单》，盛宣怀全宗档案 102810，
上海图书馆藏。

续表

种　　类	规　　格	数　　量
坐统领中营炮兵		32 人
坐统领中营马夫		6 人
合计饭食银	12.3 两	41 人
坐介程军门饷银委员周		1 人
坐介程军门差兵		4 人
合计饭食银	1.5 两	5 人
全部合计	饭食银 497.1 两	1 672 人
	番菜洋 135 元	
	军器等 791 件	
	马 79 匹	
	饷银 3 万两	

　　10 月 3 日,"海定"第五次到旅顺装运宋钦差盛军袁军等并转运局军火炮药账房军衣等数目①,(宋钦差军火转运营口押运稳压王兆丰随带亲兵炮兵等)。

"海定"第五次装运怀字营大炮火药军米衣委员差官等数目②

种　　类	数　　目	总数量
前门枪	35 箱	405 杆
毛瑟枪		1 036 杆
小后门炮		4 尊
八生七炮	(炮车等全)	7 尊
小枪	6 件	98 杆
洋锹	3 箱	709 把
号衣	142 包	
旗子	6 包	
枪子	535 箱	
药	14 箱	
开花弹		200 个

---

①②　郭维善:《"海定"轮船装运军火及押运人员单》,盛宣怀全宗档案 056609-2,上海图书馆藏。

续表

种　类	数　目	总数量
账房	73 包	
合　计	1 475 件	
坐官舱王委员		1 人
随带炮兵		70 人
随带亲兵		10 人
合计饭食银		81 人合计 14.3 两

10 月 16 日,"海定"第六次行程,由塘沽起程,装运程、姜两军门和字、桂字等营钢炮、枪弹、火药、军械马匹等二千八百零二件,三十日申刻开,二十一日巳刻到旅顺,二十三申刻卸完,二十五日早上回到塘沽。[①]11 月 1 日,"海定"第七次行程,由新城装运卫汝成统领成字营军器七百九十一件,兵弁一千六百七十二名,马匹七十等。初五开,初六到旅顺,初八卸完,巳刻回到大沽。[②]

盛军军火押运委员胡庆义、李永富随带亲兵差丁等[③]

种　类	总数量
火药	166 箱外加 4 瓶
毛瑟枪子	500 箱
子母弹	10 箱
弹嘴全	1 箱
宁局开花子	32 箱
过山炮子	30 箱
七生脱半群子	30 箱
英式拉火	5 箱
铜	17 箱
洋油	4 箱
棉衣	391 包
号衣及包头布	119 包
行李食物	40 件

①②③　《盛宣怀档案资料选辑之三·甲午中日战争》下,上海人民出版社 1982 年版,第332 页。

续表

种　类	总数量
合　计	1 349 件
坐官舱押运委员李永富、胡庆义	2 人
随带亲兵差丁	23 人
合计饭食银	25 人合计 7.5 两

东征转运局军火委员张文林随带差丁等①

种　类	数　量
毛瑟枪子	500 箱
哈乞开思枪子	500 箱
火药	500 箱
呍啫中针枪子	50 箱
七生脱半打炮子	50 箱
英式铜拉火	3 箱
七生脱半双层铜箍开花子	100 箱
铜六件	11 箱
克勒布铜拉火	5 箱
合　计	1 719 箱
坐官舱押运委员张	1 人
随带差丁	5 人
合计饭食银	6 人合计 1.8 两

朝鲜抚辑事宜袁大人军火押运委员张文林②

种　类	总数量
克虏伯七生脱半陆路钢炮	6 尊
双轮前后炮车	6 辆
七生半脱铜箍开花子	80 箱
火药	40 箱
铜六件	8 箱

---

①②　《盛宣怀档案资料选辑之三·甲午中日战争》下，上海人民出版社 1982 年版，第 332 页。

续表

种　类	总数量
英式拉火	3 箱
七生脱半群子	20 箱
合　计	163 件

奉旅顺龚大人面谕(装回天津)①

种　类	总数量
洋枪	89 箱(已破坏木箱 3 只)
皮袋	578 口

（以上四表总共核数 4 795 件，共计饭食银 33.6 两）

10 月 2 日，后方不断为前线运送军火，"三十生半炮用开花子已由爱仁运威(海)，八十颗并炮药八十出，本月初十内外，东局当可造成八十颗，罄和十一生十五生及各种栗药，已函东局赶造……二十六生子须外洋运到，所购亦仅七十颗"。②10 月 4 日，"东局子弹必得月底方成三万五十颗之数……初十左右东局可造成三十生半子弹四十颗"。③10 月 5 日，守卫威海卫北岸炮台的陆路统领戴宗骞致函盛宣怀，提到为前线补运弹药事，"大致能守过九十月，始可稍稍立脚，现惟拼命孤撑，利钝所不计矣。封冻前军火须满运一船栗色药、大炮弹、枪子均须大批，始可及春"。④10 月 6 日，"丁军门旅顺来电，需六寸口径炮用开花子数十颗又铜轧火三百枝，此项炮子查东机器局应用造存者，一百余颗，近因赶造三十半生子弹，东知已否将钢引配全。……要五人拉台炮，即七生脱半口径长过山炮。……赵筱川昨日来电索解小炮，当时即电复云，有江南仿造两磅过山炮可拨八尊。……所要黎意哈乞枪均无存款。……实在无炮无枪或者俟粤省解到再添拨五百杆，然五人拉行炮除非定买不可，海定运去八生脱八尊"。⑤10 月 6 日，"东局密函水师三十半生开花子即日可成八十颗，二十一、十五生开花子各可成百颗，铜引药袋均可配齐合之前运威海之三十生半子八十颗，则定镇八炮每炮可摊二十颗。今早秉明中堂奉谕云水师枪炮教习哈卜们面秉，东局所造子弹粗糙，拟今午前往查验，兹将应拨威旅各项分缮单送请察核筹运"。⑥10 月 7 日，天津军械所回应前线将领添补军

---

① 《盛宣怀档案资料选辑之三·甲午中日战争》下，上海人民出版社 1982 年版，第 332 页。
② 《顾元爵、张广生致盛宣怀函》，盛宣怀全宗档案 056590，上海图书馆藏。
③ 《天津军械局顾元爵致盛宣怀函》，盛宣怀全宗档案 056592，上海图书馆藏。
④ 《戴宗骞致盛宣怀函》，盛宣怀全宗档案 103773，上海图书馆藏。
⑤ 《顾元爵、张广生致盛宣怀函》，盛宣怀全宗档案 056588，上海图书馆藏。
⑥ 《天津军械局顾元爵致盛宣怀函》，盛宣怀全宗档案 056593，上海图书馆藏。

火事，"赵筱帅所需七生脱半小炮顷与何薪如商妥，将伊营所领四尊拨交贵军，已属陈子中去点收。……金州赵统领（赵怀业），贵军需五人拉七生脱半行炮，敝局实无可拨。……贵军所领八尊内请乘去船带回四尊还何薪如，枪实在无可添拨"。①10月7日，天津军械局顾元爵致函盛宣怀，"薪如处对调小炮子弹与（赵）筱川所领之炮通用，胶防每炮均有三百余颗备用，此次似可毋庸再拨专备"。②10月9日，天津军械局顾元爵致函盛宣怀，"拨陈国壁前膛马枪十杆，台炮枪药十磅，铜帽六百粒，铅丸十五斤，皮纸五十张，已饬缮具拨单送呈"。③二品顶戴补用道陆维祺致函盛宣怀，"爱仁是日到粤起卸煤，今日将应解各项军火一律移运上船……计大小2 947件"。④河南嵩武军统领刘世俊致函盛宣怀，"敝处委员往西沽局领军械，回称毛瑟枪皆以修成旧枪配发佩带扣发，委员商之再三，局中云系总局张公致函嘱办等语。弟此次开赴前敌军械尤为紧要，如军械不应手必致有误戎机，务乞费心转托（托）廷一兄饬发新枪给发凭带，多配洋子，早日发领"。⑤"毛瑟枪换新及添配毛瑟子三十万粒并地雷均承费神代为取运……拟二十七日装车致塘沽即日换轮船转进。"⑥10月10日天津军械局顾元爵、张广生致天津海关道盛宣怀："戴孝翁电称威海陆台缺快炮，电奉，相洎九生的炮合用否，已请先拨六尊，即乞筹济为感等因，现来院檄照拨克虏伯九生脱炮六尊并配拨开花子1 200颗，药3 600磅，克虏伯拉火1 500枝，又孝翁另电拟备黑栗药2 000箱，此次拟先备台炮用栗药30 000磅分缮拨单三张送请登收。"⑦

天津海关道盛宣怀为甲午之战前线筹拨军火情况⑧

军火种类	数 量
克虏伯九生的炮	6尊
开花子	1 200个
炮药	3 600磅
克虏伯拉火	1 500支
黑栗药	2 000箱（先拨台炮用栗药3万磅）

10月10日，"徐剑翁即日督队赴□□，将粤省好来枪内抽拨毛瑟兵枪一千二

---

① 《天津军械局顾元爵致赵筱川电》，盛宣怀全宗档案056594-1、056594-2，上海图书馆藏。
② 《顾元爵致盛宣怀函》，盛宣怀全宗档案056589，上海图书馆藏。
③ 《顾元爵致盛宣怀函》，盛宣怀全宗档案89008，上海图书馆藏。
④ 《从英国进口黑饼药及哈乞开司碰子清折》，盛宣怀全宗档案040583-5，上海图书馆藏。
⑤ 《刘世俊致盛宣怀函》，盛宣怀全宗档案074331，上海图书馆藏。
⑥ 《刘世俊致盛宣怀函》，盛宣怀全宗档案074332，上海图书馆藏。
⑦⑧ 《天津军械局顾元爵、张广生致盛宣怀函》，盛宣怀全宗档案089012，上海图书馆藏。

百杆佩带全,业经剑翁派弁前往西沽迳领,其余毛瑟枪子,云者士得枪子以及八生脱七生脱半炮子火药拉火分缮拨单三纸。……连原有之炮十二尊亦可用演防山路崎岖,神机炮笨重不合用"。①10月12日,"续拨旅顺九生脱炮八尊,当即配齐车架子弹分缮拨单两纸,再丁军门前电调三十半生开花子,拟再续拨一批已函调东局成数若干,明日再缮拨单送呈"。②10月13日,"海军所需大炮弹须承东局来示又可拨解一批,又姜福卿程平齐两军需毛瑟枪子药十万粒"。③

1894 年 10 月 15 日二品顶戴补用道陆维祺呈报清军运津弹药快炮快枪④

种类及数量	规　格
一孔黑饼药 194 箱	每箱重 120 磅,共 23 280 磅
一孔黑饼药 47 箱	每箱重 100 磅,共 4 700 磅
钢子、开花子共装 487 箱	每箱 12 颗,共 5 844 颗
群子装 115 箱	每箱 10 颗,共 1 150 颗
礼和洋行运到枪弹 80 箱	
弹药共计 923 箱	
快炮 6 尊共装 6 箱	
炮车 6 辆共装 6 箱	
炮码 200 箱	
零件 10 箱	
快炮合计 222 箱	
新五响黎意枪 600 支共装 30 箱	每箱装 20 支
	刀矛随带备换弹子匣 60 个
	子钩 2 件
	顶针 1 支
	丝簧 1 条
	机板 2 件
	拆枪螺丝起子 20 件
	洗枪棕刷 20 件

---

① 《顾元爵、张广生致盛宣怀函》,盛宣怀全宗档案 089010,上海图书馆藏。

② 《顾元爵、张广生致盛宣怀函》,盛宣怀全宗档案 089014,上海图书馆藏。

③ 《顾元爵、张广生致盛宣怀函》,盛宣怀全宗档案 089003,上海图书馆藏。

④ 《从英国进口黑饼药及哈乞开司碰子清折》,盛宣怀全宗档案 040583-1、040583-2、040583-3、040583-4,上海图书馆藏。

种类及数量	规　格
新五响黎意枪 400 支共装 20 箱	每箱装 20 支
	刀矛随带备换弹子匣 60 个
	子钩 10 件
	机板 10 件
	拆枪螺丝起子 20 件
	洗枪棕刷 20 件
新单响毛瑟枪 1 000 支共装 40 箱	每箱装 35 支,其中 39 箱 有铅皮封缄,另一箱无铅皮封缄
	无刀头零件
	子钩 10 件
	机板 10 件
	拆枪螺丝起子 20 件
	洗枪棕刷 20 件
毛瑟枪码子 50 万颗共装 500 箱	每箱装 1 000 颗
以上均经试放,军械俱尚精良,单响毛瑟尤佳	
十二生快炮用平头开花子 300 颗共装 100 箱	
十二生快炮用无烟火药 350 出共装 25 桶	
十二生快炮用炸药 1 100 磅共装 10 桶	
十二生快炮用黄铜弹药管 300 个共装 20 箱	
十二生快炮用铜管用铜帽火 600 个共装 1 箱	
十二生快炮用硬开花引信 300 个共装 2 箱	
十二生快炮用软开花引信 208 个共装 1 箱	
十二生快炮用修理弹子铜壳机器 1 副共装 1 箱	内大小共 19 件
十二生快炮用装子药弹机器 1 副	共大小 8 件
六磅快炮用六磅平头开花子 200 个共装 4 箱	
六磅快炮用六磅尖顶钢子 400 个共装 8 箱	
六磅快炮用七磅铜壳葡萄子 200 个共装 4 箱	
六磅快炮用无烟火药 880 磅共装 8 桶	
六磅快炮用黄铜弹药管 800 个共装 16 箱	
六磅快炮用开花铜螺丝引火 800 个共装 2 箱	
六磅快炮用圆毡弹垫 800 个共装 1 箱	
六磅快炮用装子药弹机器 1 副共装 1 扁箱	内欠螺刀 1 把

10月17日,"瑞生小炮六尊每尊配子五百枚,照来单核算约千五百金之谱,尚不昂贵,刘□拟酌发毛瑟七百杆,云晳士得马枪一百杆,小炮八尊,枪子拟每配五百出,炮子拟每配二百出或三百出,容即开单送上"。①10月23日,天津军械局顾元爵致盛宣怀函,"敝局拨发铭军七生脱半炮用双轮炮车四辆,七生脱半开花子四百颗,于本月二十日将拨单一纸送请尊处,附运九连城交收,顷准刘子徽军门电称左冠廷遗下炮四尊,聂桂林统领不肯与我军自行做架安设,望将此架不必解来等语。……饬查如果前项炮车四辆尚未起运,此间亦免得重造,即乞饬知委员照数留下仍即交还敝局"。②

1894年10月26日"爱仁"轮船在江阴所装各物清单③

来　源	项　目	数　量
江南苏松总镇张交到	公文	1角
	沪局解来炮子及福寿营枪子	293箱(少铜击火1箱)
张绍棠交到	南洋拨北洋哈乞枪	60箱(计1000支)
湖南竹营管营官交到	克虏伯过山田鸡炮	10箱
	克虏伯开花弹子	15箱
	克虏伯内外药信	2箱
	十响格林炮	1箱
	十九响格林炮	1箱
	十九响格林炮子	2箱
	哈乞开斯枪	1箱
	哈乞开斯枪子	200箱
	六门手枪	3箱
	劈山子	40筒
	洋铅子	60筒
	真洋土药	1筒
湖南抚标亲军交到	哈乞开斯枪	22箱
	哈乞开斯枪子	47箱
	来福枪	60箱又5捆又22支
	劈山炮	13尊
	劈山炮子	4筒
	大洋火	1箱

---

① 《天津军械局顾元爵致盛宣怀函》,盛宣怀全宗档案033364,上海图书馆藏。
② 《天津军械局顾元爵致盛宣怀函》,盛宣怀全宗档案033362,上海图书馆藏。
③ 张兆昌致盛宣怀函《爱仁轮船在江阴所装各物清单》,盛宣怀全宗档案088991-2,上海图书馆藏。

来　源	项　目	数　量
湖南卫队交到本队	洋枪	7 箱
	哈乞开斯枪子	11 箱
	云喏司洋枪	2 杆
老湘营该管营官交到	马梯尼枪	13 箱
	马梯尼枪子	405 箱
	两磅车炮	4 尊
	两磅炮子	487 箱
	细枪药	726 箱
	火箭	100 箱
	药线	1 箱(计 100 条)
	铜引	49 箱
	洋抬枪	9 箱
	洋抬枪子	1 箱
	铜帽火	23 箱
	拉火	17 箱
	铜箍	32 箱(计 10 件)
	铅子	100 筒
	克乃的枪	5 箱
	克乃的子	33 箱
	铜管拉火	7 箱
	后膛抬枪子	140 箱
	四磅炮子	80 箱
	六生车炮	16 尊
	车炮子	12 箱
	连珠炮	10 箱
	火药	40 箱
	弹子	12 箱
	后膛炮	5 箱
	后膛炮子	4 箱
	小机器子	2 箱
	实心子	2 箱
	空心子	2 箱
合　计	前五项系泰安船所装运而来,后由钧和船装运而来,两船卸载并装入爱仁轮船军火共计 3 202 箱件、什物 2 401 件	

10 月 27 日,"枪样系必卜厂马梯尼中间机簧极琐碎,且系边针子,毛瑟哈乞开斯两种子万不能通用,但前敌需枪而运去之枪又恐遗失,此枪烈以后筹子极难,外国亦多不造此种子也"。①10 月 30 日,天津军械局顾元爵致盛宣怀函,"大格林炮四尊并配子弹一万二千粒,已遵缮拨单交卓门处转运,秩秋尚在敝局领毛瑟子八十万粒,七生脱炮子二千已交秩秋来弁"。②11 月 5 日,顾元爵再次致函盛宣怀,"制造局代装烟台毛瑟枪子二万九千七百六十三粒,敝局前于九月廿五日解请尊处附运烟台交收,现派刘乡翁电称,枪子尚未运到,恐商船照例不带军器,属即代交张燕谋兄运烟等因"。③11 月 9 日,天津军械局顾元爵致盛宣怀专函对其拨备军品表示感谢,"杏翁仁兄大人阁下,日前承交爱仁轮船运来军火清单,当经派员赴沽起卸,会同清帅处及福寿营老湘营各委员照单分别点验,各自按款运回,兹将原单四纸签明奉缴,即乞詧入为荷。老湘营卸军火夫价系敝处代付"。④11 月 12 日,蒋希夷关于甲午前线之军火供应问题致函盛宣怀,"又允借枪子十万粒以壮军实,企感何以执事公忠体国全局统筹,不以隔省而分畛域。……纵外洋军火有及远之长,然枪炮准的三千码为率,其三千码之外固仍可立足,何致自伤锐气,相率狂奔……总之振以全力断无不可成之功,一立声威寇自远遁"。⑤

11 月 14 日,天津军械局顾元爵致函盛宣怀,"丁军门电示,遵中堂请添旅台用炮药等件……此批请□镇东运交,炮子在东局拨,药在大沽拨,便于一水直达送上拨单两纸……有毛瑟子、哈乞开斯子,请示再至运若干。……若旅无四十二密里快炮,只有三十七密里炮五尊,旅库存子不下十万粒,是以未拨"。⑥11 月,天津军械局顾元爵致函盛宣怀,"周玉翁需解毛瑟、哈乞开斯枪子各五十万,查毛瑟子已发八十万;哈乞子已发一百二十万,云嗜子已发二十万。系二十一日将拨单送至贵署,承示交'镇东'运往营口。玉翁未悉有此大批解去,复有此请。惟现在唐军门拨赴营口,带有毛瑟枪三百枝,拟再拨毛瑟子二十万粒,统求运交玉翁营务处酌发应用。……翰卿各营所用皆毛瑟,似筹解毛瑟子六十万,以资济用"。⑦12 月 17 日,盛宣怀负责甲午战争之后路转运,季邦桢致函盛宣怀,"代购泰来洋行毛瑟枪件原立合同订明,本月十七日运至上海交货,过期议罚,已届限,敝处所募芦勇急待应用此项枪件,不知该洋行已否运到,如尚未到沪请即迅赐饬催,务令早日运

---

① 《顾元爵致盛宣怀函》,盛宣怀全宗档案 056840,上海图书馆藏。
② 《天津军械局顾元爵致盛宣怀函》,盛宣怀全宗档案 057303,上海图书馆藏。
③ 《顾元爵致盛宣怀函》,盛宣怀全宗档案 056658,上海图书馆藏。
④ 《天津军械局顾元爵致盛宣怀函》,盛宣怀全宗档案 088991-1,上海图书馆藏。
⑤ 《蒋希夷致盛宣怀函》,盛宣怀全宗档案 074232,上海图书馆藏。
⑥ 《顾元爵致盛宣怀函》,盛宣怀全宗档案 074233,上海图书馆藏。
⑦ 《盛宣怀档案资料选辑之三·甲午中日战争》下,上海人民出版社 1982 年版,第 344 页。

交,俾免延误。仍求尊处说法赶紧运津分拨应用"。①

10月24日鸭绿江江防之战开始,是清军抗击日军入侵中国本土的首次保卫战。部署在鸭绿江北岸的清军共八十二营,约两万八千人。宋庆为诸军总统,节制各军。日军进攻部队是山县有朋大将统率的第一军,包括桂太郎中将的第三师团和野津道贯中将的第五师团,共三万人。宋庆虽负节制诸军之名,各军实则不服调度,将领多无抗敌决心。是日午前十一时,日军先于九连城上游的安平河口泅水过江成功。当夜,日军又在虎山附近的鸭绿江中流架起浮桥,清军竟未觉察。25日晨六时,日军越过浮桥,向虎山清军阵地发起进攻。清军守将马金叙、聂士成率部奋勇还击,因势单力孤,伤亡重大,被迫撤出阵地。日军遂占领虎山。其他清军各部闻虎山失陷,不战而逃。26日,日军不费一枪一弹占领了九连城和安东县(今丹东)。在不到三天内,清朝重兵近三万驻守的鸭绿江防线全线崩溃。金旅之战也开始于10月24日,大山岩大将指挥的第二军两万五千人在日舰掩护下,在旅顺后路花园口登陆。日军的登陆活动历时十二天,清军竟坐视不问。11月6日,日军进占金州(今辽宁金县)。7日,日军分三路向大连湾进攻,清军早已溃散,日军不战而得大连湾。日军在大连湾休整十天后,开始向旅顺进逼。当时旅顺地区清军有七统领,道员龚照玙为前敌营务处总办,共辖三十三营,约一万三千人。18日,日军前锋进犯土城子,徐邦道指挥拱卫军奋勇抗御,将日军击退。是日,龚照玙竟置诸军于不顾,乘鱼雷艇逃往烟台。19日,黄仕林、赵怀业、卫汝成三统领也先后潜逃。21日,日军向旅顺口发起总攻,22日占领旅顺口并血洗全城。旅顺口失陷,从此北洋门户洞开,北洋舰队深藏威海卫港内,战局急转直下。此时的京城中慈禧正在举行她的60寿诞,11月2日至11月10日,前后九天,分五次举行,以示"九五之尊"。

日军突破清军鸭绿江防线后,连占凤凰城、岫岩、海城等地。清廷调两江总督刘坤一为钦差大臣督办东征军务,授以指挥关内外军事的全权,并任命湖南巡抚吴大澂和宋庆为帮办,以期挽回颓势。1895年1月17日,清军先后四次发动收复海城之战,皆遭挫败。2月下旬,日军占领旅顺、海城后,想进一步占领牛庄、营口,企图越过辽河进军山海关。其指挥官是第一师团长山地元治和第一旅团长乃木希典。山地元治制定了侵略牛庄、营口的辽河下游"扫荡"计划。2月28日,日军从海城分路进犯,3月4日攻占牛庄,7日不战而取营口,9日又攻陷田庄台。仅十天时间,清朝百余营六万多大军便从辽河东岸全线溃退。

1895年1月20日,大山岩大将指挥的日本第二军,包括佐久间左马太中将的第二师团和黑木为桢中将的第六师团,共两万五千人,在日舰掩护下开始在荣

---

① 《季邦桢致盛宣怀函》,盛宣怀全宗档案074205,上海图书馆藏。

成龙须岛登陆,23 日全部登陆完毕。30 日,日军集中兵力进攻威海卫南帮炮台。驻守南帮炮台的清军仅六营三千人。营官周家恩守卫摩天岭阵地,英勇抵御,壮烈牺牲。由于敌我兵力众寡悬殊,南帮炮台终被日军攻占。2 月 3 日,日军占领威海卫城。威海陆地悉被敌人占据,丁汝昌坐镇指挥的刘公岛成为孤岛。威海卫港内尚有北洋海军各种舰艇二十六艘。日军水陆两军配合,先后向刘公岛和威海港内北洋舰队发动八次进攻,均被击退。日本联合舰队司令伊东佑亨曾致书丁汝昌劝降,遭丁汝昌拒绝。5 日凌晨,旗舰定远中雷搁浅,仍做"水炮台"使用,继续搏战。10 日,定远弹药告罄,刘步蟾下令将舰炸沉,以免资敌,并毅然自杀。11 日,丁汝昌、镇远管带杨用霖在洋员和威海营务处提调牛昶晒等主降将领的胁迫下,拒降自杀。12 日,由美籍洋员浩威起草投降书,伪托丁汝昌的名义,派广丙管带程壁光送至日本旗舰。14 日,牛昶晒与伊东佑亨签订《刘公岛降约》,规定将威海卫港内舰只、刘公岛炮台及岛上所有军械物资交与日军。17 日,日军在刘公岛登陆,威海卫海军基地陷落,北洋舰队全军覆没。

鉴于李鸿章已代表清廷赴日议和,盛宣怀欲将已订之外洋军火停购。3 月,礼和洋行马赤致函盛宣怀,"所订购格鲁森快炮大小十八尊并子弹等欲暂缓办,候将来筹备款项或照原数或添数购办,仍归敝行经理等因。……此项快炮原由连纳经手与宪台订立合同……格鲁森厂先行编号候领到定银立即制造应运,今若中止甚难措词,缘该厂向例先后定货编号办理,惟此宗快炮中国必需之件且为数不多,务乞鼎力设法庶免连纳失信该厂,则更拜德于无涯"。①同日,马赤再次致函盛宣怀,"连纳在阿近廷(阿根廷)商办快船……今连纳因购船之事久候未见中国给价,不得已先回德国向格鲁森厂将所订快炮暂为缓办各情与该厂婉商而该厂似有难色,连纳再将中国和约议成必然广购军械将来受宪台栽培之事甚多,不宜因小失大,该厂始将所订合同之快炮停办俟中国军务了结,各省添购快炮快枪与及铸银机器制造各式枪子机器统乞格外关垂委购敝行,必敬谨效力以副各宪讲求军械慎重机器之至意"。②

4 月 28 日,张之洞上奏为甲午前线转运兵员军械购买租用轮船事宜,"前因南洋海防戒严,江南各兵轮船蚊船均经分泊要隘以备战守之用,所有吴淞口巡察海面稽查入口外国兵商各船,运送各炮位军火以及拖带兵勇军火过江在在需船转运差遣……因北洋军务日繁,奉调北上诸军日多,刻难容缓,军械饷项概须改由扬州、镇江分运,清江登陆北行……兵械云集日夜不歇,前起压滞后起已来,当时军

---

① 《马赤致盛宣怀函》,盛宣怀全宗档案 033497,上海图书馆藏。

② 《马赤致盛宣怀函》,盛宣怀全宗档案 040313,上海图书馆藏。

情万紧不能不多备轮艘以资载运。……购轮太费且一时亦无从购觅多轮"。①

清军转运兵员军械购租轮船情形②

购 买	购 费	租 用	月 租
普陀差轮		汇源小轮	
平镜差轮		飞鸿小轮	
平安差轮		泰安	2 900 两
运兵大轮公和	3.5 万两	爱仁	6 000 两
江清、江平、江泰	2 万两	平义	5 800 两
崇安	0.475 万两	马加利	5 050 两
—	—	固陵	4 200 两
—	—	江宽	12 000 两
—	—	江裕(租用一周)	日租金 500 两
—	—	祥元、泳济、乘风、清风合计	805.5 两
—	—	金安	300 两

1895 年 6 月 22 日清军标下关防石营毛瑟枪五十杆受损仍可使用情形③

编 号	受损情况
1140	头道枯下有小伤一块
7709	二道枯下崩伤三块
5610	机后桶一点崩坏并头道枯二道枯下来复线堂内崩坏一块
1320	二道枯线膛内崩坏两小块并停枪不能动
652	二道枯边线堂内崩坏两小块
4580	头道枯线堂内小伤两块并不能停枪
7496	头道枯下边来复停办内崩坏三块
5850	表尺盖少有崩伤
9400	中心尖崩坏
6154	二道枯下来复堂内崩坏一块并不能停枪
1545	三道枯下线堂内崩坏三块
2882	头道枯来复堂内崩坏一块并不能停枪

---

①② 《购买租用大小轮船转运兵械札》,盛宣怀全宗档案 031369-17,上海图书馆藏。

③ 《? 致盛宣怀函》,盛宣怀全宗档案 008079,上海图书馆藏。

编　号	受损情况
20	二道枯下来复堂崩伤小块
1650	三道枯上边线堂内崩伤块头道枯下崩坏一块
6100	二道枯下来复堂内有伤
4454	头道下线堂内有伤
1413	无伤枪机马号
5529	二道枯线堂内崩坏两块
6659	无伤
2578	二道枯上边线堂内小伤一块
3048	二道枯上边线堂内小伤一块
2201	头道枯下边线堂内小伤一块
3360	线堂内枪中心崩坏一块
5146	不能停枪
1918	机枪号码 8566
6512	无伤
6233	二道枯上边线堂内小伤一块
5350	头道枯下边线堂内小伤三块
4489	不能停枪
6532	枪机号码 9388,并不能停枪
6911	无伤
6032	无伤
6510	无伤
4841	无伤
2040	机柄马号 8686,无伤
8908	头道枯上边线堂内小伤二块
9726	枪机马号 1877,并无别伤
2520	头道枯下边线堂内小伤二块
6815	无伤
6726	机柄罗丝半截
3686	不能停枪

编　号	受损情况
4545	无伤
970	无伤
4541	三道上边崩伤三小块
1440	无伤
9423	不能停枪
4127	枪机马号4167,并不能停枪
3802	二道枯上边线堂内崩坏三块
5559	无伤
1532	枪机马号3509,并无别伤

战事结束,但清朝购自外洋的部分军火陆续到货,只能按合同接收,可惜已无法发挥抗击敌人作用。1895年6月,爱仁装运军火,计有"十二生快炮及五十七密里快炮"在大沽起卸,同时还有士开得由差运到快炮,在塘沽起卸(只能由火车转装来津)。①7月3日,马赤再次致函津海关道盛宣怀谈及购买军火事,"谨按十五万马克,照去年北洋价值可购三十七密里三十倍长过山快炮十尊,无烟药开花子一万颗,今将价单开呈并抄录,去年承办北洋快炮字据各一纸呈请宪鉴"。②7月5日,盛宣怀接函谈论关于山东军火接运事,"查东省毛瑟子百万早经顾廷翁会同粮台电明沈子翁,请其截留径解山东,兹东抚宪电谕迄无未收到,望中不知如何舛错,而敝处收到购办枪子大数并无加增转运归胡,电翁总望成,当即函托电致沈子翁迅速查明着落再行布闻电复"。③11月,盛宣怀又接到购买外洋快炮事,"查爱仁所运十二生快炮及五十七密里快炮早经奉准,寄存沽坞暨沽栈两处,一切委员弁兵以及起卸物价亦经备定,均在船坞码头守候。务请台端电饬该船迅泊船坞码头,以便克日将炮起岸免致耽延致认公益。现在又有士开得轮船由洋运到快炮,奉准在于塘沽起卸,因此炮必须由火车转装来津也,如此分清界限各起各炮,庶无纠葛"。④

1894年,李鸿章在甲午战争爆发前两年就要求储备弹药,但始终没有真正实行。当海战发生时,"经远""来远"两舰主炮只有一半可用。一方面海军经费不

---

① 《? 致盛宣怀函》,盛宣怀全宗档案008079,上海图书馆藏。
② 《马赤致盛宣怀函》,盛宣怀全宗档案033205-1,上海图书馆藏。
③ 《致盛宣怀函》,盛宣怀全宗档案033355,上海图书馆藏。
④ 《致盛宣怀函》,盛宣怀全宗档案040311,上海图书馆藏。

足,另一方面,海军各舰管带克扣行船军费而造成军舰火炮保养不良,北洋舰队行船的公费实行管理包干,"致远""靖远"公费每月550两,各管带为私利,使本应更换的机械用品延期更换。二舰的截门橡皮多年破烂,没有及时更换,致使二舰中炮后迅速沉没。①加之船炮性能上的弱势②,使得尽管"保船制敌"、依托战略后方与日作战的考虑基本正确,可惜李鸿章在一片求和声中,对海上接敌后的应急预案做得不够。水陆两方面对"保船制敌"战略都没有真正实施,如果水上边退边战、陆上严禁日军登陆,日本海军必然无计可施;一旦李鸿章调集南北洋所有船只形成对日绝对优势则会全歼日本海军,可惜的是李鸿章等指挥层对战况估计不足,从上到下都有轻敌之意,没有及时调集南洋舰船的紧迫感;日本舰船只是比北洋舰队有航速和射速两方面微弱的优势,却存在补给线过长、水土不服等弱点,可惜清政府准备工作较多放在了外交而非军事上。③对于外交的作用,日本却异常清醒,参谋本部陆军部第二局局长小川又次大佐曾于1887年写成《清国征讨方略》,其中就谈到,"今日乃豺狼世界,完全不能以道理、信义交往。最紧要者,莫过于研究断然进取方略,谋求国运隆盛","兵力不整之时,万国公法亦决不可信……既不足恃,亦不足守"。④"无论是政治、军事、外交还是舆论宣传,日本都做了精心的准备。"⑤日本通过各种手段向欧美官方及民众宣传,"中国的顽固僵化才是造成危机乃至战争的根源","日本正在努力唤醒千百万昏睡的中国人的灵魂"。⑥其妄图以此来赢得国际舆论的支持。9月,中日大东沟海战过后,英国《泰晤士报》,称"日本的军功不愧享受战胜者的荣誉,吾人今后不能不承认日本为东方一个方兴未艾的势力,英国人对于这个彼此利害大体相同,而且昨晚要密切相交的新兴岛国人民不可丝毫怀有嫉妒之意"。⑦

　　洋员回忆海战经过,"鸭绿江之战,日本吉野舰所发快炮络绎不绝,定远、镇远两舰仅发一炮,而吉野之炮已约有四十弹业集我舰。是以人在舰面测量准头之成法实无所用,聂格尔斯即缘是不成而死。准头即不能得,即使亦有快炮,其弹仅入海以毙鱼鳖耳!且我舰甫开一炮,烛焰历三四分钟不散,岂不殆哉!其时余在定

---

①　王兆春:《空教战马嘶北风》,兰州大学出版社2005年版,第137页。

②　1894年7月4日李鸿章复电丁汝昌,"人皆谓我海军弱,汝自问不弱否?"《丁汝昌集》(下),山东画报出版社2017年版,第364页。

③　1894年6月25日李鸿章复电丁汝昌,"现俄国出为调处,或渐近就范。传语在外各船并威海水陆各将勤操严防"。《丁汝昌集》(下),山东画报出版社2017年版,第359页。

④　[澳大利亚]雪珥:《绝版甲午——从海外史料揭秘中日战争》,文汇出版社2009年版,第173—174页。

⑤　同上书,第147页。

⑥　同上书,第152页。

⑦　同上书,第156页。

远,欲改用机器炮,苦于各炮之不同式,配弹之綦难,欲量准头,又苦不能得。故是役也,幸而邂逅相遇,日本不虞我至,未筹战备耳!倘随带水雷船以来,乘我炮烟缭乱时,潜踪轰我,恐我辈已无类矣"。①参加黄海海战的外洋雇员马吉芬在回顾战败原因时曾说到,"日本军舰比较优良,舰数多,武器弹药质量精良而且供应充足,加之将校士兵训练有素。尽管在炮术上清军胜过日军——因为除六磅以下的轻炮外,日军的命中率约为百分之十二,而清军为百分之二十以上——但在战斗中,清军的速射炮只有'广丙'的五十磅炮三门,而敌舰却独占弹注如雨之利。而且'济远'和'广甲'几乎一弹未发便逃走。加之'超勇''扬威'二舰早就起火沉没,由此观之,实际上敌以十二艘对我八艘,众寡悬殊实不可同日而语"。②1895年3月,都司曹嘉祥、守备饶鸣衢在海军利弊条陈中声明,"海军利器在乎船舰,外洋在日新月异,所用之炮多系新式快炮,每船至少十余尊,我们船少炮钝,速率又缓,如大东沟之役,敌变动至灵,转瞬一阵,我军变换阵势尚未完竣,已被其所围,虽有夺天之巧,亦难插翅而飞也。……海军员弁须考究所购新船或新式军械,讨论呈送海军衙门并宜常阅外洋新报,遇有新创各件须照译呈送海军衙门考核"。③前来远船帮大副张哲溁声明"海军失利缘由,军械不足。各国制造军器,日异月新,数年以来我军未尝购外洋军械,现有船炮比敌迟钝,我开巨炮一,敌可施快炮五,如不命中受敌已多,我又无快炮以抵,敌受伤退,我船不能追,是两军相对而彼得进退自如,兼之配炮零件所备不足,一旦急需非购自外洋不可得,临阵施放难保无伤,东沟之役因零件损伤,炮即停放者不少。军火不备。我军所用鱼雷水雷均购自外洋,一旦需用求平不得,威防水雷不足密布,故敌艇得进出自如,至所领子药多不合式,亦不切备,东沟之役因弹子将罄而炮故缓施者,有因子不合膛而临时减药者"④。李鼎新上条陈,分析甲午战败利弊缘由,充分反映了清政府对外洋进口军械管理之不善,"信船粮船煤船军火船工匠船医院船均须齐备,有事时便可随军听用。……南北洋各处均设立船坞,独一实不敷用。船应若干年大修一次,宜立定章程有事时方不致无船可用。……舰艇枪炮军火等件,当分立局厂仿制,精益求精,有事时方不受人所掣"。⑤

　　1897年11月14日,德国海军谎称在胶州湾举行登陆演习,在未遇到清军任何抵抗的情况下占领了胶州湾,当时驻守青岛的清军有三营约1 500人,毫无戒备。德军递交照会,"胶州湾一地,限三点钟将驻防兵勇,全行退出女姑口、劳山以

---

① 李守孔:《中国近百余年大事述评》第一册,台湾学生书局1997年版,第436页。
② 张功臣:《洋人旧事》,新华出版社2008年版,第190页。
③ 《海军利弊条陈》,盛宣怀档案056921-1,上海图书馆藏。
④ 《海军失利缘由条陈》,盛宣怀档案056919,上海图书馆藏。
⑤ 《李鼎新条陈》,盛宣怀全宗档案056917-1,上海图书馆藏。

外,只允带火枪一车,其余军火炮位,概不准带。以四十八点钟退清为限,过此即当整军办理"。①

1900 年 6 月,天津清军弹药不足直接影响战局,"西沽武库已失,东局子亦为洋人踞守,是×军枪炮药弹已无本源,现仍每日只放枪炮,倘洋兵大至,而枪炮已放完如之奈何"。②五月二十日早大沽两台失守,"团匪用炮轰击租界,洋兵调集抵御,枪炮之声昼夜不息,直至六月初九该员离津,尚未停止。租界虽有击毁之处,而团匪官兵并未能进租界一步,洋兵因见团匪轰散有聂军在内帮击,愈激众愤,遂将西沽炮台制造局、海光寺军械局一齐攻据。并探确现在大沽已有各国战舰及鱼雷艇、运船大小一百余号,陆兵已有二万余人,闻各国征调约在十万以外,自大沽开战起至现在止,洋兵死者不过数百人,官兵死者不下数千,团匪死者数万,平民受害者不计其数,真有尸横遍野血流成渠之惨云"。③7 月,天津租界被华人用"大炮轰击,美领事署同遭毁坏,美兵舰由大沽装有美民三十三人,系从北戴河逃窜至沽"。④1901 年,八国联军侵华,清军许多引进的新式装备并未充分发挥作用。德州黄建笂致函盛宣怀时谈到,"傅相惑于人言,动以胆怯等词,严加申斥,形于案牍,令人灰心,殊不知西军来源于叵测,若遵相移至沧州,则饷械尽行失去,即蹈津保库局覆辙,何堪设想"。⑤9 月 24 日,《字林西报》登载各国电报,"至夜间两点钟,俄兵开大炮燃放六响,炮台,乃还炮相攻,炮台之炮先向左边打去,随后四周匀攻,系用开花炮燃放颇准。德俄步兵则一百向前直进,并不发枪,大炮在后面与炮台相攻,步兵行约六七里乃觉天亮,华兵之炮准定甚能命中,击毙洋兵多少则昏暗中看不见也。南边之炮台其开花炮弹落如雨下,步兵仍向前再行三里许,忽轰然震声如雷,后又约迟五分钟之久,再如雷震一声,轰烈比前更甚,盖华军地雷也,其二次之地雷长约五六十丈,德俄兵受伤不浅,有骑马兵官二员,忽飞上半空血肉飞薄,其碎骸坠落,洋兵所在之处,只距二三丈远。是以洋兵纷纷乱逃,因不知别处尚有伏雷否,地雷响时,炮台仍复燃炮,当时烟炎冲天,极目昏蔽,至七点钟时,步兵因离炮台尚远,仍不开枪,但洋兵之大炮已打入炮台,见炮台上雾然一阵烟炎暴发,大约已被焚烧炮台之北边大炮二尊,已被击坏,洋兵中央之炮一门亦坏,炮台上有炮一尊仍不停攻,甚有次序,约每十分钟即燃一响,所用无烟火药送时但见光芒一闪,洋兵则用黑药,七点后炮声随觉略慢至晨八点,忽大雨滂沱,本访事人退回保

---

① 《清季外交史料》(第 5 册卷 127),湖南师范大学出版社 2015 年版,第 2496 页。

② 《? 致? 函》,盛宣怀全宗档案 057598,上海图书馆藏。(? 为原档无法确认之字)

③ 《? 致盛宣怀条》,盛宣怀全宗档案 057628、056090,上海图书馆藏。(? 为原档无法辨认之字)

④ 《? 致古纳电》,盛宣怀全宗档案 057593-2,上海图书馆藏。(? 为原档无法辨认之字)

⑤ 《黄建笂致盛宣怀函》,盛宣怀全宗档案 056036-1,上海图书馆藏。

护映相器具,回头行至半途则见火车载有死伤兵士,访事人回时仍闻接仗之声,其时尚胜负未分云"。①据外国公使人员记录,"庚子事变期间,庆王下令如敢再攻使署者,以军法从事,不料同日早七点钟华军复来攻,枪炮之声不绝,如联军不到,则我等必皆已死于华人之手续矣。……外间传言内廷供给食物,其实不确,惟皇太后尝送蔬菜来,我等不受,原物送回。……驻京各公使均谓此事确系朝廷主谋而借口于团匪,驻京各公使深信李傅相实与仇洋之政府系属一气,后来之事一日华兵用炮猛攻使署情形可畏,共计十一日之内约共放有二千余炮之多"。②

---

① 《字林西报》1901 年 9 月 24 日,盛宣怀全宗档案 057391,上海图书馆藏。
② 《北京近事》,盛宣怀全宗档案 057610-3,上海图书馆藏。

第四章 晚清华洋军品贸易与军工产业的发展

19世纪60年代开始，以购买西洋武器及军工物料等为主要内容的华洋军品贸易持续了相当长时间，迅速提升了中国军队的武器装备水平和军工生产能力。中外武器的差距不断缩小，体现在军工制造、战时武器供应以及中外武器的总体性能上。美国著名军事学者杜普伊指出，军事战术、军队编制和军事学说，受武器不断更新的影响。①晚清军队武器装备的近现代化直接拉动了清朝军队体制编制改革，以及军事训练、军事教育的近现代化进程。陈炽曾总结道，"福建之船政创始于前，北洋之海军踵兴于后，各省机器制造之局，水师武备之堂，铁舰、水雷、快枪、巨炮肇开，船坞广筑，炮台亦步亦趋，应有尽有，此强兵之实效也"。②清政府引进西洋军品，一定程度上提高了清军的装备水平，为民族军工产业的发展打下了基础，同步刺激了民用工矿企业的发展。由于体制弊端、财政困难等因素，军贸经费严重不足，且效费比极低。这导致西洋武器的引进在质与量上都没达到预期目标，国内军工厂仿制西洋武器的工作也没能取得更大进展。

从1861年两江总督曾国藩创建安庆内军械所，到甲午战前，清廷在上海、南京、天津、武汉、西安、兰州等十多个城市，建立了二十多个新型兵工厂。其中有专造枪炮弹药的天津机器局、金陵机器局和湖北枪炮厂，有专造舰船的福州船政局，有综合性的大型兵工厂上海江南制造总局。在仿制外洋武器成品、外购机器物料的基础上，初步形成了中国近代军事工业体系，除少数边远地区外，全国许多地方的驻军，都能就近使用国产的武器弹药，减少了长途运输困难和白银的外流。国产军工产品中有各种步枪、多管枪、火枪、舰船，以及大量的弹药、地雷、水雷，基本

---

① ［美］杜普伊：《武器和战争的演变》，军事科学出版社1985年版，第10页。

② 中国史学会编：《中国近代史资料丛刊·戊戌变法》第1册，神州国光社1953年版，第247页。

上包括了当时清军所需要的各种武器装备。它们的兴办,是我国军事工业从手工向机械化过渡的标志,走出了近代军事工业从无到有的第一步,为后续发展奠定了基础。当然,受种种因素限制,60年代开始的军事自强运动,历经50年的发展,所取得的成绩是有限的,主要原因是军工发展上存在着诸多弊端。

一、 近代华洋军品贸易促进了中国军工产业的发展

鸦片战争前夕,随着西方工业革命的开展,外洋军械技术日新月异,痴迷于"天朝上国"传统观念而昧于世界大势的晚清政府,在军工技术上被远远地甩在了后面。在内忧外患的刺激下,初尝西洋火器甜头的曾国藩、李鸿章等朝廷重臣,考虑外购枪炮甚难,纷纷奏陈,要求就军需节省项下拨款,筹办机器局,仿造前膛兵枪、开花、铜炮,以为军事自强之道。从1860年到1895年中日甲午战争,清廷兴办了一批近代军事工业,"上海机器局为各省制造最大之厂,该局员等苦思力索,不惮繁难,奋勉图功,竟能于数年之间创造新式枪炮,与西洋最精之器无异,为中国向来所未有"。①遇有战事,各军工厂均能赶制新式武器,支援前线。可以说,通过华洋军品贸易购买西洋军火和设备物料,并且引进国外先进军工技术,极大促进了中国军工产业的发展,让中国近代军工生产技术从落后的冷兵器时代迅速跨入先进的热兵器时代,使近代中国军事工业在生产技术和设备等方面都发生了很大的变革,生产效率得以大大提高。

(一) 现代军工产业从无到有

中国军事工业沿袭日久,以冷兵器生产为主,明代佛朗机引进后并未大规模换装应用,鸦片战争前,各部队装备少量的鸟枪、抬枪为当时清军所用最先进的火器,鸟枪仿制自1548年的葡萄牙火绳枪,射程约100米,射速为每分钟1至2发。鸦片战争时,英军装备伯克(Barker)式前装滑膛燧发枪,射程300米,每分钟3至4发。与英军相比,鸟枪枪身太长,装填射击不方便,风雨天气,极难点火。晚清的总体生产技术水平已远远落后于西洋。败于英军的船坚炮利,签订城下之盟也未真正触动晚清的军事变革。直到第二次鸦片战争,一方面清军再次败北,另一方面,针对太平军、捻军和回民起义者,清廷在借助洋人武装联合镇压的过程中尝到了西洋武器的甜头。1865年李鸿章带领淮军镇压捻军,在其奏折中称,"臣部将士皆已熟悉洋器,惯用剿贼,设此后临敌不能应手,或远道解运不及,将若之何?"以军事自强运动为开端的洋务运动开始受到最广泛的支持,洋务派在60年

① 李鸿章:《上海机器局请奖折》,光绪十九年六月十六日,《李鸿章全集》(卷15),奏议(十五),安徽教育出版社2008年版,第129页。

代后创办的军事工业机构有四个:1865 年始建的江南制造局、1865 年由苏州移设南京的金陵制造局、1866 年创办的福州船政局、1867 年创办的天津机器局。先后用费近九百万两。这些工厂从设计施工、机器装备、生产技术到物料供应都来自西洋。最初生产的武器性能不够稳定且成本较高。1874 年日本派兵入侵台湾,沈葆桢带领军队渡过台湾海峡进行增援,国内所造枪炮和舰船发挥了重要作用,迫使日本暂行收敛。70 年代,洋务派新开办的军事工业机构有:广东机器局、浙江机器局、山东机器局、湖南机器局、成都机器局等,共投资一百多万两。①截至1884 年,清政府先后开设军事工业厂局二十所,分布十二省区,设厂及扩建经费共计一千一百余万两。②全国建立起"官商合办"和民办的机器工厂近 2 万个,有产业工人 1 100 多万人,中国近代工业初具规模。

洋务派在各地创办军工企业统计表③

军工企业	创办时间	主持者	主要产品及说明
安庆内军械所	1861 年	曾国藩	子弹、火药、炸炮
上海炸弹三局(松江洋炮局)	1863 年	李鸿章,刘佐禹,韩殿甲,丁日昌	子弹、火药
苏州洋炮局(原炸弹三局之刘局)	1863 年	李鸿章,刘佐禹	子弹、火药
金陵机器局(原苏州洋炮局)	1864 年	李鸿章,刘佐禹。1866 年由苏州炮局改江宁炮局,1874 年再改金陵机器局	枪炮、子弹、火药
江南制造局(原炸弹三局之韩、丁局并入)	1865 年	李鸿章,丁日昌	兵轮、枪炮、水雷、子弹、火药、机器,设炼钢厂
福州船政局	1866 年	左宗棠,沈葆桢	轮船、鱼雷、水雷
天津机器局	1866 年	崇厚,密妥士	枪炮、子弹、水雷、火药,设炼钢厂
福建机器局	1869 年	英桂,赖长,黄维煊	子弹、火药
西安机器局	1869 年	左宗棠,赖长。1872 年改兰州制造局	枪炮、子弹、火药

① 梁义群:《近代中国的财政与军事》,国防大学出版社 2005 年版,第 76—77 页。

② 同上书,第 84 页。

③ 中国近代兵器工业档案史料编委会编:《中国近代兵器工业档案史料》第一辑,兵器工业出版社 1993 年版,第 4—22 页;王尔敏:《清季兵工业的兴起》,广西师范大学出版社 2009 年版,第 125—126、159—203 页;《中国近代兵器工业——清末至民国的兵器工业》,国防工业出版社 1998 年版,第 216—273 页;曾详颖:《中国近代兵工史》,重庆出版社 2008 年版,第 40—65 页。

军工企业	创办时间	主持者	主要产品及说明
天津行营制造局	1871 年	李鸿章,王德均。1896 年改北洋制造局	
广东机器局	1873 年	瑞麟,温子绍	子弹、火药、修造小轮船
南京乌龙山机器局	1874 年	李宗义	
广州火药局	1875 年	刘坤一,潘露	1885 年与广州机器局合并
济南山东机器局	1875 年	丁宝桢,徐建寅,薛福成	枪支、子弹、火药
湖南机器局	1875 年	王文韶,韩殿甲	枪支、开花炮弹、火药
广东军火局	1875 年	刘坤一,张兆栋	枪支、弹药
成都四川机器局	1877 年	丁宝桢,夏峘,劳文翻	枪炮、子弹、火药
大沽船坞	1880 年	李鸿章	维修船炮
吉林机器局	1881 年	吴大澂,宋春鳌	枪炮、子弹、火药
金陵洋火药局	1881 年	刘坤一,孙传樾	1907 年并入金陵机器局
浙江火药局	1882 年	刘秉璋	子弹、火药、水雷,1885 年并入杭州机器局
神机营机器局	1883 年	奕譞,潘骏德	炮弹
杭州浙江机器局	1883 年	刘秉璋,王恩成	火药等
昆明云南机器局	1884 年	岑毓英,卓维芳	子弹、火药
太原山西机器局	1884 年	张之洞,胡聘之	洋火药
台北台湾机器局	1885 年	刘铭传,丁达意	子弹、火药
广东枪弹厂	1885 年	张之洞,蔡培榕	步枪、枪弹、黑火药
汉阳湖北枪炮厂	1890 年	张之洞,蔡锡勇。1904 年改湖北兵工厂,1908 年与湖北钢药厂合并为湖北兵工钢药厂	枪炮、子弹、火药
西安陕西机器局	1894 年	鹿传霖,张汝梅	弹药
武汉湖北军火所	1895 年	谭继洵	弹药
广东无烟药厂	1895 年	李瀚章	洋火药
开封河南机器局	1896 年	刘树棠	枪支、弹药
广东制造枪弹厂	1897 年	张之洞	枪支、弹药

续表

军工企业	创办时间	主持者	主要产品及说明
沈阳奉天机器局	1897 年	廷茂	弹药
迪化新疆机器局	1897 年	饶应祺	弹药
汉阳湖北钢药厂	1898 年	张之洞,徐建寅	枪炮、洋火药
南昌江西机器局	1898 年	翁曾桂	弹药
贵阳贵州机器局	1899 年	王毓藻	
齐齐哈尔黑龙江机器局	1900 年	恩泽	弹药
武昌保安火药所	1900 年	徐建寅	
福建制造局	1902 年	许应骙	弹药
龙州广西机器局	1902 年	苏元春	弹药
德县北洋机器制造局	1902 年	袁世凯	枪炮、子弹
伊犁枪子厂	1908 年	长庚	枪子
合　计	44 家军工厂		

　　这些军工企业中,除了福州船政局制造兵船、炮舰之外,金陵制造局主要制造弹药。江南制造局初创时期,曾在制造枪炮的同时,制造小型兵船,到 1885 年造成第八号兵船后,造船工程停歇。其余所有军工厂都以生产枪、炮、弹、药为主要业务。江南制造局、金陵制造局、福州船政局、天津机器局为军用企业的骨干,由清廷主要负责投资。而其他的众多中小型企业,主要由各省督抚自筹经费加以建设(兰州机器局和山东机器局较具代表性)。1863 年,李鸿章为镇压太平军而设立三个军火厂,其中刘佐禹和英国人马格里所负责的军火厂,使用包括蒸汽机在内的西洋机器,并雇用数名洋匠,韩殿甲和丁日昌分别负责另外两个军火厂,同样生产炸弹和炸炮。从产量上看,三个军火局每月生产炸弹在一万颗以上。炮重不超过五千斤的田鸡炮(即迫击炮),每月可生产六至七尊。①

　　1869 年,左宗棠在西安设立陕西机器局,制造洋枪、铜帽、开花子等小军火,1871 年移至兰州。所生产的种类有铜引、铜帽、大小开花子,仿造普国七响后膛枪及后膛进子螺丝大炮,改良传统的劈山炮和广东的无壳抬枪。②福建机器局 1869 年由闽督英桂所创,一年以后可造枪弹。1873 年停办,1875 年再次开办,1881 年后因海防吃紧,仿制克虏伯炮,1885 年扩充专门生产子弹及炮弹,1894 年

---

①　王尔敏:《清季兵工业的兴起》,广西师范大学出版社 2009 年版,第 105 页。
②　王文杰:《十九世纪中国之自强运动》,《福建文化》1937 年第 2 卷第 2 期。

后生产毛瑟新枪和陆路小炮。①考虑到在东南置买军火再运到西北，运输困难价格高昂，且常缓不济急。1872年年底，陕甘总督左宗棠部属广东人赖长，负责筹建兰州制造局，为镇压西北回民之乱所设，以仿造、改进、研制相结合。一是仿造。先后仿造铜引、铜帽、大小开花子、布国（普鲁士）七响后膛枪数十杆，后进子螺丝炮20余尊。左宗棠在报告中说，洋枪唯后膛七响最为利器，局造已成数十杆，（性能）亦能及之。螺丝炮"与布炮无殊"。二是改进。将清末一种劈山炮，参中西之法兼其长，改为合膛开花子，炮架改为鸡爪式，比原来更为方便好用，操作由13人减为9人。将广东造的无壳枪改为后膛开花子，安宝塔咀、铜帽，一人操作，比洋枪更准更远。三是研制。制造局自造200斤重的山炮数十尊，设计精巧灵活，安车轮架放和着地架放都很合用，性能与布炮相近。制造局当时生产的军火在左宗棠摧毁新疆阿古柏政权时发挥了很大威力。广州机器局1873年设立，除造枪炮外，还修理轮船。1886年，由于广西巡抚潘鼎新订购的一副机器无力承办转交张之洞使用，加之粤省订购的一副机器，设立枪炮厂一座。制造枪弹，有毛瑟、马梯尼（Martini）、士乃得（Sneider）、云啫士得（Winchester）四种枪弹。同时也生产新式枪械，兼造轮船，主要为小炮艇之类，时称根钵子（Gunboats）。②山东机器局1875年奏请创立，由徐建寅为总办，该局最大的特色为一切施工物料，置办机器，都由华人经手，未雇用一次洋匠。产品以仿造英式亨利马梯尼枪（Martini—Henry）和其他各型炸弹、枪弹、地雷及洋火药为主。③四川机器局1877年创设，1879年停办，1880年重新开办。主要生产各式洋枪和枪弹火药，而且新式的马梯尼枪多不合用，枪管大小不一，枪弹多不合膛。1887年后只造枪弹火药。④吉林机器局1881年奏准建立，1882年购得机器，1883年建成厂房，1885年增设洋火药厂。该局生产以枪弹和火药为主，并兼造新式来福枪和抬枪，局中惯例是不用洋员。⑤1894年，陕西巡抚鹿传霖奏请将前甘肃旧存机器运陕使用，建成陕西机器局，所产军火限子弹一项。随着张之洞于1889年8月调为湖广总督，原炼铁厂和即将建成的军工厂均移至湖北开办，厂址在汉阳大别山麓，东临汉阳铁厂，全区以枪炮厂为主，占地三百三十七亩，枪厂炮厂相距六七里为炼钢厂及火药厂，占地二千一百亩，规模极大。⑥江南制造局从设立到1904年，共生产大炮742尊，各种

---

① 《海防档》机器局，台湾近代史研究所1957年版，第81页。

② 廖和永：《晚清自强运动军备问题之研究》，文史哲出版社1987年版，第72—73页。

③ 王尔敏：《清季兵工业的兴起》，台湾近代史研究所1978年版，第113页。

④ 同上书，第115页。

⑤ 廖和永：《晚清自强运动军备问题之研究》，文史哲出版社1987年版，第74页。

⑥ 同上书，第76页。

后膛洋枪 65 300 支,生产了大量的火药和炮弹,成为保障各军"最有效的一项生产"。①天津机器局在甲午战争时期所造子弹约 1 000 万粒,枪药、炮药各 60 万磅,栗色药饼 30 万磅。②

天津机器局建厂及生产进度情况③

年　份	建厂过程及武器种类	生产进度及产量
1866 年 9 月	恭亲王奏请由崇厚筹建天津机器局	
1866 年 11 月	总理衙门划拨阿思本舰队变卖价款一部分交密妥士赴英购办机器	
1867 年 4 月	建成东局及西局	正式开局,密妥士为总办
1870 年	崇厚使法,李鸿章接办	罢黜密妥士并委沈保靖为督办
1875 年	购到林明敦造枪机器	1877—1879 年生产 520 支
	改造士乃得枪	
	火药、枪子、炮弹、水雷	
	西局制造部分小型轮船、钢铁游艇、小汽艇、挖泥船、130 支行军桥船	1880 年造两艘布雷艇

天津机器局生产的主要新式武器④

种　类	截至 1880 年总量	种　类	截至 1880 年总量
洋火药	437 万磅	克虏伯炮弹	
铜帽	23 860.5 万颗	士乃得后门枪弹	
前后膛大小炸炮弹	36.47 万颗	各种炮车器具	
林明敦中针枪子、格林炮子	846.8 万颗	新式机器	
各式拉火	95 万支	行军桥船	130 只
500 磅药碰雷	28 枚	130 匹马力布雷船	2 只
1 000 磅药沈雷	34 枚	新式长炮钢弹	1886 年开造
700—150 磅药撞雷	122 枚	新式栗色火药	1886 年开造

①　王尔敏:《清季兵工业的兴起》,台湾近代史研究所 1978 年版,第 81 页。

②　李鸿章:《寄译署》,光绪二十年七月二十八日,《李鸿章全集》(卷 24),电报(四),安徽教育出版社 2008 年版,第 282 页。

③　王尔敏:《清季兵工业的兴起》,台湾近代史研究所 1978 年版,第 85—90 页。

④　李鸿章:《机器局请奖折》,《李鸿章全集》(卷 9),奏议(九),安徽教育出版社 2008 年版,第 460 页;《天津机器局报销折》,《李鸿章全集》(卷 12),奏议(十二),安徽教育出版社 2008 年版,第 559 页。

续表

种　　类	截至 1880 年总量	种　　类	截至 1880 年总量
小水雷		褐色棱柱形火药	1887 年开造
棉花火药			
潜水艇"水底机船"	1 支		

甲午战争时期,天津军械局已能为前方随时生产军械弹药。1894 年 8 月,从大沽为叶志超军队运送军火,"叶军门军火赴旅,本由盛观察定夺,准今日午后开行。……惟军需紧要船期开行迟速,此中大有出入,适海面或遇兵险则必受□"。①10 月 4 日,天津军械局顾元爵致盛宣怀函,"丁军门电称,定、镇修完出口,必需药弹,前电请解三十生半开花子三百五十颗及装好药袋等件,属查何日造齐,共计若干,详细见复等因。查三十半生开花子前解八十颗,尚应找解二百七十颗,又请造二十一生、十五生开花子各五百颗,以及各种装好药袋,商催机器局,复称本月月底均可告成"。②10 月 6 日,盛宣怀档案中记载丁汝昌催问天津军械局军火事,"丁军门催将军火于初十内外运旅,另抄电报,俱已诵悉,查致本月初十,三十生的半二倍八开花子可成八十颗,二十一生、十五生各成一百颗,已于昨晚函知军械局谅已函达尊处,初六日电内有铜螺丝拉火二千枝,初十亦可借齐,均请于十一日运解,各种药袋二十生的半者随子配发,八十出又十五生装好药袋七百出,六寸口径装好药袋一百出以上,均照八月二十九日军械局来咨数目。初十可以装齐咨内尚有二十六生药袋三十出,因不知几块为一层,几层为一袋,是以未能装袋,又二十一生药袋,前单所无,兹初四初六电内均有二十一生药袋未载数目为期甚迫,拟将前项二十六生三十出,并二十一生随炮备一百出连药袋并袋一并拨发"③。10 月 17 日,军械局天津军械局顾元爵在致盛宣怀的信函中提及瑞生洋行炮位情况,"敝局七生脱半口径者现尚存一百十余尊,克虏伯无现存成之炮,仍照克威敦厂仿造"。④

1894 年 4 月,湖北枪炮厂房落成,张之洞即向德国订购克虏伯枪坯二百支,准备试造小口径快枪。7 月,枪厂突遇大火,两成造枪机器被损,仅修理费用就要耗 30 万两白银。中日战端胶着,新式武器需求最甚,枪炮厂不能如期开工,引得清流派攻击,要求停办。幸有侍读学士文廷式大力支持。10 月 31 日甲午战争期间,张之洞上奏,要求购买德国生产军械之机器,加紧制造枪炮。"叠经电商出使

①　《? 致张振荣函》,盛宣怀全宗档案 057535-2,上海图书馆藏。

②　《天津军械局顾元爵致盛宣怀函》,盛宣怀全宗档案 089022,上海图书馆藏。

③　《? 致盛宣怀》,盛宣怀全宗档案 056628,上海图书馆藏。

④　《天津军械局顾元爵致盛宣怀函》,盛宣怀全宗档案 033343,上海图书馆藏。

俄、德等国大臣许景澄，在德国力拂厂国定制造水、陆、行营各种炮架机器全副，每年能成六七生至十二生炮、水陆炮架、炮车一百副；造克虏伯炮弹机器一副，每日能成六生至十二生炮弹一百颗，实心弹、开花弹、群子弹、子母弹均能制造；造小口径枪弹机器一副，每日能成枪弹二万五千颗；造钢板、造铅条、装药入弹、修理器具俱全。共价德银八十三万六千八百六十马克五十分，连装箱费在内；三就约合银一两。共合银二十七万八千九百余两。运脚、保险费约银三万余两。"①1895年5月，枪厂基本修复完成，但只能勉强试造洋枪，尚不能进行批量生产。是年冬季，湖北枪炮厂开始批量生产。1896年，汉阳厂开足马力，全年生产1 300支步枪，定名为"七密里九毛瑟步快枪"。根据美国武器收藏家史宗宾考证，从1895年年底至1909年年底，汉阳厂共生产七密里九口径毛瑟步快枪121 974支、七密里九口径毛瑟马快枪8 062支。平均一年将近一万支。1895年3月，定远舰像炮大副沈寿堃总结大东沟海战败因，有感于外洋采购军器之不便，影响战局，呼吁，"船炮鱼雷水雷等械，须一一自行专厂仿制，中国多聪颖之士，未必便无其人，即使初次稍不合式，苟能不惜重资，且宽其过失，使精益求精、密益求密，未有不成功者也"。②

　　近代中国从外洋引进的"制器之器"大大改变了中国工业落后的生产方式，军事工业从简陋的手工业生产过渡到大机器生产的模式，由于军工产业需要原料、燃料的充足供应，以及电讯和运输的有效支援，因此，军工产业的发展也为近代中国的民用企业、电讯和交通提供了发展的刺激因素。1861年，曾国藩所设安庆内军械所，制造弹药、枪支，使用的设备和物料主要来自国内，制造出来的产品未达到预期效果。仅1886年清廷就从外洋进口废旧钢铁和铁针等物，价值银240万两，官僚们纷纷建议，自行设厂，购置机器，用洋法精炼，始足杜外铁之来。李鸿章在《请开平泉铜矿片》中说："天津机器各局制造子弹药帽等项，所需铜料，购自外洋，转运艰而价值贵，且恐不可常恃，自应就中国自有矿产设法开采，以期费省用便。"③1872年，淡水英领事商务报告福建船政局情形，谈到开采基隆煤矿的主要原因是"船政局和炮船迫切需煤。福建当即苦于洋煤太贵，迫不得已……想要使用机器进行采煤了"④。

　　1890年，张之洞在湖广总督任上，于武昌设立湖北铁政局，委派候补道蔡锡

　　①　《张之洞奏湖北枪炮厂添设炮架炮弹枪弹三厂并改换快炮机器折》，中国近代兵器工业档案史料编委会编：《中国近代兵器工业档案史料》第一辑，兵器工业出版社1993年版，第222页。

　　②　《海军利弊情形条陈》，盛宣怀全宗档案056920，上海图书馆藏。

　　③　李鸿章：《请开平泉铜矿片》，《李鸿章全集》（卷9），奏议（九），安徽教育出版社2008年版，第342页。

　　④　《中国近代工业史资料》第1辑下册，生活·读书·新知三联书店1957年版，第582页。

勇为总办,开始筹建工作。1893 年,汉阳钢铁厂建成投产,成为当时东方最大的一个钢铁厂。1899 年 10 月,盛宣怀奏报慈禧太后,指出"臣办的是湖北铁厂,现在铁厂出铁、炼钢。卢汉铁路用的钢轨均系自己所炼,与外国一样好。现造枪炮亦是用自己所炼的精钢,比造轨之钢更要加工"。①晚清轻工业出现较晚,当时进口的铁、铅、锡、钢等金属主要用于供应军工厂。"金属——全年对金属的需求甚少。卖掉的数量在很大程度上依赖于兵工厂内继续施工的规模,而在去年内,已有几项大任务宣告完成。"②"最近从比利时进口的铁大为增加⋯⋯政府的兵工厂等有时也需要生铁供熔炼之用。"③1896 年,盛宣怀主办汉阳铁厂时曾就汉阳钢厂与英国的技术水平作过比较:

1. 生铁炉布置尚可,较英国新法则太小,据德培云每礼拜出铁四百二十吨,英国新炉则出七八百吨甚至一千吨不以为奇,然英国亦有小厂,如汉阳者开工颇获利益。

2. 贝色麻厂布置甚好且能炼钢⋯⋯

3. 西门马丁铜炉亦小只出钢八吨,英国大抵出钢二十吨至二十五吨,甚至出四十吨者。现钢炉系照碱法,然酸法为上,此料往往造枪炮钢甲等用,即锅炉也颇用此料,照此钢炉用好铁好炭亦能出好钢,以后欲改酸法亦甚易事也。

4. 钢轨厂布置颇好,所出钢轨亦多如定货者,应另添机器。

5. 钢板厂所滚钢板只四尺阔,此厂甚小,如钢板为中国枪炮厂船坞等用,应当扩充。现造钢板最厚者十四寸,钢板需大机制造,其货更好。

6. 钢条厂钢系现在钢轨制造如有定钢轨者多,无暇造钢条将来应推广。此厂现所造十二分及十四分径,此笨法也,如造十二分十八分或十二分二十分径较为合用。

7. 钢片厂,汉阳厂不造钢片,仆思中国极薄钢片销路颇广如屋顶等用。

8. 汽锤,汉阳所设最大汽锤如造重炮等不合用,所有十五吨汽锤尚未设立,该锤可用之于西门马丁炉,现欧洲所用系水力升降压锤力量极猛易于施用,所占基址不大。

总论:贵厂虽比欧洲各厂固小而布置平善,不过离矿较远,惟闻有英国钢铁厂铁苗由西班牙进口者约远四面六百英里,且有经铁路取用者,该厂等尚

① 北京大学历史系编:《盛宣怀未刊信稿》,中华书局 1960 年版,第 279 页。
② 李必樟编译:《上海近代贸易经济发展概况》,上海社会科学院出版社 1993 年版,第 283 页。
③ 同上书,第 334 页。

获利息。仆知贵厂所最难者因无合宜之煤,惟中国地大不久必可找寻一得宜之煤矿,汉阳铁厂所制物料较外国来货省运费税饷,中国人工亦贱,贵厂不出租钱亦不征税,所以只要办理得法,应得有利与各股,均有益。①

1897年11月,汉阳铁厂来去电显示,"沪朱子文去电,良济来电焦炭五千吨每吨银十八两,请还实价等语。望即代复,每吨规银十八两,汉阳交货必须定明质坚块大上等货为要,三个月内五千吨俱运到,如第一次运来不合用,便即止运,如允即订合同,如只肯上海交货亦可定"。②1907年前后,汉阳铁厂所造钢铁已为各省铁路制造枪炮所用。"从同治四年(1865年)至甲午战争爆发时,上海共出现了12家华商机器厂,以船舶修造为主,还能制造轧花机、缫丝机、蒸汽发动机和简易车床。至1913年,上海民族机械工业新增88家。"③

1867年上海运至汉口的金属类洋货④

单位:汉口银两

商品名称	来自上海	来自其他通商口岸
日本铜	19 840	低于1 000
已加工铁	33 104	1 296
铅　锭	39 783	841
锡　锭	45 558	1 022
锡　板	1 980	低于1 000
水　银	112 216	低于1 000
合　计	252 481	
备　注	由1868年9月17日旗昌轮船公司运费修订表数据中可知,对于铅铁等金属制品,上海至汉口运费按照每担4钱收取,仅仅来自上海的洋货中金属就约有631 202.5担	

1867年上海运至天津的金属及军火类洋货⑤

单位:天津银两

商品名称	来自上海	来自其他通商口岸
已加工铜	5 416	1 207
铅　锭	5 464	低于1 000

①　《致铁厂洋人函抄存》,《盛宣怀主办汉阳铁厂时期与外人往来有关函件》,古籍类542540,上海图书馆藏。

②　《汉阳铁厂来去电信抄存》,盛宣怀全宗档案001602,上海图书馆藏,第99页。

③　王垂芳:《洋商史:上海:1843—1956》,上海社会科学院出版社2007年版,第42页。

④⑤　[美]刘广京:《英美航运势力在华的竞争》,上海社会科学院出版社1988年版,第223页。

续表

商品名称	来自上海	来自其他通商口岸
锡	1 035	686
锡 板	4 836	低于 1 000
水 银	7 028	低于 1 000
火 炮	3 458	低于 1 000
火 药	4 410	低于 1 000
雷 管	2 600	低于 1 000
手 枪	30 000	低于 1 000

福州船政局(1867—1894 年)生产情况①

年 份	建厂过程及舰船种类	生产进度及产量
1867 年 10 月	向法国购到各厂机器轮机,包括洋铁等物料	制成长三十丈、宽十五丈船槽,可修一千五百吨轮船
1867 年 11 月	总监工达士博、煤铁监工都逢、英文教习嘉乐尔、医官尉达乐到局	建长二十四丈之造船台,铁胁厂、水缸厂、打铁厂、铸铁厂、合拢机器厂
1868 年	奏请奖励洋匠	建转锯厂、木模厂、钟表厂、储材所等
1869 年		第一号轮船"万年青"号下水
截至 1894 年	兵船 21 艘	生产技术上从木胁轮船过渡到铁胁轮船,进而生产新式快船,最后制造最新式钢甲兵船。共计生产 34 艘轮船
	运船 5 艘	
	快碰船 2 艘	
	快兵船 1 艘	
	钢甲船 1 艘	
	猎船 3 艘	
	练船 1 艘	

1908 年 5 月 11 日,盛宣怀致湖广陈制军函中称"德国驻胶大臣过阅铁厂,极赞谓不料中国亦能办成此一事,现定预算化铁炉四座每日出生铁一千吨,并添钢炉十座,即可成精钢八百吨,各省铁路及将来造枪造炮造兵船造机器,皆可取给于鄂厂"。②"汉冶萍钢厂年内定出钢轨五万吨之多,现又加造新钢炉两座,不患销路

---

① 刘传标:《近代中国船政大事编年与资料选编》(第 1 册),九州出版社 2011 年版,第 72—100 页。

② 《盛宣怀亲笔函稿不分卷》,古籍类电子文献 430853-60,上海图书馆藏,第 461、465 页。

不畅,故拟优秀股添足一千万元为度,已得八百余万,归时可望额满。"①是年11月12日,盛宣怀致邮传部函曰,"日本铁厂船厂美洲铜矿议买萍焦,为数甚巨,又为吾华增一出口货,并查明焦炭中可炼出许多杂料,徐待运道通利方能扩充加炼"。②是年12月26日,盛宣怀致伦贝子函,谈到赴日就医时考察日本铁厂情况,表达了官办不如商办之观点,"钢铁实为富强第一关系……故欲保守权利以有易无,尤非推广冶炼不可。该国制铁所系属官办专供陆军部之用,规模虽大所出钢铁不过与我相符,现亦添炉开拓,已费官本六千万之巨,制造各厂林立自己钢铁决不敷用,每年购买欧洲钢铁岁数千万,其甚赞汉钢精美愿购我钢货。我厂连煤铁两矿只用过二千余万,天生料质远胜东瀛。来年预算新添大化铁炉一座,炼钢炉两座,汉阳码头一处,汉口码头栈房一处,岳州易家湾码头各一处,即可做一小结束,俟有余利,如能续筹巨款,自可再事扩充,中国地大物博,而实业程度太低,当此国困民穷,舍实业何以裕,国用何以养,民生何所翼"。③

天津机器局从1874年开始向各省销售所造新式军火,江南制造局也很早就开始向各省供应新式军火。涉及的军火价值,常由各省军营在军需项下拨款给价,或由各省军营直接订购。如1894年8月,张之洞致台湾巡抚邵玉麟电称,"弟在广东创设枪弹局,制弹六种,内有毛瑟,每日可出弹二万。数年来积储想不少,何不向粤谋之,或购或借,当可行"。④10月张之洞致两广总督李瀚章电,"粤省枪弹局每日可出枪弹一万数千颗,存储必多,赶造亦易。务祈饬局迅即拨给毛瑟弹一百万颗,黎意弹二十万颗,饬局开价照汇"。⑤1895年11月30日,张之洞请清政府拨款六十万两给湖北枪炮局,"由鄂厂分为四年将所造枪炮作价均还,照外洋买价,让减一成,每年还银十五万两。目前鄂厂有款以应急需,日后江南有械以资防务,似乎两益而无损"。⑥1901年,湖广总督张之洞札饬工艺局,"去冬向广东购买前膛枪三千枝,粤省甚为不愿,甚费周折,枪并不佳,而价复不廉"。⑦1904年,湖广总督端方奏称,"各省需用鄂厂枪、炮,前经本任督臣张之洞奏准,比照外洋价值减二成收价,藉资周转。近来各省纷纷向鄂厂订购小口径快枪及药弹等件,叠经臣饬该厂开足马力,加工赶造"。⑧

①　《盛宣怀亲笔函稿不分卷》,古籍类电子文献430853-60,上海图书馆藏,第534页。
②　同上书,第551页。
③　同上书,第562、566、569页。
④　《张之洞全集》电牍21,河北人民出版社1998年版,第5781页。
⑤　同上书,第5795页。
⑥　《中国近代兵器工业档案史料》(一),兵器工业出版社1993年版,第946页。
⑦　《中国近代工业史资料》第2辑上册,科学出版社1957年版,第428—429页。
⑧　《江南制造局记》卷4,文海出版社1973年版,第3—5页。

江南制造局新式军火售价表①

单位:规平银两

年 份	银 数	年 份	银 数
1884 年	46 060.000 0	1896 年	75 119.212 4
1886 年	7 786.700 0	1898 年	26 061.311 2
1887 年	52 124.000 0	1899 年	73 183.793 4
1890 年	6 368.812 1	1900 年	191 843.885 4
1891 年	10 070.792 0	1901 年	2 200.000 0
1892 年	6 368.812 1	1903 年	53 963.320 0
1893 年	6 368.812 1	1904 年	72 608.474 0
1894 年	68 735.416 4	1905 年	42 886.800 0
1895 年	67 224.100 0		

中国军工产业得到巨大发展之后,列强的军火生意自然失宠。1911 年 2 月 4 日,克虏伯厂总办格尔毫生上陆军部大臣荫昌信,表示克虏伯厂愿意协助中国创设大型军械制造厂,以供应全国各省军火之需。2 月 6 日克虏伯厂总办再上荫昌函,希望中国更多采用克虏伯炮,把克虏伯厂提供的炮样,作为将来军械一律的基础。还提出了优惠中国付款的办法。②

(二)军工产品初步形成体系

军事工业产品复杂,既有普通的枪炮,又有复杂的舰船,以及枪炮与舰船的配件、附件等物。经过晚清华洋军品贸易的不断进行,国内军品自造能力不断提升,主要的武器生产已初步形成体系,除了一些关键的发动机和特殊材料之外,到辛亥革命前夕,晚清的军工产业已基本可以在不依赖外洋的基础上自行生产普通的军品,而且这些军品与西洋同类武器的差距常常只有三到五年,这对近代中国来说已属于相当大的进步。

江南制造局的主要任务是生产洋枪洋炮,李鸿章认为修造轮船难度较大,"目前尚未轻议兴办,如有余力,试造一二,以考验工匠之技艺"。③该局 13 个分厂除锅炉厂和船厂之外,绝大部分都是生产枪炮的分厂。如枪厂、炮厂、枪子厂和炮弹厂四个分厂就拥有职工 1 507 人,占该局总员工的 53%。1885 年,李鸿章认为造船费用远高于购船费用,遂将船厂停工。江南制造总局是清政府在近

---

① 《中国近代工业史资料》第 2 辑上册,科学出版社 1957 年版,第 429 页。

② [德]乔伟、李喜所、刘晓琴:《德国克虏伯与中国的近代化》,天津古籍出版社 2001 年版,第 358 页。

③ 孙毓棠:《中国近代工业史资料》第 1 辑上册,科学出版社 1957 年版,第 273 页。

代创办的最早、规模最大的新式军用企业之一,主要生产枪支、大炮、弹药、钢铁军用物资及器械,辅之以修造船舰。1865 年设立江南制造局后,1874 年12 月其总局开始仿造英式阿姆斯特朗前装炮,1878 年 12 月仿制四生七口径四十磅阿姆斯特朗前膛炮,经试放性能良好,被称为钢膛熟铁箍炮。在火炮制造方面,意大利军人卡法利少校于 1845 年发明线膛炮后,1854 年英国阿姆斯特朗厂成功制造有线膛后装炮。中国于 1884 年由金陵制造局初造具有车轮可移动之三生七口径架退式后膛炮。1887 年,江南制造局完成要塞用之阿姆斯特朗式八生口径之线膛后装炮。1888 年,中国开始出现全钢制作的后膛炮,使用装框式炮架,其方向瞄准机位于架框与炮座之间,高低瞄准机位于上架炮身间,上架中装水压制退筒,架框上装活塞连杆,炮身则支于上架,并连同上架活动于架框斜面上。发射后炮身后座借制退机中液体过漏口时之阻力以减少震动,复借后退机体在架框上其重力之分力使后退完毕后得以前进,该炮制造成功后,钢膛熟铁箍炮即逐渐淘汰。1892 年,江南制造局仿四生七口径阿姆斯特朗快炮,成功制造射速较快的快炮。其特征为半固定装药,发射用柯达无烟药依照定量装入药袋,袋底缀连有细粒黑色药之引火药,再放入铜壳中,其发火以击火辅助电火。共有三种,开花弹、子母弹、实心弹。实心弹内装填黑色炸药,用弹底引信。该炮还设有防盾,其高低瞄准机位于支架及摇架之间,方向瞄准机则位于支架及炮座之间,具有较高精确性。炮架为一圆锥台,摇架则用二支耳支附在支架上,制退复进机和摇架相连,炮身则置于摇架之中,可以滑动。1894 年秋,汉阳兵工厂试制三生七口径过山炮,接着又造出五生三口径及五生七口径过山炮,均仿自德国克虏伯快炮型式,后经改良发展为制退反进机式的所谓管退式野炮。[①]

美国传教士丁韪良所编的《中西闻见录》中说:"曾督两江,于局(按:指江南制造总局)务事事讲求,且遣人往西国购买机器多件,于是局中制造灿然可观。其于富强之道不甚伟哉!"[②]借助西洋机械设备快速发展起来的江南制造总局,还是中国近代第一个制造机器设备的"母厂",从 1867 年到 1904 年,共制造各种机器692 台(座),其中车、刨、钻、锯等机床 249 台,各种机器零件及工具共 1 105 219件。[③]包括汽炉 15 座,汽炉机 32 台,抽水机 77 台,起重机 88 台,刨床钻床等117 台,车床 138 台。[④]这些机器设备除部分自用外,绝大部分都拨给了各省机器局。时人评论,江南制造总局最充分地体现了中国制造现代化武器的努力。在同

①　张焯垚:《七十年来中国兵器之制造》,《东方杂志》1936 年三十三卷二号,第 22—23 页。

②　孙毓棠:《中国近代工业史资料》第 1 辑上册,科学出版社 1957 年版,第 290 页。

③　阮芳纪等:《洋务运动史论文集》,人民出版社 1985 年版,第 310 页。

④　夏东元:《洋务运动史》,华东师范大学出版社 1992 年版,第 82 页。

治年间,它在东亚首屈一指,也是世界上最大的兵工厂之一。甚至"江南制造总局可以与欧洲最强大的国家的兵工厂竞争"。①在聂辑椝接任江南制造局总办后,经过整顿,独立制造出四尊 12 英寸口径的英式大炮。后来还成功仿制阿姆斯特朗自升降式 12 英寸口径火炮四尊,无烟火药和后膛七英寸野战炮等。还制造第一艘中国自制铁甲舰"保民"号。1867—1895 年间,江南制造总局共制造了后膛枪支 6.53 万杆,新式大炮 742 尊,火药 667 万磅,炮弹 160 万枚,枪子 869 万颗,炮弹壳 2.1 亿粒,地雷水雷 1 500 具,大小轮船 15 艘。②

江南制造总局基本建设情况(1865—1895 年)③

年　份	机器配置	产　品
1865 年	购买旗记铁厂,合并旧炮局及容闳赴美所购机器	大小机器三十余座
1867 年	建机器厂、洋枪楼、汽炉厂、木工厂、铸铜铁厂、熟铁厂、轮船厂、火箭分厂、筑船坞	开始试制兵轮,仿造英国旧式前膛枪
1868 年	设翻译馆	造成木壳惠吉(恬吉)号兵轮
1869 年	设汽锤厂、枪厂	造成操江号、测海号兵轮
1870 年	建厂造洋枪细药及铜冒炮引	造成威靖号兵轮,开花子轻铜炮 254 尊
1871 年		仿美千斤重铜炮 40 尊
1873 年		造成海安号兵轮
1874 年	设黑药厂,设操炮学堂	仿造黑色火药
1875 年	改汽炉厂为锅炉厂,设枪子厂	造成驭远号兵轮
1876 年	建火药库	造成金瓯号铁甲船
1878 年	改汽锤厂为炮厂	造九磅、四十磅子前膛快炮
1879 年	设炮弹厂	造前膛四十磅、八十磅开花实心弹,四十磅来福子火炮 6 尊
1881 年	改操炮学堂为炮队营,设水雷厂	造箭式一百磅药、碰电熟铁浮雷、生铁沉雷
1884 年		造林明敦中针枪

---

①　房德邻:《同治中兴:中国保守主义的最后抵抗》,中国社会科学出版社 2002 年版,第 259—260 页。

②　徐泰来:《洋务运动新论》,湖南人民出版社 1986 年版,第 28 页。

③　张国辉:《洋务运动与中国近代企业》,中国社会科学出版社 1979 年版,第 30 页。

续表

年　份	机器配置	产　品
1885 年		造保民号钢板兵船,此后停造新船,只负责修理旧船
1890 年	设炼钢厂	仿造新式全钢后膛快炮
1891 年		改造快利新轮,造各种新式后膛快炮及五十二吨、四十七吨大炮
1893 年	设栗色火药、无烟火药厂	仿造栗色火药,仿造奥国曼利夏枪和德国新毛瑟枪
1895 年		试造无烟火药;制造各种铜引;试制阿姆斯特朗新式大炮八百磅 1 尊、四十磅子全钢快炮 1 尊

江南制造局生产枪类情况统计表①

种　类	具体类别	时间段	产量(支)
来福枪	前膛兵枪	1867—1894 年	7 470
	马枪		
	前膛马枪		
林明敦枪	后膛兵枪	1867—1893 年	40 710
	马枪		
	抬枪		
黎意快枪	兵枪	1883—1892 年	1 780
	后膛兵枪		
	洋抬枪		
	马枪		
快利新枪	马枪	1891—1894 年	2 273
	兵枪		
	连珠后膛枪		
小口径毛瑟枪	老毛瑟兵枪	?—1895 年	22
	抬枪		
	子母枪		
总　计	52 255,截至 1905 年共计生产枪类 72 730 支		

---

① 魏允恭:《江南制造局记》卷 7,枪略,文海出版社 1973 年版,第 855—858 页。

江南制造局火炮及其他武器的生产数量(1867—1905 年)①

类　　别	具体种类	时间段及产量
火炮类	后膛熟铁来福炮	1 731 尊
	开花子钢炮	
	生铁炮	
	铜炮	
	田鸡钢炮	
	钢快炮	
	子母炮	
	阿姆斯特朗钢膛熟铁箍炮	
	劈山炮	
火箭类	火箭	?—1894 年共计生产 600 枚
	火箭架	
水雷	铁壳水雷	?—1894 年共计生产 563 颗
	木壳水雷	?—1894 年共计生产 500 颗
船类	轮船"恬吉"号(1868 年)	51 艘
	兵船 6 艘	
	炮艇 2 艘	
	小铁甲船 1 艘	
	钢板船 1 艘	
	小铁壳船 5 艘	
	舢舨船 30 艘	
弹药类	子弹	7 803 405 粒
	炮弹	1 629 363 颗
	火药	6 464 718 磅
其他类	炼钢	8 075 吨
	自制机器	692 台
	自制工具	1 105 219 件
	译书	160 种,计 1 075 卷

① 包遵彭:《中国海军史》下册,中华丛书编审委员会 1970 年版,第 589—592 页;王尔敏:《清季兵工业的兴起》,台湾近代史研究所 1978 年版,第 82 页;军事历史研究会:《兵家史苑》第二辑,军事科学出版社 1990 年版,第 271 页。

在制造火药方面,天津机器局火药厂、江南制造总局火药厂、山东机器局火药厂、金陵机器局火药厂、广州火药局、浙江火药局等专制火药的厂局,都采用欧洲火药厂的机器设备,其中有提硝、蒸硫、焙炭、碾硫、碾硝、合药、碾药、压药、成粒、筛药、光药、烘药、装药等设备。①天津机器局在 1876 年就引进德国 1868 年首创的六角饼块式火药的机器设备,用来制造供线膛后装钢炮的发射药。1887 年,李鸿章派人购买栗色火药,同时订购制造栗色火药的机器。1892 年,江南制造总局同外商谈判购买日产 1 000 磅无烟火药的全套设备,1894 年建成。江南制造局主要生产枪、炮、水雷、弹药、火箭、地雷等。

金陵制造局作为较大规模的近代军工厂,生产能力逐年提升。1866 年建成,早期生产抬炮技术不过关,常常炸裂,后制造大量小型过山炮和前膛炸炮,仿造克虏伯炮、格林炮和诺敦飞快炮,还包括旧式抬枪,还曾建造一两艘小轮船,弹药生产是该局最大特色。②到 1899 年时,两江总督刘坤一奏称,"年可造后膛枪一百八十枝,两磅后膛炮四十八尊,一磅子快炮十六尊,各项炮弹六万五千八百颗,抬枪、自来火子弹五万粒,毛瑟枪子弹八万一千五百粒"③。天津机器局造子弹机器购自英国,据日本间谍的直接观察,"当时大烟囱总数有十六个,大小枪炮的子弹、炮弹、炮台车、小蒸汽机等都能制造。再有,每天制造出来的小枪用的火药高达一万斤,雷明顿手枪的子弹一天生产不下一万发,据说假若雇用五百个工人,每天则可以制造出二万五千发。该造弹机械是……以极昂贵的价格从英国购买的,其雄劲之动力真是值得称赏"。④1868 年,江南制造总局开始仿制欧美近代火炮,很快仿制成前装滑膛炮。1873—1888 年,又仿制成功 91 门阿姆斯特朗式各型前装滑膛炮,多安装于上海吴淞口要塞和江阴各要塞炮台。1884—1904 年,以仿制克虏伯式和格鲁森式后装炮为主,此后晚清造炮技术不断提高,所造火炮的数质量取得明显进步。

炮弹用生铁造成,有实心弹与开花弹两种,引火药用六角七孔栗色药,发火药用六角单孔栗色药,依照用量多少装袋填入炮中。火药包括黑色火药、栗色火药、无烟火药、棉花火药四种。1845 年,德国人项扁(Schoenbein)发现,以硝酸和棉花作用,可不变其组织而制成一种爆炸物,被称为硝化纤维或硝化棉。1846 年,意大利人索卡列罗(Ascanio Sobrero)也发现以硝酸和甘油作用可产生一种称为硝化甘油的爆炸物。这两种发明给火药界带来了变革。因其爆力强、温度高、燃烧

① 王兆春:《中国火器史》,军事科学出版社 1991 年版,第 370 页。
② 廖和永:《晚清自强运动军备问题之研究》,文史哲出版社 1987 年版,第 67 页。
③ 刘坤一:《刘坤一集》(第 3 册),岳麓书社 2018 年版,第 357 页。
④ [日]曾根俊虎:《北中国纪行:清国漫游志》,范建明译,北京中华书局 2007 年版,第 23—24 页。

缓慢整齐、不发烟,故被称为无烟火药(Smokeless Powder)。1874 年,江南制造局生产黑色火药成功,当时每百磅黑色火药需净硝七十五磅、柳炭十五磅、净磺十磅,其他兵工厂也多有制造。栗色火药以天津机器局最早试制成功,1893 年江南制造局也开始制造栗色火药,其木炭是将柳材放于铁桶中加热至摄氏九十至一百二十度左右,使其不充分碳化而制成。1895 年,江南制造局在龙华设立无烟火药厂。以蒸汽为动力,用各种先进机器设备,按照欧洲火药厂的工序进行火药生产。19 世纪 90 年代制成无烟火药,赶上了当时世界上制造无烟火药的先进水平,其只比欧美国家晚 10 年左右。

枪类的仿造方面,1867 年,江南制造局最先制造步枪前装滑膛枪,有德国十一公厘老毛瑟前膛枪和美国林明敦边针后膛枪,皆为单响,用黑火药铅弹,后者以火针在边不在中心而得名。1883 年,江南制造局又成功制造一种单发单响而口径为十一公厘的美式黎意枪(Leei Rifle),1884 年,改造十公厘的林明敦单响中针后膛枪。同年金陵制造局开始仿造机关枪,规格有十门连珠炮,即加特林轮回炮,及四门神速炮,即诺敦飞排炮。1888 年,金陵制造局又制造一种马克沁机关枪。1890 年,江南制造局将黎意枪改造为八八厘快利枪。此枪和曼利夏枪的枪机筒相似,五响,为前后直动式,为中国最先自造的连发枪。19 世纪 80 年代,西洋各国都在采用毛瑟枪的技术,该枪由德国著名枪械设计大师彼得·保罗·毛瑟整合世界枪械技术,加以改良研发而成,1871 年开始装备德军。1883 年,法国科学家发明了无烟火药,勒贝尔步枪是世界上第一种使用无烟发射药的军用步枪。该枪使用 8 毫米口径、无烟发射药步枪弹,无论是弹道性能、杀伤力还是隐蔽性,都远远超过了当时德国毛瑟 1871—1884 型步枪所使用的 11 毫米口径黑火药步枪弹。德国专门成立“步枪试验委员会”,对毛瑟步枪重新设计,正式命名为 1888 式。在中国则被称为“毛瑟 88”。经过后装单发和连发枪的发展,到 1891 年成功仿制1888 式后装连发毛瑟枪,只比创造国晚 10 年。中国仿制成功之后,俗称“汉阳造”。1893 年,汉阳枪炮厂开工制造,仿造德国虑卫及安贝格等厂所造之 1888 式毛瑟枪,口径为七毫米九,弹头是圆头,枪管外装套筒,其间相隔约半公厘,后废去套筒加护盖,将枪管放大,改表尺为固定弘形式。[①]

水雷的仿造。1868 年,澳大利亚人怀特赫得氏(Whitehead)发明鱼雷,以压缩空气贮于水雷中部之气室,以它膨胀之能为原动力,而气室之直径即表示鱼雷之大小,初发明时直径为十四寸,1890 年增至十八寸。游动水雷具有原动机,向敌舰突进以进行攻击者,鱼雷为其主要之武器,由舰艇上发射管发射而出,其最大射程由 640 公尺增至 10 000 公尺。中国海军使用者有八寸及十四寸两种,十四

---

① 张焯尧:《七十年来中国兵器之制造》,《东方杂志》1936 年三十三卷二号,第 24—25 页。

寸者由江南制造局仿造成功。敷设水雷,通常称为水雷,敷设于军商各港及海岸,以防御敌人舰船的突袭。中国使用的形式有圆筒式、圆锥式、橄榄式、马鞍式等,其装药量从一百磅到一千磅不等。外壳由熟铁钉成或生铁铸造。仅仅五年后,1873年,江南制造局的水雷厂开始生产各式水雷,按照发火方式可分为三种。

第一种是视发水雷,用在航道和潮流急湍处,由观测所接电线通于雷中之雷管,待敌舰进入所布之雷阵,即发电轰击之。因用法而分为沉雷和半浮雷二种。在浅水的地方布设水雷,爆破的效果较大。把水雷系在铁坠沉于水底,以免被发现,故称沉雷。中国所造计有熟铁制圆筒形五百磅、六百磅及一千磅水雷,熟铁制马鞍形五百磅沉雷,生铁制馒头式五百磅及一千磅沉雷等六种。在深水地方雷系在长链,连于铁坠,半浮于水中以代替沉雷,故称作半浮雷。江南制造局所制造的有熟铁制圆筒形八百磅浮雷及二百五十磅水雷二种。第二种是机关水雷,用在沿岸要塞,防止敌人登陆或封锁敌人港口,水雷中装有电机,用人力管理,经敌舰冲击而轰发。尽管使用安放时不够安全,但敷设方便成本低廉,江南制造局所造视发水雷主要有熟铁制圆筒形八百磅和一百五十磅两种。第三种是触发水雷,用在水流缓和且水较混浊的地方,它的装置和视发水雷相同,只是雷内有接电机,观测所中有可以自由开关的电门,关时一有舰船碰触,即轰发,江南制造局所造者有一百磅的生碰雷,及木壳马的生碰雷,三百磅锅顶,及平顶浮雷,与枣核形二百五十磅浮雷等五种。①

（三）武器自造能力大幅提升

洋务运动之前,晚清的武器生产水平低下,特别是火器的生产基本停留在手工作坊阶段。到鸦片战争前夕,中国的军工能力已远远落后于西方大工业时代的火器制造。为了应对英军的威胁,广东一带也制造了不少新炮。然而,仅在1835年10月到1836年1月的98天里,组织5次新炮试射中就炸了10门,坏了3门,炸裂损坏率占新造炮的22%。1839年11月,在广州官涌炮台的一次作战中,清军大鹏营的1门1 000斤火炮在发射过程中发生炸裂,炸死士兵2名。1841年浙江温州镇驻军演放火炮时,共炸坏3 400斤火炮1门、5 000斤火炮2门、5 400斤火炮1门,炸死士兵2名,炸伤3名。同年2月,广东水师率领清军与英军激战时,8门劣质海岸炮发生炸膛,瘫痪无用。后受雨水淋湿,火药受潮不燃,不能发挥战力。晚清武器的落后,由多种因素造成,除了偷工减料的人为因素,更有制造原料过于粗糙、制造技术过于落后的问题。

1861年,攻陷太平军手中的安庆之后,曾国藩就设立内军械所(后改为金陵内军械所),着手制造船炮,虽然是手工制造,产品却是近代军火,有子弹、火药和

---

① 张焯焄:《七十年来中国兵器之制造》,《东方杂志》1936年三十三卷二号,第28—29页。

炸炮等,1865 年,试制成功载重 25 吨木壳小火轮"黄鹄号",制造这艘轮船,除回转轴、烟囱和锅炉所需的钢铁采用舶来品外,其他一切工具和设备,完全用国产原料自己加工制造。建造此船,包括制作模型,购置工具、仪器、设备等费用在内,共用银八千两左右。①1873 年 12 月,军需人员查核西安制造局能力,"至制造处机器局见火蒸汽机一座,轮干旋转,专制洋炮、洋枪,使枪自转,旁伺以□。凡修膛、退光,迎刃而解,削铁如泥。更有磨刀机,自转磨刀,极为省力。机关精巧,见所未见"。②1874 年 6 月,"军需人员在兰州局所见,目下专造后膛开花炮,极为精巧,与泰西所制无异。用火炉蒸汽,激轮自转,层递相接,工省制精。此粮甫于三月自长安移来,即予去腊在陕所见制造局炉也"。"除仍自造铜帽大小开花子外,能仿造布国后膛进子螺丝炮,后膛七响枪,又仿造二百余斤重炮,用车轮架施放;改造劈山炮,用鸡脚架,用合膛开花子。"③

中国对西洋最新式枪炮轮船的仿制,虽属初创,难免有质量及性能不佳之处,但也与世界同类先进技术差距不大。早在 19 世纪 70 年代,江南制造局就引进了美国林明敦枪的全套生产设备,完成了生产旧式前膛枪到生产新式后膛枪的转变。进入 80 年代以后,该局平均每两年增加一个新枪种,一年增加一个新炮种。④1881 年,成功仿制美式加特林机关枪;1884 年,又仿制了德国克鲁森式后膛炮和美式诺登菲手摇机关炮。1883 年《益闻录》记载高丽购买中国军工厂生产的军火,"天津友人傅来鱼,素谓近有高丽使臣在中国机器局购买军火,计洋枪二千杆,弹子二万颗,炮弹二十箱,已借中国镇海兵船载运前往,其箱面大书朝鲜军械四字,按高丽自去岁通商事事整顿,即此可见一斑矣"。⑤

早在 1885 年,李鸿章出访英国时就曾观看过马克沁机枪表演并少量购买,1888 年金陵制造局成功仿制了该枪。北洋海军所需弹药主要由天津机器局东局生产,由天津军械局统一调拨;国内无法生产的弹药,则由军械局负责向国外订购。不管是山海关道还是津海关道任内,盛宣怀时常与洋行商购国内制造军火用的设备物料。随着国内军工厂制造水平的提高,到甲午战争时期,即便外洋列强对中国实施军火禁运,国内军工厂也能制造绝大部分枪械弹药,以应急需。1895 年 1 月,盛宣怀致电南京,"此次打仗,惟抬枪制胜。金陵制造局所造后门抬枪能及远,较快枪得力。乞速饬局多多赶造。每日夜能造几杆? 每杆需合价若干? 乞示"。⑥抬枪既然胜于快枪,或许是因为新募之勇对快枪操作不够熟练,也

---

① 白广美、杨根:《徐寿与"黄鹄"号轮船》,《自然科学史研究》1984 年第 3 期。

②③ 秦翰才:《左宗棠全传》2010 年未刊本,复旦大学图书馆藏,第 215 页。

④ 军事历史研究会编:《兵家史苑》第二辑,军事科学出版社 1990 年版,第 272 页。

⑤ 《益闻录》1883 年第 317 期第 585 页,上海图书馆藏 11191/039162-200。

⑥ 《盛宣怀档案资料选辑之三·甲午中日战争》上,上海人民出版社 1980 年版,第 334 页。

不善于瞄准,反倒是觉得旧式抬枪更为应手。

1869 年 6 月 10 日,福州船政局制成的第一艘轮船"万年清"号,是以旧轮机为主机装配起来的木质暗轮船,装有六门大炮,除去轮船自重外能载 350 吨左右。逆水时速 70 里,顺风时速 90 里。沈葆桢亲自试航,"将船上巨炮周回轰放,察看船身似尚牢固,轮机似尚轻灵"。①驶往天津之后,三口通商大臣崇厚验收后也称,船身工料坚固,汽炉轮机灵捷如法。而且该轮船上的舵工、水手以及管理机器的各式人员都是本国人。②沈葆桢曾在反击奏请停止福州船政局造船者时提及造船技术的发展和进步。"万年清""伏波"两船的轮机均购自外国,而"安澜"所配轮机则由船厂自造。"万年清"制造过程中屡作屡改,而"安澜"号的建设则相当顺利。海上试航时,"伏波"号较"万年清"号为稳,而"安澜"则更胜"伏波"。这充分表明前者生后者熟的道理,熟能生巧则利,浅尝即止者则不利。进而,他指出,如果立即裁撤船局,则已购置的大量机器无人承买,积存仓库必致锈蚀。已造成的轮船每年应小修一次,数年则需大修,船厂停办则轮船无从修理,厂废而船随之俱废。"且外洋势力会趁机介入,我朝弃则彼夕取。……枝节横生,有非意料所及者。因此,船局不可停止"。③左宗棠也对福州船政局的继续办理表示支持。

1859 年,世界第一艘铁胁木壳舰"光荣号"下水,至 1876 年西方才盛行铁胁舰。1870 年,船政生产进入高潮,那时船用锅炉、新式抽水机都可自制。1870 年9 月开始动工制造中国第一部蒸汽机,于 1871 年 6 月制成,马力 150 匹,7 月装于安澜号军舰上,时速达 10 海里。中国第一台蒸汽机距离 1865 年欧洲第一个新式轮机不过数年。1875 年 1 月 8 日,沈葆桢上奏朝廷,请准购买铁胁与新式卧机,以便仿造。派法籍监督日意格到英法两国定造铁胁。在没有洋员的帮助的前提下,第一艘铁胁船"威远号"于 1876 年 9 月 2 日动工兴造,次年 5 月下水,七百五十匹马力,许多零件都是自制的。进而 1882 年制成第一艘巡洋舰"开济"号,二千五百匹,速率达 100 里每小时,"机件之繁重,马力之猛烈,皆闽厂创设以来目所未睹"。④1884 年,马江中法之战失败后,朝野都急于购买铁甲船。船政大臣裴荫森秉沈葆桢遗志,决心自制。1887 年 1 月 10 日,中国自制的第一艘铁甲舰"龙威"号下水,该舰以法国"黄泉"(Archeron)级装甲海防炮舰为模型,而"黄泉"级则为法国装甲海防炮舰"引信"(Fusee)级的改良放大型,而"引信"与"黄泉"级又均发展自德国的"黄蜂"(Wespe)级装甲炮舰。⑤排水量 2 100 吨,马力 2 400 匹,时速

---

① 《中国近代史资料丛刊·洋务运动》第 5 册,上海人民出版社 1961 年版,第 87 页。

② 《海防档》乙,福州船厂第 1 册,台湾近代史研究所 1957 年版,第 199 页。

③ 《中国近代史资料丛刊·洋务运动》第 5 册,上海人民出版社 1961 年版,第 114、116 页。

④ 《船政奏议汇编》卷 28,国家图书馆出版社 2011 年版,第 6 页。

⑤ 马幼垣:《靖海澄疆:中国近代海军史事亲诠》,联经出版社 2009 年版,第 129 页。

14 节。舰上配有探照灯 2 具、鱼雷发射器 2 部。轮机由旧式单机改为复合机,大炮用当时最先进的德国克虏伯旋转式后膛炮。"龙威"编入北洋海军后,改名"平远",是北洋舰队八大"远"之一。"甲午之役与日人交战,屡受巨弹,毫无损伤",人称"船式精良,轮机灵巧,钢甲坚密,炮位整严"。①在铁甲舰或钢船制造上,他们"由熟生巧,出图自造,克尽快船之能事"。②英国海军官员对中国人制造的"镜清"号兵轮也"盛称美备","谓非经目睹,尚难信闽厂有此精工巨制"。③甚至有英国军官称赞闽厂技术和精细工艺可以和英国机械厂的"任何出品媲美"。④

1884 年 12 月,船政学生留德专学鱼雷归来的总工程师陈才锵着手建正规鱼雷厂,用银 400 余两⑤。1889 年,船政从国外采购大批制鱼雷机器及原材料,动工制造。接任船政的卞宝第撤销鱼雷厂,鱼雷厂在马尾昙花一现,转产水雷。鱼雷艇是以鱼雷为主要武器的高速战斗艇,国外在 1879 年出现,用于近海攻击舰船、潜艇,在交通线上布雷。1887 年,两广总督张之洞两次奏请立案向船政订造 8 艘鱼雷快艇,后因经费困难,完成了四艘。1897 年 7 月 25 日,福州将军兼管船政裕禄上折,拟造 2 艘鱼雷快舰,采取法籍监督杜业尔绘的图式。造价据魏瀚核算,每艘约 240 万洋银。船厂按此图纸建造一式两艘,第一号叫"建威",第二号叫"建安"。建成后原拟拨交北洋使用,但北洋筹不出价款,后拨给广东。

1891 年,江南制造局刘骐祥呈文表示制成快利枪,"职向外洋购到奥国曼里夏(曼利彻)新式连珠枪一杆,详加考察,确系坚巧灵捷无比。惟其所用连珠子盒,只能从上插入,兵士临阵每人至多不过携带百余盒。借令子盒用完,必需停手再装,未免稍有不便。其枪口径略大,内膛来复线只有六条,弹子出路,尚嫌迅直。旋饬华洋匠目,按件绘图,逐细考究,仍于仿造中加以便通之道,并经造成样枪数杆。其节套,机簧,保险,枪刺之类,即以曼里夏式样,全用钢料制成,取其造法坚致,开关便捷,利于行间也。其枪筒仍用新利枪之式,盖新利枪筒来复线有七条,口小而子长,弹子逼出较为劲利。枪之退力亦小。子盒一项,以英国南夏枪五子手弓弹盒,依样更易。取其前后皆可装子。阵仗之际,兵士所带铜盒告匮,仍可随手握子,从后装入,亦能连珠施放,源源不绝。"在洋匠的帮助下,江南制造局对最新式快枪加以改进,除了枪管、上弹方式之外,还将原枪的架枪钩改为通枪条。1892 年秋,江南制造总局仿制成德国 1888 式毛瑟枪。曾国藩与李鸿章咨札中称

---

① 张国辉:《洋务运动与中国近代企业》,中国社会科学出版社 1979 年版,第 52—53 页。
② 《中国近代史资料丛刊·洋务运动》第 5 册,上海人民出版社 1961 年版,第 325 页。
③ 同上书,第 341 页。
④ 寿尔:《田凫号航行记》,转引自阮芳纪等:《洋务运动史论文选》,人民出版社 1985 年版,第 447 页。
⑤ 杜云:《中国梦·船政魂·马尾船政文化》,厦门大学出版社 2018 年版,第 335—336 页。

"湘、淮各军营务处,李道现奉钦差大臣爵阁部堂曾札委训练马队,并统领察哈尔马队,需用马上洋枪,兹于上海解到马枪内拨给菊花筒上等双机单响马洋枪二百枝,又,菊花筒上等单响马枪八百枝,派参将孙奎带快利轮船护解清江,交前敌军械所郭牧等,即日转解徐州,由李道验收妥储备用。此系外洋好枪机簧坚致极为难得,将来发给马队弁勇,须格外慎重。……准刘军门函报口外购马将到,操队马勇亟需洋枪利器,兹饬金陵内军械所拨给新到菊花筒上等单响马洋枪四百枝,由铭营炮队通判张士志酌派妥弁领解"。[1]1895年冬季,汉阳兵工厂开始仿造德国出品的1888式毛瑟步枪(mauser m88 commission rifle)。此枪通称为1888式毛瑟步枪,指定德国最好的兵工厂如:loewe、schilling和steyr等厂生产,其全称为7.92毫米88式毛瑟步枪,使用圆弹头。同时生产子弹,每月能生产十三万粒。晚清生产88式毛瑟步枪诸元:全长1 250 mm,全重4.06 kg(不含刺刀),枪管长740 mm,口径7.92 mm(88式毛瑟步枪圆头弹),弹头重14.7 g,弹头初速600 m/s,表尺射程2 000 m,由5发固定弹仓供弹,膛线右旋4条,膛线缠度240 mm,瞄准基线长655 mm。该枪配有刺刀,刺刀式样为单刃偏锋,刺刀全长517.5 mm,刀身长395 mm,刺刀全重0.566 kg。1898年7月28日,江南制造局与地亚生洋行签约购买机器,生产德国1888年定制毛瑟小口径步枪的机簧管、接套、表尺的锏床与车床10副,共英金21 500镑,并列各式机械名称及图样工程。限8个月运到交货。1898年8月4日,江南制造局再与信义洋行签约购买机器21具,生产小口径毛瑟步枪弹药,共英金5 071镑。其目标为每日8个小时制造枪子并弹头齐全共一万颗。限9个月运到交货。

清政府多次下令要求全国统一步枪口径,辛亥前夕,各省纷纷要求使用7.92毫米口径汉阳造毛瑟枪。不过,毛瑟枪也给人留下过不佳印象。1910年,时任东三省总督的锡良指出,湖北枪炮厂生产的枪支种种不能合用,机后尤易泄火,燃眉伤目,以致兵丁不敢瞄准,弃置营中几同废铁,情愿更换笨重之九响旧枪。其中部分是因为士兵不善保养,毛瑟步枪的精密部件沾染灰尘后,容易出现卡壳等问题。从1896年开始,"汉阳造"武装了无数中国武装力量,晚清新军、北洋军、北伐军、红军、八路军、新四军、解放军、中央军、各路军阀以及包括游击队在内的各种正规及非正规武装。可以说"汉阳造"是中国军事近代化的缩影。直到朝鲜战争结束后,我国获得苏联的武器生产线,"汉阳造"才退出现役,转为民兵使用,直到20世纪80年代以前,各地人民武装部仓库中,还有大量的"汉阳造"。

1905年,江南制造局仿制成功克房伯七生五的十四倍管退炮,这是晚清政府利用国产钢材制成的第一尊克房伯管退大炮。该炮口径7.5厘米,炮身长10.5分

---

① 《李鸿章全集》(三十七),安徽教育出版社2008年版,第358—359页。

米,炮身重 250 磅,炮床重 245 磅,炮架前节并车轴重 157 磅,采用弹簧式制退复进机。炮身前部安有防御盾板,尾部采用横楔式炮门闭气。该炮发射 12 磅炮弹,初速每秒 200 米,射速每分钟 10 到 20 发,射程 4 000 米。江南制造局制炮时选用本局钢厂炼成的优质镍钢,既坚且韧,又有弹性,同克虏伯炮钢不相上下。从这一年起,江南制造局开始制造 75 毫米口径克式管退山炮及叠圈开花弹(即榴弹)。①次年,该局又仿造成功克虏伯七生五快炮双层开花弹,北洋大臣令保定军械局验样,校验结果认为"仿造之弹……子膛吻合,与洋厂所造无殊,颇能合用"。②1907 年,该局解呈陆军部考验所造克虏伯七生五管退过山快炮,试放距离自五百米至二千米,逐次按法施放,计十六出,飞路、弹线均称稳准,距离、标尺亦无不合,复快放二十出,详细检查,毫无异状,决定照式制造。③

　　盛宣怀档案中有中外武器的性能比较考核情况表,说明了到宣统年间时,国内军工厂所产武器已与外洋同类武器性能差距大大缩小。④

国产武器性能一览表

国产枪械	射　　程	外洋枪械	射　　程
小口径毛瑟快枪	1 280 弓(约合 3.56 里远)	日本枪	930 弓(约合 2.58 里远)
毛瑟枪	830 弓(约合 2.31 里远)	日本连蔟十响枪	1 180 弓(约合 3.28 里远)
哈乞开斯枪	750 弓(约合 2.08 里远)		
沪造快利枪无烟子药	1 180 弓(约合 3.28 里远)		
沪造快利枪有烟子药	1 090 弓(约合 3.03 里远)		
金陵制造局后门进子药抬枪	1 150 弓(约合 3.19 里远)		
天津罗宗汉经手造前门进子药抬枪	1 150 弓(约合 3.19 里远)	备注	360 弓合 1 里

　　1894 年 9 月 25 日,洋行连纳致函盛宣怀,呈报格鲁森五十七密里三十倍长陆路快炮六尊价值,"又八十八年小口径步枪及小口径枪子统乞婉商中堂倘蒙委购或再定造若干尊,皆沐隆情之赐,再制造小口径枪子之机器亦须定造,待其运到时则中国所制无烟药必有成效,可应枪子之用"。⑤1895 年 2 月 16 日,美国茂生洋

　　① [德]乔伟、李喜所、刘晓琴:《德国克虏伯与中国的近代化》,天津古籍出版社 2001 年版,第 354—355 页。

　　② 同上书,第 355 页。

　　③ 同上书,第 356 页。

　　④ 《各种枪支射程清折》,盛宣怀全宗档案 033376,上海图书馆藏。

　　⑤ 《连纳致盛宣怀函》,盛宣怀全宗档案 089019-1,上海图书馆藏。

行刘树森致函盛宣怀,"送呈美国泼腊脱维纳厂洋人海赐禀信一件又造枪机器初议合同折一扣,又译该厂售出各机折一扣。……海赐(艾文兰海赐)称须将汉阳现出之枪样带赴外洋方得详开机件清单,俾将来造枪口径可期一律"。①

天津机器局历年军火生产数量表②(1876—1882 年)

年别	火药 (百磅)	铜帽 (万颗)	铜拉火 (百支)	铜引 (百个)	前膛开 花炮弹 (百颗)	后膛来 福炮弹 (百颗)	枪子 (千颗)	林明敦 后膛枪 (支)	水雷 (个)	铁裙子 (个)
1876	6 430	4 200	1 740		680	20	948			
1877	5 800	3 500	1 870		80	40	1 000	200	500	
1878	5 650.35	3 899	1 481.2		630.42	54.44	1 376	320	46	
1879	6 510.83	2 835	2 130.55		665.74	96.61	2 450.2		149	
1880	6 453.5	2 527	1 623.1		354.3	78.7	2 525.4		352	860
1881	10 398.3	3 075			216.8	57.92	3 938.4		299	7 000
1882	6 809.25	2 810		8.358	17.42	73.26	3 665			150
备注					镀铅、铜箍、钢托	林明敦、士乃得、格林、云者士得、毛瑟	中针枪类	沉碰雷、雷座电箱等		

山东机器局历年生产军火统计表(1876—1892)③

年别	后膛马 梯尼枪 (杆)	大炮 (尊)	火药 (斤)	铜帽 (千粒)	钢管 拉火 (支)	枪子 (百颗)	铅丸 (千粒)	炮弹 (颗)	铜螺丝 引门 (副)	群子
1877	120		22 603							
1878			90 000							
1880			86 642	2 800			700			
1881			91 962	5 823			539			
1882	(4 杆 抬枪)		31 997	1 494			489			

---

① 《刘树森致盛宣怀函》,盛宣怀全宗档案 040310,上海图书馆藏。

② 张国辉:《洋务运动与中国近代企业》,中国社会科学出版社 1979 年版,第 58—59 页。

③ 中国史学会编:《中国近代史资料丛刊·洋务运动》第 4 册,上海人民出版社 1961 年版,第 310—328 页。

年别	后膛马梯尼枪（杆）	大炮（尊）	火药（斤）	铜帽（千粒）	钢管拉火（支）	枪子（百颗）	铅丸（千粒）	炮弹（颗）	铜螺丝引门（副）	群子
1883			59 465	4 444			801			
1884			123 351	6 161	17 060	500	3 692	2 950		1 200
1885		1	180 019	11 049	17 060	2 380	628	1 630	1 375	
1886		1	122 400	805		4 700	749			
1887			79 200	8 133		3 350	365			
1888			88 725	4 661		4 400	493	100	100	
1889			97 816	4 092		5 030	1 097	570	100	
1890			108 650	4 978		4 900	2 490	1 650	200	
1891			88 960	1 395		5 680	805	1 500		260
1892		2	100 725	1 447		6 000	923	1 520	1 645	

天津机器局作为国内规模较大的兵工厂为清军生产了大量枪弹。1870年,李鸿章经营天津机器局,扩建厂房,添购机器,建造火药库。1872年,增建铸铁、熟铁、锯木等厂。1873年,添置西洋药碾三份,各式机器十余部,续建机器房和第二座碾药厂。1874年,建成第三、四座碾药厂,并购买林明敦枪和制中针枪子的机器,成立洋枪厂和枪子厂。到1876年时,新式军火产量已较前两年增加三四倍,除生产军火外,还承修兵船、轮船等。1877年,试造水雷。1894年10月,盛宣怀档案中记载丁汝昌催问天津军械局军火事,"丁军门催将军火于初十内外运旅,另抄电报俱已诵,查致本月初十,三十生半的二倍八开花子可成八十颗,二十一生、十五生各成一百颗,已于昨晚函知军械局谅已函达尊处,初六日电内有铜螺丝拉火二千枝,初十亦可借齐,均请于十一日运解,各种药袋二十生的半者随子配发,八十出又十五生装好药袋七百出,六寸口径装好药袋一百出以上,均照八月二十九日军械局来咨数目。初十可以装齐咨内尚有二十六生药袋三十出,因不知几块为一层,几层为一袋,是以未能装袋,又二十一生药袋,前单所无,兹初四初六电内均有二十一生药袋未载数目为期甚迫,拟将前项二十六生三十出,并二十一生随炮备一百出连药袋并袋一并拨发"。①

① 《？致盛宣怀》,盛宣怀全宗档案056628,上海图书馆藏。

1894 年 10 月 6 日天津机器局东局为前线赶造弹药准备启运旅顺清单①

种　类	数　量	种　类	数　量
三十生半二倍八开花子配药袋	80 颗	铜拉火	2 000 支
二十一生子	100 颗	十五生装好药袋	700 出
十五生子	100 颗	六寸口径装好药袋	100 出
备　注		二十六生药袋三十出,不知几块为一层,几层为一袋。二十一生药袋前单所无云	

中日甲午战争时期,国内自造武器在军品禁运的情况下,也能为前线做些补充。1894 年 11 月,盛宣怀致函冯子培,"藉悉尊处经造之两节、三节抬枪各一百根,约二十日可以告成。究竟此两种枪能打多远? 口径能装弹子若干? 亦祈分别详细示悉是为至盼"。②"开造两节炮长九尺,价银二十两,三节炮长一丈,价银二十三两,俟处造两节炮一百根,三节炮一百根,现已开请,约二十日即可保成(盛宣怀批注:究竟两节炮轰击多远,三节炮能轰击多远,祈详细开示,炮图附还)。"③

1895 年 10 月 5 日,通州直隶州程之伟向盛宣怀请领洋枪,"已致军械局向领毛瑟枪三百杆,十三响洋枪三百杆"。④1895 年 11 月 6 日,张之洞上奏湖北枪炮厂经办状况,"湖北铁厂集采矿炼铁开煤三大端,为地球东半面未有之局,为中国造轨制械永杜漏卮之根。……西国矿厂为国家所设者,常年经费列入岁计与官禄兵饷相等,出货获利归之岁入,别有司存,故司矿厂者专精所事,不以盈亏纷其志虑,往往有用数百万,历十数年,而后收倍蓰之利者"。⑤张之洞与盛宣怀坚持泸汉铁路之路轨归鄂厂定造,"饬下南北洋大臣直省各督抚嗣后凡有官办钢铁料件一律向鄂厂定购,不得再购外洋之物,西法于利国利民之商务国家也,方为保护使本国商人得自主其权利"。⑥

1863 年,曾国藩派容闳去美国为江南制造局购办机器,"西洋诸国制造船炮,皆以机器为之,用力少而成功多。曾国藩因廷臣有采买外洋船炮之议,谓上海已设制造局,不如购其机器自行制造,经费较省,新旧悬殊。……(派遣)容闳出洋采办各机器",⑦总价计银六万八千两,一起归并该局。1867 年 5 月,曾国藩、李鸿章

①　《盛宣怀档案资料选辑之三·甲午中日战争》下,上海人民出版社 1982 年版,第 570 页。

②　同上书,第 315 页。

③　《? 致盛宣怀函》,盛宣怀全宗档案 074218-2,上海图书馆藏。

④　《程之伟致盛宣怀函》,盛宣怀全宗档案 056749-1,上海图书馆藏。

⑤⑥　《户部奏折》,盛宣怀全宗档案 000997,上海图书馆藏。

⑦　孙毓棠:《中国近代工业史资料》第 1 辑上册,科学出版社 1957 年版,第 268 页。

奏请拨留江海关税二成充作经费,一成专为制造轮船之用,是年8月,第一艘轮船"恬吉"试制成功。江南制造局刚开办的时候制造了大小机器三十余台,到1894年时,由于引进了更多的外洋机器,大大提高了劳动生产率,生产的各种车床和刨床达到了二百四十五台,其他机器三百一十具。福建船厂从1871年开始,建造的大部分轮船都安装了自己制造的轮机。天津机器局在1876年至1879年期间,通过海外采购机器设备,自己制造了机床等设备一百七十七台。从1905年到1911年,短短6年间,江南船坞造船一百三十六艘,并在开办当年就把借支的二十万两开办费全部还清。到1918年,江南制造局为美国人建造了4艘万吨轮,这是中国人有史以来为外洋承造的最大吨位的船,也是中国此前从未签订过的最大的造船合同。

随着国内工业发展迅速,到光绪末年时已有越来越多的军工所需物料无需购自外洋,节省了大笔军贸经费,也促进了军工厂产量技术的提高。1894年9月23日,军械总局与工匠宋德恩签订合同,定造毛瑟枪用佩带,"军械总局定造毛瑟枪用皮佩带一千副,每副红皮腰带一根,单层红皮子盒两个,背枪光沙皮带一根,红皮里双层光沙皮面刀插一个,铜器七件全,言明每付工料价湘平化宝银一两六钱六分,共湘平化宝银一千六百六十两正分。批呈交限至九月二十二日交齐,如有皮薄或针线不密所染之色脱落等弊,与原样不符,听凭挑换,如届期不能交齐或拐骗银钱,惟铺保是问并该工人均照贻误工事究办"。①1909年,傅子汉致盛宣怀函中,谈及汉阳钢厂所产钢铁可以用来制造枪炮。"宫保现下若能将汉厂所有钢料样子小块即可,合于制造枪炮及机局等用者,派人送部查验是为第一妙法。并须详细开明价值,某项合某项用,且现在各处华商将军用之物送部考查者甚多,如皮件及洋鼓、洋号、军刀、军衣等件,一经本部考验能用,即由部饬各省军队分别购用,以杜利权外出。此事宫保若能照办,实于汉厂有益也。……各省购钢价值太贵,且多系购自洋人,如经部行文饬令向汉厂购用未有不从者,因无论何处购用,均须由本部核销也。总之弟在部中必要使汉得好处,无论宫保有何事件,弟必尽心。"②

二、 军品贸易与军工厂发展上存在的主要弊端

甲午战争中北洋海军全军覆没,洋务派所办军工企业遭到光绪帝的指责,"制造机器等局不下八九处,历年耗费不赀,一旦用兵,仍须向外洋购军火……经营累

① 《承揽定造毛瑟枪用佩带相关事宜字据》,盛宣怀全宗档案 057296-3,上海图书馆藏。
② 《傅子汉致？函》,盛宣怀全宗档案 006777-2,上海图书馆藏。

岁……办理并无大效"①。福建道监察御史赵尔巽奏称,"各省设立机器局本为自强之计,然处处学步,究未闻有一器高出外洋,是依人作计何足以言自强,自今以后请旨饬令各省机器局广招智能之士,每出一器务思所以御之之术,有能出奇制胜者予以不次之赏以励其余,果能如此,则设局不厌其多,若其一筹莫展,人云亦云则不如裁并一二处以节糜费。以中国之材力聪明,岂不能推陈出新亦视转移之道何如耳"。②在创办军工厂的过程中,洋务派通过封建的裙带关系在船炮厂甚至海军舰队中安插了很多庸才。

洋务运动二十年,军事工业一直无法改变三个弱点。第一,是对外国的极大依赖。由于缺乏技术储备和专门人才,许多关键技术国人没有掌握,只能聘请洋员作为工程师和技术骨干,导致核心技术领域长期未能突破,不能自行负责设计和建造核心部件,因此只能从国外进口。第二,洋务运动采用"中体西用"的思想无法改变封建衙门式的经营管理模式。军工产品以划拨的方式供应军队,未能投放国际市场,导致人员工作效率普遍低下,产品质量粗劣。朝廷拨付的经费不足,导致军工企业缺乏自主研发能力。第三,各省大员赶办洋务的潮流,争相兴办军工,导致了多、杂、滥的严重后果。工厂重复建设,规模小,效率低,品质差,规格不统一,既造成了极大浪费,又降低了武器质量。

(一)军品贸易与军工厂布局未纳入统一规划

晚清军工厂局大多设置在东南沿海一带,主要是因为外购机器物料转运较为方便。但在应对外洋入侵方面,颇为不足。李鸿章认为"闽、沪、津各机器局逼近海口,原因取材外洋就便起见。设有警变,先须重兵守护,实非稳著。嗣后各省筹添机器,必须设局于腹地通水之处,海口若有战事,后路自制、储备,可源源运济也"。③中法马尾海战、甲午中日冲突,都对沿海的局厂有很大破坏,就是明证。"船厂量移腹地,免致有警时徙置为难,尤其当务之急者矣。"④

1. 设备物料外购不统一

从节省资金的角度来看,晚清各大军工厂所需物料甚多,如果以国家为单位分批采购,履行招标程序,似可节省经费,还能尽可能保证质量。然而,由于各省办机器局,经费以自筹为主,其中的利益自然不会让与他人,便产生了军火商与各地督抚独立交易的现象,不仅大大滋生了腐败行为,更导致了设备物料外购不统一的问题,出现很多规格、数量、质量不一致的难题。国际军火市场一般也遵循量

---

① 汤黎:《钦商盛宣怀》,崇文书局 2009 年版,第 139 页。

② 《赵尚书奏议》,上海图书馆藏古籍电子文献 T28072-142,第 6791 页。

③ 李鸿章:《筹议海防折》,同治十三年十一月初二日,《李鸿章全集》(卷 6),奏议(六),安徽教育出版社 2008 年版,第 159 页。

④ 阮芳纪等:《洋务运动史论文选》,人民出版社 1985 年版,第 99 页。

大从优的原则,军工厂各自与外洋订立合约的方式,必然导致量少价高。晚清的军品外购,常常集中于李鸿章、张之洞、左宗棠、盛宣怀以及部分驻外公使,其他人较少参与。受各种人为因素的影响,清廷很难提升外购效益。金陵机器制造局所造枪炮军火,系仿造西洋武器而来,所用的生产材料大部分购自外洋,初期主要购自英国,少量来自德国和瑞士。后来在曾国荃任内添购的机器设备主要购自美国。之所以同一兵工厂设备来自不同国家,主要由举办者与某国关系好差所决定,这种情况非常不利于军工制造。1887 年 9 月 11 日,上洋二马路信义洋行李德、席步天向盛宣怀推销军械,"兹查克虏伯大炮如蒙先行委办二十一生的口径者四尊连弹子水脚各费在内仅需银十一万三千七百九十三两陆(六)钱,其款尚不过巨,于立合同之时可先付定银三分之一,余俟两年期满交炮时一并付清,其水脚保险即照二十分结算,如于大炮之外加定各式小炮八九万两,合计约二十万两为数较巨,于定立合同之时可先付定银三分之一,一年之后再付四分之一,炮到之时再付四分之一,其余四分之一准再俟一年付清,其水脚保险亦照二十分算,倘不购小炮,全购大炮,二十万金除交银各节均照以上分为四期办理外,水脚保险各费即改为二十二分,此非有意轩轾,实为第四批找价,须俟一年付清,其利息无可挪补,因于水脚保险内多加二分,以资商本。……在申配制枪头皮套一千三百个,兹以询明该商人,据云每个需价洋二角二分,共合规银二百金左右,惟祈饬将刀头寄下,以便照制"。①

各地督抚大臣常常将人情世故因素,牵扯进军火贸易之中,注定给国家造成一定损失。1888 年,福建驻沪洋务委员席步天与信义洋行素有交情,通过给盛宣怀写信为该行争取订单,"缘信义洋行本旧约,刻以年支薪水千金,另贴房租三百,外加杂项开销,延请步天甚为急迫,有刻不待缓之势,如果信义准定做此(生意),步天则毅然弃旧从新,若十七分泰来仍可到手者,乐得始终如一,免背十四年旧主之谊,反为友朋所窃笑也,构思此事,在大人之赐愿,或彼或此固亦无所损益,而于步天则大有出入,未敢遽定行止,为此斗胆历诉下情,务求迅赐明训切实指示,俾得遵循而免维谷"。②

2. 军工厂布局随意性大

遍布全国的兵工厂,是随时奏明随时开办的,并没有最初的整体设计。不仅重复建设,更严重的是其明显的地域发展模式。某地所购外洋军械,即为该地兵工厂所仿造的对象。兵工厂厂址往往是晚清各省督抚大员的驻扎地,这与他们的私心和短见有关,导致很多缺陷。燃料、原料、防卫等问题,都相继暴露。如江南

① 《席步天致盛宣怀函》,盛宣怀全宗档案 040552-1,上海图书馆藏。
② 《席步天致盛宣怀函》,盛宣怀全宗档案 032846,上海图书馆藏。

制造局设在海口,早年须向外洋购买煤炭,增加不少成本。各兵工厂多设于沿海,一旦战争爆发,即成为敌方攻击目标。

1877年,李鸿章主张将各机器局归并形成规模,"津、沪机器局巨费在各国视若毫芒。近日粤东、山左、湖南踵行之,各沾沾自喜,坐井而不知天大。莫如并归一局,分济各省,或可扩充,以抵西洋之一小局。愈分愈多,则愈不足以成事"。① 1884年10月,翰林院编修朱一新奏请设置机器局于腹地,"腹地宜置机器局也。兵兴而后,制造军火日不暇给,出自各局者半,购自外国者半。然德素仇法而昵俄,万一俄人蠢动,德必守局外之例,而外来之源绝。南北洋局皆滨海,万一敌兵阑入,闽厂即前车之鉴,而内造之源又绝。所可恃者独金陵、皖、蜀诸小厂耳。……可否于江西、湖北近水之处,添置一二厂,以备不虞。倘经费不敷,则仿外洋之例,准绅暂开公司"。②

李鸿章强调军工厂应量力而行,做好分工,某厂制枪,他厂制弹,别厂制药,精益求精,渐收实效。"沪上机器局,诚如尊论,事太多则难精。卓儒(冯焌光)尤有贪多嚼不烂之病",造铁甲船、钢炮尚不具备条件,"兼致力于铁甲船、熟铁炮、水雷,穷年积岁,取精用宏,庶有豸乎!"天津机器局已能造西式火药,沪厂不应造火药,而专制兵枪、林明敦后门枪、小钢炮等。③到1878年时,李鸿章认为前膛炮比后膛炮更耐用,主张江南制造局应专制阿姆斯特朗炮。清廷官僚多认枪炮可以长久使用,而弹药属于消耗品,战时易受制于人,所以兵工厂多以生产弹药为主,生产水平较低,浪费了大量花费巨款购买来的枪炮机器设备。这种供应模式导致生产的无序性,严重影响了军械制式一体化过程。

一些机器局是随着战事需要而出现的,具备很大的随机性,不利于军工生产的全局筹划。如左宗棠经营的西安机器局,就产生在镇压捻军起义过程中。1867年西北民变,左宗棠统带陕甘军及部分湘军,所需新式军火一概来自上海的洋行,左宗棠常感到缓不济急。便从江南制造局和金陵制造局调募一批熟练工人,购买机器,制造洋枪、铜帽和开花炮弹等军火。1872年,作战的重心转移到甘肃,左宗棠便拆迁西安机器局设备转移到兰州,调集浙江、广东、福建等地工人组建兰州机器局,但其生产能力有限,主要是钢引、钢帽、大小开花炮弹等,并能仿造普鲁士螺丝枪及后膛七响枪,还改造过原有的劈山炮和炮架。随着西北战争的结束,兰州制造局也于1882年停工。

---

① 李鸿章:《复刘仲良中丞》,光绪三年五月十九日,《李鸿章全集》(卷32),信函(四),安徽教育出版社2008年版,第67页。

② 《中国近代兵器工业档案史料》第一辑,兵器工业出版社1993年版,第27页。

③ 李鸿章:《复李雨亭制军》,同治十二年六月初一日,《李鸿章全集》(卷30),信函(二),安徽教育出版社2008年版,第536页。

中法战争危机促使清廷加强军工建设,并且注意到了全局统筹添设分局,要求各大臣筹议。1885 年 6 月 24 日,李鸿章札盛宣怀文,"现在和局虽定,海防不可稍弛,亟应切实筹办善后,为久远可恃之计,前据左宗棠奏请旨敕议拓增船炮大厂,昨据李鸿章奏仿照西法创设武备学堂各一折,规划周详均为当务之急。自上海有事以来,法国恃其船坚炮利横行无忌。我之策划备御亦当开设船厂,创立水师而造船不坚制器不备,选将不精,筹费不广,上年法人寻衅叠次开仗,陆路各军屡获大胜,尚能张我军威。如果水师得力互相援应,何至处处牵制? 当此事定之时,惩前毖后自以大治水师为主,船厂应如何增拓,炮台应如何安设,枪械应如何精造,均须破除常格实力讲求,至于遴选将才策划经费尤应谋之于豫,庶临事确有把握,著李鸿章左宗棠彭玉麟穆图善曾国荃张之洞杨昌濬各抒所见确切筹议迅速具奏,江苏、广东本有机器局,福建本有船厂,然当时仅就一隅创建,未合全局通筹,现应如何变通措置或扼要设总汇之所或择地添设分局以期互相策应呼应灵通,并著李鸿章等妥议奏办"。[1]英国人贝思福曾评价中国的军工产业,"自我观之,中国于制造船炮军械等事,当专责上海一厂,竭力扩充,期于足用而止,其余各厂,概停工作,以节糜费,而以其厂屋作为储存炮械之栈房,亦不至鞠为茂草。至论上海一厂,规模全备,精器精良,地居适中,购料甚便,只须略添经费,并派西人为总办,以收驾轻就熟之效,我可决其所造之物,必能供给华兵二十万名之需用矣。若照今日各省各办之情形,不过便各督抚之私图,于国家何益哉"。[2]

1898 年 1 月,盛宣怀还为军工厂的移建提出过自己的意见,"湘中专造枪炮将来合□练兵汉阳一处嫌少添设。湘厂自较上海为宜,上海则有战事外人力足使我停工,惟炼钢资本需多,汉厂西门马丁以及后添罐子钢之供两湖二枪炮厂之用,似可劝令缓办。至上海制造局半系旧式机器笨重之物,一经搬移必多废弃,岁糜数十万洋税,无益于器械,诚不如改作公司,惟华商无此魄力,洋商合办或可招徕少穆言之最切"。[3]

1883 年,中法激战之时,清军各部队已对西洋武器有所依赖。当时滇、桂出关之师,渐得各种后膛快枪,已能取胜,倘更有陆路车炮、地雷等具,加以主客之形,众寡之势,胜算实可自操。两广总督张之洞,不惜重金向海外求购。然而,欧美各国以严守"中立"为由,或拒绝售卖武器,或囤积居奇,抬高价格——伺机要挟,外购军火十分困难,转运则更是难题。张之洞上奏清廷,"提用军火一项,或搜求工匠,昼夜赶造,或密访外洋,设法商买,未得则忧难买,既购则忧难到,既到则

---

① 《李鸿章札盛宣怀文》,盛宣怀全宗档案 030153,上海图书馆藏。
② 王尔敏:《清季兵工业的兴起》,台湾近代史研究所 1978 年版,第 138—139 页。
③ 《盛宣怀亲笔函稿不分卷》,古籍类 430853-60,上海图书馆藏,第 129、132 页。

忧难解"。因为转运途中还会遭遇游巡北海意图邀截的法国军舰。1888年7月,张之洞开始在广州筹办枪炮厂。此后的一个半月中,张之洞与许景澄仅凭数封电报,就敲定一笔巨额订单。拟订购一百二十匹马力的造枪机器,日产毛瑟连珠十响枪五十支,并造克虏伯式七生半至十二生山炮。不过,直到8月31日,张之洞回复订购的电文中,还在询问"连珠几响",甚至,首批费用还没有着落。不得不把广东文武官绅及盐商捐造兵船的80万两白银,挪作建枪炮厂之用。1889年10月15日,张之洞接到圣旨,调任湖广总督。广东枪炮厂未成,张之洞就要离任。继任的两广总督李瀚章则要求停办枪炮厂,因为他不愿负担前任未结清的尾款以及将来开办后的经常性开支。李鸿章希望移至天津,取天津水路唐山煤矿运煤较便。张之洞则强调改设湖北可开风气于西路四川,且煤铁近便。清廷则考虑煤矿未开,炼制钢铁尚须时日。李鸿章认为中国试办伊始,不能仿造。"张之洞所订机器若存搁过久必致损坏,似需先建厂设机,以立根基而免浪费"。①1890年1月,在满族亲贵奕劻等的支持下,海军衙门致电张之洞,选定湖北接办广东枪炮厂,湖北枪炮厂得以建立。②这种因人设厂的方式,在晚清的军工厂布局中,比比皆是。

1906年,时人评论上海制造局的地理位置,认为受制外洋难于发展,"上海一隅关系各国商务甚巨,倘一朝中国与他国开战,则各国必宣明此地不准侵犯,中日之战已然,是时各国禁日人攻击上海,即以造军火厂在沪不合公法为词,于是各国与日人言明,如若干礼拜内和议不成则令中国制造厂停工,日人始无异词,幸未几和议即成,得以无事,人咸不知故不信外人已有逼令我国停工之说也"。③军工厂的设置必须考虑多方面的因素,设置不当会影响整个战局。

3. 军工厂产销不够合理

军工厂所产武器有的是清廷直接拨付,也有的是各省抚向军工厂购买。各地军工厂为了装备各地新军,其售价照进口军火的单价减少一至二成不等,有时候,遇到中央无偿调拨,连成本都无法收回。"有的由清政府调拨,各省军营在军需项下拨款给价;有的是各省军营向制造局直接订货或购买。"④近代军工厂耗资巨大,却不能完全满足清军对新式武器的需求。1874年8月21日,李鸿章在奏折中也谈到,"近年闻各国全换后门进子枪,放速而击远,较胜数倍。洋枪至此,似已

---

① 李鸿章:《议安置枪炮厂》,光绪十六年正月初七日,《李鸿章全集》(卷35),信函(七),安徽教育出版社2008年版,第7页。

② [德]乔伟、李喜所、刘晓琴:《德国克虏伯与中国的近代化》,天津工业出版社2001年版,第342页。

③ 《历年议决移设上海制造局成案》,盛宣怀全宗档案060605-2,上海图书馆藏。

④ 夏东元:《洋务运动发展论》,《社会科学战线》1980年第3期。

无可再变。其以前兵枪，来福枪概置勿用，遂尽发到日本及中国贱售。……赫总税司所称各处到香港购觅旧枪，实有其事。各省防军及西北征兵采买之件，全是此种人弃我取之物"。①造成这种现象的重要原因就是军工厂产品的产销不合理，未形成产销的良性循环。光绪帝曾在 1885 年发谕旨责问，"上海、闽、粤机器局三所，上年共支银八十四万有奇，各营所需枪械仍需别购。究竟各局所造若干，是否可用"。②1895 年 8 月 11 日光绪皇帝发布上谕，"中国制造、机器等局不下八九处，历年耗费不赀，一旦用兵，仍须向外洋采购；平日工作不勤，所制不精，已可概见"。③甲午战争期间，"平远"舰所需 260 毫米口径炮弹已向国外订购 70 枚。④据不完全统计，晚清军工厂所生产的军火，占同期清军准备更新需求量的 30% 左右。⑤在这种情况下，许多省份不得不临时从外洋订购被其他国家淘汰的旧式武器。1895 年 3 月甲午战争进入尾声时，各大臣纷纷检讨海军情况，批评军械局长的盲目生产、无序装配。"军械局厂所制军火宜用超等料件以免贻误；定购船支并军械宜与水师官员商妥而后定之；海军师船宜讲究配用现时泰西所用之快炮，此次大东沟之役彼炮快船快击，我炮钝船缓。"⑥

清廷虽然希望各地应尽先购买国内所产军械，但缺乏国家扶持等相应配套措施。1910 年，广东方面准备向地亚士洋行订购新式枪弹，陆军部却先后两次给予否决。两广总督解释说因广东社会动荡，急需添购利器，而广东军械厂生产能力低下，每月仅产 400 余支，不敷应用，只能外购。所订购的 4 000 支枪与 500 万发子弹，只能勉强够用。如撤销合同，必失信于洋人。⑦同年，热河地方与天津捷成洋行订购马枪子弹等军械，陆军部要求热河将其退回，转而购买上海、湖南兵工厂产品。然而洋行方面强调"既立合同，即不能允退"⑧。因担心引起与列强的纠纷，对这种情况清政府往往给予批准。

李鸿章谈到天津机器局时，曾经坦承，"凡仿制洋器，每年所用工料银，较之每年所出之货，必比采买之价稍贵，即稍贵，亦系值得，不为虚糜"。⑨当然，清廷往往

① 李鸿章：《论购办西洋枪弹船炮》，同治十三年八月二十一日，《李鸿章全集》（卷 31），信函（三），安徽教育出版社 2008 年版，第 95 页。
② 陈真编：《中国近代工业史资料》第三辑，生活·读书·新知三联书店 1961 年版，第 11 页。
③ 《光绪朝东华续录》，卷 128，中华书局 1958 年版，第 11 页。
④ 《顾元爵、张广生致盛宣怀函》（光绪二十年九月初四日），《盛宣怀档案资料选辑之三·甲午中日战争》（下册），上海人民出版社 1980 年版，第 257 页。
⑤ 军事历史研究会编：《兵家史苑》第二辑，军事科学出版社 1990 年版，第 280 页。
⑥ 《海军利弊条陈》，盛宣怀全宗档案 056917-4，上海图书馆藏。
⑦ 《宣统二年两广总督电陆军部》，《兵部陆军部档案全宗》，第一历史档案馆藏。
⑧ 《宣统二年六月热河都统电》，《兵部陆军部档案全宗》，第一历史档案馆藏。
⑨ 李鸿章：《筹议天津机器局片》，《李鸿章全集》（卷 4），奏议（四），安徽教育出版社 2008 年版，第 113 页。

难于接受国内自造价昂于外洋的现实，1872年，因天津机器局所造"林明敦枪发营领操，并称精利合法，以核费与购价悬殊，当饬停止"。①江南制造局仿制五千支林明敦式后膛来福枪，成本为进口林明敦枪售价近两倍，并且质量还远不如进口货，被淮军等部队禁用。进口150马力的轮船，只要十几万两银子，而江南制造局生产的旧式50马力轮船，成本高达30万两。1888年1月，四川总督刘秉璋奏称，四川机器局"铸枪工料，其用费已昂于外洋买价……（所铸之枪）比较外洋所购，实已远逊。以更贵之价，铸无用之枪，殊不合算。臣现已饬局将各项洋枪暂停铸造，裁决局中司事工匠……以所省局费，购备外洋枪弹，庶饷不虚糜，器皆利用"。②刘坤一在《整顿船政铁政片》中曾发牢骚道，各省需用轮船，多向外洋订购，中国船政局每欲承揽一二只而不可得。刘铭传上奏称，福建马尾船政局所需一铁一木皆购于外洋，每造一船价值实在比外购要昂贵太多。

　　近代军工产业主要技术来自西洋，创新乏力。以江南制造局为例，该局的军火品种常因质量不如同型进口军火，且未能与外洋军火同步保持更新，而常遭各省督抚拒绝。建厂初期，生产的仿英国老式前膛马步枪，西洋早已淘汰。黎意快枪，江南制造局最初于1883—1885年仿造36支。1884年至1890年仿制美式林明敦中针枪，但容易走火而停造，积存一万支，无人领用。后在原枪机簧后，添置活盖，克服了走火疵病，仍可使用。继林明敦中针枪停产后，于1890年至1892年间又重新制造黎意快枪，共造1 720支。同期仿造德国新毛瑟枪和曼利夏步枪，但仍远不如进口同类枪械质量可靠。由于产品变换过于频繁，达不到量产，所以生产成本难于降低，加之主要原料均购自外洋，如江南制造局工匠薪水为一般城市苦力的4—8倍，该局生产每支步枪的成本高达17.4两，而外国同期产品成本仅为10两左右。国内军工厂所产军火常常高于进口同类武器之售价，导致各大军工厂产销不能走上正常循环轨道。

江南制造局各主要产品价值清单③

单位：两银

名　称	江南制造局成本价值	同类进口武器到华价值
林明敦步枪	每支17.4	哈乞开斯步枪20
老毛瑟枪弹	每千颗23	三井洋行所售17
新毛瑟枪弹	每千颗38	瑞生洋行所售20
十二生的船台快炮	每尊11 961	泰来洋行（零件弹药在内）34 230

①　李鸿章：《机器局经费奏报折》，《李鸿章全集》（卷9），奏议（九），安徽教育出版社2008年版，第226页。

②　孙毓棠编：《中国近代工业史资料》第1辑上册，科学出版社1957年版，第494页。

③　军事历史研究会编：《兵家史苑》第二辑，军事科学出版社1990年版，第273页。

名　称	江南制造局成本价值	同类进口武器到华价值
十五生的船台快炮	每尊 22 749	泰来洋行(零件弹药在内)57 050
黑火药	每百磅 17	礼和洋行 275
无烟药	每百磅 200	礼和洋行 999

当时较为先进的马梯尼枪每杆仅 10 两左右,消耗量最大的毛瑟枪弹均高于外洋售价,所产快炮性能较为落后,且与外洋进口价值相比没有任何优势。火药方面看似有较大的成本低廉优势,然而,就无烟火药来说,江南制造局从 1895 年开工到 1911 年总计生产不过 17.44 万公斤。这种情况下,国内军工厂却以售出枪械为满足,主动推卸修理保养之责,中日甲午战争时各前路大军不愿意使用国内所产枪械,1895 年 7 月善联致函盛宣怀,"毛瑟枪陆续售出,逐细声明,深感。具扣罚修补各款悉由前途认支,均与弟处无涉"。①即便如此,许多明智的官僚也清楚,军工厂仿造成品之初批军械,肯定要比外洋为贵。但这是一国发展国防的正途所在。浙江巡抚杨昌濬奏称,应该趁此良机,同心协力,认真讲求,不被浮议动摇,不因耗费银两而中止,坚持下去,中国一定会转弱为强。

1900 年 9 月,江南制造局致函盛宣怀,"前因金陵军装所发洋枪皆锈坏不堪施放,拟往上海购办,蒙谕当函致盛京卿转嘱沪局饬发等因。兹已会禀沪道暨制造局特将禀稿录呈钧鉴……盛京卿询明价值并嘱沪局选其新制精良者如数饬发,沪局不比金陵,想必须缴价,一有确数即当照解,利器为军中所必需,不胜跂祷"。②该档案中还声明"沪上制造局制有毛瑟枪施放极远,甚为利便"。③1903 年 3 月 17 日,袁世凯上奏江南制造局移设内地新造分厂节省添购筹办情形:

"奉为江南制造局拟遵旨移设内地新造分厂节省原有之款添购新式枪炮机器以防牵制而重军储,谨将筹办大概情形恭折具陈,仰祈圣鉴事。窃照上海高昌庙地方所设江南制造局创自同治初年,经前督臣曾国藩,前署督臣李鸿章艰难草创基构方成,历任督臣渐次扩充规模始备。然在创造之初李鸿章原奏即有上海地方设局于久远之计殊不相宜,稍缓当移至金陵沿江偏僻处所之议。……近来黄浦江中吴淞口外为各国兵轮所萃,遇有中外战事辄阻我军火装运出口,致不能接济他处,甚或以兵舰驻泊近厂江面以相伺察,慢藏之害岌岌可虞,至该局所有机器七年以前所造系林明敦乃外洋陈旧不用之式,两

---

① 《善联致盛宣怀函》,盛宣怀全宗档案 029068,上海图书馆藏。
② 《致盛宣怀函》,盛宣怀全宗档案 033465-1,上海图书馆藏。
③ 《江南制造局致盛宣怀函》,盛宣怀全宗档案 033465-2,上海图书馆藏。

年以前所造系快利枪乃沪局臆造之式，亦不适用，故枪机新旧凑配出数无多，炮机亦未完备，岁糜巨款，实为可惜，本应另筹良法，俾各械日精日多，得出实效。近数年迭奉谕旨饬令各省军营所用枪械宜归一律，洵为军实最要之意。……直至上年始经该局定议沪厂仿照鄂厂一律改造小口径新毛瑟快枪，惟沪厂枪机不能全备，必须兼以人工剖磨并非全系机器所成，故费工多而出枪少，近来陆续添机渐次整顿，每日仍只能出枪七枝，一年只能出枪二千余枝，既不合算，且于武备大局无裨，其炮厂所造车炮亦不尽适用，必须另购新式造枪机器，须每年能造五万枝快枪者，添配新式造炮机器须每年能造大台炮十尊，七生半口径快炮二百尊者，庶数年之后足以应各省之取求，而归于画一，即各国军火不来亦可无虑。尝闻外洋觇国者之言，谓若一国中一年能造枪十万枝者，其国即未可轻侮。今得此大宗新机川流铸造，声威远布亦足以壮士气而定民心……

二、新厂新机价值约可预计也，查近年镑价日昂，购买外洋物料以银折算贵至倍蓰，近经采访约略核估枪厂新式全副机器枪机须每日能造一百七十枝，岁出枪五万枝者，弹机须每日能造十万颗，岁出弹三千万颗者，约需银二百四五十万两，旧厂造炮机造药机尚多可用，只须酌量添配以备移设，以每岁能造陆路七生半快炮二百尊，十五生十二生台炮共十尊，弹药足用为度，计添配之机约需银五六十万两，此外修理机器厂翻砂厂等各项，应用机器约需银二三十万两，各所工厂地基炉座烟囱砖石铁木各项工料填地筑路开沟围墙马头剥岸起重架，住房杂屋堆树库房一应工程地价及搬移旧厂炮机药机折起运卸之费，约需银一百五十万两。综计约五百万两，以岁提银一百万两积算五年可以完备，此外按年添补扩充不在此限。

三、经费不必另筹也，查近年沪关税收较旺，应拨该厂二成洋税岁得银一百二十余万两，又奏定各关局另拨沪厂常年专款二十万两，统计每年可得银一百四十万两，拟提出一百万两专作新设分厂经费，饬该局将各项械弹分别有用无用酌量停造减造，并裁汰冗员节费，岁可节省用款银十余万两，销售钢铁修理轮船及各省购用枪炮价值岁可工本银十余万两，每年仍划留二成洋银二十万两，及沪局常年经费二十万两，作为沪上旧局经费足敷支应，其余一百万两陆续提出存放上海汇丰银行买镑生息以备修建新厂购办新机之用，无论何项要需不准动支此款。

四、分建新厂宜先所急也。……枪厂既成再造炮厂，炮厂既成再造药厂，似此专力经营则造成一厂便得一厂之用，而遽年构造经营亦易于接济。

五、新机虽大常年止须制造一半也，或虑每年如造快枪五万支，快炮二百尊，每枪每炮各配造子弹五百颗，台炮十尊则常年经费浩繁原有之款恐不敷用，不知置购新机须备急用时可加工赶造，其数目多多益善。平日尽可视所有经费酌量减造，假如能造五万枝之枪机，常日止造二万五千枝，经费即可省一半，甚至岁造二万枝亦可。炮机亦然。

六、旧厂宜大减制造以节縻费也……此后凡不急之物可缓之需，及式旧数少之枪弹，大小炮之实心弹等类皆行停造，枪枝除小口毛瑟外亦皆停造，其杂项枪炮药弹较为有用者，酌量减少，各项机器只开一半，每届半年更番开用，此开彼歇，工匠一如此则机器不致锈涩，良工不致走散，而工料可省一半，本省外省拨用者，亦减半应付拨用。枪弹者可酌量分归金陵机器局认造，但仅存留之四十万两尊节支持，免碍提存巨款……

七、新厂既成旧厂可改作商厂也，查沪局炼钢厂所出钢料除供本局之用外兼可销售洋行为制造器物船料之用，原有船坞亦可代修华洋官商各轮，其枪厂机器酌量改配可以制造各项机器，以供销售……

八、湾址新厂制械之钢可暂用鄂厂新炼灌钢以节经费也，查沪局历年所造大炮其炮管皆自外洋购来，并非自炼，沪局炼钢厂止能炼西门马丁钢，尚非极精之品，若再添设炼灌钢厂，则所费过巨，势难猝办。拟令新厂制造枪炮则用湖北灌钢厂之钢，铜料来自上游不虞梗阻……

九、沪厂无烟药宜暂行停止以节縻费也。查上海药厂原造黑色药、栗色药、无烟药三种，黑药、栗药现已停造，而无烟药尚照常制造，闻岁需费三十余万两之多，其实松江药库各种火药堆积如山。该郡绅民方惴惴以药多为危险，屡次禀求迁徙，且药性受燥固甚可危，药性受潮即又失用，久储殊多不便，近数年来杭州金陵药库相继失事慎可为鉴戒，兹拟饬该局将无烟药一并暂行停造。各处军营请领火药均就库存之药照章应付，至无烟药弹原以备临敌制胜之需，平日操练重在置枪于架，演习瞄准，惟打靶始用真弹，不能甚多。至操演手法及行军队必须放响皆系用空铜壳装黑药木子，并不用无烟药及钢弹头，是暂停制造，但以存储之药供用并无不给之虞。俟松江药库存药将罄再造不迟。

十、工匠宜趁此五年之内派赴外洋练习也，此等大局新机仅用华匠则艺不足参用，洋匠则费过巨，沪上虽亦有良匠，但不甚多，且仅凭阅历并无学问，应由该局选派聪颖巧捷之匠目艺徒，分赴德国及日本学习……

十一、新制快枪口径宜再收小也，查鄂厂现造快枪口径系七密里九。近来各国讲求枪学口径愈小则子弹激射愈远，击力愈猛且口径小则子弹亦小，分量自然减轻，随身可以多带至一百五十颗，故英国最新快枪口径止七密里，日本最新快枪口径止六密里五，德国最新快枪口径止六密里。其口径各不相同者，系防枪为敌军所夺，使子弹不能合膛得之亦无所用，惟口径大小等差,其或七密里几丝或六密里几丝或六密里,皆有精密算法配合枪身药力,不能随便臆定,然枪弹钢壳分为两节,前少半段细处为弹膛,自肩以下后多半段粗处为药膛,弹膛须按枪之口径及钢弹头之肥瘦不能稍差,药膛则肥瘦长短可略为增减,以便别于他国。兹购造枪新机,拟酌中定口径为六密里五,并将弹之药膛酌量加肥而微短,枪上之弹子库照弹壳之药膛肥瘦长短为之,令与日本枪有异自不能彼此通用,并商令鄂厂此后制造枪口径亦改归一律。

十二、此后各省新练之兵火器宜改用一式也,查中国从前军营所用火枪种类纷杂,最为大病,不独一省之中,此军与彼军异器,甚至一军之中此营与彼营亦复异器,以致药弹不能通用,一种弹缺即一种枪废,且行军忽遽之时,配发子药偶有歧误,虽有利器,堪同徒手,失其所资临敌,安有不溃,现江鄂定制新枪既有成式,应请旨敕下各直省督抚及统兵大员,以后需用快枪均向江鄂两厂备价购取,不得再向外洋采办杂枪,用昭划一……

十三、购机宜委妥员以省糜费也,外国军火利息最重,故不全不备,若托出使大臣代购则使臣不过派一委员经理,亦未必实能沁谙,应令该局选择操守可信明晓机器者,亲赴外国考校议订,革除九五扣陋弊,并由出使大臣考核,庶几机器完美不致有短缺,杂凑陈旧改造之弊,亦可免买办浮开中饱浮糜。

十四、造械既定新式,各省用械宜限一定期以归划一也,江南制造新厂以后快枪专造六密里五口径一种,快炮专造七生五口径一种,此外杂枪小炮及各色药弹永远停造。……其实沪局岁购不急之需,日造已陈之械,从前每日只能实造枪三支,近日亦只能每日实造枪七支,本应变通整顿尊节浮糜。……惟在责成承办之员精心规划、殚力经营、不辞劳、不避怨、不贪利、不畏难,并无庸另筹分文经费而五年之后,全厂完功,新机广置,精械利器日富不穷。……俟五年内购机设厂一律告成,工固器精毫无浮冒。"[1]

从中可以管窥江南制造局之弊,建厂逾 40 年的军工老厂,年产新式快枪仅 2 000 余支,所造车炮不能适用。袁世凯所奏江南制造局移设内地之策,一为防止被列强牵制影响枪械装运,二为减少外购武器成品节省军费。但内迁工程浩大,耗银 500 万两,款项来自沪关两成洋税,各关局常年拨沪专款,然规划虽好,未必实施。为适应经费不足之弊,甚至计划造五万支之枪机减造至二万支亦可,各项

① 《江南制造局移设内地新造分厂节省添购筹办情形折》,盛宣怀全宗档案 026483-1,上海图书馆藏。

机器只开一半，旧式枪弹停造（各式枪械不可能同时更换，必然新旧并存，枪弹停造影响非轻），制炮之钢不购外洋改为鄂厂之钢，必将影响火炮寿命乃至质量。停造无烟药则贻害无穷，旧存弹药种类繁多，久存必质量不佳，一旦临战必坏大局。新枪口径改变，必致旧有子弹不敷应用，军械划归一律自然是大势所趋，然则必须由国家统筹，分步实施，较为妥便。

国内有些机器局效率较高，如丁宝桢所创的山东机器局制造马梯尼枪每杆用银十两有零，"较之购买外洋者，已省银十四两数钱，而精利相敌"。①"洋人利器，我皆有之……各省所需船炮等物，皆可于现局造取，不必时时购买，使利归外洋。"②大部分机器局和制造局的效率较为低下。所产军火常常质量较差且昂贵数倍于外洋。由于技术和原材料方面的优势，外洋军械在时人眼中往往"物美价廉"，而国内军工厂所产则制式落后、质量低劣、成本颇高，远不如外洋枪械"性价比高"。中法战争时，列强对中国实施军火禁运，广西省打算购买大批国内新式军械，结果发现闽枪较湘枪之价倍昂，比购洋枪益不合算，立即决定"缓办"。③张之洞创建的汉阳兵工厂管理水平较高，生产的枪械号称"中国各省之冠"。1904年，清总理练兵处开始在全国范围内整顿军工厂，汉阳兵工厂所造产品存在诸多问题，被要求及时改进。④1905年，江督周馥考察整顿沪厂，认为沪厂积弊甚深，枪炮历年所制均非精品，火药比较洋药尤属不逮，决定核实稽查，裁汰冗滥，"如总办不得力即会同北洋大臣遴员接办"。⑤经过稽查发现国内生产制造能力远远不能应付清新军编练的需求，"势不得不购自外洋，以应急需"。⑥外洋新式枪械的引进，一方面使很多官僚对外洋武器非常迷信，另一方面严重挫伤了本国军械生产者的自信心。

（二）军品贸易与军工厂的发展缺乏财力支持

19世纪70年代，恩格斯在《反杜林论》中指出："暴力的胜利是以武器的生产为基础的，而武器的生产又是以整个生产为基础，因而是以'经济力量'，以'经济状况'，以可供暴力支配的物质手段为基础的。……没有什么东西比陆军和海军再依赖于经济前提。装备、编成、编制、战术和战略，首先依赖于当时的生产水平

---

① 阮芳纪等：《洋务运动史论文选》，人民出版社1985年版，第139页。
② 《中国近代史资料丛刊·洋务运动》第1册，上海人民出版社1961年版，第132页。
③ 张振鹍主编：《中国近代史资料丛刊续编·中法战争》（二），中华书局1996年版，第20页。
④ 《光绪三十二年十二月二十二日姜提督呈验鄂造残枪子弹开单咨令考验更正》，《兵部陆军部档案全宗》，第一历史档案馆藏。
⑤ 《税务处改订枪弹进口章程及有关文书》，《兵部陆军部档案全宗》，第一历史档案馆藏。
⑥ 《练兵处章程》，《兵部陆军部档案全宗》，第一历史档案馆藏。

和交通状况。……要获得火药和火器,就要工业和金钱。"①经过1840年的鸦片战争,中国逐渐沦为半殖民地半封建社会,没有近代工业基础,科学技术、生产力更极端落后。晚清建设新军实际上是建立在小农经济占主导、商品经济不发达的基础之上的。

江南制造局从1865年建厂到1904年经费总收入为28 827 665两,总支出为27 635 444两,其中购买机器原料和军火的费用占63.58%,华洋工匠的工食占24.37%。②

晚清军工企业的投资规模③

局　　名	年　　份	投资额(银两)
江南制造局	1865—1895	18 298 055
金陵机器局	1879—1891	1 428 161
金陵火药局	1885—1892	351 762
福州船政局	1866—1895	14 234 570
天津机器局	1867—1892	7 246 894
山东机器局	1876—1892	600 860
四川机器局	1877—1893	899 941
吉林机器局	1881—1891	847 400
浙江机器局	1883—1887	167 936
汉阳枪炮厂	1890—1895	2 958 162
总计	1865—1895	47 033 741

由上表可以看出,将近30年近代军工厂的经营,消耗资金总计在4 700万两以上。也有学者认为,到1895年近代军用工业累计耗费资金肯定要在"五千万两以上"。而1875年中央财政上部库无充余之蓄,东南各省如江苏、浙江"地方凋敝",即便"稍称完善"的山西"岁入仅三百万两有奇",而山西应解京饷、应拨各路军饷以及本省必不可少的开支三项总计却在三百五十万两以上,因此从中央到地方都是"库储告匮"。④

---

① 《马克思恩格斯选集》第三卷,人民出版社2012年版,第546、547页。
② 军事历史研究会编:《兵家史苑》第二辑,军事科学出版社1990年版,第269页。
③ 同上书,第270页。
④ 《光绪朝东华录》,第1册,中华书局1958年版,第23、25页。

1879 年清政府收入款项①

项　　目	收款(万两银)
地丁、杂税、盐务、杂款	2 700—2 800
洋税	1 200
盐厘	300
货厘	1 500
总计	5 700—5 800

很明显,30 年军工企业投资相当于清政府 1 年总收入,则每年约计财政收入的 3％,在经常性偿还巨额外债的前提下,这种规模的军工投资应该说量是不少的。李鸿章发出感慨,"西洋方千里数百里之国,岁入财赋动以数万万计,无非取资于煤铁五金之矿,铁路电信局丁口等税。酌度时势,若不早图变计,择其至要者逐渐仿行,以贫交富,以弱敌强,未有不终受其敝者"。②

慈禧太后专政时期,宫廷财政支出不断增加,1873 年户部不堪内务府随意索银,上疏"户部之经费有常经,而内务府之借款无定数。近年来多至一百三四十万,少亦不下八九十万。去年岁底竭力挪凑,部库已罗掘一空"③,要求量入为出。结果慈禧恼怒而降旨,"以后每年再(向内府)添五十万两"。④1874 年 11 月 5 日,《总理各国事务衙门奏请将所拟海防事宜交滨江沿海督抚等筹议折》:"溯自庚申之衅,创巨痛深,当时姑事羁縻,在我可亟图振作。人人有自强之心,亦人人为自强之言,而迄今仍并无自强之实,从前情事儿于日久相忘。臣等承办各国事务,于练兵、裕饷、习机器、制轮船等议,屡经奏陈筹办,而歧于意见,致多阻格者有之;绌于经费,未能扩充者有之;初基已立,而无以继起久持者有之。……惟有上下一心,内外一心,局中局外一心,自始至终,坚苦贞定,且历之永久一心。人人皆洞悉底蕴,力事讲求,为实在可以自立之计,为实在能御外患之计,庶几自强有实,而外侮潜消。"⑤

福州船政局在外洋的帮助下提升了中国制造现代轮船的能力,不过,直到

---

①　吴廷燮:《清财政考略》,《清末民国财政史料辑刊》第二十册,民国三年(1914)铅印本,第 371 页。

②　李鸿章:《复东抚丁稚璜宫保》,《李鸿章全集》(卷 31),信函(三),安徽教育出版社 2008 年版,第 490 页。

③　《皇朝道咸同光奏议》第 2 卷,1902 年刊本,第 2440—2443 页。

④　徐珂:《清稗类钞》度支类,中华书局 1986 年版,第 4 页。

⑤　《总理各国事务衙门奏请将所拟海防事宜交滨江沿海督抚等筹议折》,中国近代兵器工业档案史料编委会编:《中国近代兵器工业档案史料》第一辑,兵器工业出版社 1993 年版,第 10 页。

1874 年前福州船政局所造 15 艘轮船马力较小、安装炮位过少。有人曾尖锐地找出该局弊病，外洋轮船"全在炮位多而马力大，故能于重洋巨浪之中，纵横颠簸，履险如夷"①，认为福州船政局未得西洋奥妙。实际上，日意格曾在清廷不断提出加大马力的要求下，督造了 1 艘外国兵船式样，即"扬武"号兵轮，250 匹马力、配炮 13 尊。但客观上，制造如此规格的兵轮不仅需要 15 个月，而且一切原材料如木料、铜料及篷索器具等物料都要增添 1 倍。②制造 1 艘 150 匹马力的轮船则只需 4 个月。无论从省费的角度看，还是缺乏战争危机的统治层的短时效益上看，必然选择建造数量较多的中小马力的轮船。这也恰恰成为了 70 年代初福州船政局被人指责的一大弊端。1871 年冬，内阁学士宋晋奏参福州船政局和江南制造局船厂"糜费太重"，应将"两处轮船局暂行停止"。③曾国藩主张继续在江南制造局兼造轮船，他强调西方国家船多而精，日本也在大规模兴建轮船。中国"只宜因费多而筹省，似不能因费绌而中止"。④李鸿章虽一度表示船厂"不足御侮，徒添糜费"⑤之意，后来改变看法，强调"现造兵船，虽未能即云御侮，而规模已具，门径已开……季皋制军（左宗棠）大声疾呼不可裁撤，鄙人断无异词"。⑥"国家诸费皆可省，惟养兵设防，练习枪炮，制造兵轮之费万不可省。……左宗棠创造闽省轮船，曾国藩饬造沪局轮船，皆为国家筹久远之计，岂不知费钜而效迟哉？"照李鸿章看来，两船局决不可裁撤，否则"前功尽弃，后效难图。……不独贻笑外人，亦且浸长寇志"。⑦局厂所造轮船、军舰，常有搭客收取水脚补贴军用之事。

上海江南制造局档案记载，该兵工厂靠地租维持日常经费，说明经费严重不敷应用。1899 年 3 月至 5 月，光绪二十四年分四季地租应收洋 1 287.16 元（四月十二日支应处工程处呈报），"业由鲁委员陆续收缴……所收租洋每百元提洋五元之数核明共该若干元开单呈候。……既据禀称局勇陈达生地保张惠忠两名尚可效奔走之劳，如果得力酌量给赏。……据鲁经历国寿呈报丁忧交卸巡防局差所有地租房租各事应归杨倅培一手经理以专责成仍将鲁经历经收各款有无短少各户有无拖欠情事，逐款查明禀复，以昭慎重。……六月初一至腊月二十四止连梁房租共收实洋 702.45 元，未收之数为 575.329 元。……统计本年正租额 1 270 余元，连带收去年拖欠 570 余元再加本年新添前买黄陈二地租洋 190 余元，应共需

---

① 《中国近代史资料丛刊·洋务运动》第 5 册，上海人民出版社 1961 年版，第 98 页。
② 同上书，第 99 页。
③ 同上书，第 105、106 页。
④ 《海防档》乙，福州船厂，第 2 册，台湾近代史研究所 1957 年版，第 326 页。
⑤ 李鸿章：《李鸿章全集》（卷 30），信函（二），安徽教育出版社 2008 年版，第 408 页。
⑥ 同上书，第 446 页。
⑦ 《中国近代史资料丛刊·洋务运动》第 5 册，上海人民出版社 1961 年版，第 120 页。

收洋 2 000 余元始能符合。……归卑职一人经管呼唤多有不便催取,少人势必更多拖欠。……至本局附近地房各租,局中员司工匠十居八九,若令巡防局兼管诸多窒碍,仍应责成工程处经理名正言顺。……视收租多寡为赏罚则租事自少拖欠之弊"①。

1887 年前后,清政府进口许多军工物料,拖欠款项成为常态。信义洋行李德致函盛宣怀催账,"委办之铜斤计价 39 084.63 两,除领过外,尚少钱 11 954.23 两,务乞俯照给发,至于扣减一层当时实已仰蒙面允,此次铜斤不扣经用,否则小行开价亦不能如此便宜"。②

外洋军品受市场等因素影响,价格在不断上涨,清政府在财力支绌的情况下,更难以应付。1892 年,上海信义洋行李德曾为盛宣怀反映炮位涨价情形,"今接外洋来电,不特运费不敷,而新式钢弹并开花弹正价尤须赔贴,只因大人只按克厂旧价核定而克厂未能遵照所短之价,惟有李德赔认,有据可查。此次胶州炮位仰恳大人体贴商情,恩施逾格,仍照军械所定章,自十五生的至二十四生的弹子均应列入炮位之内,已经格外撙节,其中火药水脚保险最为重大,亦只有十八分,小快炮系长笨之件减至十六分,此皆向所未有"。③

1896 年,李鸿章参观英国 19 000 名员工的阿姆斯特朗军工厂时,看了火炮、雷管、弹壳、造船、铸钢、炮弹、火药、炮车等车间,阿姆斯特朗还特地为李鸿章施放了水雷,满足了李鸿章的好奇心。包括阿姆斯特朗军工厂、克虏伯军工厂在内的西洋著名军工厂,通过在世界军品交易市场的销售,获得了大笔资金,在产量提升、新品研发方面可以获得较大发展。相比而言,晚清的军工厂,囿于体制因素,军工产品不具备基本的商品属性,仅为国家划拨物资,没有利润回报,没有竞争压力,自然便缺少了精益求精的动力。

1897 年后,盛宣怀曾密陈各公司局厂艰难情形,"泰西之诸国于炼铁一厂视为至重大之事,用款动至千万以上,盖造船造轨造枪造炮无往非铁,其国之强弱紧乎其中。日本近亦大开铁厂竭力经营。中国物产之富雄视五洲,而所用皆资洋铁,平时漏卮既大,更恐有事为所挟持,湖广督臣张之洞有鉴于此,于光绪十六年开办铁政局冀立自强之教,费巨工艰竭公帑数百万逮二十二年官本不能接济乃议改归商办……利则数千人之所共,毁则臣一人之所当,深信不疑,慨然相助,甫历三载,卢汉制轨之贝色麻钢及制造枪炮之马丁钢皆能自炼,自造与外洋所购工力相符,惟因焦炭运购开平价值奇昂,商本赔折已逾百万,其危殆情势较之十余年

---

① 上海兵工厂全宗档案 s446-1~14(胶片),上海市档案馆藏。

② 《李德致盛宣怀函》,盛宣怀全宗档案 025224,上海图书馆藏。

③ 《李德致盛宣怀函》,盛宣怀全宗档案 053681,上海图书馆藏。

前之轮电两局更有过之。……东西洋各国无不竭力护持公司，盖非此不足以开自有之利源而杜利权之外溢，中国通商以来祇轮船电线开平煤矿数公司办理多年略著成效，使今日并此而无之则江海之上尽洋船水陆各路皆洋线，轮船轮车各机器局厂皆洋煤矣"。①

1904年的江南制造局经费情况可在李钟珏的函件中得到清晰的了解，"制造局近年入款以光绪二十八年为最多计收二成洋税，约规银一百二十万，又常年三厂经费二十万，共一百四十万。上年张宫保（张之洞）奏设新厂议提一百万，留存四十万，即照二十八年所收之数为断，然关税旺衰不定，如上年连闰不过解局一百二十万，本年三个月通止每月不过七八万，则一百四十万之数断不能作为沪局常年的款。现已议定提七十万归新厂，大约所存不及六十万，实难支持，去冬曾通盘策划一切军火减造，每年至少需银七十万两，似应急筹开源之道，能每年生财二十万庶可照常制造"。②一方面兵工厂的经费难以得到保证，另一方面，战时所需军械往往要购自外洋。为了购买外洋军械，经常挪借兵工厂的建设经费，影响了兵工厂设备物料的采购，进而促使兵工厂进入恶性循环。军工厂因经费无着，无法继续制造军火，反而要自寻生财之道，不仅不能连续进口设备物料为国内军队制造军火，而且会导致已有设备物料无法充分发挥作用而造成钱款浪费。

光绪末年许多国内军工厂由于种种积弊，大多经费不足，江南制造局减少军火生产而开始为地方铸造铜元，自诩为生财之道，却与军工厂之开设原旨相违背。"（至光绪三十年）二十七年间，龙华子药厂虽代安徽聂中丞造过铜元一切熔铜轧铜机器本备，惟印花机器当时因试办未购，只就本厂改造一二具，是以每日只出铜元二千五六百枚，若欲扩充铸造子药厂及炮弹厂俱有镕铜轧铜炉机器，现拟减造军火，俱可借用日夜开工无虑。不及只须多购印花机器多造模子而已。炮厂房屋最大，机器马力亦大，若欲鼓铸铜元，宜就炮厂安设各项机器较为合宜。代造铜元宜照广东银元局办法，查广东铸造银铜元俱由善后局采办银铜发交银元局鼓铸，除去煤炭人工火耗共造成若干，盈余若干，概解善后局兑收杭发，每年提花红数成作为在事人员奖赏，历年办理最为妥善。沪局若代银行铸造，宜由银行采办铜银交局造出铜元，除去成本及煤炭人工火耗共得盈余若干，酌议若干成归局津贴，局用其煤炭人工由局核实开拨，由银行派人监察其应添各种机器由银行备奉购买。"③1910年8月，赵尔巽廷寄中称"川省财政困绌，明年预算虽已编制而出入不敷千余万，查各款以陆军为大宗，拟请援照广东减练成案，先练一镇，其余一镇暂

---

①　《密陈各公司局厂艰难情形片》，盛宣怀全宗档案037610，上海图书馆藏。

②③　《有关制造局铸铜元节略》，盛宣怀全宗档案060440，上海图书馆藏。

从缓办,可省筹银三百六十余万两,预备金尚不在内,实于国计民生两有裨益"。①

(三)军工产业缺乏工业基础支撑且受制于人

国外军工企业的发展,往往是本国装备制造业达到一定规模水平之后的产物,中国反之,是为了造船舰、枪炮而去办工厂,结果是国家整体上没有工业化的基础,生产军工产品的成本、质量、创新上都产生了非常大的问题。晚清工业基础薄弱,冶炼等技术缺乏积累,钢铁材料冶炼不精,气孔多,容易破裂。第一次鸦片战争时,广东水师提督关天培在对新造火炮质量进行调查时发现,铸造火炮的生铁渣滓太多。

晚清由于"本身是农业国家的经济,所以它所能发展的只不过是小手工业罢了,而西人则凭其优良的工业技术和科技文明,迫使中国当时的小手工业不堪一击,而任人宰割"。②华人长期以来擅长手工工艺,军工制造领域也是如此。清光绪中叶,铁工高星桥在南京开办铁铺,曾为太平军铸造刀剑戈矛,太平军失败后,曾专为武举人打造"高记三挺刀",被清廷指定为武试场专用品。后来专门制造过"二人抬、金眼毛瑟、火枪、后膛枪、水巢枪、鸟枪"等,逐渐为官方采用。③端王载漪听说天津高记铁铺善于造枪,便要求该铺赶造金眼毛瑟枪五十支。端王亲自视察制造情况,认高记铁铺掌柜高文祥为干儿子,给予丰厚奖赏。后来端王再次要求该铁铺制造快炮,但该铺仅有制造用火线引的土洋炮的经历,没有造过快炮。后将快炮图纸送交北京,端王拨款并要求高记铁铺迁移到北京香山炮厂去营造。在生产快炮的同时,高文祥和弟弟高星桥利用该厂设备,仿制出一种转轮式六轮手枪。端王以军机大臣的名义要求高家加紧制造快炮和六轮手枪,所制快炮均刻有"高记"字样。④这种仿制能力应属凤毛麟角,从规模效益来看,注定无法大批量生产,也很难逐渐提高性能与质量。

早在议建军工的时期,李鸿章等就强调"船、炮、机器之用,非铁不成,非煤不济"⑤,后来又呼吁清廷重视矿业,为军工事业提供原料。1868 年 1 月,李鸿章在奏折中谈到开矿之必要性,"闻外国挖煤制铁之器与法,精巧倍于内地,故煤铁视内地尤佳,沪宁各制造局仿造洋枪洋炮,所用煤铁必向行内购办,轮船亦然"。⑥曾

① 《廷寄赵尔巽》,古籍类 465284,上海图书馆藏。
② 廖和永:《晚清自强运动军备问题之研究》,文史哲出版社 1987 年版,第 8 页。
③ 天津市政协文史资料研究委员会编:《天津的洋行与买办》,天津人民出版社 1987 年版,第 215—216 页。
④ 同上书,第 216—217 页。
⑤ 李鸿章:《筹议制造轮船未可裁撤折》,同治十一年五月十五日,《李鸿章全集》(卷5),奏议(五),安徽教育出版社 2008 年版,第 109 页。
⑥ 李守孔:《中国近百余年大事述评》第一册,台湾学生书局 1997 年版,第 301 页。

国藩与李鸿章咨札中有"长江往还数千里,(轮船)每虞洋煤断缺,致误行程。兹拟于安庆适中之地暂行运存英煤一百吨,由上海机器局照拨"①。1868年8月,第一艘中国制造的轮船下水了,这是一艘六百吨位的明轮船,曾国藩给它取了一个吉利的名字——"恬吉"。虽然轮机是外国造的,但汽炉和木制船壳均系厂内自造。随后的五年当中,制造了三艘双螺旋桨小型铁甲舰,以及五艘螺旋桨木船(从六百吨位到二千八百吨位)。除去两艘轮船之外,所有汽炉和轮机都是厂内自造,这是很大的成就。只是,这些船行驶迟缓、吃水太深、耗煤过多、造价高昂。到1875年江南制造总局中止造船计划时,轮船制造及维修费用占该兵工厂年度进款的一半左右,成本核算比购自英国同类轮船至少要贵一倍。

1876年盛宣怀上书李鸿章,"各省现设船、炮等局及夫民间炊爨等用,需煤日多,与其购英美各国及日本之煤,利自外流,不若采中土自产之煤,利自我兴"。②李鸿章在《筹议海防折》中强调,"若南省滨江、近海等处皆能设法开办,船械制造所用煤、铁无庸向外洋购运,榷其余利,并可养船练兵"。③苏州洋炮局生产过程中的生产原料如铁、煤、硫酸盐、硝酸盐等全靠进口,火药也大部分靠进口。④直到1879年山东峄县开设煤矿,才有所改观。李鸿章支持山东峄县开设煤矿,认为"能敌洋煤而塞漏卮",可满足"济南、北洋兵、商轮船、机器制造各局要需,免致远购外洋"。⑤1881年开平等煤矿相继投产后,煤等基本原料才逐步得以在国内解决,"从此中国兵商轮船及机器制造各局用煤,不致远购于外洋。一旦有事,庶不为敌人所把持;亦可免利源之外泄。富强之基,此为嚆矢"。⑥李鸿章认为天津机器局制造弹药所需铜料全部购自外洋,价格昂贵,"且恐不可常恃,自应就中国自有矿产设法开采,以期费省用便"。⑦山东"莱(州)、青(州)郡县山矿多煤、铁,若购洋器、雇匠自开,大可接济机局、轮船要需,外人必不敢觊觎。否则事事须购自外洋,诸多掣肘"⑧。江南制造局开设仅两年,曾国藩就发现,"所用极大木料

①　《李鸿章全集》(三十七),安徽教育出版社2008年版,第359页。
②　汤黎:《钦商盛宣怀》,崇文书局2009年版,第77页。
③　李鸿章:《筹议海防折》,同治十三年十一月初二日,《李鸿章全集》(卷6),奏议(六),安徽教育出版社2008年版,第159页。
④　台湾近代史研究所编:《海防档》丙,1957年印,第3—4页。
⑤　李鸿章:《峄县开矿片》,光绪九年七月十三日,《李鸿章全集》(卷10),奏议(十),安徽教育出版社2008年版,第222页。
⑥　李鸿章:《直境开办矿务折》,光绪七年四月二十三日,《李鸿章全集》(卷9),奏议(九),安徽教育出版社2008年版,第340页。
⑦　李鸿章:《请开平泉铜矿片》,光绪七年四月二十三日,《李鸿章全集》(卷9),奏议(九),安徽教育出版社2008年版,第342页。
⑧　李鸿章:《复东抚丁稚璜宫保》,光绪元年正月二十日,《李鸿章全集》(卷31),信函(三),安徽教育出版社2008年版,第179页。

与铜板、铁板之类,无一不取材外洋,不仅铁之一项也。即专以铁言,如轮船应用通长大铁轴,断非中国所能铸造。设一旦无从购运,此事即当作罢论。纵能自设铁厂,亦复何为?故目下只可乘此机会,量力试办,不必预计他日之何如也"①。各省制造局仿制枪炮之材料主要购自外洋,"宗棠所办福建船政局,其应用之钢板与木材等,由外洋购运而来,固无论矣。即燃发蒸汽之煤亦来自外洋,稍后始知其非计。故鸿章力主采用西洋机械开发煤、铁、铜、铅等矿,徐图自给;并创办电讯与铁路,以利交通。……换言之,为欲使军报敏捷,故办电讯;为欲使行军迅速,故办铁路;为欲制造船炮有材料与燃料,故开矿。凡此皆当时洋务人员所谓自强之基也"②。从晚清档案中,可以明显地得出结论:"从钢铁到天平,从水泥到尺子都须进口,表明中国工业基础极度薄弱,物料上只能全面依赖外洋,军工厂处于有料则产、无料则停的状态。"③

李鸿章对西洋机器物料的昂贵深有感触。"外国每造枪炮机器全副购价须数十万金,再由洋购运钢铁等料,殊太昂贵。须俟中土能用洋法自开煤、铁等矿,再添购大炉、汽锤、压水柜等机器,仿造可期有成"。④"自各省设立机器等局以来,仿制外洋军火,不遗余力,大而船炮,小而枪弹,莫不参取西法,刻意讲求。"⑤然而,各机器制造局的大部分物料却来自西洋,"船炮、机器之用非铁不成,非煤不济","日需外洋煤铁极伙"。⑥如江南制造局所产十五生快炮开花实心弹,除车床之外,需要的物料如生铁、焦煤、紫铜、青铜、杂料、火耗、翻砂、锉擦、松香油漆等,其中绝大部分都需要从外洋进口。机器局、船政局、招商局等,"每年需用煤铁约银二百万两,大半取办于外洋"⑦。"各厂添办船械,煤铁需用尤多,专恃购自外洋,殊不足备缓急。"⑧江西巡抚刘坤一认为,"一旦与外洋为难,彼必不肯以铁植资我,纵有善于制造之人,亦形束手"⑨,"此等关系海防边防之利器,事事仰给于人,远虑深思,尤为非计"⑩,煤铁矿业遂成为重中之重。"近来通商各口专购洋煤所费甚巨,当此之时创立海军库款既形支绌,煤炭在所必需,专恃购自邻邦殊非远大之

① 曾国藩:《曾国藩全集》(卷13),岳麓书社2011年版,第567页。
② 秦翰才:《左宗棠全传》2010年未刊本,复旦大学图书馆藏,第227页。
③ 费志杰:《华洋军品贸易的管理与实施》,解放军出版社2014年版,第108页。
④ 李鸿章:《筹议海防折》,同治十三年十一月初二日,《李鸿章全集》(卷6),奏议(六),安徽教育出版社2008年版,第161页。
⑤ 《中国近代史资料丛刊·洋务运动》第3册,上海人民出版社1961年版,第544页。
⑥ 《中国近代史资料丛刊·洋务运动》第5册,上海人民出版社1961年版,第123页。
⑦ 《中国近代史资料丛刊·洋务运动》第7册,上海人民出版社1961年版,第359页。
⑧ 《中国近代史资料丛刊·洋务运动》第1册,上海人民出版社1961年版,第220页。
⑨ 同上书,第89页。
⑩ 《中国近代史资料丛刊·洋务运动》第7册,上海人民出版社1961年版,第225页。

计,查湖南之宝庆府暨安化兴化等县所产白煤烟煤甚佳,其地旧多煤厂,生计甚大,自洋煤来华煤厂遂多歇业……若能修造铁路直达湘江源源下驶,江浙海军可资应用。……煤铁两宗诚关军国大计,欲究其铁矿之精良煤质之丰旺,则惟有因地之利适土之宜,临水之便用法之精筹本之厚用人之当数事而已,不必与外洋争利自能有以富强,不必尽用洋人无妨略师洋法。"①在江南制造局陈猷致陈敬亭的一封信函中,可知煤炭的进口情形。"前九十月瑞记洋行军火买办吴仁甫常来沈总办(引按:沈能虎)处欲做本局煤炭生意,曾装过两船煤来申卖与本局,弟邀大库往验,查得煤气少渣多且参黑石片二三成之多,弟不肯收货。……昨与瑞记洋行立合同买入德格司煤屑一万吨,每吨价三两七余,又西尾煤二万四千吨,每吨价四两一余,并未与芝眉兄及。……此次所买之德格司煤屑由三菱公司卖与瑞记洋行,价每吨三两六余,由瑞记转卖本局价三两七余,又至好西尾煤矿主每吨要价三两八余,而瑞记价四两一余,本局吃亏不言可知矣。开局以来买煤都系与矿主交手,如红煤则三井,德格司煤则三菱,历年如是,未闻假手洋人之理也。历任总办定买煤炭必与弟商酌,旧合同存煤多少栈存若干以定来年买入若干,分限交收以免积存太多又不至空乏,惟此次沈总办买入之煤弟并不闻问。……弟为煤炭事向来不肯苟且徇情以至受冤枉,惟求兄将各人情便中转禀杏宪(盛宣怀)。"②

在晚清军工厂局建立后的较长时期内,仿制精良枪炮和建造舰船所需的优质钢材,都只能从国外进口,耗费大量白银。1886年,清政府用于购买钢材的白银多达240万两,两年后增至280万两。③1889年6月,李鸿章奏请向英国葛来可力夫蒿尔公司、格林活各厂分别订购全套铸钢机器,供铸长式钢质后膛炮弹用④,并要求另购十六套车床。1890年,江南制造总局从英国购买了一座西门子—马丁炼钢炉,一套卷制枪筒的机器,可日炼3吨钢材,卷制枪筒100支。⑤同年,张之洞从美国购买炼钢设备运往汉阳兵工厂。天津机器局也建成安有西门子—马丁炼钢炉的炼钢厂,冶炼制造枪炮的钢材。江南制造局进口了大量瑞典的生铁,英国的海墨太生铁,欧美的锰、铅、镍等。经过一段时间之后,金陵机器局的技术人员在对钢材进行分析试验后,决定购买江南总局所制材料,作为制造枪炮用的原料。1896年8月22日盛宣怀的手下致谛塞德厂信函,"汉阳铁厂机器系贵厂承办,敝处与贵厂是老主顾,仆现奉盛大人谕函达贵厂定造做,每码八十五磅重钢轨机器

① 《刘炳生致盛宣怀函》,盛宣怀全宗档案085652,上海图书馆藏。

② 《陈猷致陈敬亭函》,盛宣怀全宗档案097825,上海图书馆藏。

③ 韩磊:《张之洞与汉阳铁厂》,《历史知识》1983年第3期。

④ 李鸿章:《奏明购买铸钢机器水脚片》,光绪十七年八月二十七日,《李鸿章全集》(卷14),奏议(十四),安徽教育出版社2008年版,第169页。

⑤ 《中国近代史资料丛刊·洋务运动》第4册,上海人民出版社1961年版,第280—283页。

一副,以照萨恩培于 1594 年所画之图,现中国北路已经照办汉阳厂事全归盛大人督办,与武昌制台张不涉。机器付款经汇丰银行手,或付半价抑或俟提货单保险单交银行付全价,请与汇丰银行商量以省中外两边经手人之用金。盛大人欲直达贵厂,信托贵厂办事诚实断不至稍取用金,一俟收到此信请电告净价连水脚包送上海以及交货日期为盼"。①

　　江南制造总局制造弹药和轮船的成本之所以极高,主要由于两项原因:其一是几乎所需的材料都来自进口;其二是雇员费用(尤其是洋员和中国官员的薪水)高。在 19 世纪 70 年代中叶,这所兵工厂总经费中差不多百分之五十用于购买材料(不包括新机器和其他永久性设备),将近百分之三十用于薪水和工资。为治理采办上的敷衍塞责,曾国藩作出规定:兵工厂的每一项采办都要经由总办本人以及采买、支应和会计三个有关部门共同批准。雇员费用增加的原因一部分是由于洋员人数不可避免地增长(他们的薪水甚至按照西方标准衡量也是相当高的),一部分是由于中国管理人员的人数也在增加。不算小职员,隶属于这所兵工厂的中国"官员"在 19 世纪 70 年代初是四十人,到 70 年代末便增加了一倍。可以推测,其中许多人是通过权势在薪水簿上挂个名字而领干薪的。虽然福州轮船据说比江南轮船要好,但是开动起来还是速度慢、消耗高;这些船使用木制船壳和单横梁机,它们和江南轮船一样,从 19 世纪 70 年代的欧洲标准来看,确实在应被淘汰之列。

　　清政府兵工厂是在现代军械技术几乎为零的基础上起步的,缺乏足够的技术支持应该是清朝兵工厂发展的最大障碍。福州船政局所雇日意格、德克碑等人实际并非精于造船之人,所招募的洋匠也均为二三等人物,加之列强有意封锁技术,因此中国所造之船"多是旧式"②,就不足为怪了。如制造铁胁轮船所用之复式汽机多为新式卧机或立机,即所谓"康邦机器",法国早已使用,却并未随物料等一起转让中国。直到 1877 年,清政府才与英国达成购买新式卧机和立机的协议。"铁胁必取法国者,以闽船皆法匠所造,其尺寸乃符;新机必取英国者,以英船向称坚致,其制度无弊"③,实系无奈之举。

　　海军军官在弹药方面反映最多的是质量问题。1895 年 3 月,沈寿堃指出:"中国所制之弹,有大小不合炮膛者;有铁质不佳,弹面皆孔,难保其未出口不先炸者。即引信拉火,亦多有不过引者。临阵之时,一遇此等军火,则为害实非浅鲜。"张哲溁也说:"所领子药,多不合适,亦不切备,黄海海战即有因子不合膛而临时减

---

① 《致铁厂洋人函抄存》,《盛宣怀主办汉阳铁厂时期与外人往来有关函件》,古籍类 542540,上海图书馆藏。

② 《海防档》乙,福州船厂,第 3 册,台湾近代史研究所 1957 年版,第 856 页。

③ 沈葆桢:《沈文肃公政书》卷 4,1880 年 12 月吴门节署摆印,第 71 页。

药者。""定远"枪炮二副高承锡认为:"枪炮子药乃军务极要之件,制造之时须较以规矩,求其性力,认真试妥,然后取用,方无妨害。"若"不论合膛与否、炸力大小、能否及远,塞责成工,不但战时用之有害,即平时用之也受害不浅"。①煤等物料看似民用,实则与战斗力直接相关。1895 年 3 月 9 日,前来远船帮大副张哲溁声明海军失利缘由,"料件不备。我军全用有烟之煤,数十里外敌即能窥见,虽黑夜亦能别我船之所在,中雷袭攻未必断非此害,船上应用淡水油料不能应时购取"。②不管是弹药质量还是煤质好差,都与民用工业有着密不可分的联系。

清代后期,仍然是自给自足的自然经济占主体,近代工业基础相当薄弱,科学技术十分落后。虽然一大批近代军事工业得以成立,但普遍存在规模小、设备简陋、原料匮乏、技术力量薄弱等弊端,生产效率极低、产供销无法循环。不仅质量较低,数量也有限,满足不了编练新式军队的需求,因此,一方面大量的经费投到了兵工厂的建设,另一方面,从外洋进口大量新式枪炮弹药从来没有停止过。军事自强运动的核心是建立近代军事工业,最初清廷并未意识到建立民用机器工业,是在花费大量白银去换取机器和钢铁材料之后,感到以银易铁不合算,才开始发展材料工业。1873 年,李鸿章创办轮船招商局,认为"海防非有轮船,不能逐渐布置。必须劝民自置,无事时可运官粮客货,有事时装载援兵军火,供纾商民之困,而作自强之气"。③1876 年,洋务派官僚沈葆桢创办台湾基隆煤矿,为海军船厂提供煤。1877 年,沈葆桢主持架设台湾电报线路。1878 年,李鸿章派人筹办开平矿务局,为天津机器局和轮船招商局提供煤,直接取代洋煤,为清廷节省了大笔军费。1889 年前后,李鸿章创办天津电报总局,敷设了多条电报线路,在后来的中法战争中发挥了重要作用。1881 年,在李鸿章的奏请下,唐胥铁路开工建设。1882 年,上海机器织布局成立。亚洲最大的钢铁企业——汉阳铁厂建成时,被西方称为比强兵劲旅更为可虑的"黄祸"④。甲午战后,由于财政上的原因,这种大规模的建设便停止了。

大型的军工企业同时也生产民品,大型民用企业也可制造军品。从这个角度来说,军民融合是一个国家军事变革的正常路径。辛亥革命前夕,清大臣对西方的军工生产进行调研,对西洋军工厂的专业水平有着深刻印象。克虏伯厂不仅铸币,还生产铁轨。"奥(奥地利)国克虏卜镍厂系德国克虏卜厂主人之侄在 1843 年

---

① 《盛宣怀档案选辑之三·甲午中日战争》下册,上海人民出版社 1982 年版,第 404、398、407 页。

② 《海军失利缘由条陈》,盛宣怀档案 056919,上海图书馆藏。

③ 《轮船招商请奖折》光绪元年二月二十七日,《李鸿章全集》(卷 6),奏议(六),安徽教育出版社 2008 年版,第 257 页。

④ 《东方杂志》总第 7 期,第 66 页。

所开设者,此厂离奥京有二十余英里,有工人五千人,机器马力约四千五百匹,系世界最大厂之一也,专业镍质之制造,该厂共营四大事业:代铸镍币胚子……制造铜镍锌合质之器具……制造电线;制造枪弹壳子……该厂所以能铸镍币胚子较造币厂自铸为价廉者,一则因该厂系镍质专家,一则因代数国铸镍币,故事多而价可廉,一则因有三项事业,故得通力合作之益也。"①"从前德国克虏卜厂曾经有言,如中国欲造铁路而公司资本不足,该厂可以赊欠,随时拨还,略认利息,亦不甚多等语。为今之计,莫若先与该厂讲定利息数目、铁轨价值,一面酌招商股若干,不足之数暂时赊欠,由铁路每年所得余利内陆续筹还,既不须动用公款,告成之期复不迟还,似亦妥办之一法。"②

发展近代工业需要科学技术,才选派留学生、开办新式学堂和翻译科技书籍。1866年,闽浙总督左宗棠奏请建立第一个舰艇制造厂福州船政局时说:"欲防海之害而收其利,非整理水师不可;欲整理水师,非设局监造轮船不可。"③1890年,总理海军事务衙门说,"总以将来军旅之事无一仰给于人为断,虽不必即有其效,万不可竟无其志"。④据《清史稿》记载,同治二年到宣统初年,清政府向外国购买兵舰88艘,同期自制兵舰48艘。⑤虽然自制者的战斗力远逊于购买者,但足见自制武器的努力。可以想见,如果清政府没有"自强"决策,中国的近代工业不会这样快就建立起来。洋务运动从军事工业开始建立起中国的近代工业,发展了社会生产力。全国建立近代工厂19 260家,有产业工人1 100万多人。⑥近代工业初步建立后,社会生产力大幅提高,社会财富和国家实力随之增强。据《清史稿》记载,清政府全年的赋税等收入,乾隆五十六年(1791年)为银4 359万两;道光二十二年(1842年,《南京条约》签订年)减为银3 714万两。到1911年清政权结束时,为银29 696万两。⑦1911年的国家收入为1 791年的6.81倍,1842年的7.99倍。洋务运动对促进中国早期工业化的作用是明显的。

---

① 《奥国克虏卜镍厂调查》,盛宣怀全宗档案022901-2,上海图书馆藏。
② 《筹议建造铁路各事宜条陈》,盛宣怀全宗档案075001-2,上海图书馆藏。
③ 《左宗棠奏请设厂试造轮船折》,中国第一历史档案馆军机处录副奏折档。
④ 《海署寄鄂督张》,光绪十六年正月初四,《李鸿章全集》(卷23),电报(三),安徽教育出版社2008年版,第5页。
⑤ 赵尔巽等撰《清史稿》卷一百三十六,志一百一十一,兵七。《海军》,《二十四史》(13卷),天津古籍出版社2000年版,第738—740页。
⑥ 《中国工业在各个时期的发展和衰落概况》,《中国近代工业史资料》(一),生活·读书·新知三联书店1957年版,第54页。
⑦ 赵尔巽等:《清史稿》卷一百二十五,志一百,《食货六》。《二十四史》(13卷),天津古籍出版社2000年版,第673页。

第五章 晚清华洋军品贸易与武器装备的革新

从 18 世纪开始,西方工业文明作为一种强势文明,对传统的农耕文明等进行大肆入侵和文化融合,使得非西方世界、非基督教世界的一部分沦为西方的殖民地或半殖民地。1836 年,一位西方人在《中国丛报》上说道,"今天,作为评价各社会的文明与进步的标准,最正确的大概是:每个社会在'杀人技术'上的精湛程度,互相毁灭的武器的完善程度和种类的多少,以及运用它们的熟练程度。"①在工业革命的推动下,火器技术得到迅猛发展,西方列强凭借武器的威力不断扩展他们的殖民地。接连遭到殖民入侵的中国,在洋务思想的刺激下,创办了一批军工企业,思想比较开放的官僚借鉴西学,引进洋器,雇用洋匠和中国兵工,按照西方机器工厂的模式进行生产。这从根本上不同于旧式官营手工工场,代表着中国近代军工产业的萌芽,大大促进了中国军队武器装备的更新。

一、 中国近代军队武器装备的跳跃式更新

清军先后在两次鸦片战争中败北,割地赔款的惨痛教训,让时人无比愤慨,强烈要求学习洋务,以免中华为万国所鱼肉。他们要求购买外洋新式武器,创建军事工业,仿造欧美枪炮舰船,改善军队武器装备。19 世纪 60 年代开始,中国军队的武器装备在不断进口与仿制的基础上有了跨越式更新。不仅淮军、湘军、练军,而且部分绿营兵和八旗兵,均装备了从欧洲进口或中国军事企业仿制的近代枪炮。

(一)进口武器与自造武器相协调

鸦片战争初期,余含棻在《上梁中丞平夷策一》中谈道,"棻前所献艓船艓结十

---

① 《中国丛报》,1836 年第 5 卷,第 165 页。

层入水一丈余深,原为出海之计,业蒙饬局造办自必如式赶造,但造成后须用大炮轰击,果各坚利,方准可用,若用小炮试之虽坚尚未能定也。出洋为性命所关,胜负乃国威所系,不得不陈明也。且收复香港全赖水军,现在四路操演炮声不绝,俱是旱战所用,究之水面与平地大不相同。每驾一船须谙水性,舵要活溜,桨要画一,放炮要远近得宜,高低合度,如俱整齐方能有济,非令熟习固未易易"。①鸦片战争时期清军的陆战武器主要有盾、弓、矢、弩,火箭、火毬、襄阳炮、西洋炮,鸟铳、边铳、批枪、赛贡、佛朗机、神机枪、子母炮、喷天筒,炮有 4 000 斤和 8 000 斤不等。②19 世纪 60 年代,左宗棠等部分晚清官僚重臣对西洋武器的认识尚不够深刻,甚至认为传统的鸟枪抬枪与西式武器性能相仿。1866 年 6 月 25 日,左宗棠奏覆筹议自强事宜折称"若枪、炮之制,广东无□,抬枪三人可放两杆,一发可洞五人,无需洋火药、铜帽之费,足收致远命中之功,较之洋人所推来福炮更捷而更远大。炮之制,新加坡所铸不如其祖家之良,中国若讲求子膛、药膛、火门三事合式,改用铁模,净提铁汁,可与来福炮同工。硼炮一种又称开花炮、天炮,用生铁铸成者重百余斤,可放十余斤炮子;用熟铁制成者重四十五斤,亦放十斤零炮子,远可三里许,落地而始开花,其巧在子而亦在炮。臣回闽后督匠铸制,共成三十余尊,用尺测量施放,亦与西洋硼炮同工"。③1871 年,曾国藩通过在战场的实际比较,确认了西洋武器的威力,认为鸟枪土炮不利战阵,要求各营依次悉改洋枪。曾国藩在致李鸿章弟李昭庆信中表达了羡慕淮军装备之意,"淮勇队伍之整,器械之精,迥非各部所及"。④清廷在督臣的建议下,命令长江水师及外海、内洋、里河水师均应学习枪炮,不得借口演习弓矢,致开陆居之渐,沿海兵轮水师亦免习弓矢。中国军队的武器装备开始进入了一个腾笼换鸟的新时期。军事自强运动中,采购西洋武器与仿造自制武器并行发展,直到辛亥前夕未有改变,大致形成进口最新武器与自造较新武器相互协调的局面。

左宗棠之西征军火有由内地制办者,有由上海派员前赴外洋采购运甘转解前敌者,有由陕甘设局仿造洋枪、洋炮子药弹者。⑤1875 年 10 月 18 日,神机营和工部火药局向驻扎在哈密的文麟拨发了带刺刀洋枪 200 杆,洋帽 10 万个,七响后膛洋炮 200 尊,随带炮子 10 万发,各种火药 3.2 万斤,火绳 4 000 根。此外,还有架劈山炮、德国造后膛来福线大炮、来福前膛马洋炮、开花后膛炮、七响后膛洋马枪

---

① 《清代兵事典籍档册汇览》卷 35,学苑出版社 2005 年版,第 579 页。

② 同上书,第 663、671 页。

③ 《左宗棠奏覆筹议自强事宜折》,中国近代兵器工业档案史料编委会编:《中国近代兵器工业档案史料》第一辑,兵器工业出版社 1993 年版,第 9 页。

④ 李守孔:《中国近百余年大事述评》第一册,台湾学生书局 1997 年版,第 116 页。

⑤ 秦翰才:《左宗棠全传》2010 年未刊本,复旦大学图书馆藏,第 135 页。

等。西征经费四期，其中"支发采买，制造军装、军火、旗帜、号衣、帐棚，并洋枪洋炮、子药、铜帽等项工价，银五百十二万一千三百十一两"。①英国历史学家包罗杰说，这支中国军队完全不同于所有以前在中亚的中国军队，它基本上近似一个欧洲强国的军队。②

1892 年 11 月，盛宣怀发电，"滇善后局，枪已并归北洋留用，惟天津能自造子，所定枪子一百万颗与沈道之枪必能合膛，请仍归滇。除已收银三千两外，请电聂道付规银六千六百六十两，冒沅奉委后已领川资三百两，并请聂送拨还，以后仍可在运费内扣除"。③1894 年 9 月 8 日，李鸿章电丁汝昌，"'经''来'船尾需换十二生炮，沪局前解四尊并子药，可提回速设。张、刘需炮，或用戴道处存沪局一百八十磅四尊，或借用营口十五生、十二生各二尊均可"。④10 月 8 日，李鸿章电示许景澄，在德国伏尔铿船厂为中国订造的"飞鹰"号鱼雷炮舰上若安装格鲁森 47 炮，中国无法自制炮弹，要求德厂换成哈乞开司 37 毫米单管机关炮。⑤10 月 13 日，内地寄旅顺丁汝昌，"'定''镇'锚机，应饬坞赶制，随时赴换；钢底、钢圈及东局不能造之弹子，须俟外洋运到"。⑥10 月，盛宣怀致电旅顺丁汝昌，"三十半开花子已运威八十颗，并配药八十出。初十尚可造成八十颗。二十生、十五生及各种栗药，初十边定可凑解若干，遵即运旅。惟二十六生子须外洋运到，所购亦仅七十颗。东局制造，外洋添购均不能速"。⑦盛宣怀致电金州赵统领，"轻炮须候外国买来"。⑧12 月，盛宣怀在条议中说"毛瑟小口径步马枪所用枪子，宜及时设局创制，以节糜费，而资接济也。查现在小口径枪价每支合银二十二三两之则，而每支带枪子一千颗，计子银三十余两。是买子之费多于买枪之费，但一枪尚可久用，而千子终有尽时。应请于江南、武昌各制造局先行及时创办毛瑟小口枪子厂，从速购机配料，赶紧制造，以期将来源源接济，无误军需。至湖北现在本创有小口径枪厂，亦应饬该省速即制备。俟有成效，各省制造局均可一律仿照推广办理，免得将来以重价向外洋购求，致多要挟之端，窒碍之处"。⑨

甲午战争前后，北洋海军及各大海军基地的武器基本比较齐全。战端一开，清军又临时申请订购了不少西洋武器。从各地的已存、尚需军火清单，大致可以

①　秦翰才：《左宗棠全传》2010 年未刊本，复旦大学图书馆藏，第 136 页。

②　[英]包罗杰著，商务印书馆翻译组译：《阿古柏伯克传》，商务印书馆 1976 年版，第 223 页。

③　《盛宣怀来电存稿（第三十册）》，盛宣怀全宗档案 003630，上海图书馆藏，第 103 页。

④　《丁汝昌集》（下），山东画报出版社 2017 年版，第 389 页。

⑤　陈悦：《海鹰折翼——鱼雷炮舰"飞鹰"》，http://www.beiyang.org/wenku/wenku129.htm。

⑥　《丁汝昌集》（下），山东画报出版社 2017 年版，第 404 页。

⑦　《盛宣怀档案资料选辑之三·甲午中日战争》下，上海人民出版社 1982 年版，第 565 页。

⑧　同上书，第 570 页。

⑨　同上书，第 374 页。

判断出当时清军已装备或已存储应用的新式武器情况。

1894 年 7 月 21 日孙金彪呈"烟台海防炮位军火清单"①

军火名称	类　型	数　目	备　注
后膛钢炮	21 生 35 倍口径	3 尊	
后膛钢炮	15 生 35 倍口径	2 尊	
后膛快炮	12 生 40 倍口径	2 尊	
后膛快炮	53 密里 40 倍口径	12 尊	
后膛快炮	40 密里 40 倍口径	8 尊	
钢炮用操练栗色火药			
新式大粒炸药			常年应领各项军火名目
拉火			
升敬炮用粗粒火药			

1894 年 8 月军火清单②

种　类	原有数量	应补数量	催补数量
四生快炮子弹	2 400 个		
四生快炮无烟药	800 出	1 600 出	
四生快炮铜壳撞火	800 个	1 600 个	
五生三快炮子弹	3 600 颗		
五生三快炮无烟药	1 200 出	2 400 出	
五生三快炮撞火螺丝	1 200 个	2 400 个	
十二生快炮子弹	260 个		
十二生快炮无烟药	400 出		
十二生快炮撞火螺丝	160 个	260 个	
十二生子母弹双针引信			30 个
二十一生、十五生通用开花子引信			150 个

1894 年 11 月请发军火清单③

种　类	数　量
蒲桃弹(最为急用)	400—500 个

---

① 孙金彪:《谨将烟防炮台大小钢快各炮数目并常年应领各种军火名目开请台鉴》,盛宣怀全宗档案 056545-2,上海图书馆藏。

② 《军火清单》,盛宣怀档案 0569144,上海图书馆藏。

③ 《请发军火清单》,盛宣怀全宗档案 056661-2,上海图书馆藏。

续表

种　类	数　量
子母弹(最为急用)	400—500 个
炸药	5 000 磅
二号炮药	2 000 磅
通用药	5 000 磅
八生脱克虏卜开花炮子	2 000 颗
七生脱半炮子	1 000 颗
洋拉火	3 000 支

1896 年发放军火清单①

去　向	种　类	数　量
解威海统领巩军刘大人	炮门拉火、公文一角	1 箱
解威海丁军门	松白煤	1 000 吨
解天津津海关道盛大人	S 毛瑟枪四十七箱	1 116 杆
解天津东局	IB 青铝七百九十八条	60 吨
解天津海光寺南局	WFI 青铝一千一百五十条	86.3 吨
	白铝一千一百二十捆	15.5 吨
解天津军械局张大人	快利枪子四十箱、公文一角	4 万粒
解天津统领湘军陈制台	快利枪子	(空缺)

练军应购军火清单(从中可发现清军在武器装备上的更新速度)②

种　类	数　量	备　注
铜来福炮炸弹	2 000 个	前呈有样
来福炮炸弹药引	2 000 个	前呈有样
来福炮拉火	2 000 根	
东洋皮纸	1 捆	
两磅后膛铜炮炸弹	1 000 个	所用炮为金陵制造局造
铜五件	1 000 副	
拉火	1 000 支	

---

① 《发放军火清单》,盛宣怀全宗档案 033392,上海图书馆藏。

② 《练军应购军火清折》,盛宣怀全宗档案 033394,上海图书馆藏。

续表

种　类	数　量	备　注
白洋布	4 尺	
来福枪铅丸	2 000 勐	

日本学者宗泽亚的《清日战争》的统计表格中显示,清军新征兵员所配武器上在装备洋式先进步枪的同时,还装备了部分火绳枪。大炮数量平均 353 名士兵一门大炮。从枪械数量上看洋式武器是火绳武器的六倍左右。平均 2.7 个士兵一杆西洋枪械。[1]

1870 年,天津机器局被李鸿章接管后,经过大力整顿和扩建,实力大增。在东局制造洋火药、铜帽、洋枪炮、水雷及各式子弹,在西局制造开花子弹、军用器具,其成为当时的"洋军火总汇"。1872 年到 1882 年的十年间,兰州机器局制造了一定数量的铜引、铜帽和大小开花子弹,后又仿造了普鲁士螺丝炮及后膛七响枪,并改造了原有的劈山炮和炮架。大沽造船厂先后造船 15 艘,包括浅水炮舰和布雷艇,修理军舰、商船 200 余艘。广东黄埔船坞制成 4 艘炮艇,2 艘铁甲兵轮。

江南制造总局自 1867 年至 1894 年的 27 年间,生产各种枪支、大炮、水雷和炮弹无数,由清政府统一调拨供应给南洋系统及各地的炮台、军舰、各总督所辖地区的军队。1868 年制造成功第一艘轮船"恬吉号",载重 600 吨。后陆续建造"操江号"(1869 年)、"测海号"(1870 年)、"海安号"(1873 年)、"驭远号"(1875 年)、"金瓯号"(1876 年)、"保民号"(1885 年)。先后承造 31 艘军舰和商船、200 艘小轮船,还为天津机器制造局生产了一些机器。1882 年 1 月底,江南制造局购得英国"拿腾弗尔式"十管机器炮多尊,进行试放。[2]

截至 1874 年江南制造局主要产品[3]

轮　船	枪　炮	弹药及其他	造而未成	拟　造
惠吉木兵船	英兵枪马枪	每日制药千磅	海安式六号兵船	铁甲船
操江木兵船	法兵枪马枪	每日制林明敦弹五千颗	夹板商船	乌理治钢膛铁箍前门炸弹式火炮
测海木兵船	美兵枪马枪	白火药	小铁甲兵船	

---

① 宗泽亚:《清日战争》,世界图书出版公司 2011 年版,第 492 页。
② 相守荣等:《上海军事编年》,上海社会科学院出版社 1992 年版,第 58 页。
③ 李鸿章:《上海机器局报销折》,光绪元年十月十九日,《李鸿章全集》(卷 6),奏议(六),安徽教育出版社 2008 年版,第 413 页。

续表

轮　船	枪　炮	弹药及其他	造而未成	拟　造
威靖木兵船	林明敦底针后门枪	各种溻水		
海安木兵船	林明敦中针后门枪	若干机器		
铁壳小轮船三号	林明敦铁管后门枪			
驭远	林明敦钢管后门枪			
	生铁田鸡炮			
	青铜田鸡炮			

马尾船政局是中国历史上第一家制造轮船的专业工厂,从 1869 年造成第一艘"万年清号"到 1905 年停止造船的 36 年间,经历了引进、仿造到自制,木质、合构到钢甲的阶段,晚清建造的 50 吨以上的轮船共 48 艘,马尾造船厂就占据 40 艘,占 83％。而且种类齐全,快船 24 艘,鱼雷舰艇 6 艘,练船 1 艘,拖轮 1 艘。48 艘舰船中,木壳质 19 艘,铁胁木壳质 10 艘,钢甲钢壳质 11 艘。

1883 年 12 月 1 日下水,由德国伏尔铿建造的"济远"穹甲巡洋舰,设 18 尊炮位、4 门鱼雷发射管,3 门外购克虏伯后膛炮,11 门哈乞开斯机关炮,还有 4 门金陵机器局铜炮。1889 年 8 月 28 日下水的福州船政局建造的"广乙"鱼雷巡洋舰,设 7 门炮位、4 门鱼雷发射管,1 门克虏伯后膛炮,4 门哈乞开斯机关炮,还有 2 门 120 毫米江南制造局后膛散射炮。[1]1898 年,总理衙门复奏吴大澂奏请购备炮位事,吴认为应筹银三百万两购买大批克虏伯炮至三百数十尊以备海防,并主张购买一些口径极大、射程极远的克虏伯炮。总理衙门认为海防不能独恃炮位,而应是炮位、炮台、兵力及守御诸成法相配合,并专论克虏伯炮。晚清购买的各型号克虏伯炮以十五生的炮为主,1880 年天津曾购买二十四生的大炮,总署认为三十生以上的大炮炮身过重,射程过远而不能伤物、命中,且价格过昂,因此不宜购买。总署称 1897 年冬与李鸿章奉商筹措出使经费四十余万购买克虏伯炮一百零二尊,分咨沿海各疆臣拨用;又称李鸿章历年筹备天津海防已购买克虏伯大小炮一百七十余尊,认为应在现有基础上着意整顿操练,而不能急于购买。同时,中国各机器局中已有能仿七八生的克虏伯后膛钢炮,应继续扩充机器,讲求方法,达到自造的程度。总理衙门认为应派武弁学生赴克虏伯厂学习技术,并购买克虏伯厂十

---

[1]　陈悦:《北洋海军舰船志》,山东画报出版社 2009 年版,第 290—291 页。

五生以上二十四生以下钢炮数尊,作为定式由各机器局仿造。炮分台炮、船炮、行营炮三种,行营炮最为紧要,克虏伯六生的、七生半的口径车炮南北皆应购买利用。①

(二)陆海军新式武器成体系配备

1874 年 11 月 5 日《总理各国事务衙门奏请将所拟海防事宜交滨江沿海督抚等筹议折》称,"应就外海水师及各营洋枪队中,挑选精壮曾经战阵之兵勇,另立海军,以一万二千五百人为率,简派知兵大员帅之。就中分五军,每军二千五百人,各以得力提镇大员分统之。每军需铁甲船二只,为冲击卫蔽之资,其余酌量人数,配具兵船若干。先立一军,随立随练,其余以次增办,日加训练。务期律严志合,胆壮技精,详悉沙线,神明驾驶,狃习风涛,娴熟演放枪炮,以成劲旅"。②1884 年朝鲜"甲申事变"后,清政府设立海军衙门,大力建设海军,到 1888 年,北洋海军正式建军,装了 7 000 吨级铁甲巨舰 2 艘、2 000 吨级巡洋舰 5 艘,加上其他大小军舰,北洋海军共拥有铁甲舰等 25 艘舰船,舰炮 300 余门、鱼雷发射管 50 多具。这是基本配套,初具规模。南洋舰队也拥有 2 000 吨级主力舰 4 艘,1 000 吨级炮舰 3 艘;广东、福建舰队共有 1 000 吨级舰艇 8 艘。旅顺、大连、大沽、威海卫、烟台、吴淞、马尾、黄埔等海防基地的防卫得到了前所未有的加强。清政府还以巨资为旅顺、大连、威海装备了最新式的克虏伯自动回转射击大炮,以及深水军港、船坞等配套设施,旅顺、大连、威海、大沽等海军基地的营建,使中国拥有了当时远东规模最大的军港、船坞、炮台防御体系。③许多军港都装备有一部分当时世界上最先进的克虏伯、阿姆斯特朗、格鲁森、瓦瓦斯等各型海岸炮,以及格林、诺登飞、哈齐开斯等速射炮,加上海口布设的水雷,构成具有完整火力配系的海军基地。日本人川崎紫山曾发表评论,"旅顺要塞所装备的火炮,已脉络贯通,首尾相接,恰如常山蛇势;而大连湾配置的 24 厘米、15 厘米克虏伯各炮,均为自动回转式射击炮,可向炮台前后左右八面进行自由射击,实为无双之利器"。④

国内军工厂的发展,根本目的是逐步减少对外洋武器的依赖。清政府在各地建立兵工厂之后,一些地方官员主张减少采购外洋军械。1869 年,两江总督马新贻等上奏清廷,认为江南制造局"目前急务,自应以造船为专案。而洋火器一项,经营传习,数年以来,甫得入门。既未便半途而止,虚弃前功。又枪炮二者之中,

---

① [德]乔伟、李喜所、刘晓琴:《德国克虏伯与中国的近代化》,天津古籍出版社 2001 年版,第 351—352 页。

② 《总理各国事务衙门奏请将所拟海防事宜交滨江沿海督抚等筹议折》,中国近代兵器工业档案史料编委会编:《中国近代兵器工业档案史料》第一辑,兵器工业出版社 1993 年版,第 11 页。

③ 徐泰来:《洋务运动新论》,湖南人民出版社 1986 年版,第 53 页。

④ 王兆春:《空教战马嘶北风》,兰州大学出版社 2005 年版,第 83 页。

以洋枪拨用之数为多,内而京营调拨马枪,或三数千杆,必不可缓外,而江楚留防各军,习用洋枪,亦须随时更换。其尤要者,有一轮船即有一船之炮位与护炮之洋枪。船既由厂自造,则随船枪炮不应外求"。①两广总督则强调自造船炮的使用问题,"与其借资外洋,徒增耗费,曷若拨用闽厂船支,既可省就地购买之费,兼可节闽局薪粮之需,且不致以有用之船置无用之地,于试验新船、搏节度支之道,均有裨益"。②天津机器局在中法战争后,除了满足陆军各营的需要,还要为海军制造铁舰、快船、鱼雷艇及水雷各营和各炮台所需军火弹药。被李鸿章称为"北洋水陆各军取给之源"。③江南制造局供给北洋军队大量的阿姆斯特朗火炮,1880 年至1882 年,共供应十七门及大量弹药,1885 年至 1894 年,共供应十一门并二至三万磅弹药,1892 年和 1894 年还供应了五百支新式快利连珠后膛枪和数万发子弹。④

　　李鸿章的淮军使用新式武器最早,分门别类,成体系配备的程度也远超其他军队。外购武器耗资较大,筹款能力一般的督抚常常无力运作,各地军工厂大力兴办之后,采取挪垫借拨等方式可以满足部分军械需求,越来越多的部队具备了更新武器的条件。1867 年 2 月 9 日尹隆河之大战,鲍超所带湘军与刘铭传之淮军合力镇压捻军,获得大胜。"夺还铭军所失洋枪四百杆,号衣数千件,一切辎重军械,及刘公之红顶花翎,俱于次晨送还刘公营中。"⑤委办军械所兼收支局候选从九品曹尧为按季造报事谨将 1888 年自 5 月起至 7 月底止夏季所管收除存军装等项清册(只抄录洋枪、洋枪子弹及配件部分,开花弹子已为国内所制,一般的钢炮也已制造成功)。

1888 年清陆军的武器配备情况⑥

实　存	数　量	实　存	数　量
黎意枪	1 247 杆	洋拉火	300 支
黎意枪子	19.7 万粒	开花弹子	300 颗

　　①　中国史学会编:《中国近代史资料丛刊·洋务运动》第 4 册,上海书店出版社 2000 年版,第 25 页。

　　②　中国史学会编:《中国近代史资料丛刊·洋务运动》第 2 册,上海书店出版社 2000 年版,第 307—308 页。

　　③　中国史学会编:《中国近代史资料丛刊·洋务运动》第 4 册,上海书店出版社 2000 年版,第 275 页。

　　④　魏允恭:《江南制造局局计》卷 5,沈云龙主编:《近代中国史料丛刊》第 40 辑第 404 号,文海出版社 1989 年版,第 507—578、626—638 页。

　　⑤　李守孔:《中国近百余年大事述评》第一册,台湾学生书局 1997 年版,第 122 页。

　　⑥　《委办军械所造呈光绪十四年夏季管收除存军装等项四柱清册》,古籍类 465263,上海图书馆藏。

续表

实 存	数 量	实 存	数 量
云者士马枪	223 杆	洋火酒	3 磅
云者士马枪子	26 万粒	印度带	20 盘
毛瑟枪	313 杆	印度胶	30 盒
毛瑟枪子	1 万粒	军械所炸药	200 磅
洋布药袋	150 个		

1905 年福建各营使用洋枪情况一览表①

主要营分	实际兵额	主要配置洋枪种类	洋枪数量	洋枪百分比
闽浙督标水师营	80	后膛毛瑟	60	75%
闽安协标左右营	160	后膛毛瑟	160	100%
福建军练兵右营	232	后膛毛瑟	200	86.2%
福建军练兵左营	232	后膛毛瑟	200	86.2%
定海营右哨	70	林明敦	60	85.7%
海坛左营	80	林明敦	54	67.5%
海坛右营	80	林明敦	80	100%
南营	80	林明敦	60	75%
铜山营	80	后膛老毛瑟	80	100%
金门营	180	林明敦	110	61.1%
湄洲营	120	林明敦	80	66.7%
福强军左路右营	200	后膛马梯尼	200	100%
福强军中路右营	326	后膛马梯尼	200	61.3%
福右锐前军左营	326	后膛毛瑟	200	61.3%
福右锐前军中营	326	后膛毛瑟	200	61.3%
福右锐前军右营	326	后膛毛瑟	200	61.3%
福强军前路后营	200	后膛老毛瑟	200	100%
福强军前路左营	200	后膛老毛瑟	200	100%
福宁巡警第二十三队	200	后膛老毛瑟	200	100%
合计(17 营 1 队 1 哨)	3 498		2 724	77.9%

---

① 《福建全省财政局司道造数闽省光绪三十一年春夏收发各营台军械清册》,兵部陆军部全宗,中国第一历史档案馆藏。

上表说明截至 1905 年,清军新式武器的总使用率已达 77.9%,配备率达 100% 的营分占总数的 31.6%,配备率达到和超过 75% 的占总数的 63.2%。只是其中有来自外洋的洋枪军械,也有国内自造的洋枪军械,尤其是在 1900 年到 1902 年两年外洋军火禁运期间,清军的新式装备主要靠国内军工厂制造。

江南制造局自 1867—1895 年,共制造了后膛枪支 6.53 万杆,新式大炮 742 尊,火药 667 万磅,炮弹 160 万枚,枪弹 869 万颗,炮弹壳 2.1 亿粒,铜引 50 万支左右,地雷水雷 1 500 具,大小轮船 15 艘。[1]近代火器使用的比例逐步提高使清军的兵器由原始的火器与冷兵器并用的时代过渡到近代先进的火器时代。1875—1884 年,福州船政局共制造巡洋舰 2 艘,炮舰 12 艘,兵舰 14 艘;1885 年以后又陆续制造铁甲舰 2 艘,巡洋舰 7 艘,守船 6 艘,练船 3 艘,运输船 1 艘。江南制造局的军火配属范围主要有五个方面:

第一方面,南洋系统的军队和各军械所。包括南洋大臣直属部队、苏抚标护军营、督标亲兵营、吴淞外海水师、太湖水师、苏州军装局、苏州内军械所、长江水师军火局、江宁内外军械所及吴淞水雷局等 77 个营队。

第二方面,北洋系统的军队及各军械所。包括北洋大臣直属部队、神机营、武威军、山海关行营、天津军械所、海防军械所等 19 个营队。

第三方面,各地炮台。包括江阴、象山、焦山、都天庙、吴淞、下关、湖口、川沙、威海卫等 16 处炮台。

第四方面,各兵船。包括湖州、操江、测海、威靖、海安、靖远、飞霆等 31 艘兵船,还供应一部分军火给铁壳船和碰快船。

第五方面,各行省。包括湖广、两广、闽浙、云贵、直隶、两江等总督所辖地区的 40 个营队。

江南制造局自 1869 年到 1904 年军火调拨情况[2]

调拨单位	枪（支）	子（万粒）	炮（尊）	弹（万颗）	击火（万支）	火药（万磅）	其他
北洋大臣	22 137	1 347	61	11.7	141	1.9	102
南洋大臣	71 337	4 403	794	121.9	15 883	439.6	133.1
各行省	13 086	1 793	150	2.9	3 169	74.5	32.4
各炮台	2 700	119	342	6	21	122.6	20.5

---

[1]　徐泰来:《洋务运动新论》,湖南人民出版社 1986 年版,第 28 页。

[2]　魏允恭:《江南制造局记》卷 5,征缮表,《近代中国史料丛刊》一辑,台湾文海出版社 1973 年版。

续表

调拨 单位	枪 （支）	子 （万粒）	炮 （尊）	弹 （万颗）	击火 （万支）	火药 （万磅）	其他
各兵船	8 817	50	87	4.9	156	56.6	0.7
总计	118 077	7 711	1 434	147.4	19 370	695.2	288.7

从中不难看出，1904 年改组前，接受江南制造局军火的单位多达 183 个，遍及全国各地。

克虏伯火炮的国产化，是中国近代军事工业发展的里程碑之一。至 19 世纪 80 年代末，旅顺口有克虏伯火炮 42 尊，大连湾有 26 尊，威海卫则全部装备克虏伯火炮；北洋舰队所有主力舰也都装备了 2 至 8 尊克虏伯火炮。1877 年 3 月，李鸿章奏请将淮军 114 尊克虏伯火炮分为炮队 19 营，形成独立的炮营编制。1880 年春，李鸿章对访华的克虏伯公司全权代表卡尔·满斯豪森承诺，淮军从那之后将只采用克虏伯火炮。炮兵地位的提升和火炮装备品牌的统一，当然有助于提升战斗力。以李鸿章苦心经营的旅顺、大连、威海卫炮台和北洋舰队为例，至 19 世纪 80 年代末，旅顺口建 10 座炮台，共 63 尊炮，其中克虏伯火炮 42 尊；大连湾建 6 座炮台，共 38 尊炮，其中克虏伯火炮 26 尊；威海卫建 15 座炮台，全部装备克虏伯火炮。显然，克虏伯火炮成为 19 世纪末清政府岸基防御的主战武器。北洋舰队所有主力舰也都装备了 2 至 8 尊克虏伯火炮。[1]1889 年，李鸿章致盛宣怀文中提到为胶州购炮事，"山东胶州澳经该镇等前往踏勘，拟照前议，即就北岸之青岛、团岛、坦岛、西顶四处各筑土炮台一座，每座设克虏伯大炮二尊，计十二尊，并于凤台山东北扎两营，大石山西北扎两营，择要置设陆路快炮十八尊，期各炮台及陆路均可兼顾，地势亦尚隐藏。其团岛坦岛中隔海汊，拟筑塞门德土坝一道，俾资联络青岛团岛并各筑塞门德土码头一座，以备起驳，再将胶州电线接设至台营，查核折开所拟建筑台垒及购买民地应用木石各料暨定购炮位子药各价，应准照拟次第分别认真核实妥办。查海汊筑坝潮汐往来，工须格外坚固。如威海之黄岛德副将前做坝工一样，此项土坝工料折内尚未估计，应俟秉镇抵工后查看德副将做法勘酌损益，妥细遵节核估，尚需费大巨，应否缓办或另筹省便之法。……至大炮十二尊拟由克虏伯订购，快炮十八尊改由格鲁森订购并准照议，由该道与信义礼和洋行切实订定，限期运交，仍将所订合同录呈查核。胶澳虽当南北洋之中，但由南而北由北而南海关道须弯曲绕转北岸，既稍有布置澳外再有游击师船，敌未必悉锐来争夺。南岸一带敌人于灵山卫等处潜运陆炮登岸俯击亦非易事，其南岸近

---

[1] 唐博：《晚清国防建设中的克虏伯元素》，《中国文化报》2010 年 8 月 17 日，第 6 版。

百门处北岸大炮轰击可到,似不至如该道所电际此兵力饷力均极支绌,所有南岸布置仍从缓议,澳口拟筑炮台距内地为远,讯息难通,本镇移营前进时应由盛道速筹将胶州电线接设至凤台或大石山营内,以便呼应灵通切勿延误,仰即录报山东抚部院并移会调补东海关列道"。①到辛亥革命前夕,"部十三营(驻五台山)拟练成炮队五营,行仗后门铜炮十八尊(每营分三队,每队用炮六尊)。再用格林洋炮两尊,后门洋枪二百杆以资护炮。枪队八营,每营需用后门洋枪四百杆。可否仰求宪台饬准购办克虏伯十二磅钢炮三十尊。六磅钢炮三十尊,四磅钢炮三十尊。雷明敦洋枪五千杆(益军械所备拨),格林洋炮十六尊,发给具领。每日督率训练,务使平时步伐与器械得心应手,造就自然之城,临敌自有实在把握"。②这充分说明,当时中国的海陆军装备已具备了相当的水平。

福州船政局是中国主要自造舰船的军工厂。从 1869 年直到 1907 年,共生产40 艘各式轮船。分别布防于沿海七个省府,天津大沽有"威远""康济""镇海"三船;在辽宁牛庄有"湄云号";山东烟台有"泰安号",南京有"靖远""登瀛洲"两船;浙江宁波有"超武""元凯"两船;台湾则驻有"伏波""海镜"两船;闽海口有"艺新""靖远""琛航"等船;粤海洋面则有"广甲""广乙""广丙""广庚"等船③。

19 世纪 60 年代,西洋主要资本主义国家军队的装备近代化陆续完成,前膛枪已被逐渐淘汰,后膛枪成为各国陆军部队的制式装备。而同时期的清军中仅淮军部分装备了前膛枪,其他如八旗、绿营、湘军等部队,却仍装备着大约 50% 左右的冷兵器,与西洋相比中国的武器近代化步伐至少落后两个世纪。进入 70 年代,随着华洋军品贸易的发展,各省纷纷向外洋订购新式枪炮,清军的武器淘汰速度大大加快。中国人的军工生产技术在洋匠帮助和大规模引进的基础上不断提高,很快就能仿制出当时世界上最新式的武器。如江南制造局 1867 年建成后,陆续仿造出前装步骑枪和后膛枪。1874 年成功仿制新式前装炮,1889 年成功仿制大型后装炮。1884 年马克沁机枪问世后,金陵制造局在 1888 年就仿制成功。1888 年德国发明的七九毛瑟枪,1893 年湖北枪炮厂即仿造出来。1890 年中国还仿制成功五连发枪和 120 毫米阿姆斯特朗式快炮。无烟火药中国也很快研制成功,从而使中国火药的生产跻身世界先进行列。1885 年初,清政府已考虑在广东虎门一带布置水雷,"暗于各口门,密布坚巨电气水雷,法舰虽多,何能飞渡"。④

1893 年 7 月甲午战争爆发之前,清军的海陆军备设施比较齐备,陈旧的克虏

---

①　《李鸿章咨盛宣怀文》,盛宣怀全宗档案 040468,上海图书馆藏。

②　《? 致? 函》,盛宣怀全宗档案 088027,上海图书馆藏。

③　中国史学会编:《中国近代史资料丛刊·洋务运动》第 5 册,上海人民出版社 1961 年版,第 374、430 页。

④　《? 道华致盛宣怀函》,盛宣怀全宗档案 045199,上海图书馆藏。

伯野战炮、阿姆斯特朗炮、波策姆炮、瓦休尔炮、格林炮以及老式的法国塔炮,种类较多。只是因炮术发展存在一些隐患。"统观旅顺威海两处情形,俱见炮力之巨,台垒之坚,操练精纯,布置周密,北门锁轮断无敢窥视之者,季同又于旅顺遇见镇远、超勇、扬威敏捷诸舰,于威海遇见定远、致远、济远、靖远、经远、来远、平远、镇中、镇边诸舰,海军全军壮健修整合之炮台,水陆巨观,规模轩敞,猗与休哉,此皆宪台为我国家固亿万年之门户,可谓至美尽善矣。……近时造法,炮用水力升降进退咸宜,转旋如意,又有护台铁盖可阻敌弹且隔炮烟,除铁甲基之外,当以此式为最,尤为精良。其余旅顺之东岸西岸威海之南邦北邦皆系露台,易于攻敌而敌亦易于攻我,是于攻之之外,尚须防之,防敌之法不在于深藏子药一端而已,黄金山一台系造在崖石之上高距海面三十六丈有奇,既宜远不宜近,且有敌弹触崖台基全开坼之虑,又旅顺各台多系垒石为内墙砌石为中庭,固则固矣,惟恐敌之开花弹坠落其中,一弹敲石石碎而飞,使一弹而变成数十百弹,台上兵士势必立脚不稳受伤良多。甚至台面炮口下砌,以大石条离炮口不及尺许,炮有轰力,连发数弹之后,此石条势必因震而坠伤损,炮车若因震而飞则伤炮口,况敌之攻基必望炮口发弹,今炮口下具此石条,若与敌之开花弹子相挟齐飞欲求守台,尚可得乎。伏查欧洲各国旧时台垒亦有内用砖石者,今因炮法日精,炮力日猛,内墙悉行改换沙土稍加塞门德土以坚实之防敌弹之击入也,其石块则仅用于台下或作炮架之座以实土基而已,今各台石墙石庭似宜随时陆续改换,能以塞门土为之最佳,否则即用灰土沙土亦较石料之为愈是所费无多,而受益甚大。……惟各台之炮只能向前旅顺海滨辽阔,若遇阴雾漫天,海面不能望见左右复有可登岸之处,敌军倘于海口炮台不及防之处挟过山小炮上岸,击我台后,则腹背受敌,我炮又不能改向,殊形棘手,虽有庆军队伍究未能枪与炮敌,似宜于船坞后山添筑一陆路炮台,环顾左右则海口各台有可恃无恐,船坞更安如磐石矣。"①经过多年的建设,海军已颇具规模,世界排名仅次于英、美、俄、德、法、西、意七大列强,居世界第8位(日本海军排名为第16位)。②

从1875年筹建海军到1884年中法战争前的十年间,清政府购买和自造的各式兵船64艘,其中北洋海军14艘,福建海军11艘,南洋海军14艘,广东海军25艘。到1888年北洋水师拥有41艘军舰,其中铁甲舰2艘,巡洋舰9艘,另有鱼雷艇、守舰、练船、运输船等其他船只30艘,并拥有旅顺、威海卫等军港基地。另外,聘请有50多名英德军事顾问负责主要船舰,且舰队的驻泊、训练、编制、基地建设、防卫系统和后勤保障都已成制,其规模可称得上一支较为完备的近代化

---

① 《陈季同禀李鸿章文》,盛宣怀全宗档案040831,上海图书馆藏。

② 唐德刚:《晚清七十年》,岳麓书社1999年版,第191页。

舰队。

短短50年后中国海军便从竹制"战船"过渡到铁甲巨舰,接近西洋武器发展水平的中国陆海军新式装备,有的直接购自外洋,有的则是以西洋器料及技术为依托的中国兵工厂所造。中国军队武器装备上这种跳跃式的发展,不能不说是近代军品贸易的巨大成果,而这个过程主要起自19世纪60年代,何况其间还由于中法战争南洋海军装备遭受了巨大损失,北洋海军成军后暂停购舰。在此之后,虽然又经历了甲午战争对北洋海军的毁灭性打击,但中国军队的武器装备一直在不断发展与更新过程中,只是受政局、财政、战乱等因素的影响,时快时慢、时停时进而已。到20世纪初期,清军的武器装备发生了根本性变化,不仅经制兵装备了新式枪炮,一些地方团练、乡勇也扔掉了传统的冷兵器。清末短短30年走完了西洋国家军队两个世纪的换装道路,其规模和速度都是惊人的。其中,从西洋直接购买武器和向西洋采购机器物料两种贸易方式同时存在,共同促进着中国武器装备的更新换代。

(三)战争时期武器供应基本满足

左宗棠在镇压西北回民起义过程中,依赖兰州机器局所造普鲁士开花炮弹日夜轰城,耗费炮弹达二千四百多颗。事后左宗棠感慨,"若非当时设局自造,必致匮乏不能应手"①。1884年中法战争期间,金陵制造局除了供应南北洋军需之外,还接受了广东、云南、浙江、台湾、湖北、江西等省订制的各式大炮175尊。②

1894年7月2日,李鸿章致电江南制造局总办刘麒祥,要求该局立刻将自行生产的5门120毫米口径速射炮运往北洋。"广乙""广丙"原有的5门旧式120毫米克虏伯炮全部换装,换装后有效射程为7 200米,射速每分钟3—4发,应对来自日本的海上压力有所改善。甲午战争时期,清军骑兵主要装备新式卡宾枪、后膛快枪和短枪,火绳枪以及火箭等冷兵器已少有使用。只是许多清军新募官兵不熟悉新式武器,致使战争中大量枪弹未真正发挥应有作用,甚至历尽艰辛才送到前线的海量新装备封条未拆而直接资敌,还有人舍西洋武器而惯用鸟枪、抬枪。甲午战败后,各地改革步伐加快,武器装备不断更新。武器的供应种类和官兵的训练模式也有了巨大变化,军械多购自外洋制造,土法几致废弛,原有的抬枪、线枪、背枪等都基本停止了制造。越来越多的清军喜欢上了新式武器,习用洋枪,如毛瑟、云喏士、哈乞开斯之类,甚至"人皆贪其便捷,均谓土枪笨重,喜新厌故,弃而不用"。③北洋舰船绝大部分弹药国内都能制造,少量需要外购。清人潘

---

① 《左宗棠全集》书牍,卷22,1902年刻本,第42页。

② 孙毓棠:《中国近代工业史资料》第1辑,上册,科学出版社1957年版,第331页。

③ 故宫博物院明清档案部编:《义和团档案史料》上册,中华书局1959年版,第300、374页。

学祖曾致函盛宣怀,"光绪二十年日人之肇衅其时,职道办理江南制造局,因防护局厂水陆兼营,并在川沙白龙港等处安设炮台,以防抄袭,各路拨用军火陆续不断,始而台湾既而关外,此两处均须设法运送,稍一不慎遂贻外人口实,有害大局,幸亦勉竣其事,尚无疏失"。①1894 年 9 月 17 日黄海海战,美籍帮办"镇远"管带马吉芬说道,海战结束前半小时,"镇远"305 毫米口径前主炮的开花弹已全部打光,仅剩 25 枚钢弹(穿甲弹),150 毫米口径炮的炮弹则全部打完。"定远"的情况也是如此。"再过半小时,我们将一无所有,而听任敌人为所欲为了。"②英籍帮办"定远"副管驾戴乐尔(William Ferdinand Tyler)也说,当时中国舰队最严重的问题就是缺乏弹药。③"镇远""定远"是一直坚持在海战场战斗到最后的两艘中国军舰,其弹药数量的多寡无疑很有代表性,依两位洋员所言,两舰弹药用尽时海战也基本结束,所谓"缺乏"当指海战如果再持续下去。激烈海战中,弹药消耗迅速也属于正常状态,从弹药补给的便利程度看,日军弹药补给不会强于清军,战场上直接缴获的军械弹药反倒成了支持日军后续作战的重要因素。

甲午战后,众大臣纷纷抱怨黄海海战中弹药不足,但实际上负责后路转运的盛宣怀一直都在向前线输送各式武器弹药,正常使用的话,弹药并不会明显短缺。为了应对日益紧张的冲突局势,山东机器局加速生产,"以前月造枪子五万粒,今则月造十余万粒,铅丸、钢帽、白药等皆数倍于平日"。④刘公岛作为甲午战争的重要地区,向来是军火收储之地,"装炮船三月杪至烟,先卸零件子药,后至威卸炮,照办法令利运船在装炮船前先来,十日弟与该船主商飘家具送炮到岸"。⑤1894 年 7 月,盛宣怀连续催促各地将新式枪械集中到天津军械局,"相谕,所存毛瑟枪及子弹刀头配件即速运津,交械局收","烟台拨存毛瑟枪望擦洗待拨"。⑥罗丰禄致函盛宣怀,"敝处托满德寄德国伏尔铿厂定购阻挡镶刀鱼雷群网,顷据满德拟就密电一票,惟祈台端饬局照递,至以为祷"。⑦7 月 20 日,盛宣怀致函叶志超,"贵军既定久驻,必须有小快炮,筑坚垒,方为可守。究竟需得快炮几尊足资应用?静候发电明示,下船装送"。⑧8 月 16 日,盛宣怀致电平壤,毛瑟枪子二十万及行炮

---

① 《近三十年在上海历办要事节略》,盛宣怀全宗档案 106022-2,上海图书馆藏。
② 郑天杰、赵梅卿:《中日甲午海战与李鸿章》,华欣文化事业中心 1979 年版,第 99、102 页。
③ 《泰莱甲午中日海战见闻记》,《中国近代史资料丛刊续编·中日战争》第 6 册,上海人民出版社 1957 年版,第 47 页。
④ 《山东巡抚任道镕片》,《京报》光绪八年三月初四日。
⑤ 《? 文致盛宣怀电》,盛宣怀全宗档案 075678,上海图书馆藏。
⑥ 《盛宣怀档案资料选辑之三·甲午中日战争》下,上海人民出版社 1982 年版,第 528—529 页。
⑦ 同上书,第 84 页。
⑧ 同上书,第 57 页。

十二尊,次日派"镇东"船运往营口。8月18日,致电招商局,左军炮十二尊,铭军炮八尊,并药弹均已到海口。请派轮运赴湾营。8月22日,盛宣怀致电榆关,饷五万,炮十尊,均已上船,定准二十二末刻开行。致电小站卫少翁,"炮十六尊,今日放'拱北'到新城,望速催令上船,再开唐沽,添装叶军粮米。昨日尊处装上'镇东'子药四百八十六件,并不知会敝处"。①8月23日,盛宣怀致电提督左宝贵,"'湄云'运炮二十三开东沟。毛瑟新枪只能拨一千二百杆,带子二十万颗,俟沪运来",同时金州刘盛休"叶(叶志超)军饷械尚足"②。8月24日,盛宣怀即知倭船已击沉"广乙""高升",伤"济远",擒"操江",中日决裂。8月25日,盛宣怀致函叶志超,"'镇东'二十五到旅,运上赏项二万两、饷银三万一千两、过山炮十尊、哈乞开斯枪五百枝、连车架子药帐棚三百架,均交卞翼兵可派哨弁陈曜盛、阎永升押解"。③8月29日,盛宣怀致电江宁陈湜,"前敌各军俱用哈乞开斯、毛瑟枪两种,子能自造,容易接济。闻南洋有崔大臣所购哈乞开斯枪万杆,麾下能求岘帅酌拨此枪最合用"④。8月张振榘致函盛宣怀,"此次'拱北'米二千石,袁慰翁军械、枪炮、火药数万件,计已装八船。明早尚有东局物件约装一船,即有两轮,不过拖四五船"⑤。

　　黄海海战之前,北洋海军在威海基地备战,其所用弹药主要存储在旅顺基地弹药库中,其中既包括从外洋直接订买而来的部分,也包括直隶地区各军械局仿造部分。丁汝昌曾三次函告北洋沿海水陆营务处龚照玙提取各种舰炮所需开花弹计250余枚:第一次他请其将"定远""镇远"两舰305毫米口径开花弹150枚、150毫米口径开花弹100枚交"靖远"舰带至威海,另将"致远""靖远"两舰"未曾分装之军火"交"来远"运威海;第二次他要求将"超勇""扬威"两舰250毫米口径炮所用轻装大粒药29发及现有"平远"舰260毫米口径炮所用药桶一并交"经远"带到威海;第三次是将各舰不足弹药除未经购置不计外,择其急需各宗开具清折,请饬照单检齐交"定远"带到威海,其余候用再取。⑥对于库存告罄又无法立即生产者则向外洋订购。

---

①　《盛宣怀档案资料选辑之三·甲午中日战争》下,上海人民出版社1982年版,第540—545页。

②　《盛宣怀档案资料选辑之三·甲午中日战争》上,上海人民出版社1980年版,第26、27页。

③　《盛宣怀档案资料选辑之三·甲午中日战争》下,上海人民出版社1982年版,第68—69页。

④　《盛宣怀档案资料选辑之三·甲午中日战争》上,上海人民出版社1980年版,第118页。

⑤　《盛宣怀档案资料选辑之三·甲午中日战争》下,上海人民出版社1982年版,第168页。

⑥　《丁汝昌海军函稿·致龚鲁卿》(光绪二十年六月初一、初六、十三日),《北洋海军资料汇编》上册,中华全国图书馆文献缩微复制中心1994年版,第500、504、515页。

1894 年 6—8 月国内向朝鲜平壤运送军火清单

种 类	规 格	六月十八日由新城解运数量	八月十三日前已发放	战前自带	八月十三日至十六日共消耗	被日缴获
炸弹	七生脱半	1 200 颗	850 颗	每炮 50 颗		350 颗
威敦过山炮弹	两磅	1 200 颗	900 颗	每炮 50 颗	2 800 颗	300 颗
小格林炮子	四分五径	5 万粒	5 万粒	每炮 50 颗		
哈乞开斯兵枪子		45 万粒	37 万 3 千粒	每枪 150 粒	74 万粒	7 万 7 千粒
云喏士得马枪子		5 万粒	2 万 4 千粒	每枪 150 粒		2 万 6 千粒
旱雷壳		80 个	24 个		24 个	
电箱		7 具				
电线		6 英里长				
炮药		3 000 磅	1 740 磅			1 260 磅

1894 年 8 月 8 日天津军械局张士珩拨交营口军火清单[①]

大 类	小类及规格	数 量
克房伯七生脱半陆路后膛炮	每尊长工部尺 6.38 寸,重 510 斤	6 尊
炮车	零件齐全,每辆重 840 斤	6 辆
子药箱车	零件全,每辆重 1 020 斤	6 辆
开花子		780 颗
子母弹		120 颗
群子弹		300 颗
打火		1 440 支
制造局造云者士得中针枪子		20 000 粒
哈乞开斯枪子		20 000 粒
总计	共约札装 180 箱件,计重 27 400 斤	

1894 年 8 月供应叶志超军军械情况[②]

船 名	枪械种类	数 量
"镇东"廿三开	过山炮	10 尊
	洋枪连子弹	500 杆

---

① 《拨营口炮位子弹数目》,盛宣怀全宗档案 057495-2,上海图书馆藏。《盛宣怀档案资料选辑之三·甲午中日战争》下,上海人民出版社 1982 年版,第 132 页。

② 《盛宣怀档案资料选辑之三·甲午中日战争》上,上海人民出版社 1980 年版,第 99 页。

续表

船　　名	枪械种类	数　量
"拱北"廿四开	运盛军大炮	10 尊
	袁世凯洋枪	2 000 杆
	袁世凯两磅炮及炮弹	14 尊

1894 年拨武毅军聂士成[①]以及正定练军叶志超[②]军需情况

武毅军聂士成枪支种类	数　量	练军叶志超枪支种类	数　量
云啫士得十三响马枪	30 杆		
云啫士得中针枪子	1 万粒	云啫士得中针枪子	4 万粒
哈乞开斯枪子	20 万粒	哈乞开斯枪子	30 万粒
两磅后膛过山炮零件全	4 尊		
色胳开花子铜六件全	600 颗	八生脱七铜箍 田鸡开花子铜件全	240 颗
实心子	200 颗	八生脱七铜箍 田鸡子母弹铜件全	260 颗
铅群子	200 颗	铜螺丝管拉火	500 支
铜管门火	2 000 支	十二磅洋火箭药引全	200 支
大铜锅	40 口	十二磅洋火箭架	2 座
蓝管账房	2 架	蓝管账房	3 架
蓝夹账房	16 架	蓝夹账房	18 架
白单账房	80 架	白单账房	86 架
合　　计	420 箱件重 3 万斤	合　　计	510 箱件重 3.77 万斤

　　1894 年 9 月盛宣怀致电旅顺，"慰庭(引按:袁世凯)所购毛瑟一千二百杆,每杆价十两,遵即交便船运旅。子六十万系请局拨,毋庸算价","枪价一万二千两已禀傅相暂垫,候部款到日请即拨还。子一时拨不出六十万,先拨三十六万,同枪运上"。③9 月 25 日,盛宣怀致电丁汝昌,"胶州借用快炮十八尊,原带弹子七千二百出,火药三千六百出,应否添办开花弹若干,闻此次海战缺乏开花弹。卅半生脱、廿六生脱、廿一生脱大炮,需添开花弹若干出? 乞速电示赶办"。④9 月 26 日,天津

①　《拨聂士成军需清单》,盛宣怀全宗档案 057315-3,上海图书馆藏。
②　《拨叶志超军需清单》,盛宣怀全宗档案 057315-4,上海图书馆藏。
③　《盛宣怀档案资料选辑之三·甲午中日战争》上,上海人民出版社 1980 年版,第 177 页。
④　《丁汝昌集》(下),山东画报出版社 2017 年版,第 486 页。

军械局顾元爵致函盛宣怀,"宋宫保毛瑟枪一千二百杆,其八十四杆已令炮船连夜自西沽运交贵署,其余四十七箱由敝局记,不是三百六十箱即一百八十箱,子三十六万粒,已派弁至紫竹林,就近提交火车,运至塘沽上永平,较船运可以克期不误,望阁下知会铁路公司并饬派差弁在紫埠点收押至塘沽交永平运旅"。①9 月 28 日,盛宣怀询问"已被日军击毁的高升号上枪炮若干? 速示。有洋人愿往捞取,各半分派"。九月初一日盛宣怀致电上海沈子翁,"'高升'装银二万五千两,七生的炮八尊,毛瑟、哈乞开斯枪五百余根。如捞出,准各分一半"。②9 月 29 日,盛再电丁汝昌,"除胶拨五十三密炮十尊,已添开花弹五千个,余已禀相饬局速办。卅生半开花子运威八十颗,并配药八十出。初十内外尚可造成八十颗。廿一生、十五生及各种栗药,初十日定可凑解若干,遵即运旅。惟廿六生子须外洋运到,所购亦仅七十颗。东局自造,外洋添购均不能速"。"东局函复,三十半生开花子二百七十颗,装好栗药一百二十出;二十一生、十五生开花子各五百颗,十五生装好栗药七百出;六寸口径炮用装好栗药一百出;以上弹药,昼夜加工,均本月底告成。惟二十六生药袋三十出备齐,向无此项栗药云。"③9 月,天津军械局顾元爵致函盛宣怀,"子徽军门电需各件,除毛瑟、哈乞开斯两种枪子昨已发给,其余三种炮弹一万二千枚,并火药各件,兹照数拨发"。④

甲午战争东北前线的清军,无论依克唐阿军还是徐邦道军、唐仁廉军、吴大澂军、刘盛休军,都处在军火不足的窘境中。⑤11 月,刘盛休在复州报告所部铭军,"每枪仅子数十个……断不敷用"。⑥出现这种情况,一方面与后路运送弹药渠道受阻有关,另一方面与陆续有清军败逃被大量资敌有关。

为了回应黄海海战药不足问题,10 月,盛宣怀专门致电旅顺丁汝昌,"海军子药,兄向不电弟,故弟全不知。……尊电请添各件,除胶拨五十三密炮十尊,已添开花弹五千个,余已禀相饬局速办"。⑦10 月 1 日,天津瑞生洋行补海师岱(J.J. Buchheister)、朱锡康致函盛宣怀,"外洋刻有现货六生的过山炮六尊,均属新货,一切另件全备,价亦相宜"。⑧10 月 5 日,盛宣怀致电凤城,"饷械由营、锦运至辽、

---

① 《顾元爵致盛宣怀函》,盛宣怀全宗档案 057581,上海图书馆藏。

② 《盛宣怀档案资料选辑之三·甲午中日战争》下,上海人民出版社 1982 年版,第 560—561 页。

③ 《丁汝昌集》(下),山东画报出版社 2017 年版,第 487 页。

④ 《盛宣怀档案资料选辑之三·甲午中日战争》下,上海人民出版社 1982 年版,第 249 页。

⑤ 邱涛:《关于甲午陆战研究中几个问题的辨析》,《北京师范大学学报(社会科学版)》2017 年第 3 期。

⑥ 李鸿章:《寄营口转运局》,《李鸿章全集》(25),安徽教育出版社 2008 年版,第 139 页。

⑦ 《盛宣怀档案资料选辑之三·甲午中日战争》下,上海人民出版社 1982 年版,第 561 页。

⑧ 《补海师岱、朱锡康致盛宣怀函》,盛宣怀全宗档案 089023-1,上海图书馆藏。

凤交割。枪子已运三百万外,再运二百万,毛、哈各半。云者士得二十万是否凤辽各半? 或均运凤? 饷银凤辽已存二十六万两外,再运辽阳十万两,初九开船赴营。如要何物,乞速示"。①10 月 20 日,"图南"轮船装运粮械马匹清单显示,"粤局毛瑟刀径一千二百枝,皮带六箱,一寸径四管神机炮十六尊,铁炮架十六件,炮药箱十六个,车轮六十四个,木棍六枝,铜拉火五箱,毛瑟枪子三百零六箱"。②10 月 21 日,天津军械局顾元爵致函盛宣怀,"刘杰翁应领毛瑟枪曾嘱在西沽粤省交来枪内照拨,粤解之枪本省新旧想是提调误会致有解误。明早当专人至西沽照边新枪七百杆,佩带顷间已有信奉阅在新制一款内拨发"。③10 月,徐邦道致盛宣怀函,"犹有八生脱炮副车二副未领,云雷、旱雷、电线等件都未得来,务乞台端代为催齐,俾得赶运来营,以资应用"④。刘世俊致盛宣怀函,"毛瑟枪换新,及添配毛瑟子三十万粒,并地雷,均承费神代为取运"。⑤王连三致函张之万,"济南军械所此项洋枪(引按:哈乞开斯枪)存储不少,且此枪购自外洋,每杆原带子药一千粒"。⑥11 月 1 日"图南"轮船装运清单,"毛瑟枪子二百六十七箱,军米一千五百包,骡车五架,共计一千七百七十二件"。⑦11 月 12 日,盛宣怀致电固原,"麾下带几营入卫,何时起节? 洋枪天津已搬空,无可拨。所需各枪,只好托人速购,三个月可到"。⑧11 月 15 日,盛京袁世凯致电盛宣怀,"岭后存子计有百万,亦无人领用,何至遽乏? 因炮位无人施放,祝帅迭嘱运回后路,故运来。新防再失,平、九两溃,失物实多,而动称缺乏,似太不恕"。⑨11 月,徐邦道《请发军火清单》称,"快枪快炮务求多发。赵统领处皆系一色快枪。前蒙吾兄保弟添营,将来打仗时再得最精军械,方能不负台端保荐……(盛宣怀批:此单如有未发者请即补发)"。⑩是月,盛宣怀收电,"福广厦皆用毛瑟,现时枪各带三百子,以后向济运局领,望多解存。……该营全用毛瑟,请多备枪子"。⑪甲午战争时,汪洵致函盛宣怀,"现有练勇百名(半外帮,半土著,皆无业游民客痞,招之可免滋事,然饷由官绅捐办,虑难

① 《盛宣怀档案资料选辑之三·甲午中日战争》下,上海人民出版社 1982 年版,第 569 页。
② 同上书,第 289 页。
③ 《顾元爵致盛宣怀函》,盛宣怀全宗档案 056910,上海图书馆藏。
④ 《盛宣怀档案资料选辑之三·甲午中日战争》下,上海人民出版社 1982 年版,第 279—280 页。
⑤ 同上书,第 290 页。
⑥ 同上书,第 295 页。
⑦ 同上书,第 321 页。
⑧ 《盛宣怀档案资料选辑之三·甲午中日战争》上,上海人民出版社 1980 年版,第 268 页。
⑨ 同上书,第 273 页。
⑩ 《请发军火清单》,盛宣怀全宗档案 056661-2,上海图书馆藏。
⑪ 《盛宣怀档案资料选辑之三·甲午中日战争》上,上海人民出版社 1980 年版,第 289—290 页。

持久,聚易而散难)所领前膛枪疲敝不堪,用拟向上海制造局请发新枪四五十枝
(但求适用,即寻常毛瑟足矣,不必细径口云喏士得也)"。①黄海海战后 10 月与
11 月北洋军械库存弹药还有相当数量。12 月 9 日,朝廷派徐建寅查验北洋海军
舰上及库存炮弹数量时,仍能发现有相当存量。②这都说明一个明确的事实,黄海
海战失利弹药短缺并非主因。

1894 年 10 月 13 日北洋各军械库、弹药库中尚有诸多枪械炮位库存③

枪炮膛位	枪炮种类	存　量
后膛枪	毛瑟五响快枪	490 杆
	枪子	5.5 万粒
	毛瑟单响马枪	430 杆
	马枪通用子	730 万粒,东局 200 万粒
	黎意五响枪	70 杆
	哈乞等枪通用子	450 万粒
	吥者士得十七响枪	10 杆
	吥者士得十三响马枪	300 杆
	可尔脱十三响马枪	20 杆
	吥者士得可尔脱通用子	500 万粒
	宁局后膛抬枪	136 杆
	子弹	6.9 万粒
	修成士乃得枪	600 杆
	士乃得枪子	40 万粒
	盛军缴回士乃得枪	1 000 杆
前膛枪	修成前膛带刺枪	1 100 杆
	修成前膛无刺枪	1 200 杆
	前膛马枪	400 杆
后膛炮	七生的半水师上岸过山炮零件全	14 尊
	七生的半陆路重炮零件全	54 尊

---

① 王尔敏等:《盛宣怀实业朋僚函稿》,台湾近代史研究所 1997 年版,第 1643 页。

② 苏小东:《大洋沉思:甲午海战全景透视》,海风出版社 2014 年版,第 240—242 页。

③ 《光绪二十年九月十五日止存陆师需用前后膛枪枝并炮位数目单》,盛宣怀全宗档案
089002-2,上海图书馆藏。

枪炮膛位	枪炮种类	存　量
后膛炮	七生的半陆路轻炮零件全	32 尊
	通用子	6.12 万颗
	八生的陆路钢炮零件全	26 尊
	弹子	11.4 万颗
	八生的七陆路钢炮零件全	30 尊
	弹子	2 816 颗
	九生的陆路钢炮零件全	20 尊
	弹子	3.43 万颗
	一寸径四管神机炮	37 尊
	弹子	28 万颗
	诺敦飞钢子	1.08 万颗
	盛军缴来寸径格林炮	10 尊
	弹子	3 800 颗
	六生的两磅后膛熟铁过山轻炮零件全	10 尊
	弹子	5.2 万颗
	五十三密里快炮零件全	5 尊
	弹子	3 300 颗
前膛炮	宁局十二磅六楞铜来福旧炮零件全	6 尊
	弹子	1.3 万颗
	三楞铜来福旧炮零件全	19 尊
	弹子	1.5 万颗

1894 年 11 月 1 日天津军械局拨发北洋海军弹药情况 ①

种　类	数　量
三十生半炮开花子	342 枚
二十一生炮开花子	840 枚
十五生炮开花子	927 枚

---

① 《北洋大臣李鸿章咨送奉旨交查之天津军械总局存发枪炮清册》（光绪二十年十月初四日），《中国近代史资料丛刊续编·中日战争》第 5 册,中华书局 1993 年版,第 137—138 页。

续表

种　　类	数　　量
六英寸炮开花子	370 枚
合　　计	2 479 枚

1894 年 12 月徐建寅查验北洋海军舰上及库存炮弹数量[①]

种　　类	数　　量
三十生半炮开花子	293 枚
三十生半炮钢弹	244 枚
二十六生炮钢弹	35 枚
二十一生炮开花子	952 枚
二十一生炮钢弹	163 枚
十五生炮开花子	1 237 枚
十五生炮钢弹	202 枚
六英寸炮开花子	477 枚
六英寸炮钢弹	23 枚
十二生炮开花子	362 枚
十二生炮钢弹	38 枚

1895 年 1 月,日军进犯威海卫,山东部队比淮军的装备更差。战争爆发后,山东巡抚李秉衡奏折称:"旧存军械本属无多,现经各营纷纷请领,几无以应。且尽系旧式洋枪,难以及远。沿海部队后膛枪仅存千余杆,又次之次者,无以制敌。许多部队只好率配以旧土枪及故前膛来福枪。日军在荣成登陆后,张之洞建议将原定派赴关外的几支部队改援山东,但却无法保证武器供应。前线战将宋庆、依克唐阿等人,也屡屡谈到武器量少质劣,以至战败。"8 月 23 日,"办理盛军前敌军械委员五品顶戴遇缺优先即选巡检邱凤池上奏盛宣怀,关于两次解运炮弹子药雷电等以及平壤鏖战发给需用子药各件理合缮具清折恭呈宪台鉴核"。[②]两次向朝鲜平壤解运炮弹子药雷电等到平壤诚投局存储。总体来说,黄海海战中弹药供应是比较充足的,战后众大臣指责弹药不足的理由是不充分的。

1904 年 11 月 7 日,营口致电盛宣怀,"各军闻风而退,运物已过,往送倭贼。

---

① 苏小东:《大洋沉思:甲午海战全景透视》,海风出版社 2014 年版,第 240—242 页。
② 《邱凤池运解军火清折》,盛宣怀全宗档案 056499,上海图书馆藏。

九连城军火三百余辆已归乌有。辽阳转眼亦然,可叹"。①辛亥革命前夕,清陆军的武器装备情况在盛宣怀档案中有记载,"部十三营(驻五台山)拟练成炮队五营,行仗后门铜炮十八尊(每营分三队,每队用炮六尊)。再用格林洋炮两尊,后门洋枪二百杆以资护炮。枪队八营,每营需用后门洋枪四百杆。可否仰求宪台饬准购办克虏伯十二磅钢炮三十尊。六磅钢炮三十尊,四磅钢炮三十尊。雷明敦洋枪五千杆(益军械所备拨),格林洋炮十六尊,发给具领。每日督率训练,务使平时步伐与器械得心应手,造就自然之城,临敌自有实在把握"。②1911 年 11 月,盛宣怀致济南孙慕帅信函中称,"青岛日前有毛瑟枪七千支运往神户,何不预为购买,苏浙尚守秩序"。③运往日本的这批毛瑟枪具有两种可能:一种为驻青岛的外国洋行售卖与日本,从中国转运至神户,不过,日本国内应该有毛瑟枪代理商,为何要急于从驻中国洋行购买,无从解答;另一种则表示枪械为山东机器局所造,说明中国军工厂的制造水平已大幅提升,且成本大为下降,受到日本的认可并购买。第二种可能性较大。

1896 年,李鸿章游历英国,看到英国海军强大的阵容,受到了震撼,不觉自叹,"余其身在梦中耶?胡为而竟有大铁甲船六十艘,一国同时丛泊耶!余在北洋,竭尽心思,糜尽财力,依然自成一军。由今思之,岂直小巫见大巫之比哉!"。④与西洋列强相比,中国军工生产由冷兵器过渡到热兵器时代,仅用了二三十年的历史,已属相当不易。晚清朝廷和地方兴办 40 多个军工厂局,在将近50 年中,参照外军的武器装备,经过跟踪仿制和改进,迈出了用机器设备制造军工产品的第一步,摆脱了手工制造的落后状况。虽然他们所制造的军工产品,在数量和质量的总体水平上与当时的世界水平还有巨大的差距,但是同鸦片战争前相比,差距已大为缩小。这表明中华民族在国际国内十分艰难的条件下,为改善中国的武器装备和防御设施,作出了可贵的贡献。

二、 中国军队武器装备的杂冗式配备

太平天国运动迫使清政府允许地方督抚"就地筹饷",导致"兵为将有"的出现,大大加剧了清政府军事改革的难度,在装备管理上,更加不利于清军的军械划一。清廷高层及各地督抚对外洋军械种类、性能、价格、保养等信息知之甚少,在

---

① 《盛宣怀档案资料选辑之三・甲午中日战争》上,上海人民出版社 1980 年版,第 230 页。
② 《? 致? 函》,盛宣怀全宗档案 088027,上海图书馆藏。
③ 《盛宣怀亲笔函稿不分卷》,古籍类电子文献 430853-60,上海图书馆藏,第 390—391 页。
④ 蔡尔康、林乐知:《李鸿章历聘欧美记》,岳麓书社 1986 年版,第 187 页。

外洋军品的进口中,不仅买到了各国淘汰的旧式军械,而且军品采买往往都是各自为政,缺乏统一标准。采购人员面对种类繁多的外洋军品,无法作出正确的选择。其时常以追求最新式为唯一目的,这样必然进一步加剧所购武器的繁杂性,从而导致中国近代军队武器装备在获得不断更新的同时,却出现杂冗式配备的弊端。

(一)武器外购受国内外因素限制

晚清军品外购并非一帆风顺,有警则购,无警则停,缺乏经费,各自为政,种种原因导致清军的武器各式杂陈。运往前线的枪弹种类过于繁多,士兵难以熟练使用,军器弹药的使用效率较低。第二次鸦片战争前后,西方列强在看待清朝与太平军的矛盾时认为,"维持当今朝代对西方国家有利"[1],于是清廷的借师镇压才得以实现,清军由此开始大规模接触西洋武器。华洋军品贸易成为军事自强运动的一个重要表现形式之后,清廷逐渐发现,买何国何种武器并非可以"一厢情愿",而是取决于很多国际因素。袁世凯编练第一镇新军时选用日本军械,第二镇、第三镇时却由于日俄战争爆发而无法续购日本军火,只能改购德国军械。

1862年,常胜军统领美国人华尔的弟弟亨利华尔(Henry Gamaliel Ward),曾为上海当局在美订制三艘舰船,"大清"(Dai Ching)号、"浙江"(Chikiang)号、"江苏"(Kiangsoo)号,建成后被亨利转手卖与美国海军,美国南北内战时"江苏"号成为北方海军的"倒挂金钟花"(Fuchsia)。1874年日本犯台,顾文彬致函盛宣怀,"日本惑于西教,变乱旧章,举国猜疑,内变将作。乃复师出无名,越国鄙远。师宜为壮,曲为老,彼曲我直,何惧之有。惟风闻久播而我国置若罔闻,不预止其兵于未发之先,而挽回其兵于既发之后,何谋事之晚耶。江苏、福建所造轮船不下二十余支,而铁甲战船亦无一支,闻日本有铁甲船,遇战冲突,锐不可当。我国轮船虽多,恐非其敌。为今之计,制造不及,亟须向外国租一铁甲船,价即甚昂亦不可惜费。有此一船,则声威更壮,人心益有恃而不恐,似属要策。所虑外国执两不相帮之说,不肯租船与我,则须以游说之述动之耳。否则或竞购之"。[2]1884年,外购巡洋舰陆续到达大沽港口,朱福荣致函盛宣怀,"两铁舰到沽,系玉山与禹廷前往验收。后济远舰到,亦于验收后即行换旗。此三舰的是利器,兄尚未得往观,闻傅相拟初十外赴沽勘验,试轮试炮,尚须往旅顺一行,兄是否随同前往,刻尚未奉宪谕也"。[3]

个别部队屡次要求清廷下拨新式武器,并非为前线使用,而是为日后坐大打

---

① 阮芳纪等:《洋务运动史论文选》,人民出版社1985年版,第461页。
② 王尔敏等:《盛宣怀实业朋僚函稿》上册,台湾近代史研究所1997年版,第712页。
③ 同上书,第415页。

基础。如 1894 年 10 月，黑龙江将军依克唐阿频繁要求各地协拨新式武器，依克唐阿军战时和战后初期实际得到的军火补给有：毛瑟枪 5 000 杆、毛瑟马枪 500 杆、哈乞开斯枪 1 300 杆、连珠枪 430 杆、来福枪 300 杆、抬枪 1 549 杆、嘎尔萨炮 2 尊、开花炮 2 尊、后膛铁炮 7 尊、后膛钢炮 4 尊、三等铜炮 1 尊、辽阳制造铜炮 2 尊、铁炮 60 尊、后膛炮 30 尊、各类枪械子弹 119 万多颗、来福枪铅丸 83 000 颗、各类炮弹 2 800 余颗、炮用洋药 3 000 斤、铅丸 20 万颗。① 按照清军每枪配 1 000 颗子弹（最低 500 颗），每炮配弹 200 颗（最高 1 000 颗）标准来看，数量是比较欠缺的。至甲午战争结束时，黑龙江接受各地协拨来火炮共 172 尊，各类枪支 102 264 支。② 这在反抗日军侵略方面没有发挥太大作用，却为其日后的政治生命提供了强有力的支持。

甲午战争期间，发生了"高升"号事件，但"为了政治和外交利益，英国选择了偏袒日本"③，其中一个重要因素就是不想失去日本这个重要的军火出口国。洋员丹尼生曾经致函毕德格，认为中国不宜买铁甲船，而应购买小船。"中国若买铁甲舰是白费银子，盖中国只宜自守断无攻人之事，缘只要载大炮之小兵船数支，并快船一二支，水雷若干，两年之后，能使中国足以自守。"④ 洋员的建议有合理之处，但清廷并未真正采纳。

外购军火运途维艰，特别是战争年代，往往缓不济急。1894 年 8 月，驻英公使龚照瑗曾通报李鸿章，一旦中外发生战事，外国禁运者有之，不敢卖者有之，能买得的就是这几艘，中国能选择的余地并不大。8 月 12 日，钟天纬致函盛宣怀，"闻秘鲁智利两国罢兵后有铁甲船八艘，欲贱价出售，如被日本购去，为害无穷，我与智利本无和约，必允购买，不如电嘱杨子通星使，转饬驻秘罗理事官，密速购定，俟招募客将，即令其驾驶来华，由好望角直放日本长崎，以攻其不备，亦海外奇兵也"。⑤ 10 月 6 日，盛宣怀致电营口善星翁，"鱼电代求傅相，枪炮实无可拨，火药可拨。现购洋枪，两个月可到"。⑥ 10 月 17 日，盛宣怀致电九连城宋宫保，"顷接外洋来电，哈乞开斯厂工作甚忙，须四个半月到沪一千枝，五个月到沪三千枝，如嫌迟，只可买毛瑟每枝价银八两五钱，七十天到沪，候示遵办"。⑦ 战时，帝党与后党之间

　　①　邱涛：《关于甲午陆战研究中几个问题的辨析》，《北京师范大学学报（社会科学版）》2017 年第 3 期。

　　②　《中国近代史资料丛刊续编·中日战争》（二），北京中华书局出版社 1989 年版，第 550 页。

　　③　［澳大利亚］雪珥：《绝版甲午——从海外史料揭秘中日战争》，文汇出版社 2009 年版，第 109 页。

　　④　《丹尼生致毕金卫函》，盛宣怀全宗档案 111995-1，上海图书馆藏。

　　⑤　《盛宣怀档案资料选辑之三·甲午中日战争》下，上海人民出版社 1982 年版，第 140 页。

　　⑥　同上书，第 571 页。

　　⑦　同上书，第 580 页。

的争论,直接关系战局及中国发展。10月31日,苏州致电盛宣怀,"事势岌岌,救急之法,和则速危,迁则不振臂。佛主和,圣主战。敌气渐逼,和战均难。惟有佛眷迁岐,圣人居轶,以松其势。一百速筹三千万金,添船械,图大举。盖佛不迁,则圣不能轶,逼成危局,后难再举"。①12月10日,营口致电盛宣怀询问毛瑟枪事,"前承代购毛瑟三千杆,闻已到津。果尔,望速设法陆运,并先期示知,以便由敝处派人赴锦迎提。所需绊带子药,如须现配,并祈配就与运价并缴"。后营口再次致电盛宣怀,"毛瑟未到,军情甚紧,敝队不宜空手来,乞向他军先购或军械所代商借用,候购到拨还"。枪械供不上时,只好用旧枪训练。12月11日,盛宣怀去电营口,"毛瑟三千杆尚未到沪,绊带子匣俱全,惟子弹来电未属购办。津局能自造,每千需银二十两,与外洋价同。如要若干,乞速汇价,以便咨局代办。至军械局,实已无枪可借,新勇只好就奉天借前膛操练"。12月12日营口致电盛宣怀,"枪未到沪,殊为焦盼。子弹津局自造,请即咨局代造六十万,但不识皆如洋子如何? 计价一万二千金,即就近先付李仲平六七千两。是否可行? 望复"②。12月27日,烟台致电盛宣怀,"顷闻洋商满德代津购运枪械一船到沪,由长江河北上。烦弟代为禀商中堂,借用毛瑟千杆、子五十万,或还价值,或俟东省前定到照还。如蒙允可,或由济宁,或于中途分拨,由东派员接运。(中堂批:现运毛瑟万杆,宋、曹两军六十营立等枪用,实不敷拨。督办军务处又商借五千,竟无以应,何能分借他处)"③。

法兰西银行所属法国新盛机器公司,生产枪炮,多次向中国推销:"各种船,如铁甲船、快船、刨船、雷艇、河船、信船、商船,近日本公司中一船厂曾代本国国家制造雷艇一支,名鸟辣钢,其速率每点钟能行二十五海里,其行之速为雷艇中之初见者。……各式枪炮军火本公司所制最佳之件,即如德磅士之后膛炮陆地炮过山炮,以及炮台战船应用各种炮位,各样灵动炮架铁甲炮台并护炮台铁板等等是也。……德磅士炮制造之精,天下第一,固人人之所共知,其出众之处非徒讬(托)空言,实有确据,于西历1884年在荷兰京都阿姆斯达门赛会中于众炮试验之后,俱推德磅士为首,故荷兰缮给文凭声明德磅士炮为最得法者,且于是年英国家欲改换旧式炮位,命众考验惟德磅士炮后门之法为最良,故今英国家所造之炮俱仿照德磅士炮后门之法制造,彼时英国大君主颁赐德磅士最优之宝星,以示嘉奖。且于是年赛尔比国特派晓畅炮位武弁共在都城考验,英国之阿姆斯达门炮,德国之克虏伯炮,法国之德磅士炮,互相赛验,以考施放迟速。初验时阿姆斯达门炮即出毛病,弃置一旁,惟克虏伯德磅士炮彼此比较,而克虏伯于施放十炮之后,其后

---

① 《盛宣怀档案资料选辑之三·甲午中日战争》上,上海人民出版社1980年版,第240页。
② 同上书,第314、316、319页。
③ 同上书,第333页。

门开闭已觉艰涩,至二十炮之后虽经擦油仍系艰涩不灵,并放此三十炮需时三十四分之久,放毕查看后门俱有灰渣炮亦稍损不能再放,而德磅士炮则不然,亦施放三十炮仅需时二十二分,至查看后门光滑,坚固,似未燃放者,其炮尾塞甚严,烟火丝毫不出。故赛尔比国所派武弁众口一词佥曰,德磅士炮为最佳,即令该副将代造陆路炮位三百尊,至一千八百八十五年十二月二十二日德磅士曾函致克虏伯,欲请各国明晓炮火之员监视彼此炮位求其评定甲乙,克虏伯未允所请,至今亦未覆信,且现今各国凡有欲旧式炮位者,无不向德磅士购买,其所造之炮不独英国赛尔比国使用,即丹国墨西哥等国亦均向该厂定造也。……本公司在天津有德磅士陆路炮一尊,过山炮一尊,如有欲观者,无论何时可以试放,亦可与他炮比较,因德磅士现造炮位甚多,故其器具甚多,日增一日,因有此便宜,所以其炮价较之从前亦能减让,如蒙惠顾价可从廉也。"①甲午战争前,中国军火采购之大宗来自英德两国,单就火炮来看,德国克虏伯厂与中国军队关系甚密,英国阿姆斯特朗厂次之。法国欲挤入中国军火市场,不得不想各种办法推销。至于荷兰举办三家火炮比赛,法国德磅士炮第一,未见德法两国说法,不一定可靠。何况火炮等重型武器涉及配件较多,军械配备最忌杂乱无章,从军械划一角度看,军火采购大员不一定因价低而购,往往慑于外交压力不敢轻易拒绝。

种　　类	规　　格
过山炮八个生的迈当口径	易于安置骡马背上,致远 9 里,炮弹 12 斤
陆路炮八个生的迈当口径	致远 13 里,炮弹重 12 斤
陆路炮九个生的迈当口径	致远 13 里,炮弹重 16 斤
炮台炮架十二生的迈当口径	致远 16 里,炮弹重 38 斤
炮台炮位十五个半生的迈当口径	致远 18 里,炮弹重 88 斤,保护或攻打炮台
二十二生的迈当口径炮	致远 20 里,炮弹重 200 斤
炮台兵船海边各炮台上二十四生的迈当口径	致远 26 里,炮弹重 390 斤
炮台海边各炮台上三十四生的迈当口径	致远 31 里,炮弹重 1 300 斤,全钢制造
铁甲炮台之卷钢甲	

1894 年 6 月 14 日,礼和洋行马赤呈李鸿章商购北洋快炮稿,"议分三次给价,自立承办字据之日,先给三分之一,俟该炮并子弹造成,请中国钦差委验之日,再给三分之一,其余三分之一,炮位到沪验收即行找给,每次给价照给价之日电汇行情核银;议赶紧一律照式造齐,汇同前所定购之五十七密里二十倍长快炮二十

---

① 《法兰西银行所属新盛机器公司介绍资料》,盛宣怀全宗档案 001395,上海图书馆藏。

尊一齐运华,不得以旧货搪塞,请中国钦差派员验看,相符方准起运,到中国后如经验收之员查有旧劣不合之件,应一律剔退仍由礼和从速照数补运;议炮位运沪如遇风波兵险遗失等事,礼和行自向保险局理论,包赔并须速为重购,须将失事情由据实呈明方准逾期;议礼和行自立承办字据呈案,以便备查外另给礼和行印札为据"。①1895年4月2日,翁同龢日记云,"是日有随员杨宜治电告总署,可购英铁甲商船十只,用银二百万磅,随船兵足用,三个月到华,并可欠账"②。5月16日泰来洋行售卖枪支配件不全,"前所划付高令枪枝内无刀头,嘱转询等因,门生当即函致泰来洋行索取,适今日该行掌柜王铭槐来台,据云前所订购五千之枪,言明各带刀头今此番来枪均无刀头,渠云将来付钱应除刀头价银若干,如数照扣云云,至于武库之枪内有损坏今铭槐见云宪,亦与面言渠拟明日往视应修枪费该行自当听认等情"。③

　　外洋军工厂或代理商常常故意欺骗,清廷不了解世界军火市场情况,以旧充新、以劣充好现象为数不少。李鸿章对洋行控制军品贸易深有感触,"上海一隅,洋商汇萃,日趋巧滑,往往式样杂出,以劣充良。各省采办人员或受其欺,或中其饵,均所难保,兹欲遴派精明廉正之员专任稽查采购,未始非执简驭繁之一策,惟专派之员,身居中土,于外洋造法之新陈,时价之长落,未必纤悉周知。近日洋商每有迳赴各省议价揽购者,更属无从节制。委员权力有限,办理虑难经久"。④许多西洋商人喜做军工生意,常年奔走于各衙门,贿赂有关人员,把本国低劣的军用品高价卖给中国。⑤在海军基地旅顺、威海卫的构筑过程中,监造者偷工减料,致使船坞砖石缝中有水沁入,给工程造成了严重的后患。

　　(二)国内自造武器的质量不高

　　早在鸦片战争时期,官方拨出造火炮的专款,总是先被奸商高报的工价和材料价削去一层,之后又被承办的官员层层克扣,验收火炮的弁兵又以种种名义敲诈勒索,到制造火炮的底层工匠那里,只好用偷工减料的办法来获取利润。原本造炮材料就不过关,实际制造时又往往用充满杂质的废铁铸炮,或用腐朽脆薄的木板造船,自造枪炮质量自然无法保证。1851年7月,赛尚阿奏折中反映,在与

---

　　①　《承办北洋快炮原稿》,盛宣怀全宗档案033205-2,上海图书馆藏。

　　②　翁万戈、谢俊美:《翁同龢〈随手记〉》,《近代史资料》第97号,中国社会科学出版社1999年版,第25页。

　　③　《蒋文霖致盛宣怀函》,盛宣怀全宗档案040413,上海图书馆藏。

　　④　李鸿章:《军火画一办法并报销口令事宜》,光绪四年七月初二日,《李鸿章全集》(卷8),安徽教育出版社2008年版,第127页。

　　⑤　王兆春:《空教战马嘶北风》,兰州大学出版社2005年版,第88页。

太平军对抗中，"因官兵大炮炸裂，势不能支，兵壮同练皆散，该匪乘势拥入西林县城"。①进入成规模的军品贸易阶段后，有了西洋技术引进和洋匠的随厂指导，自造技术有所改进，但在封建官僚体制、自身素质低等因素的作用下，仍难以达到更好效果。特别是受西洋列强军工技术的保留、售卖军工产品以次充好、兵工厂贪污腐败、工业基础薄弱等因素影响，晚清兵工厂生产制造的枪炮弹药，在成本高昂的同时，性能和质量也较差。有些弹药不符合枪炮的膛径，有些枪炮弹的铜壳质量较差甚至表面多孔，常发生膛炸伤人事件。有的引信拉火不佳，炮弹命中敌舰不能爆炸，有的炮弹爆炸力不足。

1863 年世界级军火巨头，美国雷明顿公司派人来到上海，希望从清政府与太平天国的战争中捞到第一桶金。谁知这个市场早被英法洋行和"常胜军"头目垄断，自己带来的枪支火药只能通过中介销售，获利微薄。此人率先与两江总督李鸿章的美籍顾问，全权监督江南制造总局和金陵制造局的生产，专为淮军造枪炮弹药的马格里建立联系。在马格里的帮助下，在 1871—1874 年间为淮军购进 14 400 支雷明顿一号步枪，还让江南制造总局和金陵制造局一同仿制，称为"林明敦中针枪"。该枪在原滚动闭锁方式下改进了组合弹膛和闭锁机构，变得更简单。1867 年，江南制造局仿造成功，但由于逆向仿制工艺未掌握好，所产"林明敦中针枪"常走火伤人，淮军拒绝采购，因而停造。②1871 年增聘的洋员和添置的机器到达之后，江南制造局才开始制造林明敦式后膛来福枪。到 1873 年年底，生产了这种步枪四千二百支左右，但不仅它们的造价高于进口的林明敦枪，质量也远达不到进口枪水平。一段时间内，淮军拒绝使用江南制造局所产林明敦枪。黎意枪是由美国人詹姆斯·帕里·黎意设计，在连发枪基础上去掉弹仓的单发步枪，江南制造局最初于 1883—1885 年仿造，1890 年生产黎意枪，但数量偏少。1877 年丁宝桢到任四川总督，组建四川机器局后制造马梯尼后门枪，但仅仅仿造样式而未得其制造技术之精，该枪"用人工及手机器制成，自命为无敌利器，迨饬营员演试，机簧不灵，弹子不一，准头不远，较英国所制大逊"。③

1875 年，在马格里的主持下，清军工厂为大沽炮台仿制的七门大炮在试放时爆炸三门，其余几门也成了废铁。1877 年，福州船政局所造"威远"兵轮下水，这是一款铁胁木壳军舰，乃该局建筑的第 20 条舰船，排水量 1 268 吨，航速 11 节。1881 年 4 月 30 日，在奉调北洋途中于小阳山洋面（今上海小洋山东海大桥西

①　中国社会科学院近代研究所近代史资料编辑室编：《太平天国文献史料集》，中国社会科学出版社 1982 年版，第 185 页。

②　王兆春：《中国火器史》，军事科学出版社 1991 年版，第 378 页。

③　李鸿章：《论各省购制枪炮》，光绪四年七月初四日，《李鸿章全集》（卷 32），信函（四），安徽教育出版社 2008 年版，第 345 页。

面)触礁,经机器制造局勘验,确定损伤两处龙骨,需拆修护板,需木工及木料等共银1 500余两。后慈禧太行谕旨,强调船政局积弊甚多,务当尽力厘剔。船政局之设二十年矣,一切事宜总当熟悉。乃造船仍延洋匠,管驾则仍用洋人,欲望其制敌,难矣。"至于船中诸弊,若非该大臣不破除情面,咎由攸归,凛之。"福州船政局生产的国产舰船速度慢、消耗高,甚至有人认为,"以19世纪70年代的欧洲标准来看,应在被淘汰之列"。①

1894年8月7日,郑观应致函盛宣怀,"闻倭炮船'八重山'中'济远'之弹不炸,入船澳剖视,知系无药,与马江之法船一样,似宜根究何处所误"。②10月6日,天津军械局顾元爵致函盛宣怀,"水师枪炮教习哈卜门面禀,东局所造子弹粗糙,拟今午前往查验"。③10月14日,徐邦道致函盛宣怀,"前次所领毛瑟兵枪一千二百杆,实不能用,务求费心代觅好枪,从速运下,此固打仗万不可少之件"。④11月29日,营口周馥致电盛宣怀,"昨奉宋帅电,毛子多不响,或响不及远。各军所言略同。前日毅军探马与倭战,连发四枪不响,被倭击毙。似此造子,误事不小,属将毛哈子一试云。现该哈子俱响,毛子只响十九,七箱上载明光绪九、十、十七年造,望速拣好毛子解。近日已发毛哈子百万,现存不足百万,祈速解"。⑤12月20日,营口致电盛宣怀,"枪炮敝军仅有四成,殊不足用。有好枪炮,能再解六千杆枪、十二尊炮,并多解外国子来,即此十一营足大战倭人矣"。⑥

以枪炮为主要产品的江南制造局,生产枪弹的能力还不如四川机器局,生产火炮及弹药的数量也是三个具有产炮能力的军工厂中也是最低的,其子弹的生产量不到天津局的十分之一,火药的产量远低于天津和山东两局。但清政府每年在江南制造局投入的资金却几乎是其他五个局的总和。⑦对江南制造总局来说,"各船虽系自造,而大宗料物无非购自外洋,制造工作亦系洋匠主持,与购买外洋船只略同"。⑧该局所制造的武器长期处于试制阶段,无法形成量产。1878年至1898年间,仿制英国阿姆斯特朗火炮达到13个品种,但总产量却只有148尊,平均每个炮种才生产11尊,其中120磅钢膛熟铁箍炮生产35尊,为数量最多者,250磅后膛长炮仅生产1尊,为数量最少者。1867年到1873年,江南制造局仿造

① [美]费正清、[美]刘广京编:《剑桥中国晚清史(1800—1911)》(上卷),中国社会科学出版社1985年版,第510页。
② 《盛宣怀档案资料选辑之三·甲午中日战争》下,上海人民出版社1982年版,第128页。
③ 同上书,第260页。
④ 同上书,第297页。
⑤ 《盛宣怀档案资料选辑之三·甲午中日战争》上,上海人民出版社1980年版,第299页。
⑥ 同上书,第324页。
⑦ 军事历史研究会编:《兵家史苑》第二辑,军事科学出版社1990年版,第277页。
⑧ 李鸿章:《成船用款片》,《李鸿章全集》(卷6),奏议(六),安徽教育出版社2008年版,第415页。

的各种前后膛枪,总共才 13 106 支。①1898 年 5 月 14 日,江南制造局潘学祖致函铁路大臣盛宣怀,"奉钧谕常州府办团需用洋枪五十杆饬即照拨等因,职道回局后查悉尚未接有常州府公牒,至所需洋枪查职局所存各项军械,遵饬提存金陵业经陆续运往,现在栈存已无新式枪枝,只有林明敦边针枪尚可照拨"。②这说明江南制造局的枪械生产能力很难满足军队需求。

部分军工厂年均生产能力一览表③

厂 名	时间段	枪(支)	炮(尊)	子(粒)	弹(颗)	火药(磅)
江南制造局	1867—1904	1 914	46	205 354	42 878	170 124
金陵机器局	1899	180	64	131 500	65 800	—
天津机器局	1876—1882	74	—	2 296 000	57 143	871 429
四川机器局	1877—1899	3 012	0.3	209 075	—	39 352
山东机器局	1876—1892	7	0.5	217 294	582	80 765
汉阳枪炮厂	1895—1910	8 506	62	3 937 500	41 250	20 625

山东机器局以制造火药、钢帽、铅丸和枪子为主要内容,丁宝桢 1876 年曾上奏称委托曾昭吉等人仿制马梯尼后膛枪 120 支,每支所费仅银 10 两,较向国外购买在价格上每支可节省银 14 两,而在质量上则与外国的马梯尼枪"精利相敌"④。不过,淮军在试用山东机器局所造枪支时,却发现许多缺点。

国内军工厂所产军械质次价高、产量偏少,国外军械难于购买并受军火禁运影响,导致许多部队新式武器严重不足,部队将领转而发掘旧式武器的潜力。甲午战争时期,部分官员上奏朝廷,"洋器虽利,现在海路梗塞,购买艰难,内地抬枪颇能及远,贼之所畏,刻下诸军争市之。无如奉省炉稀匠寡,赶造不及,请各省设法交之于将,与洋器相辅而行,必能摧坚破锐等语。臣等伏查,枪械为行军要需,刻下征兵云集,南北洋各局,制造不敷防剿之用,而购买外洋军械,价值既贵,运送尤难"。而清廷无奈之下,也给予认可,"以内地所造抬枪与洋器相辅而行,洵属不为无见"。⑤虽是旧式武器,但仓促之间改制并不能保证质量。湖北改造抬枪,一次试验五杆,四杆损坏。"一为火门裂损,一为扎火机炸落,一为燃药退兜枪托炸破,一为枪口准尖展落。这批枪枪膛壳厚薄不一,膛内凸凹鳞次不光,于出不

① 魏允恭:《江南制造局记》,文海出版社 1969 年版,第 855 页。
② 《潘学祖致盛宣怀函》,盛宣怀全宗档案 033466,上海图书馆藏。
③ 军事历史研究会编:《兵家史苑》第二辑,军事科学出版社 1990 年版,第 276 页。
④ 《丁文诚公奏稿》,《续黔南丛书》第 3 辑下,贵州人民出版社 2012 年版,第 1231 页。
⑤ 《中国近代史资料丛刊续编·中日战争》(五),中华书局 1989 年版,第 360 页。

走。……其子路约至数十弓远，即参差坠下，且旁飞斜出，不能取宜"。负责检验的官员评论为"此枪太坏，万不合用"，改制之举，实为"徒糜巨款"，所制之枪亦全成废品。前线官弁呼吁，"未改者即停办，已改者万不必再解来（前线）"①。1895 年 3 月都司曹嘉祥、守备饶鸣衢在海军利弊条陈中声明，"军械处须有历练勤干之水师官数员，随时查验各处所造之军火如何情形，务必禀明海军衙门，遇有试演各项军火，该员务亲临察验后，方可分给各船，每届三年，各船上所存军火必须勘验，如有损坏当即更换。……各局所造之军火，不能周知其弊，一经有事，停购诸外洋，必须自造，若以草率塞责，不特难以命中，尚虑炸裂炮身之虞"。②"定远"舰枪炮大副沈寿堃指出，"药弹引信拉火须极力讲求制造。稍有参差则不合用。中国所制之弹，有大小不合炮膛者，有铁质不佳，弹面皆孔难保其未出口不先炸者。即引信拉火亦多有不过引者，临阵之时，一遇此等军火，则为害实非浅鲜"。③

1897 年，湖北枪炮厂提调汪洪霆奉张之洞之命来到北京，将该厂生产的小口径毛瑟枪（汉阳造）和陆路行营快炮、江南制造局的枪炮产品给神机营官员演放试验。在给张之洞"报捷"的电文里，汪洪霆写道："鄂厂产品炮距靶六百弓，放二十九出，中十九。枪距四百八十弓，每放二三十出，中九成。"演放的结果让神机营将领们颇为欣喜，无不赞美鄂厂产品精美无比，远胜各省。仅仅 66% 的命中率却"远胜各省"，也从侧面说明其他军工厂的军械质量不佳。

1904 年，清廷为消除积弊，专门对全国的兵工厂进行了整顿，批评上海机器局"枪炮历年所制均非精品，火药比较洋药尤属不逮"。④虽专门聘请了日本精制火药师，但未产生明显的效果。1908 年，江南制造局的仿造技术日趋成熟，清陆军部也决定照式制造。但同时"各省依然不断向外洋成批购买火炮。原因何在？可参看该年江南制造局新式火炮的产量情况：王亨鉴呈，查验江南制造局新造七生的半口径管退快炮情形，沪局造此式快炮四尊，均系仿克虏伯式样，做工甚为精细。一号十五倍身长螺线闩炮，一号十五倍身长横闩炮，二、三号十四倍身长横闩炮，并二号管退机炮架"。⑤火炮没有达到量产，炮弹也在试验过程中。直到宣统元年陆军部仍在试验江南制造局炮弹合用情形。是年 2 月 4 日，"沪局所造炮弹中有克虏伯管退陆、山炮子弹，派员校试，与炮膛吻合，与洋厂所造无甚悬殊，颇能

①《张之洞全集》，河北人民出版社 1998 年版，第 6541 页。
②《海军利弊条陈》，盛宣怀档案 056921-1，上海图书馆藏。
③《盛宣怀档案资料选辑之三·甲午中日战争》下，上海人民出版社 1982 年版，第 404 页。
④《光绪三十一年九月十六日江督周馥奏整顿沪厂拟派员匠出洋学习制造片》，《兵部陆军部档案全宗》，第一历史档案馆藏。
⑤ [德]乔伟、李喜所、刘晓琴：《德国克虏伯与中国的近代化》，天津古籍出版社 2001 年版，第 356 页。

合用,希望将来统归沪局推广仿造"。①当时编练新军每营需炮六尊,以江南制造局产量之小根本不能敷用。而江南制造局技术不够成熟,关键是料物基本来自外洋,购买耗时、费用艰窘,因此难以量产,而编练新军有期限规定,各省也只能成批外购。1910年10月,朱恩绂在致赵尔巽函中总结全国兵工厂情况,惟德州兵工厂颇有成绩,子弹可成一千二百万枚;"(沪厂)所造枪弹岁出不及三千枝,弹仅七百余万,药虽日制百余磅而不能适用,近仍购德药,以四六参和之,殊非持久之计。炮则岁成十余尊。综计各件核价无不极昂,竟较购买者增加数倍。……鄂厂规模宏肆,与沪相埒。以言枪弹工作实远弗如。……粤厂遥峙海隅,庞然自大,腐败浮滥至无可言,岁糜公帑五六十万金,竟无一节可取"。②这种对军工厂的核查,不排除有复杂的官场裙带关系,有扬己抑他之成分。不过,从清军实际情况看,沪厂产品确实不佳。12月6日,叶景葵致电赵尔巽所谈应为实际情形,"沪局管退炮、新式枪,除造式样呈部,并未曾(为)各省造过,该局机器不全,难造大批,只能敷衍门面,东电暂秘,候示再宣,因前订瑞生枪弹时,张道要求购沪局之弹,葵以价贵却之颇不愿也"。③

"西人的兵工业,是属于各种工业的一环,有其优良的技术,所以日新月异,进步神速;而中国全无重工业的基础,再者缺乏研究的人才,凡事只能拾人牙慧,各种生产品,不几年即成旧式,兼以军费浩大,政府财政困难,所以只能维持现状,而无法突破。以枪而言,同治初年,所谓设局仿造,大多是前膛枪。……(江南制造局对林明敦后膛枪的仿制最早),至光绪七年,该局所制的枪已列为下品,各营不愿领用。至光绪十六年,该局所存林明敦后膛枪一万多支,亦因走火之弊,各军拒用,后来加以改造,每枪增工料费银二两,始行解决。其时,毛瑟枪等较好的枪已甚流行,当时中国的兵工厂却还不会制造。"④由于军工企业都是由朝廷直接任命大员,几乎等同于衙门,"既有督,又有总,更有会办、提调诸名目"。"岁用正款以数百万计,其中浮支冒领供挥霍者不少,肥私橐者尤多",结果"制成一物,价比外洋昂贵率过半"。⑤1906年至1907年,关于上海制造局,时人总结,认为受制外洋难于发展,"近来黄浦江中吴淞口外,为各国兵轮所萃,遇有中国战事辄阻我军火

---

①　[德]乔伟、李喜所、刘晓琴:《德国克虏伯与中国的近代化》,天津古籍出版社2001年版,第357页。

②　中国近代兵器工业档案史料编委会编:《中国近代兵器工业档案史料》第一辑,兵器工业出版社1993年版,第352页。

③　赵尔巽全宗档案543-76-3,中国第一历史档案馆藏。

④　廖和永:《晚清自强运动军备问题之研究》,文史哲出版社1987年版,第150—151页。

⑤　中国史学会编:《中国近代史资料丛刊·洋务运动》第1册,上海人民出版社1961年版,第557页。

装运出口,致不能接济他处甚或以兵舰驻泊近厂江面,以相伺察慢藏之害炭炭可虑,至该厂所有机器七年以前所造系林明敦枪,乃外洋陈旧不用之式,两年以前所造系快利枪乃沪局臆造之式,亦不适用,故枪机新旧凑配出数无多,炮机亦未完备,岁糜款实为可惜,并云叠与该局总办道员毛庆蕃郑孝胥再四筹议,金称该局自应遵旨移至停办奥之区方为正办"。①

随着国内兵工厂规模的扩大,清政府和兵工厂都希望各地督抚购买国内所产枪械。然而,直到辛亥革命前夕,大部分国内所产枪械质量难以与外洋枪械匹敌,加之产量有限,成本高昂,多数兵工厂难以形成以销促产的良性循环。清廷默许编练新军所配枪炮弹药可以向外洋采购。当外洋军品难以购买或款项不足时,各省督抚常常要求沪、鄂等军工厂减价供货。一方面节省银两,另一方面拖欠较易。一旦发现国内枪炮存在质量问题时,各省往往不得不改购外洋军品。1903年赵尔巽在请求他省分担四川机器新厂常年经费时,曾称新厂制造武器"较之购于江海各处,权不我操,缓急难恃者,大有间矣"。②然而,到了1909年,机器局会办冷利南在给赵尔巽的禀文中却称,"今新厂开办已铺张三四年矣,不但一工未成,即机件亦多所未备,即使迅速将事,亦非一二年不易观成"。③而四川机器局东门老厂已开办三十二年有余,"历年所造皆单响毛瑟、马梯尼、哈乞开斯、林明敦、五响快利、士乃德、曼利夏、蜀利抬枪而已",改老厂为炮厂,"预计造炮一尊,其成本当较买价昂至数倍。……第此开造枪一支,约略估算较鄂价已昂一倍有奇,即令出数能符,而取值过昂,云、贵、陕、甘必不愿购,终日存积,将如之何"。④1910年3月18日,赵尔巽致电叶景葵指出金陵生产子弹有问题,"昨定马克沁机关炮十二尊太多,可减为八尊,子弹务要合膛线,金陵寄来却不合用,不能连发也"。⑤

晚清兵工厂中,绝大部分由于西方技术封锁、专门人才匮乏,生产能力偏低。"在十九世纪后一半时间发生的战争中,各地的几个兵工厂,无一例外地证明它既不足用又不堪用。在承平岁月中间,每发生一次危机,中国都不得不采取危险的权宜措施,依靠她的潜在敌人取得军械。"⑥到了宣统初年,虽然编练新军过程中晚清政府聘请了大量洋员,但专门的枪炮制造技术依然十分缺乏,导致实际产量远远小于应有的生产能力。新军编练期间各地所需枪炮弹药都不够充足,不得不

---

① 《历年议决移设上海制造局成案》,盛宣怀全宗档案 060605-2,上海图书馆藏。
② 赵尔巽全宗档案 543-76-2,中国第一历史档案馆藏。
③ 中国近代兵器工业档案史料编委会编:《中国近代兵器工业档案史料》第一辑,兵器工业出版社 1993 年版,第 159 页。
④ 同上书,第 341 页。
⑤ 赵尔巽全宗档案 543-76-2,中国第一历史档案馆藏。
⑥ [美]鲍威尔:《中国军事力量的兴起(1895—1912)》,中华书局 1978 年版,第 111 页。

向外洋求购。1911 年 6 月 13 日东三省总督赵尔巽电称,"奉省购械向系按批电部核准,此次由大连进口德械系去秋购款已付,新买补充,子弹无多,本逼强邻,马贼出没,一日无械难以保持"。①10 月 28 日,东三省总督赵尔巽向内阁军咨府陆军部发电报,"奉存七九枪只五千枝只全拨袁督,续购未到;炮则第二混成协只存野炮十八,现正准备出发,因缺马只能出十二尊,尚余六尊,查第三镇尚有克虏伯陆炮、格鲁森式山炮各一营,马尚不足,可否即以此两营连兵官全数拨给袁督并附辎重,两队装载子弹,饬该标标统带往。若欲再拨野炮六尊必须由府部指备熟练大马方可运动,照此拨法,奉吉遂无炮队,统祈酌定"。②"就当时全国大小兵工厂的生产量,就平时而言,大致尚足敷所需,尤其火药产量,常常过剩,以致因存储过久而变质。但一遇到战时,需求量大增,产量愈有限,以致左支右绌,必须向外洋购求,形成大量洋产的对内倾销。"③

（三）清廷军械划一的力度不充分

清政府对外洋军械的订购缺乏统一管理,各地外购杂乱无章,导致所购军械种类繁多、规格不一,特别是各种炮弹、子弹、火药、配件不能相互通用。甲午战争中仅仅清军要供应的陆军弹药规格就有 4 到 5 种,任何一种规格的弹药消耗完就意味着使用该种弹药的枪作废。竟然出现"卫汝贵军中所用之枪一律不能燃放"④的怪象。相比之下,日军的装备很单一,大多数作战部队是明治十三年式和十八年式村田步枪,辎重部队是明治十三年式和十八年式村田骑式步枪,几种步枪都是 11 mm 口径,规格比较统一。袁世凯在外购火炮时要求德商各洋行"呈验图说,并呈验炮各样,逐加演放,验明速率、瞄准以及穿涨各力悉与图说分数相符"。⑤当然"军械划一"虽然对一国装备通用比较有利,但如果主要依赖外购就会存在较大风险。袁世凯强调,大量购买克虏伯一种火炮,中外形势一旦发生变故"即恐中多窒碍,不得不改用法炮"。⑥从国内因素来看,清廷虽一直要求各地军械划一,然而,到辛亥革命前夕,陆军部不仅无力对地方外购制式问题进行严格监管,甚至朝廷各部门也频频向外洋订购武器,而且制式非常杂乱。

各省督抚对西方枪炮了解有限,大多是通过自己熟悉的洋人推荐购买,几乎当时世界上有名的步枪都在中国出现过。1902 年 5 月,新疆巡抚饶应祺上奏,说

---

① 《赵尚书奏议》,上海图书馆藏古籍电子文献 T28072-142,第 7470 页。

② 《赵尔巽电稿》,古籍类 465257,上海图书馆藏。

③ 廖和永:《晚清自强运动军备问题之研究》,文史哲出版社 1987 年版,第 150 页。

④ 《中国近代工业史资料》第三辑,生活·读书·新知三联书店 1961 年版,第 11 页。

⑤ 《光绪三十一年三月初一日袁世凯奏筹购陆军第二、第三镇大批军械》,兵部陆军部档案全宗,第一历史档案馆藏。

⑥ 《海防档购买船炮》,艺文印书馆 1957 年版,第 1096 页。

明了左宗棠西征时,所属部队的步兵装备情况。"前督臣左宗棠、抚臣刘锦棠出关,携运后膛来福马枪、哈乞开斯、马梯泥、标针快、利名登、七响、八响、十三响枪共二万余杆。"①

在军械的一体化上,表现最突出的是火炮。尤其是克虏伯炮引入中国后,从中央到地方都认其为攻坚利器,包括福州船政局和江南制造局所造轮船也都曾经安装克虏伯炮。李鸿章对克虏伯炮情有独钟,甚至在督办北洋海防时,要求江南制造局所造兵轮只购买德商克虏伯,进而主张炮台和陆军炮队所用各种炮位也采用克虏伯。北洋沿海要地纷纷购置克虏伯炮,正好与清廷的军械划一要求相合。北洋和南洋都开始成规模装备克虏伯炮位,北方购买克虏伯炮的主要是李鸿章,南方则是张之洞。南北洋海防装备了大量克虏伯炮位。1885 年,仅北洋大沽、旅顺、山海关等处防营已经安设克虏伯炮大小炮位 237 尊。②1886 年,旅顺炮台竣工,共有炮位 63 尊,其中克虏伯炮 46 尊,约占总数的 73%。大连湾各炮台配置各种大炮 38 尊,其中克虏伯炮 26 尊,约占总数的 68.4%。③1884 年,福建的长门炮台,一次装备了 5 尊克虏伯炮。广东虎门的省河炮台建成就安装了克虏伯炮22 尊。1885 年,张之洞计划一次购买 93 尊克虏伯炮,以便配齐 108 尊之数,供18 营使用。1894 年,威海卫共建成炮台 17 座,其中 15 座全部配置克虏伯,共57 尊。陆军方面装备克虏伯后膛炮比较早的是李鸿章的淮军,1877 年淮军已经装备克虏伯炮 114 尊,供 19 营新式炮队使用。到 1884 年,淮军装备的以克虏伯为主的后膛钢炮已达 370 尊之多。除了淮军,各地的练军也开始配备克虏伯炮。1883 年,天津练兵装备克虏伯炮 16 尊,此后,各地练兵或向北洋请领或自行购买了大量克虏伯炮。当然完全的军械划一也是不可能的,除了克虏伯炮位之外,清军装备的还有阿姆斯特朗、格鲁森等炮位,还有少量传统的前膛炮和抬炮。海军外购的英、法、德各国兵船、铁甲船所用炮位除主炮(置前膛大炮)外,其边炮、小炮(阿姆斯特朗)式样各不相同。不仅不同来源国家的舰炮规格不同,甚至一船之炮也不统一。购自英国的蚊子船小炮两尊均为后膛炮,还有格林炮一尊。当然,也有军火强国尝试通过技术途径解决军械划一问题,如法兰西银行所属新盛机器公司生产的火炮技术较为先进,且做到部件通用。"(德磅士炮)以此炮之各件什物挪移彼炮用之如出一身,无不合度,所以此等造法利益极大,如交战时某炮什物或

---

①　政协湖北省恩施市委员会文史资料委员会:《恩施文史》(第 18 辑),湖北省恩施市民族宗教事务局 2007 年版,第 97 页。

②　[德]乔伟、李喜所、刘晓琴:《德国克虏伯与中国的近代化》,天津人民出版社 2001 年版,第 173 页。

③　[德]施丢尔克:《十九世纪的德国与中国》,生活·读书·新知三联书店 1963 年版,第171 页。

有损伤则可取他炮之什物借安此上,一转移间炮仍完善可用对敌也。"①

中法战争时,由于列强对中国军火禁运,不少大臣呼吁军械自制。1888年清政府规定,"一切军械须由机器局制造,不准向外洋购买"。②甲午战争时,清军参战部队的枪炮品种、型号不一致,即使一军之中也往往互相参差。1894年2月6日,盛宣怀致电盖平(今盖县),"宋宫保:马梯尼枪北洋不用,庆军所有想系南洋所发,但马梯尼子弹大小有四五样,津械局旧存子十万粒,未知合膛否?且系二十年前旧物,恐有不响之弊,姑即运送,并请寄样来津,以便酌配"。③是年10月27日,天津军械局顾元爵致函盛宣怀,"枪样系必卜的马梯尼,中间机簧报琐碎,且系边针子。毛瑟、哈乞开斯两种子万不能通用。但前敌需枪,而运去之枪又复遗失。此枪恐以后筹子极难,外国亦久不造此种子也"。④

1894年11月21日塘沽除运送旅顺枪械子药之外尚剩余大量枪弹⑤

种 类	数 量
旅顺军械局九生脱开花子	2 400 颗
旅顺西岸炮台九生脱后膛陆路钢炮	12 尊
旅顺西岸炮台九生脱开花子	600 颗
大连湾拱卫营云者士得马枪子	100 杆
大连湾拱卫营云者士得马枪子	50 000 粒

各省所购之武器,分别来自德、英、法、美、英、比等国,进口加自造枪炮的型号可达三四十种,而日军则主要使用自己国产定型枪炮。同时,外购途径又再次遭遇军火禁运,各官僚督抚都希望尽快整顿纷乱破败的各地兵工厂,由国家统一安排军械自造问题。协办大学士徐桐上奏指出,"近年以来,我之购求西洋各国者已不遗余力,然各国创造日异月新,制用法各有不同。……所以中国讲求火器多年,而率未收实效者此也"。他建议各省机器局按照统一式样,仿造外洋最先进的枪炮,"各省所有制造局新铸枪炮改为归一,一律取现在军械中第一快利合用之式为准,彼此仿造勿许歧异,并责令将军工厂认真整顿,实力扩充,务期制造之数足敷

---

① 《法兰西银行所属新盛机器公司介绍资料》,盛宣怀全宗档案001395,上海图书馆藏。
② 中国史学会编:《中国近代史资料丛刊·洋务运动》第5册,上海人民出版社1961年版,第81页。
③ 《盛宣怀档案资料选辑之三·甲午中日战争》上,上海人民出版社1980年版,第310—311页。
④ 《盛宣怀档案资料选辑之三·甲午中日战争》下,上海人民出版社1982年版,第307页。
⑤ 魏允恭:《江南制造局记》卷5,文海出版社1973年版,征缮表。

各营应用。……以后不必再向外洋购买"。①当然,这是在国内军工厂开办有年,具备一定基础的情况下,才能按照最新枪械进行仿造,以期解决不时出现的战时军火禁运问题。

清末武器装备种类杂多的原因不一,首要之因在于地方督抚在军品外购中的主导作用。清廷虽多次强调指出制式的划一,然而由于军权下放等原因,清朝军事部门却不能充分掌握既有装备的真实情况,也就无法在此基础上制定整体规划,使国内军工厂制造产品及采购外洋军火更具针对性。基于既得利益的考量,地方督抚对清廷组织的军械划一抵制较为强烈。正如鲍威尔所认为的那样,"不管是生产或购买军械方面,任何想要纠正这种状况的企图都会涉及到地方上的利益"。②甲午之前各地军工厂缺乏相互沟通,加上机器来自不同的国家、不同的年份,所造枪支口径大小不同,使用时造成极大的混乱。

1878年李鸿章曾发现军械不统一之问题,风闻各省造型参差,用法不一,屡经赫总税司言之,谓为中国办理不能得法。不过,李并未给以足够重视,"海防若有战事,则非最精之后门枪不足制胜,必须预为购备统筹,各省军械似乎难过求一律矣"。③从甲午战争时期清军装备构成来看,驻朝一线部队的装备60%左右购自外洋,40%左右国内制造。甲午战争结束时,日军在平壤、九连城、缸瓦寨、辽阳、海城、牛庄、营口、田庄台等处战斗中缴获的武器数量很多,从清单中可以看出清军陆军武器来自德、美、奥、英、荷、法以及国内自造等渠道。清军一线部队的枪械种类十分杂乱,不仅有德制毛瑟、美制雷明顿、美制亨利、美制比堡迪、美制斯本瑟、美制温澈斯特、奥制奥必尼、英制士乃德、英制恩费鲁、荷制盖威尔、美制夏普斯、美制毛利、法制卡斯堡、清制雷管抢、清制抬枪、清制火绳枪16种步枪,还有11 000余件冷兵器时代的红缨枪、三叉戟、长柄刀、三角剑等。虽然枪械半数以上是西洋新式的连发步枪,但其口径却多达12种。反观日军,一线部队使用的枪械品种很单一,均是口径为11.0 mm的村田式单击步枪;7厘米山炮作为步兵的支援型武器,可按照需求随时分解重组,不似清军的野战炮那样笨重难移。从日方缴获清方火炮情况看,新式炮共763门,其中重型炮46门、轻型炮450门,均为西洋火炮;机关炮92门,速射炮16门,此外还有159门旧式炮,新式炮占比达79%。从甲午战争日军缴获清军枪械弹药明细④来看,除雷管枪、抬枪、火绳枪及冷兵器

---

① 《军机处录副奏折(光绪朝·军务类)》,《光绪二十一年闰五月十九日徐桐片》,中国第一历史档案馆藏。

② [美]鲍威尔:《中国军事力量的兴起(1895—1912)》,中华书局1978年版,第166页。

③ 李鸿章:《李文忠公全集·译署函稿》卷8,第10页。

④ [日]藤村道生:《日清战争》,上海译文出版社1981年版,第323页。宗泽亚:《清日战争》,世界图书出版公司2011年版,第504页。

之外,清军装备毛瑟、雷明顿、亨利、比堡迪、斯本瑟、温澈斯特、奥必尼、土乃德、恩费鲁、盖威尔、夏普斯、毛利、卡斯堡等 12 种,总计 10 344 杆,占比 88%,从数量上看毛瑟最多占 49%,其次雷明顿占 14%,再次为温彻斯特占 13%,再后面依次为毛利、亨利和比堡迪……

火炮如时人所评论的那样,"炮则有格林、阿姆斯特朗、克虏伯、田鸡炮、开花炮等种,枪则有新旧毛瑟、林明敦,并中国自制之快利枪,名色繁多,殆难指屈。夫枪炮一种有一种之弹药,即一种有一种之施放之法。弹药有误,则与枪炮格格不入,或大或小,或长或短,或松或紧,皆不适于用,则有器与无器等。中国海军兵轮所用之炮,如格林、克虏伯等,一艘必有数种,此炮指弹或误入他炮,则必不能开放;重新取易,愈觉劳费,迟误稽延,多由于此。陆营兵士常持毛瑟,或持林明敦,或持快利等枪,临阵往往有枪与弹不合之弊。盖由常兵入伍者多系椎野粗鲁之夫,不能一一辨认;间有一二老于兵者,虽有认识,而仓促时或信手误携,贻害匪浅。况种类繁多,即营官、哨弁尚有不能尽识者哉"。

早在 1899 年,张之洞就一再呼吁,建议枪械口径改小,掀起了全国的口径大讨论。但各制造局以种种借口拖延,并未真正实行。1902 年,张之洞奏定新制快枪口径七密厘五,不久后,张之洞发现口径越小子弹击力愈强,分量越轻,利于行军打仗。1903 年,张之洞又一次提出口径问题,要求改枪械口径为六密厘五,由于最新式快枪中,日本最优,德国次之,但德国枪零件少,日本枪零件多,由江南厂兼取二者之长进行仿造。"此后鄂厂制枪亦拟改从此式,将来他省如另建机厂制造快枪者,口径亦宜照办,以归一律。"①至于陆军快炮,则分两种,一为平原地区使用的七生半口径炮,身长二十倍口径,六马牵拉;一为山地狭窄地区使用七生半口径,身长十四倍口径,登山马驮,平地人拉。长江内地炮位及防守沿海台炮、船炮口径也定为两种,一种十二生口径,身长三十倍至四十倍,一种十五生口径,身长三十倍至四十倍。1903 年 2 月 19 日,两江总督张之洞会同直隶总督袁世凯上奏,论述军械划一的重要性。"中国从前军营所用火枪,种类纷杂,最为大病。不独一省之中此军与彼军异器,甚至一军之中此营与彼营亦复异器,以致药弹不能通用,一种弹缺,即一种枪废。且行军匆遽之时,配发子药,偶有歧异,虽有利器,俨同徒手,失其所资,临敌安有不溃。"②军械划一应该首先从国内军工厂开始,"至该局(上海制造局)所有机器,七年以前(1896 年)所造系林明敦枪,乃外洋陈旧不用之式,两年以前(1901 年)所造系快利枪,乃沪局臆造之式,亦不适用,故枪

---

① 中国史学会编:《中国近代史资料丛刊·洋务运动》第 1 册,上海书店出版社 2000 年版,第 100—110 页。

② 中国史学会编:《中国近代史资料丛刊·洋务运动》第 4 册,上海书店出版社 2000 年版,第 96 页。

机新旧凑配,出数无多,炮机亦未完备,岁糜巨款,实为可惜。必须加以改革,生产更多精利军械,方能御侮自强。遵经屡次互较,直至上年(1902年)始经该局定议,沪厂仿照鄂厂一律改造小口径新毛瑟快枪"。①不过,"惟沪厂机器不能全备,必须兼以人工锉磨,并非全系机器所成,故费工多而出枪少。近来陆续添机,渐次整顿,每日仍只能出枪七枝,一年只能出枪二千余枝,既不合算,且于武备大局无裨。其炮厂所造车炮,亦不尽适用"。②改革上海机器制造局,必须抛弃这些旧式机器。因为新式枪炮机器生产能力较强,每年能造快枪5万支,大台炮10尊,七生半口径快炮200尊。庶数年之后足以应各省之取求,而归于划一,即各国军械不来,亦可无虑。张之洞等人从统一枪械制式需要出发,要求上海机器制造局停造式样陈旧枪弹及实心炮弹,枪支除小口径毛瑟外全部停造,杂项炮弹药则限数减造。江鄂两厂新造必须制式划一,"应请旨敕下各省督抚及统兵大员,以后需用快枪,均向江鄂两厂备价购取,不得再向外洋采办杂枪,用昭划一"。③奏折要求江南厂制造六密厘五口径枪一种,待新厂成立后,快枪快炮专造七生五口径一种,其余杂项枪弹永远停造,以彻底实现制式划一。1905年,日本率先采用了6.5毫米三八式步枪,理由之一就是小子弹后坐力小,更符合东亚人的体格。同年,清廷虽专门颁布陆军枪炮口径划一办法,然而,大量早已配发使用的武器装备很难在短期内更换统一。1906年,军政司认为由于各省军营器械糅杂,骤难划一,应由各地筹款,咨请练兵处核定式样,以备更换。军政司的方案却没有得到总理练兵处的认同,惟中国各厂制造军械不敷本国军队之用,故不得不向各国购置。而各国之枪炮其名称、种类既属纷歧,良窳精粗又多不一,各省购办往往漫不加考,即一镇之中所用器械每不能一律精良。无论一遇战事,各军枪械纷歧,子弹难期接济。即平日巡防弹压亦恐不足以震慑。且奏定章程将来新军编成,遇有征调,无论何处兵队均可编配成军。倘器械不能划一,何以收随时编配之效。因此,总理练兵处要求各省购买外洋军械,必须事先将所购军械名称、种类等内容上报总理练兵处,待审核通过后方可购买。④练兵处没有采纳张之洞枪械口径六密厘五的建议,而是将清军所用步枪口径定为六密厘八,枪筒长115倍口径,子弹出口速率650密达以上,作为军械外购的统一标准。⑤1906年,黑龙江购买日本三十年式步

---

① 魏允恭:《江南制造局记》卷2,文海出版社1973年版,第45—54页。

② 同上书,第46页。

③ 中国史学会编:《中国近代史资料丛刊·洋务运动》第1册,上海书店出版社2000年版,第91—97页。

④ 《光绪三十二年六月三十日总理练兵处电咨各省将军督抚都统》,兵部陆军部档案全宗,第一历史档案馆藏。

⑤ 《光绪三十二年十一月总理练兵处就奏贵省修改机器局事电云南丁制台》,兵部陆军部档案全宗,第一历史档案馆藏。

枪等军械弹药,因其型制不符合军械划一要求而被陆军部拒绝。黑龙江方面提出,该省订购此批枪弹是在练兵处未定新章之时,应予批准。清廷只能允许购买,"应姑准照办,嗣后各省购买军械应先行咨部核准再行订购"。①1909 年 8 月 30 日,陆军部尚书铁良奏在长辛店试验克虏伯七生五火炮情况,包括二十八倍、二十九倍、三十倍、三十一倍口径样炮,认为二十九倍身长炮最为合用。请改订陆路快炮式样,并订购克虏伯炮一镇九队五十四尊,以供练习。又拟购克虏伯炮六尊,发各局厂仿造。②军械划一随意性太大,执行更不严格。1911 年 1 月 13 日,朱恩绂奏整顿制造局办法折,"画一军械制式",建议黄河以北用七生五陆路炮,大江以南用七生五过山炮,云贵川藏用五生七炮,将全国局厂归并为东西南北中五厂,按式制造。③

外购武器由于来源不同很难整齐划一,就算国内军工厂,照常理最应划一的部分却也做不到。枪弹种类繁多,仅江南制造局所造炮弹规格就多达 125 个品种。这种生产方式与西洋规模生产线式流水作业完全不同,"就原机陆续凑配,从权改用,其大小有不合者,则兼以人工锉磨……以致所出之械,一经逐件拆卸,厚薄宽窄互有参差,彼此不能调换"④。江南制造局仿制的枪炮来自英、法、美、德、奥等国,由于各国武器制式不同,造成所仿制的枪械种类繁多,尺寸不一。

军械外购之制式划一在很大程度上受军贸经费的影响。在相当长时期内,清陆军主要采购克虏伯火炮,导致该炮位价格高居不下,经费自筹的各地督抚较难承受,时常转向其他产品,地方政府在奏请陆军部时总强调该炮种符合划一要求,陆军部往往无奈批复。⑤1909 年,江苏新军购买德国毛瑟步枪,但该军还在配备日本产步枪,不符军械划一要求。陆军部予以拒绝,江苏地方则强调经费支绌,购办德枪实属无奈,一旦筹到实在之款,一律改购日本枪。清廷只好给予批准。直到 1911 年 2 月陆军大臣荫昌,常备军将领寿勋、吴禄祯等上奏军事条陈折,指出"溯光绪二十九年奉旨设立练兵处,创练新军已将十年,而限于财力,掣于群议,以致筹备计划未尽实行……枪炮不能划一,子弹无法补充……故一遇事会,即施其恫吓惯技"。⑥

---

① 《光绪三十二年十二月查核奉省购买新式洋枪应姑准照办咨覆查照事》,兵部陆军部档案全宗,第一历史档案馆藏。

② [德]乔伟、李喜所、刘晓琴:《德国克虏伯与中国的近代化》,天津古籍出版社 2001 年版,第 357 页。

③ 同上书,第 358 页。

④ 《中国近代史资料丛刊·洋务运动》第 4 册,上海书店出版社 2000 年版,第 177—178 页。

⑤ 《宣统二年七月、八月黑龙江巡抚电》,兵部陆军部档案全宗,第一历史档案馆藏。

⑥ 李守孔:《中国近百余年大事述评》第二册,台湾学生书局 1997 年版,第 1092 页。

江南制造局枪弹诸元①

枪 名	口 径	药膛径(厘)	弹 名	口径(丝)
林明敦边针抬枪	5分	743	智利	280
林明敦中针枪	3分5厘	577	比利	313
林明敦边针枪	4分1厘	572	曼利夏	313
黎意步枪	3分5厘	519	哈乞开斯	458
快利连珠步枪	3分5厘	494	快利	308
毛瑟步枪	3分5厘	316	老毛瑟	316
毛瑟快枪	3分5厘6毫	470	新毛瑟	437

作为中国最大军火企业的江南制造局,其向全国各地进行军火调拨,却存在很大的盲目性。这常使各种规格不同的装备几乎被平均分摊到各使用单位,造成装备混杂。以 1877 年至 1903 年江南制造局向南洋筹防局所调拨军火为例②,一个筹防局在 26 年间就接受了 150 个枪炮品种,加之各单位争相从外洋进口各国不同规格的军火,愈发使清军的装备杂乱无章。甲午战后,胡燏棻曾指出,"同属一军,而此营与彼营之器不同,前膛后膛,但期备数,德制奥制,并做一家";"湘楚各军,尚有以大旗刀矛为战具者"。③

品 名	总 数	种 类	占该局生产种类比例
枪	40 799 杆	19	100%
子弹	3 376 万粒	21	300%
火炮	418 尊	33	97.1%
炮弹	657 959 颗	77	61.6%
备注	子弹种类超过生产种类,系该局向外洋订购子弹以济军需所致		

虽然清政府在军械外购中推行统一制式,但实际上当时统一制式的可行性并不充分。一是国内军工厂产量有限。编练新军对新式武器需求较多,虽上海机器厂所造枪炮式样较旧,但"本省军械取给于沪局者居多,北洋亦时有调取饬造之件,他省亦间有索取者。……况值东方有事,需用或较平日为多,新局未成,所有枪炮弹药等厂,只可暂留以应急需"。④张之洞等人面对上海机器制造局的现实困

---

① 军事历史研究会编:《兵家史苑》第二辑,军事科学出版社 1990 年版,第 274—275 页。

② 魏允恭:《江南制造局记》卷 5,文海出版社 1973 年版,征缮表。

③ 刘晋秋、刘悦:《李鸿章的军事顾问汉纳根传》,文汇出版社 2011 年版,第 171 页。

④ 《张文襄公全集》(卷 62),奏议(六十二),北平开雕楚学精庐藏板 1877 年版,第 21 页。

难,退而求其次,惟新厂之告成尚早,不能不酌量应付,暂作支持。然虽不能全行停办,必当渐次停造、减造。二是停造原有制式弹药将使现用枪械因无法补给而成为废品。沪局所产小口径毛瑟、杂项枪弹及一些炮位子弹,主要供应于各省现用枪械。如即刻停造,要么向外洋订购枪弹,要么废弃不用。三是国内所产枪炮质量较低。袁世凯曾购置一批鄂厂所产枪炮,但考究未精,尚欠坚利,亦未足制胜之具。袁世凯强调北洋创练新军为自强之基,营制操法均应一律,器械自未便稍涉迁就,致误事机,所以北洋向外洋"购备军火,实为刻不容缓之图"①。四是新式枪炮价值过高,专用子药国内无制,需要大量经费购置,不但内地各省无此饷力,即沿海设防各省力量亦多不及。五是新旧装备过于混乱,没有从整体上统筹全国军队的装备更换工作。中法战争期间,部分一线战斗部队装备水平较高,甚至局部强于法军。广东广西一带仍有不少清军以旧式武器为主,装备水平低于民变组织。"该匪据险扼守,枪发如雨并用大炮夹击,我军伏地以进相持至天明,贼殊死战,枪声愈密,黄镇等激励将士向四面扑登,环攻至午,大破匪栅阵。……游匪飘忽无常,其器械精良,技勇娴熟,胜于土匪者十倍,良由昔年充勇丁行军战阵。"②甲午战争时期也是如此,既有先进的连发枪、格连炮,也有落后的早该淘汰的鸟枪、绳枪等旧式武器,同一部队有几代武器,不同部队装备也有很大不同。据日本参谋本部掌握,甲午战争时清朝陆军仍有 2/5 的士兵使用弓箭大刀、长矛。③"同属一军,而此营与彼营之器不同,前膛后膛,但期备数,德制奥制,并作一家,攻守之法,又沿旧习,湘楚各军,尚有以大旗刀矛为战具者。"1905 年,广东报告兵部的军器清册中还有清康熙朝所造大炮,道光朝和乾隆朝所造为数更多。④1905 年 4 月,兵部尚书长庚等为考验北洋陆军情形事奏,北洋陆军三镇分驻永平府之迁安县、天津府之马厂、保定府,迁安陆军军械均购自日本;马厂陆军军械中,过山炮系宁、鄂两厂所造,口径为五生七,陆路炮系英、德厂所造,口径均七生五;保定陆军军械陆路轻炮、陆路重炮、过山炮、管退炮均属德厂所造,口径七生五。⑤仅北洋三镇的武器就有来自外洋日、英、德三国及宁、鄂两厂,战时必然因弹药口径不一,影响作战效率。直到 1906 年,直隶的清军仍然使用日本明治式三十

①　天津图书馆、天津社科院历史出版社研究所编:《袁世凯奏议》,天津古籍出版社 1987 年版,第 900 页。

②　《? 致? 函》,盛宣怀全宗档案 045144-4,上海图书馆藏。

③　孙洪波:《军事对比:中日甲午陆战清军败因探略》,《社会科学辑刊》1999 年第 1 期。

④　《广东光绪二十七年陆路提标军用品清册》,《兵部陆军部档案全宗》,中国第一历史档案馆藏。

⑤　[德]乔伟、李喜所、刘晓琴:《德国克虏伯与中国的近代化》,天津古籍出版社 2001 年版,第 354 页。

年步枪,或七九口径毛瑟来复枪及卡宾枪。造成这种现象的部分原因是许多督抚认为,对付国内民变,前门枪炮即足敷用,且前门子弹可自己生产,费用较少。面临外敌时,则非最精之后膛枪不足以制胜,必须预为购备统筹。

清政府主要向英、德、美、法、日、普等国购买大量的军舰,购买的对象并不固定,而且也没有固定的长期供应或修补契约的存在,至于格式、排水吨位,也无固定的型号,完全由几位并不一定懂海军舰艇的朝廷大员决定。

甲午战争前及战中清政府外购西洋舰船统计①

种 类	数 量
轮船	1艘
兵船	7艘
炮艇船	13艘
巡洋舰	8艘
单雷艇	4艘
鱼雷艇	21艘
铁甲舰	3艘
出海鱼雷大快艇	1艘
练船	1艘
驱逐舰	1艘
总 计	10种,60艘,依相关资料统计北洋、南洋、福建、广东四部分海军外购舰船总数为70艘

---

① 包遵彭:《中国海军史》,中华丛书编委会1970年版,第589—592页。《李文忠公全书·奏稿》卷37第32—33页;卷65第12—25页。《洋务运动》(三),上海人民出版社2014年版,第39—49页。梁义群:《近代中国的财政与军事》,国防大学出版社2005年版,第161、164—165、176页。陈悦:《北洋海军舰船志》,山东画报出版社2009年版,第10—17页。马幼垣:《靖海澄疆——中国近代海军史新诠》,联经出版社2009年版,第343、349—351页。《海防档》购买船炮,第2册,台湾近代史研究所1957年版,第706—708页。

第六章 晚清华洋军品贸易与中国军事近代化进程

对于军事技术远远落后于世界先进水平的近代中国来说，派员出洋学习军工制造技术、引进西洋机器设备，初步构建本国的军事工业体系，不仅是可取的而且也是非常必要的，有利于在较短时间内缩小同先进国家在技术发展上的差距。华洋军品贸易是清政府军事自强的重要方式，是清军走向近代化的重要步骤。近代华洋军品贸易在很大程度上促进了中国军事近代化进程，直接引发了清军武器装备的跨越式更新，为清政府培养了一批具有现代军事才能的专业人才队伍，促进了晚清的军事变革，尤其是清政府军工产业的发展。中国近代军队武器装备的改进主要通过购买和仿制两种途径。鸦片战争中，林则徐就主张购买和建造西洋武器装备，并采取了实质性行动。晚清军工建设是军工近代化建设的开端，它在历史上所起的作用是不能抹杀和低估的。一方面，这使清军武器装备得到了极大改善，提高了战斗力，反侵略的能力有所增强。另一方面，也不能忽视大量进口武器所带来的消极影响，武器更新过快造成大量资金浪费，交易中上当受骗，军械不统一给训练、作战和后勤保障带来严重困难；军品贸易在政治、经济、军事上受到外国控制，损害了国家主权。种种迹象表明，半封建半殖民地的近代中国，在列强的打压下，是不可能有独立自主的政府对外军品采购的，没有独立的国家主权和强大的国力支持，近代中国的外洋军品贸易必定是不平等的交易，必然会处处受制于人。与此同时，少数人对军品贸易与军事变革的关系认识更深刻一些。1862 年 6 月 3 日，曾国藩在日记中写道："欲求自强之道，总以修政事、求贤才为急务；以学作炸炮，学造轮舟等具为下手工夫。"①甲午战后梁启超发出感慨，"西人之所强者兵，所以强者不在兵。"②武

---

① 《曾国藩全集》(第 17 册)，岳麓书社 2011 年版，第 289 页。

② 梁启超：《变法通议》，《饮冰室文集之一》，江苏广陵古籍刻印社 1990 年版，第 68 页。

器装备的单骑突进无法与滞后的政治社会结构相协调,难以成就真正整体的军事近代化。

一、 军品贸易全面加速了中国军事近代化进程

现代兵器用于作战之后,军队编制体制开始有了悄然的变化。正如马克思所说:"随着新作战工具即射击火器的发明,军队的整个内部组织就必然改变了,各个人借以组成军队并能作为军队行动的那些关系就改变了,各个军队相互间的关系也发生了变化。"[①]19 世纪中叶以后,由于引进和仿制的欧美枪炮舰船开始装备陆海军,于是清军编制装备的结构便逐渐向现代化演变。通过军品贸易,购买西洋新式武器,仿制洋枪洋炮,大大加速了军事现代化进程,也为清政府培养具备现代军事才能的专业群体创造了条件,更直接促进了军制的改革、军事工业的发展。1894 年甲午战争时,正是因为有了近代化装备,中国才同日本展开史称"世界史上第一次蒸汽机舰队的海战"——黄海大海战,并重创日本海军 5 艘主力战舰,粉碎日本聚歼清舰于黄海的狂妄计划。到 1898 年武卫军建成时,清军主力已基本成为初步近代化的合成军队。

(一)形成全新的军品供应方式

鸦片战争以前,清军军械供应主要来自工部和各省,第二次鸦片战争之后,一些督抚重臣认识到外洋军械靠不住,特别担心战时禁运,呼吁加强国内自造。1874 年日本侵台事件发生后,左宗棠上奏谈到福建船政所造之船炮,"船中枪炮概系购配外洋所用,又有多寡利钝之分。所以夷衅一开,皆谓水战不足恃也。……敌人纵横海上,不加痛创则彼逸我劳,彼省我费,难为持久;欲加痛创则船炮不逮。况现今守口之炮,率购自外洋,子弹火药形式杂出,各炮各弹。南北洋虽能酌补,而炮身、枪管久必损缺。各国既守公法,一概停卖;将来由杂而少,由少而无,诚有不堪设想者"。[②]随着军工厂局的次第开办,在洋匠的指导和帮带下,中国人仿造出了一大批时新的枪炮。一直到辛亥革命前夕,包括军械外购、国内自造在内的全球供应模式成为清军武器装备建设的全新特点。国内外军品种类主要包括机器物料、火炮、枪械、弹药、舰船等。

---

① 马克思:《雇佣劳动与资本》,《马克思恩格斯选集》第 1 卷,人民出版社 2012 年版,第 340 页。

② 秦翰才:《左宗棠全传》2010 年未刊本,复旦大学图书馆藏,第 217 页。

1864—1874 年中国对外贸易进口数值①

单位：两银

年　份	进口额
1864	46 210 431
1865	55 715 458
1866	67 174 481
1867	62 459 226
1868	63 281 804
1869	67 108 533
1870	63 693 268
1871	70 103 077
1872	67 317 049
1873	66 637 209
1874	64 360 846

机器物料类：清廷军工生产所用机器物料，始自上海机器局的开设，购自美国的成套机器，后续又采购大批英德制造枪炮所用机器物料。福州船政局造船机器物料则主要采购自英法两国。1897 年，山东省加强军工企业的建设，置办机器，"申江某洋行，现与华官立有合约，承办军装局机器。此因山东济南府现议新设枪炮局，所有机器定议由英国列士沃士处购买，故立此合同，闻是局约须经费银三十万两，方能开办，将来局中所制，以抬枪及毛瑟枪为主云，或曰抬枪一物，笨钝不灵，故欧美各强国，虽精心讲究利器，而于抬枪绝无所取焉"。②1897 年，"依将军奏购德国小口径马鲁吉你步兵枪，二千一百八十支，并此枪所用无烟药弹一百万粒，又小口径魔节鲁单发步兵枪五千支，无烟药弹四十万粒，又大辽河、浑河、大资河各处应用巡缉小轮船一二艘，亦已一齐购到矣"。③

火炮类：当时火炮的种类主要是开花钢炮、十二磅至六十八磅之圆弹钢铁炸炮、生铁轻铜田鸡炮（即迫击炮）、英国乌理治厂钢膛铁箍前门来福长弹大炮、英国阿姆斯特朗式四十磅大快炮、德国克房伯快炮、德国普鲁士后膛螺丝大炮等。

---

① 杨端六等编：《六十五年来中国对外贸易统计》，民国国立中央研究院社会科学研究所1931 年刊本；[美]刘广京：《英美航运势力在华的竞争》，上海社会科学院出版社 1988 年版，第223 页。

② 《东省购办机器》，《集成报》1897 年第 5 号。上海图书馆藏电子文献。

③ 《依将军奏办军装》，《集成报》1897 年第 5 号。上海图书馆藏电子文献。

旅顺炮台火炮配置情况(1884—1889 年)①

名 称	炮种及数量	配置年份
黄金山炮台东岸	24 生的炮 3 尊	1884
	12 生的炮 5 尊	
	12 磅护墙炮 8 尊	
老驴嘴炮台东岸	24 生的 35 倍口径长炮 3 尊	1885
	12 生的 25 倍口径长炮 6 尊	
	8 生的小炮 4 尊	
老虎尾炮台西岸	12 生的 35 倍口径长炮 2 尊	1884
威远炮台西岸	15 生的 35 倍口径长炮 2 尊	1884
蛮子营炮台西岸	15 生的 35 倍口径长炮 4 尊	1884
	12 磅护墙炮 4 尊	
母猪礁炮台东岸	24 生的 35 倍口径长炮 2 尊	1885
	15 生的 35 倍口径长炮 2 尊	
	8 生的边炮 4 尊	
馒头山炮台西岸	24 生的 25 倍口径长炮 3 尊	1885
	15 生的 25 倍口径长炮 4 尊	
田鸡土炮台东岸	15 生的后膛田鸡炮 6 尊	1885

　　1888 年 11 月,随着军品贸易程度的不断加深,清政府与克虏伯厂的关系更趋紧密,信义洋行致函盛宣怀,"以后山东应用各炮均向克虏卜厂购办,所有承办各件与计银四十余万两"。②李鸿章 1896 年游历欧洲各国时,在汉纳根、德璀琳的陪同下参观了德国的来复枪厂,声言"回国后必向贵厂购取一切利械也"③。李鸿章归国后专奏为克虏伯厂请赏,"奏准赏给德国克虏伯厂主参政议院绅士克虏伯二等第一宝星"。④1910 年 9 月,天津信义洋行总经理英霍德致函陆军部,请清政府考校克虏伯各口径陆路炮样,"敝行在华经售克炮以来蔚历三十年之久,甲午以来历蒙各大宪考察军火,惟克厂为最精,故派员专令在敝行购办各件,为数极巨。克厂以历年中国各省购件既多,备加考察,殚精竭虑,随时改良,力求精美,务按中国之道路、马力、天气等各项情形,非不合式,且又频年常派精于炮理洋员来华亲

　　① 王家俭:《中国近代海军史论集》,文史哲出版社 1984 年版,第 116 页。
　　② 《信义洋行致盛宣怀函》,盛宣怀全宗档案 033309,上海图书馆藏。
　　③ 蔡尔康、林乐知:《李鸿章历聘欧美记》,岳麓书社 1986 年版,第 65 页。
　　④ 《李鸿章请赏克虏伯宝星文》,盛宣怀全宗档案 108350,上海图书馆藏。

历各省考察详情,盖不徒为该厂牟利,计实于贵国深有感情,极愿军政日臻优胜,是以不惮烦落,竭其智虑,备勤考验,以期彼此有益"①。

1889 年李鸿章代天津军械总局向天津信义洋行满德购买克虏伯大炮清单②

种 类	口径 (密里 迈当)	炮长 (密里 迈当)	膛长 (密里 迈当)	重 (启罗)	厂单价 (马克)
二十八生的三十五倍口径炮听用新式后膛长钢炮二尊	每口径 280	炮长 9 800	膛长 8 960	炮管连后门闩等重 36 345	168 000
炮台中柱转轮架二全副				45 400	54 050
零星物件两全副				296	2 010
二十八生的十二倍口径炮台用新式短重后膛好一则钢炮六尊	口径 280	3 440	2 800	10 860	53 000
炮台中柱转轮架六全副				34 500	40 900
零星物件六全副				130	1 220
二倍八长钢弹三百颗	每颗重 251.2				每颗 558
三倍半长钢弹二百颗	341.2				760
二倍八长钢子母炸弹三百颗	252.45				442
四倍长生铁开花弹六百颗	333.5				148
二十四生的三十五倍口径炮台用新式后膛长钢炮十尊	口径 240	8 400	7 680	20 970	95 500
炮台中柱转轮架十全副				33 351	40 100
零星物件十全副				204	1 210
三倍半长钢弹五百颗	210.4				40 073
四倍长生铁开花弹五百颗	208.1				99
二十一生的三十五倍口径炮台用新式后膛长钢炮八尊	口径 209.3	7 330	6 720	13 593	62 000

① 《兵部档》1251 号军实类,械具制拨"信义礼和洋行信函",中国第一历史档案馆藏。

② 《满德与天津海防军械总局合同》,盛宣怀全宗档案 040406,上海图书馆藏。

种 类	口径 （密里 迈当）	炮长 （密里 迈当）	膛长 （密里 迈当）	重 （启罗）	厂单价 （马克）
炮台中柱转轮架八全副				28 200	31 750
零星物件八全副				136	1 090
三倍半长钢弹四百颗	138.4				308
四倍长生铁开花弹四百颗	135				65
十五生的三十五倍口径炮台用新式后膛长钢炮十尊	口径 149.1	5 220	4 800	4 813	33 100
炮台中柱转轮架十全副				20 000	62 850
零星物件十全副				71	575
三倍半长钢弹五百颗	50.22				118
四倍长生铁开花弹五百颗	49.4				29.5
十二生的三十五倍口径炮台用新式后膛长钢炮四尊	口径 120	4 200	3 875	2 316	13 800
炮台中柱转轮架四全副				8 700	14 900
零星物件四全副				28	250
三倍半长钢弹二百颗	25.6				60.5
四倍长生铁开花弹二百颗	25.2				17.3
备 注	以上炮位子弹等件统计四百七十九万二千六百二十马克,除扣厂价十一万九千八百十五马克五十分外,实正价四百六十七万二千八百零四马克五十分。议定自立合同之日起先付定银二十三万六千四百零二马克二十五分,俟十六年三月间再付二十三万六千四百零二马克二十五分,其余四百二十万马克俟在外洋开船运华之日付给一半仍余一半俟该炮到华交收后付清。议定以上所定各炮计价四百六十七万二千八百零四马克五十分,查克虏伯厂向售中国炮件有按厂价每百马克扣除五马克办结。……议定水脚保险来往川资电报上下车船驳力等费按厂价二十分算核……限于中国光绪二十年四月间运到交收口岸,如逾期不到将所付定银按逾期月份照认利息,如有第三代物价核扣价值,即由该代办人补足再行补领,扣除期限六个月				

1894 年 10 月 14 日信义洋行满德呈报盛宣怀陆路各快炮价值清单①

种　类	参　数	规　格	价格（磅）
哈乞开斯陆路快炮 12 尊	六磅五十七密里口径	重 605 斤，带各种 子弹 7 200 颗	13 443
哈乞开斯陆路快炮 24 尊	三磅四十七密里口径	重 378 斤，带各种 子弹 19 200 颗	26 550
备　注	以上两种价值行用运保费在外，约三个半月可到华		

　　枪械类：晚清装备的枪械种类主要有步枪、连发枪、机关枪等种类。步枪包括：前膛步枪马枪、老毛瑟前膛枪、美式林明敦（Remington）式后膛枪。连发枪包括：美式温彻斯特（又名云啫士得，Winchester Repeating Rifle）连发枪、德式毛瑟（Mauser）枪、奥式曼利夏（Manliecher）枪、法式列伯（Lebel）枪。机关枪包括：美式加提林轮回炮（Gatling Gun）、美式诺敦飞排炮（Nordenfepe Gun）、英式马克沁机关枪（Sir Hiram Maxim）等。1891 年 12 月，福建善后局向信义洋行购买毛瑟枪，"真正德国家自造毛瑟步枪四千杆，每杆规银六两五钱，共计规钱二万六千两，每杆配子五百颗，计二百为颗，每千九两五钱，合计银一万九千两，二共四万五千两，言明限至光绪十九年二月底包运马尾交卸后付清价值，倘非真正毛瑟及以旧充新，运闽呈验后自甘退还不收以上，并未领过定银恐后无凭，立此华洋文合同三纸，以华文为准，进口准单禀请善后局给发"。②1892 年 1 月 14 日，宁波购买洋枪，"宁波府宗守托购毛瑟枪一千杆，自来子三十万颗，业由军械所机器局分别办齐，饬由敝道委员转解。……前项洋枪五十六箱自来子三百箱业于九月初九日由海定轮船运沪，即远沇日由江天轮船转运宁波交纳，所有自津至宁水脚共银一百万十九两二钱五分"。③1893 年 9 月，信义洋行夏克致函盛宣怀，呈报东海关购买毛瑟枪弹，"东海关道李收到德国毛瑟枪 207 箱，每箱 24 杆，内有一箱 22 杆；毛瑟枪子 500 箱，每箱 2 000 颗，共枪 4 966 杆，枪子 100 万颗"。④"应运烟台毛瑟枪五千枝，子弹一百万颗，沪行派洋人罗先苞押运至烟交收于八月初四日，陈报在案，除前次呈大人处八枝作样外，尚须交烟四千九百九十二枝，今该洋人函称已交四千九百六十六枝，所有东海关道收条抄呈，宪核至短交之枪因运烟时风浪甚大，内有一箱为水所湿，现修磨一切俟完善后再当补交。"⑤

　　外购军火的早期，包括佩带、修理工具等所有配件都需要向外洋订购。如上

①　《哈乞开斯陆路各快炮价值清单》，盛宣怀全宗档案 089001-1、089001-2，上海图书馆藏。

②　《福建善后局委办德制毛瑟步枪合同》，盛宣怀全宗档案 066781，上海图书馆藏。

③　《轮船招商局咨盛宣怀文》，盛宣怀全宗档案 040563，上海图书馆藏。

④　《东海关开具毛瑟枪收条》，盛宣怀全宗档案 040589-2，上海图书馆藏。

⑤　《夏克致盛宣怀函》，盛宣怀全宗档案 040589-1，上海图书馆藏。

海瑞生洋行曾向盛宣怀呈递军火价目,"真毛塞兵枪每枝价十七两五钱,弹子每千粒价十七两,背枪皮带每条价一钱六分,螺丝起子每个价一钱,枪刷每个价一钱"。①到了甲午战争时期,部分西洋枪械之附属品已由国内生产,只须外购枪械与国内自产附件搭配使用。1894 年 9 月 25 日,盛宣怀购买美国快枪,"订购美国哈乞开斯六响快枪,每杆连刀头计美洋九元半,续订连佩带子盒刀套运费保险每杆共价洋十元八角,每元合行平银一两三钱八分五厘,共合银十四两九钱五分八厘,并无错误,洋商连纳拟系十八元恐或误以美洋为英洋耳"。②11 月,天津军械局顾元爵致函盛宣怀,"毛瑟佩带一千二百付,早经制齐,葆田尚未来领,兹将拨单送上。……代办毛瑟兵枪用皮佩带一千二百副,每副价银一两六钱六分,计湘平银一千九百九十六两,每副计背枪皮带一根、皮腰带一根铜扣全、皮刀插一个、装子皮盒二个。……附承揽合同:八月二十四日,工人宋德恩揽到军械总局定造毛瑟枪用皮佩带一千副……言明每付工料价湘平化宝银一两六钱六分,共湘平化宝银一千六百六十两正,分批呈交,限至九月二十二日交齐,如有皮薄或针线不密所染之色脱落等弊,与原样不符,听凭挑换,如届期不能交符或拐骗银钱,惟铺保是问,并该工人均照贻误工事究办。……一套价银一两六钱六分,共二百套合湘平化宝银三百三十两,定期十五天交活。……光绪二十年十月初五日六合人刘玉升"③。1911 年 8 月,北洋成立快胜枪炮擦油公司,还专门申请在正阳门附近正阳桥东北处设立厂房。④

沈能虎曾致函盛宣怀,"汇丰津行汇沪规银票一纸,计十五万六千一百三十八两六钱一分,赴源丰顺行(德国商行)取其小口径毛瑟枪五千枝,并刀头皮带各五千件,无烟枪子五百万颗,一寸半口径马克沁快炮四尊,并炮架暨炮弹八千个,又自行小炮五十尊,并两轮轻车零件,又弹子十二万枚之提货栈单,一一收齐。当由作琴(陈作琴)、子硕(梁子硕)一一阅看,均已由斯壁士于各单内签名。持此栈单即可提货无误,即将汇票内除扣带行平化宝银二千两,以一零五五合规银二千一百十两付给,找清货价规银十五万四千零二十八两六钱一分,取斯壁士之弟,抚道尔夫洋文收条。亦由作琴阅看无误,即将栈单交子硕转交密尔登。明日将原存怡和栈房之炮件一百二十八箱转至商局北栈,将原存浦东茂生栈房之枪子炮弹共三千四百九十四箱,转至商局浦东东栈,其枪与皮带共二百十四箱,原存商局北栈,已面属密尔登分别发火,不发火即买保险,统俟一切办妥,另换商局提货栈单

① 《毛塞兵枪子弹各价价目清单》,盛宣怀档案 049817-2,上海图书馆藏,第 122—123 页。

② 《李兴锐、刘启彤致盛宣怀函》,盛宣怀全宗档案 089015,上海图书馆藏。

③ 《天津军械局顾元爵致盛宣怀函》,盛宣怀全宗档案 057296-1、057296-2、057296-3、057296-4,上海图书馆藏。

④ 《北洋快胜枪炮擦油公司建筑楼房方位图》,盛宣怀全宗档案 088611-3,上海图书馆藏。

收存,再妥叙案由禀报傅相、督县,部分咨津粮台并我公以为验收"。①盛宣怀档案中有中外武器的性能比较考核情况表,反映出外洋武器与国内军工厂所产武器之间的差距。其表明到宣统年间时,国内军工厂所产武器已与外洋同类武器性能差距大大缩小。②

各种武器射程清单

种　类	射程(弓)
小口径毛瑟快枪	1 280(约合 3.56 里远)
日本枪	930(约合 2.58 里远)
毛瑟枪	830(约合 2.31 里远)
哈乞开斯枪	750(约合 2.08 里远)
日本连簇十响枪	1 180(约合 3.28 里远)
沪造快利枪无烟子药	1 180(约合 3.28 里远)
沪造快利枪有烟子药	1 090(约合 3.03 里远)
金陵制造局后门进子药抬枪	1 150(约合 3.19 里远)
天津罗宗汉经手造前门进子药抬枪	1 150(约合 3.19 里远)
备　注	360 弓合 1 里

弹药类:从西洋进口的火药类包括黑色火药、棉花火药、栗色火药、无烟火药等。1886 年,法国人首先开始使用无烟火药。1889 年,田村经芳将十八年式改成发射 8×53 mm 无烟火药子弹,且使用枪管下方的管式弹仓供弹的武器,称之为二十二年式连发枪。1892 年 7 月盛宣怀致电兰州沈方伯,"大铜帽五百万颗,小铜帽二百万颗,购齐即寄新疆,转运军火委员萧令,现在何处乞示,以便交寄价目,尽可垫付再说"。8 月盛宣怀再次致电兰州,"大铜帽子五百万粒已向天津机局购拨,每万粒库平银八两,五百万粒共银四千两,俟委员到津即可发运,小铜帽此间不造,已讬洋行代购"。③

格鲁森陆路快炮并子弹等价值清单

种　类	参　数	规　格	价格(马克)
格鲁森陆路快炮	57 密里 30 倍口径长	连炮车架重 515 启罗合 851 斤,装满子弹重 1 502 启罗合 2 483 斤	15 110

---

① 王尔敏等:《盛宣怀实业朋僚函稿》,台湾近代史研究所 1997 年版,第 1234—1235 页。

② 《各种枪支射程清折》,盛宣怀全宗档案 033376,上海图书馆藏。

③ 《上游去电》,盛宣怀全宗档案 027180,上海图书馆藏。

续表

种　类	参　数	规　格	价格(马克)
格鲁森陆路快炮	圈开花子单价	各种子弹每重2启罗720格兰姆,合4.5斤	20.1
	寻常开花子单价		19
	群子单价		18.1
	子母弹单价		31.9
	子弹车每架		6 500
	37密里连炮车钢甲全	每点钟放40出,打7里远,2个人可拉走,6个月可交货	5 700
	寻常开花弹单价	用无烟火药	8
	群子弹单价		7
	运子箱单价		90
	运子箱默马鞍每付		360
	装子器具每付		1 000
	试口径器具每付		2 000
备　注	以上两种子弹价值火药均不在内		

舰船类:海军筹建初期,清廷主要向英国购买部分舰船,后来又向德国采购了大批军舰。来自不同国家的军舰当然会存在规格不统一的问题,外购对象不同,既有各国技术水平不同、售卖意愿不同,又有外交等因素。1875年,沈葆桢以日意格回国之便,派刘步蟾、林泰曾、魏瀚、陈兆翱、陈季同等随赴英法游历,并订办750匹马力铁胁船1艘,其轮机由英厂承办,铁胁由法厂承办,运归闽厂装配,命名为"威远"①。1879年,中国向外洋定造的新式水雷船由"轧令尔"船带至上海,其船式长而窄,"为中国从来所未有"②。1881年11月13日,清廷在英国定购巡洋快船"扬威""超勇"两舰驶抵上海,当天下午即开赴天津大沽。③1879年至1885年间所造舰船中有德国造的四千三百吨以上的装甲舰两只;德国装甲三桅战舰三艘;德国鱼雷艇五艘;英国钢制炮舰六艘;英国鱼雷艇一艘。1885年,为了平衡中国与英德两国的关系,向两国分别订制各两艘装甲快船,原本期望能够统一规格,然而英德双方都表示反对,指斥对方的弱点,形成僵局。最后清廷只好让

---

① 廖和永:《晚清自强运动军备问题之研究》,文史哲出版社1987年版,第82页。
② 相守荣等:《上海军事编年》,上海社会科学院出版社1992年版,第57页。
③ 同上书,第58页。

步,表示两国造船"制法既殊,得力亦异,不能强之合一……炮由克虏伯制,而炮架仍由英制"。①1885 年至 1886 年所造的舰船有德国装甲巡洋舰两艘;德国鱼雷艇九艘;二千三百吨英国巡洋舰两艘;英国鱼雷艇一艘。②1888 年 10 月,随着德国为中国订造的"经远""来远"两舰回华,李鸿章奏克虏伯厂主对于中国造炮事宜始终奋勉,请奖克虏伯厂主二品商务议员克虏伯二等第二宝星。是年年底阿尔弗雷德·克虏伯等人获得清政府赠予的勋章,以表彰其在建造"经远""来远"铁甲舰中的贡献。③1891 年 4 月 4 日,李鸿章请奖克虏伯厂各员:克虏伯厂制造总办克挚思三等第二宝星,照料炮械总兵福克尔二等第二宝星,克虏伯厂总办晏格二等第一宝星,以表彰他们为中国购造海防巨炮并传授制造栗色火药秘法中所作的贡献。④甲午战争期间,轮船招商局承担了为清军运送枪械弹药的大量任务,如战争期间,天津电报局黄建笁、梁绍芬致函盛宣怀,"洋枪五百杆由日新(轮船)装往山海关现已遵照办理,请纾垂厪,今晚已有勇百余名在本局面前登舟"。⑤为了防止被日军发现并阻拦,采取了临时更换船旗的方式,既表明轮船招商局与外洋之间的广泛联系,更凸显该局着眼民族存亡的大局意识。

甲午战争期间轮船招商局为承载军运任务换旗情况一览表⑥

换旗时间	换旗船只	代理者	所换旗号
1894 年 8 月初	江天	太古洋行	英国
1894 年 9 月初	普济	耶松船厂	英国
1894 年 9 月下旬	新丰、新济、海晏	信义洋行李德出面,满德代理	德国
1894 年 10—11 月初	新裕、丰顺、海定、美富	礼和洋行斯玛、连纳代理	德国
1894 年 10 月中下旬	海琛	信义洋行李德出面,满德代理	德国
1894 年 11 月中旬	致远、广利、富顺	蔚霞出面代理	英国

---

① 曾纪泽:《曾纪泽集》(文集卷 5),岳麓书社 2008 年版,第 205—206 页。

② [德]施丢尔克:《十九世纪的德国与中国》,生活·读书·新知三联书店 1963 年版,第 268 页。

③ [德]乔伟、李喜所、刘晓琴:《德国克虏伯与中国的近代化》,天津古籍出版社 2001 年版,第 340 页。

④ 同上书,第 343 页。

⑤ 《黄建笁、梁绍芬致盛宣怀函》,盛宣怀全宗档案 110660,上海图书馆藏。

⑥ 汪熙、陈绛编:《盛宣怀档案资料选辑之八·轮船招商局》,上海人民出版社 2002 年版,第 544、551、559、568—576、581—582、586—590 页;季晨:《盛宣怀与轮船招商局(1885—1902)》,华东师范大学 2012 年硕士学位论文,第 100—101 页。

换旗时间	换旗船只	代理者	所换旗号
1894 年 11 月底	广济、永清	信义洋行满德代理	奥国
1894 年 12 月	镇东、拱北、图南、利运	蔚霞出面代理	英国

（二）促进了军队体制编制改革

恩格斯曾经指出，"一旦技术上的进步可以用于军事目的并且已经用于军事目的，它们便立刻几乎强制地，而且往往是违反指挥官的意志而引起作战方式上的改变甚至变革"。①晚清士大夫们多认同"中国文武制度，事事远出西人之上，独火器万不能及"。然而，由于西洋武器的输入，旧的组织形式、指挥方法、作战技术已不适应实际需要。武器装备的更新必然反映到军队的体制编制，这是不以人的意志为转移的。1864 年 10 月 11 日，李鸿章致函御史陈廷经，"岛夷利器强兵，百倍中国，内则狎处辇毂之下，外则布满江海之间，实能持我短长，无以制其性命。盱衡当时兵将，靖内患或有余，御外侮则不足，若不及早自强，变易兵制，讲求军实，仍循数百年绿营相沿旧规，厝火积薪，可危之甚。……兵制关立国之根基、驭夷之枢纽，今昔情势不同，岂可狃于祖宗之成法。必须尽裁疲弱，厚给粮饷。废弃弓箭，专精火器。革去分汛，化散为整。选用能将，勤操苦练，然后绿营可恃。海口各项艇船、师船概行屏逐，仿立外国船厂，购求西人机器，先制夹板火轮，次及巨炮兵船，然后水路可恃。中土士夫，不深悉彼此强弱之故，一旦有变，曰吾能御夷而破敌，其谁信之。然目前小胜，谓贼不足平，夷亦不足火，其能自信耶。鸿章略知底蕴，每于总理衙门函中稍稍及之。朝廷即欲变计，亦恐部议有阻之者，时论有惑之者，各省疆吏有拘泥苟且而不敢信从者，天下事终不可为矣"。②1883 年盛宣怀上奏《筹办台湾海防刍议》，"绿营全属虚糜，莫如俱改练兵，一如勇制，以节饷需"。③1894 年 12 月，盛宣怀致函李鸿章中，有其练兵条议，对湘淮军的招募方式提出了新的改革建议。"一、募兵不宜拘地也。查从前楚军则专募楚人，淮军则专募淮人。创办之始则情意固易感乎，承平既久，习气亦易沾染。今日招募新军，似宜广为搜罗，不必拘于一地。……一、官弁宜详细挑选也。从前楚军、淮军招募成例，即以今日募兵之人为将来带兵之人。无论短额、减饷，种种弊窦从此而生，而且带楚军者必用楚人，带淮军者必用淮人，以致为兵择将，为将择地，事事掣肘，更调为难。今创办之初，急宜力除积习。……招募者只办招募之事，不必问所招之

---

① 《马克思恩格斯选集》第三卷，人民出版社 2012 年版，第 551 页。

② 李鸿章：《复陈察院》，《李鸿章全集》（卷 29），信函（一），安徽教育出版社 2008 年版，第 338—339 页。

③ 《筹办台湾海防刍议》，盛宣怀全宗档案 040407，上海图书馆藏。

兵为我带，为谁带。至将来统带营哨各官弁，分别等第。如习练工程者则带工程兵，习练步队者则带步队，习练马队、炮队者则带马队、炮队。此项人员，即于来华之洋员中及华员之练习德操者加意挑取。……今既仿照德操练兵，是不妨将步马炮队各制，一切改从德国章程。"①1902年赵尔巽任山西巡抚布政使时，曾为清廷上奏通筹本计十条，其中第八条是"安散勇以销乱萌"。具体内容为，"自削平粤捻以来募勇之效大著，然奏凯后陆续裁遣，会匪之祸从此萌芽，近如甲午庚子之役，各省皆有新募以饷力不继事定而汰之，什九不能复业，大则啸聚山谷攻掠郡邑，如粤边之匪是也，小则亡命川野剽夺商旅，如各省之盗是也。……欲去无用之勇必使还为有用之民方无弊，拟请此后勿轻招勇，招勇即预为散勇之计，勿轻裁勇，裁勇必预安散勇之身。除就地可以安插者，应竭力筹办毋令散而为匪外，其大者如各省营田若原任提督周盛波之督盛军开北塘稻田，现任陕西巡抚升允督兵开马厂田之类次。……工毕之后积资稍裕鼓舞还乡，既无须仰给大农又可以别招劲旅，似亦消患恤民之一端"。②

清朝陆军编制装备的更新始于曾国藩、李鸿章购买洋枪洋炮编练湘军和淮军。第一次陆军编制装备的更新是从19世纪60年代开始，到1895年甲午战争为止。从八旗、练营向防军、练军过渡；清军装备从冷兵器、火绳枪炮、击发枪和前装滑膛炮并用向后装线膛枪炮过渡。曾国藩的湘军军制，"凡立营，十人为队，八队为哨，队、哨有长，队有斯养，队十二人，其正制也。八队之械：一、五抬枪，二、四、六、八刀矛，三、七小枪。抬枪迟重则增二人。故百六人而成八队，统以哨长，哨百七人，置哨官领之。四哨为营，亲兵六队，队长、斯养如哨之制，队十二人。六队之械：一、三主炮，二、四、六皆刀矛，五为小枪，凡七十二人，不置哨长，合四哨四百二十八人，皆统于营官，故曰营五百人，而哨、营官不数"，"练马枪抬枪，必须打靶较准"③。抬枪射速慢，小枪射程近，劈山炮相当于威力较大的霰弹枪，火力输出只能在100米内形成有效杀伤，且火力连续性差。

对马枪和抬枪已非常注重使用和训练。接着，刘长佑继续管理练军，从编制上可以明显看出现代武器的影响，十人为队，八人为哨，分前哨、左哨、亲兵、右哨、后哨共五哨编制，每哨分八队，前、左、右、后哨所辖八队中，四队使用"火器"，原用抬枪或马枪，后来改用洋枪，四队使用刀矛；亲兵一哨则不同，"一队洋劈山炮四尊"，"三队洋开花炮四尊"，五队、七队使用"火器"，"现用抬枪或马枪，将来改用洋

---

① 《盛宣怀档案资料选辑之三·甲午中日战争》下，上海人民出版社1982年版，第371—372页。
② 《赵尔巽奏稿》，古籍类85689，上海图书馆藏，第8—9页。
③ 王闿运：《湘军志》，朝华出版社2018年版，第443—444页。

枪"，二队、四队、六队、八队使用刀矛。①淮军成立之初与练军稍有不同，只是一、三队全为劈山炮而已。后来则增加了洋枪队的编制，前、左、右、后哨所辖八队中，六队为"洋枪队"，两队为"劈山炮队"；亲兵一哨共有六队，四队为"洋枪队"，两队为"劈山炮队"，不再使用刀矛。②淮军在1862年4月到沪接仗，至9月已组成洋枪队千余人参战，李鸿章着手对营制进行调整，"以亲兵营使用劈山炮队拥护洋枪队作战"。郭松林部也有洋枪小队参战。③后来李鸿章所部各营水陆七万人，大部分改用洋枪，每营多则四百余杆，少则三百余杆。每营五百人，除伙勇以外几乎全用洋枪，劈山炮也逐渐减少，小枪、抬枪、刀矛则尽被淘汰。④到1864年5月，淮军已拥有六个营的开花炮队，包括刘秉璋部一营，刘铭传部一营，罗荣光部一营，刘玉龙部一营，余在榜部一营和袁九臬部一营，成为淮军中最具威力的西式炮队。使用的炮从开始的十二磅重弹子，一直到较先进的田鸡炮，到后来的克虏伯后膛钢炮，每炮正副车二辆，每车配马六匹，炮目骑一匹，共计十三匹。全营共骑马三十二匹，加上铁工车、伙食车，行李车七辆，计车十九辆，连骑带拖车之马共一百五十匹。此时的淮军，炮营完全独立，成为国内唯一劲旅。⑤湘军与淮军相比较，"湘军是锻炼体魄，和刀矛、马枪、抬枪、劈山炮等技能，以及三才，鸳鸯等阵法。而淮军则全改为西式，所采练手足，演枪炮各法，以及林操、行军、测绘、战阵，多不同于湘军"。⑥

第二次是自甲午战争到辛亥革命时期。清军编制从防军、练军向新式陆军过渡，武器也基本结束了冷兵器、火绳枪炮、击发枪和前装滑膛炮并用的状况，并装备了先进的后装线膛枪炮和管退炮，发射无烟火药枪弹。

湘淮军营营制对照表

军　种	一级营制	二级营制	具体队别	配属武器
1856年曾国藩湘军	前哨、后哨、左哨、右哨	八队	一、五队	抬枪
			三、七队	小枪
			二、四、六、八	刀矛
	亲兵	六队	一、三	劈山炮
			五	小枪
			二、四、六	刀矛

① 廖和永：《晚清自强运动军备问题之研究》，文史哲出版社1987年版，第131—134页。
② 同上书，第142—144页。
③ 王尔敏：《淮军志》，中华书局1987年版，第93页。
④ 尹洪兰：《近代中国武术的转型研究》，东北大学出版社2016年版，第18页。
⑤ 王尔敏：《淮军志》，中华书局1987年版，第94页。
⑥ 廖和永：《晚清自强运动军备问题之研究》，文史哲出版社1987年版，第146页。王闿运等：《湘军志、湘军志评议、续湘军志》，岳麓书社1983年版，第158—163页。

续表

军　种	一级营制	二级营制	具体队别	配属武器
1866 年 刘长佑练军	前哨、后哨、 左哨、右哨	四队	一队	抬枪
			二队	马枪
			三队	长矛把刀
			四队	小枪弓箭长矛
	中哨	四队	一、二队	洋劈山炮
			三队	洋开花炮、马枪
			四队	马枪长矛
1869 年 曾国藩练军	前哨、后哨、 左哨、右哨	八队	一、三、五、七	现用抬枪、马枪， 将来改用洋枪
			二、四、六、八	刀矛
	亲兵	八队	一	劈山炮
			三	开花炮
			五、七	现用抬枪、马枪， 将来改用洋枪
			二、四、六、八	刀矛
1862 年 李鸿章淮军	前哨、后哨、 左哨、右哨	八队	一、二、三、五、六、七	洋枪
			四、八	劈山炮
	亲兵	六队	一、二、四、五	洋枪
			三、六	劈山炮
1864 年 6 月淮军	六个营的开花炮队：十二磅、三十二磅、六十四磅、一百零八磅田鸡炮			
1877 年淮军	十九营炮队：克虏伯后膛钢炮一百四十尊			
1884 年淮军	各营炮队：克虏伯后膛钢炮三百七十尊			

　　1885 年，张之洞曾专门比较过湘淮两军，"湘军营坚战勇，而于洋式军火每为不屑深求。淮军于洋械素知讲求，而步趋洋操，颇嫌太板。粤军最为悍猛，不畏炮火，而平日不耐落烦，惮工作而厌操练"。①

---

①　马东玉：《清朝通史》咸丰同治朝分卷，紫禁城出版社 2003 年版，第 291 页。

湘淮军营编制配属火器对比情况①

湘　军	淮　军
旧式小枪百杆	换为三百到四百杆洋枪
小枪抬枪均系旧式,前膛装药装弹,药线燃放,装药时药粉易散,火线易灭	前膛装药装弹,铜帽装火药后嵌铜火引,前置弹丸,扳机击燃铜帽燃及膛中火药,弹丸被推送发射
旧式抬枪二十四杆	无
红夷劈山炮八尊	开花炮六尊,以短式炸炮居多
无独立炮营,炮身模制,炮子为葡萄大群子,生铁或熟铁铸成圆滑颗粒,先实火药于炮膛再加群子一百至四百余颗入膛,燃火线轰发,"如珠如雨"	设独立炮营六个后增至十九个,短式即田鸡炮没有俯仰角螺旋以定炮口高低,没有水平螺旋以定炮口方向。停留在四十五度角,以火药量多寡定远近,"落地开花"

　　新式武器的操作保障与冷兵器时代完全不同,兵员编制的种类和数量自然也有很大区别。淮军初始按照湘军方式进行训练,后改练洋枪队,增练洋炮队,"训练方式乃大易,逐渐步入于西化途径。霆军原出湘军成法,后亦改新式武器,练法亦变。后日湘军见及淮军成效,多竞相模仿,改用洋枪,昔时练法,自多改观"。②1873年5月19日,李鸿章上奏经费报销时列出了清军洋枪洋炮队的编制情况:"同治七年(1868年)因津郡海防紧要,募足洋枪队五营,洋炮队一营,归天津镇总兵陈济清统带,共计官弁勇三千二百余员名,应需薪水口分马干公费衣帽等银由海防支应局照章核发,分年造销在案。嗣经陆续派拨留防绥远城官二员,兵八名,派赴奉省官二员,派赴科布多城官二员,兵勇十名,撤归大沽炮台兵一百八十名,又拨往大沽炮台驻扎,官四十八员,兵七百名。现存津城官弁兵勇二千二百余员名。各营均经掣动,队伍未能整齐,上年七月间经臣改派记名提督吴云集接统带往城东驻扎,挖壕布置操防,据该题督禀请酌照直隶练军改定营制,其与保定大名正定通永各军联络一气,臣以当此经费支绌筹饷难于筹兵,使整顿营制而饷需未能应手练兵终难得力,饬海防支应局司道通筹全局务与原领月饷有减无增,以期饷不虚糜,事可经久。……查营制内开每营劈山炮炮车二辆,洋开花炮炮车二辆,兹与该统领吴云集筹商拟专以中营为炮队,于原练洋炮内挑选洋开花炮三十尊配用炮车三十辆拉车马九十匹,又酌留差马十匹以资哨探,计共马一百匹,每匹月给干银三两,无事则围聚一营演练,较为得力,遇事则酌量分拨防剿亦不误要需。又查淮勇各营开花洋炮向有炮费大沽炮台亦有演炮经费,奉部准销该军开

---

① 王尔敏:《淮军志》,中华书局1987年版,第98—99页。
② 王尔敏:《清季军事史论集》,广西师范大学出版社2008年版,第43页。

花洋炮三十尊,拟每尊每月酌给用费银三两六钱,以后洋炮如有续增,月费照办。"①5 月 23 日,天津海防支应局遵照李鸿章要求,参与部队改制,"津郡洋枪炮队酌照直隶练军步队营制改设营哨,以节向需,而期经久一折,除俟奉到谕旨,另行恭禄行知,并分别咨札外合亟抄奏札饬札到该局,即便查照。……同治七年因津郡海防紧要募足洋枪队五营,洋炮队一营,归天津镇总兵陈济清统带,共军官弁兵勇三千二百余员名,应需薪水口分马干公费衣帽等银由海防支应局照章核发,分年造销在我,嗣经陆续派拨留防绥远城官二员,兵八名,派赴奉省官二员,派赴科布多城官二员,兵勇十名,撤归大沽炮台兵一百八十名,又拨往大沽炮台组织学官四十八员,兵七百名,现存津城官弁兵勇二千二百余员名,各营均经制动队伍未能整齐,上年七月间经臣改派记名提督吴云集接统带往城东扎营挖壕,布置操防"。②

　　大规模装备西洋武器之后,与之相适应,清军从淮军、湘军、练军开始,尝试进行军制改革。1884 年 10 月,盛宣怀代两广总督张之洞购买克虏伯火炮,从中可以看出炮队编制,"两广总督部堂张宪台饬代定八生炮十六尊,每尊化弹三百,子母百,并车,请代定三月内到包运黄埔,黄埔在虎门内数十里,晋款照拨等因。查炮队向系每营用炮六尊,此次定购钢炮十六尊,不敷三营之用,现经职道援照北洋购定前项钢炮合同办法,遵即代购德国克虏伯厂所造八个生的密达后膛陆路钢炮十八尊,以敷三营之用,即于九月十七日与德商泰来洋行订立合同签字,共计规银二万二千零五十两,言明定合同之日先付规银八千两,其余按照合同办理。……转饬支应局在所领晋省原来应解粤省银五万两内先拨规银八千两交由职道转给,是为公便"③。1887 年李鸿章奏折中称,"近年因备外患,所操枪炮,全系西洋精利之器。即如臣鸿章所部淮军,现领用后门枪二万余枝,后门大小炮共三百七十余尊。臣国荃所部湘营较少,而用后门枪炮亦多。……各炮台大炮,每尊重者至数万斤,开花子母实心各弹,重者至五六百磅,非数百人不能运一炮,非十数人不能举一弹,较从前所用增至数十倍"。④北洋海军成军后,"按英制训练,按德制指挥,教练均为洋人"⑤。1888 年 10 月 3 日正式批准颁行的《北洋海军章程》,某种意义上是对北洋海军编制的固化。该章程有船制、官制、升擢、事故、考校、俸饷、

---

　　① 《津郡洋炮队酌照直隶练军步队营制改设营哨以节饷需而期经久折》,盛宣怀全宗档案024575,上海图书馆藏。

　　② 《? 札天津海防支应局文》,盛宣怀全宗档案 024575,上海图书馆藏。

　　③ 《盛宣怀详李鸿章、张之洞文》,盛宣怀全宗档案 033523,上海图书馆藏。

　　④ 《湘淮各军少裁长夫折》,《李鸿章全集》(卷 12),奏议(十二),安徽教育出版社 2008 年版,第 263 页。

　　⑤ 王介南:《近代中外文化交流史》,书海出版社 2009 年版,第 134 页。

恤赏、工需杂费、仪制、铃制、军规、简阅、武备、水师后路各局十四款,主要根据英国海军章程,吸收德国相关法规,并沿袭中国官制、军制,综合而成,非常正规、详细,可以说是中国近代海军制度的范本。随着引进和自造火炮数量的增加,晚清陆军逐渐出现了独立的炮队编制,1 个军编有 5 个营,以中营为炮队者,营内左右前后共 4 个哨各配大炮 6 门,共 24 门大炮;或者 5 个营平均每营配大炮 4 门,共 20 门大炮;如果 1 个军编有 4 个营,平均每营配大炮 4 门,共 16 门。这种编制配属火炮的方法,一定程度上改变了过去新旧火炮混杂、热冷兵器混用的状况,便于作战时集中发挥强势火力的作用。个别清军部队甚至全部换装后装枪炮,进入火器时代。

甲午战争中,"专用西法取胜"的日本重创了清军,朝野有识之士纷纷条陈时务,主张采用西法,编统新军。北方的武卫军、南方的自强军不断提高使用新式军械的比例,义和团运动后,清政府决定全国改革陆军军制。中方向西方学习军事由英法转向德日,内容上由军事技术转向了军事制度、军事管理和军队编制等。1894 年 10 月,袁世凯受命在小站督练新建陆军,虽仅有 7 000 余人,但"勇丁身量一律四尺以上,整肃精壮,专练德国操,马队五营各按方辨色,较之淮练各营壁垒一新"。①其拟定了《练兵要则》《营制》《饷章》《聘请洋员合同》等,从建制、训练、战术、操典到兵器,模仿德国,初步实现了清军编制的调整。1895 年,张之洞在南京聘请德国教官,编练"自强军"。自强军洋统带德将来春石泰,专门为清政府招募军队,"一全军之兵共有一万五千之数,期中步兵也(曰营、翼、旗、标),每营有兵二百五十名,每翼有(四营共一千人),每旗有(三翼共三千人),每棒有(二旗共六千人),每全军有步兵二标,属于全军之炮队,每炮队有炮六尊,炮兵二百名,每炮翼有(三营炮十八尊,炮兵六百名),每炮标有(二翼炮三十六尊,炮兵一千二百名),有马队每营有马兵一百八十骑,每翼有(四营计马兵七百二十骑),有工程队一二营,有运送兵有行军医院,院内设医官帮医之员,有渡河造桥兵,有电报德律风之人,以及别项,以上所论是一全军之事也。……民兵由入选日起须在军中参练三年方准回家,斯时虽回家尚作四年备兵,一旦国家有事,即应征趋敌,四年期后为守兵,三年虽在家务业,亦时刻预备遣调,盖营官均有录记,诚易稽查也,在家为备守之民兵在太平时,每年亦参数礼拜,凡下操之兵方有饷领,为备守者无饷矣。……营哨官在学堂学习之事,曰调度、曰军械、曰绘画、曰营垒、曰军制。……军械者,火药等是也,盖火药有烟无烟之别,二则手持之器,犹如洋枪长杆枪腰刀等,三则洋枪及沽远近,四则炮事,五则放枪诸法。……所有自强军之兵由三十五

---

① 陈夔龙:《梦蕉亭杂记》,荣孟源:《近代稗海》第 1 辑,四川人民出版社 1985 年版,第 393 页。

员德将弁教练而成,如立新军用自强军之熟员者则可用德将弁十七员已矣,而其中一员充为统领,以千总一员为统领之中军官即以中军官充为学堂教习。……步队工程队所用之枪系新毛瑟枪马炮队用小口径枪皆由自强军之枪也,每马队营照德军制有钢长枪一百八十杆,皆马驮轻炮克虏伯炮厂前经自强军定购马驮小炮可于下月运淞也。……一旗之军乐约计乐器三十件,其外各步队营要洋号二支,洋鼓二个,马炮队各营要大洋号三支。……共三千零三十名,每名月饷五两,共一万五千一百五十两……每月总共计算约二万六千银,所有营务处暨德国将弁之薪俸不在其数"。①辛亥革命前夕,东省编练新军向北京袁世凯请求拨配武器,"北京袁宫保鉴,绥承允拨五生七克鲁森过山快炮可否筹给十四尊,以便暂成一营,如蒙允准乞饬配齐驼鞍子箱辕杆随炮零备等,赐复即当派员往领,该价即缴"②。袁世凯回复为,"据军械局覆称,遵查五生七过山快炮现已奉拨秋操无存,查有营缴三生七哈乞开斯新快炮尚可勉筹十四尊,并无驼鞍,惟炮车辕杆子箱及一切零件均须修配方能拨用,请示遵办"③。赵尔巽回复为"三生七炮请缓拨,俟秋操后所祈允拨五生七克鲁森快炮十四。尊为祷",袁世凯表示同意,"仍拨五生七炮"④。

（三）建立了现代训练管理模式

1860 年 5 月,为应对太平军,左宗棠奉旨创立楚军并制定《楚军军制》,其中在"操演七队图说"部分明确提到洋枪的训练要领。"以洋枪连环进击,枪炮连环进击时仍各归各排,分成条子,连环脚步进击,刀矛起初三次出杀,同藤牌分开排列作一字阵式,枪炮仍成条子随行。"⑤甚至楚军较早对装备的保养进行了规定,《楚军军制》中有专章"爱惜洋枪"部分提到"洋枪洋炮洋火洋药,不独价值昂贵,购买亦费周章,凡我官勇务宜爱惜,不可浪费,常将洋火洋药取出暴晒,庶不沾潮,临敌一打就响。洋枪洋炮尤宜时常收拾,磨擦雪白不准上锈,刀矛亦要擦白,以壮军威,挡住时倘执洋枪人阵亡受伤,本排什长派人替他将枪带回,否则即问本排什长赔缴,若与贼正在冲击或贼迫甚紧,执枪人阵亡受伤,本排什长人等,极力将洋枪抢回,其应极力抢出受伤阵亡之人已详体恤勇夫条内,若不将洋枪抢回,即问本哨哨长,本排什长公赔,若平日枪手丢失,即问本人赔缴"。⑥

1862 年 9 月,李鸿章带淮军至沪,看到英法军队器械之精良、队伍之严整,立刻效仿。北新泾七宝之役,已组建洋枪小队参战。11 月,李鸿章在致函曾国荃时,谈到西式训练的必要性,"李秀成所部最众,洋枪最多,牛芒鬼子,满船运购,以

---

① 《呈？文》,盛宣怀全宗档案 044167,上海图书馆藏。
②③ 《盛京军署机密函电稿不分卷》,古籍类 T28219-27,上海图书馆藏,第 165 页。
④ 同上书,第 166 页。
⑤ 《清代兵事典籍档册汇览》第 64 卷,学苑出版社 2005 年版,第 19 页。
⑥ 同上书,第 98—99 页。

获大利。鸿章言之屡矣，欲剿此贼，非改小枪队为洋枪队不可，再持此以剿他贼，亦战必胜攻必取也。惟洋枪洋炮好者不易得，鸿章前解之二百杆天字号，在中国为上品，在外国仍不中用。元字号次之，万字号又次之。然我军所用皆以万字号为真洋枪，其余多系广东土造。筱兄（李瀚章）赴粤，屡在香港采购天字号三千杆，俟解到再多多奉献也。洋火药已令吴晓帆（吴洵）去时顺解若干应用，随后仍源源接济。师门始不深信洋枪火药为利器，望谆请饬下粤东厘局多为购办，并行鲍（鲍超）、张（张运兰）各军，均效洋人步伐，操练洋枪队，平中国之贼固有余矣"。①
11月月底，李鸿章致函曾国藩时谈到淮军采用西洋武器进行训练的情形，"洋枪实为利器，和（和春）、张（张国樑）营中虽有此物，而未操练队伍，故不中用。敝军现择能战之将，其小枪队悉改为洋枪队，逐日操演，洗刷子路，有较抬炮更远者。程学启三营中，并改出洋枪队一营（每哨添劈山炮二队），临阵时一营可抵两营之用。惟月需洋火洋药皮纸甚多。沅丈（曾国荃）处似宜多添，即春霆（鲍超）、凯章（张运兰）各营，亦宜操用，有便船至皖，鸿章仍须附解若干也"。②随着淮军洋枪队、洋炮营固定编制的出现，淮军的训练操法也开始向西洋学习。同治初年，八旗衰敝，江南大营兵溃。官僚倡议以原有八旗禁军和京营的中央军武力，教以洋式武器，成立练军，以谋求京师的安固。1862年，英法联军退出天津，洋商因防务空虚，要求招募兵勇保护洋行。三口通商大臣崇厚向总理衙门递说帖，建议挑选兵弁赴津与洋将随同训练。后来由天津地方挑选兵勇数百名，并选派京兵二百名，交由天津外国武官教练。后又扩大至直隶绿营，练军规模越来越大。李鸿章就任直隶总督后，要求练军改练洋枪，由淮军调入人员，作为练军教习。

同治初年，李鸿章曾向总理衙门言及操练洋操的重要性，"即如外国人教练洋枪队，口号难解，领会稍迟，鞭挞立加，情谊不属，于是愿者逃亡，黠者争论"。③直到1878年，全国才以江南制造局、天津军械所军事译书为准，统一改译西洋训练口令。李鸿章就西洋训练模式向曾国藩推荐，曾国荃先行接受，只是不雇用洋将、不改习洋操，而主张使用西式枪炮。曾国藩则为成见所敝，接受更慢，同治元年冬，他在致函广东办厘金的蔡应嵩时指出，"鄙意攻守之要，在人而不在兵，每戒舍弟不必多用洋枪。而少荃到上海，复盛称洋枪之利，舍弟亦难免习俗之见。开以风气，殊非所欲。洋人号令严明，队伍整齐，实不专以火器取胜。此次金陵援贼，洋枪极多，而我军坚持如故，且有开花炸弹打入营中，未伤多人，我以炸弹打入贼营，贼亦不甚慌乱，此事似无必胜之道"。④

① 《李鸿章全集》第30册（信函二），安徽教育出版社2008年版，第15页。
② 同上书，第26页。
③ 《海防档》购买船炮，台湾近代史研究所1957年版，第188页。
④ 《复蔡应嵩》，《曾国藩全集》（卷26），岳麓书社2011年版，第297—298页。

随着使用西洋武器范围逐渐扩大，人们慢慢意识到，如何正确使用新式武器比武器性能高低更加重要。与西洋器物密切相关的制度、训练、战术等内容开始进入人们的视野。一大批译自外洋的军事操法书籍，直接作为装备新式武器的清军部队军事训练指导用书。如《西洋练兵新书》《步兵操典》《德国步兵操典》《德国骑兵操典》《新订步兵操法》《德国武备体操课》《日本普通体操课》《瞄准要法》《打靶通法》《射击规范》《用炮要言》《毛瑟枪打靶法》《临阵管见》《快枪打靶法》《海军调度要言》等。还包括各国军制，如《列国陆军制》《西国陆军制考略》《德国陆军制》《德国军制》《英国水师考》《美国水师考》《俄国水师考》《法国水师考》等，以及理论性较强的《防海新论》《水师章程》等。尤其是 1874 年出版印行的《防海新论》，由于直接来自美国南北战场的水陆攻防实际作战经验，对急需抵御船坚炮利之敌的近代国人来说，甚为重要。在 1874 年开始持续一年的海防大讨论中，不仅是年 12 月李鸿章在著名的《筹议海防折》中重视该书，而且十几名督抚大员中就有五人直接引用《防海新论》的基本观点。此次讨论树立了集中驻守、重点布防和机动作战的海防观念。但是，受到西北边疆战事的影响，各种塞防、海防观念纵横交错，最终未能达成共识，失去了一次整顿海防的宝贵机会。1896 年，徐建寅调任福建船政局提调，利用业余时间编成《兵学新书》。该书为陆军军事学著作，包括步兵、马兵、炮兵三兵种的有关内容，重点叙述了步、炮、马兵使用新式枪炮的基本操法、阵法、行军和协同作战等问题。第一至第五卷为步兵部分，分叙旗、哨、营、军的队列训练、布阵运用等战术、战略及军制；第六卷为马兵军制及列阵运用；第七卷为炮兵军制、训练、战术等；第八卷论述步马炮协同作战的战术和战略；第九卷为征兵制；第十卷论述后勤军需；第十一卷论述枪炮军法；第十二卷论述防守；第十三卷论述行军；第十四卷论"造望台、筑道路"；第十五卷论"行军铁路造筑之法"；第十六卷论"以铁路运兵之章程"。《兵学新书》介绍的西洋近代兵工技术主要有军事装备技术，包括各种枪支、火炮，如毛瑟枪、曼利夏枪、山炮、陆战炮、克虏伯厂新式炮、格鲁森厂新式炮等；构筑军事工程设施技术，如修筑战壕、寨墙、堡垒、瞭望塔、行军道路的铺设和破毁等。[①]

1894 年 9 月，贾起胜上禀李鸿章，谈到炮台配置原则及防守之策，"就现有之兵力物力，尽心布置，以资战守。拟于两岸扎营之地，择要赶筑行营炮台，全用沙袋填筑，以期工速而费省。计洋河东岸拟筑炮台六座，西岸拟筑炮台六座，一俟筑就，即将所领七生脱半及八生脱钢炮分置各台，以资轰击。此等行营炮垒，上无遮蔽，拟有事则运炮于台面，无事仍储炮于营中，以资珍护，而免剥蚀。……俟台工告竣，拟用沙土多筑连环隔堆，互相掎角。于堆后深挖沟坎数十道，以避子弹，而

---

① 徐建寅:《兵学新书》，光绪二十四年(1898)刻本。

限戎马,且使我军有所凭藉,以施枪炮;并拟相度地势,密布旱雷,以防敌人登岸猛扑。如此办理,纵未能制敌于大洋,亦尚可尽力于陆战。……拟于金山嘴左近名曰西湾之地,亦用沙袋赶筑行营炮台四座,即于原派驻扎戴河两营内抽调弁勇两哨,驻扎其地,以为金山嘴西面之援应。仍拟于金山嘴之下安置水雷,以防敌舰之驶近"。①10月29日,桂嵩庆致函盛宣怀索要海军旗谱,是为加强海军旗语训练之用。"天津石印局闻有印订之中国海军旗谱一书,敝处学生现须习此,敬求赐购,印洋字者十九本,汉字者四本,交便从速寄下,该价若干容候开示照缴。"②11月,盛宣怀致函李鸿章谈到中国落后于日本者,既有武器水平,也有操作技术。然而,李鸿章更关注的是西洋武器的购买,对新式武器之操练关注不够。"倭兵全用西法,战无不利。……朝廷欲以威令驱各将于敢死之地。窃恐技与械俱不相若也(李鸿章批:一切用兵机宜,似亦我正彼谲,我拙彼巧)。……借用洋债一百万磅,分三十年归还,并购克虏伯炮五十万磅(李鸿章批:枪不能及远,非得快炮数百尊,不能得手,请赶紧定购,未知已办成否),分五年归还。"③在该函中的练兵条议中,盛宣怀提出,"练法宜详细考定,以期事归实用也。中国近来各营何尝不学德操,然号令、步伐仅为美观,以及故一经战阵,毫无用处。考德国自与法人战后,一切从前不合用各种操法,悉行修改,大约一军略分三段:一前锋、一正锋、一接应。近来枪炮愈猛,则前锋之阵线愈散,故在教阵之操仅能得其大体。若欲施之实用,必须在旷野有地势,山水高低险阻,村舍遮蔽之处,假作敌兵形状,忽进忽退,忽分忽合,忽起忽伏,忽以不同号之兵插入,又须合步队、马队、炮队、工兵四项并在一处,以操习互相救应,互相保护各法"。11月袁世凯致电盛宣怀,"洋人用,概分四排。队前一排散打,败则退至第三排后整顿队,以二队按步散进接应,轮流不断。后排亦可防抄包、傍击。又队后十数里驻兵设防,遏退兵,整残卒,虽败不溃。各军平时操练亦有此法,然临阵多用非所学,每照击土匪法,挑奋勇为一簇,马奔直前,宛同孤注。喘息未定,簇后不敢放枪,恐自击。只恃簇前数十人乱打。且簇拥易中弹,亦难制胜。队后不驻兵收束,故多溃。请禀帅饬各军均照西人用法,认真韬略,庶免溃乱。挑奋勇只可出奇傍击,未可对敌。现比炮甚利,必须分排散打。否则战无不溃"。④

1895年10月12日,北洋学堂武备学堂左队教习千总雷振春、右队教习把总王得芳致函盛宣怀,汇报操练章程:

① 《盛宣怀档案资料选辑之三·甲午中日战争》下,上海人民出版社1982年版,第251—252页。

② 《顾元爵致盛宣怀函》,盛宣怀全宗档案056904,上海图书馆藏。

③ 《盛宣怀档案资料选辑之三·甲午中日战争》下,上海人民出版社1982年版,第370页。

④ 同上书,第590页。

"按德法操章先教立站转走三法,以定各兵身力与除各兵浮躁随后即授用枪诸要循序渐进阅一程更进一程,操一解更增一解。……现各国所制火器军械不同,惟后膛枪炮精利已极,夫物之灵便精利者,善用之足以制人,不善用者适以损己,士卒愚蠢何能自明其勾心之妙门角之精,如不善教而使持以卫敌缓急之际发不应手,物虽精利不适同白战不持寸铁贻误非浅,标下(引按:雷王二人)等去冬往历前敌亲见各军致败情形,实由将帅不善训练士卒不常操习火器,不能研究枪炮百底远迩地势不细测量驻扎,不设营垒且有吝惜小费克扣军饷,喜悦谗谄忌妒才能等弊,以致将士离心临敌奔溃如倭人所用战阵攻守诸法,实不出生等所学之外,且不若德师所教之精,生等在学堂学习多年凡人火器军械诸物,战阵攻守各法无不精心考究,细意揣摩,今当奉饬教习士卒,务期详审枪件机括,必使能装能卸能修反复讲究,了然心目,然后教之命中击准,估计远近并思于营内设一讲堂,晴则朝夕训练,至阴则将士卒集齐堂下讲究枪码表尺,择用地势建筑堡垒开挖枪沟攻守诸法,且于教熟之后,常将勇目带至郊外演习行军队伍交绥情形,务必精益求精以附宪台栽培之至意也。

操规十四条

(1)军威先宜严肃所有兵丁等在操场时不准言语并擅自离队及大小便等事;

(2)兵丁军衣靴帽在操场时均应一律不得有杂色及破烂者每军衣右肩均立号码并兵名以便稽查;

(3)兵丁在操场时有不遵操规者并违号令者由官长严加督责以儆效尤;

(4)兵丁清晨须齐到操场或无故不到或迟到者惟哨官是问或有病实不能到操者,应先禀明由官笔验看命医调治若托故不到者查出时与无故不到者同;

(5)营哨官长于平时操演均宜穿军衣齐赴操场以归一律,即行军时不致仓皇;

(6)每阴雨不能出操各兵在营或擦枪或听讲武备诸法,毋得出外游荡;

(7)每平时操演并讲授兵法时均有定刻不得逾及收操时咸归一律;

(8)吃行军时兵丁均宜按部就班,不准擅自喧哗以乱行伍均宜听官长号令,有违者严办不贷,若两队相距以二百密达之间为度,不准放枪及前进以度争竞;

(9)每逢二五八日午前合操,下午各营靠把带领操演官长听讲授武备诸要;

(10)每逢三六九日操行军队毕回营,如各兵丁将枪擦净惟该官长查验,如有怠惰不遵者与违令同；

(11) 每逢四七日午前打靶回营，即时擦枪下午每营操演；

(12) 每逢十日每营吃演兼练身法，该官长应查各兵枪是否洁净违者责罚；

(13) 每逢十一、二十一日演防守工程队，下午各营自行操演攻守各法；

(14) 每营挑选精明者二人学绘行军等图以备急需。"①

甲午之后，张之洞奏请清军改练洋操，提出了七条理由，"查今日练兵必须改用洋操者，其故有七。承平之时，绿营有积习。军兴以后，勇营亦有积习。人皆乌合，来去无恒。不练固无用，练成亦不能禁其四散，徒劳无功，一也。里居不确，良莠难分，二也。无论征军防军，从无不缺额之事。即其实有之勇亦多系安置闲人。令当杂差，则虽不缺额亦与缺额同，三也。层层克扣，种种摊派。丈夫视为津贴，营官皆有例献，将拥厚赀，士不宿饱，四也。外洋新式快枪快炮，精巧非常，旧日将领大率不解，亦不爱惜。粗练者任意抛掷，动致损坏，谨慎者收藏不用，听其锈涩。其于擦拭拆卸装配修理测准诸事，全不讲求。将弁不知，何论兵勇。操练不能，何论临阵，五也。营垒器用，但守旧法，绘图测量行军水陆工程诸事，尤所不习。讨内匪则可，御外侮则不能，六也。营官统领，专讲应酬，奢华佚惰，用费繁多，营谋请托，无所不有。既视为营私谋利之路，岂尚有练兵报国之心，七也。惟有以洋将带之，则诸弊恶除无论将来之效若何，总之额必足，人必壮，饷必裕，军火必多，技艺必娴熟，勇丁必不当杂差，将领必不能滥充，此七者，军家之体也。至于临阵调度之妙，赏罚激励之方，军家之用也。凡事必其体先立然后其用可得而言"。②1895年12月，袁世凯接办胡燏棻募练的新式陆军——定武军，并将其更名为新建陆军。新建陆军全部装备新式的近代化武器，聘请德国军事教官，采取近代德国陆军制度，组建步、马、炮、工、辎等兵种，并制定新的营规营制、饷章、操典等等。1896年4月许景澄上奏，谈到西洋军队讲求学问、专攻精练之意："自辽海军兴，战守不利。中外论者申溯兵事得失，无不以仿用西法创练新兵为今日当务之急。……议者谓湘淮宿将起自田间，累立功效，何尝规模西法，始操胜算，不知尚气敢战之士，可以戡内战，未足以当外侮。泰西行军，专从学问而出。彼致其精而我特其粗，一旦有事，焉能与敌？是未可狃粤捻成迹而概论之也。"③1898年10月27日，英国海军专家贝思福勋爵到天津小站参观袁世凯的军队，观看了全军的演

① 《雷震春、王德芳致盛宣怀函》，盛宣怀全宗档案045111-1，上海图书馆藏。
② 朱寿朋编：《光绪朝东华录》卷四，中华书局1984年版，第3711页。
③ 同上书，第3777页。

习,检查了全部的武器装备,考察了仓库、服装及粮食供给,查看了全军的月收支:
"这支军队有7 400人——大多数是山东人。他们与湖南人据说是中国最优秀的
士兵。袁世凯将军是汉人,他的军队由汉人组成。陆军配备的是毛瑟枪——德国
造的。有10个中队的炮兵,有六种不同口径的大炮,能发射一磅到六磅的炮弹。
骑兵配有矛枪和毛瑟枪。阅兵场上士兵们异常灵活整齐,健美无比。……应我的
请求将军指挥他们不断变换队形,随后又在附近的农村进行了实战演习,我觉得
全体将士都熟谙其职。军队纪律严明。除了大炮和马克西姆机枪(Maxims)外,
所有的装备都很精良。……如果所有的中国将领都像袁世凯那样,他们的军队及
财政管理就不会是现在这个样子,袁世凯将军把军费全花在士兵身上。他亲自监
督给士兵发饷,发放食物和衣服。这是我在中国看到的惟一一支完全合乎西方标
准的真正的军队。"①1903年12月,清廷设立练兵处以统一全国的新军编练,截至
1906年,在袁世凯的策划下,北洋六镇相继编练成功。

二、 军品贸易受多方掣肘未充分发挥应有作用

清政府购买外洋军品多是临时之举,缺乏应有的规划。受到威胁时,才仓促
购造,或者因禁运无法订购,或者临时购买多为价高质劣之品。晚清华洋军品贸
易持续50年,耗费巨资,引进数量庞杂的西洋武器,也通过引进人才和技术自造
了部分新式武器,在促使清军武器装备加快更新方面发挥了一定作用,但也受到
多方掣肘未达到应有效果。从硬件上看,受经费限制,引进武器数量不足、军工产
业生产率低下;从软件上看,军队体制编制的弊端导致现代化武器无法形成合力,
中下层军官战斗意志低下导致新式武器变成摆设。

(一)财力支绌降低了军贸质量

晚清军队建设不仅缺乏近代大工业和科学技术的基础,而且需要源源不断的
大量资金的支持。在自然经济占主导地位、商品经济很不发达的半殖民地半封建
社会的中国,政府的财政收入难以适应发展近代军队的需要。在武器装备建设方
面,军品贸易受到国家财政经济的严重制约,不仅缺乏合理规划和体系设计,而且
受到旧军制和国防战略的制约。晚清军队十分庞杂,有八旗、绿营和湘军、淮军,
后又出现由湘淮军演变而来的防军及与之并存的练军,军费开支巨大,使用效率
极低。加上"以陆军为立国根基"的传统观念,清廷对以西洋武器为主要组成的海
军缺乏足够重视。第二次鸦片战争结束后,在屡次爆发海防危机的情形下,
1875年4月,清廷发布上谕,派李鸿章督办北洋海防事宜,沈葆桢督办南洋海防

---

① ［英］约·罗伯茨:《十九世纪西方人眼中的中国》,中华书局2006年版,第108页。

事宜,用二十年时间,打造了一支称雄亚洲的强大舰队。即便如此,海军的投入还是相当不足。甲午战前,海军经费平均每年只有 200 余万两,而陆军经费为其 22 倍。①海战失败后,清廷并未充分吸取教训,即便裁撤绿营、防军,编练新军之后,陆军经费依然远远大于海军,如 1912 年军费预算中,陆军经费为 6 826 万两,是海军经费的 5.6 倍。②陆军员额较大,需款更巨,经费自然也不敷应用。李鸿章作为朝廷重臣,以北洋海军为重,兼及陆军建设,在回复直隶总督王文韶的信中说到"凡事限于财力,无一可以称心"③。

光绪年间,应对东南方向的紧张局势,李鸿章极力要求建设海军,朝廷 20 年拨付 4 200 万两白银用于海军建设④,当然并未足额到位。曾在北洋海军营务处任职的马建忠认为,与其他国家相比,中国在海防建设上不应该过于惜费,"统计中国海疆绵亘之长,四倍于英,六倍于法,十倍于德,几符于美而弱于俄。至少约需铁甲六艘,大中小三号快船各十二艘。……除已订购铁甲二艘,已购中号快船二艘,以及闽厂制成铁协船三艘外,尚须甲舰四艘。价约六百万。大号快舰十二艘价约一千二百万。中号快船七艘,价约四百万。小号快船十二艘,价约三百六十万。统计二千五百八十万两。以九年分计,每岁制造经费二百八十六万两有奇。尚不及英、法、德、俄各国每年续添新船经费四分之一"。⑤朱士林曾经致函盛宣怀谈到海军经费之筹措,"国家非海军不能自强,海军非经费不能成立,筹款一层,必为洵邸所注重。现在各省所筹经费,不但不敷用,亦必不能持久。内则应于加税免厘中设法,外则应于南洋华侨中劝办。倘畀以事权,上可望派筹办海军经费大臣,次亦可望转调度支部,此就彼一方面设想也。海军需用煤铁极多,断不能购之外洋,自失权利。汉冶萍现出煤铁,虽有成效,第非大加扩充,不能供海军之取成。为海军根本大计,亦宜将汉冶萍竭力扶持,及时大举,倘酌拨官款,将来必尽先应用,价照寻常酌减一二成,以为报效,似亦可以动听,此就我一方面落笔也。以上两节,应注重第一节。如第一节办到,则第二节自可迎刃而解"。⑥

1874 年,日本以台湾原住民与琉球船民冲突为由,入侵台湾。清廷派沈葆桢为钦差大臣前往处理。日方表示需赔兵费才撤,李鸿章获悉后,7 月在给沈葆桢私信中表示,"倭奴情同无赖,武勇自矜,深知中国虚实,乃敢下此险着,但望秋后

---

① 梁义群:《近代中国的财政与军事》,国防大学出版社 2005 年版,第 182 页。

② [美]鲍威尔:《中国军事力量的兴起(1895—1912)》,中华书局 1978 年版,第 272—274 页。

③ 李守孔:《中国近百余年大事述评》第一册,台湾学生书局 1997 年版,第 322 页。

④ 按光绪十五年粮食价格折算,一两白银相当于 2020 年人民币 350 元,概略计算,4 200 万两银可以折合 2020 年 1 470 亿元人民币。

⑤ 《皇朝经世文编》卷 81,中华书局 1962 年版,第 4—5 页。

⑥ 王尔敏等:《盛宣怀实业朋僚函稿》,台湾近代史研究所 1997 年版,第 436 页。

风涛略静,知难暂退,惟我无自强之人与法,后患殆不可思议耳"。①在李鸿章看来,日本借中国海军实力不殆,要求贴费始肯退兵,匪夷所思,却也意料所及。1880 年,盛宣怀曾上奏要求在洋厂订造新式铁甲船,"臣查中国购办铁甲船之议已阅数年,只以经费支绌迄未就绪。……铁甲若非利器,英人何至忽允忽翻勿肯售,今欲整备海防,力图自强非有铁甲船数支,认真练习,不足以控制重洋,建威销萌,断无惜费中止之理"。②

山东胶州作为清军重要的水师港口,需要加强防卫能力,为此清廷决定外购洋炮。然而,炮位购运到华后却被挪作他用。1893 年 8 月,盛宣怀函称"胶防所购克虏伯十二尊价已付清,该厂照约起运来华,七月初四到沪,而胶州防营已办,炮台未成。……目前可借为京畿捍卫,将来胶州续办仍可移驻或另买还"。③本为山东购买的炮位却要临时借给京畿使用,一旦战时需要应用则必措手不及。

甲午战时,清廷急切外购舰船,却因经费问题受到各种障碍。1894 年 10 月 3 日,盛宣怀致电郎督署,"小国买船须全付价,而不能保送,故中止"。④1895 年 3 月,"来远"舰大副张哲溁指出,"数年以来,我军未尝购外洋军械。现有船炮,比敌迟钝。我开巨炮一,敌可施快炮五,如不命中,受敌已多。我又无快炮相抵。敌受伤退,我船不能追。是两军相对,而彼得进退自如。兼之配炮零件所备不足,一旦急需,非购自外洋不可得。临阵施放,难保无伤。东沟之役,因零件损伤,炮即停放者不少。我军所用鱼雷、水雷均购自外洋,一旦需用,求之不得。威防水雷不足密布,故敌艇得进出自如。……东沟之役,因弹子将罄而炮故缓施者,有因子不合膛而临时减药者"。⑤海军舰船修理不及时严重影响了战斗力的发挥。"镇远"舰枪炮官曹嘉祥呈文盛宣怀,"致远""靖远"两船,"请换截堵水门之橡皮,年久破烂,而不能修整,故该船中炮不多时,立即沉没"。⑥1899 年,盛宣怀上奏练兵折,指出"现今海军无造船之款,无泊船之地,无带船之人,自应缓议。即如去年购造快船猎艇,徒糜养费断难应敌"。⑦

甲午战后清政府在中外人士的大力推动下,意图恢复海军建设。1905 年 1 月,经两江总督周馥奏请兴复海军,推出两步发展海军的方案,先统一南北洋海军,成一军两镇之制,后扩充办理。1907 年 5 月,练兵处提调姚锡光奉命起草海军发展规划,其中的"十二年计划"预筹经费 2 000 万两。

---

① 《复沈幼丹节帅》,《李鸿章全集》第 14 卷,安徽教育出版社 2008 年版,第 4 页。
② 《访求新式铁甲船克期在洋厂订造折》,盛宣怀全宗档案 021992,上海图书馆藏。
③ 《海防便条》,盛宣怀全宗档案 033336,上海图书馆藏。
④ 《盛宣怀档案资料选辑之三·甲午中日战争》下,上海人民出版社 1982 年版,第 567 页。
⑤ 同上书,第 398 页。
⑥ 同上书,第 401 页。
⑦ 《盛宣怀等奏折汇抄》,盛宣怀全宗档案 027115,上海图书馆藏。

从甲午战后到辛亥革命之前,清政府向外洋订购 36 艘舰船,共分为三个批次。最后一批订购系于 1909 年 9 月至 1910 年 1 月,任筹办海军大臣的郡王贝勒载洵和萨镇冰赴欧洲考察外洋舰船及海军情况,1910 年 8 月再赴美国和日本考察,前后两次为清政府订造 12 艘舰艇,用银 385.998 1 万两。其中 9 艘舰艇于民国初年到华,3 艘舰船因船款纠葛、欧战爆发等原因未能来华。加之甲午战前清政府向外洋订购 60 余艘,合计晚清时期中国向外洋订购并最终成交舰船 93 艘。

由江南制造局开始的中国自造军舰取得了一定成绩,但自造军舰以技术含量较小的兵船居多,具备实战用途的铁甲船、钢甲船生产数量偏少,不利于积累生产经验及维修保养。

甲午战争前中国海军自造舰船统计(1840—1895 年)[①]

种　　类	数　　量
兵船	28 艘
运输船	5 艘
小铁甲船	1 艘
快碰船	2 艘
快兵船	1 艘
钢板船	1 艘
钢甲船	1 艘
猎船	3 艘
练船	1 艘
总　　计	9 种,40 余艘

甲午战前,清政府在军工厂方面进行大力投入,共建 40 余艘舰船。签订马关条约之后,到辛亥革命共计 16 年,在赔款不断,积贫积弱的情况下,在以新军编练为主体需要大笔军费的同时,能投入力量建设 23 艘舰船,已十分不易。总体看晚清海军的建设,外购计 93 艘,自造计 63 艘。除了军舰数量,海军实力还与附属设施紧密相关,特别是船坞的建设。旅顺船坞建成之前,中国已有许多大型的军舰,却只能到日本长崎修理。1886 年中日"长崎事件"的爆发,起因于北洋海军四舰前往修理。后李鸿章下决心在旅顺口修建一座现代化军港,先由德国工程师善威(Mr. Samwer)策划失败,后由法国公司(French Synicate)承包完成,先后历时十年,耗银二三百万两。

---

① 包遵彭:《中国海军史》,中华丛书编委会 1970 年版,第 598—601 页。

甲午战后国内造船厂开造轮船情况一览表（1895—1911 年）①

舰名	类别	吨位、马力、最高时速	武力配备	开造及成船年份	承造机关
福安	运输船	1 800 吨,750 匹,11.5 海里	57 公厘 6 磅弹速射炮 2 门,37 公厘 1 磅弹速射炮 2 门	1895—1897 年	闽局
吉云	拖船	135 吨,300 匹,11 海里		1898 年建成	闽局
建威	鱼雷炮船	850 吨,6 500 匹,23 海里	10 公分速射炮 1 门,65 公厘 9 磅弹速射炮 3 门,37 公厘 1 磅弹速射炮 6 门,14 寸鱼雷发射管 2 个	1898—1902 年	闽局,1931 年由沪厂改造为"自强"号炮舰
建安	鱼雷炮船	850 吨,6 500 匹,23 海里	10 公分速射炮 1 门,65 公厘 9 磅弹速射炮 3 门,37 公厘 1 磅弹速射炮 6 门,14 寸鱼雷发射管 2 个	1899—1902 年	闽局,1931 年由沪厂改造为"大同"号炮舰
安海	巡逻艇	65 吨,300 匹,11 海里		1900—1901 年	闽局
定海	巡逻艇	65 吨,300 匹,11 海里		1900—1901 年	闽局
建翼	鱼雷艇	50 吨,550 匹,21 海里		1902 年建成	闽局
安丰	巡逻艇	169 吨,360 匹,12 海里		1907—1908 年	沪厂
江鲲	河用炮舰	250 吨,14 海里	75 公厘速射炮 1 门,机关枪 4 挺	1908 年开造	汉口
江犀	河用炮舰	250 吨,14 海里	75 公厘速射炮 1 门,机关枪 4 挺	1908 年开造	汉口

① 马幼垣:《靖海澄疆——中国近代海军史新诠》,联经出版社 2009 年版,第 355 页。"沪厂"指的是江南船坞,1905 年初由江南制造局中分出,兵工部分仍称制造局。1912 年江南船坞改称江南造船所。"汉口"指汉口扬子机器厂。

舰　名	类　别	吨位、马力、最高时速	武力配备	开造及成船年份	承造机关
江固	河用炮舰	250吨,14海里	75公厘速射炮1门,机关枪4挺	1908年开造	汉口
江汉	河用炮舰	250吨,14海里	75公厘速射炮1门,机关枪4挺	1908年开造	汉口
甘泉	炮舰	320吨,320匹,9海里	37公厘1磅弹速射炮2门,机关枪1挺	1908年建成	沪厂
联鲸	炮舰	500吨,925匹,13.5海里	47公厘3磅弹速射炮4门	1911年建成	沪厂,1930年改建测量舰"彀日"号
澄海	炮舰	120吨,220匹,11.5海里		1911年建成	沪厂
永绩(后改为"海兴"号、"延安"号)	炮舰	860吨,1470匹,13.5海里	4.5寸速射炮1门,3.5寸12磅弹速射炮4门,37公厘1磅弹速射炮2门	1911—1914年	
永健(后改为日军"飞鸟"号鱼雷炮舰)	炮舰	860吨,1470匹,13.5海里	4.5寸速射炮1门,3.5寸12磅弹速射炮4门,37公厘1磅弹速射炮2门	1911—1914年	沪厂
建中(原名"新瞻")	河用炮舰	90吨,450匹,11海里	87公厘榴弹炮1门,8公厘机关枪4挺	1911—1915年	汉口
永安(原名"新逖")	河用炮舰	90吨,450匹,11海里	87公厘榴弹炮1门,8公厘机关枪4挺	1911—1915年	汉口
拱辰(原名"新敏")	河用炮舰	90吨,450匹,11海里	87公厘榴弹炮1门,8公厘机关枪4挺	1911—1915年	汉口
瑞辽	巡逻艇	150吨,350匹,11海里		1913年建成	沪厂
引擎	破冰船	300吨,375匹,11海里		1913年建成	沪厂
麦士门	破冰船	300吨,375匹,11海里		1913年建成	沪厂

1909 年 9 月,盛宣怀代拟海军筹款刍议条陈三条:"一、海军宜筹确实巨款以□□日,诸国均各以水师□□意遂败于日,于是诸国更不惜巨款精兵愈精,中国既欲重开军港部署舰队,第一在造就人才,第二在特筹专款,所谓专款者断非□□,筹备数万万巨款可不办,倘仓猝小就□□,徒恐应敌而不足拒敌耳……在本国商民得此纸币通行交易,其实业无不蒸蒸日上,□□日增制造日盛富强之基,实肇于此,度支部得此特别数千万进款自可酌量分拨若干作为专办海军每年□□,均不致为难矣。……二、海军宜筹自造船炮以杜漏厄也,海军以造船造炮为两大宗,倘若购自他国不特有事之秋诸多未便,且使本国资财尽输外国,尤属非计。环顾各国莫大,自己设厂制造为惟一不外之规,即如日本地方财力均属不足,其开办之初不得不购诸欧洲,现已在北海道建设大厂,由本国商人出名与英国商人阿姆斯特朗费克斯两厂合同建厂,专造军舰。虽仍不免为英商分利,然比较全数购求外国制胜多矣。中国驾驶人才非迟之十余年不得其人,若使目下购外国之船炮,即使有此财力,亦无此人才,故只可先购练船不可多购战舰也,且各国战舰日新月异,俟带船有人,购船有钱,而其船炮难保其不更妥也。"据盛宣怀面称,其所办之汉阳厂现有化铁炉三座,来年准再添一座,每年便可炼成钢铁三十万吨,现供各省铁路及制造厂之需,尚有多余分售外国,将来必可供给海军造船炮之用。"臣此次亲往汉阳详细勘验,其所炼钢质极纯,经英德著名各厂考验文凭比较洋钢足称顶当质地,又见其所制钢板钢条均极坚壁耐压力,惟他日欲造钢甲大船,尚须添购极大机轴,有此天生材料,似当相度附近军港之海口,预筹建设极大船厂船坞,并在内地预筹炮厂为自己置造船炮地步,则虽糜款数万万之多,皆在国中,总期带船有人,购船有款,而造船亦有厂矣,开办之初固不能不先购外国之物以作规式而自虑久长之策,实不可不未雨绸缪也。三、海军宜筹借材与国□□。……如我经营军港推广□□,教习使美廷知我与彼诚信□□,可收其指臂之效,……他日造船厂似□□可与美商合办,惟制造舰炮之工师匠目皆宜及早赴美学习,十年后归来即可用我学生。"①晚清海军经过长达 50 余年的建设,在以外购为主,自造也有相当进展的情况下,经受住了中法对抗、中日战争、八国联军侵华的考验,在遭受巨大损失的情况下,依然留下了一定基础,但在海军力量上与世界海军大国的距离却是越来越远了,其中清廷财力不逮是重要原因。

从清廷投入陆军建设的情况看,也由于财力不足而收效不佳。为了节省资金,其常常主动购买西洋已淘汰或更换的旧武器、以旧翻新者,或者新旧搭买,武

①　《盛宣怀亲笔函稿不分卷》,古籍类电子文献 430853-60,上海图书馆藏第 593—599 页。原档文字残缺处较多,均以"□□"替代。《海军刍议三条》,盛宣怀全宗档案 033338,上海图书馆藏。

器的性能及寿命自然大打折扣。1875 年盛宣怀收到函件称,"前承委购之一百零二尊陆路炮内应用之克虏伯新炮闩十七副,业已如数运到,经冯观察、王司马会同验收并经王司马将添购炮闩须另给价情形禀明北洋大臣李宪,吉林将军穆宪在案,因合同内第七条载明后门钢闩每队添造一副,不能一同交齐,随即迅速定准补寄来华,如旧炮有此件可添不另给价,如须讬克虏伯添造新的,应照厂单另给云云"。①1885 年,洋行多次向清军推销军火,提到了以旧翻新的军械。"折内所开十三响马枪每支银三十二两者,连鸡心药弹千颗之价也,今又附呈霆军后路专办军火之巢旭升,开来枪价两纸,查内开十三响顶好马枪,每支银十五两八钱二分,如连鸡心药弹千颗,则加银十三两,倘较此次别处所办者价目稍为公道,则以后遇有需办之处可否俯赐照顾若干,好在货到然后给价不须先付银两也。……刀头来福枪旧冲新者现货五千枝,新者现货二千枝,新来福三千枝。"②

枪炮购买由各督抚自筹经费,造成全国陆军建设极不均衡,加之训练不精,管保不力,数量有限的新式武器也未能在战场上完全体现出应有价值。甲午战后,清陆军开始重视与新式武器相适应的编制体制和训练模式,进行大规模的军事改革。1898 年 1 月,盛宣怀上奏指明中国练兵之要,"所谓仿西法者遴本籍之将,统本籍之兵,以一二万人为一镇,以三年为一轮,每镇有武备学堂,枪炮归于一式。所谓合古法,散之为民,征之即为兵。一省定常备预备兵额若干名,即制兵也。有此新练制兵则陆营可尽裁,官弁可尽改,不致宂夹杂。……越三年陆营一律改为常备,预备当可练成三十万人,此后铁路南北俱通,精队出嗟可集。有兵则外侮自钦,有兵则中气不馁,非必战也。苟有事变两国稍可相持,他国乃可排解,否则人有所索我必应允,虽家有窖藏亦责寇粮,且终岁节省之军需曾不足抵一举赔偿之费,迟之数年地日蹙,民日穷,八表皆强敌窥占,文武为他人辖制,欲练兵而不可得矣"。③日俄战争结束后,广西候补知府李甸清在上两广总督张之洞的条陈中称:"一、制造军火以资接济也。窃思制器以觅地为先,战事以军火为要,能不受制于人而后可以制人。查洋务之兴四十年矣,屡经发难大肆猖獗而且得步进步,如火燎原,盖犬羊之性,本属贪婪,抚则优异同沾,剿则群起为难,羁縻不可委蛇何能。今日边衅已开,尤宜亟思整顿,若不急为布置力图自强苟安,目前糜烂边疆诚无谓也。万国公法内载,战事即各闭关,军火炮械不得私相接济。我国虽经设有机器各局,无如采买俱多,创造殊少,且局厂全在海滨,一遇失和,彼得放船拦截,不能出境,如福建之被其蹂躏者无论已,即津沪各局亦防海外拦阻,不敢运解,是以只

① 《? 致盛宣怀函》,盛宣怀全宗档案 035556,上海图书馆藏。
② 《各种样枪、子弹价格清折》,盛宣怀全宗档案 040598,上海图书馆藏。
③ 《盛宣怀亲笔函稿不分卷》,古籍类 430853-60,上海图书馆藏,第 122—123 页。

可护卫本地而不能兼顾别者也。讨思战事以军火为第一要务,粮饷次之,设使子磬药完枪炮都成废物,粤局虽设,亦恐太近海旁,仍同孤注。况广西安南云贵各省均有边防,若不择一适中之地开局制造,将来洋药洋火用完试问从何处购买乎,前江苏巡抚丁议设机器局以鄱阳湖所论甚当。卑府考验舆图,揣度地势,内境之可以设局者,莫如江西潘阳湖、广西梧州府两处,水环山阻,为敌船所不易入,而且上运楚蜀下达皖吴,煤铁木料容易麋集,梧州富川贺县等处现有煤厂,云贵铜铅大木可以沿江直下。广东生铁亦可溯流而上,采买不难,水脚亦省。今拟设局于此,先造火药火箭铜帽枪子等项,接济各路军营,次造抬枪洋枪地炮开花炮子造船筹炮,凡军用之物皆可陆续举办,诚为目前急务。不独不必取资外国且可协济邻省,倘云贵广西安南闽浙各省需用,即可顺道拨解。伏求大人体察情形,酌筹数十万款项,速饬干员,赶紧择地设局开办。惟铅药枪炮系军中紧要之物,必须加意讲求,倘无工匠可用,现有出洋熟悉制造之人,可否令其回来试办之处出自卓裁,卑府原为统筹全局起见,是否有当仰候云云。……(引按:张之洞批文)设局制械自是要务,他省应在何处制造未便代筹,东省机器局尚能如法,惟规模未扩,正由经费未充耳。"①张之洞自然知道应该设局自造军械,不必受制于人。然而,即便以张之洞之地位筹措数十万款项办理军工,亦绝非易事。

　　新军编练需费较巨,各省均无法筹足款项。1909 年,梁启超在《上涛贝勒笺》中评论新军,"无论督抚未尝实心任事也,即有实心任事,而费又安从出?各省所入,其支销皆已前定,而未有一省入能敷出者。今中央政府责以某省练若干镇,某省练若干镇,文告急于星火,而一语及费之所出,则不复能置词。惟曰饬该督抚无论如何必须先尽此款而已。督抚虽极公忠,虽极多才,而无米之炊,云何能致"。②辛亥革命后的新生国民政府,也因经费问题举步维艰。1911 年 10 月武昌起义后,对于新生的革命军政府来说,最大的问题是经费问题。孙中山指出,"今日之急,以在外洋运动款项为第一要义"。③孙中山甚至向日本友人宫崎滔天告急,"你如不保证在周内给我弄到五百万元,我当了总统也只好逃走"④。中华民国临时政府到了"库藏如洗"⑤的地步。南京临时政府存在的三个月中,其财政收入约 1 387 万元(2/3 为外债),支出为 1 550 万元。⑥黄兴也只好面对军队既不堪

① 《李甸清上张之洞条陈》,盛宣怀全宗档案 088342,上海图书馆藏。
② 梁启超:《双涛图日记》,《饮冰室合集》之二十九,中华书局 1936 年版,第 29 页。
③ 《孙中山先生廿年来手札》第 2 卷,广州时敏书局 1927 年版,第 8 页。
④ 《广东文史资料》第 25 辑,广东人民出版社 1979 年版,第 314 页。
⑤ 《辛亥革命与华侨》,人民出版社 1982 年版,第 14 页。
⑥ 李荣昌:《南京临时政府财政问题初探》,《辛亥革命史论丛》第 5 辑,中华书局 1983 年版,第 63 页。

战斗又因乏饷可能哗溃的局面。正是无法解决的财政困难,一定程度上导致孙中山不得不把临时大总统位让与袁世凯。

不过,历史一再表明,国防建设不获得足够的发展,一旦遭受侵略,往往要付出比所省军费多得多的代价。清朝陆军军需监制,一等军需正漆英,于民国初年专门翻译日本陆军军需总监辻村楠造的著作《财政与军备》(此书为解决日本增兵问题而作),并在不违背原作者本意的前提下加入了自己的个人看法,该译著有多人作序,在当时引起很大反响。该书蒋序中有:"今之列强糜金钱以充武力。复借武力以争金钱。金钱非武力莫保。武力无金钱莫强。武力为主,金钱为辅,关系至密,交相为用。"无此二者,不亡则弱,未有能幸者也,中国"一败于法失南越,再败于日失台韩,三败于联军失各要害,前后赔款数十万。曩使以此数十万万者。豫筹为练兵费。岂不战胜攻取用于此者,获偿于彼。何至如今日国弱民贫,上下交困哉"。①辻村楠造在书中引用奥地利陆军大臣1912年时说过的话,"二百年来之历史,未有因扩充军备之事而亡其国者,若怠于军备而吝于养兵则未有不因积弱之故因循以至于亡。盖平时节约军费则战败时必至加增数倍之损害,而国且随之以亡,何其不思之甚也"。②虽然,此书观点实为鼓动日本出兵侵略别国而作,但国富与兵强互为表里却是至理。

(二)华洋军品贸易效费比极低

对于军事尤其是武器装备极度落后的近代中国来说,购买相当数量的外洋枪械及军工物料,提升武器装备水平,这一军事变革路径的本身是没有疑义的。然而,不可否认的是,由于列强垄断军品市场、军工技术飞速发展、军品管理效率低下等种种因素,其效费比极低。和平时期,不仅许多购进军火尚未使用即锈蚀作废,还常常因外洋设备进口上的短视与草率,导致许多设备到厂即改,不仅浪费大笔款项,而且难以保证机器性能。太平军兴导致清政府军权下移,各省纷纷就地筹饷、自主开支,"军事经济主体的高度分散,在和平时期产生了重复建设、资源浪费的后果,有限的国防财力难以发挥最大效率,形成单有数量规模,缺乏质量效益的国防供给"。③外购军品杂乱无章、自造军械各自为政,"军械划一"迟迟不能推行。战争时期,往往由于训练不精、操作不熟,不计射程、不讲效率地乱放,浪费大批弹药,导致弹无枪废;又由于将帅临阵脱逃引起兵勇溃散,大批新式武器直接资敌。

① [日]辻村楠造:《财政与军备》,漆英译,民国四年七月武学社印行(1915年7月),上海图书馆藏,序第1—2页。

② 同上书,第5页。

③ 黄宁辉:《从军事经济供给角度看中国甲午战败的原因》,《学术论坛(理论月刊)》2004年第4期,第58页。

1. 列强垄断军品市场

华洋军品贸易常常被附加很多经济或政治条件，甚至有被要挟的时候，如赵尔巽在任盛京将军时，涉及日本索要中国木材问题，"木材厂军用木上年短抽十五万联，即与商定照合同补还，刻与鸭浑两江董事商定打去年上江所存陈木下运时，抽足此数照彼政府意，此外尚须购买二十万联，未曾允许，请转外部北洋。……短抽自应按照合同补足，此外如再购买与该合同无涉，未便章混。……小岛曾言日政府切嘱木材合同不定，则每年四十万联之木必定要用，即至决裂亦系不顾合同，一定即可停止。……彼政府既有意为难，若无善全之法在此，必有强硬之举动，谨先呈明尚求宪示，云当即电饬该道勿受要挟，据理与争。……军队既撤何有军用，日员谓合同不定每年仍以四十万联之木相索，殊属无理，且我未允而彼用强硬之举，大曲在彼，偿可理论。如我滥允自弃主权，责任在我无从补救，况亦无从用其决裂，望转告锡道，万勿畏惧要挟遂行允许"。[①]

中国在外购军品的同时常常为列强作嫁衣，面对缺乏世界军火贸易经验的中国买主，各列强善于利用合同陷阱（一系列的造舰工业流程、规则）、支付货款的手段（英镑、马克汇率的变动）等途径赚取中国大笔经费。据相关资料反映，1882年，中国向德国伏尔铿船厂订造铁甲舰，而该厂当时尚未具备制造大型铁甲舰的能力，尤其是还没有达到"钢面熟甲"的生产水平。定远号、镇远号在建造过程中，甚至出现 305 毫米巨炮发生爆炸的严重事故。他们实际上是拿中国人的钱，做德国造舰工业的实验，因此才在造铁甲舰过程中不断加价至 339.9 万两巨款。

西洋武器在近代中国一般都以洋行做代理商，各国洋行基本垄断着本国武器在中国的销售，同时兼做他国武器的代理。一方面，各国洋行间的竞争为清廷以较低价格购买外洋武器提供了操作空间，另一方面，各国洋行以及军工厂之间常采取分揽生意、搭售他货、联手控价等方式榨取着中国有限的军购经费。克虏伯厂专门实行军代表制度，不同代理机构之间统一价格，让清政府无从选择，从1893 年 8 月克厂一封致盛宣怀函件中可以看出："参将丁讷向在克虏伯炮厂办事，兹自西历七月初一日起，丁讷同各总办一体办事，可以代本行画押，其押与各总办之押并用，特此布知。"[②]

瑞生洋行经理德国人毕德卫，1875 年在英国为福建善后局监造双螺旋桨炮艇，这种旧款炮舰吨位和火炮口径都比蚊子船小，但开价却比蚊子船高很多。两艘最初到达中国的蚊子船的价格是三十万两白银，而这两艘炮艇到港的价格却要

---

① 　赵尔巽：《盛京军署机密函电稿不分卷》，上海图书馆藏古籍类电子文献 T28219-27，第257—258、264 页。

② 　《克虏伯炮厂致盛宣怀函》，盛宣怀全宗档案 059518，上海图书馆藏。

三十七万两白银。金登干查询两艘船实际单价后发现这种炮艇到达中国时索价超出 14 000 英镑,远远高于 5％佣金的惯例。即使如此,像毕德卫这样的洋商依然生意兴隆,毕德卫的合伙人巴克海斯特在和中国人的生意中"至少获利50 000英镑"。①

洋行间竞争激烈,盛宣怀在军火贸易时曾谈到,"如怡、太不办,左意托别家代理"②。为争夺克房伯产品在华销售代理权,信义洋行满德利用回国时机积极进行活动,先后取得了德国驻华公使巴兰德和曾代理领事职务的使馆秘书克林德(Kertteler)的支持,有了这样的政治背景,促使克房伯厂赋予了他担任销售代理的权利。③不过,某些军工厂往往在中国并不只一家代理商,这样在销售军品的时候,不同的洋行之间必然会引起竞争。各洋行往往要采取多种策略,1887 年信义洋行的满德向李鸿章推销克房伯炮,同时斯米德公司(Schmidt & Co.)和泰来洋行(Telge & Co.)也争相向李鸿章推销,三个公司相继降价。满德凭借雄厚的经济实力,赢得了最后的胜利。④"清末礼和洋行在北门外针市街开设上行时,买办冯商盘便以售军火成为暴发户,以后雍剑秋也成为有名的军火买办。其他如德商瑞记、禅臣、捷成、德义、世昌、协利、信丰等洋行,都或多或少销售过德国军火。英商怡和、安利,美商慎昌,日商三井、三菱系统的各洋行在军品生意上也都有过激烈的竞争。"⑤1887 年 1 月,泰来洋行欲与盛宣怀做军火生意,呈报军火价目单,并说明"由福克加签花押并增有码头泰来准定包送上岸一条,一并呈上……接克房伯来电探问胶州生意,窥其意似疑敝行,前言承钧座栽植一节,未尽的实敢再恳请酌定后,即立合同以免该厂疑虑,敝行未尽妥善致满德别有钻营也"。⑥

盛宣怀等地方要员在外购军品时常常军品民品同时购买,其中有便利中方的因素,但也难以完全排除外洋强买强卖,搭售其他不需要的物料的可能。1894 年9 月,中日甲午战争激烈进行之际,盛宣怀向信义洋行采购武器,同时也购买纺纱机器。"即日凭电凑付信义洋行李德纺纱机器价规银二十万两,胶州炮价规银五万两,共二十五万,取收条,限二十日照付"。⑦

---

① ［英］魏尔特:《赫德与中国海关》(下),厦门大学出版社 1993 年版,第 46 页。

② 《盛宣怀档案资料选辑之三·甲午中日战争》下,上海人民出版社 1980 年版,第 173 页。

③ ［德］施丢尔克:《十九世纪的德国与中国》,生活·读书·新知三联书店 1963 年版,第261—262 页。

④ 同上书,第 261 页。

⑤ 天津市政协文史资料研究委员会编:《天津的洋行与买办》,天津人民出版社 1987 年版,第 21 页。

⑥ 《泰来洋行致盛宣怀函》,盛宣怀全宗档案 040560,上海图书馆藏。

⑦ 《盛宣怀致杨学沂、盛宙怀、盛揆臣电》,盛宣怀全宗档案 041948,上海图书馆藏。

　　1895 年 6 月 13 日,盛宣怀纱厂与瑞记洋行、地亚士洋行产生纠纷,盛宣怀担心洋行该退款项不退,遂强调一旦官司败诉欲就禁止中国再与该行有贸易往来。"但看李曼情形,一味推延,适有泰来洋行之事,中堂已派二等第一宝星满德全权查办,因此将瑞记、地亚士合同亦发交一并料理,如不退还七万两,只得给以全权代弟涉讼,弟想此官司断不致输,如果输了,只得将李曼历来所办之事禀明总理衙门、南北洋大臣,以后不与该行交易,阁下如见香帅,亦望将该行无理情形禀知香帅,弟已先行函知刘康翁矣。"①

　　1894 年 9 月,天津德国瑞生洋行补海师岱、朱锡康呈盛宣怀铜铁铅物料清折,"申地(瑞生上海分行)铜铅现货只有此数,且二十五吨价每担八两四钱者已经售出,现存该牌号一百五十吨,故价不肯从廉,但既蒙宪委敢不效劳迁就以图后来栽培,刻将合同缮就一百五十吨送呈画押,倘然嫌多可于合同后批除若干可也,敢请迅赐发还,以便补(海师岱)今晚带回申江……至于紫铜如尊处嫌贵不购,亦已别有受主也,兹将紫铜砖样两块及白铅样一块送呈察核,其铜比向来办者成色更高,如此票售去,申地别无现货"②。

　　一国不同洋行间有时也联手与清政府分揽生意,共享利润。满德曾经为泰来洋行行东,而"爱仁"轮船为泰来洋行所有。满德组建信义洋行之后,常与泰来洋行一起联合与清政府做生意。1895 年 11 月 7 日,上海信义洋行收到电报,杏宪(盛宣怀)已电知招商局,准借"爱仁"转运格鲁森、克虏伯炮来津,惟不及由行转发洋报,即以此华电为准,速往招商局接洽。11 月 9 日,盛宣怀发密电给上海陶翁、凤、辉等人,称信义租用"爱仁",如装有子弹及火药,须令另立保单,如有不测,归信义认赔为要。同日致电黄幼翁,"'爱仁'昨已电沪,准其装军火来津再装兵回沪"。③1910 年 1 月 7 日,叶景葵上海来电:"马枪三千枝,步枪七千枝,拟令礼和、瑞生分办,马枪每枝六两五钱,四个月交,步枪六两一钱,三个月交,一切规约照前合同办理。"④1 月 16 日,叶景葵再次来电:"礼和、瑞生各半,共合规银六万二千二百两,已垫付三分之一,请饬筹汇,此枪颇便宜,日来因洋商包购已涨至八两矣。"⑤

　　2. 军工技术飞速发展

　　18 世纪以后,西方主要资本主义国家的军事技术逐渐发生了革命性的变化,以"皮特计划"为代表的重视制海权的军事战略已经问世⑥,陆军武器中火器的比

　　①　《盛宣怀致沈能虎函》,盛宣怀全宗档案 041239,上海图书馆藏。
　　②　《补海师岱、朱锡康致盛宣怀函》,盛宣怀全宗档案 041601,上海图书馆藏。
　　③　《盛宣怀档案资料选辑之三·甲午中日战争》下,上海人民出版社 1982 年版,第 658 页。
　　④⑤　赵尔巽全宗档案 543-76-2,中国第一历史档案馆藏。
　　⑥　张炜、许华:《海权与海军》,人民出版社 2000 年版,第 47 页。

例大幅上升,随之战术也发生了巨变。中西间军事实力上质的差距已渐然拉开。1797年,清政府下令将沿海战船"一律改小",清朝沿海修筑的炮台在西方船舰大炮面前几乎不堪一击。鸦片战争使中西军事技术上的差距暴露无遗。在内忧外患的刺激,特别是有识之士的呼吁下,没有任何工业基础和研发能力的晚清走上了华洋军品贸易之路。清廷往往片面讲求最新式,不仅容易上当受骗,而且受到军事技术不断波动的影响,浪费大笔资金,还人为降低了枪械使用寿命。动辄就暂停购买船械的举动,则给了处心积虑要侵略中国的日本一个反超的机会。正是凭借着最新式速射炮的大规模装备和新型火药,日军一举战胜了曾经处于亚洲第一位置的清朝海军,大大增加了中国半殖民地化的程度。

西方工业革命以后,英国军工制造技术处于领先位置,在中国海关英籍税务司官员李泰国、赫德等人的影响和推荐下,晚清华洋军品贸易的对象最初主要是英国,后来才慢慢展开了与德、法、美、奥、日等国的合作。1862年2月,清政府通过海关总税务司李泰国向英国购买"中国""北京""江苏""厦门""广东""天津""奉天""巴拉莱特"等西式明轮炮舰,除了三艘原英国海军炮舰和两艘私人船之外,"江苏"号由英国Lairds建造,"广东""天津"由White Cowes建造,从技术上看,属于当时比较流行的炮舰。同年3月,上海官绅也通过常胜军统领华尔之弟亨利·华尔赴美国购舰,包括纽约市布鲁克林区建造的"大清"号,James C. Jewett & Co.建造的"江苏""浙江"共三艘轮船,被华尔擅自售卖,侵吞款项至少27万两。①三艘轮船用于美国内战,建造时间较晚,技术性能应该不会太差。

世界舰船发展的速度比较快,铁甲舰英文名为Ironclad,为世界各国所关注。世界第一艘大型铁甲舰是1859年法国制造的光荣号(Gloire),5 700吨,是木质蒸汽船外镶上装甲铁板。英国则在1861年建成9 300吨的勇士号(Warrior)。其后五年,英、法、奥地利、意大利、土耳其等国已拥有总数达数十艘的铁甲舰,包括日本最先购置的两艘铁甲舰也是木质船外镶铁甲,一般是在锅炉仓、炮仓、水线上下等重要部位加装护甲。直到19世纪60年代中期之后,英国皇家海军的远洋铁甲舰都设计为六千吨以上,如此才能取得防御性(装甲够厚,保护面够大)、适航性(速度够快,装煤够多)、攻击性(火炮数量够多,口径够大)各项系数的平衡。

慑于铁甲舰的威力,各国都在寻找克敌之法。1867年,英国设计师乔治·伦道尔(George Rendel)创造出了一种新型军舰,伦道尔炮艇师丹号(Staunch)。该炮艇排水量只有200吨,长22.86米,宽7.62米,吃水1.98米,主机功率134匹马力,航速7.5节。这种炮艇抛弃了传统的船体两侧布置列炮的方式,而在船头安装一门9英寸口径的前膛巨炮。使用时第一步要先下锚(防止开炮时后坐力太大

---

① 费志杰:《华洋军品贸易的管理与实施》,解放军出版社2014年版,第277页。

导致船体倾斜沉海），然后通过液压系统在 6 分钟之内将巨炮升起，发射一枚炮弹后，在巨大的后坐力推动下炮架会慢慢降下，士兵在甲板下进行炮弹装填，以备下次攻击。这种船的实际用途并不是出海打仗，而是当作海上可以运动的炮台，即水炮台。与同样装备大口径火炮的铁甲舰相比，其装载的火炮所具有的威力并无太大不同，属于低成本、极具性价比的火炮搭载平台，虽然不能到大海上与铁甲舰争雄，却可以在近岸给铁甲舰以巨大的威慑，相当于把近岸炮台移到水中，而且以移动的方式随时对来犯铁甲舰发动攻击。其缺陷在于不能进行远洋作战，只能扼守海口，速度慢、防护能力差。1875 年，赫德呈报四种蚊子船方案供李鸿章选择[①]，最终确定选择 440 吨和 320 吨两种排水量的蚊子船各两艘，除单价外，运费 65 940 两，合同总价 45 万两银。四艘军舰的火炮由阿姆斯特朗公司（Armstrong）自行建造，军舰的舰体部分转包给泰恩河畔纽卡斯尔（Newcastle）的米切尔船厂（Mitchell）建造，两艘 320 吨排水量的船被中方命名为"龙骧""虎威"，两艘 440 吨排水量的船则被命名为"飞霆""策电"。[②]四艘蚊子船于 1877 年 6 月 18 号接收完毕。

排水量	火　炮	单　价	排水量	火　炮	单　价
1 300 吨	16 英寸		320 吨	11 英寸	23 000 英镑，合 76 659 两银
440 吨	12.5 英寸	33 400 英镑，合 111 322 两银	260 吨	9 英寸	

　　清朝四洋海军都购买了此种蚊子船，其中南洋买了 4 艘，山东买了 2 艘，广东买了 1 艘，仿制了 1 艘，福建买了 2 艘，中国沿海一共有 14 艘蚊子船。同期的其他国家也不断向英国购舰，如阿根廷、智利、日本等。1870 年，日本扶桑舰和中国第一批蚊子船都因护甲防锈技术不过关而很快锈蚀。[③]

　　因台湾受到日本侵犯引发海防之大讨论，清廷下决心订造两艘铁甲巨舰"定远舰""镇远舰"，由德国坦特伯雷度的伏尔铿造船厂建造，属于 7 000 吨级的一等铁甲舰（19 世纪 80 年代，具有水线带装甲的军舰都可被称为铁甲舰，4 000 吨以上者称为一等铁甲舰，在 4 000 吨之下者为二等铁甲舰），其中定远舰造价约 140 万两白银，镇远舰造价约 142 万两白银，两舰均于 1884 年竣工，于 1885 年入列北洋水师。船壳全部用铁或钢铸造的铁甲舰是在 19 世纪 80 年代钢铁技术飞

　　① 《赫总税司译金登干来函》，《中国近代史资料丛刊·洋务运动》第 2 册，上海人民出版社 1961 年版，第 335—336 页。

　　② 陈悦：《北洋海军舰船志》，山东画报出版社 2009 年版，第 9—17 页。

　　③ 洪子杰：《1875—1881 海关购舰之研究》，台湾"中央"大学 2008 年硕士论文，第 16—17 页。

速进步以后才出现的。自 19 世纪 60 年代初至 1906 年英国 18 110 吨"无畏"（Dreadnought）号下水，是世界舰船设计的大实验期，"观念、建材、动力、武器不断更替，十年八载就可以带来根本性的不同。为免造出昨日之舰来，每级舰通常仅制一两艘而已"。①

从火炮技术来看，英德都处在世界火炮技术的最前沿。英国的乌理治兵工厂，1850 年前后就能生产阿姆斯特朗前装炮和后装线膛炮，80 年代该厂附设的炼钢厂一周能炼 7 000 吨优质钢材，还拥有 3 000 吨水压锤、2 000 匹蒸汽马力在内的生产设备；其所属的李恩飞枪械制造厂一周能造 2 500 支线膛后装连发步枪。1876 年，英国人威廉姆·阿姆斯特朗爵士（Sir William Armstrong）向英国海军部提交了重 100.2 吨，口径 450 mm（17.76 英寸）的重炮设计，结果未被海军部采纳。威廉姆爵士结束了跟埃尔斯维克公司的合作，自己创办阿姆斯特朗军械公司。后来因为铁工技术的进步，工程师们开始采用后装系统来代替前装系统，前装炮的时代走向没落。线状无烟火药的诞生使得新型火炮的开发成为可能。阿姆斯特朗公司投入到新型后装火炮的研制中。直到 1886 年，英国海军才把大口径后装炮列为标配。1862 年后，阿姆斯特朗炮不许外售的禁令取消，各式阿姆斯特朗前装/后装火炮陆续售与中国。

德国的军工技术最为典型的就是克虏伯厂。1811 年，弗里德里希·克虏伯在德国埃森（Essen）创办了克虏伯铸钢厂，其子阿尔弗雷德继承父业，1845 年仅有 130 名工人，至 1862 年工人已增至 2 000 名，自 19 世纪 50 年代开始制造枪炮，生产了闭锁性能较好的后装线膛炮和装箍炮。1870 至 1871 年的普法战争是"这位伟大的德国军器制造商努力数十年而后达到的成功的高峰"。②从此，该厂成为世界著名的"火炮大王"。到 80 年代已拥有 2 万名工人，5 个大型钢厂，500 个铁矿、煤矿、采石场、陶坑和沙坑，1 个汽船队和 1 个火炮试验基地，向包括中国在内的 14 个国家，销售了数以万计的火炮。③德国军品销售来华的主要途径有两种，一是直接派克虏伯厂人员（包括军事和技术人员）携带克虏伯兵工产品到中国充任军事教习和技术指导，教授克虏伯炮的操作和制造之法；二是寻找最佳的代理商，尤其是各种洋行。德国的力拂（另称"利佛"）机器厂，1889 年就开始向国外出售生产枪炮的全套设备。该套设备拥有 120 匹马力，日产连发枪 50 支，年产75 至 120 毫米口径的山炮 50 门。

法国的军工生产能力也在不断进步。法国圣西门海军冶金和炼钢厂，自

---

① 马幼垣：《靖海澄疆——中国近代海军史新诠》，联经出版社 2009 年版，第 319—320 页。

② ［德］乔伟、李喜所、刘晓琴：《德国克虏伯与中国的近代化》，天津古籍出版社 2001 年版，第 8 页。

③ 王兆春：《中国火器史》，军事科学出版社 1991 年版，第 339—340 页。

1875 年开始,每年能造 800 至 1 000 门火炮。法国马赛的地中海造船厂,每年能造 325 门榴弹炮。法国人古拉刹和古礼丰曾向盛宣怀推销地中海厂所产最新嘉尼炮位用于胶州要防,"地中海厂嘉尼炮位较之阿姆斯脱朗及克房伯炮更为新式优胜,该厂试验得数尤为别炮所不及,且其炮体坚固无比,从未有炸裂之事,兼之开放运用极为简便稳当……西历一千八百八十七年,日本国欲购办三十二生的口径四十倍口径长炮位三尊,以备彼国名意,租古希马梦、租希马及亚希达得三艘边防巡船所用,内二艘亦系地中海厂所造。于是该国命克房伯厂、阿姆斯脱朗厂、克磊森厂及德邦士厂互相比较,后骏该国精于炮务之武员择优向地中海厂购办。同年希腊国亦欲购办二十七生的口径炮六尊,十五生的炮位十五尊,以备彼国大铁甲舰三艘名意特拉、拨沙拉及斯卑细亚,船上所用,内二船亦系地中海厂所造,该国以此炮关系紧要,不敢忽略视之,故虽向来专用克房伯炮,然闻地中海厂所造之日臻精利,于是将嘉尼炮、克房伯炮及阿姆斯脱朗炮等更番比验后,定嘉尼炮位以备该国三艘至大至美兵船所用。一千八百八十九年春,南美洲智利国向大专厂定购大兵船一艘、巡船二艘及船上炮位亦于英法德三国大炮厂中比较择用者,此三船共值价银三百万两,炮位不在其内,其炮位有二十四生的口径炮四尊,十二生的快炮十二尊,十五生的快炮八尊,共二十四尊,由智利国水师提督名笃勒,于嘉尼、克房伯、阿姆斯脱朗、克磊苏、德邦士各炮中比较择优定购者也。六月前俄国拟欲选择新式快炮以备彼国水师中行用,于是该国特派精于炮务之武员至法国嘉尼炮厂及克磊苏厂,该厂无炮可供试验,继以德国克房伯及克鲁苏厂及英国阿姆斯脱朗厂等往来比较经验,经三月余之久,始行回国将阅验各快炮情形禀明政府定议。俄国水师中一律行用嘉尼快炮。西历本年六月日本国又向地中海厂购定二十七生的口径嘉尼炮四尊,总之自一千八百八十七年起日本国、希腊国、智利国向地中海厂定造炮位不少,又俄罗斯国选用嘉尼快炮,按以上各国向皆用克房伯炮及经比较试验优劣显然,故向地中海厂购办无疑"。① 1897 年 6 月,道员沈敦和主持自强军营务处,奏请自强军改用新式六生的快炮,希望能将七生的半马克沁快炮、八生的克房伯快炮更换为信义洋行提供的克房伯新式六生的过山快炮,可以驰行飞驶占敌先机,需炮十二尊,或全数购买,或购一二尊由江南制造局仿造。是年 8 月,张之洞闻知克房伯厂将十二生开花炮弹改为钢弹,电请许景澄将湖北枪炮厂所订弹机造铁壳者改为造钢壳者,以免落后。②

　　70 年代以后,西方更为先进的后膛枪炮开始输入我国,淮军装备再次更新。

　　① 《古拉刹、古礼丰致盛宣怀函》,盛宣怀全宗档案 033311,上海图书馆藏。
　　② 〔德〕乔伟、李喜所、刘晓琴:《德国克房伯与中国的近代化》,天津古籍出版社 2001 年版,第 350 页。

英国的马梯尼和士乃德、法国的哈乞开司、德国的老毛瑟、美国的林明敦和黎意等枪种，均进入淮军部队。1890 年，江南制造局总办刘骐祥呈文，"后膛枪式日新月异，种类不一，其较为精致者，则以毛瑟，黎意及哈乞开斯（又译名，哈乞开司）为最。职局所造林明敦中针式样，已嫌其旧。今王世绥与华洋枪匠，仿造英国新出之兵枪，名曰新利枪。其机簧有似乎毛瑟较为灵巧省便，其枪筒有似乎黎意而较为轻利。所佩药弹铜卷系用无烟火药七厘，实以包铜之铅子，形长而细，施放可及三千码之远"。到甲午战争前夕，部分部队还装备了更为先进的后膛连发枪，主要枪种有奥地利的曼利夏、德国的新毛瑟和中国江南制造局仿造的快利枪等。在平壤战役中，清军使用了七连发枪和十三连发枪。

在火炮装备上，淮军主要有英国的阿姆斯特朗式、德国格鲁森式和德国克虏伯式钢炮。仅 1871 年至 1873 年，李鸿章就购置了德国克虏伯后膛 4 磅钢炮 141 门，到 1884 年淮军配备的后膛钢炮已达 370 多门。自 1886 年起，广东又陆续拨解北洋钢炮 100 多门，1886 年粤解八生脱钢炮 48 尊，1891 年粤解七生脱钢炮 102 尊，1892 年粤解八生脱七钢炮 30 尊。到甲午战争前，江南制造局共造出后膛大炮 145 门，大部分用来装备淮军。淮军火炮中，有一部分阿姆斯特朗和格鲁森式钢炮还是西方 80 年代末才发明的速射炮。趸购自然优惠，然而在火炮技术日新月异的背景下，弊大于利。1887 年，张席珍致函盛宣怀，"查炮趸购虽属稍省杂费，而筹款须认利，合算无多便宜，且炮式常常更新，空数过多"。①

与淮军相比，其他部队的装备数量和性能上都有不小的差距。吉林将军长顺称，其于 1888 年接任时，所部 17 营 3 哨，只有前膛来福枪 3 600 余杆，后膛马步各枪 1 600 余杆。后在上海购后膛枪 2 000 杆，由神机营拨给来福枪 1 000 杆，海军衙门拨给哈乞开斯 1 000 杆。但这些枪械在演习中多有损坏淘汰者，故而战争爆发时，其所统各军开斯、毛瑟等枪无多，大半是来福枪、快枪，余则以刀矛充数。东北练军至 1894 年 9 月，查明各队原领大小洋枪共 1 784 杆，来福枪共 648 杆，鸟枪共 23 杆，抬枪共 67 杆，云者士得枪共 217 杆，马林枪共 440 杆，哈乞开斯枪共 1 073 杆。此七项共领得枪 4 252 杆，除此并无领得别项枪械。②

北洋海军当时雇佣的美籍洋员马吉芬在《鸭绿江外的海战》中记述："除六磅以下的轻炮外，日军的命中率约为百分之十二，而清军为百分之二十以上。但在战斗中清军的速射炮只有广丙的五十磅炮三门，而敌舰却独占弹注如雨之利。"清军的命中率（按照陈悦、张黎源的考证，定远镇远的 8 门 12 寸炮发射了 197 发，命

---

① 王尔敏等：《盛宣怀实业朋僚函稿》，台湾近代史研究所 1997 年版，第 9—11 页。

② 关捷、唐功春、郭富纯：《中日甲午战争全史》第二卷，战争篇（上册），吉林人民出版社 2005 年版，第 101 页；《清光绪朝中日交涉史料》卷 33，北平故宫博物院 1932 年版，第 47 页。

中 10 发，命中率大约 5%。日方军舰的命中率也在 5%左右)不能说明问题，因为清军发射数量少。关键是日军靠最新速射炮在短时间内形成持续的高密度火力，从而通过覆盖射击提高命中弹数。如马汉所言："无论如何勇敢大胆的士兵，在弹如雨注的情况下，也无法怡然自得。"[①]在大东沟海战中，日本海军共发射大小炮弹 20 921 发，几乎每艘中国军舰每分钟都会遭到 10 发炮弹以上的攻击。这种火力差距，北洋海军官兵靠勇气是无法弥补的。大东沟海战，北洋海军参战官兵 2 625 人，牺牲人数居然达到 714 人之多，几占全体人数的三分之一，另有数百人负伤。而日本海军伤亡人数加在一起也只有 298 人。速射炮应分为小速射炮和大速射炮。小速射炮是指格林炮、哈乞开斯炮之类的机关炮，在海战中主要用于对付近距离的敌方鱼雷艇，军舰使用的大速射炮，在中国又被称为船台快炮、快放炮等。

此时期后膛火炮采用的是架退技术，即火炮的炮身通过耳轴与炮架相连，火炮发射时由炮架承受后坐力，炮身连同炮架整体后坐，发射后会产生很大的位移，重新复位与瞄准要耗费大量时间，因此射速非常慢。以定远的 305 mm 克虏伯炮为例，发射一发炮弹最快也要 3 分钟，而日本松岛舰的 320 mm 主炮设计射速为 10 分/发，在黄海海战中更是创造了半小时发射 1 发的记录。150 毫米口径的舰炮，仅能发挥出 1 分/发的射速。"超勇"级撞击巡洋舰的 254 毫米主炮，属于从地井炮发展而来的原始速射炮，2.5 分/发。而最新式速射炮则为每分钟 10—11 发。19 世纪末期海战的有效交战距离仅有三千米左右，一旦超过这个距离，以当时的火控系统和舰炮精度来看，大口径巨炮的威力很难发挥出来。海战中定远、镇远两舰 305 毫米主炮拥有 7 800 米的射程，5 300 米距离首开巨炮，依然未能命中目标"吉野"，而是偏离到了"吉野"左舷 100 米处。甲午海战的一般射击距离在 2 000—4 000 m 左右，基本可以目视直射。120 mm 炮对铁甲舰定远 12 英寸(305 mm)的装甲无明显效果。

1886 年，英国阿姆斯特朗公司率先开发出了 120 毫米速射炮。其通过在火炮上安装制退复进机，使火炮的后坐部分能在发射后利用自身的后坐力自动恢复到原位，省去了复位和重新瞄准的时间，火炮的射速大为提高。除了炮架上的进步以外，速射炮还使用了药筒式发射药。发射药包被封装在带有底火的黄铜药筒内，装填完毕后炮手只需扣动扳机即可完成击发，在进行下一次装填时也不需要擦洗药室。以往采用架退技术的旧式后膛炮发射 1 发炮弹的时间，新式的管退炮可以射出 4—5 发。"巨舰大炮"论一时几乎要被"快船快炮"所取代，各国海军纷

---

① ［美］马汉：《评鸭绿江口外的海战·中日战争》第 7 册，中华书局 1996 年版，第 321—322 页。

纷开始换装这种新式火炮。视中国海军为假想敌的日本,即便高筑债台,也要疯狂采购新式武器,除了在现有军舰上添加和更换外,还订造了数艘装备大量速射炮的新式军舰。

1890 年,江南制造局总办刘麒祥向两江总督李宗羲报告,要求仿制一种新式火炮。"泰西各国所用枪炮,巧样百出,日新月异。查有德国克鹿卜厂所造新式全钢后膛快炮一种,与英国阿姆斯脱朗厂所造异属相同,较平常炮位每放一出,可以放至四五出,灵捷异常,以之安置炮台、兵轮,洵称利器。职道麒祥前在外洋,曾经见过,兹与华洋各匠再三讨论,拟由职局设法仿造。第此种后膛新炮,其中关键各件,均系紧密凑合,曲折甚多,若凭空摹绘图式,范模试造,诚恐差之毫厘,失之千里,拟先由外洋购买快炮一尊来局作样,以便逐件拆开,仿照制配,庶有把握。"[1]江南制造局最终引进了一门英国阿姆斯特朗公司的"全钢后膛快炮","逐件拆开,照样制配",由此开始了中国制造速射炮的历史。江南制造局报告最初准备仿制的是 100 磅子全钢后膛快炮,也就是 6 英寸口径的速射炮。但从后来实际的生产情况看,仿制出的是 40 磅子快炮,即 120 mm 口径的速射炮。1893 年6 月,江南制造局测试了新造的火炮,总办刘麒祥特地邀请了大量中外人士前来观看。当时进行试验的共有两门火炮,分别是八百磅子后膛大炮和四十磅子全钢快炮,其中四十磅子全钢快炮就是仿制的 120 mm 口径速射炮。试炮的结果非常成功,中西观者啧啧称叹。曾任英法意比四国出使大臣的薛福成在日记中详细记录了这种速射炮的性能参数。"快炮重二吨有奇,长十六尺二寸,口径四寸七分,食黑色火药十二磅,食无烟火药仅五磅半。一秒时可放十二尺,弹出口时每一秒可行二千零八十尺,弹里能击十八里(7 200 米)之远。"[2]并认为此项快炮最利于兵船。由这些数据可以看出,这门火炮的性能在当时是比较先进的。1891 年,北洋舰队访日,右翼总兵刘步蟾非常担忧,认为中国海军战力已远不如日本,当即通过海军提督丁汝昌向北洋大臣报告,力陈添船添炮刻不容缓。"定远""镇远"打靶所存黑药不能使用,五艘舰船常用炸弹一概缺乏。不过,此时正值清政府批准户部关于两年内停购外洋军火的奏陈。到了甲午战争爆发前夕,李鸿章奏称,"新式快放炮每六分钟时可放至六十出之多,其力可贯铁数寸,实为海上制胜利器。……北洋海军铁甲快练各船原设炮位,当时虽称新式,但较现时快炮,实觉相形见绌"[3],请求添购快炮来更新北洋军舰上的旧式后膛炮,并提出如果经费实在紧张,也应分年拨付,竭力匀凑,先购镇远、定远二船快炮十二尊。至甲午开战时

---

① 《中国近代史资料丛刊·洋务运动》第 4 册,上海人民出版社 1961 年版,第 131 页。

② 薛福成:《薛福成日记》(下),吉林文史出版社 2004 年版,第 816 页。

③ 《李鸿章全集》卷十五,安徽教育出版社 2008 年版,第 304—305 页。

的两年间,江南制造局共生产了 12 门 120 mm 速射炮,称为"十二生特快放炮"。1894 年,拨发海防军械局"阿姆斯脱郎四十磅全钢快炮四尊:开花、实心弹各一千六百个;钢质弹四百个;快炮弹铜壳五百个;炮门电气自来火一千支;炮门铜管击火二千六百支;炮药袋一百六十个;无烟火药八百磅"。[1]加上 1892 年速射炮问世后专送北洋接受检验的一门炮,北洋共计有 5 门速射炮。"广乙"舰装备了 2 门、"广丙"舰装备了 3 门。一直以来都在为侵略战争作准备,高度关注军事新技术的日本正是因为抓住了这轮技术变革,一战成名。大东沟海战中,参战的日本联合舰队 12 艘军舰装备的中口径速射炮多达 58 门,其中 120 毫米口径的 50 门,152 毫米口径的 8 门。清军只有广丙装有 3 门国产速射炮,日方速射炮数量为中方的 19.3 倍,即便中方普遍装备的机关炮,日方也是中方数量的 1.2 倍。当时日本联合舰队已经放弃了大口径舰炮,采用中口径速射炮,采用大量的爆破弹而不是实心弹。联合舰队的机动性优势得以充分发挥,打不过可以走,还可以多次变阵。也就是说,北洋舰艇处最不利地位的是中距离射击,近距离射击也具有较大劣势。

1894 年 7 月 25 日凌晨,先期护送运兵船的济远、广乙从牙山返航。在朝鲜附近丰岛海面,与日本联合舰队第一游击队吉野、浪速及秋津洲这三艘以高航速和高射速为特征的军舰遭遇。上午 7 时 55 分,三艘日舰向济远、广乙发起突袭,济远、广乙发炮还击,战斗中广乙舰利用硝烟和薄雾掩护接近日舰,试图向日本军舰发射鱼雷,但在秋津洲、浪速二舰压倒性的火力打击下受重创,无法发射鱼雷,船身倾斜,人员伤亡惨重,退出战斗,为防资敌,舰员将广乙自毁。济远乘机向西逃跑。下午 1 时,日浪速舰悍然将高升号击沉,殉难者达 871 名。下午 2 时,操江舰被秋津洲舰俘虏。

北洋海军唯一的优势就是定远、镇远两舰的装甲厚度以及 300 毫米以上主炮数量,航速较慢的北洋军舰遇到机动性较强的日舰抵近攻击时,也不太可能有机会拉开距离使用重炮射击。海战中,"广丙"一度突击到距离"松岛"仅数百米处,准备发射鱼雷,但因无法抵御日本军舰舷侧速射炮的密集炮火,而被迫暂时退却。日舰速射炮是由法国著名武器设计师哈乞开斯设计,授权英国阿姆斯特朗兵工厂生产的。甲午战争刚刚结束一个月,日本政府就迫不及待地向阿姆斯特朗公司主席威廉姆·阿姆斯特朗爵士颁发了勋二等旭日章,而公司副主席安德鲁·诺贝尔爵士,则得到了一枚勋二等瑞宝章。

---

[1]　刘传标:《近代中国船政大事编年与资料选编》(第 2 册),九州出版社 2011 年版,第 413 页。

甲午战争时中日双方军舰速射火力对比一览表①

舰名	速射炮型号	速射炮数量	舰名	速射炮型号	速射炮数量
定远	57毫米单管6磅弹哈乞开斯机关炮	2门	吉野	152毫米阿姆斯特朗速射炮	4门
	47毫米5管3磅弹哈乞开斯机关炮	2门		120毫米阿姆斯特朗速射炮	8门
	37毫米五管一磅弹哈乞开斯机关炮	8门		47毫米重哈乞开斯炮	22门
镇远	57毫米单管六磅弹哈乞开斯机关炮	2门	秋津洲	152毫米阿姆斯特朗速射炮	4门
	47毫米五管三磅弹哈乞开斯机关炮	2门		120毫米阿姆斯特朗速射炮	6门
	37毫米五管一磅弹哈乞开斯机关炮	8门		47毫米重型哈乞开斯速射炮	8门
超勇	11毫米加特林10管机关炮	4门		8毫米5管诺典费尔德机关炮	4门
	25.4诺典菲尔德4管机关炮	2门	松岛	120毫米阿姆斯特朗速射炮	12门
扬威	11毫米加特林10管机关炮	4门		47毫米重型哈乞开斯速射炮	5门
	25.4诺典菲尔德4管机关炮	2门		47毫米轻型哈乞开斯速射炮	10门
济远	47毫米五管三磅弹哈乞开斯机关炮	2门		8毫米5管诺典费尔德机关炮	1门
	37毫米五管一磅弹哈乞开斯机关炮	9门	严岛	120毫米阿姆斯特朗速射炮	11门
致远	57毫米单管六磅弹哈乞开斯机关炮	8门		47毫米重型哈乞开斯速射炮	6门
	37毫米五管一磅弹哈乞开斯机关炮	6门		47毫米轻型哈乞开斯速射炮	12门
	11毫米加特林10管机关炮	6门		8毫米5管诺典费尔德机关炮	1门
靖远	57毫米单管六磅弹哈乞开斯机关炮	8门	桥立	120毫米阿姆斯特朗速射炮	11门
	37毫米五管一磅弹哈乞开斯机关炮	6门		47毫米重型哈乞开斯速射炮	6门
	11毫米加特林10管机关炮	6门		47毫米轻型哈乞开斯速射炮	12门
				8毫米5管诺典费尔德机关炮	1门

---

① 陈悦:《北洋海军舰船志》,山东画报出版社2009年版,第289—291页。

续表

舰　名	速射炮型号	速射炮数量	舰　名	速射炮型号	速射炮数量
经远	47 毫米五管三磅弹哈乞开斯机关炮	2 门	西京丸	120 毫米阿姆斯特朗速射炮	1 门
	40 毫米哈乞开斯机关炮	1 门		57 毫米机关炮	1 门
	37 毫米五管一磅弹哈乞开斯机关炮	5 门		47 毫米机关炮	2 门
来远	47 毫米五管三磅弹哈乞开斯机关炮	2 门	千代田	120 毫米阿姆斯特朗速射炮	1 门
	40 毫米哈乞开斯机关炮	1 门	比睿	25 毫米 4 管诺典费尔德机关炮	2 门
	37 毫米五管一磅弹哈乞开斯机关炮	5 门		11 毫米诺典费尔德机关炮	2 门
平远	57 毫米单管六磅弹哈乞开斯机关炮	2 门	浪速	47 毫米重型哈乞开斯速射炮	6 门
	47 毫米五管三磅弹哈乞开斯机关炮	2 门		25 毫米四联装诺典费尔德机关炮	10 门
	37 毫米五管一磅弹哈乞开斯机关炮	4 门		11 毫米 10 管格林炮	4 门
广甲	57 毫米单管六磅弹哈乞开斯机关炮	4 门	扶桑	150 毫米速射炮	4 门
广乙	47 毫米五管三磅弹哈乞开斯机关炮	4 门	赤城	30 毫米 5 联装机炮	2 门
	120 毫米江南制造局后膛速射炮	2 门		47 毫米重型哈乞开斯速射炮	4 门
广丙	57 毫米哈乞开斯机关炮	8 门		47 毫米轻型哈乞开斯速射炮	2 门
	37 毫米五管一磅弹哈乞开斯机关炮	4 门	高千穗	47 毫米重型哈乞开斯速射炮	6 门
	120 毫米江南制造局后膛速射炮	3 门		25 毫米四联装诺典费尔德机关炮	10 门
镇北	11 毫米加特林 10 管机关炮	2 门		11 毫米 10 管格林炮	4 门

舰　名	速射炮型号	速射炮数量	舰　名	速射炮型号	速射炮数量
福龙	37毫米五管一磅弹哈乞开斯机关炮	2门	左二	37毫米五管一磅弹哈乞开斯机关炮	2门
左一	37毫米五管一磅弹哈乞开斯机关炮	2门			
总计	中方120毫米以上速射炮5门,广乙在丰岛海战时损毁,黄海海战时仅剩广丙舰携3门速射炮参战。近距机关炮139门		日方120毫米以上速射炮58门,近距机关炮173门		

　　从上表可以看出,大东沟海战,北洋海军参战军舰火炮仅仅在口径上占有优势,但速射炮仅有国产3门,并未发挥明显作用;日本海军参战军舰速射炮数量为中国的19倍。日本的浅野正恭所著《近世海战史》在谈到甲午日清海战时指出:日本舰队以快炮多,故同一口径之炮,而所发药弹,有3倍至6倍之多。据他的统计,在1分钟里,中国舰队发射炮弹32.8发,命中3.28发;日本舰队发射炮弹193.3发,命中28.9发。

　　1894年3月31日,中日关系已日趋紧张,李鸿章再次上奏"镇远""定远"两舰,应各添克房伯新式十二生特快炮六尊;"济远""经远""来远"三舰应各添克房伯新式十二生特快放炮二尊;共十八尊,并子药器具;又"威远"练船前桅后原设阿姆斯特朗旧式前膛炮不甚灵动,拟换配克房伯十生特半磨盘座新式后膛炮三尊,并子药等件。请求拨款61万两白银,为北洋海军加装速射炮。可惜正纠结于"和战"两端未定的清廷并没有下拨经费。李鸿章只得用淮军军费向德国订购了12门速射炮,但这批火炮运回中国时,甲午战争已经结束。

　　甲午海战之后,参战洋员泰莱说,中国海军最严重的问题就是缺乏弹药,另一位洋员马吉芬也说,海战结束前半小时,镇远的六英寸炮已经弹药告罄。北洋海军舰载炮大部分是从德英两国购买,其中大口径舰炮(100毫米以上)主要由德国克房伯公司生产,所用炮弹分为开花弹、穿甲弹、实心弹三种。北洋海军所用炮弹由天津机器局东局生产(只有平远舰的260毫米炮弹国内不能生产,只能进口)。1894年9月18日,大东沟海战前,丁汝昌急电盛宣怀,要求协调天津军械局补充弹药。1894年10月初,定远、镇远两艘铁甲舰一共得到了开花弹217发,平均每门炮只得到了27发开花弹,其余都是实心弹,数量都未达到标准弹药基数的一半。何况领用的国产炮弹加工粗糙,经常不能使用;有的弹箍太大,需要人力用锉刀锉平。从日本海军司令部编撰的《明治二十七八年海战史》刊载的弹药统计数据看,海战结束后,吉野号还剩大口径炮弹(100毫米以上)1251发,赤城号还剩

211 发,西京丸号剩余 108 发,比睿号剩余 224 发,浪速号剩余 500 余发。两相对比,简直天壤之别。

除了速射炮成为日本海军的一大优势之外,火药方面日本也有较大优势。北洋海军炮弹使用的是黑火药,燃烧速度过快,而且燃烧后会发出浓烟,影响炮手视野。炮手每发射完一发炮弹,都要花时间清洁炮膛,并且需等浓烟散尽才能进行下一轮瞄准。日本海军的炮弹火药技术在甲午海战前三年便取得了革命性的突破,用下濑火药取代了黑火药。1890 年,下濑火药由日本海军工程师下濑雅允仿制法国苦味酸火药成功。这种威力巨大的火药被日本人称为"爆裂药"。1891年,下濑又主导实现了此火药的武器化和实用化,通过在炮弹壁上涂蜡,彻底攻克了敏感的火药和金属弹壁接触后易爆的难题。火药技术的发展也是日新月异。1892 年 4 月,盛宣怀去电天津,"奉批酌办栗色药孙镇拟每尊办二百五十出,闻外国想改无烟药,后必跌价,故改买五十出,略备而已,大炮加增弹子与快炮另立一合同,运费减四分"。①

（三）武器与其他因素不够匹配

从战争的角度来说,有新式武器并不能保证在战场上占据上风,还需要高层意志、前线将帅的果敢等各种因素的配合。1899 年 10 月,慈禧太后与光绪皇帝召见盛宣怀,谈及时事时说道,"现今毛病在上下不能一心,各省督抚全是瞻徇,即如州县官案件尚且不肯说真话,外国能得上下一心,所以利害"。②虽然说的是地方督抚与清廷的关系,实则清廷与军方的关系也大抵如此。从鸦片战争之后,镇压太平天国、第二次鸦片战争、中法战争、中日战争、庚子事变等等一系列重大事件,无不反映出清廷的游移不决、主战或主和、先主战再主和,不同派系之间,置国家利益于不顾,钩心斗角。上层游移不定,下层勇怯不一。走入末路的大清王朝,从战略失误到群龙无首,从裙带关系到贿赂成风,与新式武器相配合的因素少之又少,近代军事变革在这样的大背景下,不可能得以深化。

1. 高层"战和不定"

在西方人看来,"现成的愚顽不化反对改革的地方官僚的错误指挥下,最优秀的人力和最精良的训练都会被白白浪费掉"。③国防建设上的不坚决,一旦遇外敌入侵,国家必然遭殃。甲午战前,帝后不和,光绪主战,慈禧先主战再主和,北洋大臣李鸿章主和,户部翁同龢主战,其他大臣们则是曲意逢迎,见机行事。曾国藩曾致信李鸿章,"自宋以来,君子好痛诋和局,而轻言战争,至今清议未改此态。有识

---

① 《上游去电》,盛宣怀全宗档案 027180,上海图书馆藏。
② 北京大学历史系编:《盛宣怀未刊信稿》,中华书局 1960 年版,第 277 页。
③ ［英］约·罗伯茨:《十九纪世西方人眼中的中国》,中华书局 2006 年版,第 109 页。

者虽知战不可恃,然不敢一意主和"。其中提到的"君子",就是指在朝中都察院"清议"的御史大夫们。"主战",基于国家利益和军队实力,上下一心,又有一定胜算,自当选择;"主和",当实力悬殊,无法取胜时,在不触动根本利益的前提下,以退为进,"卧薪尝胆"以图东山再起,不失为明智之举。在综合判断的基础上,上层应果断决策,而且应带领全国上下团结一心向国家的既定目标努力。不可忽左忽右,浪费国家财力和人民精力。如同有大臣给朝廷进言,"轻于开衅,则兵连祸结,恐无已时,急于求和,则贻患养骄,亦非至计"。①盛宣怀致电九江,"上意主和,美国调处,派邵、张使倭,欲其奢,不易偿。倭非不可胜,惜督师无人,散不敌整,缓不济急"。②据说,战前李鸿章和小村寿太郎谈判,谈妥用一百万两银子作赔款了结"东事"(中日朝鲜争端)。因为帝党"主战"而放弃,战后赔款二万万两。1895 年 7 月,翁同龢日记载,"请毋借洋款,与倭议改约,如议不成请备战"。③其勇气可嘉,可惜未真正落实到行动中。李鸿章感叹,小钱不花,要花大钱,我亦无法。"小钱"变"大钱"并不能反证李鸿章战前"花钱买平安"之决策英明,战争充满未知的变数。举全国之力,一意击之,战胜日本并非毫无可能。李鸿章作为中日甲午之战中方的最高统帅,不作好充分的备战准备,未战先降,也是软弱的一种表现。1894 年 7 月 30 日,马宗焕上奏,希望朝廷坚定作战决心,不要未战先和,"我与倭战若能获胜,不特倭奴戢其恣睢,即他国皆知我兵能及远,亦必相与畏戒,不致再有起衅。今我若一味畏葸,一味迟疑,彼各国必反暗中助倭,以冀中取利。刻下各军已渡,应即矢以定见,奋以全力,出于必战。……幸而一战获胜,即大加惩创,即或偶有失利,亦惟再整六师,切勿气馁。……将来大局固未尝不出于和,但目前和之一字,还请俟于战胜之后"。④

在朝鲜危机早已露出端倪的情况下,京城为慈禧太后举行的寿宴照常,嬉嬉相庆、歌舞升平,毫无战争的心理准备。连德国人满德都替中国人着急,他于 1894 年 7 月 31 日致函李鸿章,"凡泰西有战事,其当权者必先筹画至详至慎,定计后,若何遣兵,若何调将,即有牢不可破之主见。若徒事游移,必为敌人觑破,胆壮而有备也"。⑤李鸿章制定"避战求和""保全和局"的错误方针,以为靠妥协退让的"和局"可避免战争,但日本明治维新后决定,开拓万里波涛,宣布国威于四方。清廷高层对日本的企图并不了解,故而作出了错误的战略选择,丧失了军事主

---

① 《盛宣怀档案资料选辑之三·甲午中日战争》下,上海人民出版社 1982 年版,第 36 页。
② 《盛宣怀档案资料选辑之三·甲午中日战争》上,上海人民出版社 1980 年版,第 331 页。
③ 翁万戈、谢俊美:《翁同龢〈随手记〉》,《近代史资料》第 98 号,中国社会科学出版社 1999 年版,第 178 页。
④ 《盛宣怀档案资料选辑之三·甲午中日战争》下,上海人民出版社 1982 年版,第 95—96 页。
⑤ 同上书,第 102 页。

动权。

相比较北洋海军的孤军奋战,日本海军则倾巢而出,1894 年 7 月,马宗焕上条陈,"北洋战舰有'定远''镇远''致远''靖远''经远''来远''平远''济远''超勇''扬威';南洋'镜清''开济''保民''登瀛''南琛''南瑞';粤洋'广甲''广丙',共计有可战兵船一十八艘,岂不足以一战?……今中国海军兵轮林立,何所惧而不往"。①被日本俘虏的为中国军队送信的丹麦人弥伦斯致函博来,"日本聚船之所共计大小兵船二十六号,内有大铁甲十三号。……日船上有阿姆斯特朗最大之炮二尊,机关炮十六尊,水陆兵共六百五十名"。②

对于甲午战争的失败,周馥曾写有《感愤诗》五首,以抒发胸中的怨恨与悲愤。其中有:"岂真气数力难为?可叹人谋著著迟;自古师和方克敌,何堪病急始求医!西邻漫恃和戎策,东海宁逢洗辱时;蠢尔岛夷何负汝?茫茫天道意难知。十载经营瞥眼空,敢言掣肘怨诸公,独支大厦谈何易,未和阳春曲已终。"1899 年 3 月,慈禧问及中日之战失败原因时,周馥则将户部悭费、言者掣肘各事和盘托出,"李鸿章若言力不能战,则众唾交集矣"。任事之难如此。慈禧听罢,无言以对,只有长叹。

鸦片战争时期,中西在"坚船利炮"方面的巨大差距在战争中暴露无遗,林则徐、魏源等人提出"师夷长技以制夷"。长技包括战舰、火器、养兵练兵之法。但仍有一大批的朝廷重臣无视战败之耻辱,坚持忠义为甲胄、礼义为干橹,死死抱住"重道轻器"的祖训不放。作为四大名臣之首的曾国藩,未从清军败于西洋枪炮而签《南京条约》中吸取教训。虽然在 50 年代他为湘军从香港购来一些装备要塞和水师的旧式铜铁前装炮,却因"湘军旧将狃于成见,不以洋人后膛枪炮为然,无论如何开导,终不见信"。③反倒是李鸿章敢于突破陈规,倾全力引入西洋武器。相当数量的海军和陆军学校"所教授的技术知识,也和中国本土的技术知识一样,并不受到人们的重视。而这些学校和外国的联系更加重了它们的不利地位,有例为证:北京同文馆的首批学生因为被视为向外国人屈膝而备遭奚落和排斥"。④1860 年第二次大沽之战获胜不久,僧格林沁对咸丰帝的和战不定上奏指出,"用兵之道,贵乎鼓士气,不宜稍有游移,心无专主。……若今天言和,明日言抚,兵丁与该夷虽有不共天地之心,将领常存畏首畏尾之念,一旦人心懈怠,难

① 《盛宣怀档案资料选辑之三·甲午中日战争》下,上海人民出版社 1982 年版,第 96—97 页。
② 同上书,第 147、149 页。
③ 《中国近代史资料丛刊·洋务运动》第 6 册,上海人民出版社 1961 年版,第 250 页。
④ [美]罗兹曼:《中国的现代化》,江苏人民出版社 1988 年版,第 261—262 页。

再收拾".①

总理衙门的奏折中曾说,"臣等承办各国事务,于练兵、裕饷、习机器、制轮船等议,屡经奏陈筹办。而歧于意见,致多阻格者有之;绌于经费,未能扩充者有之;初基已立,而无以继起久持者有之。同心少,异议多,局中之委曲,局外未能周知"。②1870年,曾国藩明确指出,"伏见道光庚子以后办理夷务,失在朝和夕战,无一定之至计,遂至外患渐深,不可收拾"。③1874年,日本妄图侵占台湾,奕䜣声言历史驭外之道,不外乎"扫穴犁庭"或"闭关却敌",无力对敌情势下只能"内堪自立,外堪应变"④。李鸿章、沈葆桢等洋务官僚则强调"铁甲船尚未购妥,不便与之决裂"⑤,被日本轻易勒索去五十万两白银。到1880年,日本得寸进尺吞并琉球时,李鸿章仍声称"中国水师尚未齐备。……仍以按约理论为稳著"⑥。殊不知战场上拿不到的东西,谈判桌上更拿不到,与其用金钱喂饱敌人,不如加强自身建设。

李鸿章主持洋务的原则有两条,"外敦和好,内要自强"。⑦"和好"的根本原因是中外实力相差过大,"彼之军械强于我,技艺精于我,即暂胜必终败"⑧,"有贝之财,无贝之才,均未易与数强敌争较,只有隐忍徐图"⑨。"和"的基础在于不断增强自己实力以相抗衡。"洋人论势不论理,彼以兵势相压,而我第欲以笔舌胜之,此必不得之数也"⑩,"必先存不惮用兵之心,而后兵不至于竞用"⑪,"彼见我战守之具既多,外侮自可不作,此不战而屈人之上计;即一旦龃龉,彼亦阴怀疑惧而不敢遽尔发难"⑫,所以"明是和局而必阴为战备,庶和可速成而经久"⑬,否则,"平

---

① 《筹办夷务始末咸丰朝》卷五,中华书局2008年版,第1729—1730页。

② 《中国近代史资料丛刊·洋务运动》第1册,上海人民出版社1961年版,第26页。

③ 曾国藩:《曾国藩全集》(奏稿卷29),河北人民出版社2016年版,第315页。

④ 《中国近代史资料丛刊·洋务运动》第1册,上海人民出版社1961年版,第104页。

⑤ 《筹办夷务始末同治朝》卷98,中华书局2008年版,第40页。

⑥ 《中国近代史资料丛刊·洋务运动》第2册,上海人民出版社1961年版,第205页。

⑦ 李鸿章:《上曾制帅》,《李鸿章全集》(卷29),信函(一),安徽教育出版社2008年版,第88页。

⑧ 李鸿章:《议复条陈》,《李鸿章全集》(卷6),奏议(六),安徽教育出版社2008年版,第160页。

⑨ 李鸿章:《复金眉生都转》,《李鸿章全集》(卷30),信函(二),安徽教育出版社2008年版,第231页。

⑩ 李鸿章:《论台湾兵事》,《李鸿章全集》(卷31),信函(三),安徽教育出版社2008年版,第58页。

⑪ 李鸿章:《复醇亲王论枪弹》,《李鸿章全集》(卷33),信函(五),安徽教育出版社2008年版,第3页。

⑫ 李鸿章:《筹议制造轮船未可裁撤折》,《李鸿章全集》(卷5),奏议(五),安徽教育出版社2008年版,第109页。

⑬ 李鸿章:《筹议海防折》,《李鸿章全集》(卷6),奏议(六),安徽教育出版社2008年版,第159页。

日必为外人所轻,临事只有拱手听命"①。也就是说,维持中外友好的关键在于变法自强,"盖不变通则战守皆不足恃,而和亦不可久也"②。没有配套的变法与改革,战守之武器再好再多也是无法充分发挥作用的。"处今时势,外须和戎,内须变法。……今各国一变再变而蒸蒸日上,独中土以守法为兢兢,即败亡灭绝而不悔。天耶?人耶?恶得而知其故耶?"③"外患之乘,变幻如此,而我犹欲以成法制之,譬如医者疗疾不问何症,概投之以古方,诚未见其效也。"④

1883 年到 1885 年发生的马江海战是中法战争中的一次重要海战,以慈禧为首的清廷战和不定,使福建前线官兵错失良机。清军 11 艘新式舰船,另有旧式舰船及 20 多艘鱼雷船部署于马江海面。但清军水陆各军缺乏统一指挥,装备落后,弹药不足。各级督统、管带作战经验欠缺。参战的法国舰队有各型舰艇 8 艘,装备舰炮 120 多门,在兵员素质与舰艇武器装备的数量、性能上都远优于清军。1885 年 8 月 23 日下午,法国舰队进攻毫无防备的福建水师。仅半小时时间,福建水师 11 艘舰船除两艘搁浅外,其余全被击沉,将士阵亡 796 名,损失商船数十艘。法军死伤 30 多人,两艘鱼雷艇受重创。海战的失利让清朝苦心经营的福州船政局毁于一旦。1885 年 3 月 23 日,法军进攻镇南关,老将冯子材临危受命,指挥清军大败法军,并一路南下收复多处关卡。清廷高层却无心再战,"见好就收",签订和约。谢家福曾致函盛宣怀发出感慨,"法亦甚欲望和,惟一无所得则难落场耳。弟所窃者不在今日之有战无战,而在长此悠悠,如何是好"。⑤

1891 年,清廷禁止外购船炮两年,李鸿章当即上奏,"方蒙激励之恩,忽有汰除之令,惧非圣朝慎重海防作兴士气之至意也,可惜无济于事"。甲午战前翁同龢为泄私愤,报当年李鸿章弹劾翁兄之仇,一方面不批准北洋添船添炮之请。另一面又说,北洋有海军陆军,正如火如荼,岂能连一仗都打不了? 1894 年 5 月 22 日记载,"旨饬李相添兵,仅以三千勇屯仁川牙山一带,迟徊不进。嘻,败矣"。⑥北洋海军成军后清廷再无购舰行动,李鸿章虽反复要求而无成,到甲午战败后,清廷严责李鸿章并拔去三眼花翎,李鸿章对户部翁同龢表示不满,"师傅总理度支,平时请款辄驳诘,临事而问兵舰,兵舰果可恃乎?"翁同龢极力辩解,"计臣以撙节为尽

---

① 李鸿章:《筹议制造轮船未可裁撤折》,《李鸿章全集》(卷 5),奏议(五),安徽教育出版社 2008 年版,第 109 页。

②④ 李鸿章:《筹议海防折》,《李鸿章全集》(卷 6),奏议(六),安徽教育出版社 2008 年版,第 160 页。

③ 李鸿章:《复四川王山长壬秋闿运》,《李鸿章全集》(卷 32),信函(四),安徽教育出版社 2008 年版,第 646 页。

⑤ 王尔敏等:《盛宣怀实业朋僚函稿》,台湾近代史研究所 1997 年版,第 492 页。

⑥ 刘晋秋、刘悦:《李鸿章的军事顾问汉纳根传》,文汇出版社 2011 年版,第 155 页。

职,事诚急,何不复请?"李鸿章发牢骚说:"政府疑我跋扈,台谏我贪婪,我再晓晓不已,今日尚有李鸿章乎?"①翁同龢无言以对。个人恩怨与国防建设纠缠在一起,该拨付的款项,故意拖延不拨,直到战败而无可挽回。丰岛海战时,北洋水师由于行进中冒黑烟而暴露目标,并非当时中国不能生产优质煤。丁汝昌曾向开平煤矿的总办张翼写了一封信。"煤屑散碎,烟重灰多,难壮气力。"②但是张翼根本不予理会,关键是北洋水师的报价太低。在决定国家命运的战争面前,岂能再以利润为第一考虑因素?显然高层对此没有作为。甲午战争前夕,北洋、南洋、粤洋各装备从西方进口的舰只,两国开战自然应该集全国之力,而非仅靠北洋与日本全军对决。

作为负责甲午战争后路粮械转运的盛宣怀对战争警惕性不高,战前未专心弥补各军弹药,还想着通过船运和电报收费,直到发现日军陆炮甚多才有所行动,也说明晚清的军事指挥体系作战意志不够坚决,准备自然不会充分。1894 年 6月 23 日,盛宣怀致电上海陶翁,"中倭断无战事,勿信语言。以后'致''美'等船均装煤回津,驳费每吨三钱半,可勿急"。③同日,盛宣怀再次去电上海,"中倭并未失和,倭电仍照常发递,并无停发之谕,勿误会"。④7 月 1 日,盛宣怀致电刘公岛丁汝昌,"倭军陆路炮甚多,叶军仅有由鸡炮,大单。祈由贵军拨水师上岸炮八尊或六尊,并药弹,送交叶军应急"。⑤1894 年 7 月 2 日,光绪皇帝发上谕询问李鸿章海军实力如何。李鸿章在 7 月 4 日的奏报中强调,"海军就现有铁快各艘,助以蚊雷艇,与炮台相依辅,似渤海门户坚固,敌尚未敢轻视。即不增一兵,不加一饷,臣办差可自信,断不致稍有疏虞"⑥,这纯粹是掩饰实情、欺骗清廷以防追责的话。四天后他给其长兄两广总督李瀚章的电报中却吐露了实话,"中国新式得力兵轮,实不如日本之多。临事再东抽西拨,必如往年法越故事,徒兹贻误"。⑦李鸿章明知备战不足,还盲目自信,对上对下都是一种不负责任的表现。8 月 3 日,盛宣怀致函宋庆,"叶军虽得胜仗(引按:此系谎报),然水陆不能接济,倭兵三面围困,子药一断,全军无以自存。屡请海军设法接济,未能照办。奈何?奈何?"⑧从后方向驻朝陆军输送补给只能依赖海军,然而海军行动之迟缓,却直接影响了陆上部队

---

①　胡思敬:《名流误国》,《国乘备闻》卷 1,重庆出版社 1998 年版,第 156 页。

②　孙建军校注:《丁汝昌集》(上),山东画报出版社 2017 年版,第 240 页。

③　《盛宣怀档案资料选辑之三·甲午中日战争》下,上海人民出版社 1982 年版,第 508 页。

④　同上书,第 509 页。

⑤　同上书,第 510 页。

⑥　《光绪朝中日交涉史料》卷 14,故宫博物院 1932 年版,第 4—5 页。

⑦　《寄粤督李》,《李鸿章全集》(卷 24),电报(四),安徽教育出版社 2008 年版,第 119 页。

⑧　《盛宣怀档案资料选辑之三·甲午中日战争》下,上海人民出版社 1982 年版,第 114 页。

之结局。

甲午之际，"定远、镇远之十寸口径炮为北洋海军最大者，非日舰所能敌，其可用之开花巨弹仅三枚，定远一而镇远二，其练习用之小弹亦奇绌。及两国宣战后，丁汝昌请求添备，已不能及"。①关于甲午战败之由，李鸿章在奏折中称，"凡行军制胜，海战惟恃船炮，陆战惟恃枪炮，稍有优绌则利钝悬殊。倭人于近十年来一意治兵，专师西法，倾其国帑，购制船械，愈出愈精，中国限于财力，拘于部议，未能撒手举办，遂觉稍形见绌。海军快船快炮太少，仅足守口，实难于纵令海战，臣前奏业已陈明。至陆路交锋，倭人专用新式快枪快炮，精而且多，较中国数年前所购旧式者尤能灵捷及远。此次平壤各军，倭以数倍之众，布满前后，分道猛扑，遂至不支，固由众寡之不敌，亦由器械之相悬"。②中日双方的武器差距并非如李鸿章所说之程度，在平壤战役中，清军使用七连发枪和十三连发枪，而日军只有单发步枪。③日本学者认为，"北洋陆军装备毛瑟枪和克鲁伯炮，所以，在武器方面，它比使用村田式步枪和青铜山炮的日军优越"。④精于窃取情报的日方正是从清廷暂停国防建设中寻找到了机会，凭借自己在船炮上的明显优势，加上军国主义裹挟的武士道精神，先夺取制海权，再乘胜攻陆，一战而胜。这与清廷统治层的游移思想是密不可分的。

1894 年 8 月，李鸿章、丁汝昌，都深知北洋水师无把握与日舰决胜于海上，因此以保船制敌为要，自然不敢轻易出海。然则，坐视叶军孤悬而不冒险施救，仍是作战决心不坚定所致。佘昌宇上奏"筹防要言"，指出"海军铁甲钢甲等船，皆外洋造成，原所以称雄海上，备水战也。前此虽有'高升''广乙''操江'之失，其实并未接仗也。叶提督孤军入重地，海军并不赴援，又不接济粮饷、子药，以致束手待毙，损军折将，国体有关。海军坐观成败，能无罪乎？中外开战，海军之责也。……纵令敌船横行海上，此时不能与敌接战，一旦敌船直扑威海，试问其能战乎？古云：胜败兵家常事，必战而知胜败，岂有不战而预知己之败耶？皇皇大国海军提督，不值无耻小邦一笑，可痛哭也"。⑤9 月，大东沟海战后，北洋海军舰只整修完毕的时间远远短于日本，一旦北洋水师再度出海决战，日方几乎会无船可战。可惜清廷高层未采纳此策。

---

① 李守孔：《中国近百余年大事述评》第一册，台湾学生书局 1997 年版，第 434 页。

② 同上书，第 439 页。

③ 关捷、唐功春、郭富纯：《中日甲午战争全史》第二卷，吉林人民出版社 2005 年版，第 101—106 页。

④ ［日］藤村道生：《日清战争》，岩波书店 1985 年版，第 116 页。

⑤ 《盛宣怀档案资料选辑之三·甲午中日战争》下，上海人民出版社 1982 年版，第 177—178 页。

1894 年 10 月，盛宣怀上禀李鸿章，"尤虑未及停战，前敌又溃，是不仅韩地尽失，中国失地矣，彼焰愈张我智益短，更难收拾，故万不可因有款意悄懈战略。……宋祝三、刘子徽、吕道生生力军只七千人，势难抵当，若不添兵，恐将帅莫不心寒胆怯，稍不得手，即无战志，恶耗一来，中外哗然，不堪设想"。①1895 年 2 月，威海卫保卫战中清廷内外意见纷纷，清廷高层纠结于"舰队出击""拼死一战"，还是"水陆相依""固守待援"。有大臣上奏折称，"为今之计，乘其并力朝鲜，国中无备，以重兵袭其东京，如孙膑之伐魏以救赵，此上策也。沿海要隘设兵驻守，使彼无瑕可蹈，而我得从容布置，以护卫朝鲜，此中策也。与之相持于朝鲜，不得已而出于战，以侥幸于不可必胜之数，此下策也。就目前而论，上中两策均非我力所能及，势必激而至于战"。②此建议分析得非常在理，毕竟日本海军损失非常惨重，短时间不能重上战场。北洋海军恢复战力后不是龟缩于刘公岛，而是由皇帝下令，采破釜沉舟之策，直接调遣另三洋海军舰船，汇合于日本本土，"攻其必救"，战局一定会改写。可惜清廷看到此奏折，却无动于衷，最终倾全国之力打造的北洋水师全军覆没。

北洋海军成军之后，李鸿章曾得意地说，"海上如练成大枝水军，益以铁舰、快船数艘，南略西贡、印度，东临日本、朝鲜，声威及远，自然觊觎潜消，鄙人窃有志焉"。③张之洞也曾论及，"海有战舰五十艘，陆有精兵三十万，兵日雄，船日多，炮台日固，军械日富，铁路日通，则各国相视而不肯先动"。④不过，历史告诉人们，晚清最终覆灭的根本原因不在于武器装备，而是封建专制体制。曾任两广总督的张树声早就意识到仅凭军事上的自强，甚至包括经济上的求富都无法从根本上解决问题。"西人立国……驯至富强，亦具有体用。育才于学堂，论政于议院，君民一体，上下同心，务实而戒虚，谋定而后动，此其体也；轮船、火炮、洋枪、水雷、铁路、电线，此其用也。中国遗其体而求其用，无论竭蹶步趋，常不相及，就令铁舰成行，铁路四达，果足恃欤。"⑤时任安徽巡抚的邓华熙 1895 年曾为光绪帝推荐郑观应的《盛世危言》一书，论及"夫泰西立国，具有本末。广学校以造人材，设议院以联众志，而又经营商务以足国用，讲求游历以知外情。力果心精，实事求是。夫然后恃其船械，攸往咸宜。今中华不揣其本而末是求。无学校之真，则学非所用，用非

---

① 《盛宣怀档案资料选辑之三·甲午中日战争》下，上海人民出版社 1982 年版，第 277—278 页。

② 同上书，第 36 页。

③ 李鸿章：《复黎召民京卿》，《李鸿章全集》（卷 33），信函（五），安徽教育出版社 2008 年版，第 175 页。

④ 阮芳纪等：《洋务运动史论文选》，人民出版社 1985 年版，第 521 页。

⑤ 夏东元：《郑观应集·盛世危言》（上），中华书局 2013 年版，第 11—12 页。

所学;无议院之设,则上下之情隔,粉饰之弊多"。①《马关条约》签订以后,李鸿章沉痛呼吁,"深盼皇上振励于上,内外臣工齐心协力,及早变法求才,自强克敌,天下幸甚"。②1896 年 3 月,李鸿章游历欧洲时,曾对德国在购械、军事训练方面的帮助表示感谢③,对德军的训练有素深表钦佩,"苟使臣有此军十营,于愿足矣,况更多多益善,尚何幺麽小丑之足为华患直哉!"④后来李鸿章说道,"我办了一辈子的事,练兵也,海军也,都是纸糊的老虎,何尝能实在放手办理,不过勉强涂饰。虚有其表,不揭破,犹可敷衍一时,如一间破屋,由裱糊匠东补西贴,居然成一净室,虽明知为纸片糊裱,然究竟决不定里面是何等材料。即有小小风雨,打成几个窟窿,随时补葺,亦可支吾对付,乃必欲爽手扯破,又未预备何种修葺材料,何种改造方式,自然真相破露,不可收拾,但裱糊匠又何术能负其责"。⑤德籍洋员汉纳根在黄海海战后曾在私人信函中透露,"我敢说没有任何人有兴趣在这样一个冥顽不化而又毫无希望的社会中为它殚精竭虑鞠躬尽瘁"。⑥武昌起义前,有一首民谣说,不用掐,不用算,宣统不过两年半。人们对清政府已经完全失去了信心。如果上层不游移,而是团结民众、同仇敌忾,利用已购得的先进武器,充分发挥本土优势,完全有可能战胜敌人。否则就会失去民心,最终败亡。辛亥革命发生时,清朝官僚致朝廷的电文中谈及新军兵变,"伏查朝廷岁糜数千帑,练此新军,原为保守疆圉计,不期兵与匪通,突发此变,言之痛心"。⑦

　　民心为固国之本。1902 年,赵尔巽在任山西巡抚时,曾专折上奏,指出"以今日列强环伺,内据腹心外困手足则自强为急图,自强不外制器、练兵、筹饷三者,非财不办,则理财为急,然奴才窃观,中国之弱弱于临敌之崩溃者其形也,中国之贫贫于临事之搜括者其末也。何也,其神先敝也,其本先拨也,则以通国之中,愚民莠民游民贫民居其大半也,然则图治于今日亦惟于此四类之民加意而已。愚者被使之悟,莠者被使之良,游惰者被使之有所归,贫难者被使之有所养,而后可以言进化之方策自强之效。彼列强之所以能争雄海外者,其先必加意内治使人得所归略,无内顾而后敢驰域外之观乡。使国中愚民莠民游民贫民充塞盈满则必不敢出而争雄,即出而争雄亦必有攻其瑕而蹈其隙者,此拿破仑之所以蹶于奥、土耳其,

----

① 《盛世危言》,夏东元编著,《郑观应年谱长编》(下),上海交通大学出版社 2009 年版,第512 页。

② 《中国近代史资料丛刊续编·中日战争》第 3 册,中华书局 1991 年版,第 610 页。

③ 蔡尔康、林乐知:《李鸿章历聘欧美记》,岳麓书社 1986 年版,第 62—63 页。

④ 同上书,第 64—65 页。

⑤ 吴永口述、刘治襄笔记:《庚子西狩丛谈》,中华书局 2009 年版,第 121 页。

⑥ 刘晋秋、刘悦:《李鸿章的军事顾问汉纳根传》,文汇出版社 2011 年版,第 153 页。

⑦ 《辛亥革命前后·盛宣怀档案资料选辑之一》,上海人民出版社 1979 年版,第 186 页。

之所以蹙于俄也。中外一理,古今一致,盖未有不安内而可言攘外者"。①

对于军事尤其是武器装备上极度落后的近代中国来说,在军费万分支绌的情况下,购买相当数量的外洋枪械及军工物料,改进武器装备水平,这一军事变革路径的本身是没有疑义的。然而,中外历史发展的事实却告诉人们,不顺应社会发展,做相应的包括军事制度在内的全面变革,而仅着眼在先进武器上,是舍本逐末的行为。同治初年,"日人之游欧洲者,讨论学业,讲求官制,归而行之。中人之游欧洲者,询某厂船炮之利,某厂价值之廉,购而用之",俾斯麦声言,中日"强弱之源,其在此乎"②。民国前夕,随着朝廷日渐衰微、清军腐败丛生,军队与上层之间的离心速度远远高过新式武器的更新频度。

1911 年 10 月 12 日,东三省总督赵尔巽电称,"武昌为匪所陷,已奏请调兵进复,并欲奉省助兵等语。钧必有布置,更宜迅调南洋兵舰保汉埠及兵工厂为要",10 月 14 日再电奏称,"淮军驻扎奉江两省防线辽阔紧要,即抽调亦非一时所能齐集,现在东省正宜镇静,骤然调动大枝防军,恐民间惊扰宵小生心,拟恳天恩准予缓调"。③南洋兵舰早已军心涣散,东三省也风声鹤唳,各省督抚难以自保且又心照不宣,清廷命令已失去效力。这种情况下,新式武器对清军来说已成为摆设,反倒迅速地转变为促使清廷退出历史舞台的最新利器。赵尔巽在电报中称,"江省陆军逃亡极多,拟请将步第二营现有之兵悉令分补马步炮各营之空额"。④11 月11 日,盛宣怀致书山东孙慕帅,谈及革命军起之形势,"施炮攻击武昌,濒临大江舰炮桅楼层轰易破,城小、粮缺、困久难守,劲旅本不及万,去其伤残不过数千,项城所以必欲先清外患,恐舍此不图,四方滋蔓,回朝后号令不行,于天下不特共和无可为,即改民主亦难收拾。群雄环伺,一国先起,豆冰上势成,故不如亲临前敌,专力图鄂,兵威一振各处解体,举其平日声望,传檄可定,然后入朝挟天子令诸侯,收人心罗俊杰,自有水到渠成之妙。盖目下情势,不难在清君侧而难在齐民志,不难在齐民志而难在得军心"。⑤民心军心尽失之后,先进的外洋军火不仅无法直接转化为战斗力,保住大清的命运,反而成了其自我埋葬的最佳武器。

2. 将帅"勇怯各异"

晚清时期,清军所经历的几场国内外战争中,虽有花费巨资外购和自造的新式武器相助,但将帅勇怯各异、军纪严惰不一,直接决定着最终的战局。将帅用命、军纪严明的情况下,即便居于劣势,可能凯旋。将帅丧志、军纪败坏的情况下,

---

① 《赵尔巽奏稿》,古籍刻本 85689,上海图书馆藏,第 1 页。

② 李华兴、吴嘉勋:《梁启超选集》,上海人民出版社 1984 年版,第 11 页。

③④ 《赵尔巽电稿》,古籍类 465257,上海图书馆藏。

⑤ 《盛宣怀亲笔函稿不分卷》,古籍类电子文献 430853-60,上海图书馆藏,第 372—373 页。

即便居于优势，照样一败涂地。清朝中后期的政治腐败和财政上的空虚，必然导致武备废弛，以弓马骑射纵横中国的八旗兵早已腐化堕落。在许多西方人眼中，"只要中国付得起钱，就可以购到任何想要的军械。并且，这也是整个'文明'世界急切希望的。但是，中国在任何市场上都买不到她所需要的训练有素的军官和纪律严明的士兵。这一切都来自她自己的人，需要她自己培养、训练"。①

第二次鸦片战争时，在西方人看来清军也有严格的军纪。"我们还发现了两三位中国士兵的尸体，他们的头颅被劈开，两臂反绑着。他们在大队人马还在作战时率先逃跑而被斩首示众"。②在如此严格的军纪下，清军是不是战斗到"弹尽粮绝"的最后一刻呢？"我们察看了整个兵营。到处是破弓断箭，弹药浸在水中，滑膛枪、火绳枪、大炮、旗子、帐篷、一堆堆的炮弹、弹药箱以及各种各样的武器装备静静地散落在阵地上。"③1858年，大沽陷落的第二天，法国军事随员毛格察看了战场，他说"中国守军的装备良好，尽管武器有点落后。一位清朝军官曾英勇抗敌，但官员们首鼠两端，士兵们更是无心恋战"。④"北边另一个炮台的守军的怯懦行为及后来南边炮台的无条件投降证明了这个民族的胆小投降精神，尽管他们据地利之便，又有重武装"⑤，因此大沽很快被攻陷。

鸦片战争时，中英对垒前线将帅并非都是效死用命，苟且偷生者也不在少数。"今日之弊不在兵而在将，其精忠为国者固不乏人，而畏死偷生者正复不少，天下太平日久，有自行伍擢至总镇，尚不知疆场为何地，征战为何事者，一旦用之毋怪其不守军令而奔溃也。……兵民共见，上行下效，理固然者不然。如上年广东所调四川贵州江西安徽等省之兵，年少英锐，可期制胜。奈自初五以后都司以上不出城，遂至有兵而无人用。"⑥虽然清军武器装备无法与英军相比，但人们还是呼吁督统大员，带领民众与英夷战斗到底。"国家升平日久，武备废弛，一旦用之诚觉非易，然使主将者抚之又如恩，驭之以法，有不如律者斩无赦，此即今日用之而可，明日用之而亦可，固不必十年生聚十年教训，而后可有为也。或英逆所恃惟船坚耳、炮烈耳，兵法云，击其所短避其所长。此要诀也，今与斗炮未免班门弄斧，不知水战之法非船炮而不为功。英逆之船不过木料磅厚并非人力所不能制造者，以

---

① Holcombe, Chester, *The Real Chinese Question*. New York: Dodd, Mead & Company, 1900，p.136.

②③ ［英］约·罗伯茨：《十九世纪西方人眼中的中国》，中华书局2006年版，第103页。

④ 同上书，第98页。

⑤ 同上书，第104页。

⑥ 《清代兵事典籍档册汇览》卷35，学苑出版社2005年版，第633—634页。

中国之大,财赋之雄备之,由反手耳。"①"前后二百年间何其大相径庭哉。原东隅之失悔之已迟,而桑榆之收图之未晚,当今之弊不患无兵而患无将,不患无将而患无将将者。"②1841年6月,福建藩司曾在奏折中哀叹清军之作风涣散,"国家承平日久,民不知兵,官不知兵,即兵亦不自知为兵。当粤中告警之时,官民无不引领而望,以为某处调兵数千,某处调兵数百。指日云集,似此小丑跳梁,不难即日荡平,恃以无恐。乃夷众未到以前,只风闻路中有抢掠人财物者,有殴伤差役者。及到省,兵不见将,将之不见兵,纷嚷喧哗,全无纪律。斯时虽心知其不可用,而犹幸其不滋事也。不料初五日后,往往互斗,放手杀人,教场中死尸,不知凡几,城中逃难之百姓,或指为汉奸,或劫其财帛,内外汹汹,几至激变"。③

曾国藩组建湘军不久,就不得不在湘军和绿营将领中放宽他的品行标准,甚至只能对手下官兵的所作所为视而不见。1856年,他发现湘军军官皆不免稍肥私橐。他所能做的就是但求身不苟取,以此风示僚属。到了1859年,曾国藩几乎要将军官划入衙门胥吏和差役这一类儒生认为不得不容忍的无德之人之列。即使他的最优秀的将领,也只有在让他们看到建议擢升其绿营军阶的奏折时,或者在他们预期掠夺战利品的前景特别有利时,才肯卖命。

洋务运动时期,将领贪污腐败影响了军队的士气。"今之为将领者,动以吞蚀名粮、侵克饷项,为带兵大利,陋习几于无术维挽,即此一节众志已离,尚安望其至诚感孚,作士卒忠义之心,而收效于指臂!"④这正是所谓"将无勇,则士卒恐"。⑤

1884年,清廷任命张佩纶为会办福建海疆事务的钦差大臣。法国军舰聚集在马尾军港准备进攻福建水师时,张佩纶未做任何防备,直到法舰升火,张佩纶才感到大事不好,派学生前往法舰乞求延缓开战日期。结果人还未到法舰,法舰大炮齐发。张佩纶听到炮声立刻逃跑,十一艘军舰、十九艘商船全部被击沉,七百多名官兵阵亡,福建水师覆灭。张佩纶逃到距马尾三十里的乡村,百姓拒不接纳。后又欺骗朝廷、掩盖败绩,被人查实后,清廷将张佩纶撤职流放。

《北洋海军章程》中职位从高到低依次为,北洋海军提督、左右翼总兵、左中右翼副将、管带官、大二三副及管轮官、副管驾,游击、守备、千总等,其中"管带官"违犯军令受到的处罚是"轻则记过,重则分别降级、革职、撤任,凡记一过者,停资一

---

① 《清代兵事典籍档册汇览》卷35,学苑出版社2005年版,第629—630页。

② 同上书,第661—662页。

③ 萧一山:《清代通史》(中卷),商务印书馆1928年版,第891页;《清代兵事典籍档册汇览》卷35,学苑出版社2005年版,第368—369页。

④ 《读郭廉使论时事书偶笔》卷二,《刘光禄遗稿》,《中国近代史资料丛刊·洋务运动》第1册,上海人民出版社1961年版,第284页。

⑤ 《黄石公三略·上略》,张岱年编:《中国哲学大辞典》上海辞书出版社2010年版,第389页。

个月,记二过者,停资两个月,记三过者停资三个月。遇推升之日扣资,资不足者,不准升补"。①对于无官职之水手要求更严,"凡船上头目、水手及一切无官职人物如违犯军令,由管带官分布轻重惩处。或遇每月放假之日,罚令不准登岸,仍以若干日为度;或鞭责;或械击;或革退。……凡水手逃亡者,拿回鞭责八十,监禁一个月;临阵时逃亡者,斩立决"。②俗语有"兵熊熊一个,将熊熊一窝"。一般情况下,临阵脱逃的士兵往往直接被斩杀,反倒是逃跑的将帅往往有人说情或者给予戴罪立功的机会而生存下来。凡是部队溃逃者,基本上是由于将帅逃跑引发溃败所致。甲午陆战最明显的就是许多将领不战而逃,兵勇四散溃逃,器械直接资敌。

甲午战争爆发时,广东水师主力舰广甲、广乙、广丙在北洋会操,演习时三船沿途行驶操演船阵,整齐变化,雁行鱼贯,操纵自如,中靶亦在七成以上,尤其林国祥指挥广乙舰施放鱼雷,均能命中破的。会操结束后,因朝鲜局势渐趋紧张,广丙舰管带程璧光上书李鸿章,请求留北洋备战。

自从琅威理去职后,北洋海军的训练水平有所下降,官兵称"在防操练,不过故事虚行。故一旦军兴,同无把握。虽执事所司,未谙款窍,临敌贻误自多"。③1894 年 9 月底,盛宣怀档案中有"两浑"函,"倭之军械精利,纪律严明,皆非我军所及也"。④"北洋海军最严重的缺点在领导阶层的窳劣,以致舰队的整体素质大受影响。极端的内腐不是添点硬体配件便可弥补的。"⑤深得李鸿章信赖的淮军宿将叶志超,向李鸿章谎报成欢之役日军"漫山遍野,约近二万"⑥,《日清战史》却记载日军人数仅三千人。统带盛军的卫汝贵早以吃空饷出名,前线作战时收到了其妻来函,"君起家戎行,致位统帅,家既饶于财,宜自颐养。且春秋高,望善自为计,勿当前敌"。⑦这成为日本人教育国民的反面教材。1894 年 7 月 24 日早晨,清军坐舱郭维善在运送军用物资赴朝的时候,突然得知高陆被失于下午五点钟,但依然镇定卸货,不料前坐舱倪监明却不顾大局,自请销差回沪。7 月 25 日上午发生的丰岛海战中,广乙舰作战英勇,曾以单舰力战日本联合舰队第一游击队三舰,

---

① 陈悦:《北洋海军舰船志》,山东画报出版社 2009 年版,第 332 页。

② 同上书,第 332—333 页。

③ 《盛宣怀档案资料选辑之三·甲午中日战争》下,上海人民出版社 1982 年版,第 399 页。

④ 同上书,第 253 页。

⑤ 马幼垣:《靖海澄疆——中国近代海军史新诠》,联经出版社 2009 年版,第 227—228 页。关于"定远""镇远"舰的炮位,日本人著作《廿七八年》记录两舰速射炮均为 12 门:57 毫米单管 6 磅弹哈乞开斯机关炮 2 门,47 毫米五管 3 磅弹哈乞开斯机关炮 2 门,37 毫米五管 1 磅弹哈乞开斯机关炮 8 门。

⑥ 李鸿章:《寄译署》,光绪二十年七月二十日,《李鸿章全集》(卷 24),电报(四),安徽教育出版社 2008 年版,第 250 页。

⑦ 钱谷风:《清王朝的覆灭》,学林出版社 1984 年版,第 215 页。

击伤敌舰。后被重创在朝鲜十八岛附近搁浅,自焚沉没以免资敌。"操江"号负责保护"高升"号运兵船,当日舰"秋津洲"靠近时,操江号竟然举白旗投降。9月15日中午,郭再次惊闻大东沟口外日本兵船正在与中国兵船开仗,是走是逃,郭静候三天等到了盛宣怀的电报,指示他将船只躲避于沟内,人员上岸,到第二天接电赶紧开往旅顺,二十三日早抵旅顺。郭于危险之中将兵妥渡,将船平安开回,"传谕嘉奖,每船赏湘平银五百两"。李鸿章为其奏奖,保举其以县丞,"不论双单月遇缺仅先即选"。①丰岛失利后,有人自告奋勇,清军守备陈廷威曾经在甲午战争期间致函盛宣怀要求统带战舰与日作战,他强调"古今来,兵无强弱,惟在官弁之得人;器无利钝,亦视将帅之谋略"。②1895年5月盛宣怀致函王文韶,"华兵非不能战,将帅不得力"。③

1894年8月,盛宣怀致电牙山,说到牙山内外被日军的鱼雷、水雷封锁,海军无法接济,期望北军就近支援,"海军胆怯,似只可催北路进攻,分其兵力,叶军或可稍松"。④按照马吉芬的回忆,9月18日大东沟海战时,林泰曾在指挥塔里跪在地上以极快的语速祈祷,每当有炮弹击中"镇远"时就发出嚎叫声,嘴里念念有词,祈求菩萨保佑。⑤海战期间真正指挥"镇远"的是大副杨用霖,马吉芬称他为一位非常机智勇敢的指挥官。"骁勇闻名的舰长邓世昌见已到了最后关头,遂决心与敌舰同归于尽以不惜一死,乃直向一大敌舰疾驶准备冲撞。但敌舰重炮、机炮弹如雨注,加以舰体倾斜愈甚,终于未达攻击目标即颠覆。"⑥

1894年甲午战争期间,中日两国的陆军一共进行了五次规模比较大的会战,分别是平壤会战、鸭绿江战役、金州旅顺战役、威海卫防御战、辽河会战。以上五场会战,除了辽河会战外,清军均是防御的一方。就兵力而言,日军的攻击部队在人数上并没有太多优势。此外,平壤的城高池深、鸭绿江的水深流急、金州旅顺的坚固防御、威海卫的森严守备、辽河平原的主场优势,都可为清军的取胜增添砝码。10月3日,盛宣怀致电九连城刘军门,说明运送军械数量种类。"装大车六十三辆,限初八(引按:即6日)到凤凰城。惟车辆只到凤城,不肯赴九(连城),望速派人派车马接运。"⑦同时盛宣怀在电报中也持失望情绪,"寇已入义州,鸭绿

---

① 《甲午六月二十四日至十月九日北洋装运兵弁军械情形节略》,盛宣怀全宗档案056801-2,上海图书馆藏。

② 《盛宣怀档案资料选辑之三·甲午中日战争》下,上海人民出版社1982年版,第141页。

③ 同上书,第433—434页。

④ 《盛宣怀档案资料选辑之三·甲午中日战争》上,上海人民出版社1980年版,第60页。

⑤ 张功臣:《洋人旧事》,新华出版社2008年版,第187页。

⑥ 同上书,第189页。

⑦ 《盛宣怀档案资料选辑之三·甲午中日战争》下,上海人民出版社1982年版,第566页。

江、九连城必失。兵单气馁,难望战胜。倭船游弋,旅顺甚危。……两月内必有恶耗"。①10月5日,再为九连城解送弹药,包括哈乞开斯子200万粒、毛瑟子100万粒、云者士得子60万粒。②

清朝军队向前线运送弹药清单③

种　类	数　量	种　类	数　量
毛瑟子	25万粒	八生脱包铅开花子母弹	200颗
哈乞开斯子	25万粒	沪造包铅开花子	600颗
七生脱半局造钢箍开花子	1 000颗	沪造铅群子	200个
两磅铅群子	200个	两磅包铅开花子	1 800颗
克虏伯开花子	650颗	七生脱铅群子	200个
克虏伯开花子母弹	150颗	英式铜拉火	5 000枝
八生脱包铅开花子	1 000颗	克虏伯铜拉火	2 500枝
枪炮通用药	3 000磅	二号炮药	3 000磅

一线将帅弃城而走,后路转运弹药瞬间资敌,前送的速度赶不上降敌的速度。1894年11月,大连、旅顺相继失守,总理前敌营务处周馥赶往前线筹办饷械转运等事。但由于军械粮饷,转运采买,萃于一身,而各军无主帅,亦乏粮械,节节败退,"若将饷械送前,恐军败资敌,存后又难及时接济",故周馥深感忧虑,以至成疾。蒋希夷致函盛宣怀,"中国自揣兵力饷力,有何稍逊于倭?乃一误于牙山,再溃于平壤,兹又九连城退守,凤凰随沦,沈阳一隅为之震动,定裕军宪相与束手,而旅顺金州又告急矣。……弟束发置身戎马,不闻一败动辄数百里之言,坐令屠屠鸱张,国威日损,以弹丸之倭丑,尚不能俄顷相持,何颜与五洲大国之人抗交自立耶!……纵外洋军火有及远之长,然枪炮准的三千码为率,其三千码之外,固仍可立足,何致自伤锐气,相率狂奔"。④1895年3月7日,盛宣怀致电沈子翁,"瑞生快枪五百枝,十三到沪,礼和分圈开花子五千颗,日内到沪,均请验收。快枪运津,炮子可暂存沪,因炮已在威海弃失"。⑤龚照玙致盛宣怀信函中,谈到了前线情况,"旅防近日万分吃紧,粮饷军械无不空虚,所幸镇东装来糟米五千四百担,分给各军,人心稍安。以后如援兵不到,粮饷不济,如何了局。务乞老哥设法接济,否则真有不堪设想矣。各统将主战主守终日议论毫无把握,弟值此时艰领生不得领死

① 《盛宣怀档案资料选辑之三·甲午中日战争》下,上海人民出版社1982年版,第567页。
②③　同上书,第570页。
④　同上书,第327—328页。
⑤　同上书,第620页。

不能,且局中员司早已散去。务乞执事面秉老帅,电奏请旨速催宋帅督师早日到全,或者此围可解,否则恐无济于事矣"。①

洋务运动时期,将领贪污腐败影响了军队的士气。各将领以吞蚀、侵克饷项为带兵目的,陋习几乎无法治理,已成众叛亲离之势。"李鸿章在任时,凡在各营统领及营哨官每次谒见,例出门包 48.8 两及 33.3 两不等。是以钻营成习,无一有耻之将。"②在清朝前线将领给皇帝的奏折中,也曾透露过"军营之弊往往以败仗报胜仗,杀贼以少报多,借以邀功保人。伤亡官兵又如多报少,俟获胜仗,陆续填报,借以避罪"。③时人戴钧衡在《草茅一得》(上卷)中曾指出,"我兵(清军)追之,为贼所袭,兵亡无数,文武大小吏死者九十余人。赛公(广西钦差大臣赛尚阿)入奏,二十余人而已"。④

1894 年 8 月 16 日,义州致电盛宣怀,"盛军所至奸淫抢掠,无所不至。在义因奸开枪,击毙韩民一人,致动众怨。在定州又枪毙六人,义尹电由平安道请卫总统查办,置之不复,民心大变,奈何!毅、奉两军纪律较严,卫军毫无布置,大局堪虞。现在韩民避我军如避贼,可为寒心"。⑤"由义州至平壤数百里间,商民均逃避,竟有官亦匿避。问其缘由,因前大军过境,被兵扰害异常,竟有烧屋强奸情事。定州烧屋几及半里,沿途锅损碗碎各情,闻之发指。"⑥朝鲜人排斥清军,甚至将日军当作解放者来欢迎。8 月 19 日电报居然提及多招洋兵为助国人胆气,"敌船再搁入北洋门户,即与海战,并多募英、德弁以助闽人胆气"。⑦10 月 25 日,日军未经战斗,轻取东北重镇九连城,所驻清军尽管有着并不比日军逊色的武器装备,却早已望风而逃。⑧11 月 5 日,豫军统领致电盛宣怀,李鸿章要求截留溃勇,收缴枪械。盛宣怀致电锦州,"逃勇截留无益,洋枪即由尊处设法收买备用,既得便宜好枪,又免持械滋事"⑨;营口致电盛宣怀,"溃勇已收五百余名,哈乞、毛瑟此处收七十余

---

① 《龚照玙致盛宣怀函》,盛宣怀全宗档案 074323,上海图书馆藏。
② 姜鸣:《龙旗飘扬的舰队》,生活·读书·新知三联书店 2003 年版,第 450 页。
③ 中国社会科学院近代史研究所近代史资料编辑室编:《太平天国文献史料集》,中国社会科学出版社 1982 年版,第 175 页。
④ 同上书,第 369 页。
⑤ 《盛宣怀档案资料选辑之三·甲午中日战争》上,上海人民出版社 1980 年版,第 86 页。
⑥ 李鸿章:《寄平壤丰卫左马各统领》,光绪二十年七月二十九日,《李鸿章全集》(卷 24),电报(四),安徽教育出版社 2008 年版,第 286 页。
⑦ 《盛宣怀档案资料选辑之三·甲午中日战争》上,上海人民出版社 1980 年版,第 94 页。
⑧ [澳大利亚]雪珥:《绝版甲午——从海外史料揭秘中日战争》,文汇出版社 2009 年版,第 175 页。
⑨ 《盛宣怀档案资料选辑之三·甲午中日战争》上,上海人民出版社 1980 年版,第 254、258 页。

杆,派人四路收买者未回,请拨哈乞、毛瑟等子"①;"后膛枪只有两种,哈乞开斯每杆八两,毛瑟枪每杆四两,枪子每颗天钱二十文。营口已嘱蒋统领收买。牛庄可派人去"②。运送到前线的枪械,还要从败逃兵士中花钱买回来。11月7日,日军顺利攻占大连,清军丢弃的100多门火炮、246万多发炮弹及大量军用物资,成了日军进攻旅顺和威海卫的武器。"逃跑将军"叶志超谎报军情获得朝廷奖叙,逃跑过程中,"把40多门各型火炮及当时最先进的100多支毛瑟枪等武器装备及粮饷、器材等军用物资,一并丢弃"。③当天恰好是慈禧六十岁的生日。北京皇宫依然寿典正隆、张灯结彩。有人乘夜色在紫禁城的宫墙上写下了"一人有寿,举国无疆"④八个大字。11月16日,盛宣怀致电大连湾赵怀益,"如至万不能守,即将炮闩、炮子抛沉海内,免为敌用"。⑤"定远"舰上的北洋海军提督丁汝昌负伤后,坚持留在甲板上鼓舞全舰士气。右翼管带刘步蟾代理指挥。11月,锦州致电盛宣怀谈到宋庆之勇敢,"各统将果能国而忘家,不必追踵王壮步老湘营之明耻教战,即如宋军之善进善退,贼已不足平矣。或谓器不如人,宋军岂别有利器哉"。⑥1895年2月10日,在炮弹打完的情况下,为不令先进舰船落入敌手,刘下令用鱼雷炸沉该舰,自杀殉国。

　　1895年,辽阳知州徐庆璋曾对清军的战斗力发出感慨,"所失各城,非失之于贼之殊能,实失之于我之不守。且前敌各军,尔忌我诈,我前尔怯,胜固不让,败亦不救,甚至败则退,胜亦退,步步退让,贼焉得不步步前进"。⑦1月盛宣怀致函刘葆贞,"倭事初起,视之太易,今则视之太难。彼军虽律严谋狡,不过数万人。我军调募三百数十营,同此利器,若得智勇兼擅之统帅二三人,似不难转负为胜。弟曾条陈,募德将弁,各营哨安置为教习,以壮军士之胆。……闻前敌各军,听枪炮声即遁。旅顺失守只有倭兵四五千人。或谓我军枪炮之不若,实智略之不胜也。……且搜括民财仅供岁币,其有余力图自强耶?"⑧3月,"定远"舰枪炮大副沈寿堃指出大东沟之败,"非兵士不出力,乃将领之勇怯不同也。勇者过勇,不待号令而争先;怯者过怯,不守号令而退后。此阵之所以不齐,队之所以不振

　　①②　《盛宣怀档案资料选辑之三·甲午中日战争》上,上海人民出版社1980年版,第254、258页。

　　③　王兆春:《空教战马嘶北风》,兰州大学出版社2005年版,第132页。

　　④　同上书,第113页。

　　⑤　《盛宣怀档案资料选辑之三·甲午中日战争》上,上海人民出版社1980年版,第256页。

　　⑥　同上书,第269页。

　　⑦　王兆春:《空教战马嘶北风》,兰州大学出版社2005年版,第133页。

　　⑧　《盛宣怀档案资料选辑之三·甲午中日战争》下,上海人民出版社1982年版,第383—384页。

也"。①10 月，贾起胜致函盛宣怀，"平壤之败，非勇之罪，将之罪也。然战而败与闻而逃者，其间相去天渊"。②1899 年 9 月 2 日，盛宣怀奏对慈禧太后，指出"不能怪兵勇不好，洋人常说中国兵是顶好的，就是带兵官不好"。③

1895 年 5 月，盛宣怀致函翁同龢，翁批评四川提督宋庆太老，不肯师洋法，奉天、广东、山东、京师督办处"无帅无将"。④盛宣怀致函袁敬生，"此次军事之不得手，非合肥（引按：李鸿章）之过，乃左右无人之过"。⑤日本旅级以上的 18 名军官中，有一半曾在欧洲和美国学习或调查过，并且知道大炮的使用。李鸿章看到前线将帅纷纷溃逃，情急无奈之际，调运新炮，并鼓励官兵坚持作战。1894 年 11 月27 日，李鸿章致前线官兵，"新炮能击四面，敌虽满山谷，断不敢近，多储弹药，多埋地雷，多据地沟为要。半载以来，淮将守台守营者，毫无布置，遇敌即败，败即逃走，实天下后世大耻辱事。汝等稍有天良，须争一口气，舍一条命，于死中求生，荣莫大焉！"⑥曾在北洋海军任职的汉纳根对基层清军官兵的民族气节印象深刻，这些士兵与临阵脱逃的那些将帅们自不可同日而语。"高升"号事件中，面对日军的不宣而战，他们宁死不当俘虏，也不希望洋籍船长投降，全舰官兵大部分殉国。"遇难的清军在牺牲前个个视死如归，用手中仅有的步枪还击日寇。"⑦9 月 18 日的黄海海战中，"众士兵……毫无恐惧之态……一兵负重伤，同侣嘱其入内休养，及予重至此炮座，见彼虽已残废，仍裹创工作如常"。⑧9 月 27 日，北洋海军水陆营务处龚照玙电，"行军必严赏罚，退缩如方伯谦即正典刑。勇敢者当邀奖，叙丁提督前请奏加奖恤。奉电谕余照行，丁未敢渎陈，属照玙电，恳将镇远、定远苦战出力将士，择尤酌保数人，以资激励云"。⑨

1895 年 3 月，各大臣纷纷总结大东沟海战败因，"大东沟之败非药弹不足，乃器之不利也，非兵士不出力，乃将领之勇怯不同也，勇者过勇，不待号令而争先，怯者过怯，不守号令而退后，此阵之所以不齐队之所以不振也，致败之由能勿咎此乎。……平日操演枪炮须精益求精，熟益求熟，学其命中，测其远近，使所练仍属皮毛，毫无俾益，此中国水师操练之不及他国者，弊在奉行故事耳。……药弹引信

---

① 《盛宣怀档案资料选辑之三·甲午中日战争》下，上海人民出版社 1982 年版，第 403 页。
② 同上书，第 477 页。
③ 北京大学历史系编：《盛宣怀未刊信稿》，中华书局 1960 年版，第 278 页。
④ 《盛宣怀档案资料选辑之三·甲午中日战争》下，上海人民出版社 1982 年版，第 437 页。
⑤ 同上书，第 452 页。
⑥ 《丁汝昌集》（下），山东画报出版社 2017 年版，第 426 页。
⑦ 刘晋秋、刘悦：《李鸿章的军事顾问汉纳根传》，文汇出版社 2011 年版，第 130 页。
⑧ 《寄译署》，光绪二十年八月二十八日，《李鸿章全集》（卷 24），电报（四），安徽教育出版社2008 年版，第 283 页。
⑨ 刘晋秋、刘悦：《李鸿章的军事顾问汉纳根传》，文汇出版社 2011 年版，第 144 页。

拉火须极力讲求,制造稍有参差则不合用,中国所制之弹有大小不合炮膛者,有铁质不佳,弹面皆孔难保其未出口不先炸者,即引信拉火亦多有不过引者,临阵之时,一遇此等军火则为害实非浅鲜,故不可不室慎之于平日。……平时大炮打靶不可设立浮标,预定远近各船当随便行使,其自测码数,一若临阵击敌方有裨益。中国所有兵船须归于一统及有事之际,南北相助首尾相顾,庶免一败不能复振。军中须多备快船快炮,船快则益有四:阵势可以速成也,用以探敌情二也,善于追寇三也,欲战则战不欲战则离四也。炮快则易于命中,盖离敌之远近易试也。船上枪炮鱼雷遇有外国新式较好者,须随时更换或可触机生巧,精益求精,以备有事之秋方能制胜"。①

前来远船帮大副张哲溁声明海军失利缘由,"纪律不严。海军将士难无贤劣之别,不肖者碍情不加处治,故众多效尤,上有所好下必有甚相习成风,视为故态,下属不敢发上司之非,上司亦能隐下属之过,甚至临阵退缩畏葸不前者不加查察而功罪倒置物议沸腾。将就任使。军中员弁有才力不胜者,有学问不及者,有毫无所知其所司之职者,滥厕其间或碍于情面或善于逢迎或忠于节费擅一艺微长,淘足因循过日,至临敌将就为用不顾贻误于全船。军心不固。兵士之定乱视将领之才能,我军将领有临事确参把握者,兵士自以为可靠,固亦不少。其有军务吃紧,遇事张皇,而神形变色者,兵士见之难免生惶恐之心,一船如此告之他船亦然。将士耽安。前琅威理在平中时,日夜参练士卒,欲求离船甚您,是琅之精神所及,人无敢差错者,自琅去后渐放渐松,将士纷纷移眷,晚间住岸者,一船有半,日间虽照章参作,未必认真至有事之秋安耐劳苦。情面太重。学生练勇为海军之根本,老少强弱敏钝不齐。难免无碍情严手之弊,在军中资格较深才力较胜者,久任不得升而投效之人,入军便膺其上。奖恤失当。海军经仗之后,无论胜败其各船中奋勇者有之,退缩者有之,使能分别赏罚庶足以鼓人心,我军仗后从无查察,其畏葸避匿者自幸未尝冒险,其冲锋救火奋勇放炮者,尚悔不学彼等之黠能,受伤虽住医院,而扶侍之役,资派本船水手,阵亡者衣养棺椁出己之薪俸口粮领恤赏之时,亦有幸一不幸士卒一念及此,安得死敌之甘心,谁无父母妻子,使能给养其家,何有求生之念,故西国于此项恤赏最优"。②

1895 年 11 月,盛宣怀听说日本要对中国留洋学生进行酬劳时断然拒绝,表现了中国人的骨气,"日本酬劳福局学生洋元,即传谕不可收受,婉言复谢"③。李鸿章自欧美返国路过日本时绝不上岸。这表现了清廷重臣因败于日本、饱受耻辱

---

① 《海军利弊情形条陈》,盛宣怀全宗档案 056920,上海图书馆藏。

② 《海军失利缘由条陈》,盛宣怀档案 056919,上海图书馆藏;《盛宣怀档案资料选辑之三·甲午中日战争》下,上海人民出版社 1982 年版,第 399 页。

③ 《盛宣怀档案资料选辑之三·甲午中日战争》下,上海人民出版社 1982 年版,第 663 页。

之后,而显露出的一种绝不屈服的态度,然而,因国力不足,很难有卧薪尝胆、报仇雪耻之策,又显出时人的一种无奈。

指挥陆路战斗的将帅均为行伍出身的旧军官,固然勇怯不一,但还有一个共同的弱点,就是因循守旧,不了解新火器运用之法。年近衰老,利欲熏心;或习气太重,分心钻营;要么就是文弱书生,不谙军务。在进攻时只会用集团冲锋的方法,一拥而上,超远距离射击。日军则以密集火力在近距离猛烈射击,给予清军以重大杀伤。在防守时只注意正面防御忽视侧翼,即使正面也无纵深兵力和火力配备。日军只要从侧翼出击,即可迫使清军全线崩溃。火炮配属于各部队而不能集中使用。日军则不论火炮多寡一律集中加强火力。西方史学家认为,中国的指挥官在基本战略战术和使用武器方面,总显示出可悲的无知。1894 年 12 月,徐邦道致电盛宣怀称:"各局转运解来毛瑟、哈乞开斯子,两头均有黄蜡,又有外国厚纸四层闬阁,甚有洋铁闬阁,每打不霍铅头焊处,复有纹如螺丝,纵放出,亦无能远。恐是外人买通工匠作弊之事。"①当时国际军工界普遍用油脂浸泡晾干的厚纸张,来包裹成型发射药和弹丸,装入枪膛前需抽掉子弹后包裹的牛皮纸,以露出底火,71 式毛瑟枪就是使用这种子弹,与枪弹质量无关。②果然,第二天盛宣怀回电称:"子弹用蜡纸,廷一说是外国造法,并无弊。"③"清军的腐败,再加上日本军队采用西方新式武器、编制和战术所表现出来的巨大优越性,与清军的窳劣形成鲜明的对比。清军将领自愧不如。"④甚至甲午战后"攻守之法,又沿旧习"。⑤"军需如故,勇额日缺,上浮开,下折扣,百弊丛生","各营员皆以钻谋为能事,不以韬矜为实政,是兵官先不知战,安望教民以战"。⑥如此将帅之指挥应对熟悉新法训练的日军,焉能不败?

与内陆清朝正规军不少将帅临阵脱逃大为不同的是,当清廷将台湾割让给日本后,台湾绅士以全台居民名义发起保台活动,表示"愿人人战死而失台,决不愿拱手而让台"⑦。台湾军民在孤立无援的情况下,以劣势的武器装备,同数万日军激战 4 个多月,使日军付出了近卫师团长北白川能久亲王以下 4 800 人死亡和2.7 万人负伤的惨重代价,写下了中国人民反抗外国侵略者的光辉篇章。实际上对于甲午战争中清军基层官兵,诸多史料给予了较为正面的评价。英国海军提督

---

① ③ 《盛宣怀档案资料选辑之三·甲午中日战争》上,上海人民出版社 1980 年版,第 324 页。

② 陈龙昌辑:《中西兵略指掌》(卷十一),1897 年皖南东山草堂刻本,第 1、2、7、14 页。

④ 刘晋秋、刘悦:《李鸿章的军事顾问汉纳根传》,文汇出版社 2011 年版,第 173 页。

⑤ 同上书,第 171 页。

⑥ 《李文忠公全集·朋僚函稿》卷 2,第 46 页。

⑦ 王兆春:《空教战马嘶北风》,兰州大学出版社 2005 年版,第 129 页。

斐利曼特曾评论琅威理去职三年后北洋海军的实况，"其驶船之法则仍甚合机宜，操演阵势仍纯熟而兼能变化。水师每打海靶，多能命中。或谓水雷，亦颇不弱。其发炮号令之旗，皆用英文，各弁皆能一目了然。是故就北洋舰队而论，诚非轻心以掉之者也，舰中之人亦未可藐视者也"。①甲午战后，有英国记者采访琅威理，"其操阵也甚精，其演炮也极准，营规亦殊严肃，士卒皆用命。……彼谤毁中国海军之多废弛者，皆凭空臆说也"。②亲身经历甲午海战的汉纳根对海军各舰都比较满意，直至药弹罄尽表现都不错。镇远舰上的美国人马吉芬也认为，"及视其次诸官，皆能各司其事，不露胆怯之态，甚属可恃。水手亦甚得力"。③战士英勇、将帅用命，自然就能取得更好的战果，否则战士再勇猛，将帅毫无斗志，也是没有任何希望的。

3. 指挥"事权不一"

太平天国出现之后，清廷经制兵废弛，军权下移，各地督臣自筹经费主持本地军务，"事权不一"的局面从此很难得到改变。总理事务衙门设置后，初为临时机关，敷衍洋人。但日复一日，其却越发重要，甚至超过军机处。北洋由直隶总督兼任(掌北洋洋务海防之政令，凡津海、东海、山海各关政悉归统治)。总理各国事务衙门中之海防股(掌南北洋海防之事，凡长江水师，沿海炮台、船厂，购置轮船、枪炮、药弹、创造机器、电线、铁路，及各省矿务)，后专门划出特设管理海军事务衙门，以醇亲王主其事，而副之以李鸿章。④这种临时部门的设置，并未解决军事划一问题。

1867 年，丁日昌在江苏布政使任内，拟定海洋水师章程，主张成立南北中三洋水师，分防设守。裁汰旧有船只，采用新式兵轮。1870 年，曾国藩也上书清廷要求统一沿海防务，但未受到朝廷重视。1874 年，日本借口琉球难民问题出兵犯台，以 17 艘军舰，总计 14 000 吨，应对中国 21 艘新式兵轮，共计 21 000 吨，由于清海军训练不足，船只分散，难以发挥威力，竟不得不委屈议和，引起朝廷的震动。经过广泛的讨论，1875 年 5 月 30 日，朝廷正式任命李鸿章和沈葆桢分别督办北、南洋海防。1883 年，总理衙门专设海防股，负责长江水师、沿海炮台、船厂，购置轮船枪炮、药弹、创造机器、铁路以及各省矿产皆归其管辖。

甲午战争时，李鸿章能直接指挥的只有北洋海军的舰船，明知北洋一隅之力，不敌日本一国之力，却一切皆未预备。粤洋尚肯借调舰只，拥有舰只 10 余艘的南

---

① 《近代中国史料丛刊续编》第七十一辑，文海出版社 1980 年版，第 795 页。

② 同上书，第 761—762 页。

③ 同上书，第 788 页。

④ 秦翰才：《左宗棠全传》2010 年未刊本，复旦大学图书馆藏，第 229 页。

洋则抱持隔岸观火的态度。①1894 年 9 月,张翼致函盛宣怀,"南洋兵轮不肯允借,独不念分则力弱,合则势强乎？且倭以全国之力扰我,而我以一隅之力敌倭,胜负之数已可概见"。②光绪帝数度严旨催调南洋军舰,结果南洋以各种托词抗拒不遵③,最后才答应派出四艘兵轮北上,却未及北援到位,便大势已去。

"事权不一"之弊对军队建设影响尤甚。1885 年,李鸿章向曾国荃诉说,"海军一事,条陈极多,皆以事权归一为主……茫茫大海,望洋悚惧,吾丈何以教之"。④江西吉安人黄楙材常论海防,强调西洋富强之本,不在器械之精坚,行使之灵捷。"其致治之原,在君臣一体,而呼吸可以相通,其自疆之道,在志虑专精,而措施必求实济"。⑤1895 年 3 月 9 日,"镇远"舰枪炮官都司曹嘉祥、守备饶鸣衢在海军利弊条陈中声明,"沿海各带炮台、水雷营等处,须归海军提督节制,作为一气不啻唇齿相依,威海之败诚为此也。……船坞局、军械局、煤炭局,须在海军驻防,归提督节制,免致临时掣肘,各执己见,种种各件,平日即须筹备,非临时方行布置也"。⑥李鼎新上条陈,分析甲午战败利弊缘由,充分反映了清政府游移之思想延误战机,"致、靖、经、来,回华后新式快船快炮迭出,各管带请添船未准,又请添炮亦未准,船不快阵难开合,亦无可探敌情,炮不快远近难测故命中亦难。中国军火本有限制,平时操练不准多用,以致操演亦因之或少,此练习所以难精也。各船军械多系旧式,军火储备不全,且多有不能自制者,以致临敌无以接济"。⑦日千总郑祖彝考察海军利弊,"海军防次所有陆师及炮台暨兵船各将领,须归一人节制,以免各执己见,背水陆相依为命之理,威之刘公岛依海军为命,岂可如南北岸之陆师炮台,明知海军依之为命,竟不战而溃,置之不理也,要其所以敢溃再嬗可各有专权,无人节制,故海军防次所有陆师炮台及兵船不归一人节制"。⑧前来远船帮大副张哲溁声明海军失利缘由,"兵法瞬息万变,岂容泄露机宜,海军提督受制于北洋大臣,动辄必禀命而行,每电覆未来,众知行止,敌布奸细,几于无地无之,我军情形均为所晓,兼之炮台船坞不特令不能从且事多掣肘,南班炮台失守误却大局可为明证"。⑨一线统帅无权,对战事指导最为不利。李鼎新上条陈分析甲午败因,充分反映了清政府指挥层之弊端,"南北洋各守一方,水陆各具一见,致军心不

①　马幼垣:《靖海澄疆:中国近代海军史事亲诠》,联经出版社 2009 年版,第 253—254 页。

②　《盛宣怀档案资料选辑之三·甲午中日战争》下,上海人民出版社 1982 年版,第 241 页。

③　陈悦:《北洋海军舰船志》,山东画报出版社 2009 年版,第 268 页。

④　《复曾沅甫宫保》,《李鸿章全集》(卷 33),信函(五),安徽教育出版社 2008 年版,第 571 页。

⑤　《皇朝经世文编》卷 103,中华书局 1962 年版,第 3 页。

⑥　《海军利弊条陈》,盛宣怀档案 056921-2,上海图书馆藏。

⑦　《李鼎新条陈》,盛宣怀全宗档案 056917-1,上海图书馆藏。

⑧　《海军利弊条陈》,盛宣怀档案 056921-1,上海图书馆藏。

⑨　《海军失利缘由条陈》,盛宣怀档案 056919,上海图书馆藏。

能划一。海军提督无统辖之权,船坞局厂皆调动不灵,且多方牵制,号令所以难行。……各省兵轮船须全归海军衙门管辖,有事时便可调用。……有战事时,一提督只可带数舰,至多以十舰为率,再多则照顾不到。……沿海各防陆军,当与海军联络,如要直到宜参用西法使官兵联成一气,方不致各执己见"。①

1895年3月,来远鱼雷大副郑文超声明,"海军提督关系全局,应有便宜奏事,节制炮台船厂等处,非详识西法、深谙海战者不堪胜此大任。海军官员准其时陈利弊,下情俾得上达,须常考察品节职守,严行升降,以杜私弊,怠惰之风,惟管带官关系全船尤须严察。……船上官员兵勇平日须多设备,以应有事之秋调用,不致临时乏人"。②"来远"舰大副张哲溁条陈海军失利缘由,"统帅无权。兵法瞬息万变,岂容泄漏机宜,海军提督受制于北洋大臣,动辄必禀命而行,每电覆未来,莫知行止"。③

日俄战争结束后,广西候补知府李甸清在上两广总督张之洞的条陈中称:"窃思绥内靖外之道须思深而虑远,杜渐而防微,延揽人才保卫百姓,筹大局以为根本,扼险要以固屏藩。方今海防衅开库储竭蹶,兵少则分布不周兵多而饷需支绌,若徒恃招募则聚易而散难,将来遣撤逃亡又恐闾阎遭害,似不如团练勇乡仍可以节省靡费也。试以卑府刍晓之见陈之:……三、严团保甲以靖奸宄也。中外用兵以来,兵非不广,而沿海袤延数千里,备多力分。洋人火船迅速,一遇有事则首尾不能相应,顾此失彼,我方疲于奔命,彼乃择地而扰,是皆未练重兵以固守,又有汉奸以济之故也。查京畿以天津为重,而东三省之山海关牛庄旅顺口,山东之烟台,苏州之吴淞,江宁之江阴,浙江之宁波,福建之五虎,台湾广东之虎门琼州等口,皆宜重兵屯扎。拟请每口酌练精兵五千名,坚筑炮台、精制火器并选晓畅军事通知洋务之员,令为通商各海口镇道,饬其无分畛域,一气联络,务使兵与民合众志成城,自可固边围以杜后患。又复责令地方官绅编行保甲,严密稽查,俾无业游民不为利诱,不独可以保卫地方,并可以清除内患。万不可虚造丁册,有名无实。至于乡勇各有身家,无事则安本业,有事则保村庄,诚古者寓兵于民之意。若徒恃招募,则军需难支,洋务一日不清,防兵一日不撤,三年之后归空何补,此尤不可不计及也。抑卑府更有请者,法与罗马为天主教之根柢,罗马本属弱国,赖法人为之保护,自法为布所破后,护卫教主之铁甲船业已撤回,罗马原境又为意大利所夺,故近来教士之在他国者气焰稍衰,而在中国者则嚣张如故。引诱莠民、欺凌良善、掣肘官吏、潜通消息,上年安南起衅之时,该教士即放火船在香港琼州等处招募教民

---

①　《李鼎新条陈》,盛宣怀全宗档案056917-1,上海图书馆藏。

②　《海军利弊情形条陈》,盛宣怀全宗档案056917-2,上海图书馆藏。

③　《盛宣怀档案资料选辑之三·甲午中日战争》下,上海人民出版社1982年版,第397页。

令为汉奸,中外之人无不知者。前因和约相守,务为宽容。现在战端已开,尤宜防备,盖教士之入中国为时已久,其徒实繁有百姓之乡,即有传教之士,彼既为逋逃渊薮而不逞之徒借以为归。诚恐海上有事转相煽惑,党羽固结乘隙啸聚,昔洪杨始乱倡,上帝会即借天父天兄名目,事不在远可为殷鉴,此尤掣肘之患,防不胜防者也。其宜如何设法分别良莠,使已入教者知逃墨归儒,未入教者毋为从驱雀,以携其党而破其谋,庶畿消患于无形,止乱于未萌也。"①李甸清在条陈中痛陈"备多力分"之弊,建议关键之地精兵防守,并希望兵与民合、分别教民。然而,他的"寓兵于民"之策,看似省费,实则延续"兵为将有"传统,并非良方。

三、 军品贸易与军事近代化互动之中日比较

中国与日本有着相似的文化,以及同样被帝国主义侵略的历史。在内忧外患的压力之下,19世纪60年代至20世纪初,中日两国走上了类似的改革道路,只是改革的结果大相径庭。中国的"洋务运动"随着甲午一役败给日本宣告失败;日本的"明治维新"则随着相继战胜大清与沙俄大获成功,并跻身世界资本主义列强的行列,迅速走向扩张之路。中日两国改革的重要内容之一,都是通过军事贸易的方式,在引进西方的枪炮舰船和军事技术的基础上,展开本国的军事近代化之路。中国军事近代化虽然未因甲午战败而停止,但步伐明显变缓,最终没能挽救晚清政权。日本的军事近代化则经受住了战争考验,取得显著进步,不过,却由此走上了军国主义道路。相似的路径,不一样的结果,背后究竟是什么原因,值得探索。

清朝中央政府缺乏持久的危机意识,"有事则急图补救,事过则仍事嬉娱耳"。②鸦片战争后的中国虽然感受到了西方坚船利炮的极大威胁,但对此反应更敏感的却是邻国日本。与文官统治的清朝政权不同,日本的统治者是武士阶级,为了他们的职业身份和国防需要,很快就提出了扩充军备和国防近代化的强烈要求。终于在甲午一役中奇迹般地战胜中国。多年后日本学者在回顾这段历史的时候,发出感慨:"日本敏锐地认识到:一、在西方军事优势的背后,存在着经过产业革命的产业技术优势;二、在产业技术优势的深处存在着近代科学思想;三、有必要培养本国的科技人才。中国则通过一部分先进的官僚之手引进了上述第一点的西方军事技术并谋求产业近代化。以农本主义和科举制度为基础的清朝政府,其文官官僚在十九世纪内没有积极着手根据上述第二、三点的认识进行真正

① 《李甸清上张之洞条陈》,盛宣怀全宗档案 088342,上海图书馆藏。
② [美]刘广京等编,陈降译:《李鸿章评传》,上海古籍出版社 1995 年版,第 168 页。

的近代化。在日本,由明治新政府带头,在中央集权统治之下,不仅重视军事技术,还强有力地直接着手于殖产兴业和进行各种制度的改革及人才培养。在中国的革新派正徘徊于创造'物'的阶段,日本却培养了'制造物的人'。"①同治初年,"日人之游欧洲者,讨论学业,讲求官制,归而行之。中人之游欧洲者,询某厂船炮之利,某厂价值之廉,购而用之",俾斯麦声言,中日"强弱之源,其在此乎"②。中外历史发展的事实告诉人们,不顺应社会发展,做相应的包括军事制度在内的全面变革,而仅着眼在先进武器上,是舍本逐末的行为。

（一）军费投入与国力支持

对任何一个国家来说,国防建设和经济建设都是国家建设的重要方面,两者之间既相互影响、相互制约,又相互促进,是一个不可分割、互为依存的矛盾统一体。只有国家经济实力增强了,国防建设才能有更大发展。只有把国防建设搞上去了,经济建设才能有更加坚强的安全保障。近代中国由于重文轻武的文化传统,在军费投入上比较缺乏,军队军人没有先进的武器装备,军人更没有崇高的社会地位,在列强面前一败再败,国力日益衰弱、武备日渐废弛。日本在武士道精神的影响下,举国动员,开疆拓土,军队开道,国势日隆,甚至走上了侵略扩张的不归路。历史证明,国防建设和经济建设要协调处理好,不可偏废。

美国学者罗兹曼曾专门比较过中日现代化变革的速度,"迟至1890年代中期,帝制中国尚未在改造其财政体制、修改法令和促进私营部门采纳外国技术方面取得像样的进展。中国于1842年和1856—1857年曾在军事上败给英国人,1881—1884年又败给法国人,但朝野对这些失败,却没有引起如同1856年克里米亚战争的惨败在俄国,或者1853年佩里'黑船'在贺浦海湾的登陆在日本所引起的那种强大的冲击波。俄国和日本的首脑们,比中国统治者更快地认识到推行改革以增强本国经济基础和提高军事实力的必要性"。③直到甲午战败,清政府赔款给日本的费用,陆续成为日本军事现代化的资金。1897年,"现收到中国赔补军饷二百七十四万一千七百四十八镑七司令三边尼,并六个月利息,六万八千五百四十三镑零,又威海日本兵费,八万二千二百五十二镑有奇。此项现在英国银行暂储"。④支持大陆政策的日本学者强调应扩大军费开支,谈到"苏维埃俄罗斯的军事专家常作如下之嘲笑谓:日本近代科学的军备若与美俄等新进产业国家相

---

① ［日］杉本勋编,郑彭年译:《日本科学史》,商务印书馆1999年版,第329—330页。
② 李华兴、吴嘉勋:《梁启超选集》,上海人民出版社1984年版,第11页。
③ ［美］罗兹曼:《中国的现代化》,江苏人民出版社1988年版,第183页。
④ 《交偿日本军费》,《集成报》1897年第5号。上海图书馆藏电子文献。

比,甚为低劣,如此而欲其能胜任□战争的□,实费考虑"。①1840年,英军在第一次鸦片战争中用大炮轰开了大清的国门,14年后,美国主导"黑船来航"事件,威逼日本打开国门。在同一时期,西方国家强迫中日两国签订了各种不平等条约,以获得各项殖民特权。

1842年签订《南京条约》以后,被巨额赔款压得财政几乎喘不过气来的清政府,不断向列强借债用以偿还各国赔款,地方团练兴起之后,国内军费投入主要靠各地督抚的自行筹款与东挪西借,使得人均军费长期处于世界末流,大大影响了军品贸易的规模与效益。1895年3月,定远舰枪炮大副沈寿堃总结大东沟海战败因,"中国再振水师须立五军,曰北洋,曰南洋,曰闽浙,曰广东,曰巡军。巡军者专用以巡洋,探察各口之军也,巡军可以随时与各军调换,不论南北有事,先以巡军助守,每军须四铁甲、四快船、十雷艇,似此方可无虞。……如镇定致靖经来之成,须配雷网。……水师防守之口,船坞、械器厂、药弹库、杂械库、学堂、炮厂、操场、医院等均须齐备"。②可惜清廷没有足够的资金来支持这样的方案。甲午中日战争后《辛丑条约》的签订,迫使清政府为日本筹措赔款。国防建设上吃了大亏的清廷不敢因赔款而完全停止国防建设,只能两相维护。1895年5月,盛宣怀致函翁同龢,商谈为向日赔款而借款事宜,"查此次英暗助日本,与俄德法大不相同。……似可先借一千万磅,备六个月第一起付款五千万两,约多千余万两以备他用。约期宜短不宜长,至多十年为度。将来办第二起,息可轻则期可久,且可借轻息之款还重息之款。……试想二万万巨款,若全借洋债,至少二十年还清,连本带利便需四万万。国家度支,岁计八千数百万,盈余未闻确数。此后每年必须筹有的款二千万以还洋债,方可无虞。至善后处处需款,若必待还清洋债而后练兵、造船、制械,恐不及待而边衅又起矣"。③1895年7月,清政府与俄法两国达成了一亿两白银的大借款,帮助清政府偿付了第一期对日赔款5 000万两、赎辽款3 000万两。为了应付1896年5月的第二期赔款,1896年3月23日,清政府与英国汇丰银行、德国德华银行订立借款合同,总额为1 600万英镑,英德各出一半,年息五厘,九四折扣,中国以海关收入作抵,36年还清。1898年3月1日,总理衙门与汇丰、德华两银行签订《英德续借款合同》,总额仍为1 600万镑,八三折扣交付,中方实际所得仅1 300万镑,年利四厘五毫,期限45年。除以关税余款作抵外,另以苏州、淞沪、九江、浙东等处厘金和宜昌、湖北、安徽等处盐厘作担保。

---

① [日]小岛精一:《基于大陆政策的日本军费膨胀有益论》,《复兴月刊》1935年第4卷第4期,第6页。上海图书馆藏电子文献。("□"为原文难以辨识之字)

② 《海军利弊情形条陈》,盛宣怀全宗档案056920,上海图书馆藏。

③ 《盛宣怀档案资料选辑之三·甲午中日战争》下,上海人民出版社1982年版,第450页。

1899 年 5 月 18 日清政府又与德英代表签订《津镇铁路草合同》，借款 740 万镑，按九零折扣支付，年息五厘，50 年期限，中方以该铁路全部产业及收入作担保。①这些外国借款目的是赔款或建设铁路，大部分跟各地的军火外购关系不大，只有左宗棠西征借款中有相当一部分是用来购买外洋武器的。

从 1866 年始，福州船政局购买机器等项，由左宗棠筹款十三万三千八百余万两。②首批引进的机器设备、材料，包括机床、蒸汽机、铁条、水泥等，大约重 1 000 吨，分 4 批运输，于 1868 年 8 月从法国运抵福州。沈葆桢上任后，不顾重重阻力，大张旗鼓地开办船政，在购置者权操于人不如制造者权操诸己的指导思想下，用 12 年时间，大体建成捶铁厂、拉铁厂、水缸铸铜厂、轮机厂、合拢厂、铸铁厂、造船厂等十多个车间。据当时一位英国军官的观察，这个造船厂和外国任何造船厂没有多少区别，成为当时远东最大的造船厂，把尚未起步的日本远远甩在后面。

1874 年日本侵台事件发生后，清政府感受到前所未有的危机。东北方向的俄国，西南方向的英国（通过印度和缅甸），南方的法国（通过越南），东方的日本及其他越海而来的列强，给中国造成了陆海两条线上的巨大压力。在大臣们的呼吁下，清廷迅速推出购买外舰的计划。国内正值"同治中兴"的高峰，购买外舰只能解一时之需，总理衙门从长计议，向朝廷奏请，以海关收入的 40%，约 400 万两白银作为建设新式海军之资费。同年，江苏巡抚丁日昌拟定《海洋水师章程》六条，后清政府决定先于北洋创设水师一军，十年内建成北洋、东洋、南洋三支海军。1866 年，福建船政局破土动工，随后雇请洋员，购买洋设备，仅仅两年半后便造出了排水量 1 450 吨的炮舰"万年清号"。紧接着在 1872 年又建成巡航舰"扬武"。十年后，日本才在横须贺造船所建造了同等级别的军舰"海门"，可以说大清的海军建设走在了前面。1875 年 11 月，扬武巡航舰载着船政学堂毕业的实习生驶入日本长崎港，令日本人非常羡慕。1873 年，陕甘总督左宗棠以及船政大臣沈葆桢等官员开始上奏，建议选派船政学堂优秀毕业生前往欧洲留学。但四年后第一批留学少年才真正启程。此后大清又分两批派遣留学生至英国学习，他们甚至与日本学生在同一个班级学习，成绩甚至要更为优秀，日后这些留学生也都在各国海军担任要职。

1880 年，盛宣怀上奏要求在洋厂订造新式铁甲船，"臣查中国购办铁甲船之议已阅数年，只以经费支绌迄未就绪。近来日本有铁甲船三艘，遂敢藐视中土至有台湾之役琉球之废，俄国因伊犁改约一事迭据探报添派兵船多支来华，内有大

---

① 吴景平：《从胶澳被占到科尔访华——中德关系（1861—1992）》，福建人民出版社 1993 年版，第 58—59、63 页。

② 《清穆宗实录》第 87 卷，中华书局 1986 年版，第 29—30 页。

铁甲二船……铁甲若非利器,英人何至忽允忽翻勿肯售,今欲整备海防,力图自强非有铁甲船数支,认真练习,不足以控制重洋,建威销萌,断无惜费中止之理。……现计闽省解存上海及部拨并提出使经费约一百一十万两,又总理衙门奏拟定南洋拟购碰快船之六十五万,合共一百七十余万,以抵订造两号铁甲船价,所短不过数十万,俟李凤苞在洋议定合同起造,分次筹汇,期限较缓力量稍纾,容随时会商南洋大臣妥筹奏明请旨办理。抑臣更有请者,中国南北洋面将及万里,仅有铁甲船两支分布不敷,仍无以振国威而壮远势……臣愚见北洋应再定造铁甲船二支,所需经费亟应豫筹凑拨……自来兵事非饷莫办,即如俄兵号称强盛铁甲船及后门枪炮皆所素备,然曾纪泽来信,今春俄犹在英国银行借一千五百万金镑,已合银五千二百余万两,又向德奥各国分借巨款,是其不惜糜费以与我争胜,而我犹执往日之军器兵饷,以卫强俄,得失之数可揣而知。……臣明知订造铁甲船即使款项凑手,亦须三四年乃可来华,但不及今定办,以后更无可办之资、能办之人,而洋面毫无足恃……盖有铁甲而各船运用皆灵,无铁甲则各船仅能守口未足以言海战也"。①

从 1875 年到 1894 年的近二十年中,清廷在财政困难的情况下,从光绪元年钦定海防经费开始,多方筹措,设立专用款项,除救济各地灾荒以海防经费应急之外②,不包括经常性开支和海防建设费用,光用于北洋海军与南洋、福建、广东海军外购舰船的实际开支就超过 800 万两(也有专家认为在 1 600 万两以上)。此外,尚有 700 万两用于购买国内自造军舰。为加强海防,清政府还购置了不少炮位装备在炮台上,修筑了许多附属工事,购买各种水雷、鱼雷、地雷等攻防武器。至于晚清陆军枪炮军械的购买情况,殊难统计,保守估计 18 个行省,每个省外购内购以 80 万两计算,也有 1 500 万两左右。陆海军加起来,总计在 4 000 万两以上。这样的投资规模,也仅仅相当于预算的一半左右。以北洋海军为例,每年 200 万两白银预算,在因海防压力巨大,海军建设得到全国上下全力支持的大背景下,平均每年经费到账也仅有 100 万两左右,有将近一半的投资缺口,国防建设的质量自然大打折扣。甲午战前 1875 年至 1894 年间,中国的军费总支出按 4 600万两,另国家军用工业企业总投资 4 281 万两(其中 83% 源于海关、中央和地方拨款仅约 10%)推算,日本 1888 年以后 8 年含战争债券的国家军费约白银

---

① 《访求新式铁甲船克期在洋厂订造折》,盛宣怀全宗档案 021992,上海图书馆藏。

② 北洋海军经费被挪用的有"滇案恤款"20.3 万两,"借拨河南买米银"4 万两,"山西河南两省赈款"20 万两,"京师平粜不敷价银"7.4 万余两,"河间等处井工"4 万两,"直隶赈抚各属运米价脚银"1 万两等。沈葆桢:《筹议海防经费并机器局未便停工折》,《中国近代史资料丛刊·洋务运动》第 2 册,上海人民出版社 1961 年版,第 380 页。1878 年后,沈葆桢考虑清廷面临的财政困难,同意"凡报解海防经费,于南洋项下提银五成,分解晋豫,其余五成仍解南洋"。

4.63亿两（5.5亿日元），是1894年以前清廷19年军备支出约0.8亿两的5倍！晚清财政匮乏，盛宣怀设立通商银行要求官款存入生息作为财源，1898年3月，北洋淮军银钱所李竟成致函盛宣怀，"敝所饷源奇绌，入不敷出，目前实无款可存，以后如有汇兑之事自当遵来示，由银行办理借以仰副台端维持商务之意"。①可见淮军建设财力支绌已到非常严重的程度。不过，在日本人看来，中国人外贸浪费严重，"日中国所购之物，除铜之外，全属嗜好费耗之物"。②

　　1901年至1907年间，晚清的财政入不敷出到了极点。慈禧太后和光绪在与大臣的召对中谈到，"近来除开源节流别无办法，节流已做到极处，源从何开，只有开矿一事，亦缓不济急"。③四川总督赵尔巽于1909年7月上奏"历陈遵练陆军情形"，"陆军为强国根本既须急于添练则饷项必当妥筹，居今日而不为竭泽之渔持其浚者，力求开源之道，庶于国计民生两无窒碍，然非仰赖圣明主持于上则任事之人亦何敢不竭智尽能以求克济，此又不得不预为陈渎者也，忝膺重寄无论如何为难，亦必拼力筹办，本年省中先为规复一协合之边军改编可符一镇之数，仍拟于年内再为省城扩充成镇之计划。但使筹款得手明年边境无事，则抽调选练两镇之成虽不能为限，或不致过于延误"。④1910年7月，四川总督赵尔巽又上奏"密陈减练陆军一镇"折，"军队扩充以饷项为根本，似应商明度支部酌核各省财力办理，且中国幅员辽广，即练定三十六镇之数，国力仍形单薄，如将来财力充盈，尚可随时酌量扩（充），似不必限定镇数，转碍军事进步等因。……川省财政早已入不敷出，上年奉文筹办陆军限三年编定两镇，固饷项支绌碍难依限办理，曾经前护督赵尔丰据实奏咨在案，自臣到任屡思竭力筹款赶紧编练，以期勉强成立，无如近年协解之款数日增筹款之计，多阻旧有之事未能猝裁，新办之事依期增进虽幸支持无误，然库储民力则已绌矣。时势所迫，力不从心，清夜焦思，实虞覆餗，现明年预算虽已编制，而出入不敷至一千余万，迭准度支部电令将所造预算详加核减，务须出入相抵。……宣统三年应支各款以陆军为大宗，几占全省岁出三分之一，除现在上紧筹办之一镇，无论如何困难，期于编成。其余一镇因饷项无着，毫无基础，就现时情势论，与其竭泽供军而不可必得，似不如暂减练而徐待扩充，计惟有查照馆部迭次议奏援照广东减练成案，请将其余一镇暂从缓办，当能省筹银三百六十余万，预备金尚不在内，实于国计民生大有裨益"。⑤1911年，全国预算的比例中陆海军军费占总支出的33％，日本军费占国家总支出的比例为26％，法国为31％，德国为

① 《李竟成致盛宣怀函》，盛宣怀全宗档案032548，上海图书馆藏。

② 《席裕昌第三次日本军情汇报》，盛宣怀档案074317，上海图书馆藏。

③ 《召对》，盛宣怀全宗档案057799，上海图书馆藏。

④ 《赵尚书奏议》，上海图书馆藏古籍电子文献T28072-142，第2716页。

⑤ 同上书，第4797—4798页。

34％,英国为 38％,俄国为 44％。①

1911 年全国岁入岁出总预算表② {单位:银两}

	预算经费来源	度支部预算	资政院复核
岁入部分	田赋	48 101 346.27	49 669 858.27
	盐茶课税	46 312 355.02	47 621 920.26
	关税	42 139 287.93	42 139 287.93
	正杂各税	26 163 842.18	26 163 842.18
	厘捐	43 187 907.10	44 176 541.47
	官业收入	46 600 899.75	47 228 036.41
	捐输各款	5 652 333.12	5 652 333.12
	杂收入	35 244 750.65	35 698 477.25
	公债	3 560 000	3 560 000
	岁入合计	296 962 722.02	301 910 296.88
岁出部分	外务部	3 544 732.98	3 127 014.45
	民政部	5 019 691.68	4 352 040.35
	度支部	118 247 547.10	111 249 315.11
	学部	3 375 484.76	2 747 477.35
	法部	7 716 016.77	6 643 828.60
	农工商部	6 555 275.21	5 453 833.26
	邮传部	55 141 906.53	37 569 197.01
	理藩部	1 705 103.88	1 688 559.88
	陆军部	126 843 333.39	77 915 890.18
	海军部	10 503 202.79	9 997 946.79
	岁出合计	338 652 295.07	260 745 003.07
盈余		−41 689 573.05	+41 165 293.81
备注	资政院对全国岁出之削减主要为军费预算,占削减总额的 62.9％,被削减的军费占原军费预算总额的 38.57％。陆军部支出预算占岁出百分比为 29.88％,海军部支出预算占 3.83％,两部合计总支出占全国支出总预算的 33.71％		

从上表可以看出,海军部预算由 10 503 202 两削减到 9 997 947 两,减少预算5％,裁减幅度最大的是陆军部,其预算由 126 843 333 两被资政院削减到

---

① 张亚斌:《晚清陆军部研究》,北京师范大学 2009 年硕士论文,第 43 页。

② 《宣统:财政》胶片编号 2,第一历史档案馆藏。

77 915 890 两,减少预算达 39% 之多。陆军大臣荫昌指出,"查往年德意志陆军费计 74 709 万马克,法兰西 77 998 万余佛郎,按之中国银数皆在三万万两以上。以中国幅员之广……总计仅一万万余两,尚不及其三分之一。新军项下合并常年军费计算只占 4 629 万余两,军力单薄已不可言,至一切应径裁改删并各事,只能行之以渐。而应行扩充之款拨之,今日时势又实为急,不能得省,由于中国的财政环境已因赔款罗掘和鸦片禁政而大为竭蹶,尚有其他新政事项亟待筹办",因此,"此库储支绌之时,筹措为艰,臣不得不勉力迁就"①。

回望历史,近代中国由于频频战败而向列强赔款上亿两银,如果这些钱都用在军队建设上,结果会怎样呢?虽然人类发展的历史,残酷地告诉人们一个道理,大部分国家都是在战争结束之后才明白军队建设的意义。甲午战前两年的停止更新武器,让中国付出了惨重的代价。以 100 毫米口径以上的主战炮为计算单位,交战第 1 个小时内,理论上两国舰队火力是 19.5:1,日本差不多是中国的 19 倍。"第一游击纵队"35 分钟内击沉"超勇"、击伤"扬威",双方火力射速比理论上是 44:1。细节决定成败,正是这些火力与射速的差异,抵消了英勇的北洋官兵的奋力拼杀。制海权丧失与陆军将领的贪生怕死相互叠加,最终,曾经傲视亚洲的北洋海军不得不吞下全军覆没的苦果,前期 30 年的投入和努力几乎荡然无存。

1909 年 10 月,盛宣怀在致两江端制台的函中说到外洋进口中国汉冶萍公司产品的情形,"钢铁为世界必需,吾华制造未与铁路其大宗耳,尤幸美日来购生铁,岁需多数,近日奥大利亦来议购,因奥素用英铁不及中奥回空水脚之贱耳,以此看来竟是出口土货以黑铁换黄金,岂仅公司之幸,抑亦国家之福也"。②在致吏部尚书陆的信函中称,"汉冶萍现有日本美国太平洋两处派人来议买生铁,每年各二十万吨之多,如可成议,须在大冶添造四炉获利奚啻十倍,似必在银行自来水各公司之上也"。③在工业基础相当薄弱的晚清,通过自身的努力实现本国工业产品远销其他列强,代表着中国国力的巨大进步。

1894 年 7 月,中国驻日公使张文成致电盛宣怀报告日本海军实力,"海军军舰计,一等兵船二艘,二等兵船六艘,三等兵船十一艘,四等兵船六艘,五等兵船六艘,六等兵船一艘,七等兵船八艘。四十艘舰船中,英国购造十二艘,法国购造四艘,美国购造一艘,荷兰购造一艘,日本自造二十艘,造厂未详二艘"。日本各新报载云,"我国军舰虽备有数十号,而破损朽坏,不堪应敌者,正复不少;缓急可恃者,

①　《奏为拟就各省预算宣统三年军费数目作为明年确定经费并通筹制用办法请咨各省遵办事》,《军机处录副奏折》卷号 03-7495,档案号 014,第一历史档案馆藏。
②　《盛宣怀亲笔函稿不分卷》,古籍类电子文献 430853-60,上海图书馆藏,第 265—266 页。
③　同上书,第 267 页。

适得其半"。日本"崇尚西法，殚精竭虑，其于海防一事，尤复汲汲讲求不遑。然计，海军经费每年额需三四百万圆不等，至添制炮台、购置战舰尚不此数，外强中干。……火器之精，铁甲之坚，能自信乎？利之能兴，弊之未去，能自恃乎？此不待智者而后辨也"。①"我中国练兵数十年，良将劲兵为西洋各国所心羡，兴办海军亦三十年，铁甲之厚、炮力之大，迳赴长崎以阻截其援韩之兵，以邀袭其归国之师，徇取其地，以资诸道之策应。……且不特足以保高丽，不敢肆其蚕食之心；固吾圉，不敢生其要挟之念。而琉球亦可索还尚氏，我台湾五十万金之耻亦得雪矣。举十数年之侵辱而发之于一朝，是一举而名实两附，非惟中国强弱之所系，抑亦亚洲全局之枢纽也。"②

1908 年至 1910 年间胡惟德任中国驻日公使，他曾在致盛宣怀的信函中，通报日本海军的情况。

明治二十四年至明治四十一年(1891—1908)日本海军经费一览表③　单位：万日元

时　　间	经常费	临时费	合　　计
1891 年	541.25	418.92	950.17
1892 年	534.72	378.59	913.31
1893 年	514.15	295.94	810.09
1894 年	457.36	567.95	1 025.31
1895 年	491.32	860.70	1 352.02
1896 年	735.13	1 265.44	2 000.57
1897 年	954.39	4 085.06	5 039.45
1898 年	1 119.15	4 733.84	5 852.99
1899 年	1 457.71	4 708.45	6 166.16
1900 年	1 691.10	4 136.39	5 827.49
1901 年	1 948.46	2 449.44	4 397.90
1902 年	2 106.33	1 526.28	3 632.61
1903 年	2 153.02	1 458.76	3 611.78
1904 年	813.27	1 248.05	2 061.32
1905 年	1 233.21	1 107.98	2 341.19

①② 《盛宣怀档案资料选辑之三·甲午中日战争》下，上海人民出版社 1982 年版，第 27—28 页。

③ 王尔敏等：《近代名人手札真迹：盛宣怀珍藏书牍初编》(三)，香港中文大学出版社1987 年版，第 1174—1175 页。

续表

时　　间	经常费	临时费	合　　计
1906 年	2 799.13	3 388.53	6 187.66
1907 年	3 341.47	4 906.75	8 248.22
1908 年	3 481.07	4 615.09	8 096.16

日本自明治维新走上对外扩张侵略道路后,大力发展军事工业,不断追加军费,1892 年,军费支出为 3 450 万日元,占全年财政支出 30％,到甲午战争爆发之际已猛增到 2.252 亿日元。[①]英国曾捐赠日本军费,1905 年的上海《文汇西报》报道,"英国捐助日本水陆各军及水手等阵亡者眷属之款,现已截止,其总数共有四万零一百镑"。[②]1906 年,日本仍在扩充军费,据《北洋官报》译闻,"日本陆军大臣寺内正毅氏在帝国议会所宣言,今拟略行修复陆军各队,则须日金一万万六千万元,又齐藤海军大臣宣言修复海军之费每年约须二千五百万元,须筹至明治四十六七年为止"。[③]从上表可以看出,甲午战争前的三年中,日本占国防费用 26％的海军经费保持每年 25 万日元的增长。中日停战后的 13 年期间,日本海军经费则保持每年 518 万日元的增长。当然,其中很大一部分是中国赔款,一定意义上说,中国每年付给日本的巨额赔款,助长了日本军国主义的扩张。

日本岁计膨胀状态[④]

单位:千日元

时　　间	中央及地方财政		物价指数
	岁出	岁入	
1892 年	125.701	161.116	62.9
1902 年	445.477	469.540	96.9
1914 年	934.063	1 074.605	132.1
1924 年	2 718.585	3 654.586	259
1930 年	3 120.854	3 167.125	181

---

①　孙洪波:《军事对比:中日甲午陆战清军败因探略》,《社会科学辑刊》1999 年第 1 期。

②　《英国捐助日本恤兵费之总额》,《中华报》光绪二十二年十一月初六日,第 12 版,上海图书馆藏电子文献。

③　《日本预筹海陆军费》,《北洋官报》光绪二十三年正月二十七日,第 5 版,上海图书馆藏电子文献。

④　南京日本研究会:《日本的军费膨胀与财政危机》,第 1—15 页,STMT028891-028892,上海图书馆藏。物价指数系依据日本银行所调查之东京批发物价指数,以明治三十三年(1900年)十月为 100。扣除物价涨幅,实质上岁出有 8 倍以上增加,综合比较,以和日本经济发展的速度相对照,其比重有急激的增高。

日本军事费岁出额增加表①　　　　　　　　单位:千日元

时　间	中央岁出	
	实额	百分比
1872 年	9 568	16.6
1877 年	9 203	19
1882 年	11 752	16
1887 年	22 452	38.3
1892 年	23 768	31
1897 年	110 542	49.4
1902 年	85 763	29.7
1907 年	32 701	11.8
1912 年	34 521	8.3
1917 年	129 746	27.9
1922 年	198 316	32.9
1927 年	199 610	33.5

日本自 1883 年起扩充海军,陆军也因 1884 年采用师团编制而增加费用。1896 年,日本开始第一期军费扩张计划,1897 年又通过第二期扩张计划,1900 年通过台湾防备费。

中日甲午战后日本军备扩张费之来源②

	具体项目	金　额	占百分比	合　计
扩张费	陆军扩张费	101 591	32.4	313 241
	海军扩张费	211 650	67.6	
财源	公债	77 459	24.7	313 232
	赔款	196 085	62.6	
	普通岁入	39 688	12.7	

日本舰艇经费:日本各种战斗舰、巡洋舰、炮舰、报知舰、驱逐舰及鱼雷艇等,所需之视其驶行之力如何,航海日数之多少,故虽同一舰艇而所需煤炭及其他物件不同,故其需费亦不同。又因航行内洋与外洋,其舰员之俸给不同,

---

①②　[日]辻村楠造:《财政与军备》,漆英译,民国四年七月武学社印行(1915 年 7 月)序第 1—2 页,上海图书馆藏。

故其需费亦致有差异,盖舰艇之需费因时制宜,大有参差,不能划一定之额而一概计算之。各舰一只每年之经费略如左:

头等战斗舰日银五十五万元

二等战斗舰同三十万元

头等巡洋舰同四十三万元

二等巡洋舰同廿七万元

三等巡洋舰同二十万元

炮舰同十三万元

报知舰同十三万元

驱逐舰同五万元

鱼雷艇同二万七千元(日银一元略当中国洋银一元一角内外)。①

日本海军裁减补助费,"日本明治四十二年大藏省预算案内海运补助费千二百三十七万元,其中造船奖励金航海补助费所重复之三万元,今拟将此费有一律裁减之说"。②

日本节省海军经费,"日本官报云,日本海军省对于海军经费整理操延额,总额三百万元拟自明治四十二年减起,每年减二十五万元,已经临时会决定云"。③

中国海军在外洋教习的带教之下,注重海上训练,北约至海参崴,东至朝鲜与日本,南达新加坡以及南洋群岛各地,是西太平洋最活跃的一支舰队。据当时的《伦敦报刊》记载,1891 年中国海军占世界第八位,而日本则占第十六位。④1888 年,北洋海军正式成军,中国第一次拥有了一支在亚洲堪称一流的近代化海军舰队。这支舰队在人才培养、装备建设、基地建设、制度建设、教育训练、战术技术等方面全面依靠和学习借鉴西方,一度迟滞了日本侵略中国的步伐。

日本改革军队编制,以英德为师组织海军和陆军的训练,1872 年颁布征兵令,凡年龄达 20 岁以上的成年男子一律须服兵役。1873 年时,作战部队动员可达 40 万人。此外,明治政府亦发展国营军事工业;到了明治时代中后期,军事预算急剧增加,约占政府经费的 30%—45%,实行军国主义,推崇武士道精神,军事力量也快速强化。

日俄战争期间,日本海战费之金额:"日本此次海战费用,每战舰一只行减速力者约六十吨,全速力者约二百吨至二百五十吨不等,合日本舰队计之通航一画,

---

① 《日本舰艇经费》,《湖南官报》1904 年第 788 号第 28 页。上海图书馆藏电子文献。

② 《日本海军裁减补助费》,《北洋官报》1908 年第 1807 册第 12 页。上海图书馆藏电子文献。

③ 《日本节省海军经费》,《北洋官报》1908 年第 1843 册第 12 页。上海图书馆藏电子文献。

④ 林乐知:《各国新政治记》,《万国公报》卷 88,第 24—25 页。

仅应费石炭二千吨,若兵器则其价不一,自动水雷每个一万法(法郎),大口径榴弹每个二千至四千法不等,日本舰队倾尽军舰弹药库之弹药,以攻旅顺之要塞,战舰六只共大口径榴弹千个、中口径二千个,其费约三百万法,又上月八日之夜日本舰队发射水雷十个,其费约十万法,与药弹费合计为三百十万法,与每吨二十法之石炭费合计,总金额为三百五十万法云。"①

1906年日本天皇核准议院所定海陆军军费特别计算之法律,并颁发总理及户部大臣:"第一条,凡属海陆军临时事件之费归入每年特别算计内,以明治四十年年底为止。第二条,凡属海陆军临时事件之费应入特别算计之岁进岁出内,发给至明治四十年十一月三十日,应须一律完结。第三条,凡属海陆两军发给临时事件费之工程测量制造等未经于年度发给者,应入未发给之预算额内,可按次第挪用兼在外国购买物件及赏赐款项亦同此例。第四条,凡属海陆军发给临时事件费应由诸费之内并其部队别有差遣,不再支给本队之薪饷等款,一概可得移用。第五条,除前规定之二条凡属海陆军发给临时事件费其诸项之内,既成契约又有应行发给之时,而于年度内未能完结者可归入未发给之预算额内。第六条,凡属海陆军临时事件费其于特别算计,若有岁计之余款可挪入岁进项内。"②

日本国民人均军费负担比较表③

单位:日元

年　　度	一人负担之陆军费	陆海军费一人之负担额合计
中日战役前 1893 年	0.300	0.423
中日战役后 1897 年	1.340	3.000
日俄战役前 1902 年	1.000	1.700
日俄战役后 1907 年	2.400	4.200
1908 年	2.300	4.000
1909 年	1.800	3.300
1910 年	1.700	3.300
1911 年	2.000	3.700
1912 年	1.900	3.700
备注	1895 年前系据统计年鉴,1896 年后系据决算书及预算书	

由上表可以看出,日俄战争结束后,日本人均实际负担军费一直居高不下,基

---

① 《日本海战费之金额》,《湖南官报》1904 年第 677 号第 36 页。上海图书馆藏电子文献。
② 《议定海陆军临时费》,《北洋官报》1906 年第 1028 册第 11 页。上海图书馆藏电子文献。
③ [日]辻村楠造:《财政与军备》,漆英译,民国四年七月武学社印行(1915 年 7 月),序第16—17 页,上海图书馆藏。

本保持在人均 4 日元左右的水平。"我国以此区区之余额,竟能使国家名震全球,尚得谓之负担过巨哉。纵就生命保障言之,恐亦无此便宜之事也。"[1]"虽以中日战争与八国联军之役,稍露头角,然对于号称世界强国之俄罗斯,谓能保其必胜。斯固不能下一确当之定评也。"[2]

1912 年各国之军费负担比较表[3] 单位:日元

国　名	一人之军费负担额			国费中军事之百分比		
	陆军费	海军费	计	陆军费	海军费	计
日本	1.86	1.84	3.70	16	16	32
英	5.96	9.43	15.39	15	23	38
法	9.84	4.14	13.98	22	9	31
德	7.11	3.54	10.65	32	16	48
俄	3.56	1.01	4.57	19	5	24
奥匈国	4.46	0.59	5.05	11	1	12
意大利	4.88	2.45	7.33	16	8	24
荷兰	4.25	2.85	7.10	13	9	22
比利时	3.93	0	3.93	10	0	10
丹麦	3.86	2.18	6.04	16	9	25
西班牙	3.54	1.26	4.80	16	6	22
备　注	此表系据明治四十五年度预算及 1912—1913 年英国政治年鉴(另据其他资料,1892 年日本明治政权军费占年度国民经费总预算的 41%[4])。					

"商业之隆盛,金融贮金及放款的增多,均乃战争(引按:甲午中日战争)胜利之所赐,要保护国土与人民,走进国家之福利,舍军备以外无他物可达此目的。军备者外交之后援,不能忽视。日本称霸东洋,事事皆有发言权,全赖军备。""日本以军国主义为立国之根本,故对于军事上之种种设备无不覃思剂虑、精益求精,以期达其完善之目的。自维新以来其一跃千丈之进步实有令人惊骇者。……日本既以军国为主义则对于战争之准备自当不遗余力而其进步之速亦有一日千里之势,自千八百九十四年至千九百四年十年之间,其兵力约有二倍之增加。此真可

---

① ［日］辻村楠造:《财政与军备》,漆英译,民国四年七月武学社印行(1915 年 7 月),序第 17 页。

② 同上书,序第 30 页。

③ 同上书,序第 19—20 页。

④ 王兆春:《空教战马嘶北风》,兰州大学出版社 2005 年版,第 93 页。

单位：日元

1911—1912年各国军备比较一览表①

	面积（方哩）	人口	总预算额（万）	海陆军预算额		人均负担额		平时海陆军兵额		战时动员陆军（万人）	陆海军预算占总预算百分比	每百平方哩所出陆军兵额	陆军兵额占总人口万分比	海岸线（万里）	每里海岸线之海军兵额
				陆（万）	海（万）	陆	海	陆（万）	海（万）						
中华民国	454.3630	43 355.3030	25 845.9237	13 809.1623	470.0000	0.320	0.011	65.2580	0.6000	未详	55	14	15	1.4911	2
美国	357.1492	9 197.2266	130 827.5996	32 471.4198	24 145.7570	3.531	2.625	7.7523	4.7500	未详	43	4	14	5.0000	1
德国	20.8780	6 490.3423	146 239.6500	35 752.2500	8 360.3500	5.508	1.255	62.3000	3.3500	461强	30	314	101	0.4000	9
英国	12.1391	4 521.6665	181 839.0000	27 690.0000	44 392.5000	6.123	10.048	17.1939	13.4000	未详	40	252	68	0.6700	20
俄国	209.5616	16 377.8800	435 217.4123	77 229.3958	17 321.0560	4.711	1.051	120.0000	6.0000	500强	22	60	77	1.4000	4
法国	20.7054	3 960.1509	197 390.7981	42 217.2783	18 739.3778	10.062	4.730	63.7750	2.5500	300强	31	320	167	0.6000	4
奥国联邦	奥 11.5903 匈 12.5430	奥 2 832.1088 匈 2 084.0670	224 295.0000	18 278.3249	3 432.8605	3.708	0.694	39.6090	未详	200强	9	164	81	0.1700	未详
意大利	11.0759	3 468.7000	105 850.8699	15 467.6680	8 762.1648	4.460	2.526	32.6000	2.8500	150强	21	320	102	0.7000	5
日本	14.7333	5 174.8600	58 680.7588	9 793.6076	9 708.1806	1.880	1.790	23.0000	5.4226	100强	33	192	55	5.0000	1

① ［日］辻村楠造：《财政与军备》，漆英译，民国四年七月武学社印行(1915年7月)，附录第五，上海图书馆藏。(1方哩≈2.6平方公里)

以夸耀于世矣。然更有可为惊惧者,今日之陆军较之日俄战役所使用之兵力更优二倍,泱泱大风可以与德意志联邦齐驱并驾于戏伟矣。"①

由上表可以看出,民国初年,中国军阀混战,虽然军费预算占国民总预算的55%为世界最高水平,但人均负担额却仅为日本的9%,相当英国的2%,排在世界9个主要国家之最后一名。兵额占总人口的比例则为倒数第二。

1862年,萨摩藩兵在回藩路经生麦村时,造成了数名英国人死伤的生麦事件。英国驻日公使代理尼尔(Edward St. John Neale)要求日本赔偿。在得到幕府10万英镑的赔偿费后,其气焰大为增长,在与萨摩代表的交涉中态度更加强硬。萨摩藩拒绝赔偿,于是公使代理尼尔率领英军远东舰队的7艘战舰直接到萨摩与藩主交涉。6月27日,英军舰队抵达萨摩锦江湾,开始交涉。由于翻译问题,萨摩藩拒绝英国方面的赔偿要求,谈判陷入僵局。英方以战争相威胁,并于7月1日强夺了萨摩藩的三艘蒸汽船(白凤丸、天佑丸、青鹰丸)。7月2日,萨摩军决定先发制人,萨摩军各炮台集中火力炮击英舰。英舰马上发动反击。由于萨摩炮台的火炮样式老旧,射程太近。而英军的舰炮样式新颖,射程很远,在远距离炮战中取得压倒性优势。英军燃料和弹药准备不足,碰到暴雨大风导致瞄准出现失误,炮战结果是英军人员损失较为惨重。萨摩藩方准备相对充足,战斗意志非常顽强。此战中英军阿姆斯特朗炮的威力给日本人留下了深刻的印象。同时,因为战斗中阿姆斯特朗炮问题频出,有卡壳、迟发甚至炸膛等明显不足,英国暂停了阿姆斯特朗炮的生产并开始对火炮可靠性进行调查。旋即解除了阿姆斯特朗炮的出口禁令。美国南北战争爆发时,英国向美国大量输出阿姆斯特朗炮。南北战争结束后,两军剩余了大量阿姆斯特朗炮,这些剩余火炮大多被日本买走。由此拉开了阿姆斯特朗炮大量装备日本维新军的时代。在中国兴起洋务运动创建一大批军工企业的同时,日本则兴起著名的倒幕运动,推进"明治维新"的一系列改革。日本佐贺藩的工业技术水平与当时的英国相比尚有差距。同时,这种先进工业品的制造需要搅铁炉、滚轧机、加热炉、水锤等大型成套工业设备来制造材料和切削零件。即便是当时英国的工业技术水平,也只能在全英设备最好的工厂里才能生产这样的火炮。当时佐贺藩并没有这样的设备。而且这些设备都需要有设施完备的大型工厂和熟练的技师方可支撑。

1882年(明治十五年)8月15日,参议山县有朋向内阁会议提交了《关于陆海军扩张的财政申请》,主张为防备中国,有必要整备军舰48艘,陆军补充常备兵4万名,且应坚决为此提供财政支持。作为陆军代表人物的山县有朋却将海军扩

---

① [日]辻村楠造:《财政与军备》,漆英译,民国四年七月武学社印行(1915年7月),第167—168页,上海图书馆藏。

充当作首要任务,这或许说明,为了挽回"壬午军乱"时出现的海军劣势,当时日本的政府首脑已在发展海军的问题上达成了共识。内阁会议决定扩军后,陆军卿大岩严与海军卿川村纯义便向太政大臣三条实美递交了 1883—1890 年总额 5 952 万日元的八年扩军计划,包括陆军 1 200 万日元、军舰 4 200 万日元、炮台552 万日元。大藏卿松方正义也于 1882 年 12 月 26 日向三条实美提交了通过增税实现军备开支扩张的方案。该方案指出,可通过提高酿酒税、烟草税等税收来实现每年 750 万日元的岁入,以此来满足每年 300 万日元的军舰制造费、每年150 万日元的陆军兵员增加费,以及军舰维护费、炮台建设费等其他支出。内阁会议对此表示了认可,而且陆军方面在此后还提出了追加扩军费用的要求,并在1883 年 1 月、6 月分两次得到了批准。结果其数额在 1884 年度为 200 万日元,1884 年度以后每年都为 400 万日元。与此同时,海军方面则提出了大幅增加军舰制造费、缩短军舰制造周期的要求。①该年度的日本政府一般预算岁出只有7 348 万日元,远远不能满足日本的扩军预算。翌年 1883 年(明治十六年),军费预算占财政支出的比例提高到 20% 以上,《扩军八年计划》完成后的 1892 年度(明治二十五年),该比例提高到高峰期的 31%。1886 年 6 月发行海军公债1 700万日元。明治天皇于 1892 年 2 月 10 日颁布诏书,以探索议会与内阁的"和谐道路"为名宣布,此后六年间每年从皇室经费中节省 30 万日元(相当于皇室经费的 1/10 以上)下拨,同时令文武官员将俸禄的 10% 上交国库,以便补贴建造军舰的费用。日本兴办的各种军队学校,大力向军队学员灌输"武士道"精神。1892 年 11 月,俄国太平洋舰队访问日本炫耀武力,给新成立的伊藤内阁极大刺激。伊藤接受海军扩张计划并追加建造 10 万吨规模的军舰,议会顺利通过了年度预算。

慈禧太后挪用海军经费修建皇家工程前文已述,一定程度上影响了中国海军建设。与之形成鲜明对比的,是明治天皇率先从宫内经费中下赐"御内帑金",全国有志者在天皇恩惠感召下纷纷响应追随,支援国家海防建设,总计捐献海防金230 万日元。明治二十年(1887 年)至明治二十五年(1892 年),日本全国各要塞装备的海防火炮总数达 212 门,几乎全部是由大阪炮兵工厂用献纳金制造的大炮(除两门大炮从外国购入外),大炮尾部刻"献纳"标识以示敬意,并授予献金者"黄绶褒奖章"。甲午战争期间,日本收到"捐献金"和"寄赠物",恤兵部接受的献金总额为 2 209 770 日元 70 钱 5 厘,献纳人数 2 164 686 人,寄赠物品估价 708 634 日元 33 钱 6 厘,寄赠人数 949 128 人。另有外国人 34 人捐赠了 879 日元 62 钱5 厘。明治政府创立的海上运输业,也在战争中发挥了重大作用。参谋本部和陆

---

① [日]大谷正:《甲午战争》,刘峰译,社会科学文献出版社 2019 年版,第 350 页。

军省征用民间船只运兵,从日本邮船会社征得汽船 12 艘,从大阪商船会社征得汽船 2 艘,其中军需物资及通信物资用船 4 艘,计 24 487 吨(当时日本拥有日籍汽船 378 艘计 191 491 吨;外国造汽船 64 艘计 109 817 吨;国产内航船 106 艘计 52 817 吨;近海航船 208 艘计 28 786 吨)。船队航线,北到海参崴,南到夏威夷、南洋诸岛,西到朝鲜、上海、香港、孟买等地。由于船只征用难以适应作战需要,陆军大臣决定增购 1 500—3 000 吨位的汽船 10 艘,计 18 099 吨。1894 年 7 月 12 日至次年 9 月 17 日,汽船陆续交货,全部贷给日本邮船会社,投入军需运输;8 月下旬,日军赴朝兵力输送量激增,陆军征用船只数达到 40 艘计 73 726 吨,海军拥有的 6 艘汽船全部配与巡洋舰补给使用;10 月,海军另外追购 6 艘汽船计 29 036 吨,其中 5 艘归属海军,1 艘归属陆军,全部贷与民间会社运行。随着战争和军需的扩展,民间航运公司纷纷求购汽船,业界出现竞争局面。在第二军花园口登陆作战(10 月),民间被征用船 63 艘计 113 372 吨。1895 年 7 月,海外部队回撤及台湾作战,增加民间征用船 38 艘,使民间船只征用合计达到 101 艘计 195 197吨(甲午战争军内外征用汽船总数:陆军 112 艘计 212 636 吨;海军 24 艘计 45 750 吨;另外征用帆船 7 艘计 4 619 吨),专门用于向国内运送缴获的兵器、弹药等战利品。大东沟失败之后的 1894 年 9 月 24 日,慈禧在御史不断上奏请求停止庆典活动的呼声下,决定"发宫中樽节银三百万两佐军饷,制钱万贯交直隶"。①

　　日本并未因战胜中国而放缓海军建设速度,而且日俄战争后迅速进入海军建设的高峰;中国则未吸取甲午战败之教训,一败涂地后,海军建设再无起色。1909 年,日本海军形成由战舰、巡洋舰、海防舰、通报舰、水雷母舰、驱逐舰、水雷艇等舰种组成的大型舰队,其中仅巡洋舰就有三十艘,累计排水量达二十余万吨,其中一等十三艘,二等九艘,三等八艘。②

　　1891 年,日本引进光学测距仪,可自动显示距离,清军仍用六分仪测量。日本用管退炮或速射炮,北洋海军用旧式架退炮,要靠人力推动。作为有潜在敌对可能的两支军队,一方在进行着飞速的技术进步,另一方则开始停止购买更新船炮。此消彼长中,埋下了两国命运的种子。在中国国内海防经费频频被占用而海军外购舰船无款可用的几年中,日本海军却处心积虑,针对中国海军的优势舰船设计谋划攻克之法,1886 年夏,中国送"定远""镇远"赴日本长崎旱坞维修保养,自豪地让日人任意验看。日本聘请法国造舰专家白劳易(Louis-Emile Bertin)则专门设计克制"定远""镇远"的三艘巡洋舰,史称三景舰,即"松岛"号、"严岛"号、

　　① 《翁文恭公日记》第 33 册,商务印书馆 1925 年版,第 88 页。
　　② 王尔敏等:《近代名人手札真迹:盛宣怀珍藏书牍初编》(三),香港中文大学出版社 1987 年版,第 1176 页。

"桥立"号。其中"松岛"号在甲午海战中为日本舰队的旗舰。①在造船技术日新月异的时代,不进则退。很快日本海军实力迎头赶上。直到甲午战争前夕,面对日本的新式战舰,中方舰船在机动力、火力上都处下风,大清最强的北洋舰队已经不占任何优势。

从当初中日两国派遣留学生的节点上看,大清派遣留学生为的是培养海军人才,而日本为的是培养未来建设国家的人才。早在幕府时期,日本各个实力较强的藩就已经顶着"出洋死罪"的锁国令,秘密启动了留学计划。1863 年,强藩长州藩秘密派遣五名年轻人前往英国留学,这五人史称"长州五杰",他们日后成为日本的内阁之父、铁道之父、工业之父、外交之父、造币之父。1865 年,另一强藩萨摩藩秘密派出十四名少年前往英国留学。他们中有日后明治政府的教育部长森有礼,有海军大将松村淳藏。明治维新是一群中下级武士掌控的地方强藩,因不满武士"半失业"和社会地位的急剧下降揭竿而起的政变。一个新生的武士政权取代了腐朽的将军幕府。

梁启超曾在甲午后评价过中日之别,"何以他国以洋务兴而吾国以洋务衰也,吾一言以断之,则李鸿章坐知有洋务而不知有国务,知有兵事而不知有民政,知有外交而不知有内治,知有朝廷而不知有国民,不知国家之为何物,不知国家与政府有若何之关系,不知政府与人民有若何之权限,不知大臣当尽之责任"。李鸿章认识到西洋武器之利,强调"中国但有开花炮轮船两样,西人即可敛手"。②1895 年3 月,来远鱼雷大副郑文超声明,"各国虽有出使公使,然须增派熟识西学官员游历各国察访时事,以及新出船舰军械,随时禀报"。③

日本自 1870 至 1907 年,军备扩张较为明显。"一千八百七十年时军备尚未十分扩张,每岁军事之经费甚形微薄,现时陆军费额已增至二亿二千三百二十九万,海军费额一亿七千二百三十八万,总计每岁约费四亿五百六十七万马克矣,然全国人口总计四千八百八十六万四千余人,每民平均约担负八马克之军费。"④

> 日本自明治维新以来凡百国费类莫不与岁俱增,而要以军需之扩张为尤甚。溯明治初年所需兵费仅百万元,以四十四年之今日海陆两军岁需一亿八千余万元者较之。其所增加不啻百八十倍,在现今岁出费总额中,军费实占

---

① 马幼垣:《靖海澄疆:中国近代海军史事亲诠》,联经出版社 2009 年版,第 204 页。

② 《上曾中堂》,同治二年四月初四,《李鸿章全集》(卷 29),信函(一),安徽教育出版社 2008 年版,第 220 页。

③ 《海军利弊情形条陈》,盛宣怀全宗档案 056917-2,上海图书馆藏。

④ 《东西洋列强之兵数军费比较表》,《并州官报》1908 年第 33 期,第 3 页,上海图书馆藏电子文献。

三分之一以上,日本国民每一人之负担平均约合三元七角之数,以余之所计算,自明治初年以迄,现今之军费,经常、临时(各项),共二十二亿八千九百余元。加以西南之役并中日及日俄两役之战费约二十二亿万元,合计不下四十六亿万元之多。借此战争,日本虽得发扬国威,增大领土,一跃而兴与列强并肩,有如今日之盛,然以四十六亿万元之巨额,而始获得此效果,不得不谓其价值之甚昂也。若以此项厚资,用以殖产,以从事于实战之气概,而努力于生产事业,则今日之日本,财政困难之感,不致若是之甚,固不待言,且因是而产业繁兴,国富扩大,将为列强之冠,亦未可知,言念及此,有令人切无平和之幸事,而不能自已矣①。

《日本军费之扩张不分卷》记载了明治初年开始日本军费的增长幅度:

　　"自明治初年之十五年,维新伊始,军队之属于官军而从事于征讨者,尚隶于各藩之管辖,惟由萨长土三藩而征之兵,则由中央政府直辖之,且其数甚少,故所需军费亦寡,今以自庆应三年十二月至明治元年十二月为第一期,其间之海陆军费,仅仅百五万九千余元,而是期之岁出共三千五十余万元。则军费之额不过其中三十分之一耳。厥后渐知中央政府直辖之军队,亟宜加增,长藩之大村益次郎氏,起而为兵部太辅,氏有见于封建制度,不得不撤,于国民全体中征兵之举,尤为要著,于是苦心讲求,冀得一当,明治三年,山县有朋西乡从道氏等,从欧洲考察兵制而归,竭力以图军制之改善,翌四年,召集萨长土三藩之兵于东京,而以之为禁卫军,解散各藩之军队,于东京仙台大阪及熊本之四处,设立镇台,并择各要塞之地,另设分营。其镇台兵乃自各藩招集者,盖至是而始举兵马统一之实,强固之陆军组织,次第告成。军费亦遂不得不扩张矣。第四期即自明治三年十月至四年九月之间之计费,实居岁出总额之六分之一,盖是期之岁出,共千九百二十三万余元,就中之三百二十五万余元,则军事费也。

　　明治五年,废从来统治海陆军之兵部省,而设置陆军省及海军省,俾陆海两军分立,海军之规模,于以渐备,大小军舰共有十七艘,排水吨数,达于一万三千余吨,陆军则解除士族之兵职,确定征兵制度,矫封建军队之弊害,而实行举国皆兵之制矣。

　　明治六年,分全国为六管辖区,而实行征兵令,其兵数平时三万千六百八

---

　　① 《东西洋列强之兵数军费比较表》,《并州官报》1908 年第 33 期,第 3 页,上海图书馆藏电子文献。

十人,战时为四万六千二百五十人,海军之设备亦从此而着手于军舰之制造,职是之故,军费颇形增加,合陆海军之军事费总数,共需九百五十六万余元,以之比例于当时之岁出五千七百七十三万元之总额,实居六分之一有余也。

自兹以往,在陆军,则除明治八年置近卫兵并于北海道设屯田兵而外,至明治十四年,未见有大改革之事,至于海军则于明治八年,至英国定购二艘之军舰,迨十四年时,日本之海军,已有军舰二十七艘,其总吨数达于二万五千七百余吨矣,职是之故,十四年之阱,军费倍益扩张,计陆军费八百五十九万余元,海军费三百二十六万余元,军事费之总额,一千百八十五万余元,以当时岁出总额七千百四十六万余元相比例,实占六分之一有奇,今试举自明治初年至十四年之间之军费之概要,表列于左。

一般军事费悉已载于上表,惟自第一期以至第八期之间,除前表所列者而外,尚有征讨费之开支,盖以供奥羽迫讨萩之乱佐贺之乱等之平定,祥事件,及台湾蕃地处分等之费用也,此项费用开列于左:

第一期:3 474 328 元

第二期:1 512 643 元

第三期:350 360 元

第四期:95 360 元

第五期:3 637 元

第六期:82 404 元

第七期:3 229 878 元

第八期:1 474 504 元

此外,更有一事,足以大书而特书者,无他。明治十年,西南战争时,所需之战费是也,是年二月,西乡隆盛之举兵于萨州也,政府虽锐意于征讨,无奈艰于军饷之无着,幸时之大藏卿,大隈重信氏等,计划得宜,由政府发行二千七百万元之纸币,并借款千五百万元,合计共筹得四千百万一十六万余元,借以充战役之资焉,今将其战费收支之概算表列为左。

以上不足四十四万余元,以所增发之纸币额内偿还之,而征讨费之计算,于以清结矣。

自十五年至二十四年

明治十五年之顷,陆军费九百万余元,海军费三百四十万九千余元,军事费总计,不过千二百四十一万千百十九元耳,至十六年,而陆军费增至千五十六万余元,海军费增至七百一万五千余元,军事费总额,达于千七百五十八万三千余元之巨额矣。是盖由于陆军既有东京湾建筑炮台之计划,海军则自十六年以降以至二十三年八年之间,支出二千六百六十七万元,以企图海军力之扩张故也。当时之计划，为大船六艘、中小船十二艘、炮船及水雷艇十二艘，于十六十七及十八年之间，已造成大船三艘，中小船八艘，及水雷艇一艘矣。

此等海军扩张之财源，若欲以岁入充之，则当时之财政固无此余裕也，至十九年，遂有发行海军公债之举，于是自十六年度以至二十年度之间，已经竣成及着手制造之军舰，达于二十艘，至二十二年度，则更加以八艘之大小艇及水雷艇等，二十三年，又增加吨数五万八千余吨，人员五千九百余人，故十五年之时，海军费仅需三百四十万余元者，至二十四年，遽增至九百五十万一千余元矣。

海军之扩张既如彼矣，试更进而考陆军之进步何如，十七年之际，渐以镇台之步兵联队，作为旅团组织，而立师团编成之基础，至十九年，分全国之海岸为五海军区，每区创立镇守府军港，因是陆军亦于沿海之要地建筑炮台，配置炮兵，二十一年，师团编成于近卫军外，更设六师团，二十二年以后，又因盛行修筑炮台建立兵营及制造军炮等，陆军费倍益增加，故十五年之顷，仅需九百万元，至二十四年，遽增至千四百十八万余元矣。

职是之故，二十四年底之陆海军费，合计二千三百六十八万余元，以十五年度之军事总额相较，约增一倍，以是年之岁出总额七千三百四十八万元相较，约占三分之一矣，兹举自十五年以至二十四年，十五年间之军事费概要，表列于左。

自二十五年至三十四年

二十五年度之军费，亦居岁出总额之三分之一，盖是年之陆军费为一千四百六十三万五千余元，海军费为九百十三万余元，军事费总额为二千三百三十一万三千余元也，此项经费，自中日战役后，益形增大，兹试揭其概要于左：

中日战之明治二十七年七月丰岛冲之海战，历时约十四月，其时，参加战役之兵员，凡二十四万，雇佣者六千四百余人，人夫约十万，军舰二十八艘，探水吨数七万五千余吨，水雷艇二十四艘，诚不愧为空前之大战也。其费用之巨，尤非西南战役之所可比，政府以财源窘迫，乃谋募集公债，以充足之，二十七年，召集帝国议会于广岛，要求一亿五千万元之临时军费，并提出募集军事公债一亿元之法案，且此要求额一亿五千万元中，业因非常紧急之故，已经支出约五千九百九十八万六千余元，欲议会为事后之承诺，并谓此项军需之财源中，二千六百万元，可取之于国库金，其余则概须仰赖于公债，议会允之，至三十八年二月之第八帝国议会，明言苟系军费，无论几许，必当协赞。政府得此援势，而运用财政，于军费总额二亿五千万元中之二千六百万元，以国库剩余金充之,此外则皆求之于公债,募集数次,成绩俱佳,惟此次中日战役所需之军费,总计虽为二亿五千万元,而自二十七年六月一日至二十九年三月之间,实际所开支者,则仅二亿四十七万余元而已。

陆军非常军费:一亿六千四百五十二万三百七十一元

海军非常军费:三千五百九十五万五千一百三十七元

共计:二亿四十七万五千五百八元

此项军费之财源,表列于左。

此二千四百余万之生于金,后乃以之拨入于一般会计矣,此战役之效果,乃得中国之赔款二亿三千万两,合日币三亿六千五百二十五万余元,于自二十八年至三十一年,四年之间分期领讫。

自二十九年以来,征之中日战役之经验,知陆海军之军备尚未适合于现今之国势,乃决意更行扩张之,第一期之计划,欲以四千三百三十二万元,作为自二十九年度至三十二年度之继续费,借此款项,于常备七师团之外,增设六师团俾成,平时兵员为十五万,战时约六十万人之规模,且拨通建筑等事,亦须扩充,此陆军之设备也。至于海军,则以九千四百七十七万元,为自二十九年至三十五年七年间之继续费,欲举从来仅有五万吨左右之军舰吨数,增加至二十余万吨云,第二期之扩张,其始,决定以三千八百三十五万元,充自二十年至二十六年七年间之陆军继续费,以一亿千八百三十二万元,充自三十年至三十八年九年间之海军继续费,合计共需一亿五千六百六十七万元,至三十二年底更因上述扩张计划之补足费起见,增加千八百四万元,作为自三十二年至三十八年之费,此外三十二年底,又于陆军既定之营缮及调办费并临时建筑费中,增加五百二十一万元,至既定之炮台建筑费,则因工程之关系上,减少三百三十五万元,又因汇兑之关系,将海军扩张费,亦减少百四十五万元焉。兹将上述之扩张费总额及其细目,表列于左。

以上之巨额,于自二十九年度至三十八年度,约十年之间支出之,此项财源,则以公债七千万百四十五万八千九百六元赔款一亿九千六百八万四千八百六元及普通岁入三千九百六十八万七千六百十九元充当之。

又因军备扩张之结果,而创立制铁所,此项费用,凡千九百二十万二千六百余元,于自二十九年度至三十二年度四年之间支出之。

至三十三年,因北清事变而需要之,非常军费,凡三千万元,三十四年支出千六百七十八万余元,三十四年以后,约共支出二千万百余万元,皆因此事件之故也。兹将自二十五年以至三十四年之军事费之概要,表列于左,就中二十七八之两年度,其费额顿形减少者,盖因中日之役移入于非常军事费中故耳。

自三十五年以讫现今

如前项所述,自二十九年,决行陆海军之大扩张以来,而致军费激增,至三十六年,桂内阁更计划第三期海军扩张,此计划,预定支出九千九百余万元,作为自三十六年至四十六年之间之继续费,至其财源则一仰赖于由行政整理事业延缓所余之资也。中日战役后之军备扩张计划,合之此项将近一亿之费用,共计已达于四亿千三百余万元之巨额矣。

中日战役,军需浩大,坐是财政告匮,国民苦于重税,乃疮痍未复,而古今未曾有之大战,日俄之役又突如其来矣,此一战也。始于明治三十七年二月六日仁川冲之海战,而终于三十八年九月五日和约之缔结,阅时凡一年有半,所需军费甚巨,至其筹办之方法,则本于明治三十六年勒令第二百九十一号,而为紧急之支出者,一亿五千六百万元,经第二十议会之协赞者,三亿八千万元,经第二十一议会之协赞者七亿元,三十八年十二月预算外之支出六千万元,经第二十二议会之协赞者,四亿五千万元,合计共十七亿四千六百万元,此外又因各省临时事件费之需要,而为紧急支出者,约二千五百万元,经第二十议会之协赞者,四千万元,经第二十一议会之协赞者八千万元,三十八年十二月预算外之临时支出二千八百万元,经第二十二议会之协赞者,约八千六百七十万元,经第二十三议会之协赞者,二百五十万元,共计二亿三千八百万元,合以上二者,总而计之,则战役之经费预算共已达于十九亿八千四百余万元之巨额矣。

此项财源何所出乎,政府于是全恃国民之忠义与夫外国之同情,所募内外国债及一时借款,十五亿五千余万元,及一般岁计剩余金一亿四千七百万元,特别资金缲换六千七百万元,增税收入约二亿一千五百万元,以充足之。以实际之决算征之,临时军事费总额共十七亿一千六百四十四万元,其内容如左:

陆军临时军事费:十二亿八千三百三十一万八千零五十六元

海军临时军事费:二亿二千五百一十五万四千四百八十一元

临时军事费:合计十五亿零八百四十七万二千五百三十七元

各省临时事件费:二亿零七百九十七万九百一十二元

共计十七亿一千六百四十四万三千四百五十元

对于右之支出,自三十六年十月至四十年三月所收入之军资金如左:

公债及国库券募集金一时借金

一四一八七三一二二九元

一般会计缲入:一八二四三○一二九元

特别会计壮缲替:六九三一一九七七元

军资献纳金：二三三一一七六元

官有物拂下金：一八八七五一一四元

运输收入：九九〇八七八三元

特别收入：三五一六三二四元

杂收入：一六一〇七五二一元

共计一七二一二一二二五六元

以上临时军事费之内，各省临时事件费一项，于一般会计中整理之。其属于临时军事费之特别会计者，共十五亿八千余万元。其余二亿千余元，则拨入四十年度一般岁入之中。

兹试进而言，自日俄战役以来之军备扩张，此举盖于日俄战役之际之动员计划，加以变更，临时组成四新省团，而以之为常备，此外则于三十九年度，更有增设两常备师团之计划，较之战役以前，更加增六师团，都凡十九师团，战前之现役兵员，共为十五万人者，至战后约得二十五万人，战时之总兵数，约为六十万人。再者，至战后约可得二百万人云。至于海军，因战役之间，曾有制造新舰之计划，故战前仅有二十六万吨左右者，至战后而得有约六十万吨之海军力矣。

军事扩张之兴，岁俱增也如此，故日俄战役之际，即三十六年度之陆军费，仅四千六百八十八万余元。海军费仅三千六百十一万余元，共计八千三百万余元者，至日俄战后之三十九年度，陆军费增至六千七百八十六万余元，海军费增至六千一百八十七万余元，其总额达于一亿二千九百七十四万元之巨矣。自是以后，至四十四年之本年度之军事费总计，乃更激增至一亿八千四百六十二万余元，约占岁出总额之十分之四，其膨胀为何如乎，今试举自三十五年以至本年之间，军事费之概要，表列于左(表略)。

如上所述，现今之军费，已达于一亿八千余万元之巨额，然且犹有陆海军扩张之议，以世界之大势，而观海军之扩张或尚不失为切要之务，至于扩张陆军一节，则不免为与财政不相应之无谋之举也，夫军备扩张苟与财政不相适合，微特破坏国家经济之基础已也，当有事之日，或反至由此不能全其运用矣，日俄战费，虽幸得英美两国之同情，而得以济事，而今而后，则事情与前此迥异，焉可不加考虑哉。"①

由上观之，日本军费从 1868 年占全国岁出 3％，东京禁卫军设置之后，1870 年 10 月至 1871 年 9 月，军费猛增至 17％，1873 年开始建造军舰，军费占比

---

① 《日本军费之扩张不分卷》，佚名撰，稿本，上海图书馆藏 T27666。

仍在 17% 左右。日本海军到 1881 年共计军舰 27 艘,但陆军军费依然是海军军费两倍以上,只能说明陆军军费速度增长更快。陆海军军费在 1881 年仍占总岁出的 17%,也说明日本的经济实力发展较快。1877 年,日本政府发行纸币并借得款项,用于西南战争。此后陆军建炮台,海军购造舰船,军费猛增。1886 年不得不发行海军公债,从 1882 年至 1891 年,日本海军军费从 340 万增加到 950 万。日本陆军军费则从 900 万猛增至 1 418 万。到 1881 年,日陆海军军费已占到岁出33%。甲午战争,日本备战费用为两亿五千万元,动支国库金并发行公债进行募集,1894 年 6 月至 1896 年 3 月实际开支仅两亿元,剩余军费 4 952 万元。清朝对日赔款之大宗,助力日本继续发展军力,仅第一期军费,1896—1899 年间,陆军预算军费 4 332 万元,海军预算军费 9 477 万元,海军首超陆军,达两倍有奇。甲午战后,日本仍不满足,继续扩张。首期计划,陆军 1896—1899 年三年间预算4 332万元;海军为将海军吨位增至 4 倍以上,1896—1902 年预算 9 477 万元。第二期计划,1896—1905 年海陆军军费预算合计一亿八千万。两期总预算三亿一千万,来自中国的赔款两亿元,占 64%,其余为公债占 23%,岁入占 13%。后来,日本又大举介入庚子事变,1900—1902 年日本军费连续追加 6 800 万元。中日甲午一役后,日本借助中国赔款,1896—1903 年,总计军费预算达四亿一千万元。1894 年爆发日俄战争,战争费紧急支出,总计十七亿五千万元,来源于国内公债、英美等国借款、国内增税、捐款献纳、年度岁入等。日本军费连年激增,岁入之40% 全用于军备扩张且仅占很小比例。日本时人认为,日本军费之扩张明显与财政不适合,有害于日本经济基础。

中日停战谈判,日方开出的条件是,占领大沽、天津、山海关一线所有城池和堡垒,驻扎在上述地区的清朝军队要将一切军需用品交与日本军队,天津至山海关的铁路也要由日本管理,停战期间日本军队的一切驻扎费用开支要由清政府负担。①在日本军方的威逼之下,中日双方签订《马关条约》。当年日本全国财政收入为 1 亿日元,而《马关条约》的赔款就合 3.652 5 亿日元②,还不包括所谓驻军费,1895—1898 年日本通过甲午战争获得的巨额资金,使日本工业和军事现代化进一步加速。③战后三年,日本实际得到赔款 2.315 亿两白银,合 3.472 5 亿日元。日本扶桑社《新历史教科书》指出,日本重工业的投资来自下关条约的赔偿金,由此,日本有了产业革命④,有了军工体系的进一步发展。

甲午之败,不仅仅败于军事,更事关国计民生。1895 年,甲午战败之后,盛宣

---

① 《法制晚报》出版社编:《甲午遗证》,现代出版社 2014 年版,第 200 页。

② 《日本军费之扩张不分卷》,佚名撰,稿本,上海图书馆藏 T27666。

③ 《法制晚报》出版社编:《甲午遗证》,现代出版社 2014 年版,第 199 页。

④ 同上书,第 201 页。

怀曾力陈上书,呼吁各将军督抚提出整顿之策。"惟以独除痼习,力行实政为先,叠据中外臣工条陈时务,详加披览,采择施行,如修铁路、铸钞币、造机器、开矿产、折南漕、减兵额、创邮政、练陆军、整海军、立学堂,大抵以筹饷练兵为急务,以恤商惠工为本源,皆应及时举办,至整顿厘金、严核关税、稽查荒田、汰除冗员各节,但能破除情面,实力讲求,必于国计民生两有裨益。著各省将军督抚将以上诸条,各就本省情形与藩臬两司暨各地方官悉心筹划,酌度办法,限文到一月内,分晰覆奏,当此创巨痛深之日,正我君臣卧薪尝胆之时,各将军督抚受恩深重,具有天良,谅不至畏难苟安,空言塞责。"①相比军火购运经费的支绌,京饷、三海及颐和园等维修款因关系皇族切身利益,一般省份不敢拖欠。因经费等原因,大批购进设备物料的四川机器局却被谕令停造,该局会办冷利南称,"一旦奉谕停工,势必举素所练习之工匠而散处之,势必置未成、将成之枪料而锈蚀之,得失之机,无须再计"。②平日军购之款万难筹措,一旦战败则动辄赔付数千万。

(二)军械进口与军品自造

一方面购买外洋军火之款实难筹措,另一方面清廷一再缩减饷额、挪用军费,甚至下旨暂停外洋军火的购买。李鸿章从俄国、日本军力的发展中得到启示,"俄罗斯、日本从前不知炮法,国日以弱。自其国之君臣卑礼下人,求得英、法秘巧,枪炮、轮船渐能制用,遂与英、法相为雄长。中土若于此加意,百年之后长可自立"。还因之而呼吁曾国藩"一倡率之"。③"日本蕞尔小邦,于枪炮一事犹能竭力经营,其所制造几与西洋相埒。中国地大物博,独以囿于风气、限于财力,未能与彼争长,遇事仰给他人,原非久远之策。"④1872年4月日本来中国换约提出无理要求,李鸿章慨叹,"该国上下一心,皈依西土,机器、枪炮、战舰、铁路事事取法英、美,后必为中国肘腋之患。积弱至此,而强邻日逼,我将何术以处之?"⑤不过,对于外购军品,总有人借此抨击李鸿章,"今日买船,明日置炮,此处筑台,彼处设垒,岁费国家数百万金,而每有震惊,一味议和"。⑥1880年4月,李鸿章在《请拨海防经费折》中说,"臣添购利器添练劲旅之志,寝馈不忘,终因款不应手,多成画饼。论者独谓

① 《盛宣怀禀李鸿章文》,盛宣怀全宗档案041773-14,上海图书馆藏。

② 中国近代兵器工业档案史料编委会编:《中国近代兵器工业档案史料》第一辑,兵器工业出版社1993年版,第159页。

③ 李鸿章:《上曾相》,同治二年三月十七日,《李鸿章全集》(卷29),信函(一),安徽教育出版社2008年版,第218页。

④ 李鸿章:《上海机器局请奖折》,光绪十九年六月十六日,《李鸿章全集》(卷15),奏议(十五),安徽教育出版社2008年版,第129页。

⑤ 李鸿章:《复黄子寿太史》,同治十一年四月初八日,《李鸿章全集》(卷30),信函(二),安徽教育出版社2008年版,第439—440页。

⑥ 《中国近代史资料丛刊·洋务运动》第5册,上海人民出版社1961年版,第251页。

臣岁縻巨帑,不克振作有为。岂知户部所拨之额饷,并非臣处所得之实饷,虽欲振作而未由"。①李鸿章等大臣正是从日本的军工发展中,看到了自身的危机,同时也加强了中国军工厂的发展。

从舰船的购买及自造能力上看。

1870年以前,清朝政府从海外购买的轮船十余艘,多是西方各国经改造、维修后转手的旧船,多属于商船而不是军舰,只能用于捕盗或运输,难以胜任海上的战斗任务。

船政初期生产的第1号至6号轮船多是兵商两用或商用轮船。1871年,皇帝批准船政自第7号起改为生产兵船。1872年4月22日,新船下水,比原计划提早半年,命名为"扬武",船上许多仪器均系马尾船厂自制,长60.8米,宽11.5米,排水量1560吨,配大炮11尊。其设备、规模在当时的中国算是最先进的,不失为远东自制的最大兵船。1876年2月5日访问日本,震动了日本。日人感到"艳羡""骇异",自愧弗如。由此日本当局急起直追,后来居上。

1871年12月,以大学士宋晋为首的顽固派们又以福州船政局所建造的"万年清""安澜""扬武"等几艘轮船出现的缺陷为攻击点,掀起要裁撤船政局的轩然大波。他们或宣扬这些船完全无用,或批评这些船身太大且吃水过深,或认为其成本远超国外。认为自造船打不过洋人舰船,造船耗费大量资金,名义上为巡捕洋盗,但外海无洋盗,认为军务未办好,财政已短缺,要求慈禧太后停办福州船政局和造船厂。慈禧太后与同治皇帝受其影响,造船决心发生动摇。1891年9月10日,直隶总督李鸿章上奏驳斥宋晋等人言论,称北洋所购船械系专款,不在每年的北洋经费之内,停购仍属无银可解。"倘拘于停购二年之议,任其缺损,一物坏则全机俱停,一器乖则全船坐废,制造阙则军实立匮,操防缺则攻守无资,积年之功堕于一旦,所省甚微,所关甚巨,此则万难停缓。"②他强调国家费用均可节省,唯有养兵设防、练习枪炮、建造蒸汽兵船费用万万不可省。左宗棠也上奏指出,设局造船之事,已有初步成效,从前无船无炮、有海无防的情形已大有改观。沈葆桢则说,办船政局为国家长远之图,绝不能裁撤。

福州船政局在1875年至1889年的造舰过程中,其造舰能力和技术提高较快,舰体的材料结构,已从单一的木质经过铁胁木壳再到铁甲、钢甲和穹甲水平;蒸汽机从单机明轮,经过螺轮发展到三联成双基圆罐蒸汽机;时速从不足10海里发展到15海里;排水量从245吨发展到2100吨;舰船攻击力从单一的小型前装炮,发展到舰炮和鱼雷相结合的火力配系,可以在远中近各种距离上

---

① 《李鸿章全集》第9卷,安徽教育出版社2007年版,第33页。
② 《李鸿章全集》奏议十四,安徽教育出版社2008年版,第154页。

攻击敌人。按照蒸汽舰船建造水平来看,福建船政局在 19 世纪 80 年代中期以前,不但走在同期起步学习西方的日本之前,而且大大缩短了同西方造舰在水平上的差距。

甲午战前,北洋海军在三洋海军中实力最强,除了德制铁甲"定远""镇远"之外,包括英制加护巡洋舰"致远""靖远",德国装甲巡洋舰"经远""来远",还有英制"左队一号"鱼雷艇。但 1889 年后再无购进西方舰艇,只在 1890 年添置福建所造"平远"号。甲午战前仅仅五六年时间,是中日之间此消彼长的关键时期。如甲午前夕即 1894 年 6 月 29 日,金登干函告赫德,1893 年日本人就在英国订造两艘12 000 吨的铁甲舰(比北洋海军的"定远"舰重五千余吨),12 533 吨的"富士"号及12 320 吨的"八岛"号(此两舰直到 1897 年八九月间始建成)①。面对实力不济的现实,李鸿章的对策是"尽快向外国购买现成舰只,他同时亦急忙向欧美各国采购枪炮和弹药。因此,企图用现购办法来迅速增强北洋海军的实力是当时广购外国军火的火速大行动的一部分"。②

甲午战争期间,丰岛海战与日舰对战之后,李鸿章感到北洋海军实力不足,急于外购军舰。1894 年 8 月 2 日下午,李鸿章致电总理衙门,报告了驻英公使龚照瑗从英国寻找到的待售巡洋舰,"与前觅价五万五千镑船同,一钟行二十六迈多,炮四,少价五千镑,包送大沽"。③由于战事紧张,户部立刻同意拨款 200 万两订购此船。可惜回复过迟,导致此船被转售他国。此后龚照瑗百般努力,只转购到一艘驱逐舰"飞霆"号,被扣留在英国港口,甲午战后才交付中国。驻德公使许景澄在德国商购一艘巡洋舰"飞鹰"号,依然战后才能交付。意大利、奥匈等国有意出售军舰,出于中立考虑而取消。怡和洋行买办克锡(William Keswick)称南美智利愿意向中国出售军舰,是一艘大型穿甲巡洋舰"恩嘉拉达"号(Blanco Encalada),1893 年 9 月 9 日在英国阿姆斯特朗公司下水,十个月内可完工。以及五周内可建成的一艘小型猎雷舰可先卖与中国,价格分别为三十四万镑及二万八千镑,均包括保险费在内。④英国阿姆斯特朗军工厂大股东又是英国国会议员的伦士图(Stuart Rendel)也跟中国海关驻英国代表处金登干接洽这笔交易。西方传言"中日海战,孰得孰胜"。"恩嘉拉达"号排水量为 4 586 吨,功率 14 600 匹马力,航速 22.8 节,主炮为两门阿姆斯特朗 8 英寸 40 倍口径速射炮,两舷装有 10 门6 英寸 40 倍口径阿姆斯特朗速射炮,还有 47 毫米、25 毫米哈乞开斯机关炮各

---

① 马幼垣:《靖海澄疆:中国近代海军史事亲诠》,联经出版社 2009 年版,第 259 页。

② 同上书,第 254 页。

③ 《寄译署》,《李鸿章全集(二)》电稿二,上海人民出版社 1986 年版,第 840—841 页。

④ 马幼垣:《靖海澄疆:中国近代海军史事亲诠》,联经出版社 2009 年版,第 259—261 页。

12门,以及5具18英寸口径鱼雷发射管。①智利最初在英国订造价为30万英镑,日本和中国先后出价40万、42万英镑,均不肯出售,最后哄抬至50万英镑,折合350万两银,超过两艘"定远"铁甲舰的价格。李鸿章与龚照瑗商议,购买智利和阿根廷一系列共计七艘军舰配足弹药直捣长崎。②七艘军舰分别是:"卜拉德舰长"(Capitan Prat)号、"艾拉苏力总统"(Presidente Errazuriz)号、"恩嘉拉达"号、还有智利鱼雷炮舰"康德尔将军"(Almirante Condell)号、"林则将军"(Almirante Lynch)号,阿根廷巡洋舰"五月二十五日"(Veinticino De Mayo)号、海防舰"布朗将军"(Almirante Brown)号。

清廷批准该购舰计划,李鸿章加紧与汇丰等外国银行商谈贷款,两广总督李瀚章则募集60万两巨资备用,丁汝昌为配合奇袭日本本土战略,与高级将领商谈作战方法。英籍顾问戴乐尔在回忆录中记录了此事,"将以此舰扰乱敌人后方海陆"。③然而日方及早出手购得智利"翡翠"(Esmeralda)号军舰,并设法破坏了中国的购舰计划。几乎同一时间,北洋舰队在黄海海战中损失惨重。1895年初,李鸿章继续通过中介商购巴西、阿根廷等国军舰,阿根廷趁火打劫,"五月二十五日""七月九日""勃兰"三艘军舰开出了693 600英镑的高价,合231万两银。最后固守刘公岛的北洋海军舰船完全失去抵抗能力,除了自沉之外,其余均被日军俘获。由于大部分舰船需要在厂订造,中国虽购得两艘鱼雷炮舰,却直到战事结束方能来华,即英制"飞霆"号、德制"飞鹰"号。

早在1855年,日本西南的长州藩就已设置专门传播西方先进技术的西洋学所,向全体武士开放授课,内容除了理化生天文,以军事为主体。到1865年,长州藩又开设专门的步兵和炮兵学校,培养精通西洋战术的军官、士官。

1887年以前,日本虽有军舰扶桑、比叡、金刚、龙骧、东舰五艘,筑波、浅间、富士山、海门、天龙、筑紫、波速、畝傍、日进、天城、清晖、春日、苍龙、迅鲸十四艘,然多系旧式,不适用。此后,东洋每岁造船两艘,1888年建成赤城、城捷、报矵、1889年建成松岛守口船、八重山快船,又建成千代田铁甲快船,1890年建成千代田快船,松岛守口船,1891年建成桥立守口船、秋津洲快船,1892年建成吉野快船、穆沙西快船,1893年建成新舰快船、西鸟涂快船,此六年中共计增铁舰一艘,快船七艘,捷报矵一艘,守口船三艘,炮船一艘,共计十三艘。

---

① 陈悦:《北洋海军舰船志》,山东画报出版社2009年版,第269—270页。

② 《李鸿章全集(二)》电稿二,上海人民出版社1986年版,第887页。

③ 陈悦:《北洋海军舰船志》,山东画报出版社2009年版,第274页。

1893 年日本海军军舰主力一览表①

舰名	排水(吨)	主炮(门)	副炮(门)	装甲(毫米)、马力(匹)	速力	定员	进水
筑紫		10 寸 * 2 门	5 寸 * 4,哈乞开斯 * 4				1882
波速		10 寸 * 2 门	5 寸 * 4,哈乞开斯 * 4				1882
畝傍		24 cm * 4 门	15 cm * 7,哈乞开斯 * 12				1882
日进		7 寸 * 1 门	30 磅弹 * 6				1869
天城		15 cm * 1 门	12 cm * 4				1882
清辉		15 cm * 1 门	12 cm * 3				1882
天龙		17 cm * 1 门	12 cm * 6				1882
海门		17 cm * 1 门	12 cm * 6				1882
春日							1882
苍龙							1858
迅鲸							1877
严岛守口船	4 277	32 cm 嘉尼炮 * 1	12 cm * 11,六磅子快炮 * 5,三磅子快炮 * 11,鱼雷筒 * 4 架 * 1	露炮塔 305,司令塔 100,马力 5 400	17	355	1889
松岛守口船	4 277	32 cm 嘉尼炮 * 1	12 cm * 11,六磅子快炮 * 5,三磅子快炮 * 11,排炮 * 6	马力 5 400	17.5		1890
桥立守口船	4 277	32 cm 嘉尼炮 * 1	12 cm * 11,三磅子快炮 * 6,排炮 * 6,鱼雷筒 * 4 架 * 1	马力 5 400	17.5		1891

① 《日本海军铁舰快船表》,盛宣怀档案 056895,上海图书馆藏。

续表

舰　名	排水（吨）	主炮（门）	副炮（门）	装甲（毫米）、马力（匹）	速力	定员	进水
浪速	3 700	26 cm＊2	15 cm＊6	司令塔 51，甲板 50—76	18	352	1 885
高千穗	3 700	26 cm＊2	15 cm＊6	司令塔 51，甲板 50—76	18	352	1 885
千代田铁甲快船	2 450	12 cm＊10	4.7 cm＊14，排炮＊3，鱼雷架＊3	司令塔 33，水带 4.5 寸，马力 5 600	19	306	1 889
八重山快船	1 600	12 cm＊3	排炮＊6，鱼雷架＊2	马力 5 400	20		1 889
千代田铁快船	2 450	4.75 寸（15.8 cm）径快炮＊10	4.7 cm＊14，排炮＊3，鱼雷架＊1	马力 5 400	19	306	1 890
秋津洲快船	4 150	32 cm 快炮＊1	12 cm＊12，排炮＊6，鱼雷筒＊4 架＊1	马力 8 400	19		1 892
吉野快船	4 150	20 cm 径快炮＊4	15.6 cm＊8，三磅子快炮＊22，鱼雷筒＊5 架＊1	马力 15 000	23		1 892
穆沙西快船	1 476	17 cm 克炮＊2	12 cm＊5，排炮＊2，鱼雷架＊2	马力 1 600	13		1 892
新舰快船	4 200	20 cm 径快炮＊4	15.6 cm＊8，小快炮并排炮＊25，鱼雷筒＊2 架＊4	马力 15 000	23		1 893
西鸟瓮快船	2 400	15.6 cm 径快炮＊10	4.7 cm＊14，排炮＊3，鱼雷筒＊3 架＊1		19		1 893
磐城捷报船	600	15 cm 克炮＊1	12 cm＊2	马力 650	10		1 888
扶桑	3 777	24 cm＊4	17 cm＊2	水线 114，胸壁 203，司令塔 16	13	345	1 878
赤城驳船	615	24 cm 克炮＊1	12 cm＊1，排炮＊2	马力 700	12		1 888

席裕昌在日本观察到日舰之操演情况,"日王调集军舰聚在伊豆三十里内外海相近,试演大炮,惟扶桑舰之炮最远。军目名赤松少将,是日又试验鱼雷,又试行操阵排队,推春日舰为第一,比叡舰第二,清辉舰第三,扶桑舰第四,天城舰第五,磐城舰第六,另有差遣,往来调度指挥舰、指精舰,共计海军十四队,择选最精者,备调冲绳县用"。①

舰　种	制造地	时　间
二等铁甲浪速舰	在英厂购造	数年前
二等铁甲高千穗舰	在英厂购造	数年前
二等铁甲扶桑舰	在英厂旧造	
三等铁甲金刚舰	在英厂旧造	
三等铁甲比叡舰	在英厂旧造	
三等铁甲东舰	在法厂造购美国旧船,近渐朽坏	
五等铁甲龙骧舰	在英厂购造	
三等铁骨木皮葛城舰	在英厂旧造	
三等钢铁筑紫舰	在英厂购造	
三等航海练习浅间舰	在法厂购造	
三等系泊练习富士山舰	在美厂购造	
三等筑波舰		
四等常备日进舰	在荷兰厂购造	
四等常备天城舰	日本横须贺厂造	
四等常备清辉舰	日本横须贺厂造	
四等御召迅鲸舰	日本横须贺厂造	
四等修复春日舰	英厂购造	
四等海门舰	日本横须贺厂造	
五等常备磐城舰	日本横须贺厂造	
五等常备凤翔舰	英厂购造	
五等常备孟春舰	英厂购造	
五等常备第二丁卯舰	英厂购造	
五等常备雷电舰	英厂购造	

---

① 《席裕昌第三次日本军情汇报》,盛宣怀档案 074317,上海图书馆藏。

续表

舰　　种	制造地	时　间
六等系泊练习千代田形舰		
七等预备石川舰	日本石川岛厂造	
七等预备苍龙舰	日本横须贺厂造	
大和舰	日本小野滨厂造	
武藏舰		
高雄舰		
爱宕舰		
摩耶舰		
鸟海舰	日本石川岛厂造	
赤城舰	日本横须贺厂造	
新增第一海防严岛舰	法厂购造	
新增第二海防松岛舰	法厂购造	
新增第三海防桥立舰	日本横须贺厂造	
新增第一报知八重山舰	日本横须贺厂造	
新增第二报知千岛舰		
新增满帆练习满珠舰	日本小野造船所造	
新增风帆练习千珠舰	日本小野造船所造	

明治四十二年(1909年)日本海军各种兵舰一览表[①]

舰　　种	数　　量	排水量(吨)
战舰	13	191 378
巡洋舰	30	206 092
海防舰	15	41 065
通报舰	8	24 952
水雷母舰	2	14 620
驱逐舰	57	20 472
水雷艇	77	124 593
备注	30艘巡洋舰中,一等13艘,二等9艘,三等8艘	

---

① 王尔敏等:《近代名人手札真迹:盛宣怀珍藏书牍初编》(三),香港中文大学出版社1987年版,第1176页。

自 1887 年德制"经远""来远"和英制"致远""靖远"到华,至甲午战前共计 6 年半时间,清廷外购 9 艘,排水量 600 吨,年增 97 吨;国产舰共建(含在建)共 12 艘,排水量 9 486 吨,年增 1 460 吨。两相合计,6 年半期间年增 1 557 吨。到辛亥革命前夕,共计 16 年时间,"既穷且弱,任何建设均非容易"。其间清廷外购军舰 39 艘(连同未能来华者 3 艘,则共计 42 艘),排水量共 34 728 吨,平均年增 2 140 吨;国产舰 24 艘,排水量共 10 564 吨,年增 640 吨;两相合计平均每年增 2 744 吨。在当时清廷每年担负大笔外债的情况下,已相当不易。

从枪炮的购买及自造能力上看。

大概 19 世纪 70 年代以后,西方更为先进的后膛枪炮开始输入中国,英国的马梯尼和士乃德、法国的哈乞开司、德国的老毛瑟、美国的林明敦和黎意等枪种,均进入淮军部队。19 世纪 90 年代部分部队还装备了更为先进的后膛连发枪,主要枪种有奥地利的曼利夏、德国的新毛瑟和江南制造局仿造的快利枪等。如赵怀业部全部换装快枪。平壤战役中,清军使用了大量七连发枪和十三连发枪,而日军全是单发步枪。

仅 1871 年至 1873 年,李鸿章就购置了德国克虏伯后膛四磅钢炮 141 门,到 1884 年淮军配备的后膛钢炮已达 370 多门。淮军火炮中,有一部分阿姆斯特朗和格鲁森式钢炮还是西方 80 年代末才发明的快炮(速射炮)。即使一些内地省份如江西、贵州、云南的练军,也都在七八十年代,装备了近代枪炮。清朝还是亚洲第一个装备了七连发枪和十三连发枪的国家。在炮兵装备上,有英国的阿姆斯特朗式、格鲁森式和德国的克虏伯式后膛炮。自 1886 年起,广东又陆续拨解北洋钢炮 100 多门,其中 1886 年粤解八生脱钢炮四十八尊,1891 年粤解七生脱钢炮一百零二尊,1892 年粤解八生脱七钢炮三十尊。洋员汉纳根早在 1892 年就曾建议李鸿章购买德国克虏伯厂大开花弹,可惜没有落实。到了战时,克虏伯炮有药无弹,阿姆斯特朗炮有弹无药。他提前十天催促天津机器局赶制弹药,却迟迟不能收到。军械所与船厂炮兵库的指导们都在玩忽职守,负责弹药与火器补给的军械所要么就生产不出什么,要么生产出来的东西不合格,近五年从克虏伯与阿姆斯特朗工厂引进的弹药用尽后仓库就空空如也了。黄海海战时,英籍洋员泰来在《甲午中日海战见闻记》中记载,战前"在旅顺查看军械清单,如得知一可悲之事实,战舰中 10 寸口炮(240 毫米)之大弹,只有三枚,其练习用之小弹亦奇绌"。[①]至 1904 年,江南制造局共造出后膛大炮 145 门,大部分用来装备了淮军。甚至有时人认为淮军的装备无论是质或量,都堪称世界一流。甲午陆战中清军连续溃败,

---

① 刘晋秋、刘悦:《李鸿章的军事顾问汉纳根传》,文汇出版社 2011 年版,第 146—148 页。

1895 年 5 月,盛宣怀致函王文韶,"器械则枪不及快炮之远。倭军利在快炮,我军炮太少。如果汉纳根所定之快炮到齐,使炮队操齐,当可一战。惜乎未到华也"。①

直至同治末年,进口大量外洋武器的近代中国,仍有许多官员抱残守缺,排斥新式武器,主张使用清政府自造"线枪",认为新式武器"虽觉巧便,究竟机关太多,时有炸裂,不如前门枪炮结实耐久"。②而且,由于"西洋火器,日新月异,今日所艳称之物,后必又有驾乎其上者",因此,"舍线枪而不用,转以重价购洋枪,似非计得者"。③

洋务运动时期,中国各地兵工厂大力兴建,仿造西洋枪炮的规模日渐扩大,甚至最时新的枪弹内地也能批量生产,当然这是以大量进口西洋设备物料及聘请西洋工匠为前提的。1894 年 5 月,海军衙门奏请,以后各省需用军械,概在中国订造,如需购自外洋,均需遵章请旨,由南北洋大臣知照驻外公使办理,不得自行购买。1896 年清廷要求购买军备的地方督抚须事先提出年度预计开支计划,奏请朝廷核准。清廷对国内军械既有推销之专责,又有节省购械巨款之动机,力主通过限制西洋军品的配属范围缩减各地外洋军品的购买规模,规定只有新式军队可以使用西洋最精枪支,其他部队应使用旧式武器或尽可能购买本国自造枪械。这是清廷对军工厂的政策支持,但执行得并不彻底。1908 年 10 月,《申报》记载陆军部对各省督抚自行购买军械加以干涉之意,"陆军部各堂以各省添练新军向外洋购买军械漏卮极大,现拟在山西添设北洋制造兵工分厂,专造近畿各镇应用军械,刻正派员拟折,日内会同商部出奏"。④1909 年 12 月,四川续购外洋枪支,陆军部询问"系用于何项军队希饬查明电复"。⑤赵尔巽回电,续购七密里五德马步枪及弹,"与鄂枪口径同,然军士惮用鄂枪,非得已也"。⑥"川械拨用边藏已空,此枪巡防用多,兼补新军之不足。"⑦陆军部对此无力改变,只能两方催责,"再鄂枪系何项不精之处,希饬查明报部以凭,转饬该厂详细研究"。⑧

1894 年 10 月至 1895 年 9 月,不到一年时间内,先后订购了大量外洋枪械,包括各种刀具、六响毛瑟快枪、单响毛瑟枪、哈乞开思六响快枪、连珠手枪、曼利夏小口毛瑟步枪、马枪,克虏伯后膛陆路快炮、阿姆斯特朗快炮、格鲁森厂后膛铜炮、前

①　《盛宣怀档案资料选辑之三·甲午中日战争》下,上海人民出版社 1982 年版,第 433—434 页。

②　中国史学会编:《中国近代史资料丛刊·洋务运动》第 1 册,上海书店出版社 2000 年版,第 62 页。

③　同上书,第 79 页。

④　《军械沉没》,《申报》1886 年 11 月 11 日第 1 版。

⑤⑥⑦⑧　赵尔巽全宗档案 543-76-2,中国第一历史档案馆藏。

膛过山炮、马克沁一寸半口径五十三寸长机器炮、威敦厂六生过山快炮。还有大量火药、枪弹、炮弹等等。这远远超过中法战争时清军所购西洋武器。相对日本陆军所配备的武器来说,清军具备一定的优势。1894 年 10 月 17 日,礼和洋行马赤致函盛宣怀,"承办哈乞开斯步枪一千四百杆,应照原议与瑞生洋行所购哈乞开斯枪价一律核算等因,敝行理应遵照办理,惟现货与定货稍有分别窃查所有核实每杆合行平化宝银二十两四钱五分,确系照原购价值加上运保各费之数,曾经再三复计并无浮开,且电费未计所以日前蒙面谕不令敝行维难,每杆许给行平化宝银二十两而敝行迟疑不决,仍恳按二十两五钱核给者并非辜负宪台美意,实因该枪已经起运欲求照本效力耳,令瑞生行每杆能照十八两承办乃系定做与敝行之现成货不别,且早晚时价不同"。①当时,日军主要配备明治十三年及十八年式枪射程最远为 2 400 米的村田枪,日本的后备步兵队则佩带性能更差的斯内塔尔枪,最大射程仅为 1 800 米。骑兵也使用村田式马枪还有手枪及斯宾塞枪。虽然明治二十七年,日本已生产了最大射程达 3 112 米的村田连发枪,不过仅近卫及第四师等个别部队配备。火炮方面,清军所配备的克虏伯炮、格鲁森炮和阿姆斯特朗炮均为最先进的大炮,而日本所用的火炮则主要是本国所产青铜材质的野炮及山炮,初速及射程都不如清军火炮。

直到辛亥革命前夕,各省以练军为需求不断购买外洋枪炮。1903 年 11 月3 日,马赤致函盛宣怀,"购哈乞开斯步枪一千四百杆,每杆合价行平化宝银二十一两七钱五分,包运到上海交货,经连纳叠次肃函声明并面商均荷……谨尊台令再将置价以及运交上海各费核实每杆合行平化宝银二十两四钱五分,且往返电费未计在内,兹特据实肃复"。②仅 1907 年,东北各省购买克虏伯火炮就有多个批次:"正月二十七日盛京购克虏伯厂七生五十四倍口径长新式管退过山快炮两队,计十二尊。四月初六,吉林购克虏伯七生五三十倍口径长最新陆路管退快炮一队六尊。五月二十九日,黑龙江购克虏伯七生五三十倍口径长陆路管退快炮两队共十二尊,七生五十四倍口径长过山管退快炮一队共六尊。"③1908 年,两江总督端方为南洋编练新军,又向礼和洋行订购两批克虏伯火炮,四月二十八日定购七生五炮八尊,十月十七日购克虏伯管退过山快炮五队,共三十尊。④1909 年,广西通过礼和洋行购克虏伯七生五过山管退炮十八尊。三月二十三日,两江缉捕兵轮通

---

① 《马赤致盛宣怀函》,盛宣怀全宗档案 089000,上海图书馆藏。
② 《马赤致盛宣怀函》,盛宣怀全宗档案 116075,上海图书馆藏。
③ [德]乔伟、李喜所、刘晓琴:《德国克虏伯与中国的近代化》,天津古籍出版社 2001 年版,第 355—356 页。
④ 同上书,第 356 页。

过礼和洋行购克虏伯快炮四尊。七月十五日陆军部订购克虏伯炮六十尊。①

日军在东北地区作战,收到国内捐赠的防寒衣,被清军误认为是防弹衣,反映了清方指挥员的愚昧。1894 年 12 月 12 日,盖平致电盛宣怀,"倭人临阵,裹一寸厚皮纸领甲,枪子莫能伤之,惟惧大炮。已电国厚仿办四千件"。②15 日,盖平来电,"倭兵俱穿一寸厚皮纸领甲,枪子不能入,只有炮子、台枪子可入。倘能照毛瑟造法做后门抬枪,必能取胜。其功效比快枪为上。如仿造纸甲,则保全生命实多云。此间无人考究,大人肯用心,乞速试办,以期制胜"。同日盛宣怀致电营口、盖平徐见农,"倭兵所穿皮纸领甲,望取一件速交营口转运局寄津,以便仿造"。③盛宣怀还致函徐国厚,"刻下尊处谅已仿制,如有制成之件,即祈检出一副,送交敝处,以便试验"。④21 日,营口致电盛宣怀,"倭皮纸领甲,金州曾得数件,旅顺之败,已失去。前曾拆阅,系将皮、纸捶融,叠一寸厚,以皮纸捻密钉结实,捶平捻头,薄铺木棉,外铺丝棉,然后上纺绫面里。其式、色与我国勇号褂同,多一跕领。今做数千件纺绫里面,恐不及。除各营哨官做纺绫外,余可做青布面、蓝布里。若蒙禀相多做,散给各军,俾将士可免死亡,实为德政"。24 日,田庄台致电盛宣怀,"领甲用何皮纸? 请酌。以结实而有一寸厚为妙"。⑤1895 年 1 月 7 日,京城致电盛宣怀,"前承示制皮纸衣甲,当交荣仲帅(引按:荣禄,时任西安将军)试办"。⑥1895 年 4 月,翁同龢日记中还记载日军使用气球的情况,"贼乘汽球登岸,人执一铁牌聚成炮台。手枪开花极猛速"。⑦

枪支和火药的制作方法传入日本后仅十二三年,日本全国已有万支步枪。⑧1889 年,日本人发明了口径仅 8 毫米,可装填 8 发子弹的单发、连发枪,射程为 3 112 米,被称为"二十二寸"步枪。这种步枪与同时期德国和法国制造的步枪性能相近。日本人自己发明了较为先进的野炮、山炮、大口径臼炮。⑨

---

①　[德]乔伟、李喜所、刘晓琴:《德国克虏伯与中国的近代化》,天津古籍出版社 2001 年版,第 357 页。

②　《盛宣怀档案资料选辑之三·甲午中日战争》上,上海人民出版社 1980 年版,第 317 页。

③　同上书,第 320、321 页。

④　《盛宣怀档案资料选辑之三·甲午中日战争》下,上海人民出版社 1982 年版,第 368 页。

⑤　《盛宣怀档案资料选辑之三·甲午中日战争》上,上海人民出版社 1980 年版,第 327—328、330 页。

⑥　同上书,第 340—341 页。

⑦　翁万戈、谢俊美:《翁同龢〈随手记〉》,《近代史资料》第 97 号,中国社会科学出版社 1999 年版,第 23 页。

⑧　[澳大利亚]雪珥:《绝版甲午——从海外史料揭秘中日战争》,文汇出版社 2009 年版,第 195 页。

⑨　孙洪波:《军事对比:中日甲午陆战清军败因探略》,《社会科学辑刊》1999 年第 1 期。

据日本学者黛治夫所著《海军炮战史谈》描述,几乎与清朝同一时间,日本也开始了军品贸易,1861 年日本南北战争期间,虽然北方工业基础雄厚,但南方很快购入军工材料,南北双方开始了装甲舰建造的竞争。1871 年,日本按照"海主陆从"的方针开始大规模建设海军,到 1894 年仅 20 余年时间日本海军初具规模,有军舰 31 艘,水雷艇 24 艘,还有建造中的军舰 6 艘,水雷艇 2 艘。当时清舰队战力有定远镇远最新锐舰 2 支,笔头军舰 82 支,水雷艇 25 支。[①]

戚其章《甲午战争史》还引用同样来源的资料记述了在刘公岛保卫战中,日舰"筑紫"号中弹而未爆炸的事实。北洋海军参战官员,战后对弹药保障也多有议论。"来远"舰帮带大副张哲荣指出:"所领子药,多不合式,亦不切备。大东沟之役,因子弹将罄而炮故缓施者,有因子不合膛而临时减药者。""定远"舰枪炮大副沈寿堃指出:"中国所制之弹,有大小不合炮膛者;有铁质不佳,弹面皆孔……即拉火引信,亦多有不过引者。"这说明中国自造的枪弹质量非常不稳定。

甲午战争前后清政府购买武器的部分数据[②]

枪及数量	弹及数量	外购渠道	订购方
德国新式小口径五连珠快枪 3 000 支	子弹 300 万颗	德国公使许景澄	1894 年前湖广总督张之洞订购
十响连珠毛瑟枪 1 250 支	子弹 150 万颗	信义洋行	
平响毛瑟枪 5 000 支	子弹 250 万颗	信义洋行	
格鲁森快炮 12 尊	炮弹 1 200 颗	信义洋行	
克虏伯七生半车炮 6 尊	炮弹 1 200 颗	瑞记洋行	
奥地利三生七快炮 12 尊	炮弹 12 000 颗	瑞记洋行	
马梯尼枪 14 000 支			1894 年 9 月前两江总督刘坤一订购
毛瑟马枪 1 000 支	子弹 280 万颗		
比利时快枪 10 000 支	子弹 500 万颗		1894 年 10 月两江总督刘坤一订购

① [日]松村劭:《三千年海战史》(下),中央公论新社 2010 年版,第 59—60、62 页。

② 邱涛:《关于甲午陆战研究中几个问题的辨析》,《北京师范大学学报(社会科学版)》2017 年第 3 期。

续表

枪及数量	弹及数量	外购渠道	订购方
哈乞开斯快枪 7 000 支		委托驻英公使龚照瑗	1894 年 9 月前北洋大臣李鸿章订购
毛瑟枪 12 000 支	子弹 1 000 万颗	驻德公使许景澄	
连珠快炮 8 尊		驻德公使许景澄	
小口径毛瑟五音快枪四批共 10 000 支		驻德公使许景澄	
西洋各项快炮 56 尊	子弹 1 520 余万颗		1894 年 10 月北洋大臣李鸿章订购
各项快枪 28 320 余支			
毛瑟枪 10 000 支	子弹 412 万颗	德国公使许景澄	
大小口径快枪 300 支	子弹 10 万颗	德国公使许景澄	
乞开斯六响枪 3 000 支,子弹 200 万颗		委托杨儒(驻美公使)	
马梯尼枪 10 000 支,小快炮若干门		委托龚照瑗	
战炮十尊	精枪数百杆		吴大澂
奥地利小口径枪 8 000 支	子弹 100 万颗		吴大澂
德国毛瑟枪 5 000 支	子弹 500 万颗		福建省
快炮一尊	马枪百杆,子弹数万粒	洋行	吴宏洛
备注	部分武器战争前后订购,战后才能来华		

上表中的武器绝大部分都分拨给各部队应用。如 1895 年初,李鸿章称,许景澄购来毛瑟枪一万零八支,业经全数分拨各军应用。南洋所购马梯尼 10 400 支,马枪 1 000 支,议定南北各半,解赴北方前线马梯尼 5 700 支;留于南洋者,拨给李占椿、万本华、杨文彪、朱洪章等部各 1 000 支。广东于 1894 年 8 月解到北洋新旧毛瑟枪各 2 000 支。到 11 月,两广总督李瀚章奏,已先后调拨各地洋枪 16 000 支,以后又续拨马枪、步枪 2 600 支,子弹 360 万颗。年底,还拨给吴大澂部钢炮 30 尊。这些武器无疑对改善部队装备起了重大作用。如山西部队程之伟部,由北洋拨给毛瑟枪和十三响洋枪各 300 支,并拟再拨 300 支。陕西部队原来没有后膛枪,各营平日操练皆用前膛洋枪及土枪,万难应敌,后由刘坤一协济林明敦枪 1 000 支,装备北上援军。张之洞派出北上参战的吴元恺部,有过山炮三十二尊,克虏伯新式快炮十二尊,连珠黎意快枪千支,弹百万,军火可为关外诸军之冠。本来装备落后的湘军,到战争后期装备大为改善,如陈湜部已配备了快利枪和新马梯尼枪。

1894 年 7 月,编修曾广钧曾上一呈文,文中系统总结了战前清军制造、购买军火的情况。"中国后膛枪炮之多,甲乎天下。各局制造购办不可悉举。……查中国甲枪已属不少,足敷陆军之用,但毛瑟、德国马梯尼弹子,中国现不能造,惟黎意枪子上海制造局能造之,应令前敌交绥各军纯用黎意枪,其毛瑟及德国马梯尼,前者已购之弹子尚属山积,应令绿营练军及长江水师用之,俟弹尽时再议更换。其乙枪既有瑕疵,宜暂令未练之绿营及云、贵、川、陕、甘肃、湖南等练军用之,亦俟弹尽再议更换。……其丙枪直为无用之物,宜弃之,或义民欲用者,亦可择其不炸裂、不走火者假。"①此呈文有诸多错误之处,英国所造亨利·马梯尼枪误为德国制造;黎意枪射程 2 500 码,夸大了一倍以上;单响哈乞开斯枪的尺表射程,也被夸大一倍到 2 000 码;两种毛瑟枪射程也被分别夸大了 450 码和 900 码②;林明敦中针枪由江南制造总局 1867 年 6 月至 1890 年停产总造各种型号 4 万余支,其他各局有仿制,甲午战前不可能达到实存"60 余万杆"枪支。虽然射击诸元有出入,但从此表大概可以看出清军装备洋枪的种类和新旧程度。

甲午战前清军库存枪械情况 ③

等 级	名 称	产 地	射 程	备 注
上等甲枪	快利	上海制造局		量不多
	毛瑟	德国	远界二千五百码	江南军装局存储极多,子弹也不少
	马梯尼	德国	远二千二百码	
	单响哈乞开司		远界二千码	广东官兵多用之
	黎意		远界二千五百码	五子连环递放,福建、广东、江南皆用之
中等乙枪	马梯尼	英国	较远,机栝稍窒	购置不少
	十三响云啫士得	药力亦弱	极界一千二百码	
下等丙枪劣品	林明敦枪	美国极旧之式,上海制造局仿制	1873—1889 年造至百余万杆,除已发各营外,实存六十余万杆,弹子称是	后膛走火,又易炸裂,又不甚准。宜名曰丙枪

<hr>

① 中国第一历史档案馆编:《光绪朝硃批奏折》第 119 辑,中华书局 1996 年版,第 589—590 页。

② 魏允恭编:《江南制造局记》,文海出版社 1969 年版,第 841—842 页。

③ 邱涛:《关于甲午陆战研究中几个问题的辨析》,《北京师范大学学报(社会科学版)》2017 年第 3 期。

　　反观日军方面,当时其陆军使用的主要是国产的青铜炮和村田式单发枪,性能上远不如中国进口的西方新式连发枪和后膛钢炮,其全军拥有的野炮不过300门,数量更比清军少得多。

　　在李鸿章等洋务派看来,虽然以中土初学,不足以抗衡洋人已创制百年的武器优势。但不可不奋发有为,而且"练兵制器,相去太远,正须苦做下学工夫,做到那处说到那处"①,为百年后"开拓始基"②。"现造兵船,虽未能即云御侮,而规模已具,门径已开,数十百年中国御侮,必兼赖之。"③"况彼之有是枪炮轮船也,亦不过创制于百数十年间,而浸被于中国已如是之速。若我果深通其法,愈学愈精,愈推愈广,安见百数十年后不能攘夷而自立耶?……今欲我数年创始之船遽敌百数十年精益求精之船,不待智者而知其不逮。然就已成者而益求精,未必其终不逮也。"④

　　甲午战争前后,中日两国资本主义近代化基础相距甚远,"当时中国的近代工矿业共约100家,资本总额3 032万两白银,整个中国经济仍停留在封建落后的状态,谈不上近代化。日本的资本主义近代化,则已初具规模"。⑤洋务派官僚创办的军工企业,与整个中国社会生产力的发展水平并不协调,特别是没有近代采煤、炼钢、机器制造业为其提供原料、技术和设备。战后汉阳钢铁厂等企业发展较快,甚至产品远销国际市场。1899年1月2日,福克钢铁厂向盛宣怀通告世界军工市场钢铁材料的价格变动情况,"钢铁市价前数月陡然大涨,殊出意料之外,今年厂家适应之盛较之一千八百八十九年至九十年,一千八百九十五年至九十六年,数年有加无减,各厂所定工作虽日夜催赶,六个月中尤难告竣,而机件之价则日益增长,英国钢铁适应亦大有进境,美东省厂家钢轨之价每吨金洋十八元至十八元五角,而英比德轨价每吨四镑十五先令以上,均就地购货之价也。美国克纳忌钢铁厂拟设军械厂,专造大炮与克虏伯、阿姆斯特朗互相争胜,并拟造钢带大炮,较之现有各种大炮更形精利,又捻造船厂云。造船造桥铁件龙头铁路料作,价昂货少,生意既多工作更忙,匠人均一律索取贵值,印度大造铁路多定重轨,每吨就地之价四镑十二个半先令,现在欧洲所存钢铁约三十二万五千吨,英国密特而

---

　　① 李鸿章:《复曾中堂》,《李鸿章全集》(卷30)信函(二),安徽教育出版社2008年版,第137页。

　　② 同上书,第329页。

　　③ 李鸿章:《复何制军》,《李鸿章全集》(卷30)信函(二),安徽教育出版社2008年版,第446页。

　　④ 李鸿章:《筹议制造轮船未可裁撤折》,《李鸿章全集》(卷5)奏议(五),安徽教育出版社2008年版,第107—108页。

　　⑤ 王介南:《近代中外文化交流史》,书海出版社2009年版,第136页。

士巴罗地方所存约八万八千吨,焦价仍硬,最佳之价每吨一镑五先令,平常者二十先令化铁焦十七至十八先令。钢铁价仍硬而定货不稍减促期,限交之货厂家不肯承办苏格兰地方铁货杂件之价,旧年十月至今曾有七先令一吨光景"。①张之洞主持设立的湖北炼铁厂1893年完工,共设有铸铁厂、打铁厂、机器厂、造钢轨厂、炼熟铁厂等六个大厂、四个小厂,炼钢炉两座。有工人三千,雇用外洋技师四十人。其于1894年6月开炉炼钢,所出钢料可以制炮,成色无异洋铁。但因经费短缺,煤质不佳,每年仅出铁一万五千吨,亏损很大。清廷责备"经营数载,糜帑已多,未见明效"②。1896年由盛宣怀接办。张之洞为了炼铁,在大冶县附近开设铁矿厂,购买德国采矿机器,聘用德国技师,所采矿砂含铁质六十四分有奇。后又开设煤矿,形成以萍乡之煤炼大冶之铁,以大冶之铁制汉阳之械的汉冶萍公司。如此,以汉阳炼铁厂为中心,"兼采铁、炼钢、开煤三大端为一事"③,成立了中国第一个近代钢铁联合企业。

1894年7月,中国驻日本公使张文成致函盛宣怀,谈到了日本军工产业情况,"炼钢之法得自克房伯,于后膛火枪而外,别出心裁,别参西法。曾诣东京小石川町炮兵厂,亲见试放,其弹力较毛瑟枪更远且大,能及一千七百码之远,每十四秒可连发五枪。询诸该厂机器工料等费,据云:每年需洋六十万元,可造枪三万杆,每日可造弹三万粒,皆用机器。观其弹力,能较西枪尤远,故近年来国中少购西式洋枪者,于此见火器之讲求,日人诚知精进云"。

世界铁货价格变动表④

时　间	单价(先令)
1897.10.1	44.6
1898.1.1	45.4
1898.3.1	46.35
1898.9.1	47.3
1898.10.1	48.95
1898.10.18	50.35

中国在1867年,制成了美式雷明顿后装单发枪,子弹为铅弹,子弹壳有纸和

---

① 《福克钢铁报汇》,盛宣怀全宗档案055220,上海图书馆藏。
② 光绪朝《东华续录》卷128,1909年上海集成图书公司铅印本,第1页。
③ 《中国财政金融年表》(下册),中国财政经济出版社1994年版,第534页。
④ 《盛宣怀档案资料选辑之三·甲午中日战争》下,上海人民出版社1982年版,第30—31页。

金属制两种。后来到了 19 世纪 70 年代,中国已能仿制生产多种先进的后装单发枪。日本陆军使用的枪支,大多依靠欧洲进口,型号庞杂,性能比清军落后。1885 年,陆军中佐村田经芳对进口步枪进行改进,制成村田 13 式单发步枪,后又改进,成为村田 18 式单发枪。甲午战争中,日本陆军多数使用这种当时工业落后的日本生产的二流步枪。中国 1860 年以后进口过世界闻名的美国斯潘赛连发枪,1885 年前后开始装备美国 17 响云嗜士得连发枪,中国后又仿制了 5 响快利、5 响黎意、9 响斯宾赛、5 响哈乞开斯、13 响前拿德等先进后装连发枪,并装备陆军。甲午战争时首批中国参战陆军部队,则装备当时世界上最精良的德国连发毛瑟枪。甲午战争时,大同江南岸船桥里的战斗中,奉军将领卫汝贵率盛军传字正营击溃日军,日军将校以下死 140 名,伤 290 名,旅团长大岛少将及联队长、大队长等也被击伤,大败而返。日本诗人衫浦梅谭叹曰:"此役不克旗下死,呜呼苦战船桥里。"

　　加特林机枪是美国人加特林在美国 1860 年发明的一种手摇机枪,发射速度为 350 发每分钟,射程为 2 000 米,它有 6 至 10 根枪管,利用手摇作动力完成装弹、射击、退壳等动作。中国最早进口使用这种机枪是 1874 年,当时称为"格林炮"。1877 年,天津机器局就成批生产这种机枪的子弹,1878 年生产的数量为 137 万发。1884 年,金陵机器局开始制造这种武器。

　　中国军队使用的火炮主要是德国克虏伯钢炮。其中包括部分最先进的德国克虏伯管退式快炮,作战中使用的既有野战炮,又有大量炮台上的固定式重炮。中国当时也能自产部分火炮,如,1884 年制成格鲁森式 37 毫米线膛后装架退炮,1891 年 9 月大沽船坞仿造德国一磅后膛快炮九十余门,1994 年制成格鲁森式 57 毫米线膛后装架退钢炮。日本陆军使用的火炮最初主要是旧式德国克虏伯炮,1881 年大阪兵工厂成功仿造意大利等国两种青铜架退式火炮,其中 70 毫米野炮最大射程 5 000 米,70 毫米山炮最大射程 3 000 米,不久又制成 90 毫米的臼炮,1887 年后,陆续装备部队,这些旧式青铜炮性能不及中国陆军钢炮。

　　1895 年 8 月 23 日,盛军前敌军械委员五品候补巡检邱凤池上报《解运炮弹子药雷电清折》,详述了从天津新城港到平壤的前送军械弹药资料。邱凤池具体经办了驻防平壤城的清军主力之一——盛军的军火后勤保障,该奏折报告了其战前和战时向平壤运送武器弹药的详细情况,有助于了解甲午陆战中枪、炮、弹药的消耗速度和平壤军储的具体情况。该折说"八月十三日战至十六日,计四日内,约施放枪子七十四万粒之谱,炮弹二千八百余颗之谱"。①六千名盛军装备有 75 毫米炮、使用两磅重炮弹的 37 毫米威敦过山炮、11 毫米加特林机关炮,步兵配美制

---

① 《邱凤池运解军火清折》,盛宣怀全宗档案 056499,上海图书馆藏。

哈乞开斯六连发后膛步枪和单发步枪。骑兵配温彻斯特(又名,云啫士得)十三连发后膛卡宾枪。

解运炮弹子药雷电清折[①]

来回地址	运到前线种类及数量	发给部队	余　　存
1894 年 7 月 20 日由新城登轮平壤城,设局存储	七生脱半炸弹 1 200 颗	850 颗	350 颗
	两磅威敦过山炮弹 1 200 颗	900 颗	300 颗
	四分五径小格林炮子 50 000 粒	50 000 粒	
	哈乞开思兵枪子 45 万粒	26.7 万粒,叶志超借拨 1.6 万粒	7.7 万粒
	云啫士得马枪子 5 万粒	2.4 万粒	2.6 万粒
	炮药 3 000 磅	炮药 1 740 磅	1 260 磅(被日缴获)
	旱雷壳 80 个	24 个	56 个
	电箱七具		
	电线计长六英里		
	炮药三千磅		
		各营每炮自带炸弹 50 颗	
		每枪自带 150 粒弹	

这是驻防平壤城的卫汝贵所率盛军 6 000 人(占平壤清军总数近一半)的装备情况。从步枪子弹来看,配发人均 48.5 颗加上自带 150 颗,人均 198.5 颗子弹,清军正常的弹药基数为,每枪 500—1 000 颗。从火炮炮弹来看,以过山后门炮 20 尊计算,配发炮均 87.5 颗,加上自带 50 颗,炮均 137.5 颗弹,清军正常弹药基数为,每炮 200—1 000 颗。枪炮配弹数量都有不小差距。在日军缴获的 35 门各种火炮中,只有 12 门 75 毫米克虏伯山炮(日军称"七厘米克虏伯山炮")、4 门 75 毫米克虏伯野炮(日军称"七厘米克虏伯野炮");而日军仅一个元山支队就拥有与整个平壤清军相同数量的 75 毫米克虏伯炮,虽然日军数日之间发射的炮弹也是 2 800 发左右,但其拥有的 75 毫米克虏伯炮数量却是清军的 3 倍多。[②]清军和日军火力的对比,以及同等火力下的打击效率,可见一斑。

大连有海岸炮台 5 座,陆上炮台 1 座;紧靠它的旅顺有海岸炮台 13 座,陆上

① 《邱凤池运解军火清折》,盛宣怀全宗档案 056499,上海图书馆藏。
② 《中国近代史资料丛刊续编·中日战争》第 8 册,上海人民出版社 1961 年版,第 45、60 页;[日]参谋本部编,桧山幸夫监修:《明治二十七八年日清战史》第 2 卷,ゆまに书房 1998 年版,附录第二十六。

炮台 17 座,守军共 2 万人,拥有大小炮 120 多门,其中包括许多 240 毫米的克虏伯远程巨炮,炮弹则有 246 万多发。其炮兵总火力超过甲午战争时日本陆军火力之和。然而大清终因将帅临阵脱逃,部队溃散,导致众多巨炮弹药落入日军之手。日军占领刘公岛之后,缴获了大批清军军械物资,仅大连军械仓库就存放有 130 门大炮、600 余支步枪、240 万发炮弹子弹。①仅以毛瑟 1871 式为主的德国枪械就达 5 000 余杆。

　　日军在平壤战役中共缴获清军步枪子弹 56 万发、炮弹 840 发。②如果平摊到平壤前线清军 1.3 万人头上,人均仅有 43 发子弹。平壤前线,卫汝贵部还配有过山后门炮 20 尊,马玉崑毅军配小炮 6 尊,左宝贵领有陆路军炮 6 尊,叶志超有小炮 8 尊,按这 40 门火炮计算,将日军缴获的 840 发炮弹平分,每门只能分到 21 发炮弹。③平壤战役集中在 9 月 15 日上午四时半至下午二时左右,清军在此后休战时乘夜撤离平壤,也就是说,9.5 小时内清军消耗 74 万发子弹、2 800 发炮弹。④平均每小时盛军 6 000 人共消耗子弹 77 895 发、295 发炮弹,日军缴获弹药原本可供盛军持续使用步枪 7 小时、火炮 3 小时。清军单兵平均射出的子弹数量很高,但命中率却极低,仅为日军的 1/9。⑤如果按照袁世凯估算的单兵 10 分钟消耗 200 发子弹的发射频率⑥,可供 6 000 人的盛军部队发射不超过 5 分钟。也就是说盛军遗留在战场的弹药不足以供给他们继续作战击溃日军,或以守待援。

　　日本设计师村田经芳陆军中校于 1880 年(明治十三年)研制单发步枪,命名为“大日本帝国村田枪”(简称村田枪或十三年式步枪),定为制式步枪。该枪的外观、大小和内部结构几乎与法国夏斯波步枪(chassepotrifle)相同,部分参考了荷兰的比蒙步枪。该枪由日本东京炮兵工厂小石川步枪制作所生产,并请法国军官焦尔朱·鲁邦大尉全面指导,机械加工和弹壳制造技术请比利时和德国洋匠指导,是日本第一把自己设计并造的制式单发后装线膛步枪。十三年式步枪口径为 11 mm,发射 1871 年式毛瑟圆头弹,初速 435 m/s,表尺射程 1 300 m,全枪长 1 275 mm,枪管长 817 mm,全枪质量 4.06 kg,配用十三年式刺刀,刀长 710 mm,质量 0.79 kg。该枪的大小适合日本人的体形,但批量生产的性能较差。日军普

---

　　①　吴胜:《御侮与抗争》,安徽教育出版社 2017 年版,第 115 页。

　　②　《中国近代史资料丛刊续编·中日战争》第 8 册,中华书局 1994 年版,第 60 页。

　　③　中国第一历史档案馆:《清代军机处电报档汇编》(9),中国人民大学出版社 2005 年版,第 508—509 页。

　　④　《中国近代史资料丛刊续编·中日战争》第 8 册,中华书局 1994 年版,第 47—59 页。

　　⑤　郝一生:《日出日落:解密中日百年较量背后的资本逻辑》,东方出版社 2014 年版,第 3 页。

　　⑥　袁世凯:《致津海关道盛宣怀电》,骆宝善、刘路生主编:《袁世凯全集》第 3 卷,河南大学出版社 2013 年版,第 487 页。

遍装备的只是明治十八年式村田单发步枪,其十三年式、十六年式、十八年式等单发枪型都是日军制式步枪。更先进的二十二年式村田连发步枪(二十二年式村田铳)于 1889 年研发,由萨摩藩(鹿儿岛县)陆军枪械火炮专家村田经芳少将以法国 M80M1874 步枪为蓝本设计出来,也是日本明治维新后第一种国产连发枪械,只有驻扎日本本土的四个精锐师团才陆续装备,并没有参加甲午战争。

甲午战争中,日军有 75 毫米的青铜炮、最大射程 5 000 米的野炮和 3 000 米的山炮,但实际上有效射程并没有这么远。在当时欧洲的发达国家,造大炮是颇为普遍的事情,但日本由于技术水平低下,国内铜资源十分丰富,故选择了性能偏低的青铜来铸造大炮。鉴于将在道路难行的朝鲜作战,日本第五师团与第三师团的炮兵联队采用了山炮编制,面步兵则普遍使用单发的村田枪。与之相比,清军使用的野炮、山炮均是德国克虏伯公司生产的钢铁制品,步兵的枪支亦是从德国进口或模仿德国制造的国产枪,同时配备了德国最新的连发枪,故在武器水平上占据着上风的平壤之战中,清军曾有效地利用先进武器让日军陷入困境。①

由于部分外洋枪械质量不高,自造武器问题频出,不少一线的官兵甚至排斥新式武器。1895 年 8 月,有大臣上奏认为洋枪不如旧式枪支,翁同龢日记中记载,"熙麟折:南北洋购枪可停,募勇可撤,洋枪不如抬枪及鱼雷,铁舰皆无用。令八旗检呈炮位清册"。②1895 年,两江总督张之洞派人查访沪局情况,"制造局积弊,在换一总办,即添用心腹三四十名,陈陈相因,有增无减,故司员两项,几至二百,实属冗滥"。甲午战争时期,"中国军队在每个战场上均告败北。木制的炮弹涂上颜色,冒充真的炮弹,象征着由官方控制的自强运动所特具的贪污和腐败",朝廷下旨"凌迟处死,传首各营"。③

1875 年,日本军官曾根俊虎专门详细观察过天津机器局,对中日军工能力进行了对比,"大烟囱总数有十六个,大小枪炮的子弹、炮弹、炮台车、小蒸汽机等都能制造。再有,每天制出来的小枪用的火药高达一万斤,雷明顿手枪的子弹一天生产不下一万发,据说假若雇用五百个工人,每天则可以制造出二万五千发。该造弹机械是⋯⋯以极昂贵的价格从英国购买的,其雄劲之动力真是值得称赏。另外铺设的铁道纵横交错,以供运送货物之便。⋯⋯据视其工人多采用广东人和宁波人。现在英国人有三人常驻,任指挥。呜呼!目睹该局之宏壮,反观本邦之

---

① [日]藤村道生:《日清战争》,上海译文出版社 1981 年版,第 306 页。

② 翁万戈、谢俊美:《翁同龢〈随手记〉》,《近代史资料》第 98 号,中国社会科学出版社 1999 年版,第 183 页。

③ [英]勒费窝:《怡和洋行——1842～1895 年在华活动概述》,上海社会科学院出版社 1986 年版,第 114 页。

制铁局(引按:日本人对军工厂的称呼),其规模之小真可慨叹"。①当时江南制造局的规模相比天津机器局而言更为宏大。

"直到辛亥革命前夕,在国内军工厂开办有年,火炮枪弹都已经量产的情况下,四川省每年仍从外洋进口大量的枪炮弹药。从数量上看,军器进口呈递增趋势,物料进口略有下滑。说明国内军工厂所产军械不仅数量上远不能满足编练新军的需要,质量上更无法全面替代进口,国内军工厂地位在下降。"②相反,日本军工发展之路则大获成功。在甲午战争之前纯属军品输入国,随着经济飞速发展,战后迅速成长为军械输出国。19世纪末,英国贝思福曾高度评价日本兵工厂的效率与生产能力。1903年初,世界军火市场刚刚恢复向中国开放,北洋编练新军袁世凯就向日本订购了价值120余万两的包括枪械和舰船在内的大批装备。两江营务处也分两次向日本三井洋行订购价值日金22万元的武器。1906年,黑龙江编练新军向日本购买明治三十年式步枪。1907年2月,日本川崎造船所给时任商务大臣的盛宣怀来函,"敝厂前承贵国政府之命,订造炮舰六艘,现第四艘名楚谦者,舰体业已告成,定于华历一月初九日进水式,届时务乞光降欢览,不胜荣幸,盼祷之至专此奉布"。③辛亥革命前夕的相当长时间内,日本逐渐成为继德国之后的第二大军火来源地,而且从军械到人员,日本很快成为近代中国军事改革的重要参与力量之一。辛亥革命爆发后,日本同时做清军和革命军双方的军火生意,大发横财。

(三)战略谋划与战术素养

1840年,中国遭到西方列强的蹂躏,继而太平天国农民运动又给清廷以极大打击,古老的中国日渐孱弱。奉行实用主义的日本摩拳擦掌,妄想占领并取代中国从而主导东亚秩序。日本参谋本部陆军部第二局局长小川又次大佐曾于1887年写成《清国征讨方略》,其中谈到,"今日乃豺狼世界,完全不能以道理、信义交往。最紧要者,莫过于研究断然进取方略,谋求国运隆盛",④时机成熟时断然出击,"攻占北京,擒获皇帝⑤。其决定在1892年前完成对华作战的准备,进攻的方向是朝鲜、辽东半岛、山东半岛、澎湖列岛、台湾、舟山群岛。一方面是日本的处心积虑,另一方面是清朝的麻痹轻敌。战前多数国人认为面对蕞尔小岛日本,中国当稳操胜券,"欲决胜于海疆,则日兵素未与他国交争,譬如子弟之未入试

① ［日］曾根俊虎:《北中国纪行·清国漫游志》,范建明译,中华书局2007年版,第23—24页。
② 费志杰:《华洋军品贸易的管理与实施》,解放军出版社2014年版,第108页。
③ 《川崎造船所致盛宣怀函》,盛宣怀全宗档案033370,上海图书馆藏。
④ ［澳大利亚］雪珥:《绝版甲午——从海外史料揭秘中日战争》,文汇出版社2009年版,第173—174页。
⑤ ［日］小川又次:《清国征讨方略》,《抗日战争研究》1995年第1期。

场者,乌足与老师夙儒论文角艺？我中国昔年与法人交战,敌此虎狼之国,犹且负少胜多,虽石浦马江两遭挫衄,而台湾凉山诸处陆战水战皆能迅扫敌氛,岂足以御法人者转不足以御日本乎"。①甚至多数西方人士也认为中国有足够的优势战胜日本。甲午战争前夕清军四支水师有军舰 82 艘,总计 80 000 余吨。其中仅北洋水师便有军舰 20 余艘计 40 000 余吨,旅顺、威海两要塞经营多年,保障能力较强。

明治天皇即位之初,就提出"拓万里波涛,布国威于四方"的国策,明治维新后,灭亡朝鲜更成为日本的既定国策。以当时的情势,因维新而强大的日本对清朝动武势在必行。日本为了满足扩张野心,早就开始了战略谋划。1871 年起,日本就派遣间谍潜入中国搜集情报,"或察政务之设施,或考江山之形胜,无不了如指掌"。②1872 年 9 月,日本留守内阁代理大藏大臣西乡隆盛在征得外务大臣副岛种臣和参议板垣退助的同意后,派遣部下池上四郎、武市正干和彭城中平到中国东北搜集情报。在他们回国复命的报告中说道,满洲的常备军积弊日久,几乎是徒具虚名。1873 年,日本陆军少佐福岛九成深入台湾进行侦察活动,绘制了精密的台湾地图,为侵略台湾作了准备。1880 年前后,日本军方高官在前往朝鲜和中国调查归国后提出了《与清斗争策》,内容是设想用三个师团占领大连湾并袭击福州。然后,"一举攻下北京,迫订城下之盟"。③1882 年朝鲜壬午兵变后,徐承祖通过其雇佣的日本间谍探知日本高层决意谋取朝鲜,也预言日本迟早会因为朝鲜与中国开战,可惜并未引起清廷重视。1884 年,石川伍一年仅 18 岁就与藤岛等人来到汉口,精研汉语,1886 年后加入日本参谋本部谍报军官荒尾精(又名东方斋)在汉口设立的以贸易为掩护的日本间谍机构"乐善堂"④。1885 年 11 月,清廷向德国订造的世界级巨舰"定远""镇远"抵返天津大沽港时,引起日本高层的惊恐,他们担心数年后,日本将不是对手。随后,日本掀起了一个作为现代海洋大国所必需的海军建设高潮。明治政府把中国的军事险要编为《清国兵要地理志》,发给日本军人,几乎人手一册,同一时间,中国人对日本地理却茫然无知。1886 年,日本参谋本部派遣陆军中尉荒尾精到中国,到汉口开办了一处"乐善堂分店",成为中国大陆上第一个日本间谍机关。⑤其成员被要求到中国各省探察各种秘密组

---

① 《战必胜说》,《申报》1894 年 7 月 11 日第 1 版。

② 《中倭战守始末记》卷 3,《近代中国史料丛刊》三编第三十二辑,文海出版社有限公司 1966 年版。

③ 《桂太郎文书》,[日]信夫清三郎:《日本外交史》(上册),商务印书馆 1980 年版,第 107 页。

④⑤ [澳大利亚]雪珥:《绝版甲午——从海外史料揭秘中日战争》,文汇出版社 2009 年版,第 4 页。

织,如哥老会、九龙会、白莲会以及马贼等,还包括各省的土地、被服、运输、粮薪、兵制、制造、山脉地理、人口、风俗习惯及贫富善恶等情形。1890 年 9 月 20 日,荒尾精、宗方小太郎等人,在上海英租界大马路泥城桥畔成立日清贸易研究所,荒尾精亲任所长。该所为日本培养了一大批著名间谍,如钟崎三郎、向野坚一、大熊鹏、猪田正吉等人。间谍石川伍一曾以紫竹林松昌洋行买办的身份成功收买过天津军械局的书办刘树棻等人,获得大量一手军事情报。1892 年,据他们的情报编汇而成的《清国通商综览》有 2 编 3 册 2 300 页之巨,成为日本研究中国的重要文献。1892 年 10 月,日本海军少校井上敏夫到日本驻天津领事馆任职,先后三次进入旅顺口、大连湾和威海卫军事要地。日本海军参谋部还派泷川具和到天津,侦察北洋海陆军情况。次年,他乘坐小型帆船从塘沽出发,沿渤海北上,探求适合大兵团登陆的地点,最终选定北戴河以南的洋河口。1894 年春,大批日本间谍专门侦察李鸿章的举止,密切注视、刺探北洋陆海军的详细调动情况,包括威海卫军港内的军舰数量以及西炮台和百尺崖等情况。"甲午战争前,山崎(四崎羔三郎)奉命到朝鲜……弄清楚了牙山清军的兵力、虚实甚至防御计划,收获颇丰。开战后,他又'从军于平壤',直接参与战斗",山崎曾和宗方小太郎、钟崎三郎等一起受到明治天皇的亲自接见。[1]日本方面十分重视谍报工作,将山崎、钟崎、藤崎与向野坚一、大熊鹏、猪田正吉等六人组成"特别任务班",在旅顺、大连一带执行渗透侦察任务,[2]并及时准确地向日本大本营报告。甲午战争前夕,其及时在威海探得北洋舰队的出发时间。"爱仁、飞鲸,高升船载若干兵、若干饷、何人护送、赴何口岸,该倭人无不了彻于胸。"[3]石川与其他间谍合作撰写的中国西南报告,附以精密的地图,"被日本当即当作极为珍贵的资料保存"[4]。钟崎三郎也迅速侦察出了日军在威海卫的最佳登陆地点。日本联合舰队遂得以在 9 月 15 日部署于朝鲜黄海道大东沟附近。日本陆军大将本庄繁为此评价宗方,称"对君国做出极大贡献"。[5]

　　1894 年 8 月 4 日清晨,石川才被清军拿获。特别任务班六人中只有向野坚一成功逃回日本,其他或被清军斩杀或失踪。10 月 24 日,向野坚一等人侦获金

---

①　[澳大利亚]雪珥:《绝版甲午——从海外史料揭秘中日战争》,文汇出版社 2009 年版,第33 页。

②　同上书,第 34 页。

③　同上书,第 3 页。

④　同上书,第 5 页。

⑤　同上书,第 42 页。

州清军的重要布防情报。①时任日本外交大臣的陆奥宗光在发给驻中国兼朝鲜公使大鸟圭介的电令中,称"今有施行断然处置之必要。故阁下务须注意,可择一不受世上非难之某种口实,以之开始实际运动"。②高升号运兵船被日军舰击毁正是日本制造中日冲突的重要事件。日本外务省通过中文与日文——对照的方式,在中国驻日公使汪凤藻向国内发电报的过程中,破获了中方的电报密码,从而对清廷的军事部署了如指掌。实力相差无几的日本舰队总能在合适的时间与地点集结兵力,对清海军构成致命的威胁。

敌对双方在情报领域的斗争是激烈的,在不断有日军间谍暴露出来后,盛宣怀等人显然非常担心日军掌握清军的军事秘密,特别是军械供应不甚充足的情报。"恐其知我前敌兵力不厚,后路并无接济,所带饷械子药亦不充足。"③甲午前夕,清官僚所上奏折指明,"闻日本僻处东瀛,常以限于疆域为憾,故近年不惜巨款,制舰练兵,力谋军实。即如此次兵犯朝鲜,已备陆军五万人,海军十余艘,载兵商船十号,定买煤十五万吨,并带电料及工匠数百人赴朝鲜,赶造电线。所费已逾百万,推狡焉思启之心如此,竭力经营,其势即难中止。而中国北洋各海口,海军只有铁舰八艘,陆军合直、东、奉三省亦只二万数千人,战事方棘,水陆兵单,亟应豫筹,以资防御"。④日本攻击运送清军的英国商船高升号,已抱定了破釜沉舟的决心,"其作战方案的底牌就是:一旦海军战败,丧失制海权,则海陆军全线收缩回本土,抗击中国必然到来的报复"。⑤清廷专门安排席裕昌等人调查了解日本的情报,特别是战争期间日本军事情报。"查得日国兵船共有 33 只,三只像是去年三月间由英国购来,并非托英人代办,是日人往英自办,据称铁甲舰一在长崎,一在朝进釜山浦外,一在东京修缮,另有两只系是七年前托英人办来,不及三舰之坚固,前办两艘次年即往台湾,去年所办三艘,今年举动琉球,还有四铁皮船,日人自为兵船……余皆为木船。……日人所靠者去年之三艘也,七年前之两艘……(金刚船)总计十二个炮位……英人名为康伯雪脱 compolite。"⑥总体上,日军的情报搜集不仅用时最久,而且投入最大,对日本最终战胜清军发挥了不可替代的作用。

大东沟海战结束后,1894 年 9 月 19 日,李鸿章向光绪皇帝上《据实陈奏军情

---

① 〔澳大利亚〕雪珥:《绝版甲午——从海外史料揭秘中日战争》,文汇出版社 2009 年版,序。

② 同上书,第 4 页。

③ 《对朝鲜中日战事军备供应密呈数条》,盛宣怀全宗档案 117750,上海图书馆藏。

④ 《盛宣怀档案资料选辑之三·甲午中日战争》下,上海人民出版社 1982 年版,第 37 页。

⑤ 〔澳大利亚〕雪珥:《绝版甲午——从海外史料揭秘中日战争》,文汇出版社 2009 年版,第 204 页。

⑥ 席裕昌:《甲午战争期间日本政治军事情报》,盛宣怀全宗档案 074286,上海图书馆藏。

折》，"伏愿圣明在上，主持大计，不存轻敌之心，责令诸臣，多筹巨响，多练精兵，内外同心，南北合势，全力专注，持之以久，而不责旦夕之功，庶不堕彼速战求成之诡计"。①李鸿章意在用持久作战之法抗御日本。12 月 18 日，盛宣怀致书李鸿章，"查倭兵全用西法，战无不利。淮军虽素称劲旅，当之辄靡。现在调募各军，未必能后来居上(恐快枪、快炮亦恐资敌)。朝廷欲以威令驱各将于敢死之地，窃恐技与械俱不相若也。中堂受恩深重，难释重负。倘再迟疑不决，幡然改练大枝劲兵，战不能转负为胜，和不能挟兵自重，且和以后亦不能保全威望于华夏"。②1895 年3 月议和至换约期间，王公大臣、地方疆吏、前敌将领、各省举人、台湾士绅等反对签订和约之声不断。"前敌将士，非不能战，过去之失，在统帅非人，又赏罚不严之故；赔款过大，财力难支，且有此巨款，不如移作军费，再战，必可持久获胜；日本国小民贫，必不耐久，故不足深畏。"③1895 年 4 月 1 日，中枢致电主持前敌军事之钦差大臣刘坤一及署北洋大臣王文韶，征询在军事上之把握，借以决定和战。刘坤一答复，"日寇岂易深入？纵或登陆究属孤军，则诸军可以夹击之，即不得手，自可再战三战，以期必胜。未必彼可长驱直入，我即一蹶不振"④，强调"宜战不宜和"。张之洞也呼吁，"彼陆军深入数百里，军火饷需皆须来自海外，截其归路，一溃即不支矣"。⑤然而，众大臣的建议未被采纳。4 月 17 日，清廷宣示批准和约，并透露所谓苦衷，"将非宿选，兵非宿练，纷纷召集，不殊乌合，以致水路交绥，战无一胜。……是用宵旰旁皇，临朝痛哭，将一和一战，两害兼权，而后幡然定计"。⑥

甲午陆战中，日军在情报刺探方面费尽心机。1894 年 10 月，日第二军于庄河花园口登陆前，清军对此行动一无所知。日军登陆上岸五天后清军才得知消息，清军未立即对日军下一步行动进行刺探，认定他们为断凤城后路而来。⑦这致使判断失误，待日军第二批登陆完毕，清军才从日俘兵口中得知日军将攻金州、大连旅顺口，然为时已晚。

1894 年 11 月，张翼致函盛宣怀，"彼善恃汉奸四布，欺我水师不敢复出，揣我

---

①　《据实陈奏军情折》，光绪二十年八月二十日，《李鸿章全集》(卷 15)，奏议(十五)，安徽教育出版社 2008 年版，第 424 页。

②　《盛宣怀致李鸿章函》(光绪二十年十一月二十二日)，《盛宣怀档案资料选辑之三·甲午中日战争》下，上海人民出版社 1982 年版，第 369—370 页。

③　石泉：《甲午战争前后之晚清政局》，生活·读书·新知三联书店 1997 年版，第 199 页。

④　《清光绪朝中日交涉史料》卷 40，故宫博物院编印 1932 年版，第 27 页。

⑤　刘坤一：《刘坤一遗集》第 3 册，中华书局 1959 年版，第 1395 页。

⑥　肖一山：《清代通史》第 3 卷，中华书局 1986 年版，第 1277 页。

⑦　《清光绪朝中日交涉史料》1866 号，《中国近代史资料丛刊续编·中日战争》(三)，中华书局 1991 年版，第 174 页。

陆队多系新招,济以破釜沉舟之狡谋,挟其命中及远之利器,两面夹击,其锋亦似乎锐不可当矣"。①1895 年 3 月,王应昌禀盛宣怀,"彼倭每营置深明中国情形者数人,日与兵士讲论,谓'中国军械不利,将士怯弱,谙练不精'等语,以壮其兵卒之胆。……倭兵分为五等,曰'制例',曰'长军',曰'效死',曰'国民',曰'义勇'。惟'效死'军必胆壮力强,誓不娶妻,举国皆敬重之,厚禄以养之,然此兵非至万难之时不能用,用则披坚执锐、冲锋陷阵,且迅速非常,虽枪炮亦不畏焉,非设奇策不可破之"。②

清军的战术素养较差。刘盛休部盛军,为淮军主力之一,士卒不服,见贼即溃,遇物即掳,毫无顾忌。淮军各部也是一遇强敌,"官则惊慌失措,勇则四散奔逃"③。北洋武备学堂的学生雷震春、王德芳指出,清军将帅不善训练,士卒不常操习,火器不能研究,枪炮不度远射,地势不细测量,驻扎不设营垒。山西大同镇调往东北的部队,则从上到下均吸食鸦片,军装之外,腰间皆斜插烟枪一支。由于扩充部队太多,后勤保障体制跟不上,许多新招募之兵,多负戈矛,无火器,甚至连枪炮尚未见过。如,旅顺口守兵 12 000 余人中有 9 000 人为新军。李本方曾致函徐邦道说,"将不得人,兵不娴器。以极贵极精之枪炮,付诸毫未练习之勇丁,仓卒临敌,手忙足乱"。1894 年 12 月,袁世凯致电盛宣怀,"如专恃现有诸溃军及败兵支持,断难遏敌。待毅功宏胜诸新军练成,可望一捷。我军始终未见寇大队,廿四旅之败,闻寇不过四千人"④。1895 年 1 月,盛宣怀致电清江,"宋在感王寨毙贼千余,贼不耐冻,若添劲旅力剿,可期得手。岘帅节制关内外各军,调募已集三百余营。倭仅四五万人,不难痛剿。惜军火未齐,训练未熟,将帅暮气,言路庞杂"。⑤1895 年 3 月,海军守备高承锡呈文盛宣怀,"船上水手备用宜多","此次各船虽有添置练勇数名,皆仿绿营气习,临时招募,在岸只操洋枪不满两月,派拨各船,不但船上部位不熟,大炮不曾见过,且看更规矩、工作号筒,丝毫不谙,所以决战之时,炮勇伤亡不能顶补,只充死人之数"。⑥1895 年 5 月,盛宣怀致函王文韶,"训练未久,恐难当此劲敌"⑦。1896 年 1 月,"来远"舰大副张哲溁指出,"提督与诸将画策之时,有口是而心非者,有唯唯而退者,员弁有言,多因避嫌不敢上达。……军中

---

① 《盛宣怀档案资料选辑之三·甲午中日战争》下,上海人民出版社 1982 年版,第 311 页。
② 同上书,第 425—426 页。
③ 《清光绪朝中日交涉史料》卷 20,故宫博物院编印 1932 年版,第 21 页。
④ 《盛宣怀档案资料选辑之三·甲午中日战争》上,上海人民出版社 1980 年版,第 329 页。
⑤ 同上书,第 336 页。
⑥ 《盛宣怀档案资料选辑之三·甲午中日战争》下,上海人民出版社 1982 年版,第 407 页。
⑦ 同上书,第 433—434 页。

员弁,有才力不胜者,有学问不及者,有毫无所知其所司之职者,滥厕其间"。①作为主管甲午战争期间军械供应的盛宣怀感言,"旅顺威海守兵无多……(临时征募)为兵毫无战志……何有小胜,亦无援应……由于兵与械不习,将与兵不习"。②

虽然装备了不少新式武器,但对于整个大清王朝来说,"大部分军队都缺乏训练以及武器和作为一支战斗部队所必需的士气。即使在德国或日本教习的监督下,当时也很少有部队做过野外演习,部队也仍然有用弓箭与火绳枪来打靶的。当时,一方面有某些统带用毛瑟枪和克虏伯大炮来训练士卒,而其余的却把他们的新式武器储存起来,让军队使用老旧的器械。更糟的是,由于缺乏保养,竟一任现代武器朽烂"。③刘坤一驻扎山海关时,自天津运往山海关机器炮四十尊,弹十万枚,由火车运送到关,堆积沙土中十日,无人收管。子药全湿,试验时射程只有三十码,不到原制炮力的二十分之一。陆军溃败丢械而逃时,李鸿章曾哀叹,淮军部队遗弃大炮,让人寒心,再发再弃,如何是好。英国远东舰队司令斐利曼特而谈过他对中国军队的观感,"中国水雷船排列海边,无人掌管,外则铁锈堆积,内则秽污狼藉。使或海波告警,业已无可使用"。④

甲午战争期间,清陆军既有八旗绿营、又有防军、练军以及湘、淮军,几种军队同时存在,他们各有各的组织编制体系,一遇两军协同作战,便无法统一指挥,各"营"之间互不统属。相反,日军军制先进科学,适于近代战争,19 世纪 80 年代,日军建立"师团——旅团——联队"建制,组织严密、层次分明、指挥高效。日军进攻金州时,在大连防守的总兵徐邦道要求联合各营进守要害金州,诸将各不相统,莫应之。在兵种上,清军仅步、骑、炮几种,具体对每个"营"来说也没有统一标准。

日军兵种很多,有步、骑炮、车苗重、工等,其中炮又分野战炮、重炮、要塞炮等,一旦战起,协同作战,各司其职。⑤日本已将辎重兵、工兵作为独立的兵种,直接配置在军队里,在野战师团中占 10%。清军中没有正规编制的辎重兵,在防守辽东时就出现了"辽阳城民多逃,雇车无一辆……运物极难"⑥的情况。1894 年 8 月,盛宣怀致函刘含芳,"叶军失利,此意中事,且恐子药不济,有全军覆没之

---

①　《盛宣怀档案资料选辑之三·甲午中日战争》下,上海人民出版社 1982 年版,第 398—399 页。

②　盛宣怀:《关于中日甲午战争感言》,盛宣怀全宗档案 056806,上海图书馆藏。

③　[美]鲍威尔:《中国军事力量的兴起(1895—1912)》,中华书局 1978 年版,第 98 页。

④　《中国近代史资料丛刊·中日战争》第 7 册,上海人民出版社 1957 年版,第 522 页。

⑤　《中国近代史资料丛刊续编·中日战争》第 7 册,中华书局 1996 年版,第 522 页。

⑥　《盛宣怀档案资料选辑之三·甲午中日战争》上,上海人民出版社 1980 年版,第 244 页。

虞。……若用大枝水师带'遇顺'小轮附送子药,至牙山之南舒川等口,瞭望无倭船之处,将小轮送子上岸,寄存民间,送信叶军,雇人自取。未知能否做到(中堂之意,须要丁军门答应,近日丁电总觉气馁,保全海军实是要紧,然叶军非海军送子,叶则必死矣)。否则每枪只带子三百颗,子一完则束手待毙矣"。①11 月 15 日,甲午战争后期,清军粮食不济,严重影响战斗力,张光前、程允和、姜桂题、黄仕林致函盛宣怀,"职镇等既无粮匀济,旅顺街面各项商贩逃徒一空,即欲购求升斗集粮亦不可得,外有强寇内有残军,危殆在于旦夕"。②

1890 年,日本颁布《陆军定员令》规定日军实施师团编制,每个师团分为步兵、炮兵、骑兵、工兵和辎重兵,下辖旅团、联队、大队、中队和小队。1894 年中日甲午一战,日军表现出较高的军事素质。清军手中的洋枪洋炮虽然不逊于日军,但其指挥体制、作战思想和战术素养却相当滞后。清军向日军进攻时,总扛着大旗,堂堂正正向日军发起冲锋。不考虑利用地形地物,从不用卧射,经常站着射击。清军士兵的号褂补子反倒成了日军瞄准的靶标。清军炮击时先在自己的炮位上竖起大旗,也成为日军反击的靶子。

1895 年 3 月,定远舰枪炮大副沈寿堃总结大东沟海战败因,"水师员弁须因才器使,长于驾驶者则授之以驾驶之执事,长于枪炮者,则授之以枪炮之执事,盖用其所长,方能收其实效,再枪炮鱼雷帆缆各练船之船主、大二三副,亦须善于此道者,方称其职。……将来再建海军,提督须深知水师录取办法利弊之人,有专折奏士之权,方能随时除害兴利。再兴海军须用一外国告老回家,有胆有识,有经过战阵之统领,聘为教习,方能称职,则中国之人既可藉以破陈情面,即外国庸流之辈亦无幸进之阶。……学生须由练船驶赴外国各海口,察其布置情形,探其战守虚实,使得知要领而长其见识,较之出洋学习尤为简便"。③"靖远"舰船械三副郑祖彝考察海军利弊,"船上操作,每以方音不同办事多误,故遇有缺出,多以同乡升补再始于时装根本分,致令未能公允以后官弁兵勇,平时若无过失,须照资格推升,庶不至后来居上,俾迎怨拨擢不公,公事到手各肯同心合力,其利三也。……局厂船坞等处,须择通彻制造者,畀以重权,若某船当修某处,某炮当配某弹,某件当改某式,彼已明白于心,自能早行预备,庶不至应用之料件不备,以致误事,其利五也"。④前来远船帮大副张哲溁声明海军失利缘由,"辅佐乏才。军兴以来未闻

---

① 《盛宣怀档案资料选辑之三·甲午中日战争》下,上海人民出版社 1982 年版,第 120 页。
② 《姜桂题等致盛宣怀函》,盛宣怀全宗档案 074200,上海图书馆藏。
③ 《海军利弊情形条陈》,盛宣怀全宗档案 056920,上海图书馆藏。
④ 《海军利弊条陈》,盛宣怀档案 056921-1,上海图书馆藏。

有上制胜之谋者,提督与诸将划策之时,有口是而心非者,有唯唯而退者,员弁有言多因避嫌不敢上达,至临敌之际各自取巧为已不顾大局"。①各大臣纷纷总结大东沟海战败因,"平时招募兵勇,提督,须亲身察看,破除情面,挑其年富力强者派学枪炮船艺,随时责成教习,查其懒惰乖癖者,即行遣革永不复充"。②来远鱼雷大副郑文超声明,"海军兵勇招考时,宜择雄壮,不得以老幼相参。海军各船宜添设外科,有事之秋不得离船,至于一切药品不宜缺乏。海军教习,如督操枪炮、驾驶帆缆、鱼水雷、轮机等项,虽从前已请洋员教导,员弁颇称娴熟,然须精益求精,再请外洋技高性勤之人,仍旧操练,以期尽善。……海军各舰如有聚泊一处之时,各船官员宜轮班会集公所,谈论海战利弊。海军无事时,所有战事应用一切随时备便,以免临时张皇,管带官宜按日亲临训练,分别勤惰赏罚分明"。③

清军管理不严,在运送军火时,常有官员借口搭乘,走私贩运甚至接客送货牟利。如献鋆给盛宣怀的信函称,"汤方伯少君汝苏兄因病难于陆路跋涉,闻德州解军火有小火轮是否可以搭客属为敬询"。④1891 年 5 月 10 日,海定坐舱郭维善在给佘昌宇的函件中透露,其船在沪装米时开罪沪局总办唐凤墀,洋人来查收走船上七十一人所夹带小货捎包白泥水果等物,被唐梃柩责骂两次。其发牢骚说"若论私带小货,各轮船历来有之不果,并无犯禁之货,即海关亦不苛求"。⑤甲午战争期间,"海定"轮船多次为前线将士运送弹药、饷银、军米,发挥了重要作用。然而,在往返途中依然有不少人员乘机携带私物,假公济私现象比比皆是。"今将海定船上查收保大十七人所带物件照数开呈:红毯子包一个(内装狼皮褥一条、锦缎棉被一条、蓝羽布帐子一顶、蓝宁绸袍料三件、天青宁绸马褂料五件、府绸棉福一件、皮枕箱一双内装片子李□瀛、凉缨子一个、青笋不计、拷绸背心一件、洋布裤一条、夏布套裤一双、帐夹一个、锁统一把、袜三双、洋布短衫一件、肚带一条、拷绸裤一条、旧袋两个、洋布饭□一□、达春款油纸扇一把、蓝夏布裤一条、书两本),红洋毯包一个内装……小篓一双内装花红及旧鞋一双,草席包一个内装,南腿一包计五双,南腿一包计三双"⑥,加上先有的 45 件,共计大小物件 228 件外加铜钱 500 余文。

---

① 《海军失利缘由条陈》,盛宣怀档案 056919,上海图书馆藏。
② 《海军利弊情形条陈》,盛宣怀全宗档案 056920,上海图书馆藏。
③ 《海军利弊情形条陈》,盛宣怀全宗档案 056917-2,上海图书馆藏。
④ 《致盛宣怀函》,盛宣怀全宗档案 002034,上海图书馆藏。
⑤ 《郭维善致佘昌宇函》,盛宣怀全宗档案 102924,上海图书馆藏。
⑥ 《海定船上查出保大十七人所带物件单》,盛宣怀全宗档案 099953-12,上海图书馆藏。
("□"为原档无法辨识之字)

　　北洋海军成立之初,参照西方各海军强国尤其是英国的经验与规则,制定了一整套周密的官兵培训程序和方法。舰队经常检查和考核各级兵的训练情况,定期复检已通过的项目,考核结束发给凭单,作为晋升的依据。北洋海军的训练既有单舰进行的日操或常操,主要内容是训练各舰的指挥、操作、管理,还有两舰以上的编队训练,主要训练编队、阵法、协同作战、战术等内容,称为大操。两月一次会操,每年与南洋各船会哨一次。每年春、夏、秋三季,各船沿海操巡,周历奉天、直隶、山东、朝鲜各洋面、东北各岛,冬季则驶往南洋的江、浙、闽、广洋面及东南亚各处海域训练。主管训练的琅威理为了检验北洋海军的战斗力水准,曾经在深夜进行过一次紧急集合,"诸将闻警,无不披衣而起,各司所事,从容不迫,镇静无哗",平时对于"演放炮位、施放水雷等事,无不异常纯熟"。①李鸿章为考核北洋海军的训练情况,根据《北洋海军章程》规定,从 1884 年至 1894 年先后对北洋海军进行了五次阅操。第一次是 1884 年 6 月,李鸿章与张之洞、吴大澂、张佩纶等赴旅顺、烟台等处巡阅水陆各军,北洋舰队的"定远"等十三只主要舰只参赛,南洋舰队的"寰泰"等六艘舰只一起演习;第二次是 1886 年 5 月,李鸿章陪同醇亲王奕譞,赴各海口查阅各炮台、机器局、武备学堂和水陆各军操练;第三次是 1888 年 5 月,李鸿章出海验收由英国定购来华的致远等舰,并巡查各海口防务和北洋舰队演习;第四次是 1891 年 5 月,李鸿章和襄办海军事务山东巡抚张曜检阅北洋海军,观看北洋舰队袭营阵法、施放鱼雷、实弹打靶等科目,还视察了各炮台、船坞、水雷学堂等,认为"综核海军战备,尚能日异月新。目前限于饷力,未能扩充,但就渤海门户而论,已有深固不摇之势"②;第五次是 1894 年 5 月,李鸿章与督办东三省练兵事宜都统定安检阅北洋舰队、南洋舰队、广东舰队的会操演习,视察大沽、旅顺、大连、威海、胶州、烟台、山海关等处的海军学堂,海口炮台、陆路各防营、船坞、厂库等。李鸿章认为,"西洋各国以舟师纵横海上,船式日异月新。臣鸿章此次在烟台、大连湾亲诣英、法、俄各铁舰详加察看,规制均极精坚,而英尤胜。即日本蕞尔小邦,尤能节省经费,岁添巨舰。中国自十四年北洋海军开办以后,迄今未添一船,仅能就现有大小二十余艘勤加训练,窃虑后难为继"。③

　　由于当时还没有自动供弹机,炮弹打光后,需要从弹药库人工取弹,既费时,

---

　　① 《中国近代史资料丛刊·洋务运动》第 7 册,上海人民出版社 1957 年版,第 518 页。
　　② 李鸿章:《巡阅海军竣事折》,光绪十七年五月初五日,《李鸿章全集》(卷 14),奏议(十四),安徽教育出版社 2008 年版,第 95 页。
　　③ 李鸿章:《校阅海军竣事折》,光绪二十年四月二十五日,《李鸿章全集》(卷 15),奏议(十五),安徽教育出版社 2008 年版,第 335 页。

又费力,更会严重限制速射炮的火力发挥。日军采取的对策是提前取出大批炮弹堆放在炮位周围,以便战时取用。然而这种做法不符合军舰的安全规定,危险系数极大,一旦炮位被击中,堆放在炮位周围的大量速射炮弹就会被引爆。大东沟海战中,开战仅仅18分钟,日舰"吉野"后甲板炮位上堆积的弹药便因被"超勇"发射的10英寸炮弹击中而引爆,当场炸死2人,炸伤9人;"高千穗"号也因此差点造成弹药库殉爆;旗舰"松岛"被"镇远"主炮命中后,其4号炮位上堆积的多达60发速射炮弹被诱爆,包括海军大尉志摩清直在内的28人当场毙命,68人受伤,丧失了甲板上几乎全部的炮手。

日军在占领平壤之后获得了大量武器和2 900石大米。这些大米可充当第五师团一个月的粮食,大大改善了缺粮问题。若清军凭借其充沛的弹药与粮草在9月16日以后继续顽强抵抗,那么缺粮断草的日军将有可能陷入危机。日军认为,正是清军的士气低下与临敌退缩,让他们白白捡到了一场胜利。[1]

北洋舰队的官兵素质情况[2]

岗位官衔	姓　名	履　历
北洋海军提督	丁汝昌	淮军旧将,曾督操镇东等炮船,接超勇、扬威两舰回国,曾任直隶天津镇总兵1888年12月17日任该职
左翼总兵	林泰曾	福州船政学堂首届毕业生,留学英国皇家海军学院,管带"镇远"舰多年,游历重洋兼通西学
右翼总兵	刘步蟾	福州船政学堂首届毕业生,曾皇家海军地中海舰队旗舰实习,协助李鸿章制定海军军制,管带"定远舰"多年
沿海水理营务处总理	周　馥	筹划建立北洋海军事宜,筹办海防支应局、天津武备学堂,议订《北洋海军章程》,验收船坞
战官(管带,大、二、三副)		水师学堂毕业或留外学生经严格选拔
艺官(管轮官)		管轮学堂出身
士兵		年龄、身体、文化要求较高,父兄保人画押无犯罪记录

甲午战争的主战场在朝鲜、中国一侧,日军属于跨海作战,补给线很长,必须从海上运输。中国虽是内线作战,但扰乱和切断敌军的海上交通是克敌制胜的重要措施。因此,集中海军主力,寻找有利时机主动出击,必要时进行决战,对敌方海军形成遏制,不但是必要的,当时也有这个力量和可能。如果战略正确,指挥得

---

[1] ［日］大谷正:《甲午战争》,社会科学文献出版社2019年版,第345页。

[2] 王鹤:《黄海海战北洋水师战败原因的再探讨》,东北师范大学2013年硕士学位论文,第4—18页。

当,应该能够取得一定的胜利,收到相应的效果。

张文成、罗丰禄上奏,1894 年 7 月至 8 月日本海军情况,"(日本)国中铁甲已陆续增至七艘,浪速、高千穗二舰系数年前购自英厂者,闻远弗逮我中国所购德厂各舰之牢固,扶桑一舰仿土斐布仑德之制,为甲舰纯式,机关未甚灵敏,若金刚比睿二舰,本以本质傅甲底包铜片,乃有甲快船之说,在今时更难适用。龙骧东舰二艘器惟求旧,又等诸自郐以下无足论已。……自明治维新改正朔易服式,废封建为郡县以来崇尚西法,殚精竭虑,其于海防一事尤复汲汲讲求,不遑然计,海军经费每年额需三四百万元不等,至添制炮台购置战舰尚不在此数,外强中干,匪伊朝夕,而乃多方需索事事取给于民以田间有尽之脂膏,供国内无情之糜费。……我中国练兵数十年,良将劲兵为西洋各国所心羡,兴办海军亦三十年,铁甲之厚,炮力之大,莫不凌驾而出其上,果能悉调南北洋战舰先发南洋兵轮迳赴长崎以阻截其援韩之兵,以邀袭其归国之师,徇取其地以资诸道之策,应长崎港有炮台六座,距长崎较近之佐世堡地方数年来亦改设海军炮台,虽严加防堵,但此处为日本全国海岸出入所必经,此处得手其余可以节节进取矣。……既有西洋各国居间调停之说,正可乘此机会将北洋海军前敌后路布置妥帖以壮其势,一俟秋高气爽如和议仍无把握,则我可先发制人之语。噫嘻嘻,曾几何时而倭人猖獗日甚,事机之转移与前日有霄壤之别矣。……造炮厂在大坂府上町,其厂内转造炮队所用各种铜炮……铁管铜箍皆日人自制,其炼钢之法云得自克虏伯至哈克开司快放炮刷次考夫鱼雷及栗色饼药,陆军大臣佐村田经方自制一种新式土枪备本国常备后备各军之用,名曰村田铳,于后膛火枪而外另出心裁,别参西法曾诣东京小石川团炮兵厂新见试放其弹力较毛瑟枪更远,且大能及一千七百码之远,每十四秒可连发五枪。……该厂每年需洋六十万元可造枪三万杆,每日可造弹三万粒,皆用机器,观其弹力能较西枪尤远,故近年来国中少购西式洋枪者,于此见火器之讲求日人诚知精进"。[①]

中国的洋务运动是一场只改器物、不改制度的改革,旧观念、旧体制、旧制度、旧军队的种种弊端与恶习也不可避免地束缚、影响着北洋舰队。海上作战远离陆地依托,又离不开陆地依托,应建立完善的后勤机构,其中最重要的是弹药供应及战损维护两项。黄海海战中,"定远"舰受创千余处,舵机锚机均被击毁;"镇远"舰锚机亦被损坏。两舰返回旅顺基地,虽有船坞,但无备用零部件之储存,无法恢复战斗力,最终贻误战机。从北洋舰队二千吨以上的主力战舰来看,重炮和机关炮较有优势,其中"定远""镇远"的优点是装甲较厚,舰首炮口径大,缺点是笨重机动性差,两舷炮火力度小,攻击力不强;"致远""靖远"二船,定造时号称一点钟行十

---

① 《日本海军情况》,盛宣怀全宗档案 056903,上海图书馆藏。

八海里,实际运用中仅有十五六海里;"济远""经远""来远",虽有水线穹甲,但行驶不速。①这些舰炮使用的弹药中,甚至有泥沙存在,或者在引信中"仅实煤灰,故弹中敌船而不能裂"。②甲午战前,刘步蟾"条陈厉害,以既不能添购新舰,则当添购快炮"③,可惜直到战争爆发,换炮买舰的想法也未实现。来自美国的洋员马吉芬在甲午战前发现镇远舰"绝大部分炮弹是爆炸杀伤力极低的穿甲弹而不是更有效的开花榴弹,且后者只装备了数十发;一旦交战,它们将在战斗开始阶段就被打光。有些大口径炮弹质量低劣,尺寸不符;更有甚者,许多炮弹中竟然装填着沙子"。④

时人曾对清朝的军工产业发表看法,"刻下中国设局置厂,制造枪炮丸药、兵船铁甲诸务,非不借用西法,刻意经营。但外强中干,徒得其糟粕枝末,而未尝窥其精微,仍是粉饰习气。欲挽回大局,岂仅在船坚炮利区区末艺之间,即小小补苴,仍无补存亡之大计。必须破除积习,大为更张,兴学术,定庙谟,去壅蔽,收人才,通民情,采公议,而其尤在官民一力,上下一心,富必求其民生之本富,强必求其风气之自强,使闾阎家自教战,胜于国家之练兵;使闾阎家自求财,胜于国家之厚敛,人人明格致而制造自精,人人勤治生而利源日辟,合中国三百兆人煤之,何患不济! 若东开一局,西设一厂,岁靡县官千百万金钱,而仍无丝毫实际,则何益之有哉"。⑤

西洋武器进口之后的维修因经费等问题的解决不够及时,影响了作战效能的发挥。1886 年 9 月,盛宣怀任山东登莱青兵备道,在登莱练军应领各款中记载"两营师船岁修银由运库领……练军钢炮费银由北运局领"⑥。其中"钢炮四尊,每月给费银二十八两,每年共估需银三百三十六两。……以上练军每年通共估需银二万三千五百二十七两八钱"。⑦虽然如此,甲午战争时各种资料也足以证明清军从外洋购进的武器缺乏必要的保养和维修,无法在抵御外侮的过程中充分发挥作用。

1886 年长崎事件发生时,日本鉴于中国军舰定远、镇远形式新颖,威力强大,深感自力不如,于是不断修筑炮台,增加经费,加强组织,务期超过中国。李鸿章闻知此事后,未加重视,仅仅认为"倭人治海军,筑台垒,或以欧西将有变局,预为巡防,似不仅由于一哄之集"⑧。1891 年 7 月 5 日,北洋水师提督丁汝昌率领的定

---

① 《清末海军史料》上册,海洋出版社 1982 年版,第 319 页。
② 《中国近代史资料丛刊续编·中日战争》第二册,中华书局 1993 年版,第 584 页。
③ 《清末海军史料》上册,海洋出版社 1982 年版,第 351 页。
④ 张功臣:《洋人旧事》,新华出版社 2008 年版,第 175—176 页。
⑤ 阮芳纪等:《洋务运动史论文选》,人民出版社 1985 年版,第 397 页。
⑥ 《登荣两营及练军应领各项款目》,盛宣怀全宗档案 063269,上海图书馆藏。
⑦ 《登荣两营练军官兵岁需银数目》,盛宣怀全宗档案 063271,上海图书馆藏。
⑧ 《李鸿章全集》(卷 34),信函(六),安徽教育出版社 2008 年版,第 177—178 页。

远、镇远清朝两艘军舰到日本东京湾访问,被黛治夫定义为"示威访问"。其还以日本学者的视角提供了中日海军的实力对比。[1]

1891 年北洋舰队在日本巡航时的实力[2]

舰名	排水(吨)	主炮(门)	副炮(门)	装甲(毫米)	速力	定员	下水(年份)
定远	7 335	30.5 cm * 4	15 cm * 2	水线 360 炮塔 305 司令塔 203	14.5	331	1885
镇远	7 335	30.5 cm * 4	15 cm * 2	水线 360 炮塔 305 司令塔 203	14.5	331	1885
来远	2 900	21 cm * 2	15 cm * 2	舷侧 240 炮塔 200 司令塔 200	15.5	202	1887
经远	2 900	21 cm * 2	15 cm * 2	舷侧 240 炮塔 200 司令塔 200	15.5	202	1887
靖远	2 300	21 cm * 3	15 cm * 2	司令塔 150 甲板 50—100	18	202	1886
致远	2 300	21 cm * 3	15 cm * 2	司令塔 150 甲板 50—100	18	202	1886

1891 年日本舰队兵力

舰名	排水(吨)	主炮(门)	副炮(门)	装甲(毫米)	速力	定员	下水(年份)
严岛	4 210	32 cm * 4	12 cm * 11 速	露炮塔 300 司 令塔 100	16	355	1889
浪速	3 700	26 cm * 2	15 cm * 6	司令塔 51 甲板 50—76	18	352	1885
高千穗	3 700	26 cm * 2	15 cm * 6	司令塔 51 甲板 50—76	18	352	1885
千代田	2 400	12 cm * 10 速		司令塔 33	19	306	1890
扶桑	3 777	24 cm * 4	17 cm * 2	水线 114 胸壁 203 司令塔 16	13	345	1878

1893 年日本舰队兵力[3]

舰名	排水(吨)	主炮(门)	副炮(门)	装甲(毫米)	速力	定员	下水(年份)
松岛	副炮 12 cm 速射炮 * 12 门,其他同严岛舰数据						1890
桥立	副炮 12 cm 速射炮 * 12 门,其他同严岛舰数据						1891

① [日]黛治夫:《海军炮战史谈》,原书房 2009 年版,第 42 页。
② 陈悦:《北洋海军舰船志》,山东画报出版社 2009 年版,第 289—291 页。
③ 宗泽亚:《清日战争》,世界图书出版公司 2012 年版,第 441—447 页。

续表

舰名	排水(吨)	主炮(门)	副炮(门)	装甲(毫米)	速力	定员	下水(年份)
秋津洲	3 170	15 cm＊4 速	12 cm＊6 速	司令塔 51	19	314	1891
吉野	4 216	15 cm＊4 速	12 cm＊6 速	司令塔 103	22.5	385	1892

在清朝向日本显摆自己的海军巨舰时,接待清朝来访者的日本海军们却在详细讨论击沉定远舰的各种战法,在甲午一役中日本最大限度地发挥了其速射炮的威力。①李鸿章深知北洋海军与日本海军相比并不占据明显优势,"北洋海军可用者只镇远、定远铁甲船二艘为倭船所不及,然质重行缓,吃水过深,不能入海汊内港。次则济远、经远、来远三船,有水线甲、穹甲,而行驶不速;致远、靖远二船,前定造时,号称一点钟十八海里,近因行用日久,仅十五六海里。此外各船,愈旧愈缓,海上交战,能否趋避,应以船之迟速为准,速率快者,胜则易于追逐,败亦便于引避;若迟速悬殊,则利钝立判"。②北洋海军成军后,中国未添购一船,而日本却逐年购制,"日本新旧快船推为可用者共二十一艘,中有九艘自光绪十五年后分年购造,最快者每点钟行二十三海里,次亦二十海里上下。……倘与驰逐大洋,胜负实未可知,万一挫失,即赶紧设法添购,亦不济急。惟不必定与拼击,但令游弋渤海内外,作猛虎在山之势,倭尚畏我铁舰,不敢轻与争锋。……盖今日海军力量,以之攻人则不足,以之自守则尚有余"。③丰岛海战后北洋海军出海巡弋,第一次出海时李鸿章告诫丁汝昌"惟须相机进退,能保全坚船为要"④,第二次出海时再次强调"速去速回,保全坚船为要"⑤,"盖今日海军力量,以之攻人则不足,以之自守尚有余,用兵之道,贵于知己知彼,舍短用长。此臣所为兢兢焉以保船制敌为要,不敢轻于一掷以求谅于局外者也"。⑥李鸿章在致前线将士的信函中,称"闻日酋向西船主言,甚畏'定''镇'两舰及威台大炮利害。有警时,丁提督应率船出傍台炮线内合击,不得出大洋浪战,致有损失"。⑦北洋旅顺基地,修船厂、仓库、铁

① ［日］黛治夫:《海军炮战史谈》,原书房 2009 年版,第 59—107 页。
② 李守孔:《中国近百余年大事述评》第一册,台湾学生书局 1997 年版,第 434 页。
③ 李鸿章:《复奏海军统将折》,光绪二十年七月二十九日,《李鸿章全集》(卷 15),奏议(十五),安徽教育出版社 2008 年版,第 406 页。
④ 李鸿章:《寄丁提督》,光绪二十年六月二十四日,《李鸿章全集》(卷 24),电报(四),安徽教育出版社 2008 年版,第 166 页。
⑤ 李鸿章:《寄刘公岛丁军门》,光绪二十年七月初一日,《李鸿章全集》(卷 24),电报(四),安徽教育出版社 2008 年版,第 190 页。
⑥ 李鸿章:《直隶总督李鸿章覆奏海军提督确难更易缘由折》,光绪二十年七月二十九日,《丁汝昌集》(下),山东画报出版社 2017 年版,第 385—386 页。
⑦ 李鸿章:《寄威海丁提督戴道刘镇张镇》,光绪二十年十一月初一日,《李鸿章全集》(卷 25),电报(五),安徽教育出版社 2008 年版,第 203 页。

道、码头、船坞等各种设施一应俱全,沿海一侧建有十座炮台,炮台内部为德式结构,有各种分隔的弹药仓和弹药提升装置。共配置火炮 63 门,其中 200 毫米以上口径的巨炮 9 门,所配地阱炮以水压机为动力,升降旋转自如,各炮能交叉射击,组成火力网,有效防范海上敌人来袭。而且还布置三道以上的火力防线。①后续建成的威海基地防护能力更强,共配置火炮 127 门,仅仅 200 毫米以上口径的巨炮就有 40 门之多。按照李鸿章的保船制敌之策,依托陆路炮台及海军基地,日本并没有任何优势。然而,日本海军采取避其锋芒的战略,由陆军登陆后抄袭威海卫后路,在清朝陆军部队一盘散沙、溃不成军的情况下,很快形成水陆合围,导致了北洋海军的全军覆没。

1894 年 6 月 17 日朝鲜地区中日双方军力对比②

中方在仁川舰船一艘	中方在牙山舰船三艘	日方在仁川舰船七艘
操江号	济远	松岛
	扬威	吉野(1893 年造)
	平远(1890 年造)	千代田(1890 年造)
		高雄
		八重山
		筑紫
		赤城

中日冲突中,中方的各种舰只因长期缺乏必要的维修和更换配件,时速都比设计时降低,"济远"由 15 海里降到 12.5 海里,"平远"由 11 海里降到 6.5 海里,"广甲"由 14 海里降到 10.5 海里,"广丙"由 15 海里降到 10 海里。③日本第一游击队平均航速达 19.4 节。

甲午战时孙廷杰译呈盛宣怀日本兵船炮位吨数速率表④

船　名	炮　位	鱼雷管	载重(吨)	马　力	速率(海里)
吗苏细吗头船	28	3	4 278	5 400	19
邀西纳钢舰	34	8	4 216	15 968	23
施邀打钢舰	24	3	2 439	5 678	19

---

① 谢世诚:《李鸿章评传》,南京大学出版社 2006 年版,第 264 页。
② 马幼垣:《靖海澄疆:中国近代海军史事亲诠》,联经出版社 2009 年版,第 257 页。
③ 同上书,第 158 页。
④ 《东洋兵船炮位吨数速率表》,盛宣怀全宗档案 074241-3,上海图书馆藏。

船　　名	炮　位	鱼雷管	载重(吨)	马　力	速率(海里)
摩挚石兵舰	8	2	1 502	1 622	13
克苏桓志兵舰	8	2	1 503	1 622	13
克们木兵舰	8		1 367	1 627	12
苏古巴兵舰	8				
阿沙麻兵舰	16				16
雅意雅吗钢兵驳	11	2	1 609	5 400	21
阿其自钢兵舰	10		622	710	12
四下麻兵舰		4			21
拖古钢舰	6	3	1 778	2 332	15
粗可昔钢舰	9	3	1 372	2 443	17

　　1894 年 9 月 17 日,黄海海域,有北洋水师战舰 12 艘、排水量 34 420 吨、平均巡航速度 15 节、火炮和速射炮合计 79 门、机关炮 129 门、鱼雷发射管 31 门、鱼雷艇 2 艘。日方联合舰队除西京丸外,战舰 11 艘、排水量 36 771 吨、平均巡航速度 18 节、火炮和速射炮合计 246 门、机关炮 29 门、鱼雷发射管 37 门。日本舰队总计 12 艘舰艇,备炮 278 门,鱼雷管 36 具,排水量 40 840 吨,平均航速 16.3 节。清日之比为 1∶1.83,日舰马力大,机动性能好;双方火炮不分上下,清方大口径火炮多,但射速慢,日方速射炮多,但口径小。战斗中日舰始终保持战斗队形,有效发挥了速射炮密集火力的长处,击沉经远、致远、超勇 3 舰,扬威、广甲自爆沉没,定远、镇远、来远、靖远、济远、平远、广丙重轻伤。日本舰队虽然取得无沉没舰的成绩,也付出了松岛、比叡、赤城、西京丸被重创,其他舰不同程度受创的代价。①命中弹数和死伤数关系比较,日本舰被弹数 134 发,战死 150 人,死伤合计 298 人,平均每弹伤亡数 2.08 人。清方舰被弹数 754 发,战死 715 人,死伤合计 837 人,平均每弹伤亡数 1.11 人。清舰镇远号命中弹数最多达 225 发,日舰命中弹数最多舰赤城号达 30 发。吉野舰在 3 小时海战中,全舰发射炮弹 1 200 发,7 门大炮平均发射 170 发炮弹。定远舰 30 厘米大炮每门平均发射 35 发,15 厘米大炮每门 67 发。清舰命中率 20%,日舰命中率 12%。日本舰炮数量多全体命中率偏低,但群炮齐轰的饱和式攻击,整体得到较多的命中弹数。清舰命中率虽高,但发射弹数少,减少了对日舰的危害。据英国海军年鉴统计,当时速射炮的发射速度是原后装炮的六倍,由此计算,日本舰队的火力实际上相当于北洋舰队的三倍。依

---

① 宗泽亚:《清日战争》,北京联合出版社 2014 年版,第 130—144 页。

航行次序,日舰配备情况如下。

黄海海战日方 12 艘军舰①

舰队位置	舰 名	舰 长	排水量/吨	速度/节	主炮/门
第一游击队	吉野	河源要一	4 216	22.5	150 mm 速射炮×4
	高千穗	野村贞	3 709	18	260 mm×2
	秋津洲	上村彦之丞	3 150	19	150 mm 速射炮×4
	浪速	东乡平八郎	3 709	18	260 mm×2
本队第一群阵	松岛(旗舰)	尾本知道	4 278	16	320 mm×1
	千代田	内田正敏	2 439	19	120 mm 速射炮×1
	严岛	横尾道昱	4 278	16	320 mm×1
本队第二群阵	桥立	日高壮之丞	4 278	16	320 mm×1
	比睿	樱井规矩之左右	2 284	13.2	170 mm×2
	扶桑	新井有贡	3 777	13	280 mm×2
本队左侧	西京丸	鹿野勇之进	4 100	15	120 mm
	赤城	坂元八太郎	622	10.25	120 mm

北洋舰队的 12 艘军舰②

舰 名	舰长(管带)	排水量/吨	速度/节	主炮/门
定远(旗舰)	刘步蟾	7 335	14.5	305 mm×4
镇远	林泰曾	7 335	14.5	305 mm×4
经远	林永升	2 900	15.5	210 mm×2
来远	邱宝仁	2 900	15.5	210 mm×2
致远	邓世昌	2 300	18	210 mm×3
靖远	叶祖珪	2 300	18	210 mm×3
济远	方伯谦	2 300	15	210 mm×2
平远	李和	2 100	14.5	260 mm×1
超勇	黄建勋	1 350	15	250 mm×2
扬威	林履中	1 350	15	250 mm×2
广甲	吴敬荣	1 296	15	150 mm×2
广丙	程璧光	1 000	17	120 mm×3
备注	另外六艘舰艇为炮舰镇南、镇中和鱼雷艇福龙号、左一、右二、右三

---

① 宗泽亚:《清日战争》,世界图书出版公司 2012 年版,第 441—447 页。
② 陈悦:《北洋海军舰船志》,山东画报出版社 2009 年版,第 289—291 页。

在黄海海战中北洋海军参战的 12 艘军舰除被击沉击毁 4 艘及自毁 1 艘外，其余均不同程度受创，其中"来远""镇远""定远"伤势最重，"靖远"次之，"平远""济远""广丙"又次之①。"镇远""定远"各伤千余处，"余船伤亦甚多"。②

丰岛海战中日两军部分兵力损失情况表③

国名	舰名	舰种	排水(吨)	速力	备　炮	下水年份	损害
日本	吉野	巡洋舰	4 216	22.5	安式 15 cm * 4 速，安式 12 cm * 8 速	1892	轻微
	秋津洲	巡洋舰	3 150	19.0	安式 15 cm * 4 速，安式 12 cm * 6 速	1892	轻微
	浪速	巡洋舰	3 709	18.0	克式 26 cm * 2，克式 15 cm * 6	1885	严重
清国	济远	巡洋舰	2 300	15.0	克式 21 cm * 2，克式 15 cm * 1	1883	舰首炮及舵机破损
	广乙	巡洋舰	1 000	17.0	克式 12 cm * 3	1890	报废
	操江	炮舰	950	9.0	13 斤炮 * 1，16 斤炮 * 2	1866	损害严重并被捕获

黄海海战中日双方舰只命中效果④

国名	舰名	命中弹数	战死	负伤	伤亡合计	占乘员百分比	命中 1 发与死伤比率	损害程度
日本	吉野	8	1	11	12	3.1	1.2	轻微
	高千穗	5	1	2	3	0.8	0.6	
	秋津洲	4	5	10	15	4.8	3.8	
	浪速	9	0	2	2	0.6	2.2	浸水
	松岛	13	35	78	113	32.0	8.7	大水灾
	千代田	3	0	0	0	0	0	
	严岛	8	13	18	31	8.7	3.9	浸水
	桥立	11	3	10	13	2.8	1.2	
	扶桑	8	2	12	14	2.5	1.8	
	比叡	23	19	37	56	20.0	2.4	严重
	赤诚	30	11	17	28	22.0	0.9	严重
	西京丸	12	0	11	11	?	0.9	严重

---

① 日本海军军令部编纂：《廿七八年海战史》上卷，水交社 1905 年版，第 258 页。

② 李鸿章：《寄译署》，光绪二十年八月二十日，《李鸿章全集》(卷 24)，电报(四)，安徽教育出版社 2008 年版，第 347 页。

③ [日]黛治夫：《海军炮战史谈》，原书房 2009 年版，第 87 页。

④ 同上书，第 106 页。

国名	舰名	命中弹数	战死	负伤	伤亡合计	占乘员百分比	命中1发与死伤比率	损害程度
清国	定远	159	17	38	55	16.6	0.35	大水灾浸水
	镇远	200	13	28	41	12.4	0.19	严重
	来远	225	17	13	30	14.8	0.13	大水灾浸水
	致远	?	246	?	264	?	?	沉没
	广甲	?	?	?	?	?	?	沉没
	广丙	1	?	?	?	?	?	
	平远	24	?	?	?	?	?	
	济远	15	5	10	15	7.3	1.0	
	经远	?	231	?	232	100	?	沉没
	靖远	110	2	16	18	8.9	0.18	
	超勇	?	125	?	125	92	?	沉没
	扬威	?	57	?	57	42	?	大水灾

甲午战争中,清廷费尽艰辛采购和制造的新式武器,历经各种困难前送到战场,却由于平壤战役、鸭绿江防之战、金州旅顺之战中清兵溃败不堪,大量资敌,助长了日军的不断扩张。

清军在甲午一役中的战略安排总是滞后于日军。1894 年 11 月,张翼致函盛宣怀,"倭奴既由皮口登岸,大连湾徐赵两军当趁其筑垒未成,立脚未定,统率所部循环与战可以收功(盛宣怀批:平壤、九连城皆病在不能先攻其未备)。……又有水师敌所最惧,当请老帅严饬北洋海军,咨调南洋兵舰,一面电奏,一面严催南北两军会同而赴皮口,驱其兵舶,断其接济。即或不能取胜,而时在皮口游弋,彼之接济不顺,登岸者心必悬悬,其心一扰,其锐自挫。乘此之势,水陆夹攻,倭奴虽狡,片甲难回矣……(盛宣怀批:可惜三十一日倭兵登岸,未能派队乘其登岸时迎击,现已晚矣)"①。

清军对新式武器的训练不到位,极大影响了武器效能的发挥。1894 年 12 月,袁世凯致电盛宣怀,"寇练兵纯用西法,能竞西式军器用;又内外协同,赏罚明,

---

① 《盛宣怀档案资料选辑之三·甲午中日战争》下,上海人民出版社 1982 年版,第 311—312 页。

号令严,不惜费。我皆反之;且各军敢战者,共计不过六七千人,分守各路,实嫌太单,恐愈战愈糟,愈难结束。似不如纠集敢战者合一枝,拼成一战,可冀一捷,虽无大补,究胜束手。倘能集真精锐三万为一枝,始有把握。似此零星来援,又是甘弱,不如速结。凯谓各军不知枪炮,乍听必谓过言,试举二端:津解快炮,无鞍套马匹,及用洽前敌,无从备放,炮则门破,一败即弃,且子弹佩每二百,不足十分钟用。至兵枪,只知托平乱打,不起码牌,故弹及近,难命中,有用弹数十条,伤寇十余人者,何能御敌"。①同日袁世凯再次致电盛宣怀,"凯久病痰喘,随军奔溃,实无谓。义又难求退,负相提携。经费现无,不得不领,已电相。……以此费募学生数百,请洋教习数人,设兵官学堂,为将来报复用。寇如割奉,军务方长,亟须储材"。②1895年2月,雷震春、王德芳上禀盛宣怀,"现各国所制火器、军械不同,唯后膛枪炮精利已极。夫物之灵便精利者,善用之足以制人,不善用者适以损己。士卒愚蠢,何能自明其勾心之妙,斗角之精。如不善教而使持以御敌,缓急之际,发不应手,物虽精利,不适于用,何异白战不持寸铁,贻误非浅。标下去年往历前敌,亲见各军致败情形,实由将帅不善训练,士卒不常操习,火器不能研究,枪炮不度远迩,地势不细测量,驻扎不设营垒。且有吝惜小费,克扣军饷,喜悦谗谄,忌妒才能等弊,以致将士离心,临敌奔溃。如倭人所用战阵、攻守诸法,实不出生等所学之外,且不若德师所教之精。……一、每逢二五八日午前合操,下午各营靠把带领操演,官长听讲授武备诸要;一、每逢三六九日操行军队毕回营,如各兵丁将枪擦净,惟该官长查验,如有怠惰不遵者,与违令同;一、每逢四七日午前把靶,回营即时擦枪,下午每营操演;一、每逢十日每营操演兼练身法,该官长应查各兵枪是否洁净,违者责罚;一、每逢十一、二十一日演防守工程队,下午各营自行操演攻守各法;一、每营挑选精明者二人学绘行军等图,以备急需"。③1895年,上海吴淞口清军操演时,阿姆斯特朗炮发生事故,炸死43人。英国阿姆斯特朗厂经理人天津瑞生洋行海斯德《译字林西报》呈盛宣怀,"该炮共有八尊,每尊重四十吨,径口十二寸,前膛装入药弹系当中法军务时南洋向英国阿姆斯特朗厂定造者,运华后于吴淞口炮台江阴炮台各安置四尊,向来演放甚称精美灵捷,于西(历)四月十日即中三月十六日,操演试放时司炮者适新换一未经谙练之人,欲显才能将一切装药开放等事,均欲快捷以形己长所以不免鲁莽从事,将炮放过后并不细加洗擦,以致尚有星星余火留存在内,正将炮门向下对子药房装药时忽然药着火,而爆炮口之

---

① 《盛宣怀档案资料选辑之三・甲午中日战争》上,上海人民出版社1980年版,第325—327页。

② 同上书,第327页。

③ 《盛宣怀档案资料选辑之三・甲午中日战争》下,上海人民出版社1982年版,第395—397页。

火冲入子药房内,因此药弹立即轰发,致毙四十三人之多,惟该炮只擦去炮耳,炮身无恙,炮架亦只略微损伤,稍加修饰即可复旧,此等之事虽在泰西即属谙练炮手施放后膛炮亦所难免也"。①

1895 年 3 月 9 日,前来远船帮大副张哲溁声明海军失利缘由,"我军无事之秋多尚虚文未尝讲求战事,在防参练不过故事虚行,故一旦军兴同无把握,虽执事所司未谙款窍临敌贻误自多。平日参演炮靶雷靶惟船动而靶不动,兵勇练惯及临敌时命中自难,虽添数倍船炮,安得幸邀胜仗耳。号令不从。平时旗号灯号多有迟久答应,一令既出,亦多催至再三方能应命,用之已惯,及有事之秋难免无缓应机宜之病"。②"定远"舰枪炮大副沈寿堃也指出,"若徒求其演放整齐,所练仍属皮毛,毫无裨益。此中国水师操练之不及他国者,弊在奉行故事耳"。③海军守备高承锡也提出,"水师打靶,不可仍照先前定例,预量码数,设置浮标。遵标行驶码数已知,放固易中,实属无益。……当于平昔操船之时,随择岛石为靶,忽远忽近,令炮官炮首自使眼力,量定码数,放炮打靶,以中多寡论赏罚。……水师迎敌,当于平时议定交锋变化阵图,常常操练。或以两队船只,一作敌船,一作我船,在洋作交锋之势,操演烂熟。不致临敌之时,有阵乱致败之患"。④

李鸿章认为甲午战争是"以北洋一隅之力,搏倭人全国之师,自知不逮"。⑤梁启超甚至认为是李鸿章一人与日本作战,"西报有论者曰:日本非与中国战,实与李鸿章一人战耳。其言虽稍过,然亦近之。不见乎各省大吏,徒知画疆自守,视此事若专为直隶、满洲之私事者然,其有筹一饷出一旅以相急难者乎?即有之,亦空言而已。乃至最可笑者,刘公岛降舰之役,当事者致书日军,求放还广丙一舰,书中谓此舰系属广东,此次战役,与广东无涉云云。各国闻者,莫不笑之,而不知此语实代表各省疆臣之思想者也。若是乎,日本果真与李鸿章一人战也"。⑥南北洋海军受各自的总督节制,缺乏统一指挥,致使福建水师、北洋舰队先后孤军奋战而亡。海军基地内的陆海军两军指挥也不统一。军队体制编制的弊端导致近现代化武器无法形成合力。由于指挥体制不统一,甲午海战时南洋舰队未能对北洋海军进行直接的支援。

后勤组织不统一,派系林立。参加甲午战争的有淮军、湘军、奉天练军、吉林

---

① 《补海斯德致盛宣怀函》,盛宣怀全宗档案 040561-1、040561-2,上海图书馆藏。

② 《海军失利缘由条陈》,盛宣怀档案 056919,上海图书馆藏。

③ 《盛宣怀档案资料选辑之三·甲午中日战争》下,上海人民出版社 1982 年版,第 403 页。

④ 同上书,第 407—409 页。

⑤ 李鸿章:《据实陈奏军情折》,光绪二十年八月二十日,《李鸿章全集》(卷 15),奏议(十五),安徽教育出版社 2008 年版,第 424 页。

⑥ 梁启超:《李鸿章传》,江苏人民出版社 2020 年版,第 71 页。

练军、黑龙江练军以及其他各省的客军和一些民团,各军后勤都自成体系,并没有组成一个统一的后勤系统。如淮军有淮军粮台、湘军有湘军粮台、山东由该省的善后局供给其军队。各地政府也只顾供给本省军队,对外省部队的供给一概置之不理。李鸿章要求山东登莱青道刘含芳由烟台派民船运米四五千石赴援,但刘含芳以"沈米存李载处外,价高难出,开春待运"进行搪塞,置旅顺危军于不顾。①

1902 年 12 月 12 日,清廷谕内阁,"练兵之道最忌纷歧,曾经迭次降旨,饬各省督抚整顿兵制,期归一律。乃近来各省奏报,仍多空言搪塞,绝少切实办法,殊难望有成效。查北洋湖北训练新军,颇具规模,自应逐渐推广。所有河南、山东、山西各省,著速即选派将弁头目,赴北洋学习操练;江苏、安徽、江西、湖南各省,选派将弁头目,赴湖北学习操练。俟练成后,即发回各原省,令其管带新兵,认真训练,以资得力而期画一。每年由北洋湖北请旨,简派大臣,分往校阅,拣其优劣,严加甄别,用副朝廷整饬武备,实事求是之至意"。②盛宣怀曾比较中日之间的改革力度,"日本维新以来援照西法广开学堂书院,不特陆军海军将弁皆取材于学堂,即今之外部出使诸员亦皆取材于律例科矣,制造枪炮开矿造路诸工亦取材于机器工程科地学化学科矣,不及十年灿然大备。中国智能之士何地蔑有,但选将才于传人庸众之中,拔使才于诗文帖括之内,至于制造工艺皆取材于不通文理、不解测算之匠徒而,欲其各称所职几乎不能"。③甲午战后,张之洞曾上奏要求改进清军训练,"夫中国岂无智勇之将,敢战之兵。临战运用,又岂能拘守绳墨,特以各营积习锢弊,深入膏肓,若不捐弃旧法,别开局面,虽事前日加申儆,终无大益。事后加以诛戮,以难补救"。④清廷真正的军事改革从 1903 年年底清政府成立练兵处开始,1904 年练兵处计划按省分配、限年编成的方法编练 36 镇新军,常备军总兵额预计 45 万。结果直到辛亥革命前夕,除袁世凯的北洋六镇外,各省限于财力、人力,大都没有完成计划,总共编成 14 镇和 18 个混成协(旅),又四标(团)及禁卫军一镇,约 17 万人。

（四）重文轻武与军国主义

中国讲究以德服人,以柔克刚,20 世纪初一位访问过中国的日本人写道,他在中国人脸上看不到西方人和日本人脸上所常有的野兽的特征,大概是恭维中国人文明的意思。但鲁迅读了后却并无被恭维的感觉,他说的确中国人脸上没有野兽的特征,但有"家畜"的特征,一针见血地指出了中国人重文轻武的心理特征。

---

① 《盛宣怀档案资料选辑之三·甲午中日战争》下,上海人民出版社 1982 年版,第 379 页。

② 中国第一历史档案馆编:《光绪帝起居注》(第 13 册),广西师范大学出版社 2007 年版,第535 页。

③ 《盛宣怀禀李鸿章文》,盛宣怀全宗档案 041773-14,上海图书馆藏。

④ 朱寿朋:《光绪朝东华录》卷四,中华书局 1984 年版,第 3711 页。

重文轻武的"无兵文化"①与社会习俗使中国的传统文化发展到极致。鸦片战争之前,葡萄牙人占据澳门,并建造炮台,装备洋枪(包括长枪、手枪、自来火枪)与洋炮(佛朗机),早就向使用冷兵器的清军进行了充分展示。然而,统治者醉心于天朝上国的梦幻,不打算购买西洋武器,更遑论引进西方的军工技术。一次次战败求和,终究有所醒悟,洋务运动时期,依然有许多保守派官僚通过谤议、反对等方式,延续着重文轻武的传统。日本军人处于社会的最高层,而不像中国军人那样居于社会的最底层,这意味着日本拥有一个比中国的文人阶层更易受西方军事技术影响并对此反应更迅速的统治阶层。②这种特殊的社会结构造成了日本独有的武士道文化传统,"武士道最初是作为优秀分子的光荣而起步的,随着时间的推移,成了国民全体的景仰和灵感"。③而中国只有在先秦时期,军事贵族被赋予过较高的社会地位,武士成为"士农工商"四民之首,经过后来武士与文士的蜕变,"士"转变为儒生士人的专有名词,军人则从"士"中分离出来,其角色称谓从"士"一改为"兵"。重文轻武文化的结果是中国的官僚阶层由知识分子构成。这些知识分子专心于儒家经典著作,因而他们更强调的是伦理原则,而不是手工技艺或战争技术。④日本军人社会地位高高在上的尚武文化传统,大大促成了近代日本的崛起。

满清入关以后,八旗和绿营兵骄奢淫逸、营务废弛、日趋腐败,逐渐丧失战斗力。鸦片战争初期,"刻下水军多未训练,即泥城及各处分驻壮勇或在营画寝,或在营赌博,或在营酣饮,或出营游玩,营门所悬军令视为具文,营内所设军装竟同儿戏,不早严加整顿,恐难为劲旅也"。⑤"无事则糜粮饷以相安,有事则弃戈盾而奔溃,民不知官,官不知兵,甚至兵亦不知兵。"⑥至咸丰间镇压太平军时,八旗、绿营兵与太平军一触即溃,屡战屡败。因此,在当时的清官僚看来,"中华士卒不过聊具人形。无技无胆"。⑦曾国藩对八旗、绿营的军纪深有感触,"兵伍之情状,各省不一",但"吸食鸦片,聚开赌场,各省皆然。大抵无事则游手,有事则雇无赖之人代充,见贼则望风奔溃,贼去则杀民以邀功。章奏屡陈,谕旨屡,不能稍变痼习"。⑧而太平军则"勇将千余,勇兵数万",攻取上海"犹如囊中取物"。⑨

---

① 雷海宗:《中国文化与中国的兵》,商务印书馆2001年版,第101页。

②④ [美]斯塔夫里阿诺斯:《全球通史:从史前史到21世纪》第7版,北京大学出版社2006年版,第445页。

③ [日]新渡户稻造:《武士道》,商务印书馆2006年版,第13页。

⑤ 《清代兵事典籍档册汇览》卷35,学苑出版社2005年版,第579—580页。

⑥ 同上书,第661页。

⑦ 《吴煦档案选编》第1辑,江苏人民出版社1984年版,第333页。

⑧ 曾国藩:《曾国藩全集》奏稿一,岳麓书社1987年版,第19页。

⑨ 《吴煦档案中的太平天国史料选辑》,生活·读书·新知三联书店1958年版,第3页。

英国专使马噶尔尼（George Macartney，1737—1806）对清朝军事力量嗤之以鼻，认为"只需几艘三桅战舰就能摧毁其海岸舰队"，同时认为"中华帝国只是一艘破败不堪的旧船，只是幸运地有了几位谨慎的船长才使它在近150年期间没有沉没"。①鸦片战争之前来华的西方传教士，也记录过沿海一带的清军防卫衰败的情状，"火药的质量低劣，炮的保养和使用都极坏，点火口太宽，制造得不合比例，我确信有些炮对炮手们要比对他们所瞄准的敌方更加危及性命。由于中国长时间享有和平，所以他们的军事工作已经陷入腐烂"。②从1851年到1853年清政府先后调集兵力达50余万镇压太平军，却一败再败，足见绿营兵的腐朽无能，"自军兴以来两年有余，时日不为不久，糜饷不为不多，调集大兵不为不众，而往往见贼逃溃，未闻有与之鏖战一场者；往往从后尾追，未闻有与之拦头一战者；其所用兵器皆以大炮鸟枪远远轰击未闻有短兵相接，以枪钯与之交锋者"。③

鸦片战争时期，普通民众有不少主动当汉奸为夷人通风报信者，"广东汉奸凡有三种：有与夷人相好，平素走私贩私畏罪而逃入夷船者；有素无身家不能谋生，被诱而误入夷船者；有与夷人相好而亦有身家，不敢竟入夷船作奸者。现在畏罪及被诱者俱在香港，其有身家者，尚在内地。设机关败露，使若辈得知动静，则彼希图厚利暗中报信亦情理所常有者，不可不防也。……广东事尚堪问乎，使不为密防，则军中动息贼辄得知欲事之有济而功之必成也，难矣"。④"现在汉奸多于逆夷，内外骚动正如疾雷不及掩耳。"⑤时人在坚船利炮面前，也不禁感叹"觉当头一棒发人猛省，经济之文洵堪不朽"。⑥

1862年，日本一艘商船来上海进行贸易，面对正值"同治中兴"却"重文轻武"的中国，一名武士目睹清军状态后声言，"若给我一万骑，率之可纵横南北，征服清国"。⑦历任宋朝皇帝声称要"与士大夫治天下，非与百姓治天下"，文人的社会地位一跃升天，而军人的存在价值则一落千丈："状元及第，虽将兵数十万，恢复幽

---

①　[法]佩雷菲特：《停滞的帝国：两个世界的撞击》，王国卿等译，生活·读书·新知三联书店1993年版，第522—523页。

②　[英]郭实腊：《中国沿海三次航行记》，转引自顾长声：《传教士与近代中国》，上海人民出版社2004年版，第30—31页。

③　曾国藩：《敬陈团练查匪大概规模折》，《曾文正公（国藩）全集·奏稿》（第1卷），文海出版社1974年影印本，第56页。

④　《清代兵事典籍档册汇览》卷35，学苑出版社2005年版，第585、588页。

⑤　同上书，第638页。

⑥　同上书，第667—668页。

⑦　[澳大利亚]雪珥：《绝版甲午——从海外史料揭秘中日战争》，文汇出版社2009年版，第193页。

蓟,逐出强寇,凯歌劳旋,献捷太庙,其荣无以加。"①张载年轻时有志于军事,被范仲淹责备说:"儒者自有名教,何事于兵。"②与科举仕途相比,从军成了"豪猪健狗"的"役夫之道"③;"衣冠之士,羞与武夫为伍,秀才挟弓矢出,乡人皆惊,甚至子弟骑射武装,父兄便以不才目之"。④人们痛斥朱熹"千余年来,率天下人人故纸中,耗尽身心气力,作弱人、病人、无用人者,皆晦庵为之也"。⑤科举中的武科与文科的地位远远不能相比,"武生武举,人皆贱之。应试者少,甚至不足额,乃以营卒及无赖子弟充之"。⑥

1866年6月25日,左宗棠曾在奏折中指出,"非常之举,谤议易兴。如则忧其无成,继则议其多费,或更讥其失体,皆意中必有之事。西洋各国与俄罗斯、米利坚数十年来讲求轮船之利,互相师法,制造日精。……不及数年后,东洋轮船亦必有成。独中国因频年军务繁兴,未暇议及。……彼此同以大海为利,彼有所狭,我独无之。譬犹渡河,人操舟而我结筏;譬犹使马,人跨骏而我骑驴,可乎?均是人也,聪明睿知相近者性,而所习者不能无殊。中国之睿知运于虚,外国之聪明寄于实;中国以义理为本,艺事为末,外国以艺事为重,义理为轻。彼此各是其是,两不相喻,姑置弗论可耳。谓执艺事者舍其精,讲义理者必遗其粗,不可也;谓我之长不如外国,藉外国导其先,可也;谓我之长不如外国,让外国擅其能,不可也"。⑦

1867年3月20日,大学士倭仁上奏反对设立同文馆学习天文算学,"立国之道,尚礼义不尚权谋;根本之图,在人心不在技艺。今求之一艺之末,而又奉夷人为师。无论夷人诡谲,未必传其精巧;即使教者诚教,所成就者不过术数之士。……且夷人吾仇也。咸丰十年,称兵犯顺,凭陵我畿甸,震惊我宗社。焚毁我园囿,戕害我臣民,此我朝二百年未有之辱。学士大夫,无不痛心疾首,饮恨至今。朝廷亦不得已而与之和耳,能一日忘此仇耻哉?"⑧恭亲王奕訢4月6日再上奏折对倭仁予以抨击,"惟是倭仁此奏,不特学者从此裹足不前,尤恐中外实心任事不尚空言者,亦将为之心灰而气沮。……该大学士既以此举为窒碍,自必别有良图。如果实有妙策,可以制外国而不为外国所制,臣等自当追随该大学士之后,竭其梼昧,悉心商办,用示和衷共济,上慰宸廑;如别无良策,仅以忠信为甲胄,礼义为干

---

① 田况:《儒林公议》卷上,中华书局1985年版,第3页。
② 《张载集》,中华书局1978年版,第381页。
③ 黄宗羲:《明夷待访录》,《黄宗羲全集》第1册,浙江古籍出版社1985年版,第35页。
④ 《颜氏学记》卷1,转引自田建荣:《中国考试思想史》,商务印书馆2004年版,第183页。
⑤ 《辞海》(缩印本),上海辞书出版社1979年版,第1850页。
⑥ 陈登原:《国史旧闻》第3册,中华书局2000年版,第657页。
⑦ 蒋廷黻:《近代中国外交史资料辑要》上卷,湖南教育出版社2008年版,第376—377页。
⑧ 同上书,第380页。

橹等词,谓可折樽俎,足以制敌之命,臣等实未敢信"。①

　　1883 年,盛宣怀上奏《筹办台湾海防刍议》,"窃维法越之事为转移强弱一大关键,现已昌言明助,则和战之机在彼不在我,而我不可幸和之成堕战之气,凡欲以笔舌折敌焰必先求各省要口无懈可击,使其行险侥幸之心潜消,乃能渐就范图。沿海六千余里,天津昨有筹备,该国非调四五万重兵难以窥取。广东船械虽不足恃,而将帅奋勇民气可鼓,苟得巨饷尚可野战,江南则吴淞为各国精华所萃,必合众维护,长江咽喉可扼,铁舰未敢深入,统观全局闽浙宜防捣虚而台湾孤悬海表,尤为险要。前月据英国电报公司滕恩面称,法之调回脱使暗结日本为应,日人以越南与琉球案情相似许以驰驱,倘中法一朝失和,台湾不为法占必为倭侵。……法越之事旁观亦早虑及,天下大事难事,及其机动而挽救往往不及,如下棋只争先一着,驰马只争先一步耳"。②张佩纶则在 1884 年指出,"水师训练之法忽焉不讲,惟是南北东西转运应差为务,使兵轮管驾渐染绿营赌博嗜好之习"。③

　　大敌当前,人们往往缺少同仇敌忾、不怕牺牲的决心和气魄。1894 年 7 月27 日,在"高升"号被击沉之后,朝鲜所驻清军已与日本开战,急需增派兵械,然而,在"飞鲸""广济""海定"等船船主都自愿前往,且随船洋人亦可同去的情况下,"惟华人均不肯去"。④9 月,张翼致函盛宣怀,"窃念海军当此血战之后,各轮修补需时,运船即行吃紧。……所虑我船战后胆怯,必须傅相严谕,方能有济,未知高明以为然否"⑤。1897 年 6 月 11 日,清政府决定裁军减饷,各兵每月减饷 3 元,驻扎吴淞的自强军当天开始哗变。⑥

　　谭嗣同曾评论清军的社会地位,"月得饷银三两余,营官又从而减蚀之,所余无几,内不足以赡其室家,外仅足以殖其生命,而且饥疲劳辱,无所不至,寒凝北征,往往冻毙于道,莫或收恤。其无所赖于为兵如此也,然而一遇寇警,则驱使就死。养之如彼其薄,责之如此其厚,自非丧心病狂,生而大愚者,孰能任为兵矣?"⑦李鸿章发感慨,"我中土非无聪明才力,士大夫皆耽于章句帖括,弗求富强实济,被彼一眼觑破,遂肆意轻侮,口无择言。……中国以后若不稍变成法,徒恃

---

① 蒋廷黻:《近代中国外交史资料辑要》上卷,湖南教育出版社 2008 年版,第 382—383 页。
② 《筹办台湾海防刍议》,盛宣怀全宗档案 040407,上海图书馆藏。
③ 《拟将闽局轮船抽调聚操折》,光绪十年五月二十六日,《中国近代史资料丛刊》,《洋务运动》(二),上海人民出版社 1961 年版,第 550 页。
④ 《盛宣怀档案资料选辑之三·甲午中日战争》上,上海人民出版社 1980 年版,第 33 页。
⑤ 《盛宣怀档案资料选辑之三·甲午中日战争》下,上海人民出版社 1982 年版,第 220 页。
⑥ 相守荣等:《上海军事编年》,上海社会科学院出版社 1992 年版,第 68 页。
⑦ 谭嗣同:《谭嗣同全集》下册,中华书局 1981 年版,第 346 页。

笔舌以与人争,正恐长受欺侮,焦闷莫名"。①甲午战后,胡燏棻曾指出,"是兵官先不知战,安望教民以战"。②

甲午战败后,人们纷纷寻找战败的原因。往往首先鞭挞的就是重文轻武传统。"以武职,武可兼文,文不能以兼武,官与兵心中确有把握,故能乃整以暇,相机制胜,中国习尚重文轻武,将领中能读书识字深明韬略者十无一二,但平时不克扣兵饷临阵能身先士卒者,已为不可多得,自与日本构兵前后十余战,虽有小胜终必大败,优劣巧拙已可概见,就使取法泰西亦只步其后尘,尚无制胜之道,若一成不易积弱何能复振,急宜易辙以开其端,若进而愈上尤在其人神而明之耳。""一,酌改营制以练陆军也……以中国现在兵力若剿办内地土匪固可有胜无败,以当外洋精练之师则无异以卵击石。……现在经费支绌,如南北洋及奉天各照西法先练步队两军,炮队两营,各三万人,其沿海沿边之山东浙江福建广东广西云南四川新疆甘肃各先练步队一军,炮队一营,其余各省再将减一半,统计三十万人,不能再少。一面由总理衙门行文德国外部大臣,奏请德皇派大小武员百数十人来华作为教习,聚集操演。……二,重振海军分防各口也,泰西海军以英法俄三国为最,法有铁甲六十余艘,碰快船鱼雷艇百余艘,英俄船数相等而碰快船多于铁甲,盖以铁甲吃水太深,造费数倍。碰快船体质既轻转动便捷,我国定远镇远铁甲每点钟行十四英里,经远来远快船亦数年前所造,每点钟行十七八英里,日本有快船名锷星奴,系英国阿姆斯特朗厂近时所造,每点钟能行二十三英里,船快则迴翔旋转易于击人,不易为人所击,中国沿海七省袤延七八千里,应分奉直山东为一路,江浙为一路,闽广为一路,仍照旧制每路设提督一员,总兵二员,铁甲虽笨重不易损伤,每路应备三艘以为根本,此外每路须备碰快船鱼雷艇各十数艘,经费不足或先成一路船须多载快炮,其水寨北在威海,中在舟山,南在南澳,不准上岸盖屋希图安逸……每路设水师学堂一处,亦分上下两院,酌定学生人数,由总理衙门咨商英国海部奏派兵船武员数人来华教习海战诸法,以备充补额缺之用。陆路设防备多力薄,海军则往来策应瞬息千里,能于海上得操胜算,则藩篱能固堂室自安,此海军之设比陆军尤为当务之急。三,择地设厂,自制船炮也。泰西枪炮日新月异,德国克虏伯厂格鲁森厂所造各种钢炮极快,极利,其最大者名嘉立炮,重有中国九万八千斤,能穿九寸厚之铁甲,枪则以英之马梯尼,美之哈乞开斯,德之毛瑟为最利,近日本自制小口径枪命中更远,中国机器局习焉不精,能造寻常枪弹不能造炮,所有火器均购自外洋,此次与日本交战,非但智略难与争雄,即器械亦多不及且一经开

① 李鸿章:《复孙竹堂观察》,同治十二年五月二十日,《李鸿章全集》(卷30),信函(二),安徽教育出版社 2008 年版,第 531 页。

② 刘晋秋、刘悦:《李鸿章的军事顾问汉纳根传》,文汇出版社 2011 年版,第 171 页。

战,各国皆守局外之例,虽出重价不能购办,又福建船厂创设二十余年,并不能扩充制造快船铁甲,与其购自外邦,受人挟制,不如设厂自造,可塞漏厄……黄州一带择地设一炮厂,九江上下择地设一船厂,就所出煤铁招雇名匠制造船炮,并准民间集股仿造,中国不乏智巧之人,倘能独创新式试验合用,亦照外国例之准其专利,若干年则精心独运必有出奇制胜之作。四,修筑铁路联络各军也。……西国创修铁路并不专为税务,大半为运兵起见,拟请仍照湖广督臣张之洞原议,自汉口修至卢沟桥接至天津……五,官兵俸饷必宜优给也。西国军制有坐粮行粮战粮之分,伤有医药,死有厚恤,体恤周至,故人乐致死,此次出关之兵,粮食昂贵十分,苦累冒锋镝之险,而令拮据至此,安能得其死力。……六,各军枪炮宜用一律也。现各营所用之枪名目不一,各从其统帅之心,任意购办,原办之时每枪不过带子数百出,用完之后再行续购,往往不能应手。一枪有一枪之弹,不能通融新枪以小口径毛瑟为最利,拟请新练之队概用此枪操演,并请先饬各省机器局设法仿造,以后如有调动到处有枪弹可以接济不虞,缺乏炮队购用之炮亦须一律,以免参差。七,八旗蒙古急宜策划也。……八,慎选将才以急目前也。……所聘教习来华后,如果有谋有勇不妨以海陆两军所设之缺简请特旨实授,责任既专,约束自易,一面仍选派学生出洋习练水陆攻守之法,十余年后可以尽用华人,无须再用洋将。此为急救目前之法,并非重外而轻内也。以上各条不过就中国现在时势,择其可行者而振作之,如文武两科须学为有用之学,此为人才之根本,讲求树艺整理丝茶购机器精制造以保农商大利,此为财用之根本,转移风气使文武并重将则敦诗设礼民则有勇知方,人人有敌忾之心,此为武备之根本。然有非微臣所敢妄议亦有非数年。所奏功者,第以目前而论,固以强兵为急而仓库不盈能有士饱马腾之效,顾兵食既足而统率无人则裹甲赍粮适以资寇,故尤以作育人才为第一要义。"①

甲午战败李鸿章前往日本同伊藤博文谈判时,伊藤讽刺大清"十年前我在天津时已与中堂谈及,何至今一无变更"。李鸿章回应到,"我国之事,囿于习俗,未能如愿以偿。当时贵大臣相劝云,中国地广人众,变更诸政,应由渐来。今转瞬十年,依然如故,本大臣更为抱歉,自惭心有余而力不足而已。贵国兵将,悉照西法,训练甚精;各项政治,日新月盛。此次本大臣进京,与士大夫相论,亦有深知我国必宜改变方能自立者"。②"习俗"之惯性需要彻底的改变国民性,需要强烈的忧患意识。

从世界范围来看,后进国家在应对西方军事威胁时的过程一般可分为四个阶

①　《练兵事宜稿》,盛宣怀全宗档案 027131,上海图书馆藏。

②　沈云龙:《近代中国史料丛刊》第 1 号,文海出版社 1966 年版,第 156—157 页。[澳大利亚]雪珥:《绝版甲午——从海外史料揭秘中日战争》,文汇出版社 2009 年版,第 195 页。

段:"(1)认识西方的军事优势;(2)认识作为军事优势基础的西方军事技术;(3)认识让本国人学习西方军事技术;(4)认识军事方面的科学技术只是西方科学技术的一部分,要发展军事科学技术还必须引进西方的纯科学和一般技术。"①日本与中国在许多方面存在区别,"以武士为领导阶级的日本对西方列强的军事威胁认识要比以农本官僚主义文官进行统治的中国强烈,而且这些认识的过程速度也快,几乎是一举完成"。②因此,在军事技术上日本迅速从模仿走向自主、创新,而中国模仿远远多于创造。"从清末先期创办的兵工厂到国民政府后期的大型兵工厂,其设备、材料大都是进口的,兵器也大都是仿制的,发展速度是缓慢的。"③以海军人才出洋留学的情况为例,"北洋海军建设的重点在购买外洋舰船组建舰队,而非自造舰船,因此急需的是管驾之才,所以留英学生得到了重用"④,相反留法学习舰船制造的海军学生却没有得到同样或者相当的际遇。

1889 年 4 月,日本间谍荒尾精向日本参谋本部递交了有关中国大势的分析报告《复命书》,认为清国上下腐败已达极点,纲纪松弛,官吏逞私,祖宗教业殆尽倾颓,清国一旦不保,在列强虎视眈眈之下,日本将进退维谷。其强调日本要先改造中国才能对抗西方。当时东西方有人曾看好中国,坚信以中国之丰富物产,如积极实行变革,则可成为世界强国,雄视东西洋,风靡四邻,当非至难之也。在间谍宗方小太郎眼中的中国,却是表面上的改革和进步,"犹如老屋废厦加以粉饰",经不起大风地震之灾。⑤

1899 年 10 月,盛宣怀上奏发出感慨,"自古邦交论势不论理,欧亚各强国三十年来得以铁甲兵船渡海而东已开三代以后未有之奇局。今而后复以透露轮车沿边而至,尤启通商以后未有之难端。中土地大物博为诸国所羡而兵冗财竭又为诸国所揶揄……故中国局势不仅坏于战败而让台湾,实坏于不战而让胶澳也。今日言时者或谓宜守旧制或谓宜用新法,臣窃以为法制无分新旧而自强只在兵商,孔子曰足食足兵,国无兵无以立,兵无食无以生,自古皆然。而今日强邻四逼,其能制胜于数万里外者所用之利器非古之利器也。……凡此练兵筹饷商务三端皆属相维相系亦皆各有本源,外国重武故兵强,重商故饷足,而重武重商亦必有教化而后可用,其要尤在得人而已。……必欲练二十万齐一之战兵,必欲筹二千万

---

① 侯昂好:《中国近代军事学的兴起》,军事科学出版社 2007 年版,第 322 页。
② [日]杉本勋编,郑彭年译:《日本科学史》,商务印书馆 1999 年版,第 345 页。
③ 《中国近代兵器工业》编审委员会:《中国近代兵器工业——清末至民国的兵器工业》,商务印书馆 2001 年版,第 23 页。
④ 刘晓琴:《中国近代留英教育史》,南开大学出版社 2005 年版,第 141 页。
⑤ [澳大利亚]雪珥:《绝版甲午——从海外史料揭秘中日战争》,文汇出版社 2009 年版,第 76—77 页。

持久之的饷,速开练将学堂,速开制造枪炮厂,速开商务公会,速开矿务公司。明诏一下使中外皆知,皇太后皇上锐意自强而事有次序,立通权达变之方,即转弱为强之始。……岂有幅员广大数万里之国而受制于他人者哉,不然偿款矣,占地矣,甚至用人内政亦干预矣。因循数年俄路日逼,一纸书来智取力索,其祸恐非笔舌所能解,亦非寻常兵力所能拒,至其时坐困一隅孤立莫助翻然而欲练兵筹饷也,恐已晚矣。……节省目前治兵兴商之费何足抵将来裂地偿款之亏,假如甲午以前先拼此二万三千万之偿款练兵制械以及造路开矿,则自强早有可观矣,往事不谏来者可追。……如今日圣明毅然兴举,气象必为之一振而真实功效犹待数年,此数年之内总须虚与委蛇不生枝节,譬若医者用大剂治痼病须防外感分我药力损我元气也。可咐请密谕各省将军督抚严饬各关道巡道以及各州县遇有界务教案,务须随时妥速了结,勿畏事亦勿生事,毋尚虚娇之气,致启有损无益之争端"。①

1900 年庚子之变后,赫德认为"义和团之运动,实由其爱国之心所发,以强中国、拒外人为目的者也。虽此次初起,无人才,无器械,一败涂地,然其始羽檄一飞,四方响应,非无故矣。自今以往,此种精神必更深入人心,弥漫全国。他日必有义和团之子孙,挈格林之炮,肩毛瑟之枪,以行今日义和团未竟之志者"。②瓦德西在其《拳乱笔记》中也记载着其对中国的看法,"吾人对于中国群众,不能视为已成衰弱或已失德性之人,彼等在实际上,尚含有无限蓬勃生气,更加以备具出人意外之勤俭巧慧诸性",以及守法易治,"至于中国所有好战精神,尚未完全丧失,可于此次'拳民运动'中见之,在山东、直隶两省之内,至少当有十万人数加入此项运动。彼等之败,只是由于武装不良之故,其中大部分甚至于并火器而无之"。③

日俄战争结束后,广西候补知府李旬清上两广总督张之洞条陈,希望国家能从华侨及国内有才识之人中,广揽人才以为大计。"广储人才以为根本也。南洋各埠华民最多,暹罗约有百十万,噶罗巴约有三四十万,新嘉坡约有四五十万,槟榔屿约十余万,日里麻六甲大小啤唎约有二三十万,其余零星小埠不计,总在二百万众之外。有及身而往者,有数传而居者,与之讨论不惟能识外国语言文字,即其国之条教政令,亦莫不明白晓畅,盖其侨寓久有习与俱化者也。卑府前于丙子年间竭李伯相时,业将情形禀明,请设各处领事以资保卫,现在新嘉坡已经设理,而暹罗则狃于附庸,然各国均皆接其使臣,认为自主之国,我亦何妨设法慰问使其诚心向化乎。若噶罗巴槟榔屿则地广人众,近接安南暹罗拟请设立领事以抚驭之,

---

① 《盛宣怀等奏折汇抄》,盛宣怀全宗档案 027115,上海图书馆藏。
② 范文澜:《中国近代史》上册,人民出版社 1955 年版,第 400 页。
③ 《中国近代史资料丛刊·义和团》第 3 册,神州国光社 1951 年版,第 86—87 页。

无事则约束华民免入洋教,有事则遥为控制,壮我声威,并可延揽人才广敷文化,昔巴夏里香港商人中国畿为其所累,拟请将各埠华民有才识者默为罗致,即令编具花名清册,听其管辖。卑府曾于辛巳年冬径禀李、左两爵相,请其设法布置并默陈英法荷各国日益交固,近又招集华人改装易服练为洋兵,诚恐将来莫测,一则以经费维难,一则恐有窒碍,又经李丹崖星使,据禀咨呈总理衙门各在案,讨思国之大政莫如保民,苟办理得人以每年数千金小费保百十万,商民仍不失为政之大体,固不当因噎废食也,至于内地则伏处草茅不求闻达者固多,而混迹风尘留心时务者亦不少,若不广为汲引,则草野有遗才英雄无进阶,岂不惜哉。每读国家求贤之诏,而所举大都文学之人,当此海氛未熄,筹饷者不师刘晏,将兵者不学继光,敌船一来,任其狼奔豕突,绝不闻有入海斩蛟之士者,其故何也。不虚心以纳之,悬鹄以招之,而且限以资格律以制度耳,昔淮阴不遇留候何以能罄其用,汾阳不逢太白何以能全其功,他如聚米量沙之辈,牧猪屠狗之传,是皆一代奇才待人而出。拟请搜罗俊杰登之天府,多储一将才即多一臂助。解海疆倒悬之苦,纾圣主宵旰之忧,莫不从此一举。惟中土办事浅尝辄弃,远逊外洋,而况责效太速……且往往于关系安危之事漫不经心,一经别人下手始悔噬脐无及,安得事事周详,择其至要者尽力而为之。"①

对于中国来说,近代华洋军品贸易无疑大大推动了近代军事的近代化进程,也锻炼了近代国人的国际意识,与此同时,却也催生了一批凭借先进武器左右政治的军阀们。罗兹曼认为,"条约口岸为中国军队在技术上的近代化提供了发展的潜力,即提供了发展的模式和手段,但并没有彻底改变中国军队。清朝灭亡以后及至军阀混战时期,中国的军事系统仍然仅仅处于近代化的起步阶段,而中国的政治却变得完全军事化了。从晚清时代起,这个世界上最大的国家,就被一个仅具备中世纪战争杀伤力的军事机器牵着鼻子走。军队通过阻挠中国在政治上的整合,以及通过其他途径,不是在引导而是在抵制政治领域的现代化发展"。②

中国的"洋务运动"和日本的"明治维新",路径都是以东西方军品贸易为载体,通过引进新式武器和器料发展经济及民用工业,实现军事上的"强"和经济上的"富"。两者深入的程度却存在很大的差异。在日本,"维新"是天皇政权全体一致推行的一项坚决的基本国策;而在清朝,洋务派则只是政权内的一个派别,举凡购器与外交总面临着各种阻力与困难。明治维新是涉及国防建设、政治制度、社会经济结构、学术、技术、文化、教育所有领域的系统性改革;而洋务运动归根结底

---

① 《李甸清上张之洞条陈》,盛宣怀全宗档案 088342,上海图书馆藏。
② [美]罗兹曼:《中国的现代化》,江苏人民出版社 1988 年版,第 135 页。

仅在军事和经济的某些方面采用西方的科学技术,并未真正触及封建的政治制度。明治维新直接导致了执政阶级与人民之间的激烈斗争,进而引发较为彻底的社会变革。相比之下,洋务运动与民众的直接关系甚小,时常局限于执政者的内部抗争上。两者获得的支持不同,最终的效果迥异。

结　语

　　从武器装备的更新到军工企业的创建,从编制体制的调整到现代训练模式的出现,持续 50 余年的晚清华洋军品贸易引发和推动了近代军事变革,这种推动是全方位的,不间断的。清政府外购新式武器的初衷自然是应对内忧外患,维护专制政权,但最终两个目标都没实现。甲午之际败于以国运豪赌的日本,辛亥之时亡于军心大变的新军,但是,这并不意味着近代军事变革的失败。武器更新、军工生产等方面受各种因素限制,军事变革时常以进两步退一步的方式,不以人的意志为转移地进行着。

　　清朝在中期太平盛世,缺乏建设强大国防的远大战略眼光,忽视军事经济建设,埋下了落后挨打的祸根。1864 年“太平天国”被镇压,到 1894 年“甲午战争”失败,“同光中兴”三十年间,清廷从国外进口了大量洋枪洋炮;练出了北洋、南洋水师。结果半岛事变,迎来了宿敌日本。辅助决策的军机处既不懂军事又无权典兵,或寄希望于列强调停,或盲目主战却不知如何胜战,战略决策迟疑不决、心存侥幸,战争准备被动应付,既无争取主动的作战指导,更无一战到底的意志决心。曾国藩处理天津教案时,发出感慨,“目下中国海上船炮全无预备,陆兵则绿营固不足恃,勇丁亦鲜劲旅。若激动众怒,使彼协以谋,我处处宜防,年年议战,实属毫无把握”,力主“从委屈求和处切实办事”①。当然,实力不济时,和战之权也在敌人之手。1894 年 8 月,钟天纬说帖,“彼(引按:日本)默计中国民穷财尽,兵气不扬,与百年前印度无异。倘结中以拒俄,必致我独承其害,不若结俄以图中,或有得其分其馋余。此日本之私心也,如果我中国实在富强,日本方求和之不暇矣。然则和战之局,仍不啻中国自操之也”。②

　　甲午海战,一日而败。伊藤博文嘲笑清朝政治的落后,指出清朝这次战败,在

---

① 曾国藩:《曾国藩全集》(卷 31),岳麓书社 2011 年版,第 323 页。
② 《盛宣怀档案资料选辑之三·甲午中日战争》下,上海人民出版社 1982 年版,第 176 页。

于"同光新政"缺乏日本那样力度的政治体制改革。战后李鸿章指出清议误国之实情,"十年以来,文娱武嬉,酿成此变,平日讲求武备,辄以铺张糜费为疑,至以购械购船悬为厉禁,一旦有事,明知兵力不敌,而淆于群哄,轻于一掷,遂至一发不可复收。战绌而复言和,且值都城危急,事机万紧,更非寻常交际可比。兵事甫解,谤书又腾,知我罪我,付之千载,固非口舌所能分析矣"。①

王家俭在论及中国近代海权意识时曾指出,之所以近代军事的成绩十分有限,追究起来有多方面因素。一是环境问题,近代外来压力如此沉重,内政、外交、军事、财政等各种矛盾无法应付,军事上的发展常心有余而力不足;二是时间问题,欧洲各海权国家往往历经数百年发展方才逐渐形成,中国要想在军工极度落后、内忧外患频仍的情况下,以最短时间赶上西方列强的武器发展水平,几乎是无法实现的;三是农业基础,国库收入本就有限,没有庞大海防经费支持,只能望洋兴叹;四是将帅乏人,领导人才的缺乏也是中国向海洋发展不能成功的一大因素。慈禧太后只知维护自己的权势,缺乏向海洋发展的眼光。即便恭亲王、醇亲王、文祥以及李鸿章、左宗棠、曾纪泽、沈葆桢、丁日昌、张之洞等人,也因兼职太多,权力有限,而无法专心从事海洋事业的开拓。②

1860年前后,洋务思想已广为流布。"咸丰初元,国家方讳言洋务,若于官场言及之,必以为其人非丧心病狂必不至是,以是虽有其说,而不敢质之于人,不谓不及十年而其局大变也。今则几于人人皆知洋务矣,凡属洋务人员倒可获优缺,擢高官,而每为上游所器重,侧席咨求;其在同僚中亦以识洋务为荣,嚣嚣然自鸣得意,于是钻营奔竞,几以洋务为终南捷径"。③处理伊犁事件时,左宗棠曾致书总理衙门,"邦交之道,论理亦论势。势之所在,即理亦因之而长,无理亦说成有理。势所不存,则仰面承人,不能自为轩轾,有理亦说成无理。古今成败之迹,大抵皆然";"自古谈边防者,不外守、战与和。而就三者言之,亦有次第:必能守,而后能战;能战,而后能和。斯古今不易之局也"。④

清末军事自强开办二十多座兵工厂,引进军工材料力行自己建造船炮武器,解决了枪炮舰船的部分维修问题,为清军提供了一定数量的新式武器。总体上看,离完全满足清军改善装备的需求还存在较大差距。如江南制造局全厂每年最多制造两千多支枪,不能满足数十万清军的需求,不得不继续进口大量的枪支、火炮和舰船。江南制造局早期制造枪炮所需原料全都依赖西洋引进,价格昂贵,运费也较高。一旦外洋战事发生,海运受阻,所需原料无法运抵,势必使军工厂停工

---

① 李守孔:《中国近百余年大事述评》第一册,台湾学生书局1997年版,第321页。

② 王家俭:《中国近代海军史论集》,文史哲出版社1984年版,第313—314页。

③ 《中国近代史资料丛刊·洋务运动》第1册,上海人民出版社1961年版,第484页。

④ 秦翰才:《左宗棠全传》2010年未刊本,复旦大学图书馆藏,第226页。

待料,贻误战机,遂着手自行生产军工所需原料。1890年开始筹办炼钢厂,先后购买英3吨、15吨炼钢炉各一座,1891年建成投产,出产了中国近代第一炉钢水。1891年至1894年,每年的产钢量分别为10吨、63吨、37吨、342吨,逐年提高。1891年至1911年江南制造局共生产钢材8 000余吨,种类有炮管钢、枪管钢、枪炮机械钢、炮架器具钢等。1904年江南制造局总办赵滨彦曾向朝廷报告,"自制造局办炼钢后,沪上商厂,同声称便。制造局亦借此收回工料,以资周转,此开利源之一大端也。局中各礼拜日一律停工,该厂工作较繁,昼则预备本局所需,夜则兼为商厂制造,再赶不及,则于礼拜日照常工作,以便刻期交货,取信洋商"。

盛宣怀任铁路总公司督办时,曾谈及修筑铁路之事,"在泰西为易办,中国则有三难:一无款,必资洋债;一无料,必购洋货;一无人,必募洋匠"。①中国的军工企业也是如此。在重文轻武的传统社会,在内忧外患的压力之下,在军工巨头垄断面前,没有任何工业基础的中国,军工企业在近代军事工业方面取得的成就是巨大的。"20世纪初,中国普通常规式器及火药的制造技术,已经接近西方发达国家水平。其发展速度之快,进步幅度之大,均是空前的。"②历史告诉人们,富国和强兵是辩证统一的关系。强兵离不开国富,片面追求强兵,便会后劲乏力;富国须有强兵为保障,否则外敌入侵,富国便成为空谈。盛宣怀所主持的汉冶萍公司后来生产的钢材直接供应德国克虏伯军工厂生产武器。包括汉冶萍公司在内的中国民用企业纷纷走向世界,表明了华洋军品贸易的一大成果,从军事自强到国富民强,中国近代工业体系肇始于此。

清末,为解决巨额赔款以及新增练兵等项支出,加捐增税日益频繁,清廷激起广大人民群众的抗捐抗税斗争,人们认识到,"认重税必饿死,不认重税必诛死,与其坐而待死,不如斗而决死"。③赫德曾经对中国面临崩溃的危险分析道,"那些有条件的,都试图从国库开支银中中饱私囊,整个国家的中心对战争一无所知,也不会原谅失败:因此政府很难使大多数民众相信他们为和平而做出的牺牲,内战会随着外部战争的结束而爆发"。④李守孔在论及清之灭亡时,谈到"革命军利用民气起义武昌,清室以亡。世人多谓由于宣怀之铁路国有政策激变而成;不知满清末年伪作改革以缓舆情,假借立宪诈欺国人,民怨已深,覆亡无日,虽无铁路果有

① 汤黎:《钦商盛宣怀》,崇文书局2009年版,第145页。
② 袁明全:《第三届中国近代军事史学术研讨会综述》,《军事经济研究》1991年第1期,第20页。
③ 转引自梁义群:《近代中国的财政与军事》,国防大学出版社2005年版,第202页。《近代史资料》1957年第4期,第2页。
④ [英]约·罗伯茨:《十九世纪西方人眼中的中国》,中华书局2006年版,第107页。

问题发生,其国运亦断不能久持"①。

近代军事变革从鸦片战争持续到清朝灭亡,一方面,依赖西洋武器的帮助,清朝军队发生了深刻变革,清廷平内乱御外侮有了一定成效;另一方面,顽固的专制体制昧于大势,日渐腐朽,外洋利器非但未起到挽救之用,反而成为埋葬自身的工具。同治初年,德国"铁血宰相"俾斯麦评说中日之别,"三十年后,日本其兴,中国其弱乎? 日人之游欧洲者,讨论学业,讲求官制,归而行之。中人之游欧洲者,询某厂船炮之利,某厂价值之廉,购而用之,强弱之原,其在此乎。……一铁甲之费,可以支学堂十余年,一快船之费,可以译西书数百卷,克虏伯一尊之费,可以设小博物院三数所,洋操一营之费,可以遣出洋学生数十人,不此之务,而惟彼之图,吾甚惜乎以司农仰屋艰难罗掘所得之金币,而晏然馈于敌国,以易其用无可用之物。数年之后,又成盗粮"②。此为梁启超为推行变法所论,却点明了国富与兵强的关系。出使英国钦差大臣郭嵩焘以"洋务"闻名,但他也认为只谈兵器不理体制是舍本逐末,无法让国家富强。他在《条议海防事宜》中奏称,"西洋立国有本有末,其本在朝廷政教,其末在商贾。造船、制器,相辅以益其强,又末中之一节也。……舍富强之本图,而怀欲速之心以急责之海上,将谓造船、制器用其一旦之功,遂可转弱为强,其余皆可不问,恐无此理"③。晚清遗老赵尔巽曾在奏折中坦言,"今日朝廷孜孜求治不遗余力而出一令则阻挠者半、玩泄者半,变一法则疑惑者半、非议者半,甚至背常理而信浮言蔑国纪而逞私忿,其事可恨可骇,而其实则皆知识未开食息无赀,遂至随波逐流一唱百和,上者深闭固拒,下者铤而走险,充此不治,虽兵精械利外观有耀而物朽虫生,内患将大诚可惧也。今值大难甫平,百端待理,幸徹桑之稍暇,立篑土之初基,亟宜先端治内之原,以渐扩攘外之计,伏维汉唐宋明之季,莫不加意于兵而兵愈弱,加意于财而财愈匮,而六经所列与孟子王政所先皆以养民教民为主,盖教养得其宜则兵不求强而自强,财不期富而自富。使昔之有国者皆知守经传之训明,本末之辨举凡九州之大无莠民无游民无贫民无愚民,则外患虽炽根本不摇,汉唐宋明末造之祸无由而起,所谓似缓实急似泛实切似无益而极有效"④。晚清华洋军品贸易牵涉因素众多,既有国内力推外洋争售之良机,也有嬉嬉无备止购停造之动议;既有西洋列强贪利控权之霸道,又有涉事官僚昧势无知之窘况;既有财政亏空广为逻掘之决心,又有贪拿好处虚糜浪费之无奈;既有购器造船更新汰旧之壮举,又有教练缺位临阵资敌之无奈。华洋军品贸易虽洋洋

① 李守孔:《中国近百余年大事述评》第一册,台湾学生书局 1997 年版,第 332 页。

② 李华兴、吴嘉勋:《梁启超选集》,上海人民出版社 1984 年版,第 11—13 页。

③ 陆玉林:《使西纪程——郭嵩焘集》,辽宁人民出版社 1994 年版,第 95 页。

④ 《赵尔巽奏稿》,古籍刻本 85689,上海图书馆藏,第 1 页。

大观、延续日久,却并非洋务之全部,充分反映了官场内斗消耗、专制体制僵化、治理能力低下之现实。由此观之,晚清政府的灭亡是必然的。

对于军事尤其是武器装备上极度落后的国家来说,引进先进武器,进而引进制造设备仿造武器,改进本国的武器装备水平,无疑是正途。晚清华洋军品贸易引发了包括军队体制、训练素养、战术思想等方方面面的变化,促进了中国近代军事变革。晚清军队装备焕然一新的同时,总体实力却并没有随之增长。除了装备更新,军事实力还与士气高低、官兵关系、待遇保障等各个方面有关。从更大范围看,一个国家不积极推进工农商诸实业以打牢发展基础,靠单纯购买不断更新的西洋军械,也只是舍本逐末的短期行为。不仅御外侮乏力,平内患无方,对没落的清廷来说,军队不够忠心远比枪炮不够先进更为不利。近代中国成为全球最大的军火进口国,不仅耗损了当时中国的大量资财,加剧了国内民众的社会苦难和经济贫困,而且还严重助长了地方政权和军阀势力的恶性膨胀,使得当时国内社会愈加动荡不安。民国前夕,随着朝廷日渐衰微、清军腐败丛生,军队的离心速度远远高过新式武器的更新频度。最后,先进的外洋军火不仅没有直接转化为战斗力,让大清免于灭亡,反而成了其自我埋葬的最佳武器。

参考文献

一、古籍档案

《军机处录副奏折补遗》，3 全宗，673 卷，缩微胶片 2472 号，第一历史档案馆藏。

奭良：《赵尔巽行状》，古籍类 39050，上海图书馆藏。

《赵尔巽奏稿》，古籍类 85689，上海图书馆藏。

《赵尔巽电稿》，古籍类 456257，上海图书馆藏。

《廷寄赵尔巽》，古籍类 456284，上海图书馆藏。

《盛宣怀奏稿》，古籍类 495945，上海图书馆藏。

《满清卖路贼盛宣怀历史初编二十回》，古籍类 495803，上海图书馆藏。

《盛宣怀主办汉阳铁厂时期与外人往来有关函件》，古籍类 542540，上海图书馆藏。

国家图书馆编：《清代军政资料选粹》（十册），全国图书馆文献缩微复制中心 2002 年版。

国家图书馆编：《清代光绪兵部奏稿》（十三册），全国图书馆文献缩微复制中心 2004 年版。

《国家图书馆近代统计资料丛刊》（六十九册），燕山出版社 2009 年版。

《清代兵事典籍档册汇览》（一百册），学苑出版社 2005 年版。

《清代外交孤本档案》（五十二册），全国图书馆文献缩微复制中心 2005 年版。

中国第一历史档案馆编：《清代军机处电报档汇编》（全四十册），中国人民大学出版社 2006 年版。

中国第一历史档案馆编：《光绪宣统两朝上谕档》（全三十七册），广西师范大学出版社 1996 年版。

中国第一历史档案馆编：《光绪朝朱批奏折》（全一百二十册），中华书局 1996 年版。

朱寿朋：《光绪朝东华录》（全五册），中华书局 1958 年版。

奕訢：《钦定剿平粤匪方略》《钦定剿平捻匪方略》，同治十一年铅印本。

盛宣怀：《愚斋存稿》，中国书店 1987 年版。

盛康：《清朝经世文编续编》，台湾文海出版社 1972 年版。

薛福成：《庸盦笔记》，江苏人民出版社 1983 年版。

薛福成：《庸盦内外编·文编》，光绪二十四年印。

容闳：《西学东渐记》，岳麓书社 1986 年版。

郑敦谨、曾国荃：《胡文忠公全集》，台湾文海出版社 1976 年版。

吴元炳：《沈文肃公政书》，台湾文海出版社 1967 年版。

故宫博物院：《清光绪朝中日交涉史料》，北平故宫博物院 1932 年刊行。

蒋廷黻：《筹办夷务始末补遗》，北京大学出版社 1988 年版。

中国第二历史档案馆编：《中德外交密档（1927—1947）》，广西师范大学出版社 1994 年版。

陈霞飞：《中国海关密档——赫德、金登干函电汇编》，中华书局 1995 年版。

池仲祐：《海军实纪——购舰篇、造船篇》，民国七年海军部本。

《同治朝筹办夷务始末》，中华书局 1964 年版。

郭嵩焘：《郭侍郎奏疏》，台北艺文印书馆 1964 年影印本。

《光绪朝上谕档》，广西师范大学出版社 1996 年版。

杨家骆主编：《洋务运动文献汇编》，台北世界书局 1964 年版。

赵尔巽等：《清史稿》，中华书局 1998 年版。

北平故宫博物院编：《清光绪朝中日交涉史料》卷 19，北平故宫博物院 1932 年版。

薛福成：《出使四国日记》，宝海校注，社会科学文献出版社 2007 年版。

《曾纪泽遗集·文集》卷 5，长沙岳麓书社 1983 年版。

许同莘：《许文肃公日记》，台北文海出版社 1968 年版。

徐建寅：《欧游杂录》，湖南人民出版社 1980 年版。

《清穆宗实录》，中华书局 1986 年版。

《清宣宗实录》，中华书局 1986 年版。

蔡少卿：《薛福成日记》，吉林文史出版社 2004 年版。

陈旭麓等编：《盛宣怀档案资料选辑》，上海人民出版社 2016 年版。

马建忠：《适可斋记言记行》，光绪二十四年石印本。

《曾国藩全集》，岳麓书社 1985—1994 年版。

《左宗棠全集》，岳麓书社 1987 年版。

《张之洞全集》，河北人民出版社 1998 年版。

《李鸿章全集》，安徽教育出版社 2007 年版。

《中国近代史资料丛刊》，上海书店出版社 2000 年版。

《筹办夷务始末》,中华书局 1964 年版。

《清末海军史料》,北京海洋出版社 1982 年版。

《中国旧海关史料(1895—1948)》170 卷,京华出版社 2001 年版。

《中国旧海关史料未刊稿(1895—1948)》,广西师范大学出版社 2012 年版。

《晚清外交会晤并外务密启档案汇编(全九册)》,全国图书馆文献缩微复制中心 2008 年版。

实业部国际贸易局:《最近三十四年来中国通商口岸对外贸易统计》,商务印书馆 1935 年版。

姚贤镐编:《中国近代对外贸易史资料》(1840—1895),中华书局 1962 年版。

文公直:《最近三十年中国军事史》,上海书店出版社 1989 年版。

《清季外交因应函电资料(1874—1911)》,香港中文大学 1993 年版。

吴伦霓霞、王尔敏编:《盛宣怀实业函电稿》,香港中文大学出版社 1993 年版。

王尔敏、陈善伟:《近代名人手札真迹——盛宣怀珍藏书牍初编》(全九册),香港中文大学 1987 年版。

台湾藏外交部档案:2660《向英交涉接收日本驱潜艇案》。

台湾藏国军档案:771.06/6015《国外订购舰艇案》;771.06/2423《德国承造"长风"、"伏波"、"飞云"三舰案》。

台湾近史所:《总理衙门及外务部》电子档案。

二、近人专书

董守义:《恭亲王奕䜣大传》,辽宁人民出版社 1989 年版。

陈崇桥、张田玉:《中国近代军事后勤史》,金盾出版社 1993 年版。

宋海龙:《17—19 世纪中欧枪械比较研究》,中州古籍出版社 2015 年版。

刘鸿亮:《中西火炮与英法联军侵华之役》,科学出版社 2015 年版。

尹晓东:《16—17 世纪西方火器技术向中国的转移》,山东教育出版社 2014 年版。

吉辰:《龙的航程——北洋海军航海日记四种》,山东画报出版社 2013 年版。

戚其章:《中国近代史资料丛刊续编·中日战争》(十二册),中华书局 1989 年版。

谢忠岳编:《北洋海军资料汇编》,全国图书馆文献缩微复制中心 1994 年版。

陈诗启:《中国近代海关史》,人民出版社 2002 年版。

陈悦:《北洋海军舰船志》,山东画报出版社 2009 年版。

茅家琦:《太平天国对外关系史》,人民出版社 1984 年版。

吴杰章、苏小东、程志发主编:《中国近代海军史》,解放军出版社 1989 年版。

沈渭滨:《困厄中的近代化》,上海远东出版社 2001 年版。

周军、杨雨润:《李鸿章与中国近代化》,安徽人民出版社 1989 年版。

廖和永:《晚清自强运动军备问题之研究》,文史哲出版社 1987 年版。

茅家崎:《太平天国通史》,南京大学出版社 1991 年版。

崔之清:《太平天国战争全史》,南京大学出版社 2001 年版。

王家俭:《李鸿章与北洋舰队——近代中国创建海军的失败与教训》,生活·读书·新知三联书店 2008 年版。

成晓军:《洋务之梦:李鸿章传》,四川人民出版社 1995 年版。

孙瑞芹:《德国外交文件有关中国交涉史料选译》,商务印书馆 1960 年版。

中国史学会编:《中国近代史资料丛刊·洋务运动》,上海人民出版社 1957 年版。

张侠等编:《清末海军史料》,海洋出版社 1982 年版。

黄鸿寿:《清史纪事本末》,上海书店 1986 年版。

冯自由:《中华民国开国前革命史》,上海书店 1990 年版。

冯自由:《革命逸史》,中华书局 1981 年版。

姜鸣:《中国近代海军史事日志(1860—1911)》,生活·读书·新知三联书店 1994 年版。

孙修福、何玲:《中国近代海关史大事记》,中国海关出版社 2005 年版。

郭廷以:《太平天国史事日志》,上海书店 1986 年版。

茅家琦:《郭著太平天国史事日志校补》,台湾商务印书馆 2001 年版。

江世荣:《捻军史料丛刊》,商务印书馆 1957 年版。

罗尔纲:《太平天国史》,中华书局 1991 年版。

王庆成:《太平天国的文献与历史》,社会科学文献出版社 1993 年版。

龙盛运:《湘军史稿》,四川人民出版社 1990 年版。

郦纯:《太平天国军事史概述》,中华书局 1982 年版。

朱东安:《曾国藩传》,四川人民出版社 1985 年版。

彭泽益:《十九世纪后半期的中国财政与经济》,人民出版社 1983 年版。

黄宇和:《两广总督叶名琛》,中华书局 1984 年版。

庄练:《中国近代史上的关键人物》,中华书局 1988 年版。

李士风:《晚清华洋录》,上海人民出版社 2004 年版。

马廉颇:《晚清帝国视野下的英国》,人民出版社 2003 年版。

上海市政协文史资料工作委员会编:《旧上海的外商与买办》,上海人民出版社 1987 年版。

上海外事志编辑室编:《上海外事志》,上海社会科学出版社 1999 年版。

中外关系史学会编:《中外关系史译丛》,上海译文出版社 1985 年版。

汤象龙:《中国近代海关税收和分配统计》,中华书局 1992 年版。

汪敬虞:《十九世纪西方资本主义对中国的经济侵略》,人民出版社 1983 年版。

汪敬虞:《外国资本在近代中国的金融活动》,人民出版社 1999 年版。

许毅:《清代外债史资料》,中国档案出版社 1990 年版。

许毅等:《清代外债史论》,中国财政经济出版社 1996 年版。

严中平:《中国近代经济史(1840—1894)》,人民出版社 2001 年版。

姚贤镐:《中国近代对外贸易史资料(1840—1894)》,中华书局 1962 年版。

张晓宁:《天子南库:清前期广州制度下的中西贸易》,江西高校出版社 1999 年版。

黄鸿钊:《中英关系史》,开明书店 1994 年版。

邓绍辉:《晚清财政与中国近代化》,四川人民出版社 1998 年版。

卢汉超:《郝德传》,上海人民出版社 1986 年版。

《中国昨天与今天:1840—1987 国情手册》,解放军出版社 1989 年版。

张振龙:《中国军事经济史》,蓝天出版社 1990 年版。

连心豪:《水客走水——近代中国沿海的走私与反走私》,江西高校出版社 2005 年版。

赵振玟主编:《中德关系史文丛》第 1 辑,中国建设出版社 1987 年版。

刘善章、周荃主编:《中德关系史译文集》,青岛出版社 1992 年版。

中国德国史研究会等编:《德国史论文集》,青岛出版社 1992 年版。

吴景平:《从胶澳被占到科尔访华——中德关系 1861—1992》,福建人民出版社 1993 年版。

汤象龙:《中国近代海关税收与分配统计》,中华书局 1992 年版。

戴一峰:《中国海关与中国近代社会》,厦门大学出版社 2005 年版。

夏东元:《洋务运动史》,华东师范大学出版社 1996 年版。

梁义群:《近代中国的财政与军事》,国防大学出版社 2005 年版。

吴相湘主编:《驻德使馆档案钞》第 3 册,台湾学生书局 1967 年版。

姜鸣:《龙旗飘扬的舰队:近代中国海军兴衰史》,生活·读书·新知三联书店 2002 年版。

张国辉:《洋务运动与中国近代企业》,中国社会科学出版社 1979 年版。

王国强:《中国兵工制造业发展史》,黎明文化事业公司 1986 年版。

《中国近代兵器工业——清末至民国的兵器工业》,国防工业出版社 1998 年版。

曾祥颖：《中国近代兵工史》，重庆出版社 2008 年版。

《中国兵工企业史》，兵器工业出版社 2003 年版。

《抗战时期重庆的兵器工业》，重庆出版社 1995 年版。

于学驷、李树华：《兵工史料》（1—18 辑），兵工史编辑部 1984—1988 年版。

李金强等：《近代中国海防——军事与经济》，香港中国近代史学会 1991 年版。

于学驷：《军事工业——根据地兵器》，解放军出版社 2000 年版。

王垂芳：《洋商史》，上海社会科学出版社 2007 年版。

郭立珍：《中国近代洋货进口与消费转型研究》，中央编译出版社 2012 年版。

三、学术论文

王杨宗：《江南制造局翻译书目新考》，《中国科技史料》1995 年第 2 期。

郑剑顺：《福建船政学堂与近代西学传播》，《史学月刊》1998 年第 4 期。

于醒民：《一八六一年亨利华尔购买炮舰案》，《史林》1986 年第 2 期。

王家俭：《国际科技转移与北洋海防建设——论洋员在洋务运动中的角色与作用》，《中华文史论丛》1999 年第 58 期。

［法］巴斯蒂（Marianne Bastid-Bruguiere），《清末赴欧的留学生们——福州船政局引进近代技术的前前后后》，《辛亥革命史丛刊》1991 年第 8 期。

［法］巴斯蒂：《福州船政的技术引进（1866—1912）》，《素馨集——纪念邵循正先生学术论文集》，北京大学出版社 1993 年版。

姜鸣：《清末的伦道尔式炮艇》，《舰船知识》2002 年第 274 期。

马幼垣：《抗战时期未能来华的外购舰》，《中央研究院近代史研究所集刊》1996 年第 26 期。

马幼垣：《甲午战争以后清革新海军的尝试——以向外购舰和国内造舰为说明之例》，《岭南学报》1999 年第 1 期。

马幼垣：《甲午战争期间李鸿章速购外舰始末》，《九州学林》2005 年第 2—3 期。

马振犊：《抗战爆发前德国军火输华评述》，《民国档案》1996 年第 3 期。

陈孝惇：《甲午战争后清政府海军之重建》，《海军学术月刊》1995 年第 4 期。

欧阳煦：《我舰队训练最早最高的外籍顾问——琅威理（1843—1906）》，《海军学术月刊》1988 年第 2 期。

余文堂：《中德早期的贸易关系（1650—1860）》（The Early International Trade Between China and Germany, 1650—1860），教授升等论文，台中青峰出版社 1990 年版。

余文堂:《中德早期贸易关系》修订版,稻禾出版社 1995 年版。

余文堂:《中德早期关系史论文集》,稻乡出版社 2007 年版。

陈存恭:《列强对中国禁运军火的发端》,《中央研究院近代史研究所集刊》1973 年第 4 期(上)。

陈存恭:《列强对中国军火禁运》,《中国现代史专题研究报告》1973 年第 4 辑。

胡汶本:《试论德国帝国主义在山东势力的形成(1897—1914)》,《文史哲》1982 年第 2 期。

皮明勇:《德国与晚清军事变革》,《军事历史》1990 年第 3 期。

王建华:《晚清军事改革与日、德、俄三国的控制》,《苏州大学学报》1992 年第 1 期。

郑宗有、易文君:《论洋务运动与德国》,《史林》1994 年第 2 期。

陈纪遥:《十九世纪中德贸易往来》,《中国社会经济史研究》1985 年第 2 期。

徐枫:《德华银行与德华银行纸币》,《中国钱币》1985 年第 1 期。

姜鸣:《备受争议的大清海军"济远"舰》,《舰船知识》2002 年第 11 期。

闫俊侠:《一本虽薄却重的晚清出洋大臣日记——浅淡李凤苞及其〈使德日记〉》,《兰州学刊》2006 年第 12 期。

王伟:《李凤苞与晚清海军建设》,《辽宁教育行政学院学报》2008 年第 3 期。

刘振华:《李凤苞、徐建寅主持购买铁甲舰考论》,《军事历史研究》2009 年第 1 期。

张学海:《盛宣怀与甲午战争》,《学海》1998 年第 2 期。

四、学位论文

滕德永:《清政府军械外购问题初探》,北京师范大学 2009 年博士论文。

赵惠:《洋务运动时期清政府军备的海外采购》,中山大学 2005 年硕士论文。

刘振华:《晚清政府向西方购买舰船过程与其中的人事考察(1874—1884)》,华东师范大学 2006 年硕士论文。

贾伟川:《洋务运动时期海外军用设备采购的途径》,暨南大学 2005 年硕士论文。

王晶:《晚清至民国时期(1861—1914)中德军事技术交流初探》,华南师范大学 2007 博士论文。

王雅馨:《晚清驻外公使许景澄研究》,吉林大学 2007 年硕士论文。

刘薇:《张之洞与中国近代兵工企业》,武汉大学 2010 年博士论文。

郭明中:《清末驻德公使李凤苞研究》,台湾中兴大学 2002 年硕士论文。

李其霖:《清代台湾之军工战船厂与军工匠》,台湾淡江大学 2002 年硕士论文。

洪子杰:《1875—1881 海关购舰之研究》,台湾"中央"大学 2008 年硕士论文。

曾敏泰:《驻德公使许景澄与晚清军备购办之研究》,台湾成功大学 2009 年硕士论文。

黄宇旸:《李鸿章与清季购舰政策研究》,台湾淡江大学 2011 年硕士论文。

五、英文资料(包括中译本)

Bays, Daniel E.: *China Enters the Twentieth Century*: *Chang Chih—tung and the Issues of a New Ages*, *1895—1909*. Ann Arbor: The University of Michigan Press, 1978.

Rawlinson, John L.: *China's Struggle for Naval Development*: *1839—1895*. Cambridge: Harvard University Press, 1967.

Wang, Y. C.: *Chinese Intellectuals and the West*, *1872—1949*. Chapel Hill: The University of North Carolina Press, 1966.

Robert Gardiner, ed., *Steam*, *Steel* & *Shellfire*: *The Steam Warship*, *1815—1905* (London: Conway Maritime Press, 1992).

Admiralty(Great Britain), Intelligence Department, *China*: *War Vessels and Torpedo Boats* (London: Her Majesty's Stationery Office, 1891).

GARDINER R. *Conway's All the World's Fighting Ships*, *1860—1905* (London: Conway Maritime Press, 1979).

Randal Gray, ed., *Conway's All the World's Fighting Ships*, *1906—1921* (London: Conway Maritime Press, 1979).

Peter Brook, *Warships for Export*: *Armstrong Warships*, *1867—1927* (Gravesend, Kent: World Ship Society, 1999).

John L. Rawlinson, *China's Struggle for Naval Development*, *1839—1895* (Cambridge, MA: Harvard University Press, 1967).

G. E. Armstrong, *Torpedoes and Torpedo Vessels* (London: George Bell and Sons, 1901).

Joseph Berk, The Gatling Gun: *19th Century Machine Gun to 21th Century Vulcan* (Boulder, CO: Paladin Press, 1991).

David K. Brown, *Warrior to Dreadnought*: *Warship Development*, *1860—1905* (London: Chatham Publishing, 1997).

Chan Lau Kit-ching, *China*, *Britain*, *and Hong Kong*, *1895—1945*

(Hong Kong: The Chinese University Press, 1990).

Feng Djen Djang, *The Diplomatic Relations between China and Germany since 1898* (Shanghai: Commercial Press, 1937).

David Douglas, *The Great Gunmaker: The Life of Lord Armstrong* (Northumberland: Sandhill Press, 1970).

Ivo Nikolai Lambi, *The Navy and German Power Politics, 1862—1914* (Boston: Allen and Unwin, 1984).

Steven A. Leibo, *Transferring Technology to China: Prosper Giquel and the Self-Strengthening Movement* (Berkeley: Institute of East Asian Studies, University of California, 1985).

Lee McGiffin, *Yankee of the Yalu: Philo Norton McGiffin, American Captain in the Chinese Navy (1885—1895)* (New York: E. P. Dutton and Company, 1968).

David Pong, *Shen Pao-chen and China's Modernization in the Nineteenth Century* (Cambridge: Cambridge University Press, 1994).

Richard J. Smith, *Mercenaries and the Mandarins: The Ever-Victorious Army in Nineteenth Century China* (Millwood, NY: KTO Press, 1978).

Brooks. Barbara J. *"Japan's Imperial Diplomacy: Consuls, Treaty Ports, & War in China, 1895—1938."* University of Hawaii Press, 2000.

Lone. Stewart. *"Japan's First of Modern War: Army and Society in the Conflict with China, 1894—1895."* London: St. Matin's Press, 1994.

Sharon A. Minichiello. *"Japan's Competing Modernities: Issues in Culture & Democracy, 1900—1930."* University of Hawaii Press, 1998.

Paine. S. C. M. *"The Sino-Japanese War of 1894—1895: Perception, Power and Primacy."* Cambridge, UK; New York: Cambridge University Press, 2003.

R. C. Anderson, "Captain McGiffin and the Battle of the Yalu," *American Neptune*, 9:4 (October 1948), p.301.

Richard M. Anderson, "Flatirons: The Rendel Gunboats," *WI*, 13: 1 (March 1976), pp.49—78.

W. Bille, "French Small Cruisers Forbin and Surcouf," *WI*, 6:4 (December 1969), pp.330—331.

C. Brook, "Chinese Torpedo Gunboat Fei Ting," *WI*, 8: 4 (December 1971), pp.203—206.

Toshio Tamura(田村俊夫)，"The Fate of the Chinese Torpedo Gunboat Fei Ting，"*WI*，24:2(June 1987)，pp.190—192.

Peter Brook，"Armstrong Torpedo Gunboats，"*WI*，15:2(June 1978)，pp.134—144.

J. Cornic，H. Le Masson，*et al.*，"The Four Chinese Schichau Built Destroyers，"*WI*，10:1(March 1973)，pp.112—113.

Boris V.Drashpil，Toshio Tamura，and C. C. Wright，"The Fate of the Four Chinese Torpedo Boat Destroyers，"*WI*，10:1(June 1987)，pp.193—198.

Stephen S. Roberts，"The Imperial Chinese Steam Navy，1862—1895，"*WI*，11:1(March 1974)，pp.19—57.

C. de Saint Hubert，"Notes on the French Protected and Unprotected Cruisers，1860—1900，"*The Belgian Shiplover*，149（January 1974），pp.89—92.

Paul Silverstone and C. Saint Hubert，"The Chinese Navy(1870—1937)，"Waiships Supplement，39(August 1975)，pp.11—32.

I. A.Sturton，"The Imperial Chinese Steam Navy，1862—1895，"*WI*，12:1(March 1975)，pp.5—10.

［美］康念德：《李鸿章与中国军事工业近代化》，杨天宏译，四川大学出版社1992年版。

［美］郝延平：《十九世纪的中国买办——东西间桥梁》，李荣昌等译，上海社会科学院出版社1988年版。

［英］季南：《英国对华外交1880—1885》，商务印书馆1984年版。

［英］马士：《中华帝国对外关系史》，张汇文等译，上海书店出版社2006年版。

［澳］冯兆基：《军事近代化与中国革命》，郭太风译，上海人民出版社1994年版。

［美］鲍威尔：《中国军事力量的兴起(1895—1912)》，中华书局1978年版。

六、德文资料(包括中译本)

余文堂：《德国对华关系1860—1880》(德文版)，Yu Wen-tang, Die deutsch-chinesischen Beziehungen von 1860—1880, Studienverlag Dr. N. Brockmeyer Bochum W. Germany, 1981。

［德］伊丽莎白·凯斯特：《俾斯麦时期的在华德国军事顾问1884—1890》(德文版)，Elisabeth Kaske, Bismarcks Missionare Deutsche Militarinstrukteure in

China 1884—1890，Harrassowitz Verlag Wiesbaden 2002。

〔德〕乔伟、李喜所、刘晓琴：《德国克虏伯与中国的近代化》，天津古籍出版社 2001 年版。

〔德〕施丢克尔：《十九世纪的德国与中国》，北京三联书店 1962 年版。

〔德〕辛达谟：《德国外交档案中的中德关系》，《传记文学》1982 年第 4 期。

七、日文资料（包括中译本）

〔日〕黛治夫：《海军炮战史谈》，原书房 2009 年版。

〔日〕宫内邦子：《连海军战略》，原书房 2010 年版。

〔日〕松村劭：《三千年海战史》（下），中央公论新社 2010 年版。

〔日〕海军军令部：《廿七八年海战史》，春阳堂 1905 年版。

〔日〕海军历史保存会：《日本海军史》（全十一册），第一法规出版株式会社 1995 年版。

〔日〕宫崎滔天：《三十三年之梦》，佚名初译，林启彦改译，花城出版社、三联书店香港分店 1981 年版。

后　记

本书为国家社科基金一般项目"晚清华洋军品贸易与近代军事变革"的阶段性成果。

对该课题的关注源于本人在复旦大学中国史博士后工作站时的学术经历,为了能听到各位史学大师的授课,我每天在各大教室流连忘返。导师组戴鞍钢老师的近代经济史专业课是最吸引我的必听课之一,作为旁听生,我从头听到尾,受益匪浅。在戴老师的指引下,开始对晚清华洋军品贸易产生越来越大的兴趣,也得到了合作导师吴松弟老师的大力支持。然而,真正进入研究状态方才发现,研究之难度超乎想象。在外患内忧的刺激下,购买洋枪洋炮与铁甲舰船装备军队、引进西洋设备与物料仿造军械,是晚清军事自强运动的主要内容。以武器及设备物料单向进口为主要内容的华洋军品贸易,持续时间之长、规模之大、牵涉国家之多,在中国历代军事史上是罕见的。厘清此问题,殊为不易。不仅在于军品贸易因特殊性而隐讳不宣,而且资料散见于世界各地,既有官方档案,更有企业留存。

对一国国防建设来说,守正与创新、引进与自造,是永远需要不断平衡的一对关系,更是历久弥新的研究课题。我以学术"小白"的身份斗胆进入了这一领域,从爬梳一档史料、研读盛档卷宗开始,在晚清政府对军品贸易的筹划、列强对清廷军贸需求的策略、清廷军贸经费的筹集与使用等方面,有了一些粗浅思考,凝结成册。当然,目前的研究只是初步的,许多方面仍存在盲点,有待后续研究进一步完善。

课题研究过程中,除了合作导师吴松弟老师的精心指导外,还要感谢北京的陈争平老师,是他的鼓励给了我研究的勇气。华强老师、廖大伟老师、戴鞍钢老师、姜鸣老师、陈悦老师、马建标老师、戴海斌老师、林志杰老师、刘庆老师、孙建军老师等各位前辈或同仁,对我的研究给予极大的帮助。还要特别感谢妻子吴凤华、女儿费易的理解与支持。

图书在版编目(CIP)数据

晚清华洋军品贸易的发展与影响/费志杰著.—上
海:上海人民出版社,2023
ISBN 978 - 7 - 208 - 18410 - 7

Ⅰ.①晚…　Ⅱ.①费…　Ⅲ.①军械-进口贸易-贸易
史-研究-中国-清后期　Ⅳ.①F752.654.7
②F752.952

中国国家版本馆 CIP 数据核字(2023)第 131864 号

责任编辑　刘华鱼
封面设计　一本好书

晚清华洋军品贸易的发展与影响
费志杰　著

出　　版　上海人民出版社
　　　　　(201101　上海市闵行区号景路 159 弄 C 座)
发　　行　上海人民出版社发行中心
印　　刷　上海商务联西印刷有限公司
开　　本　720×1000　1/16
印　　张　27.25
插　　页　2
字　　数　511,000
版　　次　2023 年 8 月第 1 版
印　　次　2023 年 8 月第 1 次印刷
ISBN 978 - 7 - 208 - 18410 - 7/K · 3301
定　　价　118.00 元